国家社会科学基金重大项目『长沙走马楼西汉简的整理与研究』（项目号：17ZDA181）成果

『古文字与中华文明传承发展工程』项目『长沙走马楼西汉简整理与研究』（G1414）成果

『简牍高质量整理出版工程』项目成果

国家出版基金项目

长沙走马楼西汉简牍考古发掘报告

长沙简牍博物馆
长沙市文物考古研究所 编著
湖南大学简帛文献研究中心

宋少华 主编

国家出版基金项目
NATIONAL PUBLICATION FOUNDATION

岳麓書社·长沙

内容提要

长沙是湖南的省会，是国务院首批公布的二十四座历史文化名城之一。长沙地处湖南东北部的湘江之畔，位于东经111°53′~114°15′，北纬27°51′~28°40′，东西长233公里，南北宽90公里，总面积11819平方公里。北临岳阳、益阳，南毗湘潭、株洲，东傍江西之宜春、萍乡，西依益阳、娄底，地理位置显要，素有“荆豫唇齿，黔粤咽喉”之称。

长沙历史悠久，文脉绵长。史前社会聚落星布，文化繁兴，此消彼长。商周时期即为方国所在，春秋战国之际荆人南略，始设邑县于斯，遂为楚南重镇。秦建郡治，汉封王国，迨至明清，长沙始终为湘湖地区历朝历代地方郡、国、州、路、道、府与行省的军政治所及功臣贵戚的藩封之地，具有十分重要的历史地位。

长沙地下文物埋藏丰富，种类繁多，仅就出土的战国、秦汉至魏晋时期的简牍而言，自20世纪50年代迄今，其数量之多，位居全国之首，为海内外学界所瞩目。长沙走马楼出土的西汉简牍即为其中重要的发现之一。

走马楼西汉简牍在2003年11月被发现于长沙市中心五一广场东南侧湖南省供销社建设工地内一座编号为J8的古井中，因毗邻老街“走马楼”而得名。J8为一圆形竖井，形制呈倒“凸”字形，上宽下窄，现存井口直径88厘米，井底直径52厘米，深240厘米。井内堆积分为三层：第一层为焚烧后的植物灰烬，厚47厘米；第二层为缠绕错杂的简牍，厚93厘米；第三层为陶器、建筑材料、果核与少量简牍，厚100厘米。J9紧邻J8，间距仅50厘米，井内堆积物与J8极为相似，因两井关联密切，故将其附于J8之后介绍。

简牍揭剥清理后，经统计带有文字的简牍共有2600余个编号（包括完整件与残片）。材质分为竹、木两类，以竹质为主。形制分为简、牍、楬、签牌、觚等。竹简形制呈长条状，长度在21~56厘米之间，宽度在0.4~3.7厘米之间，厚度在0.1~0.3厘米之间，依竹青弧面修治而成的书写面分为A~E五型。木简形制呈长条或长方平板状，长度在22~26厘米之间，宽度在1.4~4.6厘米之间，厚度在0.1~0.3厘米之间，依书写字行分为Ⅰ~Ⅳ四式。与竹木简牍伴出还有少量的木楬、签牌、觚、异形简、削衣等。另外，在建设工地内还采集到数枚简牍、画版，亦附于报告中一并介绍。

长沙走马楼J8出土的西汉简牍，经初步考证，主要为西汉武帝时期，刘氏长沙国第二代康王刘庸（前128—前101）在位前期的官方行政文书。根据简文记载的纪年朔日干支推比，其使用的时间在公元前128至前120年之间。简牍的种类繁多，内容丰富，其中司法文书占有较大的比重，涉及长沙国的官僚行政体制、署曹设置、官吏分职、功墨考课、刑制改革、法律诉讼、乞鞫覆狱、求盗捕亡、囚徒管理、狱垣巡值、土地租税、垦田将田、上计案阅、邮驿传邸、郡县交通、蛮夷管理、疆域辖治等等诸多方面，呈现了武帝时期南方诸侯王国体制的复杂面貌，具有鲜明的时代特征与地域特征。

20世纪70年代至本世纪初，我国出土的秦汉法律文献已有相当的数量，但其时代多为秦至汉初，而西汉中、晚期的材料偏少。走马楼西汉简牍的年代明确，等级较高，数量颇为可观，为历年出土的西汉简牍中所少见。这批材料对于研究汉代的法律制度演变特别是诸侯王国的法制状况等具有重要价值。

本报告运用考古学、简牍学、历史学、科技保护等多学科互融的研究方法，对走马楼J8（附J9）古井及井内遗存物进行了较为细致全面的整理。报告的内容分为八章二十四节，详细记述与呈现了走马楼西汉简牍发掘、保护、整理的初步成果，正文之后附录各类出土物的图版、检测报告与统计表等。

编者水平有限，疏漏之处，敬祈读者批评指正。

编　者

Synopsis

Changsha is the capital of Hunan Province and one of the first 24 famous historical and cultural cities announced by the State Council.Changsha is located on the banks of the Xiang River in northeast Hunan, at 111°53′~ 114°15′ east longitude and 27°51′~ 28°40′ north latitude. It is 233 kilomcters long from east to west and 90 kilometers wide from north to south, with a total area of 11,819 square kilometers.It is bordered by Yueyang and Yiyang to the north, Xiangtan and Zhuzhou to the south, Yichun and Pingxiang in Jiangxi to the east, Yiyang and Loudi to the west. It has a prominent geographical location and is known as the "the mouth of Hubei and Henan and the throat of Guizhou and Guangdong".

Changsha has a long history and a long cultural background. The prehistoric social settlements were many, and the culture flourished. During the Shang and Zhou Dynasties, A tribal state ruled here.During the Spring and Autumn Period and the Warring States Period, the Jing People expanded south, and it became an important settlement in southern Chu. Chu people established a town here. In the Qin Dynasty, it became a county seat, and in the Han Dynasty it became the capital of a kingdom. Until the Ming and Qing Dynasties, Changsha had always been the military and political seat of counties, kingdoms, states, prefectures and provinces in the Hunan region. Ruled either directly by court officials or by feudal princes, it had enjoyed a very important historical status.

Changsha is rich in underground cultural relics and its cultural relics has a wide variety. Only in terms of the number of the written bamboo and wooden slips unearthed since the 1950 and dated from the Warring States Period, Qin, Han, Wei and Jin Dynasties, Changsha has ranked first in China. This has attracted the attention of scholars at home and abroad.The collection of the written bamboo and wooden slips of the Western Han Dynasty, unearthed in Zoumalou, Changsha, is one of the important discoveries.

This collection of written bamboo and wooden slips was discovered in November 2003 in an ancient well numbered J8 in the construction site of the Building of Hunan Provincial Supply & Marketing Cooperatives on the southeast side of Wuyi Square in the center of Changsha City. It was named after the old street nearby named "Zoumalou".J8 is a circular shaft with an inverted "convex" shape, wide at the top and narrow at the bottom. The diameter of the existing wellhead is 88 cm. The diameter of the bottom of the well is 52 cm, and the depth is 240 cm.The accumulation in the well is divided into three layers: the first layer is the incinerated plant ashes, which is 47 cm thick; the second layer is the entangled miscellaneous written slips, which is 93 cm thick; the third layer is pottery, building materials, fruit kernels and a small amount of written slips, which is 100 cm thick. J9 is adjacent to J8, with a spacing of only 50 cm between. The accumulation in J9 is very similar to J8. Because the two wells are closely related, J9 is reported together with J8 here.

After stripping and cleaning, more than 2,600 slips with text (including complete pieces and fragments) were numbered. They are divided into two categories in terms of material: bamboo and wood, mainly bamboo.In terms of forms they can be divided into JIAN（简）, DU（牍）, JIE（楬）, QIANPAI（签牌）, GU（觚）, etc.The bamboo slips are of the shape of long strips, with a length between 21~56 cm, a width between 0.4~3.7cm, and a thickness between 0.1~0.3cm. They are divided into five types A-E according to the line of writing.The wooden slips are of the shape of long strips or rectangles, with a length between 22~26 cm, a width between 1.4~4.6cm, and a thickness between 0.1~0.3cm. They are divided into four types I~IV according to the line of writing.Besides bamboo and wood slips, there are also a small number of MUJIE（木楬）、QIANPAI（签牌）、GU（觚）、YIXINGJIAN（异形简）、XIAOYI（削衣）etc.In addition, several written bamboo and wooden slips collected at the construction site are also reported here.

This collection of written bamboo and wooden slips of the Western Han Dynasty unearthed in J8 of Zoumalou,

Changsha, has been preliminarily verified as mainly consisting of the official administrative documents of Liu Yong （128—101 BC）, the second King of the Changsha Kingdom of the Liu Family, in the reign of Emperor Wu of the Western Han Dynasty. According to the chronology recorded on the slips, the time of its use falls between 128 BC and 120 BC.The slips are of different formats and of rich content. Among them, judicial documents account for a large proportion. They involve Changsha’s bureaucratic administrative system, government organizations, duties of officials, appraisal of officials, penal system, legal proceedings, retrial procedures, hunting of thefts and escaped prisoners, prisoner management, prison patrol, land taxation, reclamation and management of fields, offering of the accounting books for audit,the postal system,transportation, barbarian management, territorial jurisdiction and many other aspects.The complicated administrative system of the southern vassal kingdom during the Wu Emperor period is recorded with distinctive characteristics of the times and the region.

From the 1970s to the beginning of this century, a considerable number of legal documents of the Qin and Han Dynasties have been unearthed in our country, but their era is mostly from the Qin to the early Han Dynasty, while relatively few of them are from the middle and late Western Han Dynasties.This collection of bamboo and wooden slips is clear in chronology,of high grade and of considerable quantity. It is rare among the written bamboo and wooden slips unearthed over the years and dated to the Western Han Dynasty.It is of great value for the study of the evolution in the legal system of the Han Dynasty, especially its realization in a vassal state.

This author tries to use interdisciplinary research methods from Archaeology,Jiandu Studies, History Studies, and Studies on Scientific and Technological Protection of Cultural Relics to offer a detailed and comprehensive description of the excavation of the ancient well of J8（as well as J9）and the historical remains in them. The report is divided into twenty four sections in eight chapters. It presents in detail the preliminary results of the excavation, protection, and sorting and interpretation of this collection of written bamboo and wooden slips from Western Han Dynasty. The text is followed by an appendix of drawings of various unearthed objects, testing reports, statistical tables, etc.

Fully aware of his own limitations in professional studies, the author welcomes comments and suggestions on the report from interested readers.

The author

目 录

插图目录

插表目录

图版目录

第一章　长沙地理环境与古代文化、历史沿革

第一节　长沙地理环境

长沙是湖南省会，是全省政治、经济、科技、文化的中心，是全国著名的历史文化名城。

长沙位于华中腹地，地处湖南东北部之湘江下游，地理坐标：东经 111°53′～114°15′，北纬 27°51′～28°40′。扼南北要冲，东屏罗霄，西障雪峰，南峙衡岳，北托洞庭，素有“荆豫唇齿，黔粤咽喉”之称。[①]长沙行政区位北临岳阳、益阳，南毗株州、湘潭，东傍江西，西接益阳、娄底，东西长 233 公里，南北宽 90 公里，总面积 11819 平方公里，市区面积 2185 平方公里，全境辖芙蓉、天心、雨花、岳麓、开福、望城六区及长沙县与浏阳、宁乡两市。

长沙地貌类型分为平原、岗地与丘陵、山地三种类型。平原地表组成物质以第四纪冲积物为主，土层深厚，地表平坦，高出河面 10 米以内，分布于湘江两岸及其支流的中下游沿岸，这些河流的河漫滩及一级阶地构成江河平原。长沙市区湘江一级阶地位于先锋厅—西湖桥—灵官渡一带。岗地与丘陵属于侵蚀剥蚀地貌。市区湘江河岸的二至六级阶地经长期侵蚀，形成了岗地，二级阶地高出河面 13～18 米，分布在上大垅—书院路—宝塔山一带，较为狭小；三级阶地高出河面 22～23 米，分布于烈士公园—天心阁—白沙井等地；四级阶地高出河面 38～48 米，分布在劳动路东段—砂子塘—烂泥冲一带，顶部平坦，面积较大；五级阶地高出河面 53～63 米，分布在马达岭、碟子塘一带；六级阶地分布在桐梓坡、雅雀岭、庙冲、石牌岭、天际岭等地；在各级阶地中以三级阶地面积最广，分布也最普遍。长沙市东北是幕阜—罗霄山系的北段，西北是雪峰山余脉的东缘，中部是长衡丘陵盆地向洞庭湖平原过渡地带。东北、西北两端山地环绕，地势相对高峻，中部递降趋于平缓，略似马鞍形，湘江由南而北斜贯中部，南部丘岗起伏，北部平坦开阔，地势由南向北倾斜，形如一个向北开口的漏斗。地貌总体特征是：地势起伏较大，地貌类型多样，地表水系发育，山地占 30.67%，丘陵占 19.34%，岗地占 28.65%，平原占 17.26%，水面占 4.09%。[②]湘江流经市区 25 公里，支流有浏阳河、沩江、靳江、捞刀河等 15 条。[③]东西两端最高的山峰分别为大围山七星岭（海拔 1607.9 米）与沩山瓦子寨（海拔 1070.8 米）。在河西咸嘉湖以北之望岳、岳麓两乡的北部，与相邻的

---

① 长沙市志编纂委员会：《长沙市志》第一卷《总述》，湖南人民出版社，2004 年，第 1 页。
② 长沙市志编纂委员会：《长沙市志》第一卷《地理环境》，湖南人民出版社，2004 年，第 145~185 页。
③ 长沙市志编纂委员会：《长沙市志》第一卷《总述》，湖南人民出版社，2004 年，第 1 页。

望城区北部，广泛地分布着浅变质岩组成的丘陵，在强大的外力作用下，丘陵浑圆，坡度平缓，海拔大都在 100 米左右，个别高丘、低山屹立在广谷波丘之中，如谷山、尖山等。①

长沙属亚热带季风性湿润气候，春季温度变化大，夏初雨水多，伏秋高温久，冬季严寒少。气候特征是：气候温和，降水充沛，雨热同期，四季分明。②

先秦两汉时期，长沙城市的选址恰在一、二级阶地之间的狭长地带，平面布局略近方形。魏晋至明清相袭未迁，只是城址在不同时期沿北、东、南三个方向各有拓展，最终形成晚清旧城格局。③

先秦两汉时期，古人墓葬埋藏区大部分分布在城址四周的三至六级阶地之间。而最高等级贵族陵墓如汉长沙国王陵则选址在湘江西岸之南起天马山，北至桃花岭、风篷岭、蜈蚣蒂山的丘陵区。④

第二节 长沙古代文化与历史沿革

距今 1 万年前左右，人类进入新石器时代。据考古调查发掘显示，长沙新石器时代遗址发现的数量已达数十处之多。⑤这充分表明，新石器时代长沙地区人类族群的活动空间、分布范围更为广大。人类活动沿着江河阶地向低岗丘陵地带的纵深迁徙拓展，逐渐形成大小规模不等的聚落。产生了以水稻栽培为主的原始农业，广泛使用磨制石器替代了粗犷笨重的打制石器，制陶技术日臻成熟，催生出原始的宗教与艺术。

长沙新石器时代早期遗址，以长沙县南托大塘遗址为代表，距今约7000年前左右。生产工具为磨制石器，陶器采用轮制工艺，陶质为夹砂红陶、灰陶，表面刻画、戳印各种繁复多变的几何形图案与少量彩绘图案，其彩绘神鸟纹双耳罐体现了长沙先民超凡的想象力与艺术水平。

长沙新石器时代中晚期遗址分布更加广泛，年代距今 6500—3500 年前左右。按碳十四测年排序，分别是宁乡市老粮仓花草坪遗址、长沙县广福乡腰塘遗址、长沙县黄兴镇月亮山遗址、浏阳市樟树潭遗址、望城区格塘乡庙嘴山遗址、宁乡市青山桥罗家冲遗址等等。这一时期稻作农业经济获得持续发展，家畜饲养业、制陶、纺织手工业日渐兴盛，人口繁衍，聚落增殖，社会分工分化开始出现。长沙包括湘江中下游流域新石器时代文化类型，因受相对独立的自然地理区位限制，始终处于南北、东西不同文化中心的边缘地带，新石器时代不同时期所呈现出来的文化面貌，受到来自洞庭湖西北区域更为发达的文化的强势推动与影响。⑥毋庸置疑，原始社会人群的繁衍生息更多地依赖于自然条件，但随着时间的推移、社会生产力的发展、生产技术的进步，以及社会组织形态、制度的演进变更，原来的区位中心优势是会逐渐发生转变的，长沙的历史演进也证明了这一点。

中国历史纪年的夏、商、周时期，据文献记载，长沙为传说中的古“三苗国”与“扬越之地”。由于文献缺失或记载语焉不详，只能更多地依据考古发现及研究的成果。据考古学文化谱系研究显示，新石器时代末期以降，三代至春秋之际，长江流域以南广大区域，孕育发展出一种以几何形印纹硬陶为代表、极富特色的地域性文化。这种文化制作的陶器，质地细腻坚硬，原料含铁量高，烧制温度达 900°C 以上，颜色呈灰褐色，器表拍印几何形图案，如方格、叶脉、云雷、索、水波等纹饰。因其文化内涵的差异，分为

---

① 长沙市志编纂委员会：《长沙市志》第一卷《地理环境》，湖南人民出版社，2004 年，第 177~185 页。
② 长沙市志编纂委员会：《长沙市志》第一卷《地理环境》，湖南人民出版社，2004 年，第 186 页。
③ 黄朴华：《长沙古城址考古发现与研究》，岳麓书社，2017 年，第 182~200 页。
④ 何旭红：《汉代长沙国考古发现与研究》，岳麓书社，2013 年，第 49~50 页。
⑤ 国家文物局主编：《中国文物地图集 · 湖南分册 · 文物单位简介》，湖南地图出版社，1997 年，第 1~32 页。
⑥ 郭伟民：《城头山遗址与洞庭湖区新石器时代文化》，岳麓书社，2012 年，第 359 页。

湘赣、两广、江浙等区域类型。当然，它与文献记载的"苗蛮"集团、"百越"氏族是否契合，还需做深入的观察与求证。

湘江流域是我国南方地区出土商周青铜器最重要、数量最多的地区之一，而长沙又是该时期青铜器出土最为集中的区域。最近的研究成果，把这一时期考古学文化及人群活动演变的历程大致划分为三个时期，即早期（新石器时代末至商代晚期）、中期（西周早期至春秋中期）、晚期（春秋晚期至战国）。

早期阶段（前 22—前 11 世纪），湘江流域大部分地区尚处在本地原始文化的延续时期，保留着较浓厚的土著文化特色。在其偏晚阶段，湘江流域下游，洞庭湖东岸受到来自北方青铜文化的影响，影响范围到达今汨罗、湘阴一线。

中期阶段（前 10—前 6 世纪），此阶段是湘江流域文化发展非常重要的时期。越文化的兴起与勃发，遍布整个流域，替代了此前的土著文化。而湘江中游的宁沩区域渐渐成为地域性青铜文化中心与都邑所在。①著名的人面方鼎、四羊方尊、大铜铙、大铜瓿、虎卣、提梁卣等青铜器皆出自宁沩地区。20 世纪 90 年代至 21 世纪初，考古工作者在长沙市宁乡沩水上游的炭河里、青山桥镇罗家冲及望城高砂脊相继发现发掘了大型聚落遗址、大型宫殿建筑基址、祭祀基址、环壕等高规格的建筑设施及较高等级的墓葬区。研究学者认为，产生这一重要变化的动因，起于周初。武王灭商，殷商遗民与盘踞在江汉地区的同宗族群大规模南迁，从鄂东南沿幕阜山西经洞庭湖东岸进入湘江流域，最后定居在沩水上游的炭河里一带，演变发展成为中原商文化与本地文化高度融合、生存于西周时期又独立于王朝之外的地域性青铜文化。这一文化所带来的政治制度、礼制观念与青铜技术等对湘江流域的人文生态产生了巨大影响，表明以宁乡炭河里文化为中心的社会形态、组织结构迈进了早期国家社会的门槛，②这对长沙来说，是其社会历史发展的一次重大的转折。

西周晚期至春秋中叶，长沙地区的青铜文化更加凸显本地铸造风格，形成了强烈的扬越文化特色，中原文化的因素渐趋淡化。长沙金井出土的青铜器与衡阳、衡南、郴州等地出土的青铜器，其工艺风格、铸造技术几无差异，表明在这一广大区域内分布活跃着同一文化族群，形成了共有的文化价值取向，其社会已出现明显的等级分化，进入了早期国家社会阶段，这是湘江流域考古学文化发展非常重要的时期，不仅青铜文明正式形成，并具备了独特的地方传统，社会生产力和社会组织结构均出现了飞速发展和变化。③

晚期阶段（前 5—前 3 世纪），春秋晚期至战国，崛起于江汉平原的楚国，在公元前 4 世纪中叶，经过吴起变法之后，国势逐渐强盛，其南攻扬越，北并陈蔡，兵震天下，威服诸侯，遂为春秋五霸、战国七雄之一。楚国是诸侯国中最早建立郡县制的国家，《战国策·楚策》记载："楚地西有黔中、巫郡，东有夏州、海阳，南有洞庭、苍梧，北有汾陉之塞、郇阳。"学者研究认为：洞庭、苍梧与黔中、巫郡皆属楚郡。战国中期，楚国已在今湖南设置洞庭、苍梧两郡，以加强对"南土"的开发与经略。此时之长沙应在苍梧郡所辖范围之内。包山楚简中"长沙公"的记载，表明长沙为楚县无疑。④根据考古资料显示，长沙最早纳入楚国版图的时间应在春秋晚期。楚人经略长沙达三百余年之久，其先进强势的楚文化逐渐融合取代了本地的土著文化，成为楚国扼控江南的重要政治、军事重镇，其地理区位的重要性日渐彰显，为最终纳入秦汉华夏文明多元一体的格局奠定了基础。

---

① 向桃初：《湘江流域商周青铜文化研究》，线装书局，2007 年，第 135 页。
② 向桃初：《湘江流域商周青铜文化研究》，线装书局，2007 年，第 132、449 页。
③ 向桃初：《湘江流域商周青铜文化研究》，线装书局，2007 年，第 450 页。
④ 徐少华、李海勇：《从出土文献析楚秦洞庭、黔中、苍梧诸郡县的建置与地望》，《考古》2005 年第 11 期，第 63~70 页。

出土文献与学者研究证明，秦始皇二十四年（前 223）灭楚后，在江南地（今湖南境内及周边）的统治大致沿袭楚国建制未变，仅是更置洞庭、苍梧两郡治地。苍梧郡治即为长沙县（今长沙）①。秦长沙县大致范围包括今长沙、浏阳、宁乡及益阳、株洲、湘潭等地。自此以长沙县为郡治的苍梧郡作为郡级行政实体，正式被纳入国家统一的行政体制之中。

公元前 206 年，项羽分封诸侯，分楚地为四，即西楚、衡山、九江、临江。长沙属临江国。汉高祖五年（前 202），析临江分置长沙国，徙衡山王吴芮（项羽封）为长沙王，治临湘（今长沙，更秦长沙县名为临湘县）。其国之疆域包括今湖南省大部及周边鄂、赣、渝、贵、粤、桂等省份临界部分。自此，长沙一跃而为诸侯王之国都，凸显其重要的政治、军事地位，在屏藩汉室、遏制南越等方面发挥了重要的作用。吴氏长沙国传五代，汉文帝后元七年（前 157），无后国除。景帝二年（前 155），复置长沙国，封其庶子刘发为长沙王，治临湘，传七代八王。西汉一朝随时政变化，长沙国之疆域迭经盈缩。王莽始建国二年（10），废国更名为“填蛮郡”，改临湘县为“抚睦县”。东汉建武十三年（37），刘秀废除复立的长沙国，更名长沙郡，郡治临湘。全国新设十二州和一个中央直辖区，长沙郡隶属荆州。

三国时期，孙吴占据江东，长沙为其西部要害，吴、蜀两国为此展开激烈的争夺，最终孙权夺得荆州，占据长沙。咸宁六年（280），西晋灭吴，三国归晋。太康十年（289），晋武帝封其第六子司马乂为长沙王，又“以郡为国”。东晋、南朝各代屡以长沙为封国、封邑，封其子弟或勋臣为长沙王或公、侯。西晋后期析荆州的长沙、建昌、湘东等八郡，设立湘州，以临湘为州治。在东晋、南朝的二百七十余年间，以长沙为中心的湘州系其西部要疆，随着战事的急缓及朝廷宗室之争的消长，湘州的建置也几度废兴，但在大多的时期内依然存在。

公元 589 年，隋灭陈。隋初改地方行政州、郡、县三级为州、县二级，废郡。临湘县更名为长沙县，废湘州改置潭州。大业三年（607），改州为郡，改潭州为长沙郡，以长沙为郡治，下辖长沙、益阳、衡山、邵阳四县，其范围约占今之湖南少半。入唐之后，沿袭隋初之制，称潭州，辖长沙、益阳、浏阳、醴陵、湘潭、湘乡六县，直至唐末。前后属江南道和江南西道。武德四年（621），设潭州总管府，稍后称都督府，辖潭、衡、永、郴等州军事。另于长沙设折冲军府，直属朝廷，管控冲要之地。安史之乱后，朝廷为了加强对地方的控制，稳定湖南局势，于大历四年（769）设置湖南观察使兼潭州刺史，以长沙为治所。自此从江南西道析出，别立为湖南道，成立一级行政区划。中和三年（883），升为钦化军节度，未几又更为武安军节度。五代十国时期，马殷割据湖南，受封为楚王，改潭州为长沙府，以此作为国都，辖境广阔，包括今湖南全境及两广、贵州部分地区。

北宋初沿袭马殷楚国旧制，长沙仍称潭州，领长沙、益阳、浏阳、醴陵、湘潭、湘乡六县，后增攸、衡山、湘阴、宁乡四县。至道三年（997），改为荆湖南路治所，辖七州军事，成为湖南州、军、监的政治、军事中心。至南宋，潭州辖长沙、善化、浏阳、宁乡、湘潭、益阳、安化、攸等十二县，为一路、一州、两县治所。又设帅府，提统重兵，为全国六大军事重镇之一。

元朝灭宋，在征服湖湘、用兵两广的战争中，位于“湖、岭要据”的潭州起到了举足轻重的作用，因此长沙在元初成为“潭州行省”“湖广行省”的治所。元统一后，实行省、道、路、州四级地方行政制，长沙先后称潭州路、天临路，为湖南道的治所，下辖长沙、善化、浏阳、宁乡、益阳、湘潭等十二州县。

明朝洪武元年（1368），废除元代地方四级行政体制，改为省、府（直隶州）、县（州）三级制，又废行中书省为承宣布政使司（后仍习称行省或省），改天临路为潭州府，稍后改为长沙府，隶属湖广布政

① 里耶秦简 7-1“长沙信书到起”，简 7-11“长沙布三道”“以长沙印行（事）”。参见张春龙：《里耶秦简 7-1 和 7-11》，首届中日韩出土简牍研究国际论坛暨第四届简帛学的理论与实践学术研讨会，北京，2019 年 9 月。陈伟：《秦苍梧郡、洞庭郡研究的重要资料》，简帛网，2019 年 9 月 10 日。

使司（湖广行省），下辖长沙、善化、浏阳、宁乡、湘潭、益阳、醴陵、安化等十一县和茶陵州。明中期后，湖广行省下又划道设官，长沙为其派出的三大机构之分守道（下湖南道）、分巡道和兵备道（上江防道）的治所。明代的长沙还是朱明帝胄藩封的重地，曾先后册封藩王四人，就藩长沙达 195 年。

清初仍沿袭明朝的地方行政三级制，在总督、巡抚职责管理归属上做了重大改变。长沙府所辖县（州）不变，属湖广总督与布政使司（治节武昌）。在平定湖南之后，朝廷于康熙三年（1664）实行两湖分治，移湖广右布政使司、偏沅巡抚驻节长沙。雍正元年（1723）之后相继改称湖南布政使司与湖南巡抚。自此，湖南巡抚及其所辖的布政、按察两使均驻长沙，长沙终为清代湖南行省的治所，从而确立其后在湖南省的中心地位。迨至民国建立至中华人民共和国成立，皆以长沙为湖南省治。[①]

纵观长沙古代文化与历史沿革，上古时期聚落星布，商周时期即为方国所在，自楚设城邑，秦建郡治，汉立王国，延至明、清，长沙始终为湖湘地区历代地方郡、国、州、路、道、府与行省的治所，成为勋臣贵戚的藩封之都、地方军政长官的驻节之地，因而在历史上具有十分重要的地位。

---

① 长沙自秦汉以降至清代的历史沿革，参见伍新福主编：《湖南通史·古代卷》，湖南人民出版社，1994年；郑佳明主编，梁小进、杨锡贵著：《长沙历史风云》，湖南文艺出版社，1997年；郑佳明主编，黄纲正、周英、周翰陶著：《湘城沧桑之变》，湖南文艺出版社，1997年。

第二章　汉代长沙国世系及王子侯世系

第一节　吴氏长沙国世系

吴　芮

高祖五年（前202）二月甲午，徙故衡山王吴芮为长沙王，都临湘。当年六月薨，在位不足一年，谥文王。

•《史记·秦楚之际月表》"分临江为长沙国"，衡山栏载"四年十三（月）徙王长沙"，长沙栏载"衡山王吴芮为长沙王"。[①]

•《汉书·异姓诸侯王》，四年十月"芮徙长沙"，五年"二月乙未，王吴芮始，六月薨"。[②]

吴　臣

高祖六年（前201），吴臣嗣为长沙王，汉惠帝元年（前194）薨，在位八年，谥成王。

•《史记·秦楚之际月表》，五年六月"长沙成王臣始，芮子"。[③]

•《史记·汉兴以来诸侯王年表》，长沙栏载"五年，吴芮薨。六年，子成王臣立"。[④]

•《汉书·异姓诸侯王表》，长沙栏载汉高祖六年（前201）"成王臣嗣"。[⑤]

吴　回

孝惠二年（前193），吴回嗣为长沙王。高后元年（前187）薨，在位七年，谥哀王。

•《史记·汉兴以来诸侯王年表》，长沙栏载"（孝惠）二年（前193），哀王回元年"，"高后元年（前187），（哀王回）七（年）"。[⑥]

•《汉书·异姓诸侯王》："孝惠二年（前193），哀王回嗣。""高后元年（前187），（哀王回）七（年）。"[⑦]

---

①［汉］司马迁撰：《史记》卷十六《秦楚之际月表第四》，中华书局，1959年，第796、797页。
②［汉］班固撰：《汉书》卷十三《异姓诸侯王表一》，中华书局，1962年，第377、378页。
③［汉］司马迁撰：《史记》卷十六《秦楚之际月表第四》，中华书局，1959年，第799页。
④［汉］司马迁撰：《史记》卷十七《汉兴以来诸侯王年表第五》，中华书局，1959年，第804页。
⑤［汉］班固撰：《汉书》卷十三《异姓诸侯王表一》，中华书局，1962年，第378页。
⑥［汉］司马迁撰：《史记》卷十七《汉兴以来诸侯王年表第五》，中华书局，1959年，第816页。
⑦［汉］班固撰：《汉书》卷十三《异姓诸侯王表一》，中华书局，1962年，第380页。

吴　右

高后二年（前186），吴右嗣为长沙王，文帝前元二年（前178）薨，在位九年，谥共王。

- 《史记·汉兴以来诸侯王年表》，长沙栏载"高后二年（前186）恭王右元年"，"孝文前元二年（前178）（恭王右）九年"。①
- 《汉书·异姓诸侯王表》长沙国栏载高后二年（前186）"共王若嗣"，"孝文元年（前179）（共王若）八年"。②

吴　著

孝文前元三年（前177），吴著嗣为长沙王，孝文后七年（前157）薨，在位二十一年，谥靖王。

- 《史记·汉兴以来诸侯王年表》，长沙栏载"（孝文）前元三年（前177）靖王著元年"，"（孝文）后元七年（前157）二十一（年）来朝，薨，无后，国除"。③
- 《汉书·异姓诸侯王表》长沙国栏载"（孝文）二年（前178）靖王产嗣"，"孝文后元七年（前157），二十二（年）来朝，薨。无子，国除"。④

第二节　刘氏长沙国世系

刘　发

景帝刘启的第六子，母为唐姬。景帝前元二年（前155），以皇子的身份受封为长沙王。孝武元光六年（前129）薨，在位二十七年，谥定王。

- 《史记·五宗世家》："立二十七年卒。"⑤
- 《史记·汉兴以来诸侯王年表》，孝景前元二年（前155）"三月甲寅，定王发元年。景帝子"。⑥
- 《汉书·诸侯王表》："长沙定王发，景帝子。三月甲寅立，二十八年薨。"⑦
- 《汉书·景十三王传》："以孝景前二年立……二十八年薨。"⑧

刘　庸

定王刘发子。孝武元朔元年（前128）立长沙王，太初四年（前101）薨，在位二十八年，谥康（戴）王。

- 《史记·汉兴以来诸侯王年表》孝武元朔元年（前128），"康王庸元年"。⑨
- 《史记·五宗世家》："子康王庸立。二十八年。"⑩
- 《汉书·诸侯王表》："元朔二年，戴王庸嗣，二十七年薨。"⑪

---

①［汉］司马迁撰：《史记》卷十七《汉兴以来诸侯王年表第五》，中华书局，1959年，第817页。
②［汉］班固撰：《汉书》卷十三《异姓诸侯王表第一》，中华书局，1962年，第384页。
③［汉］司马迁撰：《史记》卷十七《汉兴以来诸侯王年表第五》，中华书局，1959年，第817页。
④［汉］班固撰：《汉书》卷十三《异姓诸侯王表第一》，中华书局，1962年，第387页。
⑤［汉］司马迁撰：《史记》卷五十九《五宗世家第二十九》，中华书局，1959年，第2100页。
⑥［汉］司马迁撰：《史记》卷十七《汉兴以来诸侯王年表第五》，中华书局，1959年，第839页。
⑦［汉］班固撰：《汉书》卷十四《诸侯王表第二》，中华书局，1962年，第413页。
⑧［汉］班固撰：《汉书》卷五十三《景十三王传第二十三》，中华书局，1962年，第2426、2427页。
⑨［汉］司马迁撰：《史记》卷十七《汉兴以来诸侯王年表第五》，中华书局，1959年，第858页。
⑩［汉］司马迁撰：《史记》卷五十九《五宗世家第二十九》，中华书局，1959年，第2100页。
⑪［汉］班固撰：《汉书》卷十四《诸侯王表第二》，中华书局，1962年，第413页。

刘鲋鮈

刘庸之子。孝武天汉元年（前100）立，孝昭始元三年（前84）薨，在位十七年，谥顷王。

• 《史记 · 五宗世家》："子康王庸立。二十八年卒。子鲋鮈立，为长沙王。"①

• 《汉书 · 诸侯王表》："天汉元年，顷王附朐嗣，十七年薨。"②

• 《汉书 · 景十三王传》："子顷王鲋鮈嗣，十七年薨。"③

刘建德

刘鲋鮈之子。孝昭始元四年（前83）立，孝宣甘露四年（前50）薨，在位三十四年，谥剌王。

• 《汉书 · 诸侯王表》："始元四年，剌王建德嗣，三十四年薨。"④

• 《汉书 · 景十三王传》："子剌王建德嗣。宣帝时坐猎纵火燔民九十六家，杀二人，又以县官事怨内史，教人诬告以弃市罪，削八县，罢中尉官。三十四年薨。"⑤

刘　旦

刘建德之子。宣帝黄龙元年（前49）立，元帝初元元年（前48）薨，在位二年，谥炀王。无子。

• 《汉书 · 诸侯王表》："黄龙元年，炀王旦嗣，二年薨，亡后。"⑥

• 《汉书 · 景十三王传》："子炀王旦嗣，二年薨。无子，绝岁余。"⑦

刘　宗

刘建德之子，刘旦无子，弟弟刘宗绍袭封长沙王，元帝初元四年（前45）立，元帝永光二年（前42），在位三年，谥孝王。

• 《汉书 · 诸侯王表》："初元四年，孝王宗以剌王子绍封，三年薨。"⑧

• 《汉书 · 景十三王传》："元帝初元三年复立旦弟宗，是为孝王，五年薨。"⑨据《汉书 · 诸侯王表》所载"永光二年（前42），缪王鲁人嗣"，知《诸侯王表》所记无误，"五年"为误抄，当为三年。

刘鲁人

刘宗之子，元帝永光二年（前42）立，孺子婴居摄元年（6）薨，在位四十八年。谥缪王。王莽建新朝，长沙王被废。

• 《汉书 · 诸侯王表》："永光二年，缪王鲁人嗣，四十八年薨。"⑩

• 《汉书 · 景十三王传》："子鲁人嗣，王莽时绝。"⑪

---

①［汉］司马迁撰：《史记》卷五十九《五宗世家第二十九》，中华书局，1959年，第2100页。
②［汉］班固撰：《汉书》卷十四《诸侯王表第二》，中华书局，1962年，第413页。
③［汉］班固撰：《汉书》卷五十三《景十三王传第二十三》，中华书局，1962年，第2426、2427页。
④［汉］班固撰：《汉书》卷十四《诸侯王表第二》，中华书局，1962年，第413页。
⑤［汉］班固撰：《汉书》卷五十三《景十三王传第二十三》，中华书局，1962年，第2427页。
⑥［汉］班固撰：《汉书》卷十四《诸侯王表第二》，中华书局，1962年，第413页。
⑦［汉］班固撰：《汉书》卷五十三《景十三王传第二十三》，中华书局，1962年，第2427页。
⑧［汉］班固撰：《汉书》卷十四《诸侯王表第二》，中华书局，1962年，第413页。
⑨［汉］班固撰：《汉书》卷五十三《景十三王传第二十三》，中华书局，1962年，第2427页。
⑩［汉］班固撰：《汉书》卷十四《诸侯王表第二》，中华书局，1962年，第413页。
⑪［汉］班固撰：《汉书》卷五十三《景十三王传第二十三》，中华书局，1962年，第2427页。

刘 舜

刘舜，刘鲁人之子，居摄二年（7）立，始建国元年（9）薨，在位二年。贬为公，始建国二年（10）废国，改长沙国为“填蛮郡”。

- 《汉书·诸侯王表》：“居摄二年，舜嗣，二年，王莽篡位，贬为公，明年废。”①

刘 兴

刘舜子，东汉建武二年（26）复治国，袭封长沙王，建武十三年（37）二月丙辰，降爵为侯，在位十年。

- 《后汉书·光武帝纪》载，建武二年“十二月戊午，诏曰：‘惟宗室列侯为王莽所废，先灵无所依归，朕甚愍之。其并复故国。若侯身已殁，属所上其子孙见名尚书，封拜’”。②

建武十三年二月“丙辰，诏曰：‘长沙王兴、真定王得、河间王邵、中山王茂，皆袭爵为王，不应经义。其以兴为临湘侯，得为真定侯，邵为乐成侯，茂为单父侯’”。③

第三节 刘氏长沙国王子侯世系④

1. 安成·定王子：思侯苍，元光六年（前129）七月乙巳封——元狩六年（前117）苍薨——元鼎元年（前116），节侯自当嗣——侯寿光嗣。五凤二年（前56），坐与姊乱下狱病死。国除。

2. 宜春·定王子：成，元光六年（前129）七月乙巳封——元鼎五年（前112）坐酎金，免。

3. 句容·定王子：哀侯党，元光六年（前129）七月乙巳封——元朔二年（前127）薨。无后。

4. 容陵·定王子：福，元光六年（前129）七月乙巳封——元鼎五年（前112）坐酎金，免。

5. 路陵·定王子：童，元朔四年（前125）三月乙丑封——元狩二年（前121）坐杀人，自杀。

6. 攸舆·定王子：则，元朔四年（前125）三月乙丑封——太初元年（前104）坐篡死罪囚，弃市。

7. 荼陵·定王子：节侯䜣，元朔四年（前125）三月乙丑封——元鼎元年（前116）薨——二年（前115）哀侯汤嗣——太初元年（前104）汤薨，无后。

8. 建成·定王子：拾，元朔四年（前125）三月乙丑封——元鼎二年（前115），坐使行人奉璧皮荐贺，元鼎三年十月不会，免。

9. 安众·定王子：康侯丹，元朔四年（前125）三月乙丑封——元封六年（前105）丹薨，节侯山嗣——地节三年（前67），缪侯毋妨嗣——其后厘侯褒、歎、崇继嗣——居摄元年（6）崇举兵为王莽所灭——侯宠，建武二年（26）以崇从父弟绍封——建武十三年（37）侯松嗣。

10. 叶平·定王子：喜，元朔四年（前125）三月乙丑封——元鼎五年（前112），坐酎金，免。

11. 安道·定王子：恢，元朔五年（前124）三月癸酉封——元鼎五年（前112），坐酎金，免。

12. 夷夫·定王子：敬侯义，元朔五年（前124）三月癸酉封——元鼎五年（前112）节侯禹嗣——五凤三年（55）顷侯奉宗嗣——其后厘侯庆嗣。怀侯福嗣。侯商嗣——王莽篡位，绝。

---

① ［汉］班固撰：《汉书》卷十四《诸侯王表第二》，中华书局，1962年，第413页。
② ［南朝宋］范晔：《后汉书》卷一《光武帝纪》，中华书局，1965年，第31页。
③ ［南朝宋］范晔：《后汉书》卷一《光武帝纪》，中华书局，1965年，第61页。
④ 据班固《汉书》卷十五《王子侯表第三》（中华书局，1962年，第427~525页）、马孟龙《西汉侯国地理·西汉侯国建置沿革综表》修订本（上海古籍出版社，2021年，第459~602页）编订。

13. 舂陵 · 定王子：节侯买，元朔五年（前 124）六月壬子封——元狩三年（前 120）戴侯熊渠嗣——元康元年（前 65），孝侯仁嗣——其后侯敞嗣——建武二年（26）立敞子社（祉）为城阳王。

14. 都梁 · 定王子：敬侯定，元朔五年（前 124）六月壬子封——元鼎元年（前 116）顷侯傒嗣——其后子节侯弘嗣——孙原侯顺怀嗣——曾孙炀侯容嗣——玄孙侯佗人嗣——王莽篡位，绝。

15. 洮阳 · 定王子：靖侯狩燕，元朔五年（前 124）六月壬子封——元狩六年（前 117）薨，亡后。

16. 众（泉）陵 · 定王子：节侯贤，元朔五年（前 124）六月壬子封——本始四年（前 70）戴侯真定嗣——黄龙元年（前 49）顷侯庆嗣——其后侯骨嗣——王莽篡位，绝。

17. 高城 · 顷王子：节侯梁，元康元年（前 65）正月癸卯封——其后质侯景嗣——顷侯请（诸）士嗣——侯冯嗣，免。

18. 复阳 · 顷王子：严侯延平（年），元康元年（前 65）正月癸卯封——其后子炀侯汉嗣——孙侯道嗣，免。

19. 钟武 · 顷王子：节侯度，元康元年（前 65）正月癸卯封——其后子孝侯宣嗣——孙哀侯霸嗣。亡后——元延二年（前 11），节侯则以霸叔绍封。

20. 安平 · 剌王子：釐侯习，初元元年（前 48）三月封——嘉嗣，免。

21. 阳山 · 剌王子：节侯宗，初元元年（前 48）三月封——买奴嗣，免。

22. 湘乡 · 孝王子：昌，建平四年（前 3）五月丙午封——王莽篡位，免。

23. 昭阳 · 孝王子：赏，元始五年（5）闰月丁酉封——王莽篡位，免。

24. 承阳 · 孝王子：景，元始五年（5）闰月丁酉封——王莽篡位，免。

第三章　长沙历年简牍发现概况

长沙为国务院公布的首批二十四座历史文化名城之一，文脉绵长，历史悠久。埋藏于地下的历代文物品类繁多，不胜其数。考古发现证明：位于今五一广场一带的老城区，自战国、秦汉至明清以来一直为历代官府衙署的治所或为王公贵戚的宫苑的所在，两千余年未曾发生重大迁移。

自 20 世纪 90 年代以来，长沙市文物工作者配合改革开放以来大规模的城市建设，在以五一广场为中心的城区范围内，多次发现、发掘出总数达十余万枚的汉魏时期官府行政简牍文书。这一系列惊人的重大考古发现，不仅证实先秦、两汉至三国孙吴时期王宫、衙署存在的事实，而且通过对简牍文书的整理研究，进一步揭示出湮没于历史尘埃中的史实真相，极大地补充了传世文献的不足与阙遗，为深入地观察研究长沙历史与社会的发展变迁提供了重要文献史料。

进入 21 世纪前二十余年间，随着长沙城市建设提质改造的加速发展，为大面积、有深度地发现、揭露古代早期城址遗迹提供了条件。随着配合新世纪商贸城（2000 年）、万达广场（2010—2014 年）、长沙国际金融中心（2011—2013 年）、华远广场（2012 年）、长沙市青少年宫（2014 年）、五一广场立交枢纽（2016 年）、贾谊故居扩建工程（2023 年）等大规模建设工程的考古勘探发掘工作的推进，长沙汉魏时期古城的基本轮廓逐渐清晰起来。[①]近年来长沙市文物考古研究所利用多年积累的古代墓葬、水井、城址、作坊等考古资料与发掘成果，结合历史文献，经过细心整理与研究，初步推定战国、两汉至魏晋南朝时期长沙古城的大致范围与形状：“北至今连升街—长沙市青少年宫南部、中山路西北侧 60 米处一线；东至东鱼塘街—犁头后街—文运街；南至人民西路北侧；西至下河街东侧。范围大致呈南北长约 1400 米，东西宽约 850 米的长方形。”[②]有关专家认为，魏晋南北朝时期仍沿袭汉代的长沙城，四至范围并无变化。但在原长沙城内的南部新建了一道两面砌砖的东西向城墙，作为州城南城墙。“这样，州城和郡城就分隔开来。州城和郡城南北相邻，同处长沙城内，郡城在州城南，这种格局与《水经注》的记述完全吻合。”[③]这一较为严谨科学的考证与推论，不仅大大向前推进对长沙古城研究的深入，改变了多年停滞不前的状态，大体复原了秦汉魏晋时期长沙古城发展的基本格局与规模，而且为众多出土简牍的性质、归属奠定了科学分析的基础，为探讨古城分区布局、功能划分提供了科学的考古依

① 黄朴华主编：《长沙古城址考古发现与研究》，岳麓书社，2016 年，第 6~33 页。
② 黄朴华主编：《长沙古城址考古发现与研究》，岳麓书社，2016 年，第 148 页。
③ 黄朴华主编：《长沙古城址考古发现与研究》，岳麓书社，2016 年，第 154 页。

据。2003年于走马楼古井出土的西汉简牍恰在被考证推定的汉代城郭内中部偏东的位置，依据简文的内容，我们有理由相信这一简牍出土地点与西汉长沙国的官署等有着密切的联系，应为其王国某一重要机构的位置所在。围绕五一广场及其附近区域出土的不同时代的简牍的性质，大多与权力部门的行政活动密切相关，其区域位置十分重要。据文献记载与考古发掘证明，迨至明、清两代，主政此地的达官贵戚仍将重要的藩府衙署、宫室庙堂选址于此。例如，明吉藩王府的正殿——承运殿即筑基于此东侧的五一广场，至清雍正时更名为万寿宫，至同治年间沿袭不变。民国初年此地才被辟为长沙仓、善化县仓址所在。①1947年修建黄兴中路，拆除了位于今五一广场的皇仓街、仓后街一部分。②中华人民共和国成立后，1951年在兴建五一西路与五一广场时，拆除了位于广场之间的万寿街、万庆街、小观园、皇仓街等。③2016年因在原五一广场位置修建城市中心立交桥，遂将五一广场改迁至五一大道与黄兴中路交汇处之东北一隅。

兹将长沙汉魏时期古城位置，汉代古井、墓葬分布状况以及近三十年来，在长沙汉魏古城范围内历年发掘简牍的地点、概况列图、表于后（图一，图二；表一）。

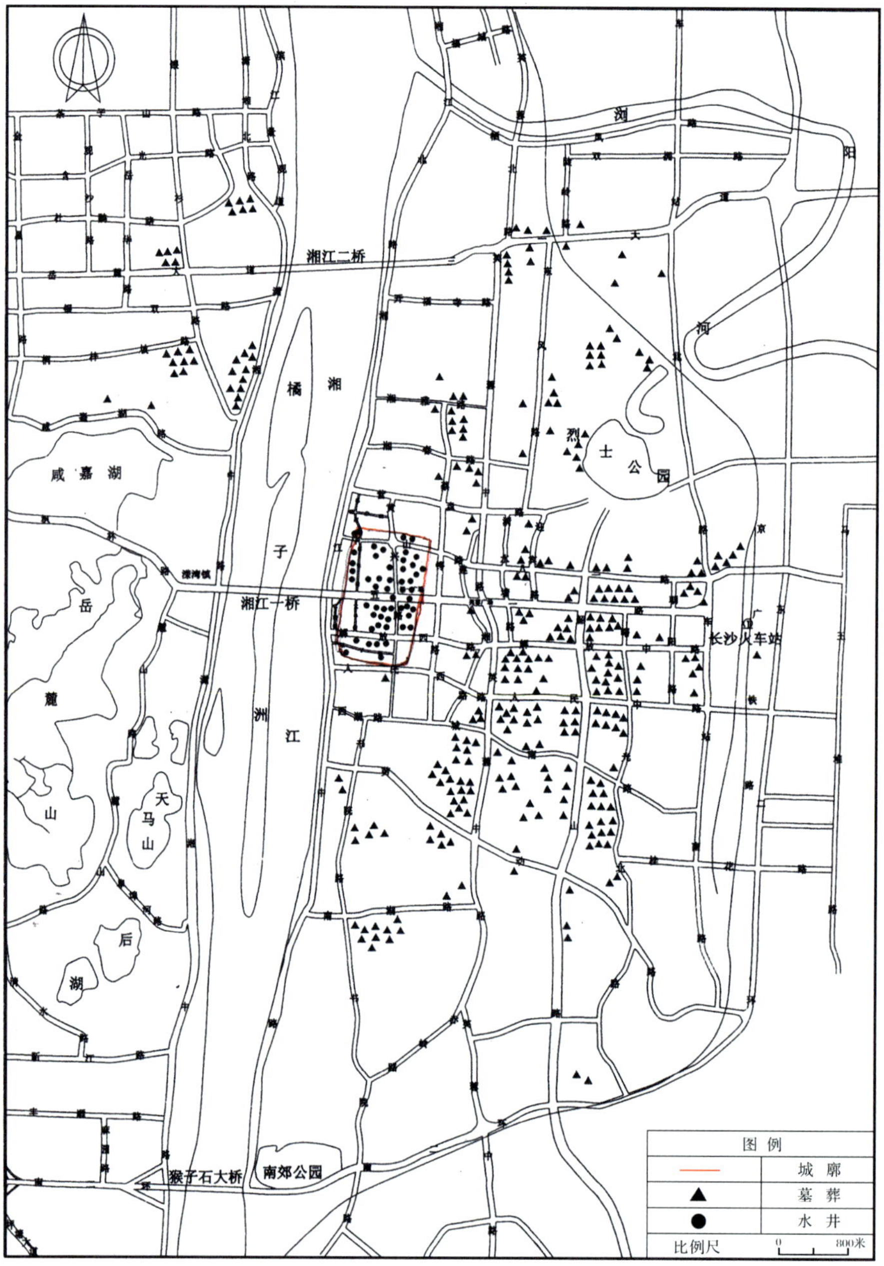

图一　汉魏长沙古城位置及汉代水井、墓葬位置分布示意图④

---

①［清］张廷玉等撰：《明史》卷一九四《林俊传》，林俊于弘治五年任湖广按察使时曾增修吉王府，中华书局，1997年，第5137页；［清］陈运溶：《湘城访古录》，光绪二十年长沙萃文堂本，江苏广陵古籍刻印社，1991年影印本。

② 长沙市志编纂委员会：《长沙市志》第五卷，湖南人民出版社，1997年，第281页。

③ 长沙市志编纂委员会：《长沙市志》第五卷，湖南人民出版社，1997年，第271、297页。

④ 据黄朴华主编：《长沙古城址考古发现与研究》，岳麓书社，2016年，第91、147、153页，图一二二《汉代水井与墓葬位置分布示意图》、图一四二《汉代长沙城位置示意图》、图一四三《魏晋南北朝时期长沙城位置示意图》改绘。

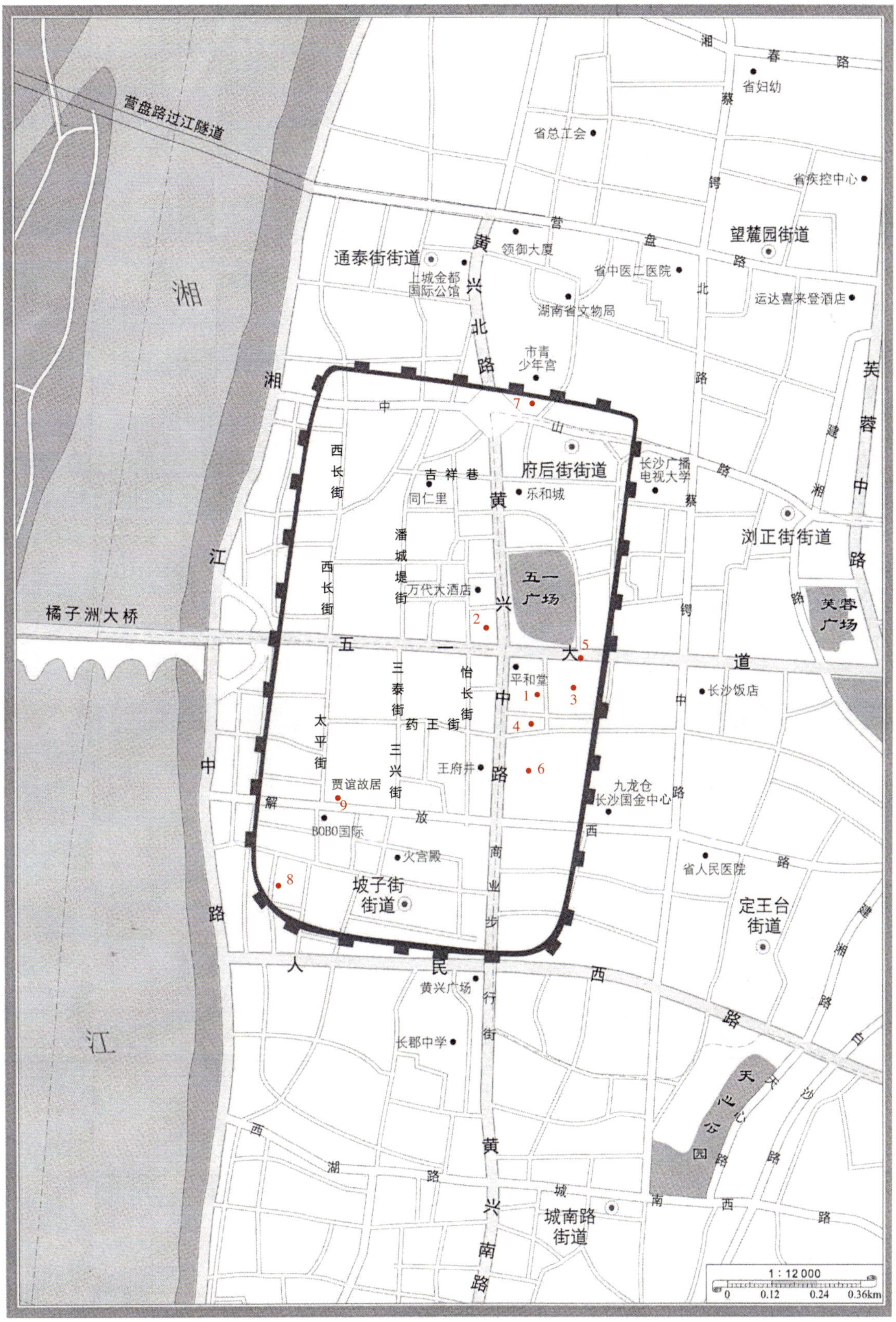

图二　汉魏长沙古城位置及出土简牍地点分布示意图①

1. 走马楼三国吴简　2. 九如斋东汉简　3. 走马楼西汉简　4. 东牌楼东汉简　5. 五一广场东汉简
6. 尚德街东汉简　7. 青少年宫西汉简　8. 坡子街秦简　9. 朝阳巷秦汉简

① 汉魏长沙古城示意图承蒙长沙市文物考古研究所黄朴华先生惠赐并允使用，由该所李强先生绘制，本书责任编辑邱建明先生设计移录至今之城区图，谨致谢忱。另参见黄朴华主编：《长沙古城址考古发现与研究》，岳麓书社，2016年，第91页。

表一 长沙汉魏古城区域内历年简牍发现一览表①

发现发掘时间	发现地点	时代	数量	质地	形制	性质	资料来源
1996年10—12月	原走马楼街50号、湖南平和堂商厦建设工地J22及湖湘渔场采集地	三国(吴)	10万余枚，近8万枚有字	竹、木	简、牍、封检、楬、签牌、封匣	官府文书与少量私人书信	长沙市文物考古研究所、中国文物研究所、北京大学历史系:《长沙走马楼三国吴简》竹简壹、贰、叁，《嘉禾吏民田家莂》；长沙简牍博物馆、中国文化遗产研究院、北京大学历史系、故宫博物院古文献研究所：《长沙走马楼三国吴简》竹简肆、伍、陆、柒、捌、玖，文物出版社，1999—2019年
1997年5月	原九如斋食品店，科文大厦建设工地J3、J5、J8、J21、J25	东汉	260余枚，其中80余枚有字	木	简、牍	官府文书与私人书信	宋少华、黄朴华：《长沙市五一广场东汉简牍》，《中国考古学年鉴·1997》，科学出版社，1998年
2003年11—12月	走马楼街东侧湖南省供销社综合楼建设工地J8及井外周边采集	西汉	2600余枚，2000余枚有字	竹、木	简、牍、楬、签牌、觚、削衣	官府文书、少量私人书信	长沙简牍博物馆、长沙市文物考古研究所：《2003年长沙走马楼西汉简牍重大发现》，《出土文献研究》第七辑，2006年，第57~64页；《长沙市走马楼西汉古井及简牍发掘简报》,《考古》2021年第3期，第35~62页
2004年4—6月	东牌楼附近湘浙汇商业大厦建设工地J7、J32	东汉	J7出土426枚，共218枚有字；另J32有数十枚尚在整理，未发表②	木	简、牍、封检、楬、签牌	官府文书及私人信札	长沙市文物考古研究所、中国文物研究所：《长沙东牌楼东汉简牍》，文物出版社，2006年
2010年6—8月	五一广场东侧之五一大道路南J1	东汉	6862枚	竹、木	简、牍、封检封匣、楬、削衣、异形	官府文书及私人信札	长沙市文物考古研究所、清华大学、中国文化遗产院、岳麓书院：《长沙五一广场东汉简牍选释》，中西书局，2015年12月；《长沙五一广场东汉简牍》壹、贰、叁、肆、伍、陆，中西书局，2018、2019、2021年
2011年11—12月	尚德街长沙国际金融中心建设工地九口古井	东汉至三国	171枚	木	简牍、封检、削衣	官府文书及私人信札	长沙市文物考古研究所：《长沙尚德街东汉简牍》，岳麓书社，2016年
2014年8月—2015年1月	中山西路北侧、长沙市青少年宫建设工地古井	西汉	近百枚，待整理	木	简、牍	官府文书	黄朴华主编：《长沙古城址考古发现与研究》,岳麓书社,2016年,第145页
2015年10—11月	坡子街华远建设工地5号古井	秦	122枚	木	木牍残片	官府文书	2022年长沙博物馆、长沙市文物考古研究所联合举办“发·现——长沙考古70年成果巡礼”特展，展出数枚
2023年9月	朝阳巷贾谊故居南扩工地古井	秦汉	约200枚	竹、木	简、牍	官府文书	2023年度湖南考古汇报会公布

① 编者按：《简牍发现一览表》依发现时间的先后排序。
② 长沙市文物考古研究所：《长沙尚德街东汉简牍》，岳麓书社，2016年，第6、7页。所报道简牍出土数量与原发掘简报数量稍有别。

第四章　走马楼西汉简牍的发现与发掘

第一节　出土简牍的地理位置与发现

走马楼西汉简牍出土地点位于湖南省供销社综合大楼建设工地内。该建设工地占地面积近4600平方米，位于长沙市中心五一广场之东南侧。其北临五一路，南近青石井街，东接犁头后街，西毗走马楼街，与湖南平和堂商厦隔街相望。1996年在走马楼街50号房基下，即平和堂商厦建设范围内的J22中发掘出土了10万余枚三国（吴）简牍，①引起了海内外学界的高度关注。2003年出土西汉简牍的J8至J22的直线距离为95米。2010年在五一广场东侧之五一大道南缘，又发掘出土了6800余枚东汉简牍，与出土走马楼西汉简的J8直线距离仅60余米（图二，图三；图版一，1～3）。②

湖南省供销社综合楼的基础工程动工于2003年9月下旬。由于建设工程地处长沙市重点文物埋藏区，长沙市文物考古部门对此十分关注，派出专业技术人员进场勘探，随工清理发现的古代遗迹文物，先后发现清理战国至明清时期的古井16口。考虑到古井发现的地点紧邻走马楼（街），依据考古发现定名的原则，发掘者将发掘地点定名为2003年长沙走马楼古井群，简称“2003.C.Z.J”，数字表示为2003年，其后的字母分别为地点、街道名、井名，即长、走、井三字的汉语拼音缩写。出土简牍古井的发掘编号为第8号，故简称为2003.C.Z.J8。

2003.C.Z.J8位于施工基坑中部偏南的位置。2003年11月5日中午时分，长沙市文物考古研究所黎石生同志向该工地从事发掘清理的技工询问有关情况后，从技工带回的古井上层出土的残断破损的竹片上，发现存有墨书残迹，遂于午后赶往发掘现场查实。黎石生同志在J8上层堆积的竹木灰烬中裹挟的少量残损竹片上又发现了墨书文字，从而确认为古代简牍。黎即叫停J8的清理，保护好现场，并将这一重要发现及时向常务副所长何旭红同志报告。何旭红赶赴现场确认后，于11月6日上午向所长（兼任）宋少华同志报告。③宋接到报告后迅速赶赴发掘现场，经查勘确认以后提出必须按照重大文物发现清理的要求，重新部署发掘

① 长沙市文物考古研究所、中国文物研究所、北京大学历史系：《长沙走马楼二十二号井发掘报告》，《长沙走马楼三国吴简·嘉禾吏民田家莂》，文物出版社，1999年。

② 长沙市文物考古研究所：《湖南长沙五一广场东汉简牍发掘简报》，《文物》2013年第6期，第4页。其简报所言，1号井“距2003年走马楼西汉简牍出土点约20米”，两地点间距疑为印误。

③ 当是之时，长沙市文物考古研究所所长宋少华已于当年3月调长沙简牍博物馆任职。因新任所长尚未任命，经市文化局领导研究决定，暂由宋少华兼任所长一职，主持工作，待所长正式任命后再行交接。时至2003年12月23日，新所长的任命方下。

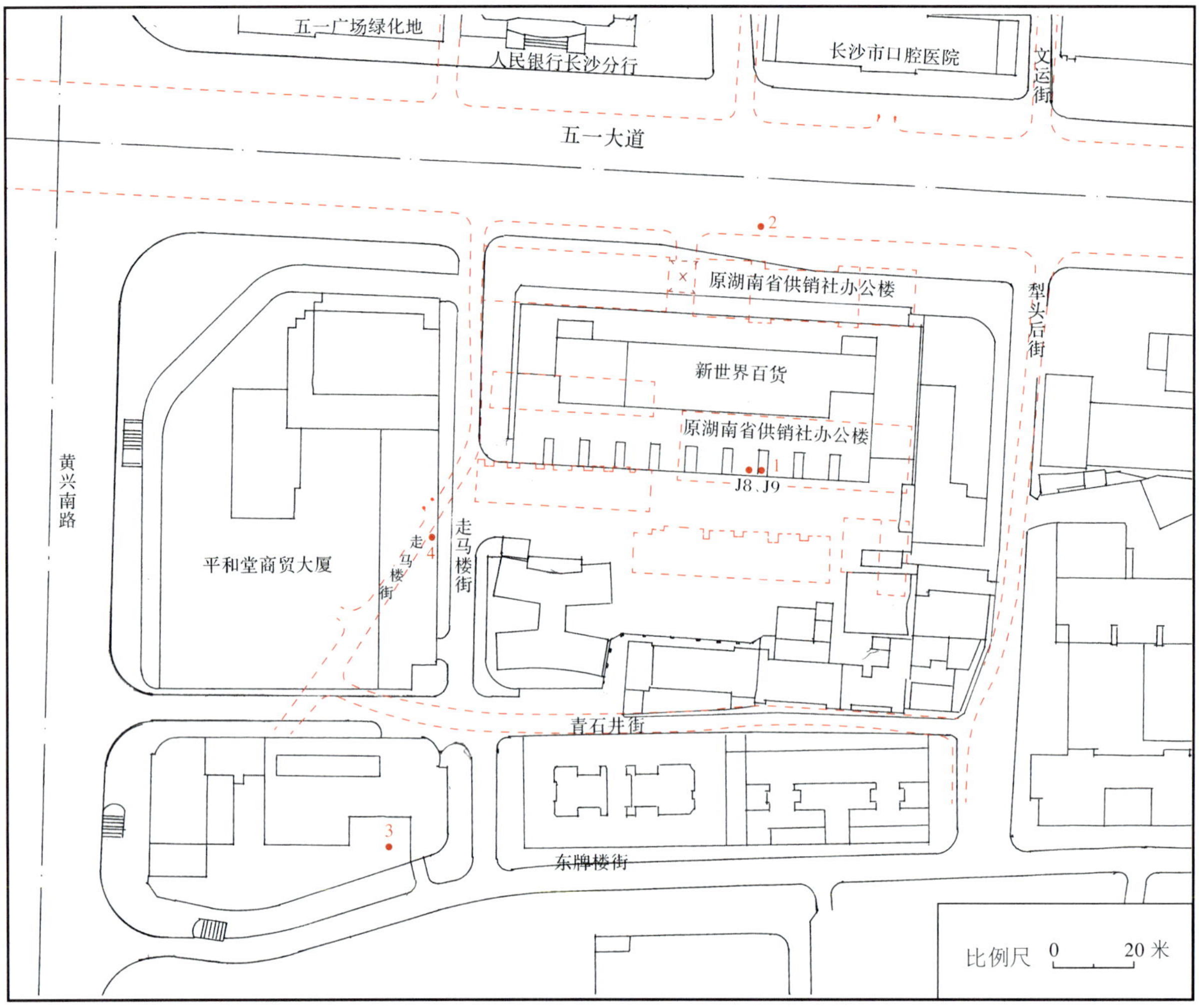

图三　长沙老城区发现简牍的古井位置分布图

1. 2003 年走马楼 J8、J9　2. 2010 年五一广场五一大道南 J1　3. 2004 年东牌楼 J7、J32　4. 1996 年走马楼 J22

（图中虚线为 20 世纪 50 年代湖南省供销社区域建筑及五一路、走马楼等街道平面图，实线为 21 世纪初长沙城市改扩建后的平面图）

清理、保护工作，所需人力、物力与技术安排由馆、所两家单位统一调配解决。与此同时将发现的初步情况及时向省、市文化和文物主管部门报告。当日下午市文化局、市文物局领导欧阳晓东、曹凛等赶赴发掘现场视察并通知建设单位配合做好古井保护发掘等工作。

由于当时市所已抽调黄朴华、何佳等一批重要的业务骨干外出支援三峡库区淹没区的抢救性考古发掘工作，一时无法急调回援。面对突发的紧急事态，鉴于实际存在的工作关系，11 月 7 日，长沙简牍博物馆与长沙市文物考古研究所商定成立“2003 走马楼西汉简牍联合发掘组”，迅速完成工作部署与人员调配，确保发掘保护工作稳步推进。宋少华（兼所长）任发掘领队，何旭红（常务副所长）负责协调相关工作及所里其他日常工作，邱东联（副所长）任执行领队。参加工作人员有马代忠、黎石生、肖静华、汪力工、金平、张竹青、胡冬成、孟科保、邱爱华、杨章新、张军、肖静、毕灿、李丹等。联合发掘组按程序向湖南省文物局申报发掘审批手续并获批准。发掘期间曾多次报请湖南省文物局、湖南省文物考古研究所领导、专家到发掘现场检查指导，并聘请省考古研究所专业人员使用全站仪对古井的位置、标高进行了精确的测量定位（图版二，1）。

11 月 7 日，长沙市文化局向湖南省供销社送达了《关于依法配合做好地下文物保护工作的函》（长文物〔2003〕65 号），就依法配合做好地下文物保护工作，配合古井出土简牍的发掘、保护、文物安全等事项提出了要求。时任湖南省委常委、长沙市委书记梅克葆，省文化厅厅长金则泰，市委常委、宣传部部长谢建辉等先后到发掘现场视察指导。11 月 21 日，发掘领队宋少华赴广州参加文物工作会议期间，向到会的国家文物局考古专家组组长黄景略先生、国家文物局文保司关强副司长作了发掘情况的口头汇报。12 月 18 日，国家文物局考古专家组严文明先生（北京大学考古文博学院教授）来长，视察了 J8 发掘现场及简牍清理存放库房，听取了考古领队的工作汇报，对出土简牍的揭取、现场发掘采用整体切割搬迁的方法给予肯定，同意发掘组提出的下一步简牍清理揭取的工作思路（图版二，2～3；图四，1、2）。

2003 年 12 月底，联合发掘组完成《关于长沙走马楼区域（省供销社综合楼）建设工地发现汉代简牍的情况汇报》材料，上报湖南省文物局、国家文物局（图四，3）。

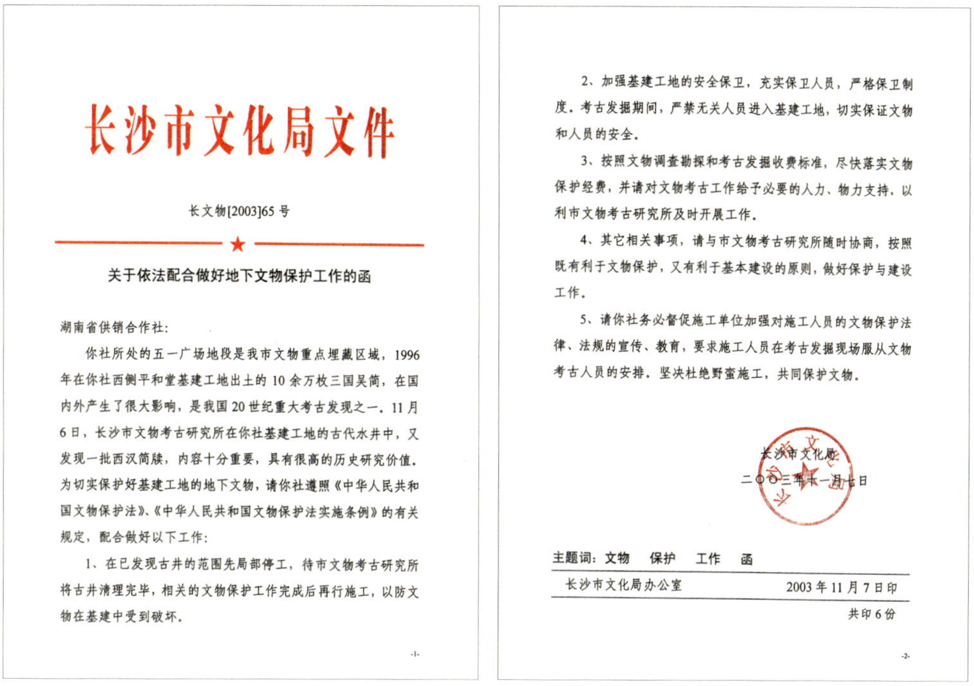

长沙市文化局文件

长文物[2003]65 号

关于依法配合做好地下文物保护工作的函

湖南省供销合作社：

你社所处的五一广场地段是我市文物重点埋藏区域，1996 年在你社西侧平和堂基建工地出土的 10 余万枚三国吴简，在国内外产生了很大影响，是我国 20 世纪重大考古发现之一。11 月 6 日，长沙市文物考古研究所在你社基建工地的古代水井中，又发现一批西汉简牍，内容十分重要，具有很高的历史研究价值。为切实保护好基建工地的地下文物，请你社遵照《中华人民共和国文物保护法》、《中华人民共和国文物保护法实施条例》的有关规定，配合做好以下工作：

1、在已发现古井的范围先局部停工，待市文物考古研究所将古井清理完毕，相关的文物保护工作完成后再行施工，以防文物在基建中受到破坏。

-1-

2、加强基建工地的安全保卫，充实保卫人员，严格保卫制度。考古发掘期间，严禁无关人员进入基建工地，切实保证文物和人员的安全。

3、按照文物调查勘探和考古发掘收费标准，尽快落实文物保护经费，并请对文物考古工作给予必要的人力、物力支持，以利市文物考古研究所及时开展工作。

4、其它相关事项，请与市文物考古研究所随时协商，按照既有利于文物保护，又有利于基本建设的原则，做好保护与建设工作。

5、请你社务必督促施工单位加强对施工人员的文物保护法律、法规的宣传、教育，要求施工人员在考古发掘现场服从文物考古人员的安排。坚决杜绝野蛮施工，共同保护文物。

长沙市文化局

二〇〇三年十一月七日

主题词：文物　保护　工作　函

长沙市文化局办公室　　2003 年 11 月 7 日印

共印 6 份

-2-

1

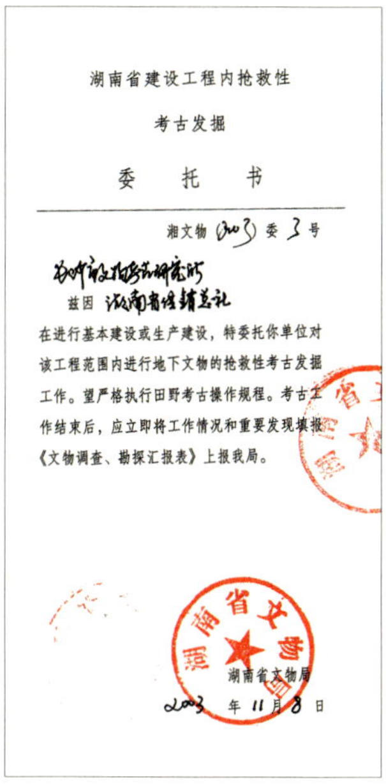

湖南省建设工程内抢救性

考古发掘

委　托　书

湘文物（2003）委 3 号

长沙市文物考古研究所

兹因 湖南省供销总社

在进行基本建设或生产建设，特委托你单位对该工程范围内进行地下文物的抢救性考古发掘工作。望严格执行田野考古操作规程。考古工作结束后，应立即将工作情况和重要发现填报《文物调查、勘探汇报表》上报我局。

湖南省文物局

2003 年 11 月 8 日

2

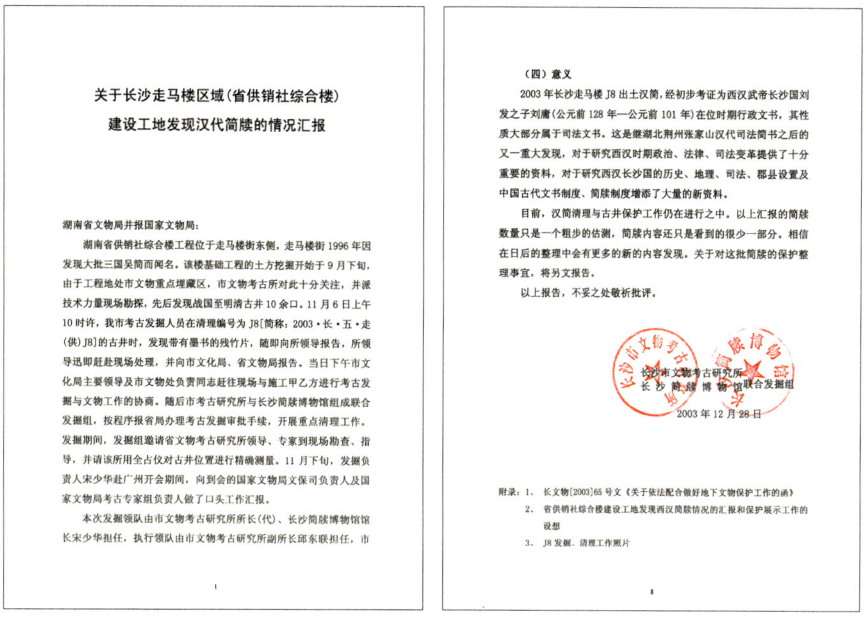

关于长沙走马楼区域（省供销社综合楼）

建设工地发现汉代简牍的情况汇报

湖南省文物局并报国家文物局：

湖南省供销社综合楼工程位于走马楼街东侧，走马楼街 1996 年因发现大批三国吴简而闻名。该楼基础工程的土方挖掘开始于 9 月下旬，由于工程地处市文物重点埋藏区，市文物考古所对此十分关注，并派技术力量现场勘探，先后发现战国至明清古井 10 余口。11 月 6 日上午 10 时许，我市考古发掘人员在清理编号为 J8[简称：2003·长·五·走(供)J8]的古井时，发现带有墨书的残竹片，随即向所领导报告，所领导迅即赶赴现场处理，并向市文化局、省文物局报告。当日下午市文化局主要领导及市文物处负责同志赶往现场与施工甲乙方进行考古发掘与文物工作的协商。随后市考古研究所与长沙简牍博物馆组成联合发掘组，按程序报省局办理考古发掘审批手续，开展重点清理工作。发掘期间，发掘组邀请省文物考古研究所领导、专家到现场勘查、指导，并请该所用全站仪对古井位置进行精确测量。11 月下旬，发掘负责人宋少华赴广州开会期间，向到会的国家文物局文保司负责人及国家文物局考古专家组负责人做了口头工作汇报。

本次发掘领队由市文物考古研究所所长(代)、长沙简牍博物馆馆长宋少华担任，执行领队由市文物考古研究所副所长邱东联担任，市

1

（四）意义

2003 年长沙走马楼 J8 出土汉简，经初步考证为西汉武帝长沙国刘发之子刘庸(公元前 128 年—公元前 101 年)在位时期行政文书，其性质大部分属于司法文书。这是继湖北荆州张家山汉代司法简书之后的又一重大发现，对于研究西汉时期政治、法律、司法变革提供了十分重要的资料，对于研究西汉长沙国的历史、地理、司法、郡县设置及中国古代文书制度、简牍制度增添了大量的新资料。

目前，汉简清理与古井保护工作仍在进行之中。以上汇报的简牍数量只是一个粗步的估测，简牍内容还只是看到的很少一部分。相信在日后的整理中会有更多的新的内容发现。关于对这批简牍的保护整理事宜，将另文报告。

以上报告，不妥之处敬祈批评。

长沙市文物考古研究所
长 沙 简 牍 博 物 馆 联合发掘组

2003 年 12 月 28 日

附录：1、长文物[2003]65 号文《关于依法配合做好地下文物保护工作的函》

2、省供销社综合楼建设工地发现西汉简牍情况的汇报和保护展示工作的设想

3、J8 发掘、清理工作照片

8

3

图四　走马楼西汉简牍发掘工作批复、汇报材料影印件

1. 长沙市文化局批复文件　2. 湖南省文物局考古发掘委托书　3. 发现情况汇报（节选）

第二节　出土简牍的发掘经过

2003.C.Z.J8发掘工作自2003年11月6日始，至12月2日止，共计27天，除去因参加会议、雨天停工等因素未发掘外，实际露天作业20天。发掘经过如下：

11月6日至11月15日为发掘前的准备阶段。即制订新的发掘方案，购置添加发掘所需的相关设备，与建设单位协商配合考古发掘保护工作事宜，组织人员对发掘场地进行清理，清除转移井口附近的残砖碎瓦等建筑垃圾，重新调整部署发掘保护技术力量等。由于所里当年还承担三峡库区的考古发掘工作，有相当一部分专业技术人员在外不能即时回援，为确保发掘质量，经研究决定，抽调正在宁乡参加省所炭河里商周遗址发掘的马代忠同志回援，协助执行领队的工作，抽调保管部从事吴简保护工作的肖静华、胡冬成两位同志参加简牍现场清理工作。领队宋少华因11月13日至11月15日赴京参加国家文物局主持的《长沙走马楼吴简保护整理总体方案》专家论证会，故J8发掘工作实待宋返回后正式开始。

11月16日至11月20日为发掘的第一阶段。由于对J8的形制结构以及井内简牍的堆积状况、厚度、深度、保存状态不清楚，且J8的井口上部直径仅为88厘米，发掘空间狭窄，仅容一人站立，自上而下操作十分困难，更不利于简牍保护。针对古井内简牍堆积的实际情况，按领队要求，对J8北壁进行局部解剖，先剖开了一个宽度为66厘米、深度为120厘米的缺口，借以观察井内简牍层位堆积状况，以便采取相应清理措施并为后续的保护整理预作准备。从解剖面观察，井内简牍被淤泥所包裹，杂叠交错，堆积状况难以分辨。为慎重起见，安排先由简牍揭取熟练的技师对靠近井口部位的简牍进行了试探性的揭取，在揭取过程中发现由于简牍自身已腐蚀严重，又被泥浆包裹粘连，揭取十分不易，稍有不慎，极易折断。揭取的效果很不理想，此法不可取，遂即叫停。鉴于上述状况，在明确以保护简牍为首要目标的前提下，领队及时调整发掘方案，安排发掘人员将井壁稳妥安全地剖开至二分之一，使最大径内的井内堆积充分袒露出来，使之便于观察与揭取。另外，在J8之东侧，还发现了一口编号为J9的古井，其与J8并列而存，两井间距仅为50厘米，井口直径相近。J9内亦同样填淤大量灰黑色燃烧后的竹木灰烬。虽然J9上部堆积中未见简牍残片，但考虑到两井相距甚近，井中堆积的灰烬物相似，为弄清两井之间的关联，遂在发掘中将两井合并为一处进行清理，其发掘的步骤、方法一致。两井的发掘情况将在“发掘收获”中一并介绍。发掘期间聘请湖南省文物考古研究所专业人员采用全站仪对古井位置、海拔高程进行测量，用GPS精准定位。经测量知现存J8井口的海拔高程为35.8米，现今地表的海拔高程为45.75米，J8现存井口距地表约10米左右。此外，又组织人员采集了J8、J9内以及建筑基坑底部剖面残存古代灰坑、堆积地层的泥样共十一处，用作孢粉与水稻硅质体检测。

11月21日至11月23日领队宋少华赴广州参加文物工作会议期间，向国家文物局专家组组长黄景略先生、文保司副司长关强先生作了发掘工作的口头汇报。考虑到专家、领导可能于会后即来长视察发掘工作现场，故通知长沙方面暂停J8、J9井内堆积的发掘，只做井口外部周边的清理工作。

11月24日至11月26日为发掘的第二阶段。为进一步探明古井的深度，先安排挖掘机械在指定的范围，即距J8、J9北壁外1米处，开掘出一个长4米、宽2米、深1.5米的方坑，再安排发掘技工使用镐、铲、锄等小型手工具，采用轻掘慢剥的方法接近井壁，最终完成两井壁二分之一剖面的清理并连为一体。与此同时，在省考古研究所测绘人员的指导帮助下，于井壁两侧生土剖面上，按10厘米一格的刻度，精确标示测量所得海拔高程数值，所测海拔高程为34.2～35.8米。经仔细观察井壁解剖后的堆积，发现J8简牍堆积的厚度在海拔高程34.4～35.33米之间，而J9则未见简牍。这样操作的结果对于从整体上掌控、把握简牍在井内堆积的实际体量、深度提供了便利，亦为下一步的发掘保护决策提供了依据。在解剖井壁期间，发掘人员对周围被施工机械破坏、仅残存底部的几处古井（灰坑）进行了清理，又采集到少量的简牍。11

月25日，为慎重起见，决定先从清理J9入手，为后续清理J8积累经验。J9自井口以下（海拔高程35.8米处），按20厘米一层进行揭取，其具体步骤为：按象限划分，先揭取第三象限部分（东北向），观察第二象限与第四象限的剖面与第三象限的平面；其次揭取第四象限部分（西北向），观察第一象限的剖面与第四象限的平面；最后合并揭取第一、第二象限部分，并观察其平面。如此逐层清理直至海拔高程34.4米处结束，清理深度达1.4米。清理结果表明，J9层堆积物结构松散，大部分为植物灰烬与碳化物，夹杂少量残碎竹木屑片，未发现简牍。

11月27日至12月2日为发掘的第三阶段。经对J9按象限法分层清理，初步了解其堆积遗存包含物的性质，在此基础上展开了对J8的清理。J8的遗存堆积与J9大不相同。其井口（海拔高程35.8米）下深47厘米处（海拔高程35.33米）的堆积包含物与J9相同，多为植物灰烬与碳化物并裹挟少量的竹简残片，最初发现有墨书字迹的残简即出土于此层。自47厘米以下（海拔高程35.33米）至140厘米（海拔高程34.4米）则是被黏性淤泥包裹的简牍。简牍缠绕杂错，叠压相累，淤泥包裹渗注其间，粘连紧密；其埋藏地下已2000余年，质地十分脆弱。若在现场贸然揭取，不仅耗时费工，效率低下，而且极易使简牍遭受二次损伤。考古领队曾主持1996年三国吴简的发掘工作，深知现场揭取简牍的困难及存在的诸多不利因素，故对出土简牍的清理持十分慎重的态度，认为现场揭取弊端甚多，实不可取。鉴于上述情况，发掘领队与执行领队商议后果断调整发掘方案，采取“去皮取芯，整体切割，打包装运，室内清理”的方法，在做好田野发掘记录，提取相关考古信息之后，遂安排对简牍揭取经验丰富的肖静华、胡冬成两位技师进行提取工作，并配备相应的技工协助，花费3天时间，完成了对J8内堆积的简牍整体切割打包任务。11月29日，连夜将整体切割打包的简牍安全运抵库房，等待清理。其后继续清理J8、J9（海拔高程34.4米）以下至井底的堆积遗存，于12月2日完成对古井的清理、测量、绘图、拍照等项工作，至此田野发掘工作全部结束（图版二，4；图版三，1～6；图版四，1～4）。

第五章　发掘收获

第一节　古井的形制与遗存堆积

一、J8形制结构与遗存堆积

2003C.Z.J8位于施工基坑中部偏南的位置，现存井口距地表约10米。发现时残存井口以上部位已遭施工机械破坏，开口层位已无存。发掘期间曾对建筑基坑内未被扰乱的剖面进行铲刮探查，多未获得理想的文化堆积地层。此处原为湖南省供销社办公大楼及相关设施旧址所在，该楼及附属设施原建于1952年，为一幢歇山式屋顶的仿古建筑群落，主、裙楼相连，体量庞大，基础深固，全部为钢筋混凝土整板基础。建筑群范围内的古代地层因大楼的建设受到了极大的破坏。[①]2000年，因拓宽五一大道，该楼被拆除。

唯在基坑南壁西段发现了一处残存的古代地层，其宽约2米，厚约0.5米，距地表约8米左右，经铲刮剖面，可大体划分出两个地层：第一层为魏晋南朝时期，厚约20余厘米，地层包含物有青瓷罐、碗等残片；第二层为汉代，叠压在生土层上，厚约30余厘米，地层中包含物有绳纹板瓦、筒瓦、绳纹罐等残片；第一层以上为近现代建筑瓦砾灰屑，隋唐、宋元至明清的地层皆未见，疑为现代的建设所破坏（图版四，5）。

J8为一圆形竖井，现存开口打破第四纪网纹红土层。井壁经过人工修饰，坚实光滑，未发现开裂坍塌的情况，井壁未凿供人上下的脚窝。现存井口直径为88厘米，深度为240厘米。经测量，井口的海拔高程为35.8米，井底为33.4米。井呈圆柱体，整体的形制呈一倒“凸”字形，上宽下窄。自井口下深至140厘米处圆缓收束，井径变为52厘米，直至底部，深100厘米，井底呈圜底状（图五）。

井内堆积物为灰黑褐色泥浆状植物灰烬与碳化物颗粒，并夹杂大量残碎的竹、木片、木屑。简牍被裹挟在这些泥灰残屑之中。泥灰层、简牍层之下则为堆积累叠相当数量的日用陶器及建筑材料残片。井内堆积自上而下可分为三层，分述如下。

第一层：自井口下深47厘米，堆积厚度47厘米，海拔高程为35.8～35.33米。此层堆积为黑色、深褐色淤泥，实为焚烧后的植物灰烬，经2000余年的时间与地下水和渗透的泥沙混合而成，其结构松散稍带黏软，饱含水分，触摸如泥，其中混杂着相当数量的碳化物颗粒及少量竹简残片。此层堆积经清理后被

---

① 长沙市志编纂委员会：《长沙市志·建筑》，湖南人民出版社，1997年，第233页。

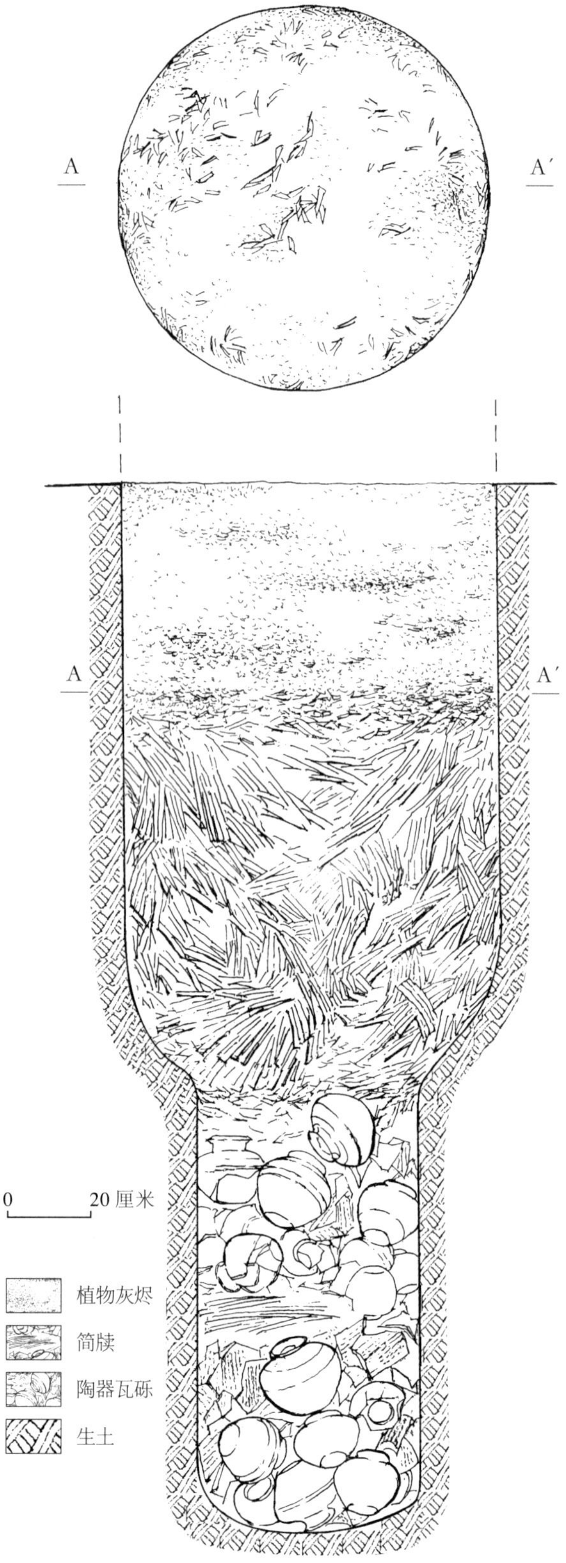

图五　J8号古井平剖面、堆积示意图

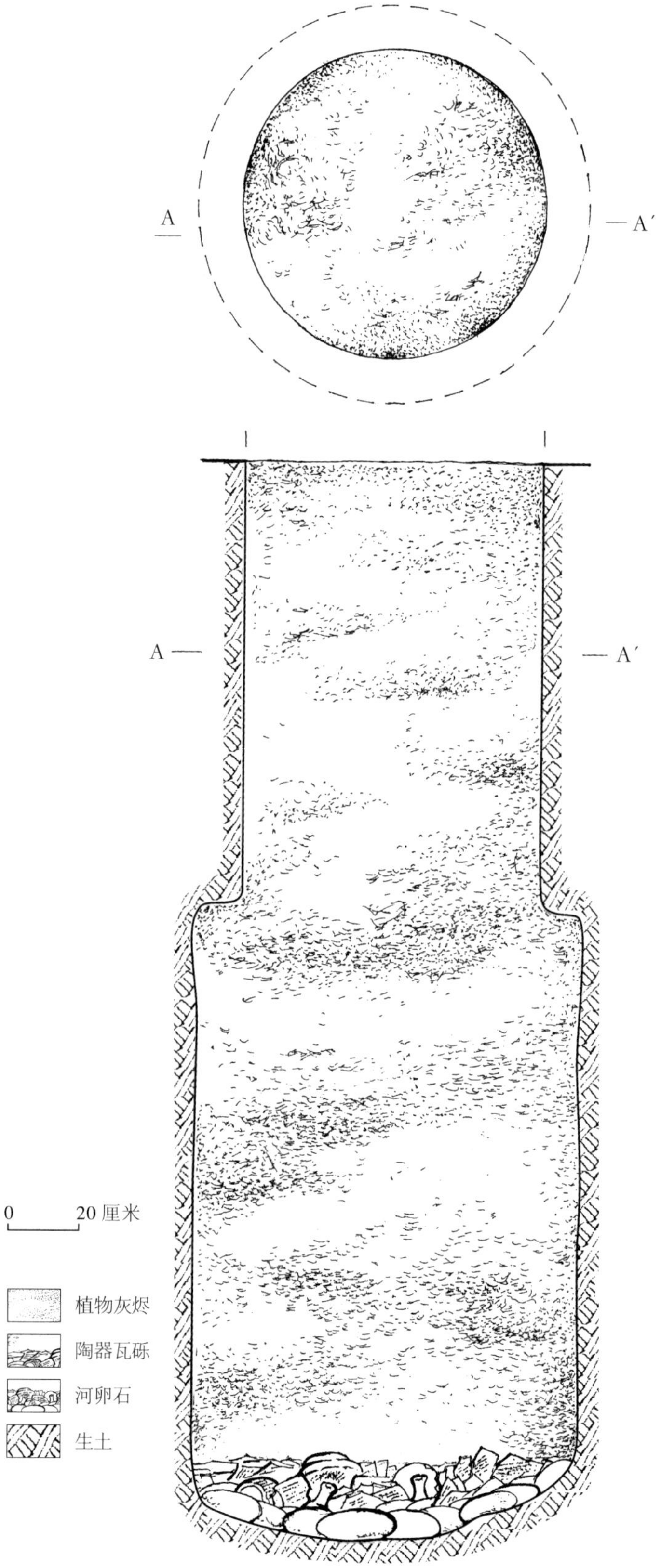

图六　J9号古井平剖面、堆积示意图

装袋运回室内，全部经水筛洗过验，拣选出少量有字残简。

第二层：自井口下47厘米起，至140厘米止，厚93厘米，海拔高程为35.33～34.4米。此层为简牍堆积层。简牍颜色呈黑褐色或棕褐色，与大量的竹木残屑、残席断篾交织纠缠一处，纵横叠压，周体内外又被黑褐色黏性淤泥所渗透包裹。由于遭受长期叠累挤压，简牍多扭曲变形。又因长时期遭受地下水及微生物侵蚀，竹木简牍内的主要成分纤维素、半纤维素降解严重，质地疏松，多无韧性。现场逐枚或分坨揭取皆难操作，势必增加简牍损毁的风险。为确保简牍的安全，决定采用整体切割打包的方法，运回室内清理。室内清理揭取情况另见本报告第六章第一节。

第三层：自井口140厘米起，至240厘米止，厚达100厘米，海拔高程34.4～33.4米。此层堆积除糟朽的竹木残片外，主要为废弃的各类泥质日用陶器，如汲水罐、盆、瓮等及建筑材料残片。另外在此层中部相互累叠的陶罐的空隙中，又清理出一坨简牍，形制保存状态稍好。第三层堆积多为泥质陶器、陶片，故发掘时未采取“去皮取芯”法，因而保留J8下半部完整的井壁。此层堆积分为四小层揭取。

第三层①：厚25厘米。植物灰烬与竹木残片，伴出泥质灰陶罐、盆、印纹硬陶罐等及破碎陶片。

第三层②：厚20厘米。少量植物灰烬与竹木残片，伴出泥质灰陶罐、建筑材料残片等。

第三层③：厚20厘米。在东南部位清理出一坨简牍，长短简相杂，其长度约23～46厘米，两行墨书。伴出泥质陶罐、盆等残片。推测该坨简牍为被废弃倾倒时，沿陶器之间的空隙滑入。

第三层④：厚35厘米。皆为相互叠压的泥质陶罐、盆、瓮、瓿、釜等及残片，以及建筑材料板瓦、筒瓦、瓦当残片等。

二、J9形制结构与遗存堆积

J9紧邻J8之东侧，两井并列，井口最大径边缘相距仅50厘米。J9井内堆积包含物与J8第一层堆积包含物极为相似，两井关系颇为密切，故附于J8之后一并公布，供研究者参考（图六）。

J9为一圆形竖井，现存井口打破第四纪网纹红土层。井壁经过人工修饰，坚实光滑，无上下的脚窝与井壁开裂坍塌的状况。经测量，现存井口直径为84厘米，深度为290厘米。井口的海拔高程为35.8米，井底为32.9米。井的结构分上、下二段，皆为圆柱体，整体形制呈一“凸”字形。自井口下深至120厘米处，井壁斜折外扩，井圈直径扩展达到106～108厘米，下深170厘米，井底呈圜底状。井内自下而上填塞大量的黑色、深褐色泥状植物灰烬与碳化物颗粒，并夹杂少量的竹、木残片，质地黏软，无层次可分。井内灰烬填充物全部被装袋运回筛洗，未发现简牍残片。清理至井底时，发现井底铺摆20余块河卵石，大小扁圆不等，大者长22～25厘米、径15～18厘米，小者长14～16厘米、径9～12厘米。其上有一层厚达30厘米的堆积物，为不同类别的泥质陶器、建筑材料残片。

第二节 出土遗物（陶器、建筑材料与果核类）

J8出土遗物除简牍外（简牍另辟专章介绍，见本报告第六章《出土简牍概述》），主要为陶质制品，有少量果核。陶质器分为日用器与建筑材料两类，多为泥质灰陶，有少量的红褐、黄褐陶，胎质细腻，火候较高。另有少量火候高的泥质硬陶。J9出土陶器亦为日用器与建筑材料两类，质地与J8的相同。通过红外光谱仪与X射线衍射仪检测了出土生活日用、建筑材料陶片的元素组成和物相结构特征。由检测结果可知，陶片中含量最高的是Si元素，其次为Fe、Al、K元素等。陶片烧制后主要成分为石英、二氧化钛、硅钙石等，另外含有少量其他成分。另通过热膨胀仪测量烧成温度，汲水罐、盆、瓮等烧成温度均不低于

930℃，而建筑材料中板瓦、筒瓦及印纹硬陶罐则达到1000℃以上，反映出工艺与用途上的差异。另外，J8还出土了少量果核，为桃、李、梅、杨梅的果核。现将两口井出土遗物（简牍外）分别予以报告。

一、J8出土遗物

（一）泥质陶器

完整与较完整器12件，残片267件，约占陶制品出土总数的60.93%。以黑衣泥质灰陶为主，有少量的泥质红褐陶。胎质细腻，未掺加砂料，火候较高，烧制温度900℃~1100℃。轮制与手制并存，器身外表饰弦纹、水波纹、方格纹、绳纹等，再敷施一层黑衣。器形有罐、盆、瓮、釜、圜底罐、器盖等。

1. 汲水罐

完整及较完整器12件，半残器5件，残片212件。基本形制：微敞口、侈沿、短曲颈、圆肩、鼓腹，最大径在腹上、中部，弧腹斜收为小平底。依唇沿、肩、腹的变化可分为五式。

Ⅰ式：3件。整体形制呈扁鼓状，最大腹径偏上。微敞口，口沿面斜平，沿内缘隆起呈凸棱状，沿外缘斜削与沿面呈锐角或尖唇。短曲颈，广肩，扁圆鼓腹，最大腹径在肩、腹交接处，位置偏上。下腹缓收为平底。轮制，肩、腹饰凹凸弦纹，并经修治。有的肩部刻写文字。J8：G15，口径12.6、腹径23.8、底径10.6、通高20厘米，肩部自右向左刻写“伥沙”二字。J8：G2，口径12.8、腹径23.8、底径10.4、通高21.2厘米，肩部自右向左刻字“手陈长癸（？）”四字。J8：G11，口径13.2、腹径22.2、底径11.2、通高20.8厘米（图七，1~3；图一四，1、2；图版五，1~5）。

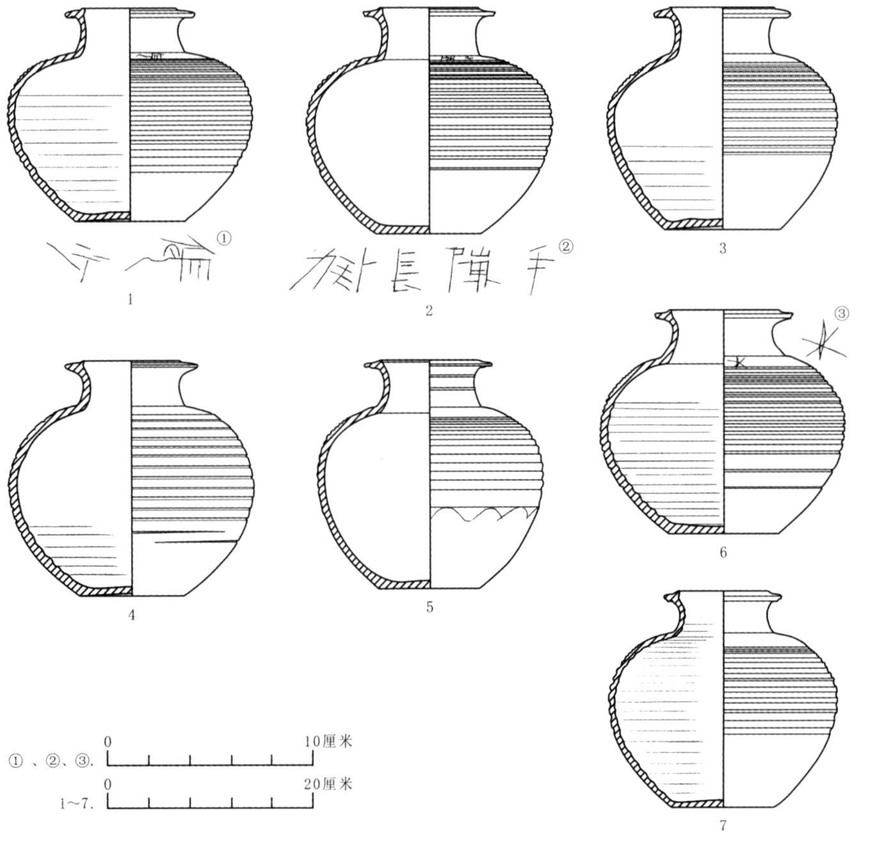

图七　J8泥质灰陶汲水罐Ⅰ、Ⅱ式

1~3. Ⅰ式（J8：G15、J8：G2、J8：G11）　4~7. Ⅱ式（J8：G3、J8：G9、J8：G1、J8：G16）

①J8：G15肩部刻字摹本　②J8：G2肩部刻字摹本　③J8：G1肩部刻字摹本

Ⅱ式：4件。整体形制呈圆球状，最大径在腹中。微敞口。口沿面宽平外斜，沿内、外缘的制作与形状与Ⅰ式相同。短曲颈，圆肩，球形圆鼓腹，最大腹径在中部，下腹弧收为平底。轮制，肩、腹凹凸弦纹，下腹经修治。标本J8：G3，口径12.4、腹径23.8、底径10、通高22厘米。J8：G9，口径12.2、腹径22、底径9.8、通高21.4厘米。J8：G1，口径13.2、腹径23.6、底径10.4、通高21厘米，肩部有一"*"形刻画符号。J8：G16，口径13、腹径24、底径10.6、通高21厘米（图七，4~7；图一四，3；图版五，6；图版六，1~4）。

Ⅲ式：4件。整体形制呈中鼓状，上、下腹比例对称，中腹凸鼓。口沿面宽平外斜，沿内、外缘的制作与形状同Ⅰ式。短曲颈，个别稍长。斜溜肩，凸鼓腹，最大径在腹中。下腹缓收为平底。轮制，肩、腹饰凹凸弦纹，下腹经再修治。J8：G12，口径11.8、腹径22.4、底径9、通高20厘米。J8：G5，口径13、腹径22、底径10、通高21.2厘米。J8：G8，口部残缺，腹径23.6、底径10.7、残高23厘米。J8：G13，口部残缺，腹径24.6、底径10.4、残高22厘米（图八，1~4；图一三，2；图版六，5；图版七，1~3）。

Ⅳ式：3件。整体形制呈长鼓状，最大径在腹中。口沿面宽平外斜，沿内、外缘的制作与形状同Ⅰ式。短曲颈。丰肩略耸。腹拉长，中圆鼓，斜收为平底。轮制，肩、腹饰凹凸弦纹，下腹经再修治。J8：G4，口径12、腹径22.2、底径9.8、通高21.8厘米。J8：G6，口径13.8、腹径22.6、底径9.8、通高21.8厘米。J8：G10，口径11.8、腹径21.8、底径9.8、通高21.6厘米（图八，5~7；图版七，4~6）。

Ⅴ式：1件。直口，平沿，圆唇。颈部较前四式短直。肩部溜斜，亦较前四式为甚，鼓腹。轮制，肩、腹饰凹凸弦纹。因腹部以下残缺，推测其鼓腹的基本形态与前四式应大体相类而略有差异。J8：G21，口径14.6、残高7厘米（图八，8；图版八，1）。

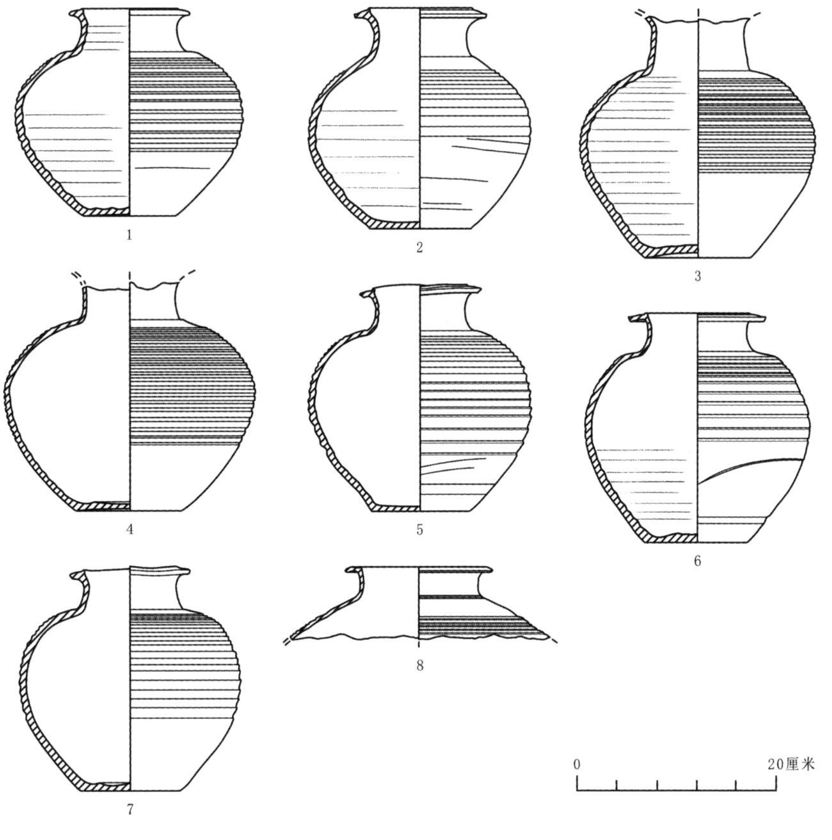

图八　J8泥质灰陶汲水罐Ⅲ、Ⅳ、Ⅴ式

1~4. Ⅲ式（J8：G12、J8：G5、J8：G8、J8：G13）　5~7. Ⅳ式（J8：G4、J8：G6、J8：G10）　8. Ⅴ式（J8：G21）

另外，汲水罐口沿残存的碎片较多，因肩、腹残缺，难以分辨型式归类，暂依其口沿形制分为三式，附此一并介绍：

Ⅰ式：7件。微敞口，平折沿，口沿内缘隆起呈凸棱状，口沿外缘向内斜削与沿面成锐角。短曲颈，颈下残。J8：G24，口径13、残高5厘米。J8：G25，口径11、残高2厘米。J8：G27，口径13.2、残高4厘米。此式常见前揭Ⅰ式罐之口沿。J8：G23，口径12.6、残高7厘米（图九，1~4；图版八，2~4）。

Ⅱ式：1件。微敞口，口沿翻卷呈斜坡状，圆唇，短曲颈，颈以下残。J8：G22，口径14.6、残高4.4厘米（图九，5；图版八，5）。

Ⅲ式：1件。微敞口，口沿外翻修饰成一双突箍圈状，唇口圆尖直上，短曲颈，颈以下残。J8：G20，口径14.4、残高6.6厘米（图九，6；图版八，6）。

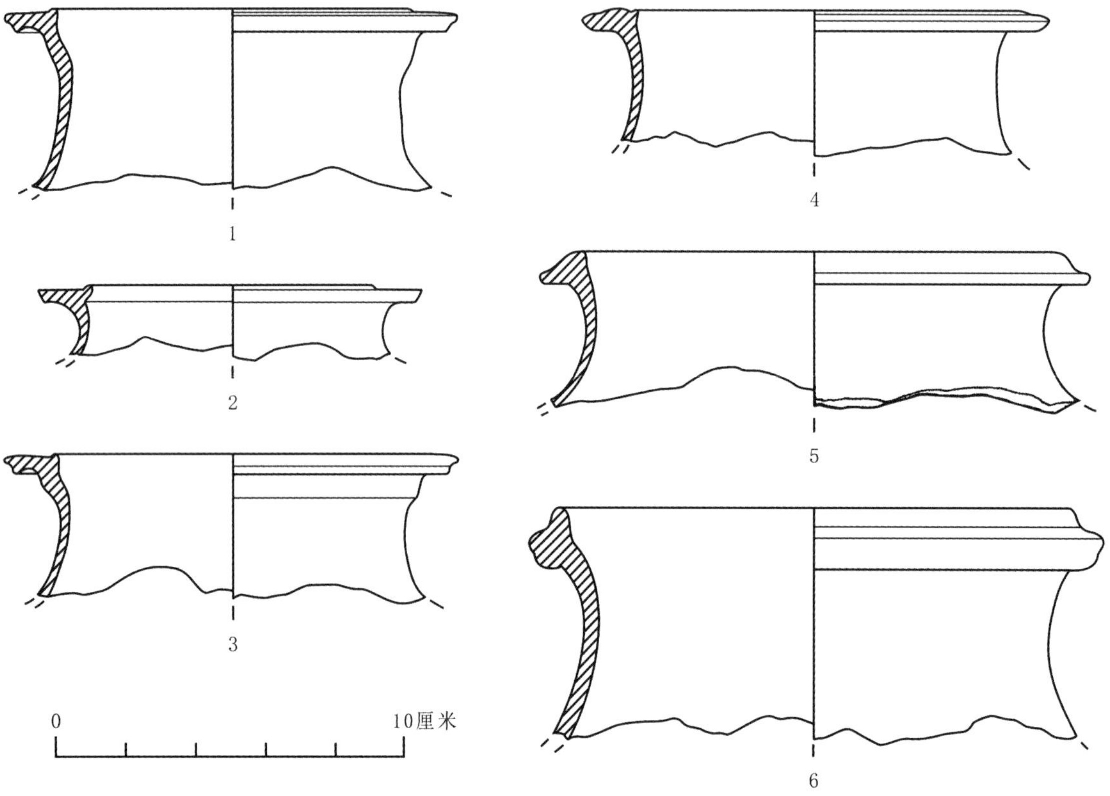

图九　J8泥质灰陶汲水罐口沿Ⅰ、Ⅱ、Ⅲ式

1~4. Ⅰ式（J8：G24、J8：G25、J8：G27、J8：G23）　5. Ⅱ式（J8：G22）　6. Ⅲ式（J8：G20）

2. 盆

无完整器，残片42件。基本形制：敞口与微敛口并存，宽沿，斜腹，平底与圜底并存。依器底变化，分平底与圜底两型。

平底盆

无完整器，残片33件，可分形制者18件。敞口，宽折沿，弧腹斜收，大平底，最大径在口部或口、肩结合处。依唇沿、肩部变化可分为三式。

Ⅰ式：12件。皆为口、底残片。敞口，折沿，宽沿面微隆，沿外缘修治成斜方唇，中微凹，双唇不明显，上侈下敛，无颈，斜弧腹，腹饰凹凸弦纹，下腹缓收为平底。J8：P1，复原后口径52、腹径46、残高

6.6 厘米。J8：P6，复原后口径 44、腹径 37、残高 2.4 厘米。J8：P7，复原后口径 45.4、腹径 39.8、残高 2.6 厘米。J8：P10，复原后口径 42.4、腹径 37.6、残高 6.5 厘米。J8：P8，复原后口径 38、腹径 32.6、残高 6 厘米。J8：P13，复原后口径 36.4、腹径 31.6、残高 5.4 厘米。J8：P27，上部残，中腹径 29.8、底径 11.8、残高 13 厘米（图一〇，1～7；图版九，1～5）。

Ⅱ式：5 件。皆为口、肩部残片。微敛口，折沿，沿面宽平微隆，外沿唇中部微凹，呈双唇状，上侈下敛。沿下短束颈，折肩，最大径在折肩处，斜直腹，腹表饰凹凸弦纹。底虽残，依其形制特征推测，恐为平底，与Ⅰ式相同。J8：P2，复原后口径 46.2、腹径 41.2、残高 7.8 厘米。J8：P9，复原后口径 52.4、腹径 49.2、残高 14.8 厘米。J8：P18，复原后口径 56、腹径 51.2、残高 9.4 厘米（图一〇，8～10；图版九，6；图版一〇，1）。

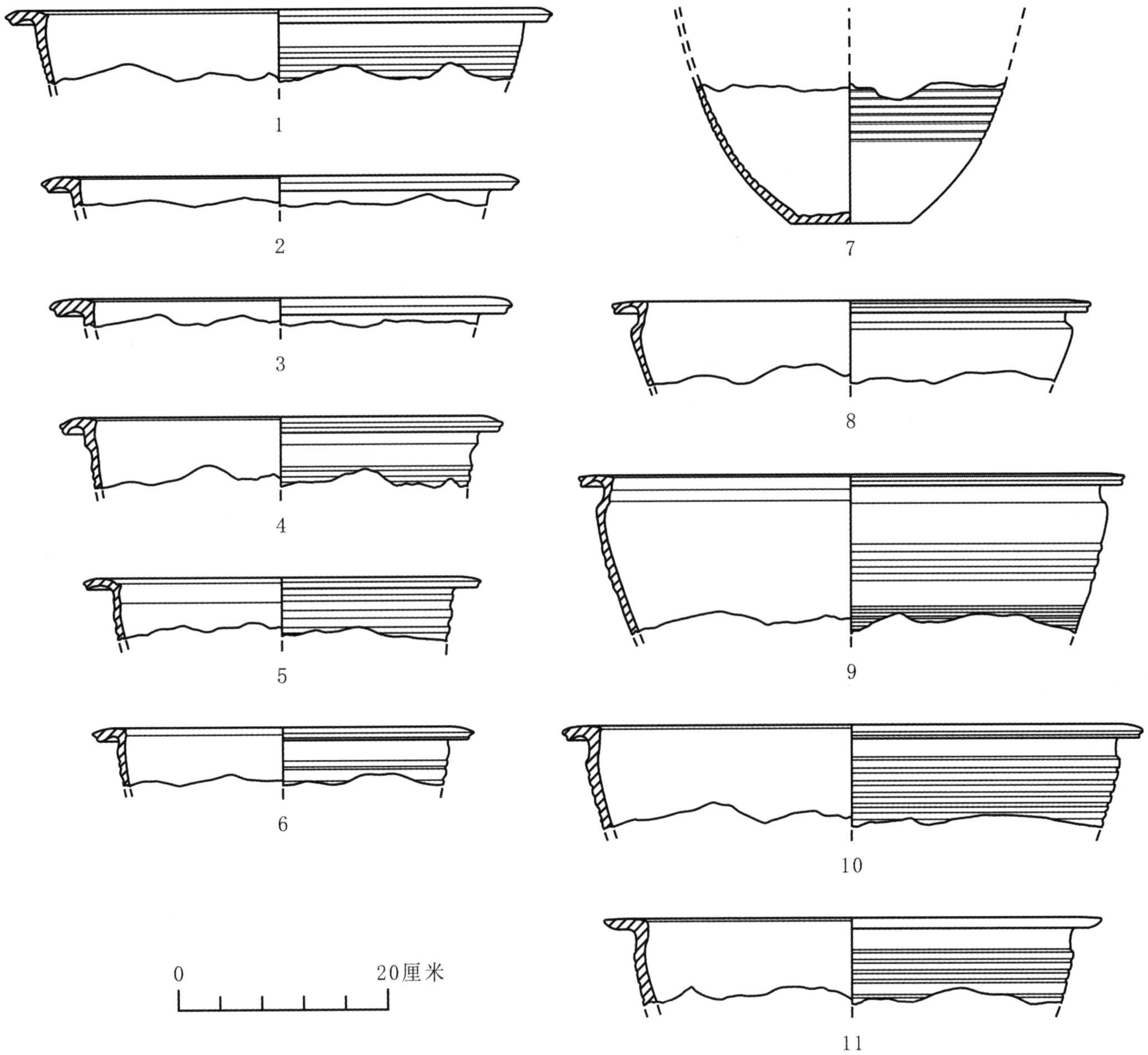

图一〇 J8 泥质灰陶盆Ⅰ、Ⅱ、Ⅲ式

1~7. Ⅰ式（J8：P1、J8：P6、J8：P7、J8：P10、J8：P8、J8：P13、J8：P27）
8~10. Ⅱ式（J8：P2、J8：P9、J8：P18）11. Ⅲ式（J8：P4）

Ⅲ式：1件。口微敛，平折沿，尖唇，短颈，微折腹，腹表饰凹凸弦纹，底残。J8：P4，复原后口径48、腹径42.6、残高8厘米（图一〇，11；图版一〇，2）。

圜底盆

无完整器，残片9件。口部微敛，折沿，沿面宽平微隆，双沿唇，上侈下敛，短束颈，折肩，斜收为圜底内凹，最大径在折肩处。上腹饰凹凸弦纹，下腹饰交错绳纹至圜底。J8：P28，残长16.2、残高15厘米。J8：P34、P40，为同件器物残片拼合，残长19.5、残高8.9厘米。J8：P33、P39，为同件腹部残片拼合，残长22.3、残高13厘米。J8：P36，残长12.6、残高4.8、厚0.4～0.6厘米（图一一，1～4；图一四，4、5；图版一〇，3～5）。

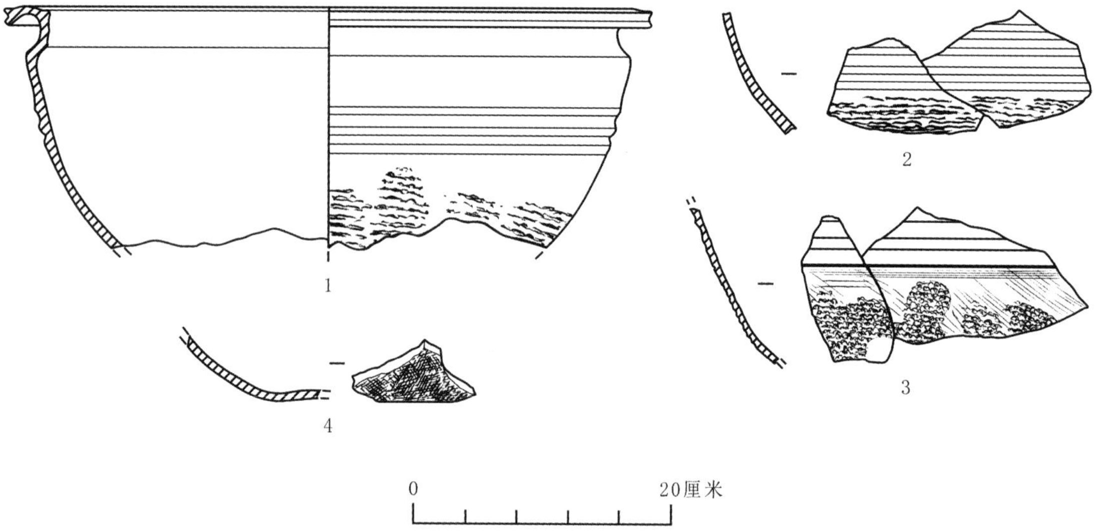

图一一　J8圜底盆

1. J8：P28　2. J8：P34、P40　3. J8：P33、P39　4. J8：P36

3. 瓮

无完整器，口、腹残片2件。基本形制：直口，矮领，子母口状宽沿，斜肩，中鼓腹，器壁厚实，肩、腹表面饰拍打间断细绳纹。J8：W1，肩以下残缺。口径26.4、壁厚1～1.4、残高8.5厘米。J8：W8，斜腹，平底，残宽13.8、壁厚1～1.6、残高8.5厘米（图一二，1、2；图版一〇，6；图版一一，1）。

4. 小口罐

无完整器，口、底残片2件。基本形制：小敞口，矮领，斜肩，圆腹，小平底，肩部饰水波纹、弦纹。J8：G191，底径8、残高6.2厘米。J8：G193，腹下残。口径8、腹径14.6、残高3.6厘米（图一二，3、9；图一三，3；图版一一，2、3）。

5. 平沿小罐

无完整器，口沿残片1件。直口、宽平折沿，口下残，残损严重，口、腹径难以复原。J8：G192，厚壁。残宽4、残高2.8厘米（图一二，5；图版一一，4）。

6. 釜

无完整器，口沿残片1件。高领，敞口，圆肩，肩部饰方格纹，肩以下残，残损严重，口、腹径难以复原。J8：F1，厚壁。残宽6、残高4.4厘米（图一二，4；图版一一，5）。

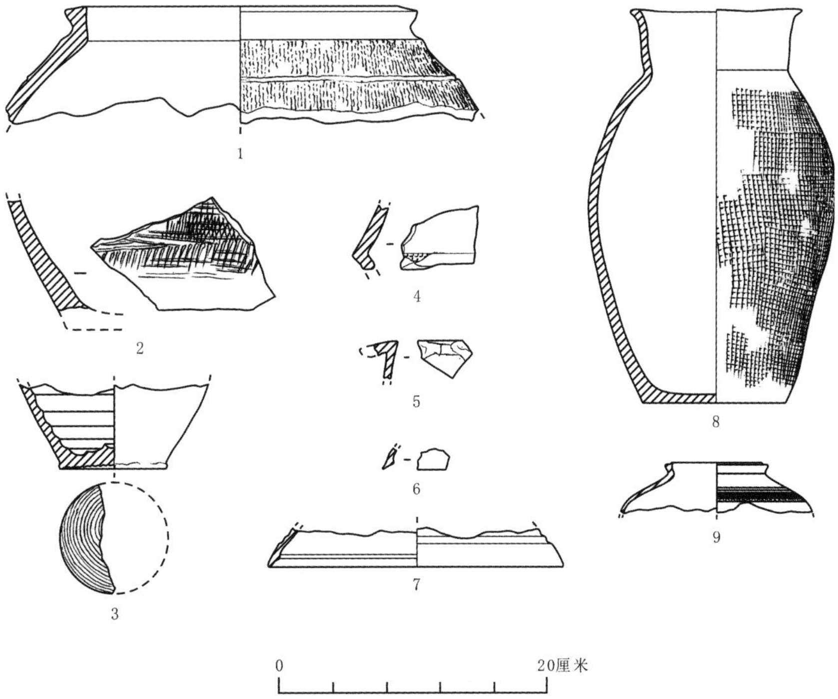

图一二　J8泥质灰陶、印纹硬陶器

1、2. 陶瓮（J8：W1、J8：W8）　3、9. 直领小陶罐（J8：G191、J8：G193）　4. 陶釜（J8：F1）
5. 平沿小陶罐（J8：G192）　6、7. 陶器盖（J8：QG3、J8：QG1）　8. 印纹硬陶罐（J8：G14）

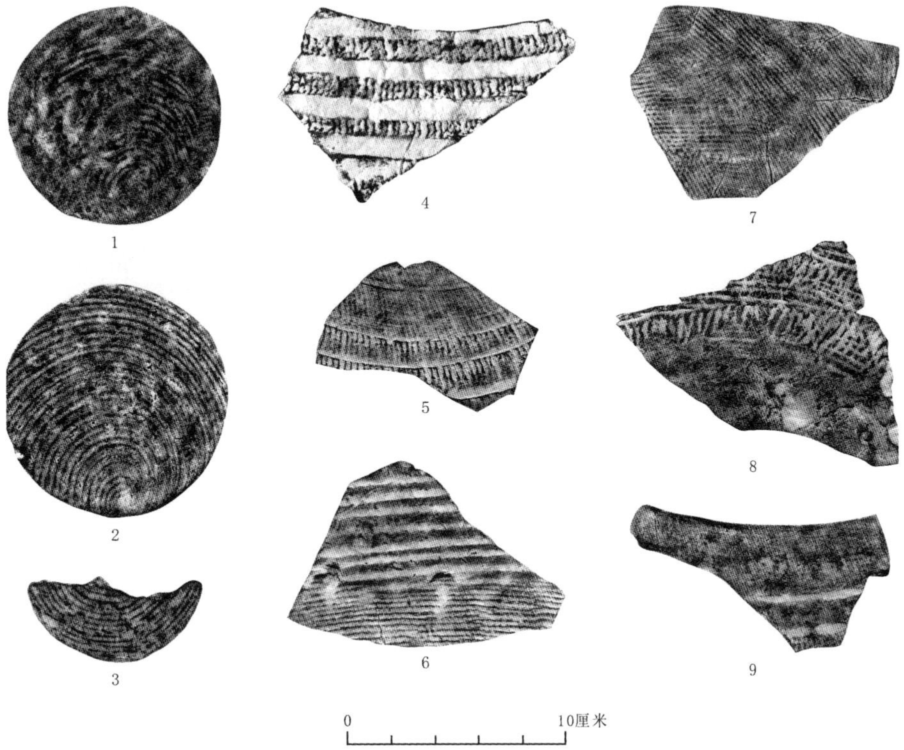

图一三　J8陶器纹饰拓片

1. 汲水罐底部轮制同心圆纹（J8：G10）　2. 汲水罐底部轮制同心圆纹（J8：G13）　3. 直领小罐底部轮制同心圆纹（J8：G193）
4. 圜底罐腹部横断绳纹（J8：H5）　5. 圜底罐肩部横断绳纹（J8：H2）　6. 圜底罐下腹部弦纹、绳纹（J8：H16）
7. 圜底罐底部交错绳纹（J8：H4）　8. 瓮下腹纵横刻划纹（J8：W8）　9. 瓮口、肩部弦纹、绳纹（J8：W1）

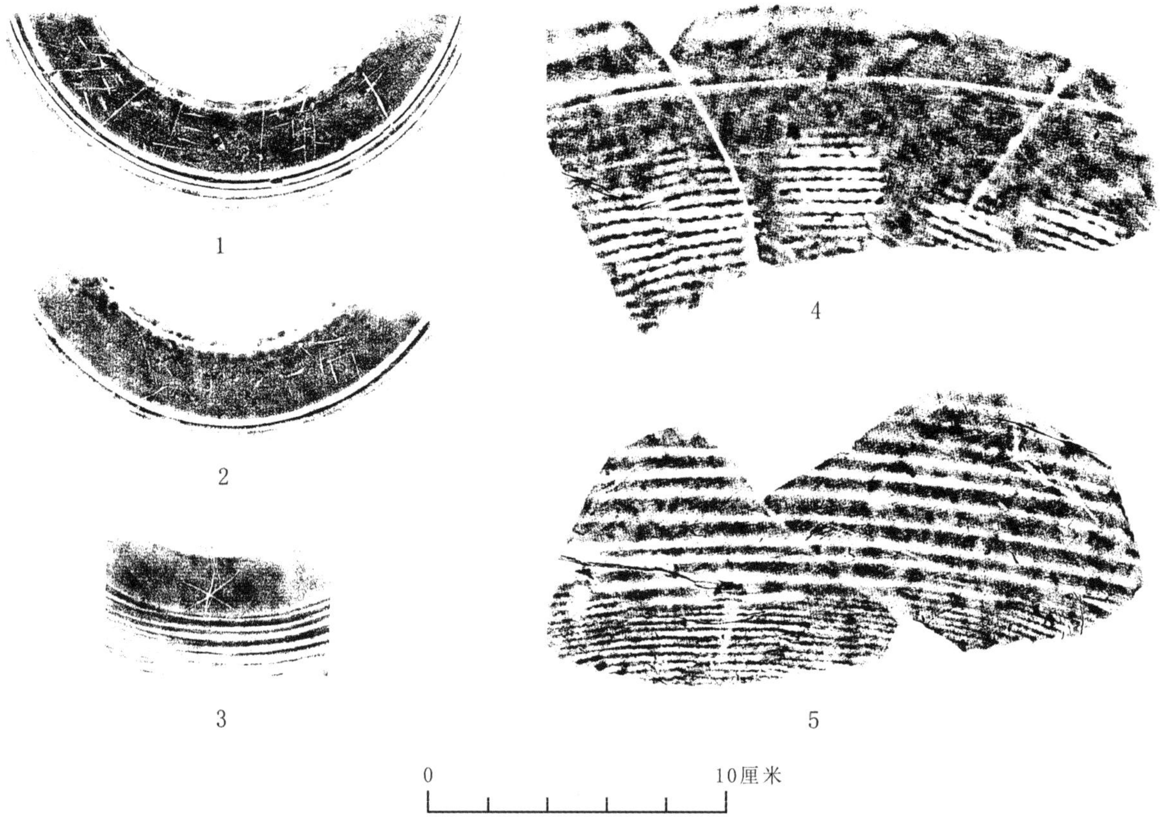

图一四　J8陶器刻字及纹饰拓片

1. 汲水罐J8 : G2肩部刻字　2. 汲水罐J8 : G15肩部刻字　3. 汲水罐J8 : G1肩部刻字
4. 圜底盆J8 : P33、P39腹部纹饰　5. 圜底盆J8 : P34、P40腹部纹饰

7. 器盖

无完整器，残片2件。呈倒喇叭状，子母口，尖唇，薄壁，器表饰凸弦纹，上部残缺。J8：QG1，厚壁。残宽6、残高2.8厘米。J8：QG3，厚壁。残宽2.4、残高1.7厘米（图一二，7、6；图版一一，6；图版一二，1）。

（二）泥质印纹硬陶器

基本完整器1件，器形为罐，残片13件，约占陶制品总数的3%。基本形制：侈口，高直领，斜肩，长腹，腹中部微鼓，大平底，泥条盘筑，紫色胎，火候高，胎质坚硬，肩腹表面拍印方格纹。J8：G14，口径12.8、腹径18.6、底径10.6、通高28.6厘米（图一二，8；图版一二，2）。

（三）建筑材料

建筑材料皆无完整器，残片165件，约占陶制品总数的36%。以泥质灰陶为主，有少量泥质红陶，火候较高。器形分板瓦、筒瓦、瓦当等，纹饰有粗、细绳纹与方格纹、麻布纹、卷云纹等（图一五～一七）。

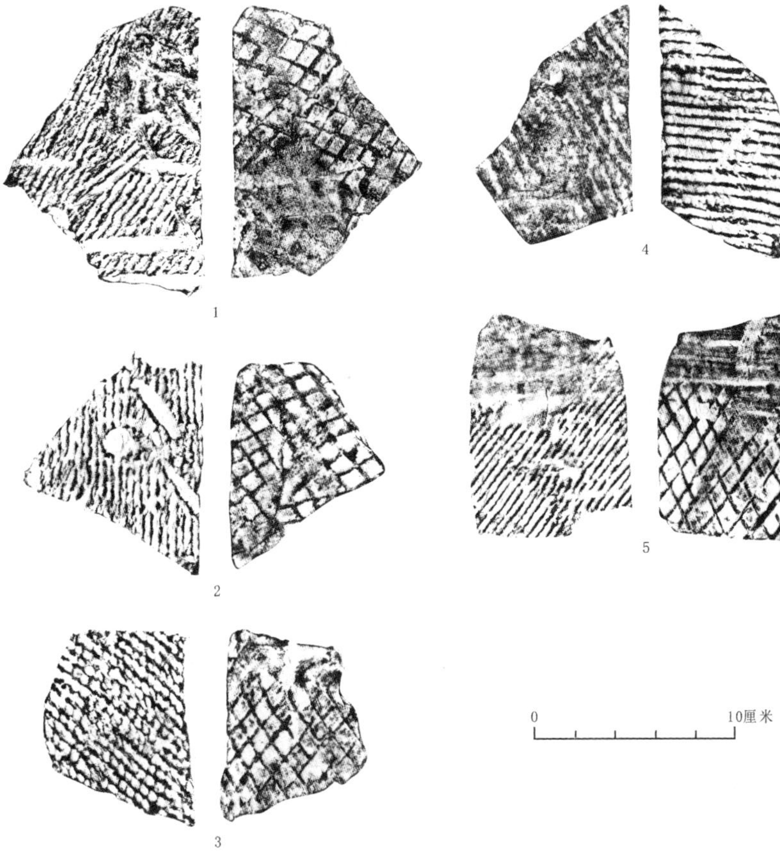

图一五　J8板瓦表、里纹饰拓片（左表右里）

1. J8：B96　2. J8：B31　3. J8：B93　4. J8：B92　5. J8：B27

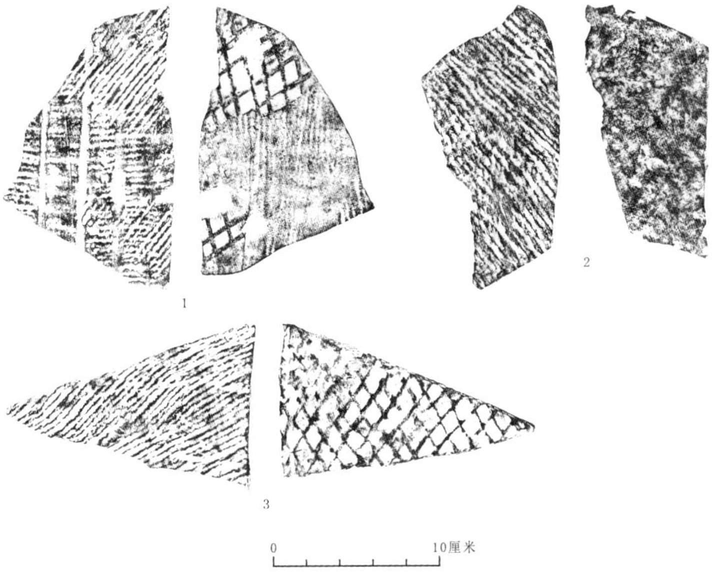

图一六　J8板瓦表、里纹饰拓片（左表右里）

1. J8：B14　2. J8：B28　3. J8：B8

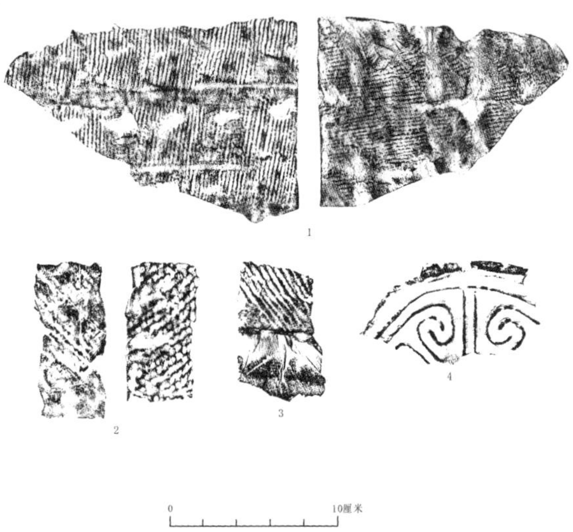

图一七　J8筒瓦、瓦舌、瓦当纹饰拓片

1. 筒瓦（J8：T13，左表右里）　2. 筒瓦（J8：T12，左表右里）

3. 瓦舌外面（J8：T18）　4. 瓦当（J8：D2）

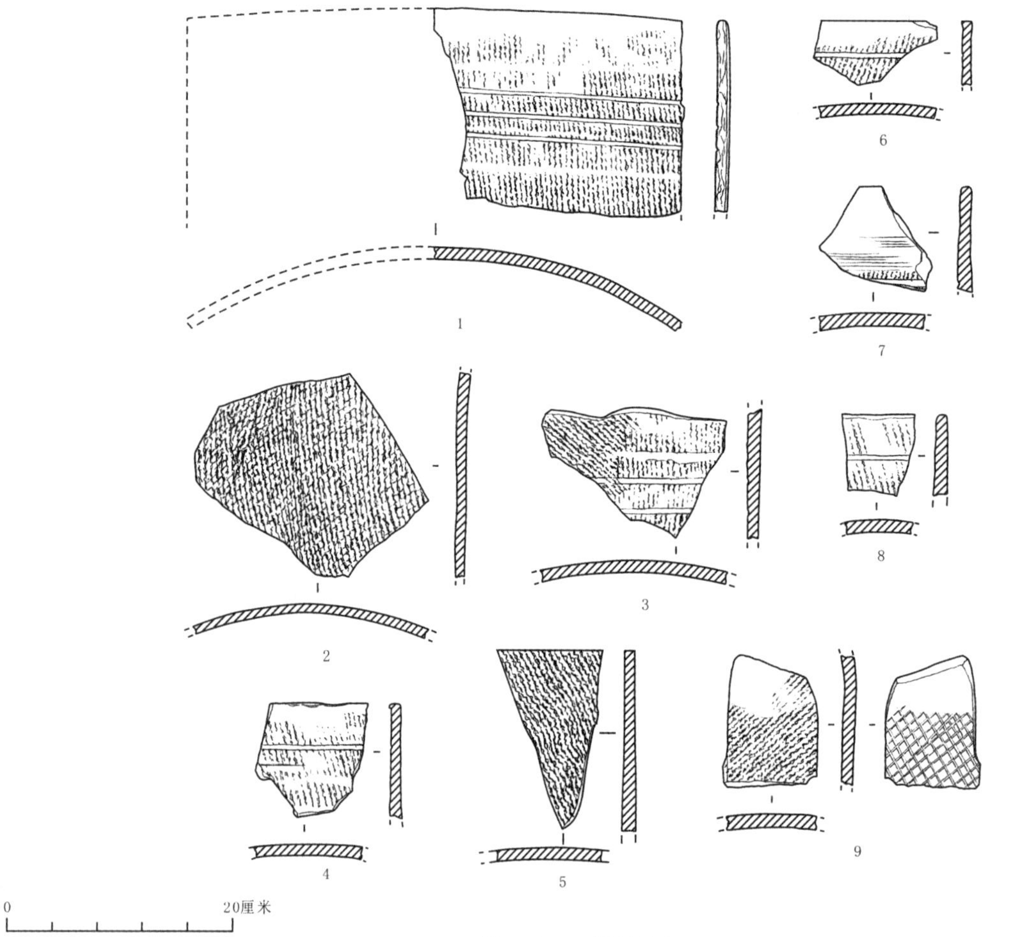

图一八　J8板瓦Ⅰ式

1. J8：B1　2. J8：B3　3. J8：B14　4. J8：B6　5. J8：B8　6. J8：B5　7. J8：B7　8. J8：B39　9. J8：B27

1. 板瓦

无完整器，残片143件。基本形制：平面近似长方形，上端边缘齐平稍厚，下端边缘稍薄，呈方平或圆舌状。横截面呈弧形，两侧边缘留有利器切痕，常半切而止，故切口处常残留分离时的毛茬。切割的手法有外切与内切两种。横向泥条盘筑，模制，瓦表弧面拍饰杂错绳纹，上、下端常作数道抹断装饰，瓦里凹面印布纹、细绳纹、方格纹、菱形纹等。依其厚薄分为三式。

Ⅰ式：51件。胎体最薄，厚度在0.8～1.2厘米之间，跨径复原约34～44厘米，纵长不明。J8：B1，残存右下半部分，下端边缘呈圆舌状，右侧边缘保存清晰的切痕与茬口，表、里两面皆拍饰绳纹，瓦表弧面下端的绳纹又作三道隔断装饰。残长16、宽22、厚1、复原跨径约44厘米。J8：B3，残存瓦体中段，表拍饰绳纹，里饰斜方格纹、绳纹，残长17.6、残宽21、厚0.8～1、复原跨径34～35厘米。J8：B14，残存瓦体下端，表拍饰绳纹，有三道隔断，内饰方格纹，残长11、残宽16.6、厚1～1.2厘米。J8：B6，残存下端，边缘方平，表面饰间断绳纹，残长10、残宽9.8、厚1厘米。J8：B8残存下端，边缘方平，表饰绳纹，残长15.4、残宽9.6、厚1～1.2厘米。J8：B5，残存下端，边缘方平，表饰间断绳纹，残长5.5、残宽11、厚1厘米。J8：B7，残存下端，边缘呈圆舌状，表饰间断绳纹，残长9、残宽10、厚1.2厘米。J8：B39，残存下端，边缘呈圆舌状，表饰间断绳纹，残长7、残宽6、厚1.1厘米。J8:B27，残存瓦体中段，表拍饰绳纹，里饰斜方格纹，残长11.2、宽8.1、厚1.1厘米（图一八，1～9；图版一二，3～5；图版一三，1）。

Ⅱ式：83件。胎体较Ⅰ式为厚，其上下端缘口齐平，两侧边缘的切割与分离的手法与Ⅰ式相同。厚度在1.3 ～ 1.5厘米以上，跨径复原约在38 ～ 40厘米之间，纵长不明。J8：B2，残存中部，边缘保存清晰的切痕与茬口，表、里皆饰绳纹，残长24.5、残宽19、厚1.3、复原跨径约38厘米。J8：B10，残存下端，表饰间断绳纹，里饰绳纹，残长14.5、残宽13.6、厚1.4厘米。J8：B92，残存上端，边缘齐平，表、里皆饰绳纹，残长3.9、残宽10、厚1.3厘米。J8：B81，残存上端，边缘齐平，残长7.4、残宽7、厚1.4~1.6厘米。J8：B4，残存下端，表、里饰绳纹与间断绳纹，残长11.2、残宽12.4、厚1.3厘米（图一九，1~5；图版一三，2~5）。

Ⅲ式：9件。胎体最厚，平均厚度在1.8~2厘米之间，瓦体切割分离手法、拍印纹饰与Ⅰ、Ⅱ式相同。J8：B96，中部残段，边缘切痕与茬口清晰可见，表里饰绳纹、斜方格纹，残长14、残宽9.7、厚1.8厘米。J8：B28，中部残片，表里饰绳纹，残长12.5、残宽14.6、厚2厘米。J8：B93，中部残片，表里饰绳纹、斜方格纹，残长10、残宽9、厚1.9厘米。J8：B31，中部残片，表里饰绳纹、斜方格纹，残长9.9、残宽13、厚2厘米（图一九，6~9；图版一三，6；图版一四，1）。

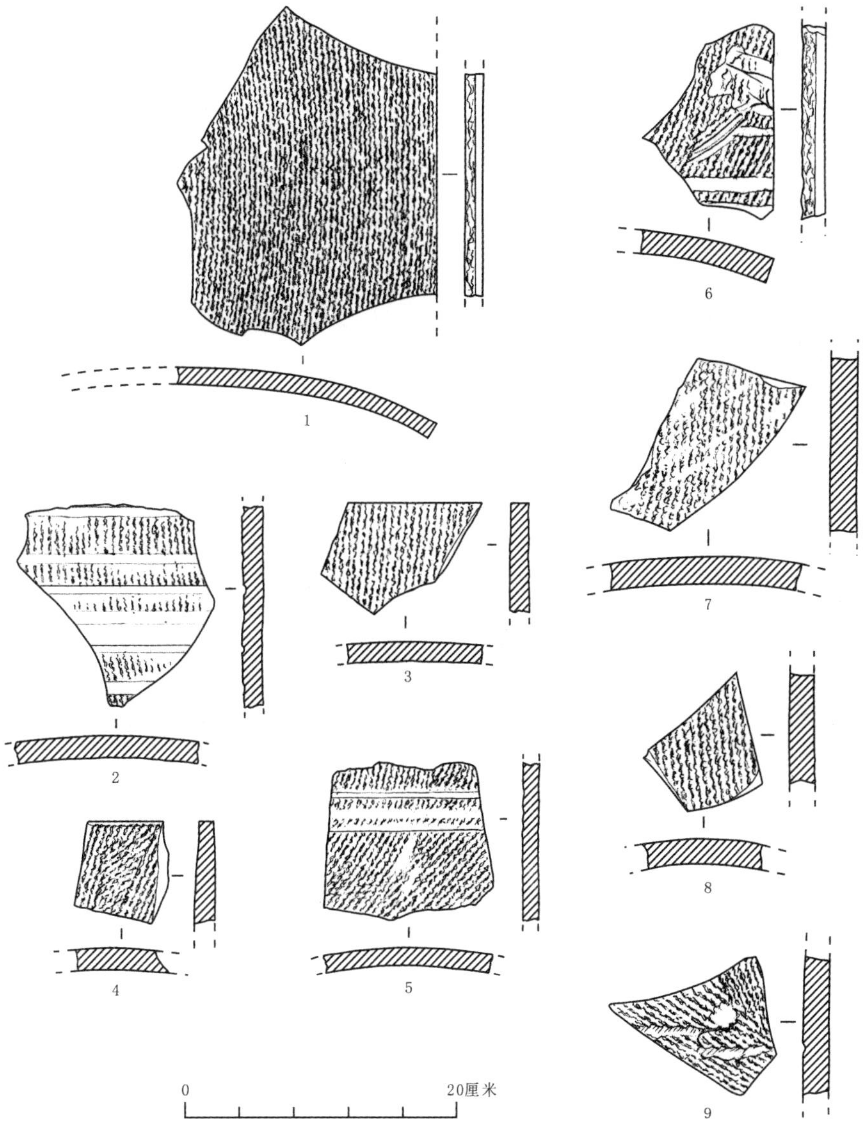

图一九　J8板瓦Ⅱ、Ⅲ式

（1~5.Ⅱ式　6~9.Ⅲ式）

1. J8：B2　2. J8：B10　3. J8：B92　4. J8：B81　5. J8：B4　6. J8：B96　7. J8：B28　8. J8：B93　9. J8：B31

2. 筒瓦

无完整器，残片 20 件。泥条盘筑，模制，对半切分，横截面呈半圆形，边侧切痕平正，未留残茬。瓦舌手制，与筒瓦下端连接。瓦身表里饰间断绳纹与绳纹。跨径复原约为 14～16 厘米。J8：T13，残长 11.8、残宽 14、通高 7.8、厚 1.4、跨径复原约 16 厘米。J8：T5，残长 8.2、残宽 4.7、残高 6.4、厚 1.3、跨径复原约 14 厘米。J8：T8，残长 8.6、残宽 5、残高 7、厚 1.4、跨径复原约 14 厘米。J8：T16，残长 12、残宽 6、残高 7、厚 1.4、跨径复原约 14 厘米。J8：T17，残长 11、残宽 7、残高 7、厚 1.3、跨径复原约 14 厘米。J8：T2，残长 4.4、残宽 5.6、残高 7、厚 1.3、跨径复原约 14 厘米。J8：T10，残长 7.2、残宽 4、残高 6.4、厚 1.7、跨径复原约 14.4 厘米。J8：T20，残长 8.8、残宽 5、残高 7.4、厚 1.4、跨径复原约 14.4 厘米（图二〇，1～8；图版一四，2～6）。

图二〇　J8 筒瓦、瓦当

1~8. 筒瓦（J8：T13、J8：T5、J8：T8、J8：T16、J8：T17、J8：T2、J8：T10、J8：T20）
9 、10. 瓦当（J8：D2、J8：D1）　11~13. 瓦舌（J8：T18、J8：T12、J8：T19）

瓦舌 J8：T18，残长 6.9、宽 5.2、舌长 2.8、厚 0.4～0.9 厘米。J8：T12，残长 6.6、残宽 6、舌残长 1.2、厚 0.9 厘米。J8：T19，残长 3.7、残宽 4.2、舌残长 2、厚 0.9 厘米（图二〇，11～13；图版一五，1～2）。

3. 瓦当

无完整器，残片 2 件。圆形，模制，与筒瓦下端粘连。纹饰图案为模印，平地凸起，中心呈乳钉状，以十字界栏分隔，饰四组对称的卷云纹。J8：D2，残长11.2、残宽5.2、厚2.3、直径复原约16厘米。J8：D1，残长9.8、残宽4.7、厚2.6厘米，因残缺过甚，推测直径复原约在18～19厘米之间（图二〇，9、10；图版一五，3～4）。

（四）果核

J8出土遗物中共筛洗出多颗果核，根据种核的型制特征，经鉴定，分别为桃、李、梅、杨梅的果核。

1. 桃（Amygdaluspersica L.）

桃核共计4枚，共3枚保存较完整，1枚炭化，边缘磨损较为严重。果核呈椭圆形，侧视略高，表面布有小孔穴，上端尖突，下端缓圆，两端无硬刺状长角，腹线棱锐，窄翅状，有两粗纵棱，长21.77～26.07毫米，宽16.52～19.15毫米，厚11.86～15.28毫米（附录四，图2）。

2. 李（Prunussalicina）

李核5枚，其3枚保存较完整，2枚已残损。果核呈椭圆形，双凸面，表面光滑无孔穴，基端钝，有腹缝与背缝，背缝棱基础不下延。长12.48～13.91毫米，宽9.47～10.84毫米，厚6.88～7.82毫米（附录四，图3）。

3. 梅（Prunusmume）

梅核2枚，保存较完整。果核呈椭圆形，双凸面，表面布有圆形小孔穴，具有腹缝与背缝，基端钝，背缝棱基端不下延。长17.48～15.86毫米，宽14.54～14.02毫米，厚6.18～9.32毫米（附录四，图4）。

4. 杨梅（Myricarubra）

杨梅核1枚，保存较完整，核呈宽体椭圆形，双面隆鼓，表面粗糙，密布锈色硬毛，无倒钩刺。长11.40毫米，宽9.74毫米，厚6.43毫米（附录四，图5）。

二、J9出土遗物

J9出土陶器可分为日用陶器与建筑材料两类。

日用陶器　多为泥质黑衣灰陶，有少量泥质红褐陶和黄褐陶，胎质细腻，火候较高。另有少量泥质印纹硬陶与硬陶残片，火候高。

（一）泥质陶器　无完整器，残片52件，占陶制品总数的40%。以泥质黑衣灰陶为主，胎质细腻，未掺杂砂料，火候较高，轮制；器身外表敷施黑衣，饰弦纹、绳纹；器形有罐、盆、瓮、豆、器盖等。

1. 汲水罐　残片6件。泥质黑衣灰陶，挟杂少量炭粒，火候较高，轮制。仅存器物的颈、肩、腹底残片，形制与J8的Ⅰ、Ⅱ式汲水罐相近。基本形制：微敞口，短颈，颈部微弧，广肩，鼓腹，平底。肩腹部饰凹凸弦纹，下腹至底素面。J9：G13，颈部残高4.2、宽3.6厘米。J9：G16，腹部残高7、宽14厘米。J9：G17，底部残高2、宽7.8厘米。J9：G18，肩部残高13、宽8.4厘米（图二一，1；图版一五，5）。

2. 平底盆　残片17件。

泥质黑衣灰陶，挟杂少量炭粒，火候较高，轮制。仅存口沿、肩、腹、底部残片，形制与J8的Ⅰ、Ⅱ式陶盆相近。基本形制：敞口，宽折沿面微隆，方唇或圆唇，弧腹斜收，平底。器身最大径在口沿部或颈肩结合处。器表上部饰凹凸弦纹，下部饰拍印绳纹。依口沿、肩腹特征可分三式。

Ⅰ式：残片13件，仅为口、腹、底部残片。泥质黑衣灰陶，挟杂细小炭粒。敞口，宽折沿面微隆，方唇中间有一道细凹槽，内沿口压抹成一尖突状。斜弧腹，上部饰凹凸弦纹，下腹饰交错绳纹，延至底部。J9：P9～P14，复原口径40、腹径36.4、底径13.6、通高17.6厘米。J9:P15，口腹部残宽11.8、残高11厘米（图二一，4、2；图版一五，6；图版一六，1）。

Ⅱ式　残片2件。皆为口、腹残片。泥质黑衣灰陶；敞口，宽平折沿，圆唇，沿底内面饰数道弦纹，

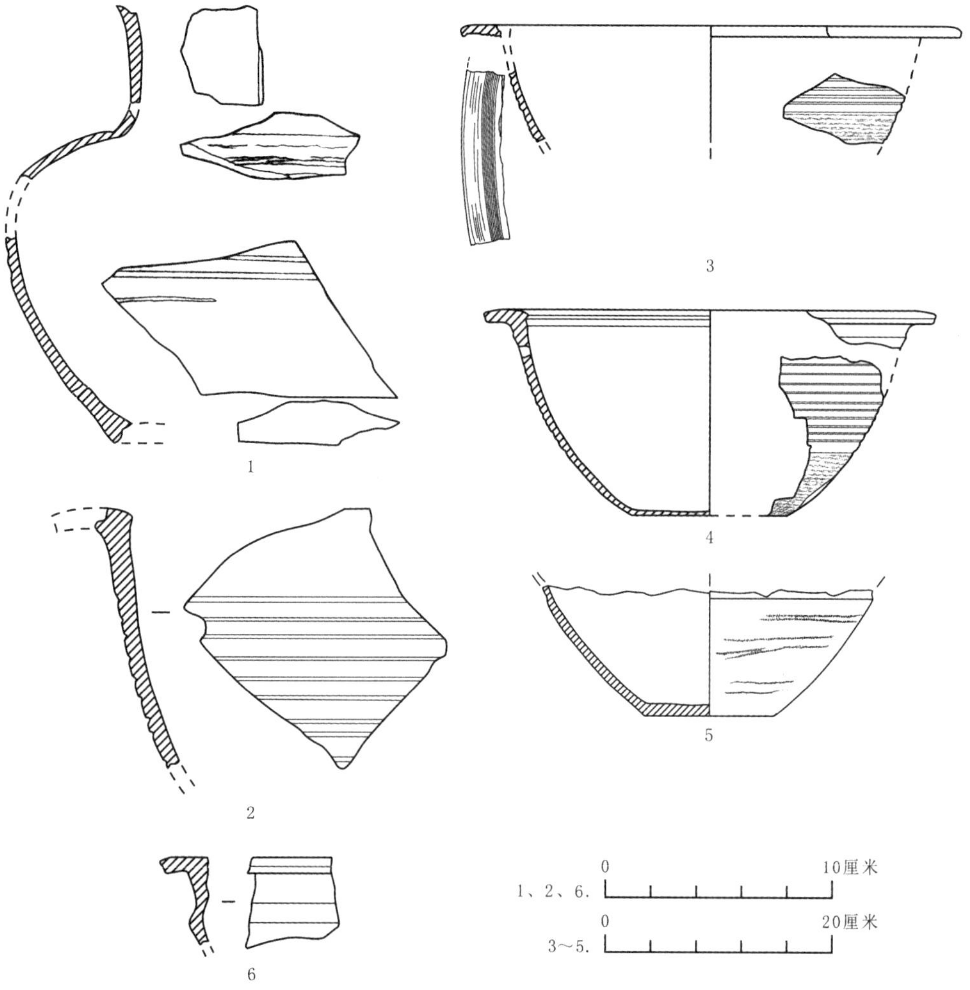

图二一　J9陶汲水罐、盆

1. 汲水罐（J9：G13、J9：G18、J9：G16、J9：G17）　2、4. Ⅰ式平底盆（J9：P15、J9：P9～P14）
3. Ⅱ式式平底盆（J9：P5、J9：P7）　5、6. Ⅲ式式平底盆（J9：P17、J9：P16）

上腹饰凹凸弦纹，下腹拍饰交错绳纹。J9：P5、P7，口沿残长15、宽3.7、厚0.9厘米，腹部残宽10.8、残高6厘米，复原口径44、腹径37厘米（图二一，3；图版一六，2）。

Ⅲ式　残片2件。皆为口、腹、底残片。泥质黑衣灰陶。直口，平折沿，沿面微隆，方唇，短束颈，折肩，斜直腹，平底。J9：P16，肩部以下残缺，口、颈部残宽4、残高3.8厘米。J9：P17，上部残，中腹经28.4、底径10.8、残高25厘米（图二一，6、5；图版一六，3～4）。

3. 圜底盆　残片4件。泥质黑衣灰陶，挟杂少量炭屑，火候较高。器身先用泥条盘筑，外表拍打交错绳纹，再经慢轮修治，并将口沿、颈、肩部绳纹抹断。依口沿可分三式。

Ⅰ式：敞口，折沿，圆唇，束颈，弧肩，圆鼓腹，疑似圜底。通体拍印绳纹，肩部饰二道弦纹，口沿、颈、肩、上腹部抹光成素面。J9：P1，口径32、颈径28、腹径15.4、残高15厘米。J9：P4，腹残宽14、残高6.8厘米（图二二，14、1；图版一六，5～6）。

Ⅱ式：敞口、折沿、尖唇、颈部以下残。J9：P2，残长12、残高2.2厘米（图二二，2；图版一七，1上）。

Ⅲ式：直口，平沿，圆唇，颈部以下残。J9：P3，残长12、残高2.8厘米（图二二，3；图版一七，1下）。

4. 圜底罐　残片10件。泥质黑衣灰陶，挟杂少量炭屑，火候较高，仅存腹底部残片。腹表通体拍打绳纹，

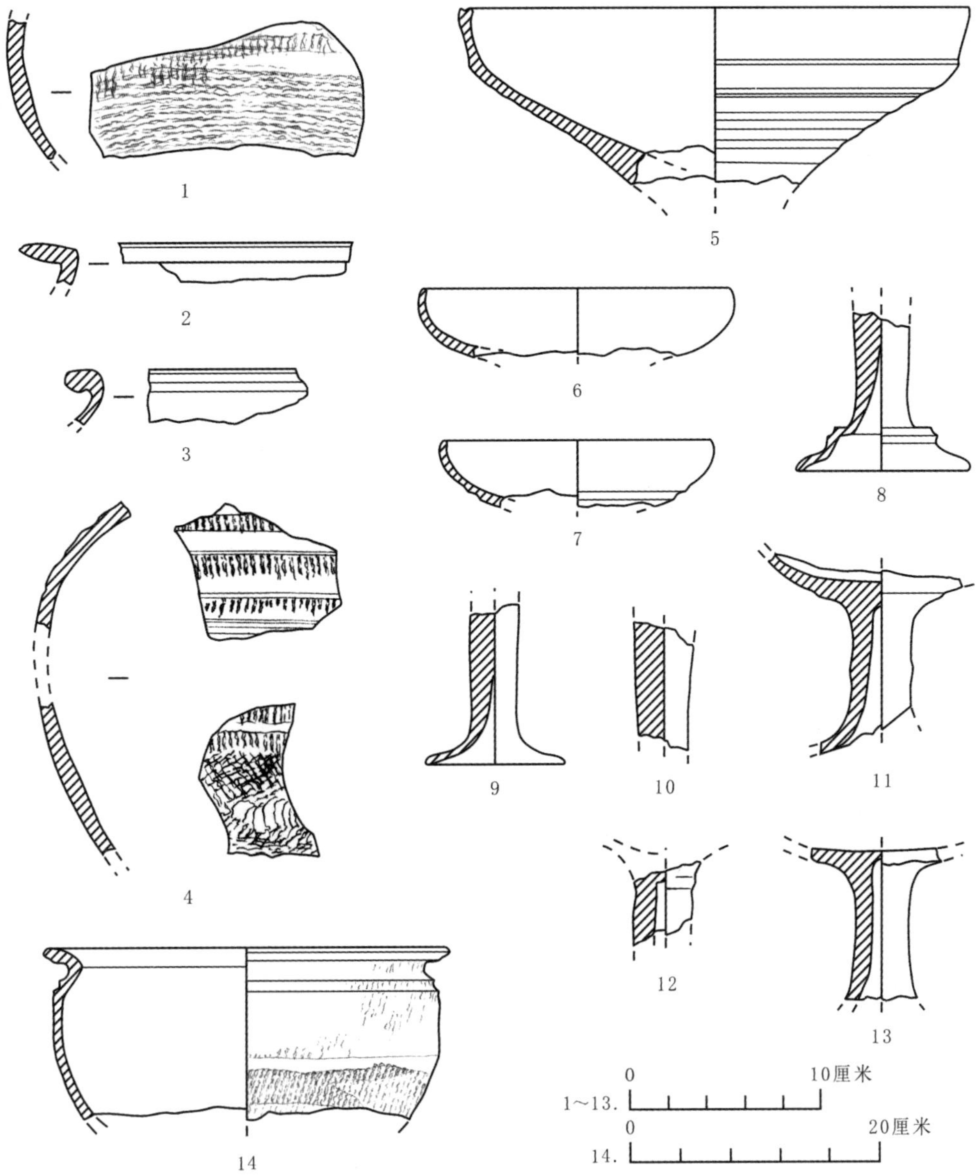

图二二　J9陶盆、圜底罐、豆

1、14. Ⅰ式圜底盆（J9：P4、J9：P1）　2. Ⅱ式圜底盆（J9：P2）　3. Ⅲ式圜底盆（J9：P3）　4. 圜底罐（J9：HG1、J9：HG2）
5. Ⅰ式豆盘（J9：D1）　6、7. Ⅱ式豆盘（J9：D2、J9：D8）　8~10. Ⅰ式豆柄（J9：D7、J9：D5、J9：D10）
11~13. Ⅱ式豆柄（J9：D6、J9：D9、J9：D4）

上部绳纹抹光数道下腹至底交错拍打绳纹。J9：HG1，残长 7.6、残高 7 厘米。J9：HG2，残长 4.6、残高 8 厘米（图二二，4；图版一七，2）。

5. 豆　残片 10 件。泥质黑衣灰陶，挟杂少量炭屑，火候较高，制法手、轮结合，豆盘与底座为轮制，豆柄泥条盘筑手制，盘、柄、座粘接后再作整体慢轮修治。通体素面，盘柄结合部及底座处饰凸箍纹。依其形制分为两式。

豆盘分为两式：

Ⅰ式：子母口微敞，深盘折斜腹，形体较厚大，豆盖缺失，柄残缺。J9：D1，残宽 13、高 9.5 厘米，复原盘口径 28、腹深 9.8 厘米（图二二，5；图版一七，3）。

Ⅱ式：圆唇，口微敛，浅盘，弧腹，柱柄，喇叭形底座。J9：D2，盘口径 15、残高 3.3 厘米。J9：D8，残宽 7.5、残高 3.5、口径复原 14 厘米（图二二，6、7；图版一七，4～5）。

豆柄可分二式：

Ⅰ式：圆柱状，实芯与半实芯并存，高足，上端承盘，下端呈喇叭状底座，底座上端加饰一道凸箍纹，形成台阶式底座。J9：D7，残高 8.4、柄径 2.8、底座径 9.6 厘米。J9：D5，残高 8.3、柄径 2.6、底座径 7.6 厘米。J9：D10，残高 6.6、柄径 3 厘米（图二二，8 ～ 10；图版一七，6）。

Ⅱ式：圆柱状，中空，较Ⅰ式稍短，上端承浅盘，在上端加饰有一道凸箍纹，下端呈喇叭状底座。J9：D6，残高 9.6、柄径 3.2 厘米。J9：D9，柄上端加饰一道凸箍纹，残高 4.4、柄径 3.2 厘米。J9：D4，残高 7.4、柄径 2.8 厘米（图二二，11 ～ 13；图版一八，1）。

6. 瓮　残片 2 件。泥质黑衣灰陶，挟杂少量炭屑与细砂，火候较高，仅存口沿、腹部。J9：W1，宽折沿，敛口，素面，残高 5.5、残宽 6 厘米。J9：W2，肩、腹部残片，肩起突棱。上饰一周篦点纹，腹部拍印绳纹后又抹光，残高 7.2、残宽 11 厘米（图二三，1、2；图版一八，2～3）。

7. 器盖　残片 3 件。泥质黑衣灰陶，挟杂炭屑，质地较疏松，火候较低。J9：QG3，子母口，盖面方折高隆，顶部残缺，复原口径 32、残高 7 厘米（图二三，7；图版一八，4）。

（二）泥质硬陶器（硬陶器、印纹硬陶器）

无完整器，皆为硬陶罐的口、腹、底部残片，计 10 件，约占陶制品总数的 8%。泥质夹细砂，胎体呈青灰色、酱褐色、紫红色，烧结温度高，器身为泥条盘筑，拍打坚实紧密，器表饰麻布纹、方格纹、回纹、几何纹等，施薄釉。硬陶器可分为硬陶器与印纹硬陶器两类。

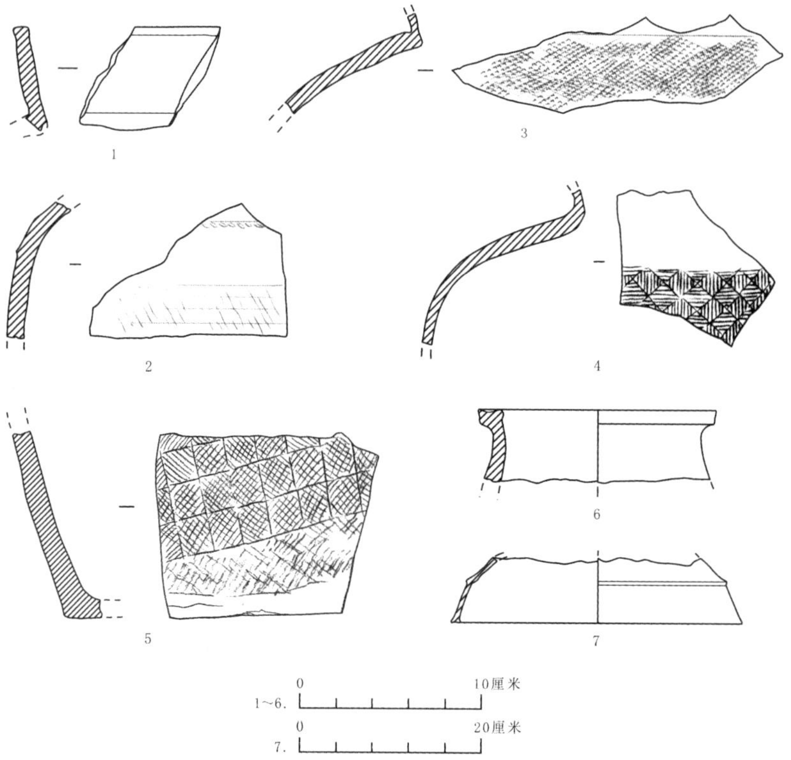

图二三　J9 陶瓮、硬陶罐、器盖

1、2. 瓮（J9：W1、J9：W2）　3. Ⅰ式硬陶罐（J9：G6、J9：G7）　4. Ⅰ式印纹硬陶罐（J9：G1~G5）
5、6. Ⅱ式印纹硬陶罐（J9：G9、J9：G11）　7. 器盖（J9：QG3）

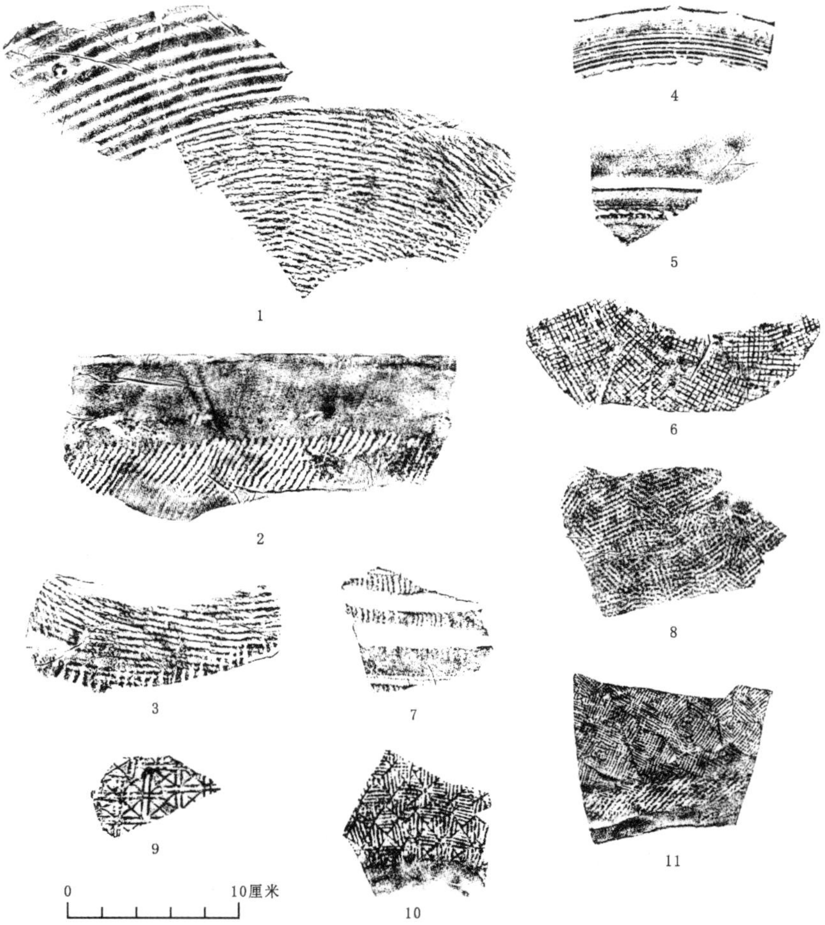

图二四　J9陶器纹饰拓片

1. Ⅰ式平底盆（J9：P9~12）　2、3. Ⅰ式圜底盆（J9：P1、J9：P4）　4. Ⅱ式平底盆（J9：P5）　5. 瓮（J9：W2）　6. 硬陶罐（J9：G6、J9：G7）　7、8. 圜底罐（J9：HG1、J9：HG10）　9. 印纹硬陶罐（J9：G8）　10. Ⅰ式印纹硬陶罐（J9：G1~G5）　11. Ⅱ式印纹硬陶罐（J9：G9）

硬陶罐残片2件，可拼接。敞口短领，广肩，圆腹，下腹及底部残，泥条盘筑，青灰胎，火候高，肩、腹拍饰斜方格纹，薄施一层青釉，其形制与长沙地区西汉中晚期墓葬大量出土的麻布纹罐相同。J9：G6、J9：G7，残宽18、残高5.3厘米（图二三，3；图二四，6；图版一八，5）。

印纹硬陶罐分为两式：

Ⅰ式　印纹硬陶器残片5件。小口，短领外侈，斜溜肩，长圆腹，下部残缺，泥条盘筑，酱褐色胎，慢轮修治，火候高，器表拍饰回形纹，几何形纹，薄施青釉。J9：G1~G5，残宽9.4、残高8厘米（图二三，4；图二四，10；图版一八，6）。

Ⅱ式　印纹硬陶器残片3件。小直口，方唇，沿面微凹，粗短颈，长腹平底，泥条盘筑，胎体厚实呈红褐色，火候高。器表呈紫褐色，未施釉，器身四周先拍打绳纹，再饰由方格组成的回形几何纹。J9：G11，口径13、残高3.8厘米。J9：G9，罐底残片，残宽12.4、残高9.8厘米（图二三，6、5；图二四，11；图版一九，1~2）。

（三）建筑材料

建筑材料皆无完整器，残片69件，占出土陶制品总数的52.7%。以泥质灰陶为主，有少量泥质红褐陶、黄褐陶，皆挟杂少量炭屑，火候较高。器形仅见板瓦与筒瓦，皆泥条盘筑，模制。纹饰常见绳纹、菱形纹、方格纹、麻布纹等。

1. 板瓦　残片 56 件。基本形制为长方形，上端稍厚，边缘齐整，残留用细线工具切割的痕迹，下端稍薄，切割后多修饰成圆舌状。瓦体横截面呈弧形，两侧边缘半切未透，残留毛茬，切割的方法，分外半切与内半切两种。隆起的瓦面拍饰粗绳纹，近两端处常作抹断处理，内凹的瓦面拍印有麻布纹、绳纹、菱形纹、方格纹、圆点纹等。板瓦在实际使用中，则是将内凹面朝上，隆起的弧面向下，置于两椽之间，由屋脊处自上而下铺排，两瓦上下叠压接续，直至檩檐边，板瓦之侧边则用筒瓦覆盖。依其形制分为三式。

Ⅰ式　残片 17 件。形体扁薄，上端厚 1.0～1.2 厘米，下端厚 0.8～1 厘米，跨径与长度因残缺不明。J9：B40，残存上端右侧边，端口齐平，右侧边缘保留清晰半切痕与茬口，弧面、凹面皆拍打斜向粗绳纹，凹面修治时被抹平，残长 11、残宽 13.8、上端口厚 1 厘米，右侧边缘挤压变形，厚达 1.8 厘米。J9：B42，残存下端中部，端口缘呈圆舌状，两侧边残缺，弧面拍打间断绳纹，凹面抹光无纹，残长 8.5、残宽 8、下端口厚 1 厘米。J9：41，残存下端中部，端缘口略呈方平，弧面拍饰间断绳纹，凹面抹平无纹，残长 8、残宽 8.2、端口厚 1 厘米。J9：B37，残存下端右侧边，边缘保留半切痕与掰分茬口，下端缘口方平，弧面拍打粗绳纹，凹面抹光，残长 6.2、残宽 6.7、端口厚 1 厘米（图二五，1、3～5；图版一九，3～4）。

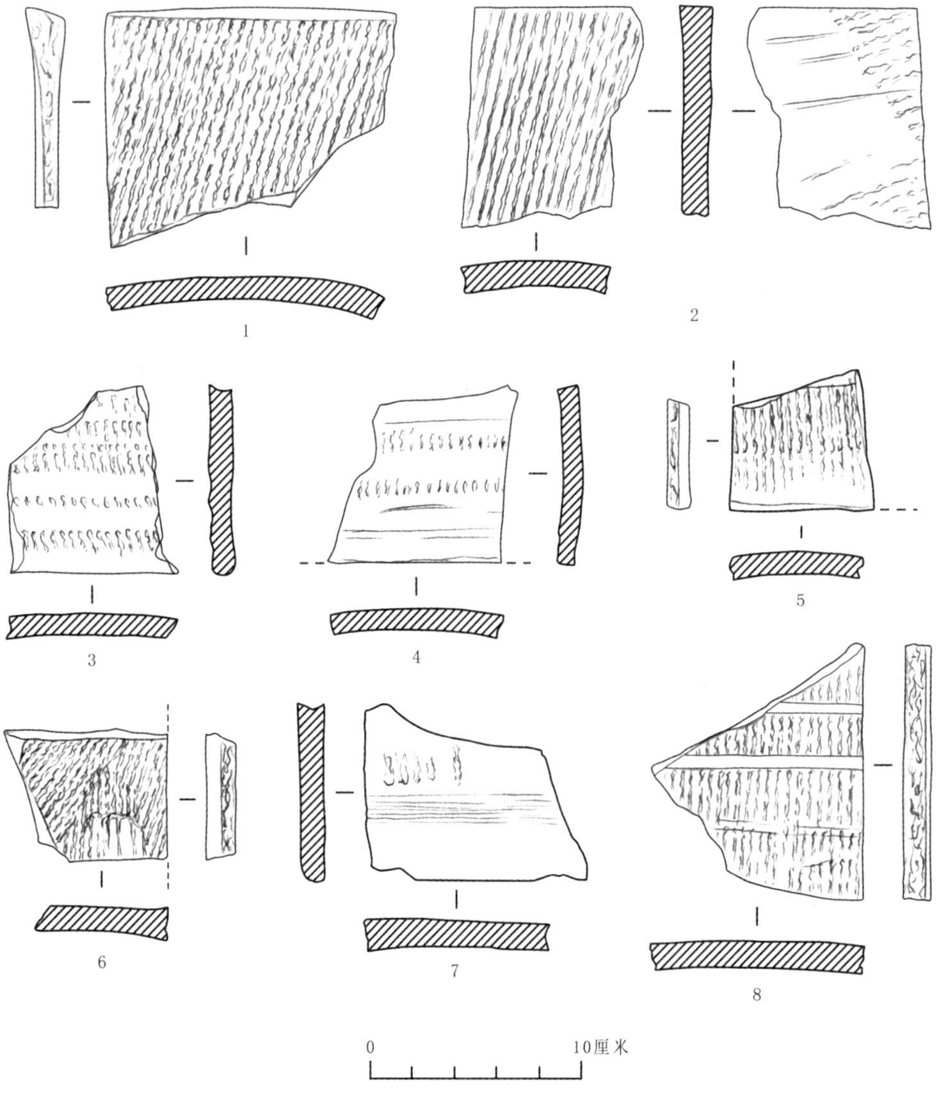

图二五　J9 板瓦

1、3、4、5. Ⅰ式（J9：B40、J9：B42、J9：B41、J9：B37）

2、6、7、8. Ⅱ式（J9：B52、J9：B38、J9：B49、J9：B48）

Ⅱ式 残片28件。胎体较Ⅰ式稍厚，其上下端口与两侧边缘的制作方法与Ⅰ式相同，上端缘口厚1.2～1.5厘米，下端缘口厚1.0～1.2厘米，跨径与长度因残缺皆不明。J9：B52，残存上端，端口齐平，留存线切痕迹，弧面凹面皆拍饰粗绳纹，凹面经抹平处理，残长10、残宽8.6、端口厚1.5厘米。J9：B38，残存一侧中部，侧边缘内半切，弧面拍饰交错绳纹，凹面抹光，残长6、残宽7.7、厚1.4厘米。J9：B49，残存下端右侧边，端口缘呈圆舌状，侧边缘内半切，弧面饰间断绳纹，凹面抹光，残长8、残宽10.6、端口厚1.4厘米。J9：B48，残存一侧中部，侧边内半切，弧面饰间断绳纹，凹面抹光，残长11、残宽10、厚1.3厘米。J9：B47，残存一侧中部，侧边缘内半切，弧面拍饰交错绳纹，抹断绳纹，凹面印方格纹，残长13、残宽7、厚1.2厘米（图二五，2、6～8；图二六，1；图版一九，5～6；图版二〇，1～3）。

Ⅲ式 残片11件。胎体较Ⅰ、Ⅱ式厚重，其端口与两侧边缘的制作方法与前两式相同，平均厚度在1.4~1.6厘米之间，跨径与长度因残缺皆不明。J9：B46，残存一侧边缘中部，侧边内半切，弧面与凹面拍饰粗绳纹，凹面稍作抹平，残长8、残宽7.2、厚1.4厘米。J9：B54，残存上端右侧边，端口齐平，残存线切痕迹，侧边缘内半切，弧面拍饰交错绳纹，凹面印斜方格纹，稍作抹平，残长11.5、残宽8.2、厚1.6厘米。

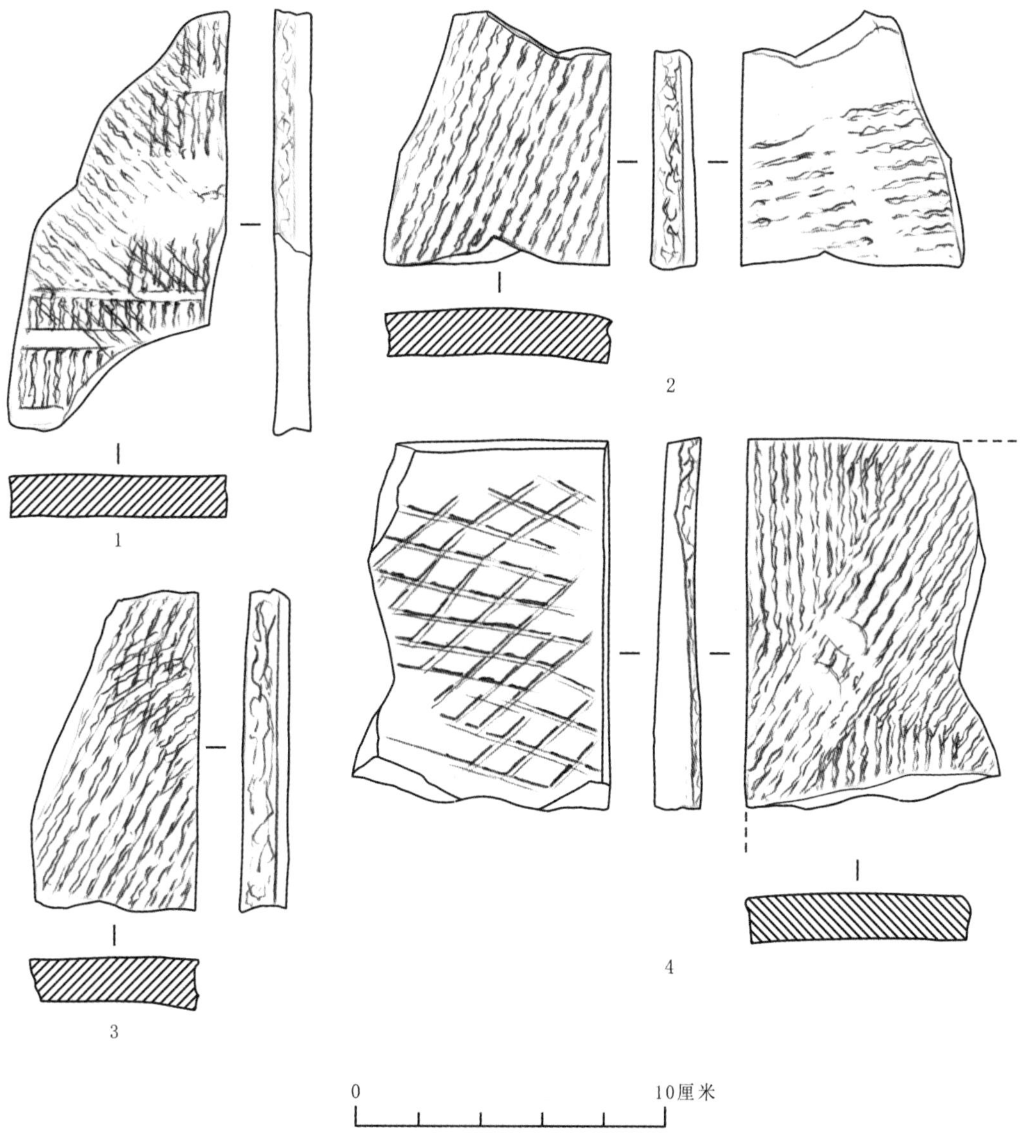

图二六 J9板瓦

1. Ⅱ式（J9：B47） 2~4. Ⅲ式（J9：B46、J9：B53、J9：B54）

J9：B53，残存一侧边缘中部，侧边缘内半切，弧面拍饰绳纹，凹面抹光，残长 10、残宽 5.4、厚 1.5 厘米（图二六，2～4；图版二〇，4～6）。

2. 筒瓦　残片 13 件。泥质灰陶，火候高，泥条盘筑，模制，横截面呈半筒状。舌根与瓦体连接处，表面按捺压起尖突，形如屋檐，内面抹圆。表面拍饰绳纹，内面饰布纹，绳纹或抹光。瓦体两侧边缘切割分为全切与半切两种。筒瓦瓦舌部为上端，瓦筒或装瓦当的部位为下端。在实际使用时，上位筒瓦之下端与下位筒瓦上端的瓦舌相套叠，直至瓦当处。依其形制分为二式。

Ⅰ式　残片 6 件。J9：T7～10，为同一件器之残片，泥质黄褐陶，胎体薄，泥条盘筑，舌根与瓦体连接处按压出尖檐，瓦体两侧边缘为全切。表面拍饰抹断绳纹，内面抹光，残长 10、残宽 12、厚 0.7 厘米，复原跨径约 13、高 7 厘米。J9：T1，泥质灰陶，胎体薄，两侧边缘全切，表、凹面皆拍饰绳纹，残长 6、残宽 6.5、厚 1 厘米。J9：T6 泥质灰陶，胎体薄，瓦舌出伸较短，圆舌尖，舌根与瓦体处抹光稍出檐，表面拍饰绳纹，内面抹光，残长 5、残宽 8.5、厚 0.9 厘米（图二七，1～3；图版二一，1）。

Ⅱ式　残片 7 件。胎体皆较Ⅰ式厚重，泥质灰陶，瓦舌出伸较Ⅰ式为长，分尖舌与圆舌两型，舌根与瓦体结合处表面抹光，两侧边缘或全切或外半切，表面拍打交错绳纹，内面抹光或饰布纹、绳纹。J9：T11，残存上右端半部分，泥质灰陶，胎体较厚，瓦舌伸出较长，圆舌尖右侧边缘外半切，内留掰分茬口，表面拍打交错粗绳纹，内面麻布纹，残长 11.5、残宽 6、厚 1.2 厘米，复原跨径 12.2、高 6 厘米。J9：T12，残余左上半部分，泥质灰陶，胎体较厚，瓦舌伸出较长，舌尖呈扁尖状，左侧边缘外半切，内留茬口，表面拍打粗绳纹，内面抹光，残长 10.8、残宽 7、厚 1.5 厘米，复原跨径 13.3、高 7.2 厘米。J9：T4，残存中间部分，泥质灰陶，厚胎，一侧边缘外半切，内留茬口，表面拍饰粗绳纹，内面麻布纹，残长 6.4、残宽 4.8、厚 1.4 厘米，复原跨径 12.8、高 6.8 厘米。J9：T2，残存中间部分，泥质灰陶，厚胎，一侧边缘外半切，内留少许茬口，表面拍饰粗绳纹，内面抹光，残长 6.4、残宽 4.2、厚 1.4 厘米，复原跨径 14.6、高 8 厘米（图二八，1～4；图版二一，2～4）。

板瓦、筒瓦纹饰拓片（图二九、图三〇、图三一）。

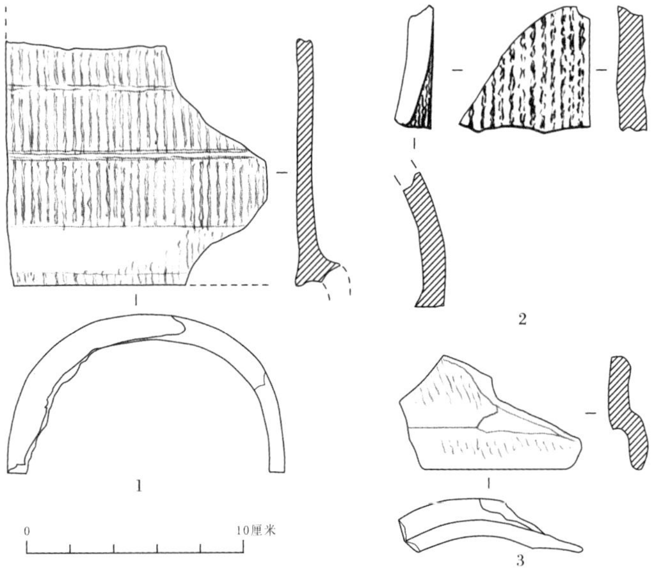

图二七　J9 筒瓦Ⅰ式

1. J9：T7~10　2. J9：T1　3. J9：T6

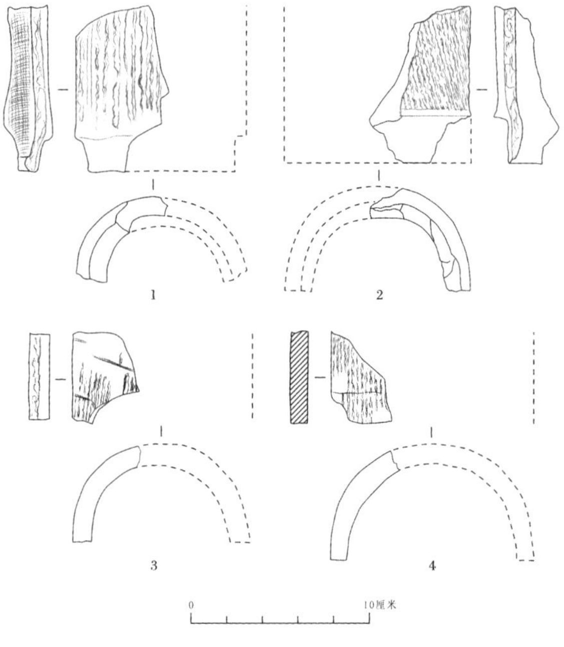

图二八　J9 筒瓦Ⅱ式

1. J9：T11　2. J9：T12　3. J9：T4　4. J9：T2

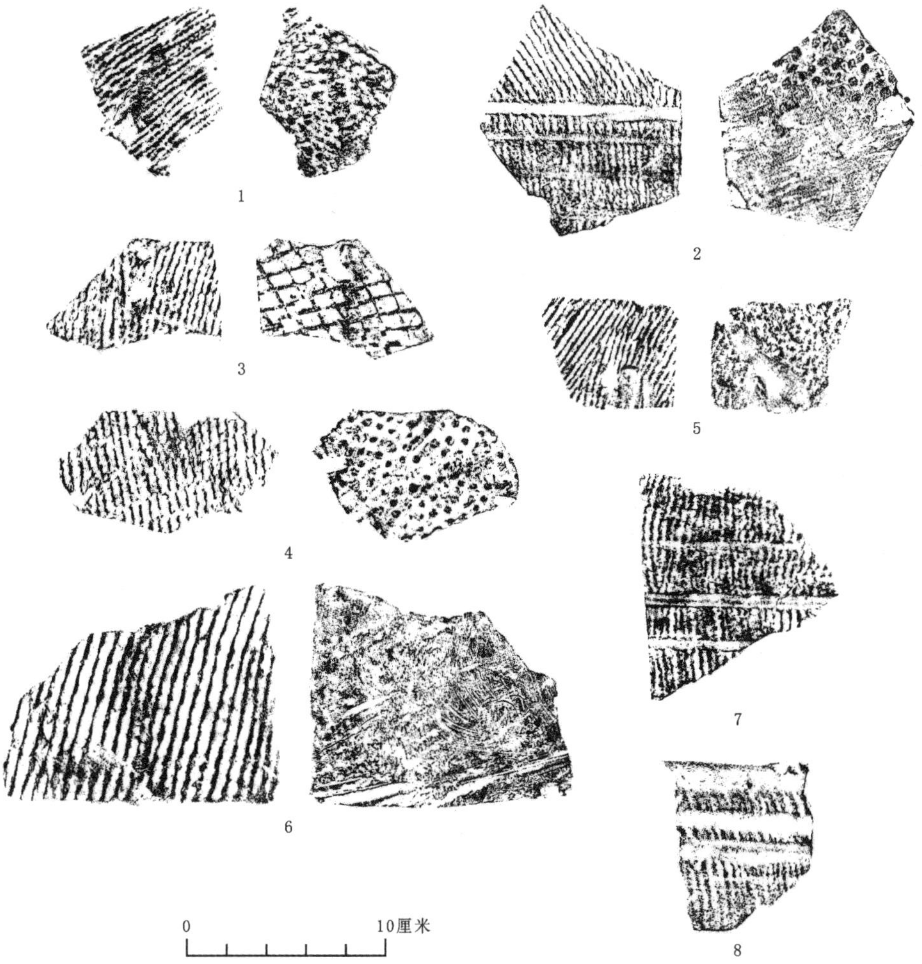

图二九　J9板瓦表、里纹饰拓片（左表右里）

1. J9：B35　2. J9：B39　3. J9：B45　4. J9：B50　5. Ⅱ式（J9：B38）
6、8. Ⅰ式（J9：B40、J9：B42）　7. Ⅱ式（J9：B48）

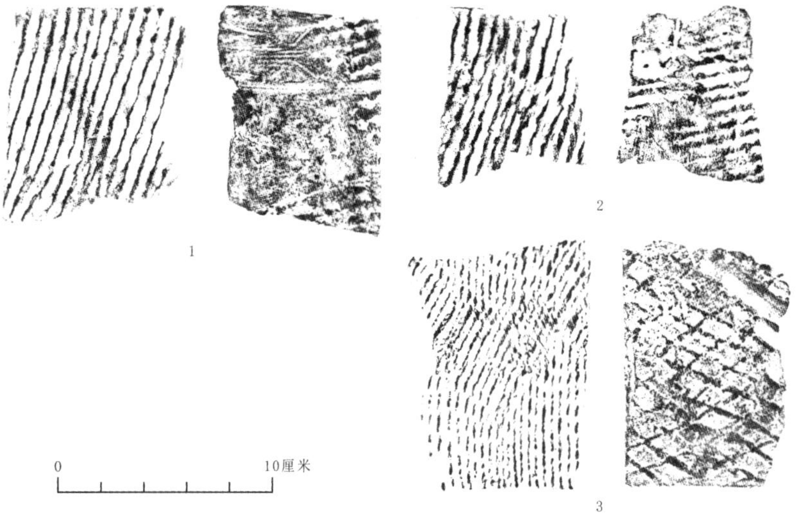

图三〇　J9板瓦表、里纹饰拓片（左表右里）

1. Ⅱ式（J9：B52）　2、3. Ⅱ式（J9：B46、J9：B54）

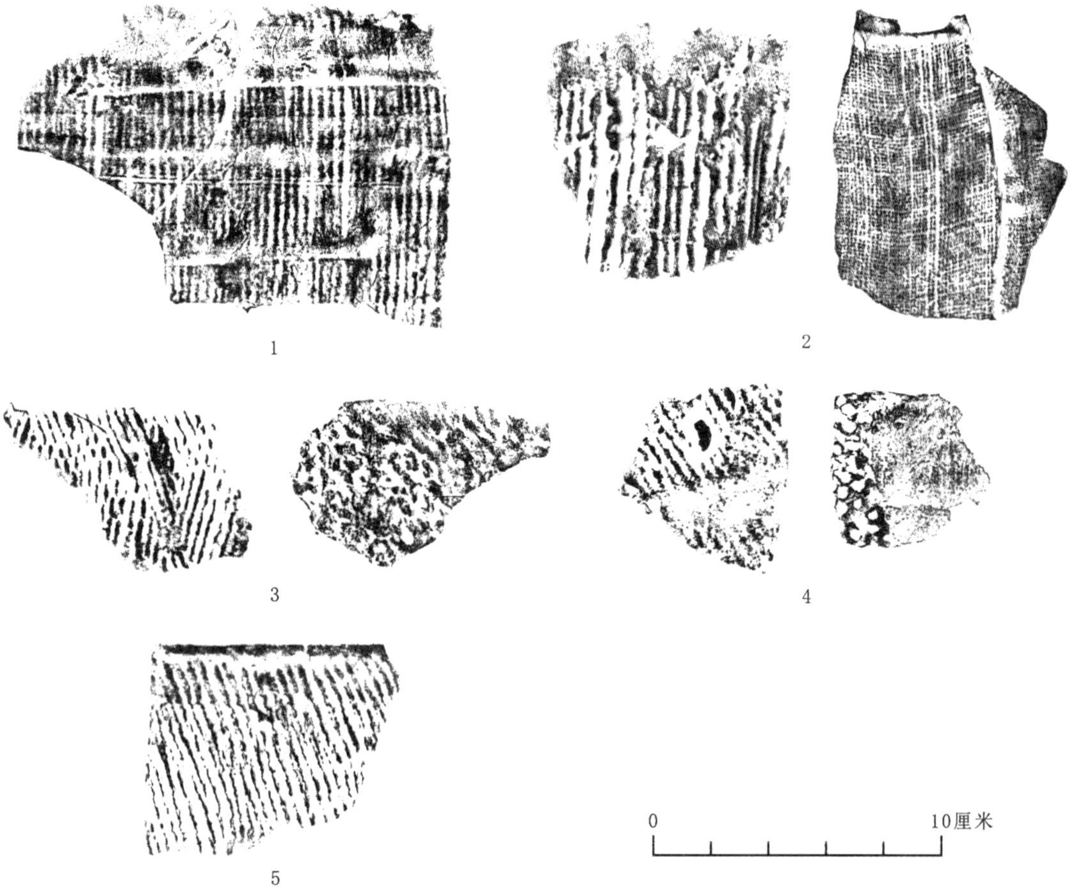

图三一　J9筒瓦表、里纹饰拓片（左表右里）

1. Ⅰ式（J9：T7、J9：T8、J9：T9、J9：T10）　2、5. Ⅱ式（J9：T11、J9：T12）　3. J9：T5　4. J9：T3

第六章　出土简牍概述

第一节 简牍的室内清理与揭取

J8田野发掘工作结束后，自2003年12月中旬开始，对切割打包运回的出土简牍即部署展开室内初步的清理揭取工作，同时邀请湖北荆州文保中心、中国文化遗产研究院（时为中国文物研究所）的专家来长现场指导。至2004年1月中旬初步完成整体打包简牍的清淤分解工作，至2005年方完成全部单体简牍的清洗工作。

将简牍包裹打开后，在清理之前又做了进一步的细致观察，发现被黏土泥浆所包裹的简牍的堆积状态仍难分辨，故不能冒然入手揭取。针对这一情况，决定采用导管引流，注水慢浸的方法，使用竹签、画铲、毛刷等工具，自上而下剔剥清除包裹简牍外层的黏浆，逐渐使简牍堆积的原始状态显现出来。

观察初步清洗后简牍的状况，简牍呈自上而下倾倒状，倾斜度约为30～40度，且倾倒的方向并不一致，交错散乱，随意性很大。其中还混杂着许多残断的竹、木片与炭渣，以及半加工的竹木简原材料等物。从其倾倒的角度分析，这批简牍与竹木残片等当是作为废弃之物，在相近的时间内倾倒于井内，倾倒的简牍中还有相当一部分存在着火灼烧结的痕迹。从其杂乱无序、交错叠压的堆积状态推测，这批简牍很可能曾经遭遇焚烧，被处置者分数次从不同的方向倾倒于井内，其中包括未被燃尽的简牍。

经提取标本检测，出土简牍的结晶度均低于20%，纤维素发生了严重降解，而现代普通木材结晶度介于50%～70%之间。①简牍长期被深埋于地下，含水率极高，多超出400%，其纤维内部分子结构已遭到严重破坏。由于受到土壤、地下水、微生物等综合作用，导致简体变黑，并存在饱水干缩、卷曲、变形、残碎、腐朽等多种病害。特别是在南方酸性地下水的作用下，竹质简牍的纤维素、木质素和半纤维素容易加速降解与流失，导致其细胞壁的强度严重下降，无法保持原有形状，只能依靠内部所含水分来维持。当环境急剧变化时，随着水分的散失，极易造成竹简的扭曲变形等。

J8中出土简牍以竹简为主体，其色泽已呈棕褐色与黑褐色，质地疏松，腐蚀程度较为严重，因挤压多已扭曲变形，稍有不慎，极易折断。简牍杂乱交错，无序堆放，原有册书秩序已被扰乱，且与竹木残屑、炭渣、淤泥胶粘一处，给揭取带来极大的困难。虽然我们已有走马楼吴简现场与室内清理揭取的经验，但经过反复细致的观察，鉴于简牍堆积的实际状况，在明确以保护简牍为首要任务的前提下，最终决定采取净水整

① 见表一四“西汉简样品的X射线衍射分析结果”。

体浸注、分散揭剥的方法提取简牍。虽然如此，在实际操作中我们仍然是小心翼翼，谨慎从事。按照先易后难的原则，先从因其浸注自然松裂又无太多牵绊绕缠的部位入手，散点式揭取。揭取中遇到认为可能为一坨的简册时，尽量将周边相关的简牍集拢一处。对杂乱交错的简牍则是尽量限定在一定的范围内提取，当然这种散点式的揭取方法是很难兼顾到层次划分与册书自身编联的次序了。揭取的简牍按其提取的先后顺序编号，分装在长 32 厘米、宽 15 厘米、高 6 厘米的塑料盒中，每盒盛装的数量不等，约在 60~80 枚左右（包括残断简牍），总计 29 盒。分装后的简牍随即置换蒸馏水，加药浸泡防菌。另外，将随之清理出来的残断竹木残片、炭末灰渣以及半成品的竹木材等分装在 18 个直径为 120 厘米、深 25 厘米的大盆中，安排专人筛洗鉴选（图版二二，1~8）。对散落于 J8 下层堆积陶器、瓦片空隙之间保存状况稍好的一束长简，则做了单独提取与清理记录（图版二三，1~3）。简牍的科技保护工作详见本报告第七章。

需要说明的是，上述因简牍遗存堆积的特殊状态而采用的散点式的揭取方式，不可避免地存在着无法回避的缺陷与遗憾，即简册文书的离散与次序的扰乱，对简牍的分类整理、册书复原编联势必会带来诸多困难与影响。对于主、客观因素交互影响而产生的后果，作为清理者，我们在揭取时就已预感到了，在反复权衡比较保全简牍不同方法的利弊之后，两权相重取其轻，最终还是采用了散点式揭取的方法，故在此特加说明。正因如此，对于这种缺憾，我们期待诸位专家学者在了解考古发掘的实际情况以及简牍揭取前后的复杂状况与决策过程的前提下能够予以理解，并在其后整理研究中，更多地运用简牍文书学、古文字学、历史学等多学科的研究方法以及电脑拼图、红外影像扫描等技术手段，为复原出册书原本的面貌，挖掘史料文献的重要价值作出更多的贡献。

上述揭取简牍的方法实是一种不得已而为之的权宜之策，并未取得像走马楼吴简、北京大学藏秦简、南昌海昏侯汉简那样，利用考古层位学理论进行简牍清理揭剥的成效。尽管存在着诸多遗憾，但在简牍释文整理的过程中，竟发现不少内容相关、类别相属的简牍，彼此间的编序相隔并不太远，例如“长沙邸传舍坏败不见举劾案”“无阳雎夷乡啬夫襄人收賨案”“义陵将田佐僮诈以卯名为出券书案”等等。这令我们对此前所做的无奈之举与揭取方法，稍感到些许宽慰。究其原因，固然与简牍堆积空间狭窄，相对集中，数量不多有关，也与我们谨慎细致揭取的态度不无关联，当然更多的也可能只是某些巧合而已。以上因简牍堆积混杂状态而采取的揭取方式，站在今天的角度观察比较，肯定不会是唯一的方法，在 20 年前也只能算是一个中下之策。历史的经验值得借鉴与总结，更为科学、安全的简牍清理揭取方法仍需要我们在以往实践的基础上继续探索。关于古井出土简牍的弃置原因及时间，在第八章第二节中再作讨论。

第二节 简牍的形制与类别

J8 出土简牍经揭剥清理后，编号为 2635 个（包括完整件与残片），在释文整理过程中又新甄别出的 32 枚简文（处理方法即在原编号后缀加分号），简牍数量总计实为 2667 枚。另外，在发掘现场还采集到 4 枚简牍，置于本章第六节介绍。出土简牍按材质可分为竹质与木质两大类，而以竹质为主。其形制分为简、牍、楬、签牌、觚、削衣等。竹质简牍有 2453 个编号，约占出土简牍总数的 92%；木质简牍如签牌、木楬、觚、削衣等计有 214 个编号，约占出土简牍总数的 8%。兹依其材质、形制分述如下。

一、竹质简牍

竹质简牍基本形制为长条形与长方形，经检测均为刚竹属（PhyllostachysSiebold et Zucc）竹材（见后文表一—《走马楼西汉竹简样品材质鉴定结果》）。有长短之别和单面与多面之分。依其文牍规格及书写需求，制作成不同长度的单面、双面、三面、四面乃至五面等不同规格的形制。造成形制多面的原因，除文书制度因素外，还与竹质简牍的选材——刚竹有关。刚竹盛产于江南地区，其质地细密、结构紧实，竹节之间的节距较长，最长节距可达 50 ~ 60 厘米，且生长周期短，便于采伐，是制作简牍的理想选材。但由于其管腔直径较窄，最大直径仅 6 ~ 8 厘米之间，远不如毛竹的径阔。制成单面（一面）书简当无问题，若书多行，因其管径所限，必依其弧形的管壁修制成如两面坡形（两面）、拱桥形（三面）、重檐式屋顶形（四面）、多阶式拱桥形（五面）等形状，以满足不同需求。简牍的竹青与竹黄两面皆经刮削修治，文字多书写于竹青面，唯单面竹简的文字大多书于竹黄面。简牍长度在 21 ~ 56 厘米之间，每面宽 0.7～0.9 厘米不等，厚 0.1～0.3 厘米，绳痕仅发现数例，余皆不明晰。依其一至五面的形制分五型：

A 型　1065 枚。单面（一面）。竹青与竹黄两面及结节处皆经修治，文字大多写于竹黄面，少量书于竹青面，简面平整，竹青面微隆，从横截面观察，中间厚、两侧稍薄。简背（竹青面）个别有现墨迹，但未见人工划痕。依长度分为长、次长、中、短四式，宽窄、厚薄各有差。

A 型Ⅰ式　此式尺寸最长，长 50.1～56、宽 0.7～0.8、厚 0.12～0.17 厘米，一般存见一至两个结节。每简书 10 ~ 30 余字不等，字距疏阔，内容涉及诸侯公子爵位、车乘等，与蛮夷律令有关，级别颇高。简 0064，长 50.1、宽 0.8、厚 0.15 厘米。简 0060，长 54.9、宽 0.7、厚 0.13 厘米。简 0065，长 54.9、宽 0.8、厚 0.14 厘米。简 0061，长 55.3、宽 0.8、厚 0.12 厘米。简 0063，长 55.6、宽 0.7、厚 0.12 厘米。简 0058，长 55.4、宽 0.7、厚 0.13 厘米。简 0071，长 55.8、宽 0.8、厚 0.13 厘米。简 0068，长 56、宽 0.8、厚 0.13 厘米（图版二四）。

A 型Ⅱ式　此式长度次之，长 43.1～45.3、宽 0.6～0.7、厚 0.11～0.19 厘米，一般存见一个结节，每枚简书 10 ~ 40 余字不等，字距连接疏密适当，内容多为案录文书。简 0019，长 43.1、宽 0.7、厚 0.19 厘米。简 0036，长 44.7、宽 0.7、厚 0.14 厘米。简 0021，长 44.6、宽 0.7、厚 0.13 厘米。简 0026，长 44.9、宽 0.7、厚 0.16 厘米。简 0045，长 45.3、宽 0.7、厚 0.11 厘米。简 0020，长 44.8、宽 0.7、厚 0.15 厘米。简 0023，长 45.1、宽 0.7、厚 0.18 厘米。简 0027，长 44.9、宽 0.7、厚 0.16 厘米（图版二五）。

A 型Ⅲ式　此式长度介于Ⅱ式与Ⅳ式之间，长 29.4～29.7、宽 0.7、厚 0.1～0.14 厘米，一般存见一个结节，简书 10 ~ 30 余字不等，内容为司法、案录文书。此式数量少见。简 2118，长 29.7、宽 0.8、厚 0.14 厘米。简 2137，长 29.4、宽 0.7、厚 0.11 厘米（图版二六，1）。

A 型Ⅳ式　此式长度最短，长 20～24、宽 0.4～1.7、厚 0.1～0.2 厘米，少见结节，每枚简书 20～30 余字不等，字距紧凑，涉及内容颇多且庞杂。依其宽度可细分 a、b、c、d 四亚式。

A 型Ⅳ a 式　简宽 0.5～0.6 厘米。简 0537，长 20.8、宽 0.5、厚 0.05 厘米。简 0601，长 20.6、宽 0.5、厚 0.12 厘米。简 0605，长 21、宽 0.5、厚 0.1 厘米。简 0606，长 21.2、宽 0.6、厚 0.1 厘米。简 0711，长 20.8、宽 0.5、厚 0.06 厘米。简 0712，长 20.9、宽 0.5、厚 0.07 厘米。简 0717，长 21、宽 0.5、厚 0.07 厘米。简 0843，长 21.2、宽 0.5、厚 0.11 厘米（图版二六，2）。

A 型Ⅳ b 式　简宽 0.7 ~ 0.9 厘米。简 0112，长 22.2、宽 0.7、厚 0.11 厘米。简 0228，长 21.7、宽 0.9、厚 0.17 厘米。简 0289，长 21.9、宽 0.9、厚 0.14 厘米。简 0715，长 21.9、宽 0.8、厚 0.16 厘米。简 0755，长 22、宽 0.9、厚 0.16 厘米。简 0800，长 21.2、宽 0.8、厚 0.19 厘米。简 0813，长 22、宽 0.8、厚 0.15 厘米。简 0842，长 22.1、宽 0.7、厚 0.14 厘米。简 1381，长 22、宽 0.8、厚 0.25 厘米（图版二六，3）。

A 型Ⅳ c 式　简宽 1.0～1.1 厘米。简 0148，长 21.5、宽 1.1、厚 0.15 厘米。简 0147，长 21.9、宽 0.9、厚 0.2 厘米。简 0330，长 21.3、宽 1、厚 0.2 厘米。简 0325，长 22.1、宽 1、厚 0.22 厘米。简 0517，长 21.6、宽 1、厚 0.19 厘米。简 0720，长 21.8、宽 1、厚 0.21 厘米。简 0854，长 21.3、宽 1.1、厚 0.14 厘米。简 1522，长 20.3、宽 1.1、厚 0.22 厘米。简 1546，长 21.1、宽 1、厚 0.19 厘米（图版二七，1）。

A 型Ⅳ d 式　简宽 1.2～1.7 厘米。简 1413，残长 4.9、宽 1.5、厚 0.29 厘米。简 1168，残长 16、宽 1.5、

厚 0.18 厘米。简 0515，长 20.5、宽 1.5、厚 0.09 厘米。简 0855，长 21.7、宽 1.7、厚 0.22 厘米。简 0126，长 23.9、宽 1.1、厚 0.16 厘米（图版二七，2）。

B 型　1314 枚。两面。竹青与竹黄两面皆经修治，竹青面呈两面坡屋顶状，竹黄面平整。文字均书写于竹青面，依长度分为Ⅰ、Ⅱ两式。

B 型Ⅰ式　此式为长简，一般皆有一结节，长 41.5 ~ 45 厘米，宽 1.4 ~ 1.8 厘米，每面宽 0.7 ~ 0.9，厚 0.15 ~ 0.29 厘米。长 43 ~ 44、宽 1.5 ~ 1.7 厘米者较多见。每枚简在竹青面分书两行，每行约 10 ~ 60 余字不等，字距排列紧凑，疏密适当，一简最多约写 120 ~ 130 余字，内容多为司法案录文书。简 0077，长 42、宽 1.5、厚 0.25 厘米。简 0011，长 43、宽 1.6、厚 0.24 厘米。简 0013，长 42、宽 1.4、厚 0.17 厘米。简 0040，长 41.5、宽 1.5、厚 0.22 厘米。简 0046，长 43.7、宽 1.5、厚 0.23 厘米。简 0010，长 43.6、宽 1.8、厚 0.2 厘米。简 0002，长 44.2、宽 1.7、厚 0.26 厘米。简 0007，长 43.8、宽 1.6、厚 0.25 厘米。简 0041，长 44.4、宽 1.4、厚 0.23 厘米。简 0015，长 44.8、宽 1.6、厚 0.29 厘米（图版二七，3）。

B 型Ⅱ式　此式为短简，少有结节，长 20 ~ 23 厘米，宽 1.2 ~ 1.9 厘米，每面宽 0.7 ~ 0.9 厘米，厚 0.1 ~ 0.3 厘米。长 21 ~ 22、宽 1.5 ~ 1.6 厘米者较多见。个别简面最窄为 1.2 厘米，最宽达到 1.9 厘米。每枚简在竹青面分书两行，每行少则几字，多则 30 余字不等，字距适当，一简最多约写 60 ~ 70 余字，内容亦多见司法类笔录文书及簿籍文书。

简 1126，残长 3.3、宽 0.9、厚 0.19 厘米。简 1561，残长 12.4、宽 1、厚 0.15 厘米。简 0848，长 22.2、宽 1.6、厚 0.3 厘米。简 0083，长 22.2、宽 1.6、厚 0.27 厘米。简 0082，长 22.2、宽 1.6、厚 0.21 厘米。简 0136，长 21.5、宽 1.5、厚 0.21 厘米。简 0187，长 22.1、宽 1.2、厚 0.22 厘米。简 0769，长 22、宽 1.5、厚 0.22 厘米。简 0803，长 21.7、宽 1.4、厚 0.25 厘米。简 0571，长 21.4、宽 1.9、厚 0.21 厘米（图版二八，1）。

简 0587，长 20.7、宽 1.4、厚 0.14 厘米。简 0588，长 20.5、宽 1.6、厚 0.13 厘米。简 0501，长 22.2、宽 1.4、厚 0.30 厘米。简 0502，长 22.1、宽 1.5、厚 0.26 厘米。简 0503，长 22.1、宽 1.5、厚 0.3 厘米。简 0505，长 22、宽 1.5、厚 0.28 厘米。简 0506，长 22.1、宽 1.6、厚 0.26 厘米。简 0811，长 21.5、宽 1.7、厚 0.24 厘米。简 0507，长 22.1、宽 1.4、厚 0.3 厘米（图版二八，2）。另外，此式发现两例编联痕迹，也是目前整理所仅见。简 507 上端稍残，约 0.5 ~ 0.7 厘米，上、下各有一道编绳痕迹，呈左高右低倾斜之势。经测量，上道编痕距离现存竹简顶端，左侧为 6.5、右侧为 7 厘米处，下道编痕距离竹简底端，左侧为 5.6、右侧为 5.4 厘米处（图版二九，1）。

C 型　50 枚。三面，竹青、竹黄两面皆经修治，竹黄面稍平整，竹青面呈扁八字状，或谓拱桥形，此式长短、宽窄有差，厚薄相近，文字皆书于竹青面。依其长度分为Ⅰ、Ⅱ两式。

C 型Ⅰ式　此式为长简，一般皆有一结节，长 30 ~ 44、宽 1.5 ~ 2.5 厘米，每面宽 0.6 ~ 0.9、厚 0.15 ~ 0.3 厘米。每枚简在竹青面分书三行，每行约若干字至 40 余字不等。内容有见官文书或私人书信，数量不多。简 2138，残长 26.7、宽 1.5、厚 0.12 厘米。简 2114，残长 31.5、宽 2.3、厚 0.33 厘米。简 0054，残长 36.9、宽 1.8、厚 0.23 厘米。简 0042，长 44、宽 2.5、厚 0.20 厘米（图版二九，2）。

C 型Ⅱ式　此式为短简，少有结节。长 21 ~ 25、宽 1.6 ~ 2.5 厘米，每面宽约 0.7 ~ 0.9 厘米、厚 0.15 ~ 0.3 厘米。长 21 ~ 23、宽 1.9 ~ 2.2 厘米之间者较多见。竹青面可书文字三行，每行约在若干字至 30 余字之间，内容为王国诏令、官府文书、司法案录等。简 2060，残长 14.6、宽 1.6、厚 0.14 厘米。简 0200，长 21.2、宽 1.7、厚 0.2 厘米。简 0669，长 21.6、宽 1.9、厚 0.24 厘米。简 0265，长 21.3、宽 2.3、厚 0.23 厘米。简 0268，长 21.4、宽 1.9、厚 0.12 厘米。简 0416，长 22.4、宽 1.9、厚 0.23 厘米。简 0638，长 21.9、宽 2.2、厚 0.34 厘米。简 0121，长 22.5、宽 2.5、厚 0.38 厘米。简 0242，长 25、宽 2.2、厚 0.46 厘米（图版二九，3）。

D 型　11 枚。四面，此式数量较少，且残损严重。竹青、竹黄两面皆经修治，竹黄面平整，微显内弧，竹青面形如重檐式屋顶状，文字皆书于竹青面。依其长度可分为Ⅰ、Ⅱ两式。

D型Ⅰ式 此式为长简，多残损，少见有完整形制。所见者长30～42、宽2.4～3.2厘米，每面宽0.6～0.8、厚0.1～0.3厘米。竹青面可书写四行文字，每行约30～40余字不等。内容为法律文书。简2126，残长28.2、残宽2.2、厚0.27厘米。简0043，残长35、宽2.7、厚0.18厘米。简0858+1601，残长34.2、宽2.4、厚0.33厘米。简0057，长42.1、宽3.3、厚0.17厘米（图版三〇，1）。

D型Ⅱ式 此式为短简，少有结节，其长度极少完整保留，多有残损。长21～25、宽1.8～3.2厘米，每面宽0.4～8厘米，简面最窄为1.8厘米，最宽为3.2厘米，每行约10～20余字不等，字距适当。内容为拜谒文书、书信及法律文书。简1875，长21、宽2.6、厚0.28厘米。简0278，长21.9、宽1.8、厚0.1厘米。简0321+0947，长21.1、宽2.2、厚0.17厘米。简0417，残长25.0、宽3.2. 厚0.59厘米（图版三〇，2）。

E型 五面，仅存1枚。从横截面观察，形制基本完整，稍有残损，中间最厚，两边稍薄。竹青、竹黄两面经修治，竹黄面平整微内凹，竹青面形如多阶式拱桥状，文字皆书于竹青面。每面书写文字，字数不等，内容为垦田租税计簿。简0056，长42.2、宽3.3～3.7、厚0.2～0.3厘米（图版三〇，3）。

签牌1枚。长方形，首部削制呈三角形，两侧各有一楔口，楔口以下残缺。首端有墨书，疑用废简改制。简1613，残长5.6、宽1.4、厚0.23厘米。

综上所述，依竹质简牍形制特征及相关内容观察，书写单行或两行文字的A、B型，宜称为竹简；C、D、E型，称其为竹牍更合宜。另有11枚残简的形制不明。

二、木质简牍

木质简牍揭剥清理编号共96个，完整及较完整件仅10余枚，约占九分之一，余皆为残断片。其基本形制为长条形与长方形，经检测系用杉木（C.lanceolata〈Lamb.〉Hook）、黄山松（Pinus hwangShanensis）、润楠（M.Pingii cheng）、柏木（Cupressus Funebris Endl）等不同属种的木材制作（见后文表一二《走马楼西汉简木材样品检测鉴定结果》）。简牍制作比较规范，两面修治平整，长22～26厘米，约合汉一尺。文字书写分单行、两行、三行、四行不等，宽窄有差，个别背面亦书写文字或绘有墨线。个别木简上发现编痕。依简牍形制的宽窄、书写行数分为四式。

Ⅰ式

清理编号39个。长条形，扁平状，两面修治平整，单行书写文字，宽窄不一，长23～26、宽1.4～2、厚0.15～0.3厘米。简1803，残长17.4、宽2.2、厚0.2～0.3厘米。简2142，长23.4、宽1.9、厚0.15～0.2厘米（图版三一，1）。

Ⅱ式

清理编号43个。长条形，扁平状，两面修治平整，宽窄不一，书写文字两行，长22～23.2、宽1.9～2.7、厚0.1～0.4厘米。简1812，长22.8、宽2.2、厚0.30厘米。简1801，长22.9、宽1.9、厚0.1～0.3厘米。简1802，长22.7、宽2.5、厚0.2厘米。简1806，长22.2、宽2.5、厚0.47厘米。简1807，长22.6、宽2.1、厚0.35厘米。简1870，残长13.7、宽2.2、厚0.25厘米。简2019，长23.2、宽2.7、厚0.29厘米（图版三一，2）。

Ⅲ式

清理编号10个。长方形，扁平状，两面修治平整，数量少，书写文字三行。简1808，长22.7、宽2.9、厚0.29厘米，牍身上下各见一道残留的编绳压痕，两道编痕各距木牍上下端边缘6.5厘米。简1811，长22.4、宽2.2、厚0.25厘米（图版三一，3）。

Ⅳ式

清理编号4个。长方形，扁平状，两面修治平整，书写文字四行，两面皆有字。此式长度残损严重，无完整形制，残长 8～15、宽 4.2～4.6、厚 0.2～0.3 厘米。简 1976，下端尚保留编痕，残长 9.2、宽 4.6、厚 0.24 厘米。简 1813，下端残存一段编痕，残长 8.4、宽 4.2、厚 0.28 厘米。简 2041+2044，残长 14.5、宽 4.6、厚 0.26 厘米（图版三一，4）。

按简牍宽窄、字行数量划分，书写一行、两行文字的宜称木简，三行以上的宜称木牍。

三、木楬、签牌

木楬清理编号 5 个，完整件 2 枚，余皆残片。形制为长方形，扁平状，首部圆弧，涂墨或绘网格纹，纹下中央有二穿以系绳，单面或两面书写文字。简 1938，长 11.8、宽 5.8、厚 0.48 厘米。简 2032，长 15.9、宽 6、厚 0.42 厘米（图版三二，1，左边两枚）。

签牌清理编号 2 个。长方形，尺寸稍小，扁平状，上下端齐平或圆角，有的首尾部两侧各有一楔口，用以系绳。简 2043，残长 11.7、宽 3.8、厚 0.35 厘米。简 2042，长 9.7、宽 3.1、厚 0.51 厘米（图版三二，1，右边两枚）。

四、木觚

清理编号 2 个。长条柱状，略显弯曲，制作较为随意，上下端不甚一致，横截面呈梯形或多棱形。觚面虽经修治，呈四面或六面体，但整体形制并不一致，背面制作更显粗糙，未见书写文字。简 2139，长棱形，上细薄，下粗厚，残断为六节，经拼缀修复。横截面呈梯形，顶端及两侧修治平整，背部修治草率。长 56.6 厘米，顶端及两侧面宽 1 ～ 1.4 厘米，背部上宽 2.8 厘米，下部宽 3.6 厘米，厚 1.5 ～ 1.8 厘米。简 2140，残断为五节，经拼缀修复，横截面呈多棱体。自上端起至 46 厘米处，渐变为扁平状。长 56.8 厘米，上部宽 3.6～4、厚 1.8～2.1 厘米，下部（46 厘米以下）宽 4.1、厚 1.2 厘米。书写文字面共四面，每面宽 0.8～1 厘米，在中分右起第一面中部发现有墨书痕迹，字迹模糊，不易辨识（图版三二，2）。

五、异形木简

清理编号 2 个。皆扁平体。简 1810，削刀状、环首、尖刃，疑用废弃木简削制而成。一面有文书墨迹，惜多漫漶模糊。长 16.7、宽 2、厚 0.52 厘米。简 2047，短剑状，剑首与剑尖部残缺，剑格二面绘有卷云纹图案，一面有文书墨迹，漫漶难识。长 4.7、宽 0.9～1.6、厚 0.23 厘米（图版三三，1）。

六、削衣

清理编号 43 个。此为重复利用简牍或修改错讹简文时删削下来的木片，考古发现称之为削衣。古代称之为削胏（柿）。北齐颜之推《颜氏家训》卷六《书证》：“《后汉书·杨曲传》云：‘风吹削胏。’此是削札牍之柿耳。”走马楼西汉简牍中发现有少量的削衣，皆为木质，厚薄有差，形制各异，有的墨迹尚存。简 0695，残长 19.8、残宽 0.7、厚 0.07 厘米。简 1939，残长 9.2、宽 2.1、厚 0.06 厘米。简 1942，残长 5.5、残宽 1.8、厚 0.16 厘米。简 1953，残长 7.9、残宽 1.7、厚 0.07 厘米。简 1964，残长 5.1、残宽 2.1、厚 0.22 厘米。简 1965，三角状，残高 5.2、底宽 3、厚 0.26 厘米。简 1967，残长 5.2、残宽 2、厚 0.1 厘米。简 1982，残长 6.1、残宽 1.5、厚 0.03 厘米。简 2020，残长 11、残宽 1.9、厚 0.17 厘米。简 2025，残长 10.9、残宽 0.8、厚 0.14 厘米。简 2030，残长 5.3、残宽 2.8、厚 0.22 厘米。简 2048，残长 5.2、残宽 1.8、厚 0.16 厘米。简 2163，残长 6.6、残宽 1.3、厚 0.06 厘米。简 2164，残长 6、残宽 1.3、厚 0.05 厘米（图版三三，2、3）。

综上所述，可辨其形制的木质简牍、木楬、签牌、觚、异形简、削衣等，清理编号为 150 个。另外，习字简牍清理编号 24 个；因简体太过残碎，形制难辨的简牍编号 40 个。总计编号为 214 个。

第三节 简牍的纪年与时代

J8 出土的简牍共清理出 2667 枚编号。经初步统计，载有年月日的历简数量达 400 余枚之多，约占出土简牍总数的七分之一，其中纪年朔日干支记载比较明确者达 200 余枚，约占纪年简牍总数的二分之一，这为判定简牍的年代提供了重要的依据。

我们依据历简记载纪年朔日干支的详略程度，将其划分为五种类型。第一类为年月朔日干支齐全者，表现格式为“某年 + 某月朔干支 + 某日干支”，例如四年五月甲子朔庚寅、九年五月乙未朔己酉；第二类为年月朔干支者，表现格式为“某年 + 某月朔干支”，例如三年七月己亥朔、八年五月辛未朔；第三类为年月日干支者，表现格式为“某年 + 某月 + 某日干支”，例如元年六月辛丑、五年五月丙子；第四类为仅存年月者，表现格式为“某年 + 某月”，例如五年七月、七年九月；第五类为仅存朔日干支或存其一不全者，表现格式为“某月朔干支 + 某日干支”“某月朔干支”“某月 + 某日干支”，例如二月乙丑朔癸酉、三月丙午朔、十月癸巳、四月丙辰、五月乙未。

就其研究价值而言，前三类历简为推测判定简牍的年代提供了完整的或比较完整的信息要素，尤其是第一、二类朔干支向被历法研究者所重视，认为材料的价值很高。[①]第三类则因信息要素稍有欠缺，材料的价值略逊一等，但相比较而言，前三类历简皆因系年份、月、日明确，故均可作为判定年代首选的对象。至于第四、五类历简，因记述过于简省，信息要素阙略不完整，宜可作为参考辅助之用。其中不少历简虽显省略，但与某些历史事件、某一案事以及相关人物活动关联密切，可在事件、人物等诸多相关因素的基础上，确定其相属的年代。由于走马楼西汉简牍大多属于官府行政文书，而非专门的历书、历谱，检视汉代官文书书写格式和惯例，纪年月日省写的现象颇为普遍，如果仅是孤立地看待此类历简，其可研究利用的价值确实乏善可陈。然而官府文书常是围绕某条诏令、某项法令的颁布执行或某些事件、某些案件的发生处理而产生的，这一特有的属性使其所涉及的时间、地点、事件、人物、过程、结果诸多要件节点等，互为因果、彼此关联，恰可成为断代的重要佐证，故亦应给予足够的重视。鉴于本章内容介绍的重点，对上述第四、五类历简材料暂不纳入，与此类历简相关的一些问题留待第八章再作讨论。

为使读者能够比较清晰地了解走马楼西汉纪年简牍主体情况，在课题组诸多学者数年整理校读成果的基础上，我们将简文所涉武帝元朔、元狩年间的前三类历简搜罗鉴选，依类别等级先后排列，按年序列表予以公布，同时置列张培瑜《中国先秦史历表·秦汉初朔闰表》（简称“历表”）[②]、李忠林《秦至汉初历法研究·秦至汉初朔闰表》（简称“历法”）[③]、徐锡琪《西周（共和）至西汉历谱》（简称“历谱”）[④]，以及荆州胡家草场 M12 出土简牍中已公布的 2 枚武帝元朔二年、元狩二年的历简资料（简称“胡家简”）[⑤]，互为比照，以为参考。兹分别胪列如下（表二～表一〇）。

---

① 李忠林：《秦至汉初历法研究》，中华书局，2016 年，第 43、70 页。
② 张培瑜：《中国先秦史历表》，齐鲁书社，1987 年，第 237、238 页。
③ 李忠林：《秦至汉初历法研究》，中华书局，2016 年，第 260~265 页。
④ 徐锡琪：《西周（共和）至西汉历谱》，北京科学技术出版社，2016 年，第 1427~1444 页。
⑤ 蒋鲁敬：《胡家草场 M12 出土竹简中的“历”与“日至”初探》，《简帛》第二十三辑，上海古籍出版社，2021 年，第 64、65 页。

表二 走马楼西汉简牍历朔与《秦汉初朔闰表》《秦至汉初朔闰表》《西周（共和）至西汉历谱》比对表（一）[①]

元朔元年（前128）		10	11	12	1	2	3	4	5	6	7	8	9
历表	实	癸未	癸丑	壬午	壬子	辛巳	庚戌	庚辰	己酉	己卯	己酉	戊寅	戊申
	颛	甲申	癸丑	癸未	壬子	壬午	辛亥	辛巳	庚戌	庚辰	庚戌	己卯	己酉
	殷	甲申	甲寅	癸未	癸丑	壬午	壬子	辛巳	辛亥	庚辰	庚戌	己卯	己酉
	汉	甲申	甲寅	癸未	癸丑	壬午	壬子	辛巳	辛亥	庚辰	庚戌	庚辰	己酉
	初												
历法		甲申	甲寅	癸未	癸丑	壬午	壬子	辛巳	辛亥	庚辰	庚戌	庚辰	己酉
历谱		甲申	甲寅	癸未	癸丑	壬午	壬子	辛巳	辛亥	庚辰	庚戌	庚辰	己酉
走马楼西汉简牍										元年六月辛丑（22）：395、399、406、408、423、559、754；元年六月癸卯（24):633；元年六月辛亥〈丑〉(22):1337			

表三 走马楼西汉简牍历朔与《秦汉初朔闰表》《秦至汉初朔闰表》《西周（共和）至西汉历谱》比对表（二）

元朔二年（前127）		10	11	12	1	2	3	4	5	6	7	8	9
历表	实	戊寅	丁未	丁丑	丙午	丙子	乙巳	甲戌	甲辰	癸酉	癸卯	壬申	壬寅
	颛	戊寅	戊申	丁丑	丁未	丙子	丙午	乙亥	乙巳	甲戌	甲辰	癸酉	癸卯
	殷	戊寅	戊申	丁丑	丁未	丁丑	丙午	丙子	乙巳	乙亥	甲辰	甲戌	癸卯
	汉	己卯	戊申	戊寅	丁未	丁丑	丙午	丙子	乙巳	乙亥	甲辰	甲戌	癸卯
	初												
历法		己卯	戊申	戊寅	丁未	丁丑	丙午	丙子	乙巳	乙亥	甲辰	甲戌	癸卯
历谱		己卯	戊申	戊寅	丁未	丁丑	丙午	丙子	乙巳	乙亥	甲辰	甲戌	癸卯
走马楼西汉简牍				二年十二月丙午（29):43			〈二〉⧄年三月甲戌（29):429	二年四月己亥（24):430					

① “〈 〉”内文字表示根据简文更正的讹误，“（ ）”内数字表示日干支的天数，“【 】”内文字表示根据简文补原简未写出的内容。以下诸表皆同。

表四　走马楼西汉简牍历朔与《秦汉初朔闰表》《秦至汉初朔闰表》《西周（共和）至西汉历谱》比对表（三）

元朔三年（前 126）		10	11	12	1	2	3	4	5	6	7	8	9	后 9
历表	实	壬申	壬寅	辛未	辛丑	庚午	庚子	己巳	戊戌	戊辰	丁酉	丁卯	丙申	丙寅
	颛	壬申	壬寅	壬申	辛丑	辛未	庚子	庚午	己亥	己巳	戊戌	戊辰	丁酉	丁卯
	殷	癸酉	壬寅	壬申	辛丑	辛未	庚子	庚午	庚子	己巳	己亥	戊辰	戊戌	丁卯
	汉	癸酉	癸卯	壬申	壬寅	辛未	辛丑	庚午	庚子	己巳	己亥	戊辰	戊戌	丁卯
	初													
历法		癸酉	癸卯	壬申	壬寅	辛未	辛丑	庚午	庚子	己巳	己亥	戊辰	戊戌	丁卯
历谱		癸酉	癸卯	壬申	壬寅	辛未	辛丑	庚午	庚子	己巳	己亥	戊辰	戊戌	丁卯
走马楼西汉简牍						三年二月辛未朔壬戌（？）:796	三年三月乙丑（25）:81	三年……四月丙申（27）:81；三年四月丙申（27）:92+99+349；二〈三〉年四月丙申（27）:6；三年四月庚☐:1408	三年……〈五月〉丙午（7）:81	三年六月己巳朔壬午（14）:1282；三年六月乙丑〈己巳〉朔庚辰（16）:313；三年六月丁亥（19）:754；三年六月乙丑（21）:133	三年七月己亥朔:2015；三年七月乙丑（27）:399、559、1337；三年七月丁卯（29）:406；三年七月乙酉〈丑〉:633			

表五　走马楼西汉简牍历朔与《秦汉初朔闰表》《秦至汉初朔闰表》《西周（共和）至西汉历谱》比对表（四）

元朔四年（前 125）		10	11	12	1	2	3	4	5	6	7	8	9
历表	实	丙申	丙寅	乙未	乙丑	甲午	甲子	癸巳	壬戌	壬辰	辛酉	庚寅	庚申
	颛	丙申	丙寅	乙未	乙丑	甲午	甲子	甲午	癸亥	癸巳	壬戌	壬辰	辛酉
	殷	丁酉	丙寅	丙申	乙丑	乙未	甲子	甲午	癸亥	癸巳	壬戌	壬辰	壬戌
	汉	丁酉	丙寅	丙申	乙丑	乙未	乙丑	甲午	甲子	癸巳	癸亥	壬辰	壬戌
	初												
历法		丁酉	丙寅	丙申	乙丑	乙未	乙丑	甲午	甲子	癸巳	癸亥	壬辰	壬戌
历谱		丁酉	丙寅	丙申	乙丑	乙未	乙丑	甲午	甲子	癸巳	癸亥	壬辰	壬戌
走马楼西汉简牍						四年二月乙未朔戊戌（4）:6；四年二月戊戌（4）:173+76		四年四月癸丑（20）:856	四年五月甲子朔庚寅（27）:46；【四年】五月庚寅（27）:173	四年六月甲午（2）:94；【四年】六月丙申（4）:46；【四年】六月癸丑（21）:439+137+145	四年七月癸亥朔戊辰（6）:632；四年七月癸亥朔丙子（14）:243；四年七月癸亥朔己卯（17）:752；四年七月癸亥朔辛卯（29）:439+137+145	四年八月壬辰朔癸巳（2）:964+383+1609；四年八月壬辰朔乙未（4）:256；四年八月壬辰朔戊午（27）:324	

表六　走马楼西汉简牍历朔与《秦汉初朔闰表》《秦至汉初朔闰表》《西周（共和）至西汉历谱》比对表（五）

元朔五年（前124）		10	11	12	1	2	3	4	5	6	7	8	9	后9
历表	实	庚寅	己未	己丑	己未	己丑	戊午	戊子	丁巳	丙戌	丙辰	乙酉	甲寅	甲申
	颛	辛卯	庚申	庚寅	己未	己丑	戊午	戊子	丁巳	丁亥	丁巳	丙戌	丙辰	十乙酉
	殷	辛卯	辛酉	庚寅	庚申	己丑	己未	戊子	戊午	丁亥	丁巳	丙戌	丙辰	十乙酉
	汉	辛卯	辛酉	庚寅	庚申	己丑	己未	戊子	戊午	戊子	丁巳	丁亥	丙辰	丙戌
	初									丁亥				
历法		辛卯	辛酉	庚寅	庚申	己丑	己未	戊子	戊午	丁亥	丁巳	丁亥	丙辰	丙戌
历谱		辛卯	辛酉	庚寅	庚申	己丑	己未	戊子	戊午	丁亥	丁巳	丁亥	丙辰	丙戌
走马楼西汉简牍		五年十月壬辰(2):562； 五年七〈十〉月癸〈辛〉卯朔癸巳(3):79； 五年十月甲辰(14):848				五年二月己丑朔丁酉(9):54； 五年二月己丑朔丁酉(9):40； 【五月】二月丁酉(9):38； 【五年】二月己亥(11):54	五年三月己未朔丁丑(19):47	五年四月戊子朔戊子(1):504、638； 五年四月戊子朔癸丑(26):618	五年五月丙子（18）：210	五年六月丁亥朔壬辰(6):506、602； 五年六月乙〈丁〉亥朔癸巳(7):1808	五年七月丁卯(11):152+80、10； 【五年七月丁】卯(11):11； 五年七月辛巳(25):8	五年八月丁亥朔丙午(20):107+95； 五年八月丁亥朔戊申(22):88； 五年八月丁亥朔庚戌(24):322、9； 五年八月戊申(22):44	五年九月丙辰朔戊午(3):42； 五年九月丙辰朔辛酉(6):121； 五年九月丙辰朔癸亥(8):205+363； 五年九月丙辰朔丁卯(12):41、102； 五年九月丙辰朔壬申(17):85； 五年九月丙辰朔甲戌(19):347； 五年九月丙辰朔丁丑(22):84+134； 五年九月丁巳(2):1792 五年九月己未(4):4-1、49； 五年九月辛酉(6):2； 五年九月甲戌(19):34	

表七　走马楼西汉简牍历朔与《秦汉初朔闰表》、《秦至汉初朔闰表》、《西周（共和）至西汉历谱》、胡家草场西汉简比对表（六）

元朔六年（前123）		10	11	12	1	2	3	4	5	6	7	8	9	后9
历表	实	甲寅	癸未	癸丑	癸未	癸丑	壬午	壬子	辛巳	庚戌	庚辰	己酉	己卯	
	颛	十一乙卯	十二甲申	正甲寅	二癸未	三癸丑	四壬午	五壬子	六辛巳	七辛亥	八庚辰	九庚戌	后九己卯	
	殷	十一乙卯	十二乙酉	正甲寅	二甲申	三癸丑	四癸未	五壬子	六壬午	七辛亥	八辛巳	九庚戌	后九庚辰	
	汉	乙卯	乙酉	甲寅	甲申	癸丑	癸未	壬子	壬午	辛亥	辛巳	庚戌	庚辰	
	初													
历法		乙卯	乙酉	甲寅	甲申	癸丑	癸未	壬子	壬午	辛亥	辛巳	庚戌	庚辰	
历谱		乙卯	乙酉	甲寅	甲申	癸丑	癸未	壬子	壬午	辛亥	辛巳	庚戌	庚辰	
胡家草场西汉简牍3503			乙酉					壬子	壬午	辛亥		庚戌	庚辰	
走马楼西汉简牍			六年十一月乙酉朔丙戌(2):538				六年三月己亥(17):628;六年三月辛丑(19):908	六年四月壬子朔乙卯(4):187、697、360;六年四月癸丑(2):1920	六年五月壬午(1):467	六年六月辛亥朔丙寅(16):528;六年六月辛亥朔辛未(21):1331;六年六月辛亥朔癸酉(23):275;六年六月癸〈辛〉亥朔乙卯(25):508;六年六月辛亥朔:476;六年【六月】辛亥朔:1279;六年六月甲子(14):1483;六年六月辛亥朔□未:265	六年七月戊戌(18):373	六年八月庚辰〈戌〉朔甲寅(5):428[1]	六年九月庚辰朔癸卯(24):699	

① 按：若为庚辰朔，则无甲寅日。

表八　走马楼西汉简牍历朔与《秦汉初朔闰表》《秦至汉初朔闰表》《西周（共和）至西汉历谱》比对表（七）

元狩元年（前122）		10	11	12	1	2	3	4	5	6	7	8	9
历表	实	戊申	戊寅	丁未	丁丑	丁未	丙子	丙午	乙亥	乙巳	甲戌	甲辰	癸酉
	颛	己酉	己卯	戊申	戊寅	丁未	丁丑	丙午	丙子	乙巳	乙亥	甲辰	甲戌
	殷	己酉	己卯	戊申	戊寅	丁未	丁丑	丁未	丙子	丙午	乙亥	乙巳	甲戌
	汉	庚戌	己卯	己酉	戊寅	戊申	丁丑	丁未	丙子	丙午	乙亥	乙巳	甲戌
	初												
历法		庚戌	己卯	己酉	戊寅	戊申	丁丑	丁未	丙子	丙午	乙亥	乙巳	甲戌
历谱		庚戌	己卯	己酉	戊寅	戊申	丁丑	丁未	丙子	丙午	乙亥	乙巳	甲戌
走马楼西汉简牍			七年十一月己卯朔乙酉(7):257； 七年十一月庚辰(2):726； 七年十一月癸未(5):2127； 七年十一月戊戌(20):441		七年正月戊寅朔戊子(11):138	七年二月戊申朔壬戌(15):389	七年三月丁丑朔癸未(7):176、194； 七年三月丁丑朔己亥(23):645； 七年三月丁丑朔庚子(24):211； 七年三月戊寅(2):540		元年五月丙子朔己丑(14)：503①； 七年五月丙子朔壬辰(17):707； 七年五月丙子朔癸巳(18):2019； 七年五月丙子朔甲午(19):513、561、566、569、714、769； 七年五月丙子朔甲申〈午〉(19):544； 七年五月丙子朔乙未(20):312、419、753、771、1801； 七年五月丙子朔丙申(21):418、509； 七年五月丙子朔丙【申】(21):882； 七年五月丙子朔丁酉(22):619； 七年五月庚子(5):807； 七年五月甲辰(29):369； 【七年】五月丙子朔癸卯(28):669		七年七月乙亥朔庚寅(16):191、231、334； 七年七月丙申(22):1237	七年八月乙巳朔壬申(28):115； 七年八月乙丑(21):2123； 七年八月己巳(25):246	

① 按：朝廷文书，应为武帝元狩元年纪年。

表九　走马楼西汉简牍历朔与《秦汉初朔闰表》、《秦至汉初朔闰表》、《西周（共和）至西汉历谱》、胡家草场西汉简比对表（八）

元狩二年（前121）		10	11	12	1	2	3	4	5	6	7	8	9	后9
历表	实	癸卯	壬申	壬寅	辛未	辛丑	庚午	庚子	庚午	己亥	己巳	戊戌	戊辰	丁酉
	颛	癸卯	癸酉	壬寅	壬申	壬寅	辛未	辛丑	庚午	庚子	己巳	己亥	戊辰	戊戌
	殷	甲辰	癸酉	癸卯	壬申	壬寅	辛未	辛丑	庚午	庚子	己巳	己亥	己巳	戊戌
	汉	甲辰	癸酉	癸卯	壬申	壬寅	壬申	辛丑	辛未	庚子	庚午	己亥	己巳	戊戌
	初													
历法		甲辰	癸酉	癸卯	壬申	壬寅	壬申	辛丑	辛未	庚子	庚午	己亥	己巳	戊戌
历谱		甲辰	癸酉	癸卯	壬申	壬寅	壬申	辛丑	辛未	庚子	庚午	己亥	己巳	戊戌
胡家简草场西汉简牍704		甲辰	癸酉	癸卯				辛丑	辛未	庚子				戊戌
走马楼西汉简牍		八年十月甲辰朔丁卯(24):368+1564+1584	二年十一月癸酉朔戊戌(26)[1]:379+391	八年十二月癸卯朔庚戌(8):134；八年十二月癸卯朔己巳(27):293	八年正月戊戌(27):1875			八年四月辛丑朔壬寅(2):1575；八年四月辛丑朔乙巳(5):2397；八年四月辛丑朔戊辰(28):666；八年四月辛丑朔丁□:0416	八年五月辛未朔壬申(2):795；八年五月辛未朔:120	八年六月庚子朔丙午(7):1006 八年六月庚子朔丁卯(28):542			八年九月己巳朔癸未(15):1269	八年后九月戊戌朔丙辰(19):1806、1807；【八】年后九月戊戌朔丙:1591

① 按：朝廷文书，应为武帝元狩二年纪年。

表一〇　走马楼西汉简牍历朔与《秦汉初朔闰表》《秦至汉初朔闰表》《西周（共和）至西汉历谱》比对表（九）

元狩三年（前120）		10	11	12	1	2	3	4	5	6	7	8	9
历表	实	丁卯	丙申	丙寅	乙未	乙丑	甲午	甲子	癸巳	癸亥	癸巳	壬戌	壬辰
	颛	丁卯	丁酉	丙寅	丙申	乙丑	乙未	甲子	甲午	甲子	癸巳	癸亥	壬辰
	殷	戊辰	丁酉	丁卯	丙申	丙寅	乙未	乙丑	甲午	甲子	癸巳	癸亥	壬辰
	汉	戊辰	丁酉	丁卯	丙申	丙寅	乙未	乙丑	乙未	甲子	甲午	癸亥	癸巳
	初												
历法		戊辰	丁酉	丁卯	丙申	丙寅	乙未	乙丑	乙未	甲子	甲午	癸亥	癸巳
历谱		戊辰	丁酉	丁卯	丙申	丙寅	乙未	乙丑	乙未	甲子	甲午	癸亥	癸巳
走马楼西汉简牍			七〈九〉年十一月丁酉朔庚子(4):403；九年十一月丁酉朔□□:1805		九年正月丙申朔辛酉(26):557；九年正月丙申朔:967；九年正月辛亥(16):1055	九年二月丙寅朔丙寅(1):575；九年二月丙寅朔甲申(19):127、341、547；九年二月丙寅朔己丑(24):534；九年二月丙寅☐【朔】:1197；九年二月乙未(30):626		九年四月乙丑朔丙寅(2):283；九年四月乙丑朔乙亥(11):1145；九年四月乙丑朔丁丑(13):204、200；【九年四月】乙丑朔乙酉(21):258；九年四月乙丑朔辛卯(27):337；九年四月甲戌(10):1333；九年四月丁丑(13):1550、2122	九年五月乙未朔戊戌(4):177；九年五月乙未朔癸卯(9):671；九年五月乙未朔丁未(13):118、232、525、583、591、597、797、814；九年五月乙未朔戊申(14):233、637；九年五月乙未朔己酉(15):868；九年五月乙未朔辛酉(27):132；九年五月乙未:167	九年六月甲子朔己巳(6):1004；九年六月甲子朔庚午(7):166、215、555、574、578、670、1272；九年六月甲子朔甲戌(11):57；九年六月甲子朔戊子(25):465；九年六月甲子朔辛卯(28):725；九年六月甲子☐【朔】:2057；九年六月辛未(8)☐:2024+2026；九年六月乙亥(12):1245；【九年】六月癸巳(30):1798	九年七月甲午朔:1798	九年八月辛未(9):955	

自20世纪70年代至21世纪初，我国出土了大量秦汉时期的简牍，其中不少简牍上有纪年历朔。如1972年山东临沂银雀山汉墓出土了汉武帝时期《元光元年历谱》①，湖北荆州关沮周家台秦墓出土历谱竹简②，湖南龙山里耶出土纪年秦简③等。一批从事古历研究的学者纷纷撰文探讨，掀起了讨论秦至汉初历法的热潮，此后陆续有研究成果问世。④利用这些研究成果与走马楼西汉简牍中年月朔日干支记载明确者比对，张培瑜先生《秦汉朔闰表》⑤、李忠林先生《秦至汉初朔闰表（前246～前104）》⑥、徐锡琪先生《西周（共和）至西汉历谱》⑦，其武帝元朔元年（前128）至元狩三年（前120）的朔闰干支恰与上述所列纪年简历朔基本相合。出土历简记录的二年至六年的朔日干支，与武帝元朔二年至六年的历朔相合。历简记录的七年至九年的朔日干支，与武帝元狩元年至三年的历朔相合。由于这批简牍大部分都是长沙国当时使用的行政文书，简文所载皆为对各类行政事务的发生、报告、处置、结果这一过程的即时记录，历朔当不应有明显的差错，因此可大体推定这批简牍的年代。武帝元朔元年至六年，即为公元前128年至公元前123年，元狩元年至三年，即为公元前122年至公元前120年。走马楼西汉简牍绝大部分的纪年，皆为长沙王刘庸的纪年（仅出少量载有武帝及其他帝王纪年之简）。⑧除长沙王刘庸元年、二年的历朔与相关事件为追记外，其实际产生与行用的时间当在公元前126年至公元前120年之间。

西汉前期各地的诸侯王乃至列侯，都以自己继位伊始的王侯年纪年，自成一独立的纪元体系。清代顾炎武早已指出："汉时诸侯王得自称元年……又考汉时不独王也，即列侯于其国中亦得自称元年。"⑨辛德勇先生认为："湖北江陵张家山出土汉简，其《奏谳书》所录秦王、汉初高祖时期的司法案例，但书某年某月某日，而俱无朝代、帝王之区别，吕后时期《二年律令》，也是仅题作'二年律令'，不记其王为何人朝代。张家山出土高祖五年至吕后二年间诸年历谱竹简，马王堆出土西汉文帝时期的帛书《五星占》，都是仅仅记作元、二、三等年份数，而无年号之载。"⑩进而认为："西汉前期，诸王、侯均有纪年，《史记》之《汉兴以来诸侯王年表》《高祖功臣侯者年表》《惠景间侯者年表》以及《建元以来侯者年表》《建元以来王子侯者年表》诸表记述累累，开卷自见。"⑪由此看来，这些诸王、侯的纪年方式，与汉天子并没有太大的区别，仅是年数不同而已。西汉前期承秦制，以十月为岁首，汉武帝元封七年（前104），颁行新历，改纪元为太初，史称新历为"太初历"。"太初历"以建寅之月为正。《汉书·武帝纪》太初元年："夏五月，正历，以正月为岁首。"师古注："谓以建寅之月为正也。未正历之前，谓建亥之月为正。"

近年，湖北云梦睡虎地77号西汉墓出土的官府文书简册《五年将漕运粟属临沮令初殿狱》及畜息文书，整理者认为文书年代为文帝时期，所记内容为文帝后元五年、六年（前159—前158）之事，所见纪年亦未见文帝之年号。⑫

---

① 吴九龙：《银雀山汉简释文》，文物出版社，1985年，第233～235页。
② 湖北省荆州市周梁玉桥遗址博物馆：《关沮秦汉墓简牍》，中华书局，2001年。
③ 湖南省文物考古研究所：《里耶发掘报告》，岳麓书社，2007年。
④ 张培瑜：《中国先秦史历表》，齐鲁书社，1987年；张培瑜：《新出土秦汉简牍中关于太初前历法的研究》，中国社会科学院考古研究所《中国古代天文文物论集》，文物出版社，1989年，第69～82页；张培瑜：《根据新出历日简牍试论秦和汉初的历法》，《中原文物》2007年第5期，第62～77页。陈久金、陈美东：《从元光历谱及马王堆帛书天文资料试探颛顼历问题》，中国社会科学院考古研究所《中国古代天文文物论集》，文物出版社，1989年，第83～103页。饶尚宽：《春秋战国秦汉朔闰表》，商务印书馆，2006年。徐锡祺：《西周（共和）至西汉历谱》，北京科技出版社，1997年。黄一农：《秦汉之际（前220～前202年）朔闰考》，《文物》2001年第5期，第59～64页。李忠林：《秦至汉初历法研究》，中华书局，2016年。
⑤ 张培瑜：《秦汉朔闰表》，《中国先秦史历表》，齐鲁书社，1987年，第237、238页。
⑥ 李忠林：《秦至汉初（前246至前104）历法研究——以出土历简为中心》，《中国史研究》2012年第2期，第68页。
⑦ 徐锡琪：《西周（共和）至西汉历谱》，北京科学技术出版社，2016年，第1427～1444页。
⑧ 本报告历简择例介绍之简503、简379，乃武帝元狩元年、二年的纪年简文，承邬水杰先生明示。特此致谢！
⑨ ［清］顾炎武著，［清］黄汝成集释：《日知录集释》卷二十，岳麓书社，1994年，第714页。
⑩ 辛德勇：《重谈中国古代以年号纪年的启用时间》，《文史》2009年第1期，第44页。
⑪ 辛德勇：《重谈中国古代以年号纪年的启用时间》，《文史》2009年第1期，第66页。
⑫ 熊北生、陈伟、蔡丹：《湖北云梦睡虎地77号西汉墓出土简牍概述》，《文物》2018年第3期，第44、45页。

稍后，湖北荆州胡家草场12号西汉墓两件竹笥中又出土了大量简牍，其“岁纪”简记录的是秦昭王至汉文帝时的大事，亦用“今元年”起始，止于十六年。[①]出土的“岁纪”简与“历日”简均未见使用帝王年号。[②]

中国古代帝王年号纪年的启用时间，这是史学界多年来颇为关注的学术论题。关于汉初至武帝太初改历之前帝王纪年，辛德勇先生认为：汉文帝在位期改元一次，景帝在位期改元两次。这在当时则不管其为前元、中元、后元，都一样，但谓之“今上某年”或是只称“某年”而已。文景改元之目的，意味着除旧布新，与民更始，恒延其年。武帝即位后，在阴阳数术观念的支配作用下，改元变得愈为频繁，迄至元封，一直是每六年一改元，太初以后变为四年一改元。旧史所见汉武帝行用过的年号，依次为建元、元光、元朔、元狩、元鼎、元封、太初、天汉、太始、征和（延和）、后元，实际上武帝即位以后，在很长一段时间内，只是沿承文、景两帝成规，屡屡改启新元而已，没有使用年号纪年。这一时期的年号都是出自后来追记。[③]辛先生的观点对于辨析走马楼西汉简牍的纪年问题，值得重视与参考。当然，关于我国古代以帝王年号纪年的启用时间，始于武帝元封元年（前110），还是太初元年（前104），目前仍存在着不同意见，展开讨论是一件很有意义的事情。[④]走马楼西汉简牍的纪年年数及朔日干支仅与武帝元朔、元狩纪年相关，未及元封、太初纪年，故不在讨论之列。从已整理释读的纪年简牍观察，无论是中央朝廷纪年，还是王国纪年，迟至元狩三年（前120）尚未见启用帝王的年号纪年。

走马楼西汉简牍之历简只录年数而无年号的情况与史实相符，所记元年至九年的年份数，应是长沙国自行颁布的王国纪年。元朔元年（前128），长沙定王刘发之子刘庸继位，庸在位二十八年，太初四年（前101）卒，谥康王。[⑤]武帝元朔、元狩各自纪元为六年，并无九年之数。因长沙康王刘庸继位的建元之年恰好与武帝元朔建元同年，故其元年至六年的纪年之序与之相同。俟武帝改纪新元，出土历简所见“七年”“八年”“九年”则与武帝新元年序不合，应是刘庸长沙王纪年的延续，由此可证西汉前期诸王均有自立的纪元体系。依据以上纪年历朔诸表比对，可推知走马楼西汉简牍应属长沙康王刘庸元年至九年（前128—前120）间的官府文书，其时代属武帝前期。

需要指出的是，上述各表所列前三类历简材料数量共计有200余条，其中大部分年朔干支与张、李、徐三表相合，个别误写历简经校读后亦能与之相合。但仍存在着一些歧异干支的情况。例如“五年七月癸卯”（1372）、“七年十一月丁酉朔庚子”（0403）、“七年九月壬戌朔壬申”（0421）、“八年五月壬戌”（2119）、“九年六月甲辰朔”（1659）、“九年四月乙未朔丁□”（0660）等，表中虽未加列出，究竟是书误、习字，或是其他原因所致，仍应值得关注。关于走马楼西汉简牍的年代问题，也存在一些不同的意见，拟在第八章再作进一步的讨论，本节不再铺展。

第四节　简牍的内容

走马楼西汉简牍种类繁多，内容丰富，涉及郡国县道名、爵名、官署职官名及不同类别的简牍文书。依次举例介绍如下。

① 荆州博物馆：《湖北荆州市胡家草场墓地M12发掘简报》，《考古》2020年第2期，第20页。
② 李志芳、蒋鲁敬：《湖北荆州市胡家草场西汉墓M12出土简牍概述》，《考古》2020年第2期，第21~24页。
③ 辛德勇：《重谈中国古代以年号纪年的启用时间》，《文史》2009年第1期，第46页。
④ 郭永秉：《旅顺博物馆藏洛阳武库钟是赝品吗？》，微信《文汇学人》，2017年3月4日。
⑤《史记》卷十七《汉兴以来诸侯王年表五》载云：“孝武元朔元年，长沙康王庸元年。”（中华书局，1959年，第858页）《汉书》卷十四《诸侯王表二》载云：“元朔二年，戴王庸嗣。”（中华书局，1962年，第413页）本文从《史记》说。

一、郡国县道名举例

简文所涉诸多国、郡、县、道、邑、侯国名，与长沙国辖境、疆域及邻近汉郡、县多有紧密联系。兹列举如下：

国、郡名：

长沙（国）、武陵（郡）、南郡、蜀（郡）、上郡。

县、道、邑、侯国、别治地名：

临湘、别治长赖、南山、南阳、西山、定邑、定园、寿陵、靖园、邑陵、益阳、临沩、罗、攸、别治醴陵、安成、富阳、昭陵、连道邑、酃、烝阳、便、郴、冷道、舂陵、临武、叶（侯国）、零陵、都梁（侯国）、临沅、门浅、迁陵、零阳、义陵、辰阳、充、索、沅陵、酉阳、无阳、镡成等。

长安、咸阳、江陵、秭归、棓陵、州陵、临沮、夷道、蕲春、广汉等。

二、爵名举例

简文所涉爵级名称列举如下：

长沙王、定王、定王后、便侯、叶侯、都梁侯、大上造、中大夫、少上造、公乘、公大夫、官大夫、大夫、不更、簪袅、士五。

三、官署职官名举例

走马楼西汉简牍涉及长沙国众多官署机构、职官及中央朝廷、郡、县官署机构、职官名。兹略列举：

长沙国：

长沙相府、长沙相、相史、相府门下亭长，太子傅，长沙内史府、长沙内史、内史卒史，长沙中尉府、长沙中尉、中尉丞、守卒史、卒史，长沙少府、少内佐，柱下，长沙郎中、谒者，长沙仆，食官，永巷长，御府长、丞，庙厨啬夫、厨佐，长沙邸长，将作，都水、都水丞，长沙宫司空、宫司空长、宫司空丞、卒史、主系令史、令史、主系佐，大农，监田守、丞、卒史、护田卒史、将田佐，铁官、铁官长、铁官啬夫，采铜长、采铜丞，长沙军司马，中部、中部佐，武陵守卒史等。

临湘令、丞、尉，临湘少内、少内佐，内官长，临湘司空、司空啬夫、监葆啬夫、司空佐，狱门亭长、狱史、扩门佐，临湘库，都乡啬夫、都乡佐，中乡佐，东乡啬夫，南乡啬夫、佐，孝文庙亭长，南阳长，定园长，定邑长，定庙长，长赖长、丞、令史，南山长、佐，南山库、库啬夫，西山长、佐、磨乡啬夫，罗丞，益阳佐，攸丞，醴陵丞，烝阳丞，酃长、丞、佐，昭陵狱史，舂陵长、丞，便长、便丞、令史、都乡啬夫、佐，门浅长，沅陵长、丞，辰阳丞、令史、狱史，义陵佐，酉阳丞，沅阳丞、佐、仓佐，无阳长、令史，脽夷乡啬夫，镡成库佐，零陵将田佐、仓佐等。

中央朝廷及郡县：

帝，皇后，丞相，大常、大常丞，御史府、御史、少史，廷尉，主爵都尉，大农府、大农令、大仓、大仓令、丞、右仓、右仓丞，少府，大医、大医右府、左府，南郡太守，便侯相、便侯丞、啬夫、令史、佐，豫章南部都尉，郡太守、卒人、秭归令，蕲春长等。

四、简牍文书类别举例

走马楼西汉简牍大部分为文书简，包括通用文种（简文称之为“往来书”）与各式簿籍、律令、书、案录及少量私人信件。在通用文种里，“爰书”占半数以上，颇具特色。“爰书”的名目见“鞫论报爰书”“死诊口命爰书”“死诊爰书”“功墨爰书”“亡告劾死诊及伍里人证任者爰书”等。其他通用文种名目尚见“命”“谳”“应书”“留事解”“校书”“扎书”“诊书”“论报”“辟报”“劾”“劾状”“功举”等。各式簿籍名目见“垦田租簿”“囚簿”“狱计”“户计”“户隶计”“禁钱计”“乘舆药计”“禾稼计”“计校”“爵计”“校牒”“举校”等。律令名目见“乙未赦令”，又见与爵级相关的律条。书名目见“书”“校”“真”“出”等。案录名目见“功墨及案”。以上所列，仅为简文自称之名目，实际类别当多于此。有些则仅是名目而未见到本文。以下按类别略作介绍。

（一）司法类文书

“爰书”为各类笔录文书的统称，在司法领域中的“爰书”，则指与司法相关的笔录类文书。《汉书·张汤传》“传爰书，讯鞫论报”，师古注：“传，谓传逮，若今之追送赴对也。爰，换也，以文书代换其口辞也。”综合国内出土简牍所见，凡对原告、被告、证人言辞乃至现场情况的笔录，皆为“爰书”所及范围。走马楼西汉简牍所见“爰书”，涉及的司法案例不少，有职务犯罪与刑事案件。

如“临湘令史张乘之追劫人回避逗留狱案”“（武陵）义陵将田佐僮诈以卯名为出券书案”“（武陵）无阳脽夷乡啬夫襄人收賨案”“不智何人盗当时等衣物案”“便移五年计书误案”“北平大女南坐负罚金弗入临湘库案”“都乡啬夫主治七年田租簿不以实案”“长沙邸传舍物坏败不见劾告案”“临湘可思首匿案”“临湘南乡非纵火时擅纵火案”“定邑唐固等劫夺叶侯使者案”“定邑令史辛与佐齿监临主守盗县官钱案”“临湘驾论南山士五血娄、烝阳公乘齐盗赃案”“临湘驾论官司空令史儿等坐为临武丞武擅解脱易桎纵故弗举案”“酉阳士五辟坐斗以刀创阳汉左肋案”等，兹举例介绍。

1.“临湘驾论南山士五血娄、烝阳公乘齐盗赃案”简文举例[①]

九年二月丙寅朔甲申，臨湘丞忠谓司空，敢告官司空、南山、烝阳丞主：官司空髡钳城旦徒血婁、完城旦徒齊。（齊），故公乘，　（简 0341）

烝阳羅里。血婁，士五，南山成里。皆坐盗鐵湞各一，亡，未命。共盗靖園高成里大夫昌錢二千、麻布一匹、緒複衣一、赤羅複被一、青　（简 0342）

羅複函领一、緒∟麻單衣各二、麻皂複衣三、小車檢一合、絲帛複绔一两，黄里瘳慶棋船一椶，壽陵西都士五朝練絲複　（简 0259）

慶棋船一椶，壽陵西都士五朝練絲複衣一、銅釪一，不知何人米二石、棋船一椶，臧并直錢萬三千八百九十。血婁有盗長賴令　（简 0197）

---

① 简牍的内容一节简文举例引用简文内容时，一律使用繁体。

史吴銅銆一，士五號盧麻單衣三、米四斗、錢百八十四、節一雙、嬰一兩，臨湘大女合皂卑一、麻布六尺二寸、芨婁一兩， （简 0535）

臧并直錢千三百廿八。臧皆千錢以上，得，毄牢，駕論髡钳血婁、齊，血婁笞一百、二百、釱左右止，齐笞百、釱左止。皆 （简 0549）

为城旦籍髡笞。其聽書，司空受入髡傅依所當衣服，移校九年應狱计。除錄血婁、齊所共盗昌錢八百（简 596）

卌一、緒ノ麻單衣各一、麻皂複衣二、小車檢一合，慶栱船一榠，不知何人米二石、栱船一榠靡，它皆見，已以畀昌等。 （简 0588）

單衣各一、麻皂複衣二、小車檢一合，慶栱船一榠，不知何人米二石、栱船一榠靡，它皆見，已以畀昌等。血婁、齊毋它同居會計 （简 0593）

財物以償，居，皆以從事，如律令，敢告主。 （简 0300）

以上简文引自“临湘驾论南山士五血娄、烝阳公乘齐盗赃案”。其案情如下：南山成里的血娄和烝阳罗里的齐是在长沙国宫司空服刑的刑徒，后盗铁锁而逃亡。两人共盗了靖园高成里大夫昌的钱二千、麻布一匹、缯複衣一、赤罗複被一、青罗複函领一、绪／麻单衣各二、麻皂複衣三、小车检一合、絲帛複绔一两；黄里瘳庆的栱船一、寿陵西都士五朝练丝複衣一、铜矛一；不知何人的米二石及栱船一，这些盗窃物值 13890 钱。血娄另自盗长赖令史吴的铜矛一，士五号卢的麻单衣三、米四斗、钱百八十四、节一双、婴一两；临湘大女合的皂卑二、麻布六尺二寸、芨娄一两，价值 1328 钱。按当时律法，所盗赃物值千钱以上者，皆处重刑。故判决血娄笞一百、二百，釱左右脚，为城旦籍髡笞；齐笞百，釱左脚，为城旦籍髡笞。判刑后的血娄和齐须穿戴囚衣和刑具，有司将这件案事记录到当年的考课的狱计中。除去案录所盗窃昌的 831 钱、绪麻单衣各一、麻皂复衣二、小车检一合，庆的栱船一，不知人名的二石米、一拱船等未见外，其他赃物已返还给失主。血娄和齐因没有同户的家人，家中亦无财物可以偿还，官府罚其服居，以罚劳役的方式赔偿。[①]简文为对髡钳城旦徒血娄与完城旦徒齐盗窃案复治重判的刑罚文书。该案复审确认：血娄与齐共盗他人钱物，并赃值钱万三千八百九十，血娄另自盗他人钱物，并赃值钱千三百廿八。县廷据此追加刑罚。对血娄的刑罚是“髡钳”“笞一百、二百，釱左右止”“为城旦籍髡笞”。对齐的刑罚是“髡钳”“笞百，釱左止”“为城旦籍髡笞”。临湘县廷依据上级部门对其所呈审决的定谳，将审判罪犯的结果通报与之相关的部门，按规定被通报的单位需各自移“校”于本年（九年）的“狱计”，做到相应无误。[②]“除录”部分则是指在归还被盗者钱物中已被偷盗者靡费不见的钱物。此案有见内容相同的文书四份，当是按司法程序移送罪犯原籍所在县及服刑机构。缘何未发，其因不详。与此相类似的案例又见“临湘驾论宫司空令史儿等坐为临武丞武擅解脱易桎纵故弗举劾案”[③]，其对囚犯复审重判、论报、移校等相关环节，对了解汉代司法程序有着重要价值。

---

① 参看熊曲、宋少华：《长沙走马楼西汉简临湘驾论血娄、齐盗赃案初探》，(韩国)庆北大学《东西人文》第 15 号，2021 年 4 月，第 152 页。

② 参见彭浩：《河西汉简中的“狱计”及相关文书》，《简帛研究·二〇一八·春夏卷》，广西师范大学出版社，2018 年，第 230~231 页。

③ 杨芬、宋少华：《长沙走马楼西汉简〈宫司空令史儿等为武擅解脱易桎弗举劾案〉初步考察》，《简帛研究·二〇二〇·秋冬卷》，广西师范大学出版社，2021 年。

《汉书 · 刑法志》记载了文帝、景帝时期的刑制改革，通过对比走马楼西汉简，可知诸侯王国与汉郡同样施行了改制后的律令。血娄的刑罚“髡钳”“笞一百、二百，釱左右止”对应的是改制前的黥劓斩左趾为城旦，齐的刑罚“髡钳”“笞百，釱左止”对应的是改制前的黥劓为城旦。笞数不合计，而称“一百、二百”的现象，是受改制前劓和斩左趾之肉刑分两步执行的影响，反映了这一时期的刑名具有过渡期的特色。[①]

有学者认为，走马楼西汉简与刑制对应的赦免制度的材料，多见术语“毋司寇隶臣鬼新(薪)命髡钳城旦，会赦以令作二岁罪”，即不论是判为司寇、隶臣、鬼薪及至为髡钳城旦之罪的，会赦令皆以令复作二岁罪。可见当有若干赦令将列举的几类刑徒都免为复作二岁于官府之徒，属于《汉书》所见“免徒复作”的范畴。在汉文帝改制前，男性刑徒由轻到重分别是司寇、隶臣、鬼薪、城旦这四类，而文帝“有年而免”的改制部分，导致刑期概念的萌生。进入东汉，这些刑徒名类之间最显著差别就是刑期。走马楼西汉简所见赦令同等处置诸类刑徒，表明正处在不同类刑徒之间的轻重差别逐渐消失而为刑期所取代的过渡期。《汉书·刑法志》大幅删改汉文帝制诏，而流传中当有文字脱漏，因此今志文并非法令原稿。走马楼西汉简所载为肉刑废除后不久的刑制，可据其与其他出土文献大致复原汉武帝时期刑制。[②]果如此，这对进一步拓展探讨汉文帝的刑制改革当大有裨益。

2.“武陵无阳脽夷乡啬夫襄人收賨案”简文举例

五年九月丁巳，獄史巴人、胡人訊襄人。要道辭曰：府調無阳四年賨，糴(糶)賣取錢輸臨沅食官、厩，償所贖童賈錢，皆急缓。夷聚里相去離遠，民貧難得，襄人令譯士五搞收價[責㵩]
溪臾人，環(還)言：得五梣船一樓士五定所，當米八斗。腸七十五斤，士五强秦、餍、僕各廿五斤，非搞家賨腸。襄人自責得士五共吸、大男共来予腸十五斤，士五工期爲☑　　（简 1792+0017）

☑獄史胡人爰書：以襄人、搞辭、證律告餍、强秦、僕。餍、强秦、僕皆不能楚言，即以襄人、搞辭證不言請（情）、擇（譯）訊人出入罪人律，出（告）擇（譯）共里不更當，令訊餍、僕、强秦。當曰：强秦、餍、僕
辭曰：皆士五，居㵩[溪]，□□輕半，士五共搞來言曰：爲脽夷主襄人收賨，餍、僕、强秦予搞腸各廿五斤，不智（知）當米數，搞去後不識日，强秦、餍、僕之田，到棲溪涌見一吏☑　　（简 0161+003）

□□□錢二百廿五，腸（腸）、錢當米各石五斗。士五於鐵爲小女容予粢米一石。大女方風爲母大女妹予粢米一石四斗。時正收責（債）賨上都、下都，襄人受强秦∟、餍∟、僕、共【吸腸，工】期錢，於鐵、方風☑
□□，巳自與强秦∟、餍、僕、共吸、工期、方風券書，未與容券書，所受錢物皆付正，時糴賣取錢給輸。襄人受容家賨米一石，誠詐（詐）弗與券。　　（简 0151+0005）

五年九月辛酉，獄史巴人爰書：案相府獄屬臨湘，贖罪以下即移。　　（简 0002）

五年九月丙辰朔辛酉，無陽長婿、令史巴人行丞事敢告臨湘主：案贖罪
以下寫劾，辟、爰書，移書到，令史可論。倚言夬（決）屬所、長沙内史府，如律令。敢言之。　　（简

① 欧扬：《走马楼西汉简形制史料初探》，《简帛研究 · 二〇一八 · 秋冬卷》，广西师范大学出版社，2019 年，第 222 页。
② 欧扬：《走马楼西汉简形制史料初探》，《简帛研究 · 二〇一八 · 秋冬卷》，广西师范大学出版社，2019 年，第 215 页。

0121）

以上为啬夫襄人收案中三枚供述辞文书与一枚举劾文书。案情大致是：长沙王五年（前 124），长沙相府急调无阳县（属武陵支郡）四年“賨”（即汉代蛮夷交纳的赋税），粜卖为钱，输给临沅（属武陵郡）的食官与厩，用以赎还抵押的“童（重）？价钱”，事发紧急，而无阳所在地各蛮夷聚里之间相离甚远，民贫难征賨税。在征调賨赋的过程中，雎夷乡啬夫襄人令通晓当地蛮夷语的士五搞协助。因纳税券书交付等方面出现问题，与协助者及多名纳賨者发生纠纷，引发了一桩诉讼案。举例所见的供辞爰书是狱史巴人、胡人讯问襄人的记录，“要”即提要，“要道辞”是原始记录经过编删后的要旨。该供辞爰书，是对口述内容较原始的记录，保留了讯问较完整的过程。狱史胡人先将襄人和搞的供述辞以及“证律”条文告知被讯问的三位夷民，然而他们“皆不能楚言”。于是胡人将襄人、搞的供述辞以及“证不言情”“译讯人出入罪人律”两条律文告知译人“当”，由“当”向三位夷民转述，以上是正式讯问前的法定程序。其后夷民向“当”供述案情，“当”再以楚言向胡人转述。胡人记录的爰书的主要内容，即是三位夷民供述搞收賨的情况。上举简文仅为“爰书”构成的一部分，但可窥见相当丰富的信息。归纳起来有四：

一、知“爰书”制作人为狱史巴人、胡人，被讯五人中，磨、强秦、仆三人为蛮夷民，“皆不能楚言”，即不能说长沙国通行官方语，表明了长沙国官府是以楚言为司法等公务用语的。此一现象在其他诸侯王国中亦有所见。例如汉初的齐国，“子肥为齐王，王七十余城，民能齐言者皆属齐”①。

二、“择（译）共里不更当”与“译士五搞”称谓结果相同，可知长沙国有称为“译”的群体为官府所雇佣，在官府与蛮夷民之间充当沟通联络的媒介，是基层官吏统治蛮夷民的帮手。例如承担收賨的任务与充当审讯中的口译工作等。

三、“译讯人出入罪人”律文见汉初的张家山汉简《二年律令·具律》，惩罚口译中因作伪导致出入罪人的译人。狱史胡人讯告三位蛮夷民时，所告知的律文简称“证律”，而告知“当”时，则在“证不言请（情）”律条基础上又增加“择（译）讯人出入罪人”律条，这些细微区别是值得关注的，它反映了汉律在诸侯王国司法程序中的共性。

四、“賨”是蛮夷民交纳税赋的专用名。据张家山汉简《奏谳书》载，交纳“賨”税，可免服徭役等。简文显示，汉长沙国对所辖蛮夷地区征纳赋税，所收之“賨”除去米、钱外，也可以是“肠”“船”等其他不同生活、生产之物，折算方式是“当米”，即以相应重量的米作为等价折算。第三份供辞爰书，是经向多位券书当事人讯问后据其供述辞所归纳的结果，官府案查似表明：收賨者襄人曾与多位纳賨者强秦、磨、仆、共吸、工期、方风、方容等发生賨赋收纳关系。券书作为纳税的凭证，是征收与交纳双方共同参与某项经济活动、共同明确债权契约的一个重要凭据，自然也就成为本案关注的焦点。第四份文书，则反映案件呈报审理的程序，无阳县狱史巴人爰书说明，长沙国相府已指定此案移至临湘县审理。第五份文书则为无阳县长吏依照上级指令对收賨弗券案初审结果，按程序移案临湘的移告文书。从文书可以看到，临湘审定后仍需按流程呈报长沙内史府言决。虽然从第三份供辞文书中，我们已知襄人收賨“所受钱、物皆付正时，粜卖取钱给输”，即按期交付完成上级指定的差务，但未与容家券书，仍属职务犯罪，因非故意而失不审，故按轻罪（赎罪）处罚。此案涉及面较广，牵涉众多人等，诉讼审结过程颇显复杂，还存在按相府指令移案临湘异地审理的过程。此案例前后过程的复原虽大略完整，但有些重要的环节仍有缺失。令人颇为感兴趣的是，在长沙国如此偏远贫瘠的蛮夷之区内，当地居民是通过何种渠道和方法向官府申告他们的诉求，官府对纳賨券书的管理制定了哪些规定，是否与户籍管理相关连，以及案件审理的具体过程等等，都是值得深入探讨的问题。上述的案例对于深入观察了解汉法与国家权力在边远蛮夷地区基层社会的渗透所展示的实际效率以及长沙国对蛮夷地区统治管理方式，无疑是极具重要价值的，也是一项颇有意义的研究课题。

---

①［汉］司马迁撰：《史记》卷八《高祖本纪》，中华书局，1959 年，第 384 页。

3.“临湘令史张乘之追劫人回避逗留案”简文举例

三年六月丁亥，獄史釘訊張乘之，狀辭曰：故官大夫，居臨湘牛造里，
爲令史。元年六月辛丑夜人定時，令壽召告乘之曰：南山長使人言：　（简 0754）

三年七月丁卯，具獄〈獄史〉釘爰書：訊則，以劾乘之辭辯告，乃訊，辭曰：臨沅莊里，爲中
尉卒史，案督盜賊。迺元年六月辛丑夜昏有頃時，不智何人四男子劫臨湘邸里　（简 0406）

三年七月乙酉，具獄＝史釘爰書：訊以劾乘之，辭曰：公乘▨
令史治獄。迺元年六月癸卯，長沙中尉卒史則移臨湘令史▨　（简 0633）

回辟（避）逗留。則、多、褱詣〈訊〉笞，乘之度弗能勝，自誣順劾服論，則與長褱、丞祒鞫其獄，論耐乘
之爲司寇。自以罪不當，乞鞫所二千石復治覆獄，宫司空獄史醜人治，乘之辭不　（简 0186）

命髡鉗罪。中尉卒史則劾，宫司空鞫獄，論耐乘之爲司寇。以罪不當，气（乞）鞫所。
内史，令宫司空復治，以不審駕論乘之爲隸臣。去亡，未命，得，論爲鬼薪輸采　（简 0400）

銅。欲乞鞫南郡，未到，亡州陵，臨溤駕論城旦髡钳罪。皆不當。今來自出，治後
請（情），置辭：故官大夫，臨湘牛造里，爲故令史。元年六月辛丑夜人定時，令壽召告
乘　（简 0423）

臨湘止賣田宅，未行。意以亡劾乘之，移臨溤，丞蒼、獄史異鞫其獄，駕
論命乘之髡鉗爲城旦。乘之實不回辟（避）逗留，女（如）毋司寇、隸臣、鬼新（薪）、
命　（简 0560）

八年四月辛丑朔丁酉，尉史方、河人爰書：牛造里官大夫張乘之自言：故爲臨
湘令史，前有論事已，當復用若故官，案已上及須决，今毋决，謁補下官缺
吏，除若律令。　（简 0416）

以上所举文例只是该案情的一小部分，选取的是略能体现案情进展过程的简文，俾使读者对案情有所了解。该案发生的时间在长沙康王元年，即武帝元朔元年（前 128）六月下旬某夜。临湘令史张乘之奉临湘令寿之命，在经办一桩追捕劫人的案件中，被县令认定“回避逗留”而坐罪。乘之不服判决，依据律令条文，屡屡向王国属所二千石官乞鞫覆治，甚至欲亡别县、汉郡乞鞫治后情，从而不断遭加刑罚。后因会赦令除罪，“复用故官秩”。此案发生处理的过程波澜起伏、跌宕曲折，涉及王国及属县的若干官署及相关职吏，可由此窥见汉代长沙国官场的种种面相，颇具典型性。

乞鞫即罪人或其家属乞求官府重启鞫狱程序以查明案情的司法制度，西汉涉及乞鞫的律文参见张家山汉简《二年律令·具律》：“罪人狱已决，自以罪不当欲气（乞）鞫者，许之。气（乞）鞫不审，驾（加）罪一等；其欲复气（乞）鞫，当刑者，刑乃听之。……气（乞）鞫者各辞在所县道，县道官令、长、丞谨听，书其气（乞）鞫，上狱属所二千石官，二千石官令都吏覆之。都吏所覆治，廷及郡各移旁近郡，御史、

丞相所覆治移廷。”可见乘之“自以罪不当，乞鞫所二千石复治覆狱”是称引律文乞鞫。

此案治理的过程大致如下。第一，临湘令史张乘之因“回避逗留”罪名而被长沙中尉卒史则论耐为司寇。第二，乘之乞鞫王国某二千石官署，据相关简文记载当是长沙内史府，临湘为长沙内史属县，因此乘之向内史乞鞫。内史府令长沙宫司空覆治，乘之被认定乞鞫不审，依律“乞鞫不审，加罪一等”，宫司空吏论耐乘之为隶臣。第三，乘之不服，“欲复乞鞫，弗听”，即乘之想依律复乞鞫，官府却不受理。乘之遂“去亡”未服刑责，其在逃亡时被抓捕，被判耐为鬼薪输采铜。第四，乘之意欲卖田宅“乞鞫汉郡”“乞鞫南郡”，诏移临湘狱，临湘以亡劾乘之，移临沩鞫狱，驾论命乘之“髡钳城旦”。第五，该案移交有司案验复审，认定原判，鞫狱不审，论罪不当。第六，因会赦，乘之除罪，“复故爵，用若故官”。

乘之案揭示了汉武帝时期乞鞫制度在诸侯王国的施行情况，“乞鞫汉郡”及“乞鞫南郡”的简文材料前所未见。在复请乞鞫不被受理的情况下，乘之认定在长沙国平反无望，期待逃亡到长沙国邻近的汉郡乞鞫。《二年律令·具律》对覆治案件的规定，即“都吏所覆治，廷及郡各移旁近郡，御史、丞相所覆治移廷”。律文涉及有廷尉、御史大夫、丞相等中央官署，地方只提到汉郡，未及诸侯王国，是否该律仅在汉廷管辖范围内施行。《二年律令》产生的年代在吕后时期，其时诸侯王国职官的设置与汉廷大致相同，也置“廷尉、御史大夫、丞相”等官。因此仅据《二年律令·具律》无法确定武帝时期诸侯王国乞鞫案件会不会移交汉郡或汉中央官署处置，尚缺少实证。但经过了汉景帝时期的削藩等一系列举措之后，王国与汉廷的势力对比已此消彼长。汉武帝时继续削弱王国势力，“施主父之策，下推恩之令”[①]，武帝元光六年（前 129）至元朔五年（前 124）即封刘发子为王子侯者达十五六人之多。[②]简文中所见“叶侯”当为所封王子之一，[③]其后又作“左官之律”，设“附益之法”。诸侯王不与国政，唯得衣食租税。[④]进一步加强巩固中央集权统治。此时律令条文中产生诸侯王国的乞鞫案件移交邻近汉郡复审新规是很有可能的。乘之原为临湘令史，熟知律令，其“乞鞫汉郡”的想法当有所依。或因此缘由，带来了案情的变化，乘之从最重的刑罚“髡钳城旦”到因会赦除罪并恢复故吏的身份，这种特殊处置与事态的反转，既是依赦令而行，又极大可能地包含着因为通过覆狱查出冤情而予纠正的因素。其案情背后反映出汉中央集权的进一步加强与诸侯王国权力式微的关系变化。

总之，此案是走马楼西汉简牍中所见数量最多的司法案例，多达近百枚。案情跌宕、错综往复，牵涉王国诸多层级官署吏员及不同的命运结局，且连及邻近汉郡。或可从中窥见其时王国官场众生态及司法情治，颇具典型意义，殊为难得。此案结局颇具戏剧性、耐人寻味。简文出土时编序多已错乱、残缺，经课题组欧扬先生等学者的精心梳理，大体复原了案情的过程。但因简文残缺，对此案情与册书的复原仍带来一些影响，仍有诸多问题尚待深入研究。

4.“长沙邸传舍坏败不见劾告案”简文举例

（1）桉：傳舍二千石東舍門屋牝廿一枚，後厠屋牡、牝瓦各七枚，其東内户扇廣四尺四寸、袤七尺，皆不見。　（简 0036）

（2）桉：傳舍二千石舍西南鄉馬廡、屋敗二所，并袤丈五尺、廣八尺，牡、牝瓦各十九枚，竹、

① [汉] 班固撰：《汉书》卷十四《诸侯王表第二·序》，中华书局，1962 年，第 395 页。《汉书》卷六《武帝纪》，中华书局，1962 年，第 170 页。
② 马孟龙先生《西汉侯国地理·综表》统计为 15 人（上海古籍出版社，2013 年，第 421~453 页）。何旭红先生《长沙国的发掘与研究》统计为 16 人（岳麓书社，2013 年，第 209~215 页）。
③ [汉] 班固撰：《汉书》卷十五《王子侯表》，中华书局，1962 年，第 460 页。
④ [汉] 班固撰：《汉书》卷十四《诸侯王表第二·序》，中华书局，1962 年，第 395 页。

馬仰四，井鹿車一具不見，馬磨壞敗。（简 0021）

（3）桉：傳舍五王第一至第四舍壞敗，牡、牝瓦各七十枚、井壞敗，鹿車一具，馬犯十一枚、袤丈四尺皆不見，馬磨壞敗。（简 0026）

（4）牒書：傳舍屋、櫄垣壞敗，門、内户扇、瓦、竹不見者十三牒，吏主者不智數循行，稍繕治，使壞敗物不見。毋辯護，不勝任。

五年七〈十〉月癸〈辛〉卯朔癸巳，令史援劾，敢言之：謹案：佐它主。它，鄙佐，前以詔遣故長沙軍司馬賁死烝陽。敬寫移，謁移鄙，以律令從事。敢（简 0079）

（5）言之。/令史援。

十月癸巳長沙邸長蒼移鄙。/令史援。/二月丙午，長沙邸蒼敢告鄙主：謹寫重，敢告主。/令史援。

·鄙第廿九。（简 0015）

兹举简文（1）（2）（3）皆为有关传舍设施与用具损坏丢失情况的案验记录。除所举“传舍二千石东舍”“传舍二千石西南向马庑屋”“传舍五王第一至第四舍”外，尚见“传舍西第一舍”“传舍西第二舍”“传舍西第三舍”“传舍承朋舍”等，共计13枚竹简，字迹尚清晰，保存基本完整，恰与呈文“牒书”所称“传舍屋、櫄垣坏败，门、内户扇、瓦、竹不见者十三牒”之数相符。按劾文书的格式，此“十三牒”简书为呈文的附件。所举简文（4）（5）为劾文书之呈文，由此集成一册，由15枚竹简构成的一份完整的举劾文书。呈文所述内容梗概：由于王国传舍的管理人员“吏主者”，现为鄙佐的“它”，疏于管理，玩忽职守“不胜任”，造成传舍一系列设施用具的坏败不见，由此构成职务犯罪。长沙邸曾先后两次移书鄙县，举劾原主管的失职吏员“它”，要求鄙县主官依律处罚。首次移书于五年（前125）的岁首“十月癸巳”，“长沙邸长蒼移鄙”。移书还指出，鄙佐“它”，此前曾奉诏遣送因赎死罪的长沙军司马去烝阳。第二次移书乃同年（前124）的“二月丙午①，谨写重”。两次移书前后相隔达四个多月之久。从简文“谨写重”看，此份举劾文书很有可能是第二次移文所留之副本。②另外，从长沙邸所发移书编号“鄙第廿九”来看，两地文书往来颇显密集，虽不能断言皆为鄙佐“它”事所发，但相当一部分与之有关似不可排除。

传舍是维持朝廷、郡国日常统治的重要机构，与帝国行政管理联系密切。对于它的作用与功能，研究学者认为：上对下的监督与巡视是维护帝国有效管理与正常运转的重要手段；人员与物资的调动，无论自郡县至朝廷，或在朝廷安排下由甲地运至乙地，则是维系帝国持久存在的物质保证。两类活动日复一日，平淡无奇，却对帝国的生存至关重要。在维护这两类关键工作上，“传舍”均发挥了“纽结”的支撑作用。③如果说文书的传递犹如人体的血脉神经，须臾不可或缺，④传舍则如同血脉上的“加油站”，各地传舍构成一个网络，维持血脉的畅通，进而保证帝国的持续与统治的有效展开。⑤

长沙国在汉初乃功封的异姓诸侯王国，传五世而国除，其后续封者更为刘氏同姓子弟。从地理位置看，其处汉帝国之南疆，位于辖控南北要冲之地，与岭南之南越国犬牙交错，战略地位十分重要。汉廷与南越国关系时好时坏，时战时停。面对一个狐疑不定的外藩属国，位于荆楚之南的长沙国，既可起到遏制南越、

① 公历对应纪年，参见张衍田：《中国古代记时考》之四《与纪年有关的几个问题》，上海古籍出版社，2019年，第153~156页。
② 关于简4（J8：0079）、简5（J8：0015）所书纪年朔日干支的辨析讨论，参见第八章第三节《简牍年代检讨》之四。
③ 侯旭东：《传舍使用与汉帝国的日常统治》，《中国史研究》2008年第1期，第81页。
④ 李均明：《汉简所反映的关津制度》，《历史研究》2002年第3期，第26~35页。
⑤ 侯旭东：《传舍使用与汉帝国的日常统治》，《中国史研究》2008年第1期，第81页。

藩辅汉室的作用，又可成为日后武帝用以屯输兵卒、给养、平定南越的最重要的前出基地。当此之时（前124）距武帝元鼎五年（前112）发起的平越之役仅有十二年，朝中使臣频繁往来，驻节长沙，商讨军机，监候变事，应是帝国使臣与王国长吏之间应做之事，或谓工作之常态，国治临湘自然成为谋划兵戎军机大事的重要之所。长沙传舍等级之高、名目之多、规模之大，恐与此历史背景有密切关联。“二千石舍”“五王舍”“承朋舍”等设置，或为朝廷往来使臣、属从而备可能性的还是比较大的，其“五王舍”或为继续沿用原吴氏长沙国时期的传舍。刘氏长沙国长沙邸所管理的这几种高等级传舍有可能是在吴氏长沙国原有基础上扩建的。如此重要的接待机构的设施用具，因未能及时加以维护修缮而遭至“坏败不见”，其管理者渎职行为必当受到应得的惩罚。

我们知道《二年律令·传食律》规定：“丞相、御史及诸二千石官使人，若遣吏、新为官及属尉、佐以上征若迁徙者，及军吏、县道有尤急言变事，皆得为传食……食从者二千石毋过十人，千石到六百石毋过五人，五百石以下到二百石毋过二人，二百石以下一人。”[①]相关律文只是对不同级别官吏接待人数的规定，并未涉及传舍的规模与体量。倘若没有重大战事，作为内属的长沙国本身的级别，能否被允许建置诸如“二千石舍”“五王舍”称谓的传舍，用于日常接待朝廷或其他郡国因各种公务出行的官吏，抑或为本国长吏临时办公的驿馆，仍是有待继续探讨的问题。

需要提到的是，关于“邸长”一职，文献少见，其归属亦有变化。《汉书·百官公卿表》云：“初置郡国，邸属少府，中属中尉，后属大鸿胪。”朝廷管理郡国在京师之邸，秦时属典客，景帝时属大行令。郡国邸吏员在京师配置的情况，据《汉书·朱买臣传》的记述，会稽郡邸中除了住有郡国上计掾史、守邸吏之外，只有守邸丞一人。《朱买臣传》所述乃为诸郡在京师之邸的情况。《汉书补注》所引钱大昕语也只是说“郡国朝宿之舍，在京师者名邸”之事，而王国内有无邸传并无讨论。传舍及管理传舍的官吏地位如何，文献中也较少论及，以往学者讨论汉代邸制时多是谈及郡国位于京师之邸。从简文所载“长沙邸长举劾文书”看，应是明指位于国都临湘的王国传邸，而非位于京师的国邸。从简文与传世文献观察，推测长沙国在京师与临湘是分别建有邸舍的。两处邸舍有可能归长沙邸统一管理，派驻京师的官员或为守邸之丞。常德汉墓曾出土“长沙邸丞”滑石印。[②]

温乐平先生认为邸的功能与作用体现在以下方面：1. 提供食宿；2. 议办国事；3. 监禁犯人及操办丧事、驻扎军队；等等。[③]侯旭东先生详尽梳理分析尹湾汉简《元延二年日记》中记录师饶在该年出行活动中所住宿县道、侯国传舍的情况，认为：“《日记》中尽管出现37次宿传舍的记载，却并没有提到传舍的官吏情况，西北出土的汉简中出现过某‘传舍啬夫’与‘传舍佐’，汉代铜器亦出现过‘传舍啬夫’。似乎可以推定，负责管理东海郡传舍的官员级别高的为传舍啬夫，低的为传舍佐。”[④]上述两位学者的研究成果对郡国邸传建制的认识当有重要的启示。由此看来，郡国邸传官吏的级别并不太高，所举简文中“传舍吏主者”的秩级，仅为县佐，不过斗食之吏。不过从“长沙邸长”移文的规格来看，其职级或与县令、长相当。其他郡国是否皆如此，仍有待更多的材料来证实。

本案例中所记述如此高规格，且相关设施名称具体详尽的王国传舍，为历年出土简牍文献中所未见。虽然反映的仅是长沙国传邸的个案，却有着非同寻常的意义。排除上述臆测的特殊战争因素外，是否可从中窥探到其他诸侯王国传邸的基本规制与体量状态。如果这一认识颇近史实的话，对进一步了解王国传舍的规模、等级、种类、管理等，将提供重要的依据，对于研究比较汉帝国郡国一级邸传的异同及其演变无

① 张家山二四七号汉墓竹简整理小组编：《张家山汉墓竹简［二四七号墓］》（释文修订本），文物出版社，2006年，第40页。
② 常德地区文物工作队、常德县文化馆：《湖南常德县清理西汉墓葬》，《考古》1987年第5期，第429~433页。湖南省常德市文物局、常德博物馆、鼎城区文物局等编著：《沅水下游汉墓》，文物出版社，2016年，第386~387页。
③ 温乐平：《汉代邸的建制、管理与特性》，《深圳大学学报（人文社会科学版）》2018年第5期，第146~153页。
④ 侯旭东：《传舍使用与汉帝国的日常统治》，《中国史研究》2008年第1期，第69页。

疑具有重要的参考价值。

另外，出土简牍及相当数量的残文断简中所见犯罪名目亦不少。普通犯罪见"盗""盗钱""劫夺""首匿""斗伤人""令中伤""盗杀""刀创""自占年故不以实""傅满五日亡""擅更里""擅去作署""擅入宫门、殿门""告不审""去家过三百里不取传""负罚金""故弃狱书"等。更多见的是有关职务犯罪，如"盗所主守钱""监临主守县官钱""盗赋""盗钱粟""辟负偿""纵囚""弗劾纵""劾不审""不当论""罚不当""不胜任""不胜吏治""误脱""误直""故不以实""报不相应""缪不相应""诈为（伪）书""弗与券书""诈为出券书""回避逗留""失期""亡满卅日不得""以辜一日死""病满三月免""坐为亭长亡满五日不得""滞半日弗举劾""狱未断盈五日""坐"等等，对深入研究长沙国法治状况亦具有重要的价值。

（二）簿籍类文书

簿籍类文书种类较多，与朝廷、王国官府各级行政职能部门，如中央丞相府、太常、御史府、主爵都尉、大农府、大仓、右仓、太医、太医左府及王国相府、内史府、中尉府、宫司空、少内、食官、御府等，以及属下郡、县、道、乡等联系密切，涉及赋税征收、农田开垦、钱物调发、功墨爵秩、户隶版籍、缉盗捕亡、囚徒案讯、祭祀庙祠、计簿考课等诸多方面，是其事项的汇总统计、分类编录簿册。如大仓右仓禾稼计、大医左府乘舆药计、临湘少内禁钱计、临湘六年计、都乡户隶计、爵计、烝阳都乡刍藁计、醴陵狱计、囚簿等。这些簿籍类文书除具有档案性质外，其内容既包括王国向朝廷的年终上计册簿与特别事案的报告，又有王国对属下各级机构年终上计考课殿最，辨察真伪、案验纠奸的文书。简文常见审校过程发现的问题，如"计脱误""上校误""计校缪""书误""误直""误脱"等，这些问题涉及官吏的职务犯罪，常与司法案件密切相关。兹举例介绍。

1."都乡七年垦田租簿"相关简文举例

·都鄉七年貇田租簿

貇田六十頃二畝，租七百九十六石五斗七升半，率畝斗三升，奇十六石三斗一升半。

·凡貇田六十頃二畝，租七百九十六石五斗七升半。

出田十三頃卌五畝半，租百八十四石七斗，臨湘蠻夷歸義民田不出租。

出田二頃六十一畝半，租卅三石八斗六升，樂人嬰給事柱下以命令田不出租。

（以上为第一栏）

·凡出田十六頃七畝，租二百一十八石五斗六升。

定入田卌三頃九十五畝，租五百七十八石一升半。

提封四萬一千九百七十六頃一十畝百七十二步。

其八百一十三頃卌九畝二百二步可貇不貇。

四萬一千一百二頃六十八畝二百一十步群不可貇。

（以上为第二栏）　（简0056）[1]

[1] 此条简文曾于2013年披露，参见马代忠：《长沙走马楼西汉简〈都乡七年垦田租簿〉初步考察》，《出土文献研究》第12辑，中西书局，2013年，第213~222页。

此简书于宽牍上，分两栏，内容为土地及田租的统计。都乡，为县级以上治所所在乡。统计事项包括土地与税收两大方面。关于土地包括以下诸项：

提封，指所管辖的疆域，包括深林及山川河流。可知此都乡的疆域达四万一千九百七十六顷七十亩百七十二步。其中四万一千一百二顷六十八亩二百一十步为不可耕种的土地，占土地面积的绝大部分。还有八百一十三顷卅九亩二百二步是可以耕种而未耕种的土地。已耕种的土地仅为六十顷二亩，占可耕地的小部分。

关于税收仅涉及已耕种的土地，还要排除免税的部分。

已耕地“六十顷二亩，租七百九十六石五斗七升半，率亩斗三升，奇十六石三斗一升半”，这是理论上应该收取的田租，但实际收入还要排除以下两项：

一是“出田十三顷五亩半，租百八十四石七斗，临湘蛮夷归义民田不出租”。这是宽抚少数民族的政策，当然他们还要交“賨”税。

二是“出田二顷六十一亩半，租卅三石八斗六升，乐人婴给事柱下，以命令田不出租”。乐人是王廷乐官，为王室服务，故免征田租。

以上两项排除的已耕地面积及田租合计为“凡出田十六顷七亩，租二百一十八石五斗六升”。

最后确定能收取田租的已耕地面积及税米为“定入田卌三顷九十五亩，租五百七十八石一升半”。

上述“貇田租簿”所见统计项目，不仅是地方政府日常行政必做的重要工作，也是年度财政赋税收入及上计汇报的基础。

2.“便移五年计书误案”简文选例

此文虽属司法案例，但可从中窥探长沙国对人口户计管理的状况。

便移五年計，餘口四千二百廿七。案閲實四千二百七十四，其卌九口計後年。計餘口多其實二人，長以下書誤，事不可行。

五年九月丙辰朔戊午，長沙内史卒史乙、中尉守卒史癸别有案，移便以律令從事，言決，移副中尉府。毋留／卒史乙

守卒史癸。　（简 0042）

五年九月丙辰朔壬申，都鄉勝敢言之：獄移劾曰：便移五年計

餘口四千二百廿七，案閲實四千二百七十四，其卌九口計後。　（简 0085）

受多其實二人，長以下爲書誤，事不可行。定主者名、爵、里、

它坐，遣。謹案：長路人、丞非子、令史訢、嗇夫勝、佐快。主路人　（简 0090）

五年九月丙辰朔甲戌，便丞非子敢告臨湘丞主，案：贖罪以

下，寫劾、辟、報爰書。移書到，令史可論。路人、快言　（简 0347）

決，已言解，如律令。敢告主。　（简 0082）

非子，府遣非子、訢、勝自致，敢言之。　　（简 0083）

擇餘口皆公乘。路人，臨湘樂成里；非子，郴畸里；訢、快，官大夫；勝、
不更。訢、勝，便都里；快，昌里。路人前徵快上五年户計。左内　　（简 0346）

☐護，不勝任，得，轂牢，以不勝任論。免非子
☐年應獄計，便、郴以從事。司空除轂　　（简 0225）

案阅，犹古籍所云“案比”，指户籍记录与实际人口的比对检查，是户籍管理的基础。《东观汉记》：“方今八月案比之时，谓案验户口次比之也。”《后汉书·江革传》李贤注“案比”云：“案验以比之，犹今貌阅也。”便，便县。或疑为便国，乃长沙王吴芮子吴浅所封侯国。①简文所见便县上报五年户计中登记的人口是四千二百二十七，经案阅比对的实际人口是四千二百七十四，其中四十九人计入下一年数，当年人口数应该是四千二百二十五人，而户计上报人数比实际人数多出两个人，这种“书误”，已构成犯罪。简 0042 所见，负责户计审核检查的是长沙国内史府属吏卒史“乙”、中尉府的守卒史“癸”。两吏后另有案验报告。五年九月三日移劾便县，要求当地依律判罚主事者与参与者，判决的结果应是上报王国内史府审决，其副本移中尉府。简例所载历日分别为同年九月十七日（简 0085）与九月十九日（简 0347+0082），应是便县有关吏员按上级部门指令，对“书误”涉事官吏以律处罚的报告。此案在当时恐为一起影响较大的案事。从举例简中可知，该县“长以下为书误，事不可行。定主者名、爵、里，它坐，遣”（简 0090）。便县涉事的长吏、属员有便长路人（临湘乐成里）、便丞非子（郴畸里）、令史䜣（官大夫，便都里）、啬夫胜（不更、便都里）、佐快（官大夫、便昌里）一干人等。即便是受命举劾者便丞非子，亦受到连带的处罚。

户口增减是汉代考课地方官治绩的一个重要内容。《汉书·黄霸传》载，霸为颍川太守，“以外宽内明得吏民心，户口岁增，治为天下第一”②。可见户口是每年要统计并上报的，而且是考察政绩的最重要内容，仅凭户口岁增，即可课为第一。《汉书·高帝纪》引张晏曰：“常以八月，太守、都尉、令、长、丞会都试，课殿最。”③《后汉书·百官志五》注引胡广曰：“秋冬岁尽，各计县户口垦田，钱谷入出，盗贼多少，上其集簿。丞尉以下，岁诣郡，课校其功。功多尤为最者，于廷尉劳勉之，以劝其后。负多尤为殿者，于

① 便，今湖南郴州永兴县地。《汉书》卷十六《高惠高后文功臣表》载孝惠元年（前 194）：“便顷侯吴浅，以父长沙王功侯，二千户”，“侯千秋嗣，元鼎五年（前 112），坐酎金，免”，国除（中华书局，1983 年，第 618 页）。《水经注·耒水》：“又北过便县之西，县，故惠帝封长沙王子吴浅为侯国。”马孟龙先生《西汉侯国地理》认为：便国在“景帝中六年（前 144）由长沙国迁往南郡”（上海古籍出版社，2013 年，第 399 页）。便地是否存在着两个同名的县级政区，一是便县，一是便侯国。颇如尹湾汉简中平曲县的情形，疑割便县而建侯国。就便县户计人口在五年时（前 124）仅 4225 人推算，按五口之家仅 840 余户。据《续汉书·百官志》，汉代制度大约是百户一里，十里一乡。如此推算便县户数总量尚不足一乡。若按四口之家推算，可为千余户，也仅是一乡之户数。虽然可能还有户隶计等其他类别人口簿籍未纳入统计，但与尹湾汉墓《集簿》所载县邑侯国乡聚里亭人口数比较，差别之大，不可同语。参见周振鹤主编：《中国行政区划通史·秦汉卷》（上），复旦大学出版社，第 118 ~ 120 页。另外，对荆州松柏汉墓出土简牍文书的年代仍有不同意见。马孟龙先生《西汉侯国地理》一书据荆州松柏汉墓出土《南郡免老簿》，认为便侯国于景中六年（前 144）由长沙国迁往南郡（上海古籍出版社，2013 年，第 399 页）。刘瑞先生《武帝早期的南郡政区》一文认为：“据同出历谱及上述分析，35 号（《南郡免老簿》）木牍应与历谱接近，即可能应是武帝早期元光、元朔、元狩间（前 134~ 前 117）文书。”（《中国历史地理论丛》第 24 卷第 1 辑）彭浩先生《读松柏出土的西汉木牍（一）》文中认为：“第 47 号（《南郡卒吏簿》）木牍……估计形成的时间大致在周偃任南平尉元光二年（前 133）之后，或在武帝元光年间（前 134~前 129）。”（武汉大学简帛研究中心简帛网、简帛文库，2009 年 3 月 31 日）学者意见各有所据，故便国迁南郡的时间以及便县与便国的关系如何，仍有颇多可以探讨的空间。虽如此，据本报告第六章第四节四之（三）“请制可诏书与朝廷下行文书举例”所披露的大农令下行文书，简文所涉及的对象表明，此便侯国与南郡的联系更为密切。故笔者赞同马孟龙先生“便侯国在景中六年（前 144）已迁至南郡”之说以及彭浩先生对松柏文书年代的推论。笔者认为原便国北迁之后，原便县复用旧名，隶属长沙国。

② [汉] 班固撰：《汉书》卷八十九《循吏传》，中华书局，1962 年，第 3631 页。

③ [汉] 班固撰：《汉书》卷一下《高帝纪》，中华书局，1962 年，第 74 页。

后曹别责，以纠怠慢也。诸对辞穷尤困，收主者，掾史关白太守，使取法，丞尉缚责，以明下转相督敕，为民除害也。”①西汉时期，令、长可自行或由主管曹掾、功曹、主簿分别代理上计之事。从简 346 可知，便县上五年户计之事②，乃为其便长路人发遣佐快所为。至于为何殃及他人，或恐与监临故纵失职，不胜任有关。长沙国对辖境内所属县、道每年的上计课校职事，应归属王国内史府。内史一官，汉初为王国自置，关于其职掌有一个演变的过程。《后汉书 · 百官志五》云：“至景帝时，吴、楚七国恃其国大，遂以作乱，几危汉室。及其诛灭，景帝惩之，遂令诸王不得治民，令内史主治民……武帝改汉内史、中尉、郎中令之名，而王国如故，员职皆朝廷为署，不得自置。”③《汉旧仪》卷下云：“汉置内史一人，秩二千石，治国如郡太守、都尉职事，调除吏属。相、中尉、傅不得与国政，辅王而已。当有为，移书告内史。内史见傅、相、中尉，礼如都尉、太守。”④由此可知，景武之前，朝廷对王国置重臣的态度是“国家唯置丞相，其御史大夫以下皆自置之”。景帝平定七国之乱后，至武帝时期，王国更内史治民职如都尉、太守，员职皆由朝廷署置。⑤虽然传世文献的记载如此，但对长沙国内史、内史府的属性仍应需要依据更多出土文献材料的观察比较，方有可靠的定论。从所举的简文观察，“便移五年计书误案”确实是由长沙国内史府所主导进行案阅审决的。由是可推武帝时期长沙国内史亦应职掌王国内上计考课等治民治国之事，这与内史职事设置的时代背景亦相符合。内史官至成帝时方罢省，以后不见复置。《汉书 · 百官公卿表》云：“成帝绥和元年（前 8）省内史，更令相治民，如郡太守，中尉如郡都尉。”⑥

通过王国案阅举劾处罚便上计书误案一事，可见长沙国对户口簿籍的管理是极为重视的。此案判决报备的程序与益阳兔子山 J3 所出平帝元始二年（2）“张勋主守盗案”鞫文书极为相似⑦，学者多已指出“论言决”是秦汉时期文书行政中的一项重要制度，一切要求调查审理的事务，下级机构皆需将审理结果呈文上报，在程序意义上是报府备案，接受监督。⑧由此看来，长沙国与汉郡在司法运作程序方面应是大体一致的。与之相关的益阳兔子山 J3 ③: 2 牍文所载“益阳言守令史张勋盗所主守加钱论决言相府”之语恰映证了成帝之后王国罢置内史、更令相治民的史实。

3.“功墨”名籍与补吏次册簿简文举例

七〈九〉年十一月丁酉朔庚子尉史掾敢言之。故臨湘令史牛造（里）官大夫乘之，前
有論事已，當復用若故官。自言補下官。今謹寫上故官功墨及案一編，謁　（简 0403）

今論事已，能書，會計，治官民，頗智律令、文，年廿七歲，長七尺五寸☐
臨湘牛造里　（简 2129+2130）

☒☐癸六年功墨，凡爲吏，中，勞二歲七月十一日。其案：五年
☒丞尉以屬尉史農夫，農夫亡癸功墨，不移，告劾☒　（简 0481）

---

① [南朝宋] 范晔撰：《后汉书 · 志第二十八》，中华书局，1965 年，第 3623 页。
② 安作璋、熊铁基：《秦汉官制史稿》，齐鲁书社，2007 年，第 652 页。
③ [南朝宋] 范晔撰：《后汉书 · 志第二十八》，中华书局，1965 年，第 3627 页。
④ [汉] 卫宏撰，[清] 孙星衍校：《汉旧仪》，《续修四库全书》第 0746 册，上海古籍出版社，2002 年，第 533 页。
⑤ 参见安作璋、熊铁基：《秦汉官制史稿》，齐鲁书社，2007 年，第 743~745 页。
⑥ [汉] 班固撰：《汉书》卷十九《百官公卿表》，中华书局，1962 年，第 741 页。
⑦ 张春龙：《益阳兔子山遗址三号井“爰书”简牍一组》，何驽主编《李下蹊华——庆祝李伯谦先生八十华诞论文集》（下），科学出版社，2017 年，第 859~862 页。
⑧ 邬文玲：《秦简法律文书释文注释校补》，徐世虹等《秦律研究》，武汉大学出版社，2017 年，第 38 页。徐世虹：《西汉末期法制新识——以张勋主守盗案牍为对象》，《历史研究》2018 年第 5 期，第 17 页。

□年九月乙亥朔己丑，定廟長昌之行臨湘令事、丞忠告尉謂庫：令史公乘☒
坐自占七年功未實。卌三歲功墨誤以爲年卌二、少實一歲，爲書誤，事不☒　（简 0552）

☒嗇夫、令史功舉者六十七牒☒
☒朔辛卯，卒史宜用算，書佐行、鐵官嗇夫☒　（简 1010）

九年十一月丁酉朔□□，鐵官長商守臨湘令、丞忠敢言之：
斗食嗇夫、令史功舉者十六牒，别言决。其一曰：臨湘斗　（简 1805）

·六年自今功墨爰書　（简 1734）

五年六月功墨爰書　（简 0330）

當補吏次，安成五大夫孝□　□□　（简 2069）

當補吏次，庄里五大夫□□　□□□□□☒　（简 2070）

當補吏次，□□□□□□□　見　今宜☒　（简 2093）

當用補吏次，安成五大夫□□　見　□中鄉佐　見☒　（简 2071）

简文所见“功墨”乃“功劳墨将”的简称，屡见于西北简，如《居延新简》[1] EPT5.1：“始建国五年九月丙午朔乙亥，第二十三隧长宏敢言之。谨移所自占书功劳墨将名籍一编，敢言之。”此乃“功劳墨将名籍”呈文，其本文如《居延汉简释文合校》37.35：“肩水侯官始安隧长公乘徐宗。中功一，劳一岁十五日，能书会计治官民，颇知律令、文，年卅六，长七尺二寸，得千秋里，家去官六百里。”则知“功劳墨将”是关于个人功劳资历的档案记录。两地“功墨”名籍的呈文与本文的格式几近相同。补吏次册应是登记候补吏员的名册，反映的是官吏迁除擢补的情况，此类册籍应划分不同的级别，并以个人功劳资历，政绩考课为基础。所见简例，应属基层斗食佐吏迁补的册籍。

（三）请制可诏书与朝廷下行文书

简文中尚见有少量请制可诏书残篇以及朝廷官府下行文书，简文举例：

甲午□□廿日辛卯，率臣請，下御史有。臣昧死請。
制曰：可／二年十一月癸酉朔戊戌，大常平、丞祭下御史府，丞〈承〉書從事。　（简 0379+0391）

☒請，論之，有等比。制曰：可。它□□☒　（简 1918）

---

[1] 甘肃省文物考古研究所等：《居延新简》，文物出版社，1990 年。

☒□行丞相事，告中二千石、二千石、郡守、諸侯相：下

☒[问]，[故]遣吏是服，处實入所，以律　　（简 0378）

牒書：郡出錢買置傳車柀章，毋大農責及險侈不稱者各一牒，皆不宜[出]。

五年二月己丑朔丁酉，大農卒史熹劾。

二月己亥，大農令當時敢言郡大守卒人：移諸侯相，以律令從事，移夬（决）。敢告卒人。[卒][史]

☒　　（简 0054）

·詔書負二千石以下　　（简 0108）

大常的主要职责是负责宗庙礼仪之事，就是“欲令国家盛大、社稷长存，故称太常，以列侯为之，重宗庙也”①。举例简 0379+0391 请制诏书所记时任太常、御史大夫皆可与文献记载相对应。《汉书·百官公卿表》云：元朔六年（前 123），绳侯周平为太常，元狩四年（前 119）坐不缮园陵，免。《汉书·高惠高后文功臣表》载：周平的曾祖乃高景侯周成，成以其父功封，“孝文后五年（前 159），谋反，下狱死”。孝景中元年（前 149），周平的父亲周应以周成孙绍封为绳侯。周平嗣父爵，元朔六年（前 123）为太常。元狩四年（前 119），坐为太常不缮园屋，免。②《汉书·高惠高后文功臣表》载：周平的曾祖乃高景侯周成，成以其父功封，“孝文后五年（前 159），谋反，下狱死”。孝景中元年（前 149），周平的父亲周应以周成孙绍封为绳侯。周平嗣父爵，元朔六年（前 123）为太常。元狩四年（前 119），坐为太常不缮园屋，免。③《汉书》两表记载的内容一致。又据《百官公卿表》：“元狩元年（前 122）乐安侯李蔡为御史大夫，一年迁。”元狩二年（前 121）三月戊寅（三月初八），丞相公孙弘薨。壬辰（三月二十二日），御史大夫李蔡为丞相。④由上引文献可以推知，简文所载“大常平”，即为太常周平，其时尚在任内，至元狩四年方坐免。明确了官职人名，又可反证简文所记年数朔日即为武帝元狩二年无疑。有关年代的讨论，见第八章有关论述，兹不赘言。御史大夫当为李蔡，蔡以军功封侯。⑤此诏书下御史府的时间为元狩二年十一月癸酉朔戊戌，即汉历十一月二十六日。李蔡转年三月才接任丞相，实际上已到公元前 120 年的 4 月了，是故简文之二年十一月至三月之前御史府大夫李蔡仍在任期内。太常主要属官有丞，《汉书·百官公卿表》说丞秩千石，实际上是太常的副职，有时也能作为太常的代表。⑥因简文而得知，大常之丞名祭。两人请治之事大概与皇家宗庙礼仪、陵寝管理方面有关。按诏书下达的程序，皇帝制曰可之后，经由御史大夫下达给丞相，由丞相下发给朝中将军、二千石官员及郡国守相，再由守、相下发所属县、道、邑、侯国及都尉。故简文所见请制诏书下御史府承书从事的下行文书，当是由丞相府下达至长沙国的。

举例简 0378，其为某人行丞相事，奉传诏书的下行文。其行文格式与《居延新简释粹》74EJF16.1～16 中：“永始三年七月戊辰□下当用者。七月庚午，丞相方进下小府、卫将军、将军、二千石、部刺史、郡太守、诸下当用者，书到言。”下行诏文颇类。李均明先生认为，一般的诏书下行文即由三个部分合成。⑦按其行文格式，此为第三部分（层次）。我们初步推定走马楼西汉简牍的年代大致在武帝元朔元年（前 128）

---

① ［南朝宋］范晔撰：《后汉书》卷一《光武帝纪第一》应劭注引《汉官仪》，中华书局，1965 年，第 4 页。

② ［汉］班固撰：《汉书》卷十九《百官公卿表》，中华书局，1962 年，第 773 页。

③ ［汉］班固撰：《汉书》卷十六《高惠高后文功臣表》，中华书局，1962 年，第 595 页。

④ ［汉］班固撰：《汉书》卷十九《百官公卿表》，中华书局，1962 年，第 773、774 页。

⑤ ［汉］班固撰：《汉书·景武昭宣元成功臣表》云：安乐侯李蔡。以将军再击匈奴得王，侯，二千户。（元朔四年）四月乙巳巳封，六年。元狩五年（前 118）坐以丞相侵卖园陵道壖地自杀（中华书局，1962 年，第 644 页）。而《百官公卿表》及《李蔡传》则称乐安侯。此备两说。

⑥ 安作璋、熊铁基：《秦汉官制史稿》，齐鲁书社，2007 年，第 92 页。

⑦ 李均明：《秦汉简牍文书分类辑解》，文物出版社，2009 年，第 30~31 页。

至元狩三年（前 120）之间。据文献记载，其时中央朝廷任丞相者为三人，即元光四年（前 131）至元朔五年（前 124）平棘侯薛泽为丞相；元朔五年（前 124）至元狩二年（前 121）御史大夫公孙弘任丞相；元狩二年（前 121）至元狩五年（前 118）御史大夫李蔡任丞相。[1]若按年数比例推算，则前二者的可能性比较大。由于简文未有明确的年数、历朔，且行丞相事者的人名字迹残损莫辨，在这里仅是提出一种推测，不排除存在着年代更早的诏书。诏书虽多残断且量少，但对研究长沙国与中央的关系仍有着重要的价值。

简 0054 为大农府书。为中央大农令下发的关于执行某项法律规定的文书，是针对属下令史熹举劾某郡出钱购买传车配饰，未按照大农府的规定，发生违规超标逾侈之事，由此而下达的处罚指令。除责令不可出行外，还要求在全国范围内各郡国严查违规犯禁的官吏，所犯禁者皆案审移决大农府。简文所见“传车柀韦”，《尔雅·释木》邢昺疏：柀，一名煔，俗作杉。郭璞注：“煔似松，生江南，可以为船及棺材，作柱埋之不腐。”[2]“韦”为去毛熟治的兽皮，柔软的皮革。韦编，即将竹简用皮绳编缀称韦编。《史记·孔子世家》：“读《易》，韦编三绝。”[3]韦絮，《汉书·霍光传》载太夫人显“广治第室，作乘舆辇，加画绣冯，黄金涂，韦絮荐轮”。师古引晋灼曰：“御辇以韦缘轮，著之以絮。”即裹在车轮外缘的皮革与丝绵。[4]“柀韦”，推测可能是用木材与皮革为主要材料做成的传车的配饰或围档，应属一种高档的装饰品。至于装饰于何部位，由《汉书·霍光传》中或可见一斑。大农府的移书，使用“敢言”“敢告”用语，有平行文语气。盖因大农令虽然为朝官，但与郡守、诸侯相秩次略当，故用平等之语。[5]简文所见“五年”，乃武帝元朔五年，“大农当时”即为《汉书·百官公卿表》所载时任大农令者郑当时。[6]因为此时皇帝无年号，与诸王、侯纪年相同，故年数时有相重。例如长沙王刘庸纪年的元年至六年，即与武帝元朔元年至六年相重。此份文书当为武帝元朔五年由大农府下行至各郡国的劾文书。关于郑任职的年代、职期、大农职官名称更易及文书的年代等，见第八章有关论述，兹不赘。

此简文前部乃劾文，按汉代劾文格式，呈文之前当有附件。附件今多已散残，整理中有见数枚简文内容与之相关，因字迹损泐残缺，是否必为附件，尚未敢确定。兹录二则仅供参考。

□年正月辛酉，秭歸令貴行南郡太守事，丞到、屬□書佐則、便侯相持㖜、丞□、
令史企、嗇夫莫當、佐齊出錢四千八百買□□□□□⊠　　（简 0039）

……丞到、卒史執、給事令史倚莊、便侯丞勝、令史意、掾嗇夫可丁、佐虜盜
出錢萬四千八百買錐韋寺薄土四，皆隃侈不宜出⊠　　（简 0024）

由简文略知，购买物品，所涉费用不少，涉案官员与南郡便侯国有关。马孟龙先生考证，便侯国在景中二年（前 144）已从长沙国原便县迁至南郡。[7]从出土简文所反映的史实来看，可证马氏所言不误。简文字迹模糊，多有残缺，造成文义疏通与字义理解上的一些难度，但从南郡太守向上报告所属便侯国之事来看，推测与购买传车配饰物或有关联，联系简 0024“盗出钱万四千八百买锥韦寺薄土四，皆隃侈不宜出”来看，似与出行车内配用物有关。“薄土”，裘锡圭先生认为是“车中荐”，即坐垫。[8]“锥韦寺”疑指包裹坐

① [汉]司马迁撰：《史记》卷二十二《汉兴以来将相名臣年表》，中华书局，1959 年，第 1135~1138 页。[汉]班固撰：《汉书》卷十九《百官公卿表》，中华书局，1962 年，第 770~774 页。
② [晋]郭璞注，[宋]邢昺疏，李学勤主编《尔雅注疏》卷九，北京大学出版社，1999 年，第 268 页。
③ [汉]司马迁撰：《史记》卷四十七《孔子世家》，中华书局，1959 年，第 1937 页。
④ [汉]班固撰：《汉书》卷六十八《霍光金日磾传》，中华书局，1962 年，第 2950、2951 页。
⑤ 李均明：《秦汉简牍文书辑解》，文物出版社，2009 年，第 143 页。
⑥ [汉]班固撰：《汉书》卷十九《百官公卿表》，中华书局，1962 年，第 130 页。
⑦ 马孟龙：《西汉侯国地理》，上海古籍出版社，2013 年，第 399 页。
⑧ 裘锡圭：《说“薄土”》，《裘锡圭学术论文集·简牍帛书卷》，复旦大学出版社，2012 年，第 50、51 页。

垫的皮布，或为制造坐垫的官府或私人手工作坊。除此之外，亦不排除还存在违规偷买其他逾侈物品的可能。

大农令对某郡传置的“传车被韦”逾侈不称者事，发文至全国严查的举措与时代背景有着密切的关联。武帝即位之时，国家已休养生息六十余载，国库充盈，兵甲备饬，遂大兴新制，广开三边。“西北开朔方，又取河西地，置酒泉、张掖、敦煌三郡，后宣帝时分张掖置武威，河西四郡遂成；东北破朝鲜，置乐浪等四郡；南方灭南越，又开西南夷，置十七初郡。西汉疆域至此大大拓展，形成今天中国疆域的基础。”[①]武帝开边，以西南夷地区肇其端，元朔时暂罢开西夷的行动，转而发动对北方匈奴的战争，开置朔方、五原郡。《汉书·武帝纪》云：“（元朔元年）秋……遣将军卫青出雁门，将军李息出代，获首虏数千级”，“五年春，大旱。大将军卫青将六将军兵十余万人出朔方、高阙，获首虏万五千级”，“六年春二月，大将军卫青将六将军兵十余万骑出定襄，斩首三千余级。……夏四月，卫青将六将军绝幕，大克获”。[②]元朔年间，北方战事频盈，国帑糜费甚巨，度支艰难。《汉书·郑当时传》亦云：“汉征匈奴，招四夷，天下费多，财用益屈。”[③]当是之时，如何省减开支，防止过度消费，以给军用，恐为掌诸全国财政的大农令旦夕所念、丝毫不敢懈怠之事。故对郡国发生“出钱买置传被韦，毋大农责及侈不称者”，自然是在严厉禁止、问责纠劾之列，并以此典型案例通报各地郡国，借此以儆效尤。

西汉一朝围绕传置厨膳的铺张糜费与严查监督、机构膨胀与痿顿减缩之间的博弈，一直贯穿于汉帝国之始终。至西汉末年甚至发展到危害国政的程度，引起皇帝高度重视。《汉旧仪》载西汉末年大司徒向计吏们宣读的“五条诏书”，其中第四条诏书云：“诏书无饰厨传，增养食至今未变。又更过度，甚不称。归告二千石，务省约如法。见案不改者，长史以［闻］。”[④]对传置厨传不得装饰及增加接待费用的事情竟与涉及郡国治理的大政方针相提并论，可见危害程度之烈。第四条诏书强调不得整饬厨传，自然也包括传置内的所属物，如车马、屋舍等一应设施用品，传车的规格与装饰必在其中。西汉实行的传置制度在其发展运行的过程中所产生的难以克服的积弊与日益增大的财政开支负担，迨至西汉末年已成为国家日益沉重的财政包袱，使得朝廷与统治者不堪其苦，却又无力解决。其实从举例简文中可以看出，这种利用制度漏洞，凭借职务之便，假借各种名义上下其手、争相牟利、铺张用度、贪图享受的陋习早在西汉前期各地方郡国的官场就已显露其端。司马迁对当时社会风气与现状的描述可与之相映照，“汉兴七十余年之间，国家无事，非遇水旱之灾，民则人给家足，都鄙廪庾皆满，而府库余货财。……当此之时，网疏而民富，役财骄溢，或至并兼豪党之徒，以武断于乡曲。宗室有土，公卿大夫以下争于奢侈，室庐舆服僭于上，无限度”[⑤]。侯旭东先生通过对西汉末年传置这一底层机构的开支与制度变迁的深入剖析，从宏观的视角探讨其背后结构性的因素。其认为：通观秦汉以降的历朝历代，因此类制度重建所重复出现的流弊，“体现了官吏群体与皇帝、帝国体制之间的长期搏弈。格局与体制不变，此类机构必不可少，而其基本运作方式复因循不变，重复的剧目不断上演，皇帝的诏书则逐步论为无用的呻吟，一定时空内官吏群体或是胜者，但最终的下场则是全无赢家。这种‘反复’构成中国历史中延续与不变的一个侧面。”[⑥]这一基于在众多材料梳理分析之上，提练的颇为精辟的概括，对于理解认识西汉社会诸多方面的表象与内质，深入探讨汉帝国体制的本质特征当有重要的启示意义。

---

① 周振鹤主编：《中国行政区划通史·秦汉卷》，复旦大学出版社，2017年，第162页。
② ［汉］司马迁撰：《史记》卷三十《平准书》，中华书局，1959年，第1421~1423页。［汉］班固撰：《汉书》卷六《武帝纪》，中华书局，1962年，第169~172页。
③ ［汉］班固撰：《汉书》卷五十《郑当时传》，中华书局，1962年，第2324页。
④ 侯旭东据孙星衍《续古文苑》引《北堂书钞》记载所分的五条再校订后的文字。见侯旭东：《皇帝的无奈——西汉末年的传置开支与制度变迁》，《文史》2015年第2辑，第10页。
⑤ ［汉］司马迁撰：《史记》卷三十《平准书》，中华书局，1959年，第1420页。
⑥ 侯旭东：《皇帝的无奈——西汉末年传置开支与制度变迁》，《文史》2015年第2辑，第44页。

（四）其他文书

1. 临湘县牢狱值守日勤报告甲午书简文举例[①]：

七年五月丙子朔甲申〈午〉，令史□敢言之：癸
巳夜，案行廷獄周垣，城外到城東門，毋人　（简 0544）

從跡及欲纂囚城者。書實，敢言之。　（简 0514）

七年五月丙子朔甲午，擴門佐到敢言之：癸巳旦夕受囚陽餽陽
舍人譬所，即索餘食中毋毒藥、兵刃、書。已索。即以屬守獄門　（简 0513）

亭长辟閭。□毋吏民久位在及慾入問詔獄事。非臨
湘吏毋入者。書實。敢言之。　（简 0396）

詐及投書者。旦夕受囚餽廣門佐到所，盛以具檢到廷中，索
餘食中毋毒藥、兵刃、竄書。以餽。旦屬獄史吴，夕屬河人。辟　（简 0564）

不入獄，非臨湘吏毋入廷及毋問詔獄囚事者。書實。敢言之。　（简 0512）

七年五月丙子朔甲午，臨湘獄史吴、河人敢言之：癸巳盡其夜，吴、河人牢監陽復作，覆
卒史與囚居處，諸守囚者不出獄門，外人毋入獄門者及爲囚通言語、爲姦詐及投書者。　（简 0769）

吴旦、河人夕，受囚餽獄門啬夫辟閭所。餽盛以具擴〈檢〉到獄，索餘食中毋毒藥、兵刃及竄書。
已。乃予囚食。囚復朧（脱），與俱。囚轂及所當得瀌（應）法，不顧〈能〉遂亡、自殺傷。
證不與囚相見，毋　（简 0772）

問詔獄事者。書實。敢言之。　（简 0778）

举例简文所见临湘狱政设置多重管理与监守。外围为县廷与监狱共有的城门及城墙，由令史、狱史等负责巡行。第二层为扩门，负责人为啬夫，由其佐具体管理。扩门或为县廷与监狱共用的通道门，亦可能是县廷通向监狱的过道门。第三层是狱门，由狱门亭长（啬夫）及守囚吏卒把守。以上三层都属于外围监禁。最核心的部分是牢房区，由狱史率领牢卒把守，属于内监。平日里，内外隔绝互不往来，外人及非临湘吏不得入内，内部监守吏卒不得外出，食宿在牢狱。监狱有严格的管理规定：供给囚犯的食物要经过严格的检查才能送入，严禁挟带毒药、刀具、私信等违禁物入内，守吏不许与囚犯传递信息并

---

① 参见李均明、宋少华：《长沙走马楼西汉简狱政资料的整理与考证》，《出土文献研究》第 18 辑，中西书局，2019 年，第 150~158 页。简文号 [0596]，当更为 [0396]。李均明先生率先将临湘县狱值勤甲午书简文内容、先后次序梳理集合，考证详细严谨。本报告仅对个别简文略作调整。

发生各种不法行为。因此，针对监狱管理，每天都会产生数份不同地点的值班报告或汇总文书。[①]本报告所举县狱值班报告仅为七年五月甲午日，即汉历五月十九日所上呈的报告文书，或可称“五月甲午书”。整理中除“甲午书”外，尚见有同月之“壬辰书”（五月十七日）、“癸巳书”（五月十八日）、“乙未书”（五月二十日）[②]、“丙申书”（五月二十一日）、“丁酉书”（五月二十二日）等同一监狱连续六个历日的值班报告，其文书格式基本一致，保存状况各有所差，十分难得。相关内容，有待细致整理，这些记录一个县狱管理的文书档案，为以往出土简牍所未见，殊显珍贵，是研究汉代监狱管理的重要的第一手资料。

2. 蛮夷诸律杂条

出土简牍中有见一组与疾死、袭爵、无后益爵、亡出夺爵有关的简文，数量不多，然形制颇殊，长达 50 余厘米，为一般简牍形制所少见。内容似与管理蛮夷的法律条款有关，涉及蛮夷诸侯以下诸公、诸大夫之子袭爵、益爵、夺爵等诸多事项规定，与《睡虎地秦墓竹简》所见《军爵律》及《张家山汉墓竹简》所见《置后律》《爵律》不尽相同。兹选录如下：

□復故吏（事）者當以其爵□命之，其自八月，諸侯以下上諸公之公……　（简 0058）

翟爵部田諸公以上至諸侯疾死事，其後各襲其爵，□同爵　（简 0063）

□部田諸公、諸大夫若無後益爵其子男□□□□□□　（简 0064）

部界諸公子亡自出及得，奪爵一級，毋罪□□□□□□□　（简 0065）

□之公子翟人以爲士五（伍），□公子及翟人□息（？）□亡及□罪而□　（简 0066）

・諸侯公子以爲公士，翟爵以下　（简 0074）

□□諸公之公子戎、翟人以爲士五☒　（简 0072）

☒者子爵令復屬其所☒　（简 0072-1）

☒翟爵部田諸公以上□☒　（简 0075）

☒□□首當論者案翟爵☒　（简 0075-1）

近年湖北荆州胡家草场 M12 出土了数量可观的汉代早期法律文献，其所披露介绍的律典中首次发现与蛮夷管理有关的蛮夷律，如蛮夷杂律、蛮夷复除律、蛮夷士律、上郡蛮夷间律等，涉及分封、拜爵、徭役、

① 李均明、宋少华：《长沙走马楼西汉简狱政资料的整理与考证》，《出土文献研究》第 18 辑，中西书局，2019 年，第 150~158 页。
② 李均明、宋少华：《长沙走马楼西汉简狱政资料的整理与考证》，《出土文献研究》第 18 辑，中西书局，2019 年，第 150~158 页。

賨赋、除罪、朝见等诸多事项。[①]此组简牍的内容与胡家草场出土的蛮夷诸律令有相似之处，可互为比较，对于研究汉长沙国武帝时期的蛮夷管理、制度设计等具有重要的价值。

总而言之，走马楼西汉简牍的内容十分丰富，涵盖面颇为广泛，其整体面貌非本报告所能尽述。以上简文举例，仅是略作分类介绍，难免存在着以偏概全的疏漏与诠释的错误，敬祈读者详看走马楼西汉简牍图版及释文资料。

第五节 简牍的书法

走马楼 J8 出土的 2000 余枚长沙走马楼西汉简牍，是公元前 128 年至公元前 120 年间在长沙核心区域留下的墨书原迹，其中近半数的墨迹保存较清晰。是我们研究西汉早期文字、书体发展演变，以及时代、地域书风区别的最直接资料。长沙地区出土有同期偏早的马王堆汉墓简牍，以及时间晚些的五一广场东汉简、走马楼吴简等多批次简牍，走马楼西汉简作为时空轴线上的重要补充，完善了字迹演变的时间序列，更细致地呈现了汉武帝前期的书体。

这批西汉简作为实用文书，风格多样，字形有修长有宽扁；用笔有蚕头燕尾，有方进方收；字体有齐正，有欹侧，布局排列错落有致，别有趣味。下面我们结合具体的字例看看汉字隶变至此阶段的书法面貌。

一、保留篆味的早期隶书

（一）遗留小篆构型的早期隶书

我们对字体的认识主要看构形取势和点画线条。走马楼西汉简已经把篆书圆转的线条拉直，难以看到体正势圆、左不见撇右不见捺的篆书，但仍有一些小篆元素没有完全消解。主要体现在“百”“曰”这类全封口的字形上，一般左右两竖出头，包围中间的短横，而没有用隶书的“横折”连接。“皆”“曰”“留”这些含有“口”形部件的字，都是如此（图三二）。走马楼西汉简的“百”字，有不少于四种写法。简 0001 的是长横藏锋起笔，左低右高，左右两竖与长横相接，围住中间两短横。简 0459 则是左高右低，两个短横加速写成了两笔竖点。简 013 的长横起笔有用力按压的停顿，意右先左，起笔较收笔粗重。而简 0007、0008 和 0085 结构较古朴，长横下面用人字形连接出框架，每一笔都只有一个方向，需要改变方向的笔画都是拆分成两笔，分别重新起笔书写，没有顿按转折。

对于“口”一类的笔画拆分，或者分成四笔书写，或者右边竖笔连着最下一横一起书写成“⅃”，而不是我们现在习惯的“㇕”，如图三二中 0077 简的“曰”、0549 的“百”、1455 的“皆”都是如此。

（二）上紧下松、结体纵长的早期隶书

在字形上，小篆多纵长，隶书多为扁方。这批简牍没有刻意追求隶书的宽扁结体，而是依形书写，保留大量纵长的字形。而且有些左右结构的字，特意调整部件比例与排列方式，拉长了字体的结构，呈现出纵长的效果。在《长沙邸传舍坏败举劾案》简牍中，大量出现这种结体方式的字迹，如 0015、0026、0036、0079 都是通篇结体纵引的，其中一些左右结构的字，如“枚”“败”等，在书写上特意削弱左半边

---

① 李志芳、蒋鲁敬：《湖北荆州市胡家草场西汉墓 M12 出土简牍概述》，《考古》2020 年第 2 期，第 25~27 页。

比重，偏居于左上角，放大右半边的面积占到整个字的四分之三，改变了字本身的长宽比例。这种字体虽然呈现纵长体势，但其实它们中收外放的结构已经摆脱了小篆均衡的结体方式（图三三）。

	走马楼西汉简					
百	0001	0549	0130	0007	0008	0085
曰	0007	0077	0003	0120	0057	
留	0475	0042				
皆	1455	0017				

图三二　遗留小篆构型的早期隶书

（三）笔画圆转的早期隶书

用顿按改变运笔方向是隶书较篆书最有新意的变化。但这批简牍文字仍然保留大量圆转笔画。如书写端庄的简牍上有、、，书写速度快的简率字迹中有、、等。最有时代特色的是两种转折同时出现在一枚简上，如0005号简的“宀”在同一个字“容”上，先后写成和。可见当时这类笔画的书写并没有形成定式。

圆转笔画不仅体现在转折上，在短竖上也不少见。表现在运笔不完全呈直线，在收笔时不是向下取势，而是向左下方走笔。多在“亻”中出现，如0002号简的、0035的、0261的等。在前面部件拆分中提到，在全包围结构中，篆书习惯竖画向左连接横画，而不是我们现代书写使用的横画向下连接竖画，即亅和乛的区别。这种尾部向左收笔的竖画正是篆书书写习惯还未改变的体现。

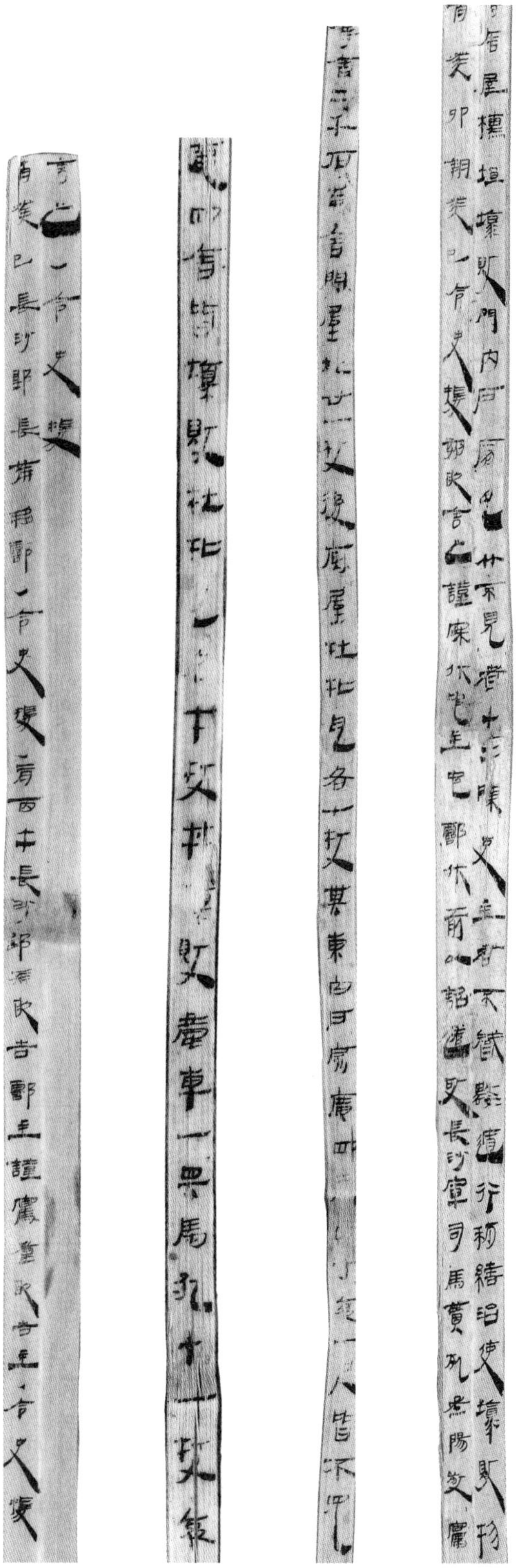

0015　0026　0036　0079

图三三　纵长体势的早期隶书

二、风格多样的早期隶书

此批简牍虽稍留有篆意，但整体上基本都是隶书形态。因为由多位书手写就，每个人的用笔发力方法不同，点画成字风格多样。我们选取书法风格区别比较明显的几批简牍看看这批早期隶书风格的多样性。

（一）横平竖直、严谨端庄的早期隶书

我们选取简 0042、0050、0132 和 0343。这四枚简的书写都非常端庄平稳，用笔收敛严谨，每枚简都有明显的燕尾。

简 0132 点画雍容，线条匀称，结体宽扁，布局错落而整齐。书手起笔时有停顿，有的驻成方头，如 、 ；有的驻成墨点，如 、 。长横笔画基本都有波磔，如 ，燕尾在运笔中逐渐加粗，收笔向右上取势。简 0042 的燕尾从起笔就开始压笔一直到简的最边沿，无处走笔才收，所以沿简边收成整齐的截面。简 0343 用笔干净，雍容平和，已经有类似楷书的勾笔。简 0050 虽然留有字迹不多，但布局舒朗，点画清晰大方（图三四）。

（二）书写活泼的早期隶书

我们选取简 0037、0149、0150 和 0162。这四枚简上的字迹从用笔到结体都自由率真，活泼而又规矩。简 0037 字距与字体一样大，虽然是两行简，但因为行和列错开布局，实际每行只有一个字。简 0149 横画细劲，逆入平出，向右上取势，没有字字写出燕尾。简 0150 结体方正质朴，无造作之感。简 0162 笔速较快，优美舒畅（图三五）。

（三）其他风格的早期隶书

我们选取简 0166、0960。简 0166 笔画细劲，结体横扁，线条开张，只有少数长横稍有波磔；简 0960 左右顾盼，向背分明，气势开张。他们结体上都比较宽扁，横向叠压，内部留白少，结构紧凑，已经是比较成熟的隶书形态了。但是提按动作还不多，单个点画中还没有普遍演化出提按动作形成的粗细变化（图三五）。

综上字迹虽书法风格不同，但都有相似的特征。最突出的就是出现了波磔，在横竖撇捺等各个单独的笔画中不是简单的向一个方向运笔。比如很多竖画的尾部不是垂直向下而是向左撇出，如简 960 的“登” 、“命” ，0166 的“仓” 等；左撇笔画不是向左下收笔，而是到了左下方后再向左上勾出去收笔，如简 0960 的“籍” ，0166 的“市” 、“官” 。其他还有简 0001 ，0002 ，0003 、 ，0004 ，0176 ，举不胜举，这可能既是篆书运笔的习惯遗留又是后来标准汉隶向背之势的萌芽。另外还有长横中的波磔，如 0057 的“告” 、0094 的“卒” 、0114 的“丙” 、“言” 、0132 的“年” 等，有些书手不是均匀用力运笔，而是加入了轻重缓急的顿按变化，这种波磔就呈现为蚕头燕尾了。

这批简牍中蚕头燕尾的装饰性笔画，主要出现在作为主笔的长横、长竖和捺笔上。如 0001 、 ，0042 的 、 等等，比比皆是，基本每枚简上都有出现。而且燕尾的出现比较随意，有时一个字出现两笔粗重的燕尾，如简 0001 的 。而且拉长型的燕尾不一定出现在简牍最后一个字上，而是随机出现在篇章之中，行文中任何有长竖、竖勾等笔画的字都可能出现这种情况。如 002 的最长主笔出现在倒数第三个字“下”字上。0002 则是出现在第二个字“年”上。0050（图三四）出现在倒数第三个字“下”字上，而

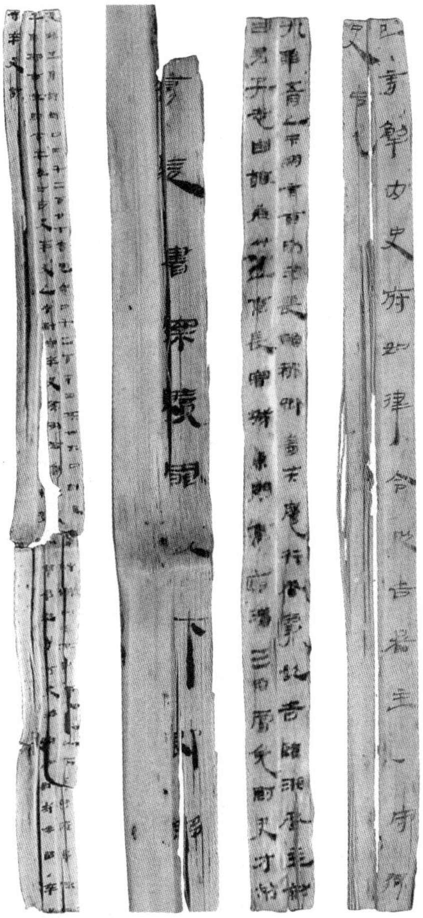

0042　0050　0132　0343

图三四　严谨端庄的早期隶书

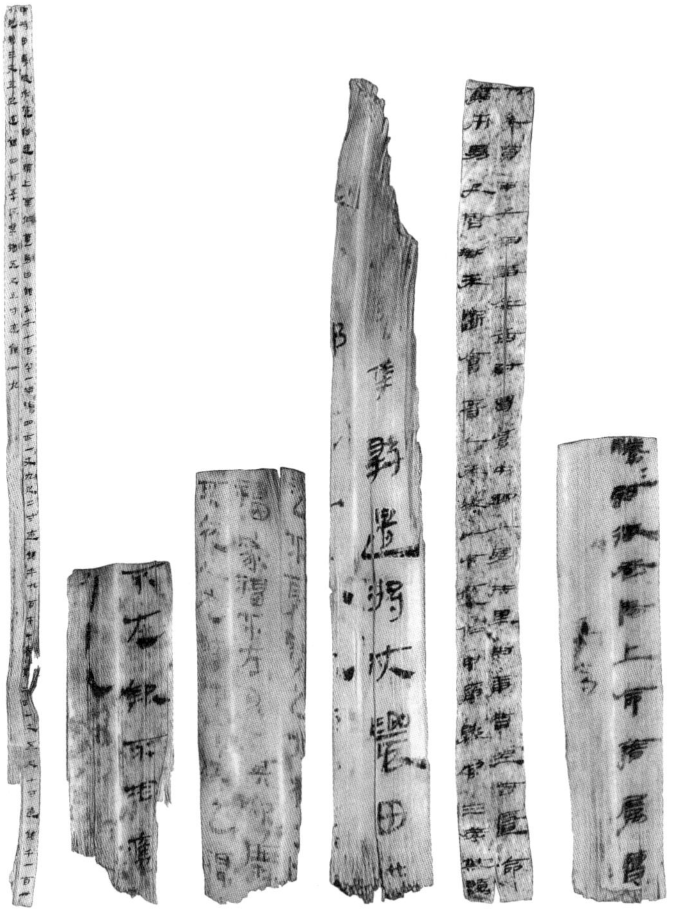

0037　0149　0150　0162　0166　0960

图三五　书写活泼的早期隶书

且占用的空间相当于两个字的长度。而 0176 右半边上面的“年”和中部的“令”字更占到将近三个字的长度空间。这提醒我们在释读字迹模糊的简牍或者残简时，不能用空间大小判断文字数量。不似成熟期的汉隶一般在最末尾一字的主笔上拉长，中间的文字占用空间相对保持一致，是释读时很好的分篇线索（图三六）。除了在篆书上增加波挑，用笔的变化表现在不再追求小篆的“端若引绳，起止无迹”，有了更丰富的线条变化。比如长横笔画有藏锋起笔形成蚕头再顺锋尖出收笔的早期丁字形（如 0001 的，0004 的），也有藏锋顿按形成方头然后收笔重按形成燕尾的比较成熟的隶书用笔（如 0085 的），还有线条匀细起收无锋但方向有波曲的形态（如 0003 的，0005 的）以及方起方收的（如 0015 的、），不一而足，体现出过渡期的多样性（图三六）。

三、简率的草体

在端庄严谨的隶书之外，我们看到不少与其字体结构相似，但书写简率的草体。启功在《古代字体论稿》中说：“草，本是草创、草率、草稿之意，含有初步、非正式、不成熟的意思。在字体方面，又有广狭义：广义的不论时代，凡写得潦草的字都可以算。但狭义的或说是当作一种专门的字体名称，则是汉代才有的。”这时汉隶还未完全成熟，对于这其中一批字形结构没有很大区别，只是书写草率点画稍有简省的字迹，我们可以称为草体。

此时的草体是与隶变同时出现的端庄之外的另一种简率的方向，没有很多掣肘，比较随意，面貌多样。主要有两类，一是基本没有减省和连笔，只是笔势连属，从草率程度上类似于行书，如0153、0174、0121、0596。体态活泼左高右低，用笔有度，保留有蚕头燕尾，连笔极少，但点画间比较松散。虽简便但不散漫，都在规矩之内。这种书体能极大提高书写速度，辨识起来又没有增加难度，所以在文书使用中很有发展潜力。另外我们还能看到一类草化程度较高的草体，已似后来的规范草书，用笔很是新妍，如538的吴，0539的盗、倚，0312的，0518的武简省和连笔娴熟，用笔流畅，虽然字字独立，仍能感觉快捷连贯的笔势，运笔已有纵引的映带之势，减省程度较高。这种字体虽然不少，但还没有大面积的通篇出现，是草书形成初期的状态（图三七、图三八）。

这批文书简不论字体是古朴醇厚，端庄严谨还是简率风流，在篇章布局上都很有风范，舒朗有秩，字距大于行距，基本没有拘谨的布局。在两行或者多行简中竖排特别整齐，横排也会考虑周到，伸展参差，相互错落，非常美观。

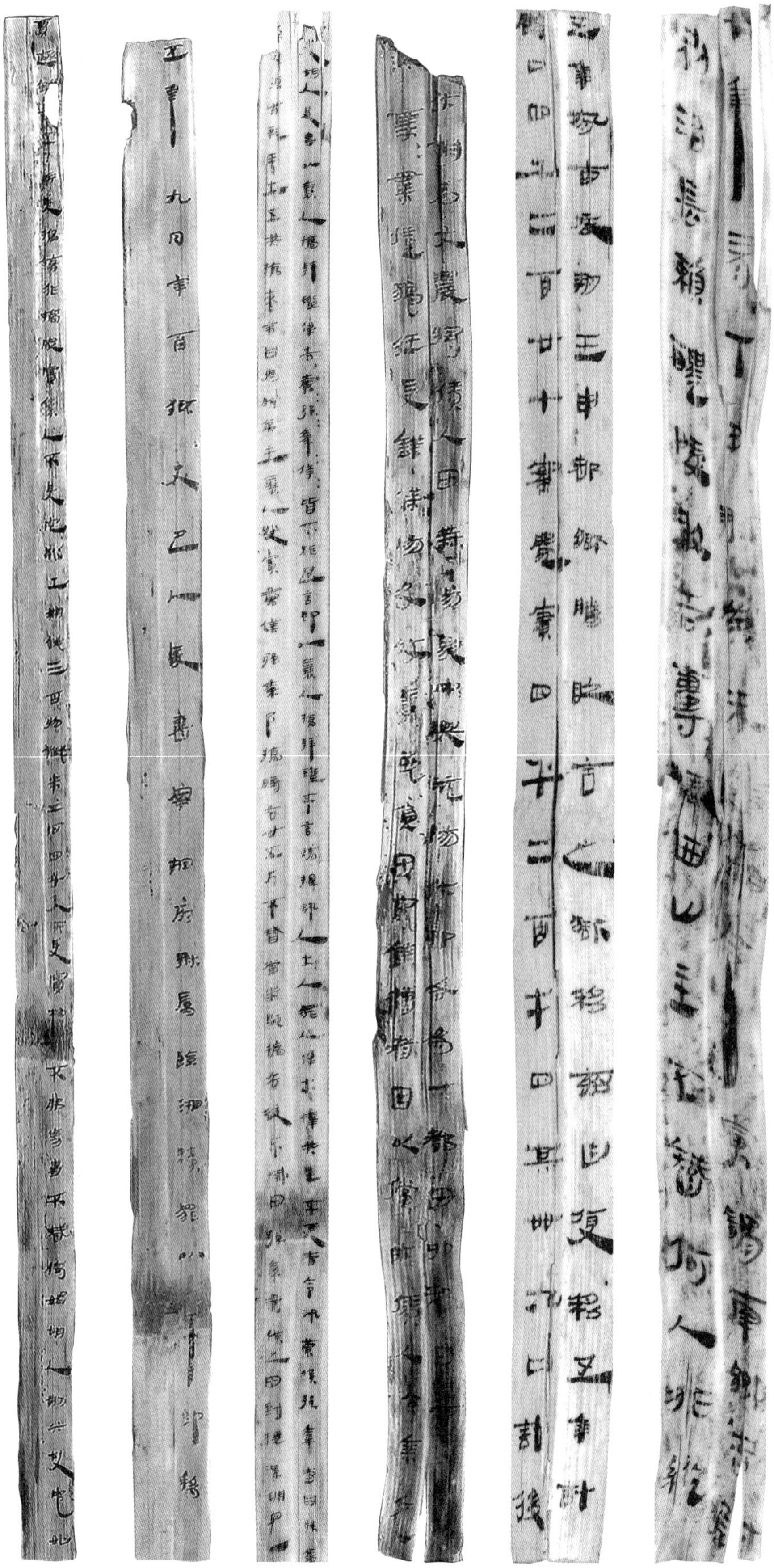

0001　0002　0003　0004　0085　0176

图三六　过渡期的早期隶书

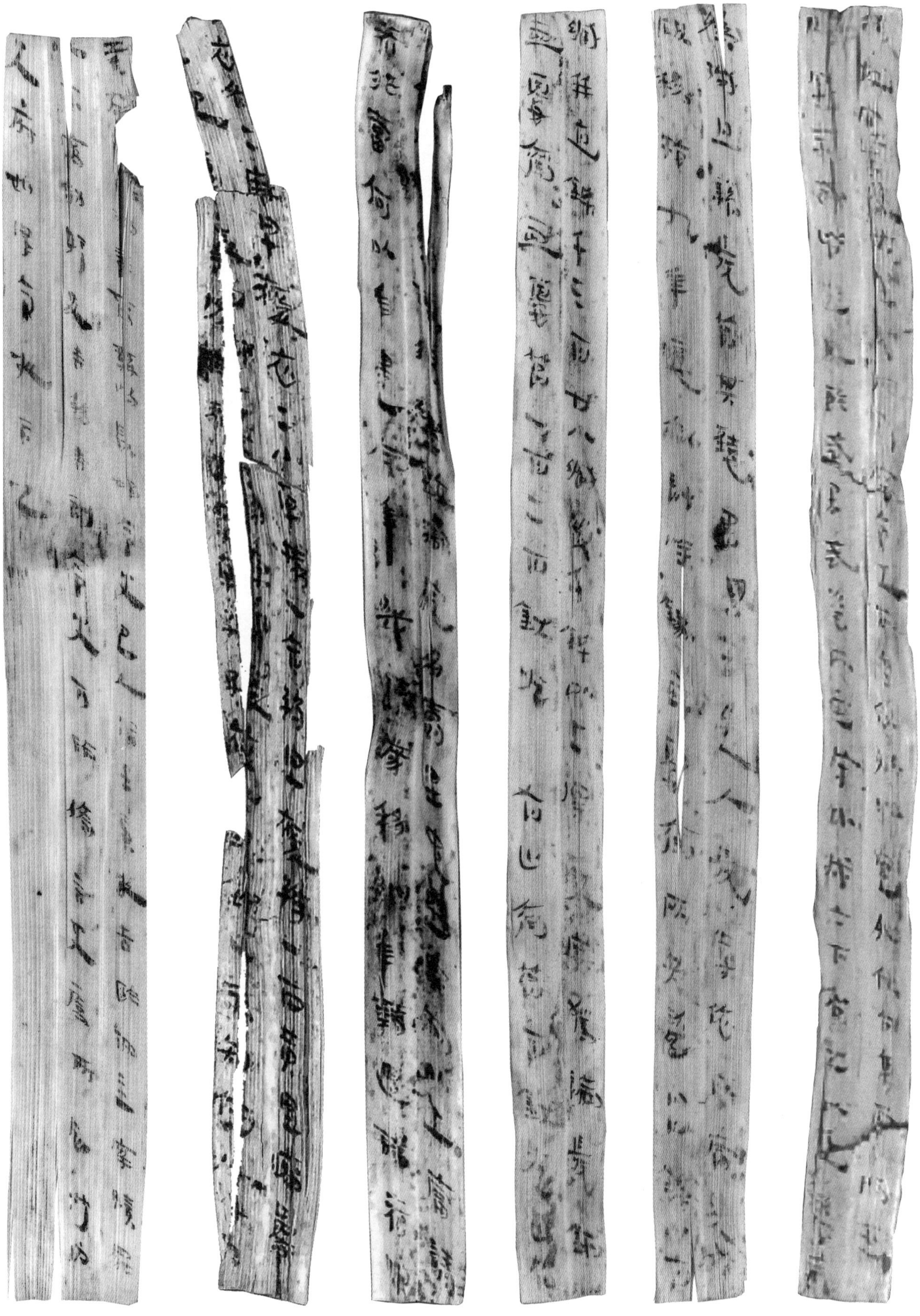

0121　0153　0174　0549　0596　0518

图三七　简率的草体

0538　0539　0312　0006　0013

图三八　简率的草体

四、走马楼西汉简牍书法特点成因及意义

秦永龙在《汉字书法通解》之《行 · 草卷》中说：“任何时代社会用字的书写，大体上都会有三种情况：一是庄重、严肃场合的用字，书写者需要一笔一划，一丝不苟地按当时的文字规范精心书写，因而字体非常规整、典雅；二是一般场合的文书交际用字，书写者可以稍事随意、从容而为之，因而字体比较活泼自由，但又不失于大体的规范；三是事情急迫场合的用字，书写者需要疾书以应急，因而字体草率。”走马楼西汉简作为武帝前期的文书笔迹受时代审美、物质条件和内容性质的影响，正体现了既活泼自由又大体规范的文书用字特点。既能发挥文字的记录和交流功能，准确传达信息，同时又能保证帝国运行效率（图三九）。

其书法特点有时代原因。隶书是逐渐演化成为标准汉隶的，同时作为手写体一直在变化。在规范化的标准隶书出现之前，书手对字体的认知和书写习惯不是同步前进的。我们从这批简中出现有习字简可知，书手需要大量的练习来统一文字形体和书写规范。所以虽然这批简牍的时间跨度不大，但字体之间仍有不小区别。过渡时期各种新旧要素并存，在实际使用中优胜劣汰，逐渐的改变。我们从长沙地区不同时期的字迹对比中可以看到这一变化趋势（图三九）。另外一个影响因素是这批简牍的性质。作为实际用途的官方往来文书，规范性和辨识度要求较高，所以字迹不能太潦草，但是便捷的实际需求默认了一定程度上对书写规范性的通融。于是造成不同的重要程度和用途出现不同的字迹形态，工整的和潦草的字迹同时出现在一批文书中。隶变的内容和方向是复杂的，有些演变为官方正体，有些演变为充分体现个性和审美的草体，彼此还有结构简省和用笔方法的相互影响。篆隶杂糅和字体的丰富也说明文字的发展既有连续性又有反复性。

此外材质也会影响字迹形态。比如纵长的字体大都出现在比较窄的单行简上。因为空间限制，左右无处施展，只能向纵长取势。这批简牍因为当时对材料加工水平的提高，出现少见的多行竹简，以竹子自然成形的棱为界限，一个面一行字，字迹的宽窄受材料每一个面宽度影响，所以结体有纵长有宽扁。

	走马楼西汉简	马王堆汉墓简牍	五一广场东汉简	走马楼吴简
五	0002			
百	0001			
马	0079			
长	0015			
武	0046			
陵	0037			
史	0015			

图三九　文书用字举例

目前出土的西汉墨迹不少，但没有与走马楼西汉简时空重叠的批次，这批简的出现填补了这一空白。揭示出在汉武帝前期，官文书用字已经基本完成了对篆书的解散，处于标准汉隶的形成时期。为我们了解隶书演变过程，提供了更全面清晰的细节，加速这个脉络的明朗化。

这批简牍的书法艺术性很高，笔墨趣味丰富，为今人书法艺术的研究和学习，亦提供了很好的范本。隶变是古文字向今文字的演变，时间跨度长，每个点、横、竖、撇、捺、勾等笔画从篆书中字形结构的配角，到分化成型，在蚕头燕尾为标志的隶书中，获得独立意义，是一个复杂的过程，走马楼西汉简的出土和整理出版将为书法艺术创作和学术研究的追源溯流提供更多启发。

第六节 采集简

发掘期间在J8、J9附近已遭挖掘机械破坏的灰坑、残井底部还采集到3枚简牍、1枚方形画版，皆为木制。简牍清理初期工作人员将此统一编号。此次整理时将其提出另设此节予以介绍，避免与J8出土简牍混淆，影响整理质量。原编号保留不作变更，与J8出土简牍有无关联尚不得知，仅供读者参考（采集简图片及释文见简牍选录）。

1. 简2017，木简，形制完整，正面文书两行，背面有三道斜向墨迹。简文记录是对武帝元狩三年（前120）所置朔方郡之沃野县令、丞、尉刻章的名称与印数所做的规定。长22.9、宽2、厚0.12厘米。

2. 简2018，木简，形制较完整，上端稍残缺，两面皆有字，字迹漶漫。长22、宽2.4、厚0.10厘米。

3. 简2036，木牍，据所排日干支推测仅余右部大半，边缘稍有缺损。两面皆有字，右半部的文字分三栏书写，疑为质日文书内容。记录出行月日、乘行工具、行宿地点等。残长12、宽2.7、厚0.15厘米。

4. 简2113，木画，长方形，正面平整，墨绘图案，似绘一人披发纹身，手舞足蹈。边缘厚薄有差，背面中部凸起，似一长条形抓手。长5.7、宽4.1、厚0.9～1.6厘米。背部凸起部长4.1、宽2.5、高0.8厘米。

第七章　西汉简牍的科技保护

2003 年长沙市走马楼街 8 号古井内虽然保存下来相当多的珍贵简牍，但是由于其出土前长久埋藏于地下，受到了土壤、酸碱质水分的影响及微生物的侵蚀等，使得西汉简遭到了比较严重的破坏，简牍整体保存状况十分糟朽。①因此，当简牍完成初步清洗之后，发现其中大部分的竹简具有残断、开裂、缺损等显著特点，还普遍存在着表面弯曲、起皱、凹凸不平等病害现象。

自 2008 年初起，我馆即启动了对所有饱水有字简进行保护整理工作，并于 2010 年 4 月制定《长沙走马楼西汉饱水简牍保护修复项目方案》，上报国家文物局获得批复同意，并给予文物保护专项经费支持，使珍贵简牍得到了及时、妥善的技术处理。目前该批有字汉简的脱水保护等工作已全部完成，文物典藏入库后的保存情况令人满意。现将饱水西汉简牍实施的各项科技保护工作分别予以叙述。

第一节　汉简的保存状况与病害评估

在对长沙走马楼西汉简进行脱水修复等保护工作之前，依据出土器物的原始状态并遵照文物保护的最小干预等基本原则，以现有科学、成熟的保护方法作为技术支撑来进行实施，恢复该批简牍所特有的物理学性能等。西汉简经过保护复原后可一定程度地恢复其完整性，以充分展示简牍的学术价值、艺术价值等，并且该类有机质文物在日常收藏条件下能相对长久地保存。

一、出土简牍的保存现状

这批汉简出土时呈饱水状态，在地下古井内的原始封闭环境遭到破坏，导致发掘之初文物的保存状况就不太理想，简牍受微生物、盐分的腐蚀程度比较严重，表现为整体糟朽。除了少数保存基本完整外，绝大多数则存在不同程度的残损、变形、缺失等情形，有的还开裂成条，破碎成小片，竹质几乎全部腐朽。

---

① 长沙简牍博物馆、长沙市文物考古研究所：《2003 年长沙走马楼西汉简牍重大考古发现》，《出土文献研究》第 7 辑，上海古籍出版社，2005 年，第 58~59 页。

由于饱水简牍极为糟朽，出土后原来深埋于地下这个相对稳定的保存环境被打破，在氧气、水分、微生物等影响因子的协同作用下，纤维素和木质素的降解大大加快；其主要的竹、木质化学成分都发生严重的降解，直观感觉呈现海绵状；并丧失了原有的机械强度，其微观结构也发生了很大变化。而且当时在黑褐色的淤泥中，大量竹木简夹杂在各种废弃物中共同出土，相互之间紧密叠压，纵横交错、绞缠在一起，导致发掘时文物保存情况十分复杂，一批相当数量的简出现表面残缺、挤压弯曲、扭转等显著特点。

经过前期的初步整理和清洗后，该批简牍一直存放于长沙简牍博物馆的地下库房中，暂时采用纯净水浸泡保持其饱水状态，长达十余年之久。当时馆藏文物库房的保存条件相对较简陋，盛放的容器均为不锈钢盆与塑料方盘，采取先配制复方新洁尔灭药液来分别浸泡，再用自制的聚乙烯袋密封等防护措施，也没有空气净化过滤、温湿度自动控制等保护系统。饱水简牍入库后泡水保存的方法，仅仅只是权宜之计，长期的溶液浸泡对于有机质器物来说都有较大损害，将会使竹木胎质变软、器物色泽变深，严重的甚至是腐化成泥。①因此，必须抓紧对这些珍贵简牍进行及时脱水和保护处理，从而不仅可避免器物本体的继续劣化，还能够减少文物库房保管的经费开支。

（一）竹简的材质检测

在完成走马楼西汉简的初步清洗后，2005 年下半年，长沙简牍博物馆曾经从中选取了 4 枚无字竹简样品，委托中国林科院木材工业研究所进行材质分析鉴定工作，通过将其进行染色、包埋、切片等处理后，采用显微镜来观察鉴定其材质（表一一），结果显示制作简牍所选取的竹种主要为苦竹属和刚竹属这两类。

表一一 走马楼西汉竹简样品材质鉴定结果

样品编号	竹材种类	学　名
汉简 1#	苦竹	Pleioblastus sp.
汉简 2#	刚竹	Phyllostachys sp.
汉简 3#	苦竹	Pleioblastus sp.
汉简 4#	苦竹	Pleioblastus sp.

（二）木简的材质检测

2019 年根据重大课题整理研究工作的需要，本馆文保技术人员又再次选取了多件竹、木质简牍残片样品，送交湖南省文物考古研究所（现湖南省文物考古研究院）分析测试中心进行材质鉴定等，通过显微镜的切片处理与形貌观察，据此判断其中 5 枚无字木材样品的具体树种（表一二）。

① 胡东波、胡一红：《考古出土饱水木器的腐朽、收缩变形原理》，《文物》2001 年第 12 期，第 80~85 页。

表一二　走马楼西汉木简样品检测鉴定结果

样品编号	木材种类	学 名
木材 1#	黄山松	Pinus hwangshanensis
木材 2#	杉木	C. lanceolata （Lamb.） Hook.
木材 3#	润楠	Machilus pingii Cheng
木材 4#	柏木	Cupressus funebris Endl.
木材 5#	严重糟朽，未能鉴定	

（三）泥土样品的元素成分测定

对从走马楼古井内出土简牍上提取的部分土壤泥样，使用便携式荧光光谱仪（XRF）测定泥土样品元素组成，测试仪器为 OXFORD X-MET7500，Mining-E-FP 模式，测定时间 45s。

XRF 测试的结果表明泥土样品中的主要元素成分如下：SiO_2 含量最高，达 73.41%；Al_2O_3 次之，含 16.01%；Fe_2O_3 为 5.73%，K_2O 为 3.02%，TiO_2 为 1.44%，CaO 为 0.38%。其中铁离子等重金属元素的含量较高，容易对出土饱水简牍表面颜色的加深带来十分显著的影响，从而导致西汉简外观呈现黑褐色，文字内容用肉眼无法辨识。

二、简牍的病害状况分析

走马楼西汉简亟待进行相关的脱水处理工作，但是在进行文物科技保护之前，首先要做好对基本的材质糟朽程度的分析判断，确定简牍的机械强度等理化特性，以此作为制定科学、可行的保护修复方案的依据，并选择认定相应的填充试剂、修复材料等。

在这一批饱水简牍中，发生病害的种类和数量都较为普遍，简牍存在主要的病害现象有严重糟朽、残缺、折断、变形、开裂、表面凹凸、扭曲、微生物侵蚀等；其文字墨迹的病害为字迹残缺、字迹模糊、字迹不清、字迹脱落等。

（一）绝对含水率与干缩率的测定

饱水简牍在漫长的地下埋藏期间，有些组成物质的结构分子在外界各类因素作用下发生了变化，细胞壁受到极其严重的破坏和分解，大部分纤维之间已被水分饱和，变得异常糟朽，这是简牍基本丧失了机械强度的重要原因。①还有少数的木简也具有一定程度的朽蚀特征，由此可引发进一步的微生物降解等不良影响。

为了对竹木简牍的病害状况有更加深入的了解，我们选取无字竹、木简残片各 3 枚做一些样品测试。

---

① 赵桂芳：《简牍保护概论》，《中国文物科学研究》2006 年第 2 期，第 59~67 页。

采用滤纸吸收表面水分后称量，测得其饱水重量读数为 m_1，再放入恒温干燥箱内加热，保持温度控制在80℃下干燥 9 小时后取出，迅速称量其干重为 m_0，通过绝对含水率公式 $W=(m_1-m_0)/m_0\times 100\%$ 可算出结果。检测的有关数据详见表一三，得知其中竹简的含水率平均达到 440% 左右，木简的平均含水率也达到了大约 405%，均属于严重腐蚀程度的文物类型。

表一三 饱水竹木简自然干燥前后的数据统计

样品编号	脱水前			自然干燥后			绝对含水率（%）	干缩率（%）	
	长度 /cm	宽度 /cm	重量 /g	长度 /cm	宽度 /cm	重量 /g		纵向	径向
竹 1#	10.6	0.92	1.86	8.5	0.55	0.38	389.5	19.8	40.2
竹 2#	10.2	0.53	0.93	7.9	0.31	0.18	416.7	22.5	41.5
竹 3#	17.1	0.83	3.19	14.3	0.51	0.52	513.5	16.4	38.6
木 1#	10.3	1.1	2.24	8.4	0.75	0.48	366.7	18.4	31.8
木 2#	8.9	0.74	1.75	7.8	0.56	0.31	464.5	12.4	24.3
木 3#	13.2	1.05	2.16	10.9	0.65	0.45	380	17.4	38.1

干缩率是表示竹木材在干燥前后外观尺寸的收缩变化情况，其具体的检测方法通常按照 GB/T1932-2009 的要求来进行。取饱水的无字竹木简牍样品在自然条件下进行干燥，通过测量干燥前后的尺寸相差值，计算所得出各个方向上的收缩率。从表中可知：竹简的纵向（长度）收缩率为 16% ~ 23% 之间，径向（宽度）收缩率为 38% ~ 42% 之间；木简的纵向（长度）收缩率为 12% ~ 18% 之间，径向（宽度）收缩率为 24% ~ 38% 之间。

（二）纤维结晶度的检测

结晶度是指纤维素的结晶区所占到纤维素整体的百分比情况，可通过结晶峰面积和整个衍射曲线扣除背底之间的面积比计算获得。在结晶区内，纤维素分子的排列呈现一定的规则性，能获得明显的 X 射线衍射吸收峰。一般随着纤维素聚集形成的结晶程度减少，纤维的力学强度等性质会显著降低。

将 3 枚走马楼西汉无字竹、木简样品分别研磨成粉末，然后经全自动 X 射线衍射仪（日本 RIGAKU）进行分析，测量出 X 射线衍射图（详见附录二）。根据数据结果并采用 Segal 经验法计算所得：古代竹简、竹毛胚及木牍样品的结晶度分别为 12.58%、17.72%、13.35%，表明纤维素都已经发生严重的降解，竹简比木牍腐蚀得更厉害（表一四）。

本次测量的古竹、木样品结晶度均低于 20%，对比现代木材的纤维素结晶度可知，普通木材的结晶度

表一四　西汉简牍样品的 X 射线衍射分析结果

样品名称	衍射角 2θ/°	峰强度（Ip）	背景强度（Ig）	结晶度（%）（Ip-Ig）/Ip×100%
竹简	23.2	1725	1508	12.58
竹毛胚	23.2	1947	1602	17.72
木牍	23.2	2210	1915	13.35

介于 50%～70% 之间，从 X 射线衍射图与表一四说明走马楼西汉简牍在经过 2000 多年的微生物作用后，原来组成的纤维遭受到严重破坏，其中纤维素的含量已经急剧减少，致使内部的聚合度大大降低。

从上述的分析测试工作再结合初步的研究，对该批西汉简牍的病害特征、保存情况等信息都有了非常清楚的认识，为接下来进一步制定科学、合理的保护修复方案提供了必要的依据。饱水简牍胎体内的主要成分均已发生严重程度的降解，使其外观表现为极度腐化、糟朽。因此在脱水保护等处理时为了能保持竹简的形态稳定，就必须采用适当的化学材料进行填充加固。

第二节　简牍的保护方法与工作步骤

对于这批珍贵的长沙走马楼饱水汉简，首先必须完成前期的揭取、清洗与绑夹工作；再根据竹木质地不同的保存状况进行分类脱色和数码照片拍摄、扫描等；然后进行所有简牍的脱水加固保护；简牍完成脱水后，根据其中残损、折断、开裂等具体问题做适当的修补，并全部做好表面封护和包装工作；最后通过分批次的逐枚简牍点交，进入到库房内的专用密集柜架中妥善存放。

整个简牍保护处理的具体过程均按照文物保护的相关要求，认真做好资料信息登记与档案保管工作，建立完整的饱水竹木类文物保护修复档案。按照编号顺序依次对每枚简牍进行称重、测量尺寸、照相存档等操作，并特别记录下诸如缺失、残损等腐蚀状况，对器物的形貌变化等资料记录贯穿于文物保护修复的全过程，以便于今后博物馆保管与研究工作中的核检备查。

2010 年 5 月，我馆向国家文物局申报的《长沙走马楼西汉饱水简牍保护修复项目方案》获得批准，并正式开始对全部有字简牍进行科技保护工作，目前该批汉简的脱水处理等工作业已完成，经过包装验收后的竹木类文物，放入地下库房的保存状况良好。我们对于西汉简牍实施的保护修复工作，其主要的流程与步骤简要介绍如下。

一、简牍揭剥工作

发掘出土的简牍通过将其整体揭取、打包后，及时运回文物库房移交给保管人员，再进行耐心细致地室内揭剥清理工作。饱水简牍的“揭剥”，重点就是指采用人工的方法将已经被挤压粘结在一起的简牍，尽可能按照原有简册的一定次序进行逐枚揭取、分离开来。文保工作人员于 2003 年 12 月 8 日正式开始对简牍揭剥，揭取之前需先经过整体的清淤，然后进行拍照和录像等，对于个别稍为完整的简册，还要绘制好平面层位图，并详实记录和注明各层次的编号。

由于西汉简长久埋藏于地下，卷册的原样早已解体、散落，难以看出眉目，简牍杂乱交错、变形扭曲、相互绞缠在一起，而且无序堆放，腐蚀、糟朽严重，已无区分层位次序的意义。要将厚度比较薄的竹简依次剥离分开，尽其所能保持每枚竹简现存形态的完整性，并保证简面现有的文字与墨迹不受损伤，不能丢弃掉残损的碎片，绝不扰乱层次和顺序，其工作难度可想而知。为确保简牍揭取时的安全，根据简牍在井内堆积形成的实际状况，采用整体浸注、散点式揭取的方法进行，不去刻意人为地划分层位、编造次序，而是慎重观察、区别对待、安全揭取。有关简牍的清理揭剥工作还可参见本报告第六章第一节《简牍的室内清理与揭取》。简牍揭剥工作的顺利开展，也为后续的文字释读和整理复原工作奠定了良好的基础。

现以J8古井中2003年11月30日出土唯一较为完整成册长简的揭剥工作来举例说明。简牍揭剥时认真对照绘图、照片等核对确保无误方可进行，同时将整个简册依次划分为Ⅰ、Ⅱ、Ⅲ三个区域，再分别从上至下进行分层揭取，并做好详细的工作记录，数量总共为130枚，标注清楚竹青、竹黄面朝向等。

首先，把简册表面及其两端的淤泥细心清理干净，然后仔细观察、找准竹简之间的层次，借助竹片刀或油画铲等工具，缓慢插入到两枚竹简侧边一端的缝隙，另一只手使用毛笔在简上点蒸馏水，借助于水的自然渗透和润滑作用，从板结成块状的简堆中慢慢分开、剥离出单支竹简。在简牍揭取过程中，注意插入缝隙中的竹片要左右起伏，轻轻前行、徐徐推进，切不可急于求成、生拉硬扯，确保放对位置，不会对其造成破坏。在缓慢移动时发现可能会有挑扯、损害的情形应当立即停止，改从竹简另一端用同样方法再剥取。最后再用自制托板承接住已经揭起一端的竹简，以免发生折断等意外事故。在托片上必须有水做润滑剂，防止托板与竹简粘在一起，更加便于向前挪移推进。

对于每枚竹简均需要单独给予一个不锈钢号牌，编号使用不得重复和空缺。在揭剥工作时都要做到耐心谨慎、查漏补缺，及时补充原绘制平面图与照片上的遗漏与不足，并确保原图上编号与钢牌号核对完全相符后，才可转入下一步的清洗环节。

对于粘连紧密、牢固的竹简，细心观察竹简的叠压、排列关系，按照一致的方向和顺序进行揭剥，力求弄清楚原来可能存在编联的大致顺序。还可以采取适当升温的方法处理，将加热后的温水小心、缓慢地倾注入成册竹简的表面泥垢与缝隙中，同时用湿毛巾或者细纱布局部覆盖其上，等候其自然冷却即可。通过实践证明，此升温法简单易行，也可反复多次操作，这样既方便解决揭剥困难，同时又有利于表面污渍的清除。

二、简牍清洗与绑夹

该批西汉简牍埋藏于古井遗址内长达2000余年，四周环境充满着棕褐色泥土及其各种成分复杂的废弃污染物质，伴随着地下水的反复运动并吸附到竹木材质的胎体中，从而导致表面均覆盖有一层紧密、厚实的污垢，相对于保存状况糟朽的出土简牍来说，就更加不容易清除了。

简牍清洗工作主要采用合适大小的几种软毛笔、竹镊子、油画铲、搪瓷盘、玻璃板等工具，将简面上沉积遮盖的淤泥、杂质等去除，还原出文物的本来面貌。清洗操作之前，首先要放在充足的蒸馏水中加入适量的表面活性剂，配比成一定浓度的药水溶液中进行浸泡，等待约30分钟后取出，使得淤泥、硬垢等附着物松散和软化，如有必要也可采取适当加热后再浸泡的处理办法，以便于污渍更好地除去。

清洗技术人员对于分发到的每一盆简牍实行单独清洗作业，先要核对好每个责任人的编号数量相一致，然后用软毛笔和小刷子仔细清理竹简正反两个面上的顽固性泥垢，包括对缝隙及边沿内隐藏的污渍等。清洗时应注意减缓速度和控制力度，每枚简所耗费的时间大概平均在60～80分钟，总共需要经过粗洗、细洗、精洗等工序，使用到10余种不同的工具等。按照大家对以往的经验来说，这批西汉简的清洗工作与之前的三国吴简相比较，其难度和复杂性更高。因此，就要求文保人员必须更加认真细致，小心谨慎，绝对避免对简牍整体和文字墨迹造成任何不良的影响。同时，针对清洗竹简时发现的简弯折、扭曲、起翘等情况，也要及时采取相关措施，对于产生变形的部位可做适当的矫正、整形处理，以便于简牍清洗后再进行绑夹与固定，让书写的文字、墨迹等内容能充分显现。

由于西汉简在后来的脱色拍照与脱水处理时又已经隔了数年之久，发现简牍胎体内部的污染物质逐步向外扩散、析出，堆积和覆盖在简体表面，故还需再次完成简牍精洗工序，彻底清除掉凹凸不平表面的细小顽渍泥垢。采用纯净水精洗的过程中，在保证墨迹不受损伤的前提下，熟练运用细毛笔的锋尖采取点、揉、挑等技巧，反复、仔细地剔除正面两字之间粘连较牢的污垢，尤其注意笔画边缘上的一些细微之处，再用清水多次置换即可。

每枚简牍清洗完成后，均按编号顺序绑夹玻璃条，短简为上下两道线绳固定，如遇到长简则绑线三道，并在竹简背面的上方插好不锈钢号牌。对于呈“屋脊形”竹简的处理要求就会更复杂一些，具体操作方法是：先将简放置于一片宽玻璃条的正中央固定，左右两侧再用竹木条或有机玻璃棒托垫，使其略高于简的最大厚度；然后上面覆盖一片宽度相同的玻璃条将简夹封住，确保玻璃条重量的受力点不压在简上；上下两端均采用粗细合适的棉线进行捆绑，线绳缠绕几圈后打个活结扯紧，如此也方便日后容易拆解开。最后将编号钢牌也绑好插入简背上端的棉线内，号码数字向外即完成。凡是发现有墨迹的竹简时均采用此法来绑扎，这样既能够透明可见，又可防止其受到进一步损伤。每日清洗工作完成之后，检查并注明简牍的具体数量、完残情况等，经文保人员核点无误送至饱水库房保存，将汉简用带盖方盆盛装并采用纯净水浸泡。

清洗工作自走马楼简牍出土后开始进行，至 2006 年上半年全部完成，总计近万枚的简牍经过初步清洗与整理，初步统计其字迹可以辨识的简牍编号为 2188 枚，后对清洗的残片经过红外释读仪再鉴选，其编号增加至 2667 枚。其中绝大部分为单行和双行竹简，另有为数不多的书写三行文字及三行以上的宽竹牍，此外还包含百余枚木牍、签牌及削衣残片等。

三、饱水库房日常维护

未经脱水的简牍进到文物库房内长期饱水存放，主要的保管方法仍然是暂时浸泡在蒸馏水里，并安排有专人负责定期检查维护，这个过程称之为“湿保”。长沙走马楼西汉简存放在地下饱水库房期间，其日常保护管理工作主要包括以下几个方面。

（一）置换清洗药剂

由于竹木简牍在之前的清洗工作过程中，使用到了某些具有去污作用的表面活性剂等，按照文物保护的相关要求，进入库房后还必须把残留在简牍胎体内的化学物质与其他成分置换出来。此项工作主要采取蒸馏水反复浸泡的方法，将简牍逐盆进行置换重复 3 次左右，每次注意用 pH 试纸检测，直到确定溶液呈中性（pH7）即操作完成。

（二）自制密封袋隔离

由于当时地下库房存放条件较为简陋，长年阴暗潮湿且不通风，给简牍保护工作造成了重大的安全隐患。因此在库房内添置了去湿机、安装紫外线灭菌灯等设施，同时采用聚乙烯薄膜自制包装密封袋，在方形盆盒内增加一层薄膜袋来密封口沿保存简牍，用以隔绝外界环境内的微生物、粉尘颗粒等有害物质，防止空气中的霉菌类滋生和蔓延。使用的结果表明，其对饱水简牍起到了十分有效的保护作用。

（三）配置药液定期更换

如果文物库房内的保存条件相对有限，在短时间以内也得不到根本改善的情况下，我们采取在浸泡简牍的纯净水中添加防霉菌药剂的方法，例如使用复方新洁尔灭溶液等①，通过配置一定浓度的试剂药液（参考配比 0.1%～0.2% 之间）来有效抑制微生物对简牍的侵蚀作用。并且需要不定期地进行更换，除了质地异常糟朽的竹简等特殊情况外，平均每四至六个月可以更换一次，以防止大批量简牍随时可能遭受的微生物病害和各类侵蚀。

（四）日常例行检查

简牍类文物库房须注意防火、防盗等一般安全措施，对周边保护环境、空气质量等条件改善符合具体的相关要求。同时需要定期观察各个方盆内所有饱水简牍的保存状况，主要是查看竹简的颜色与字迹、表面有无异常变化，浸泡的溶液是否变质和发浑等情况。如若发生浸泡液的水质浑浊、颜色有些发黄等不良现象，就需要及时采取有效的措施或者更换防霉防菌药水等。

另外，简牍长期浸泡在复方新洁尔灭溶液下，有些随着温度、环境等变化会逐渐析出少量的相关盐类结晶物，因此还需定期清理沉积在竹简和玻璃片表面的晶体小颗粒，每次须认真检查直到完全无异物为止。

四、简牍的脱色拍照

饱水简牍在刚从古井中出土进行揭剥时，暴露于空气中还来不及同紫外线充分接触，表面尚为竹木材质本来的浅黄色，但是清洗、绑扎不久以后自身颜色就转变成深褐色，简面上书写的墨迹便会难以辨识。为了使变黑简牍的文字能够获得清晰的拍摄效果，并有利于整理研究者的阅读和考释工作，还需进行必要的脱色还原处理，就是为了使竹木质胎体恢复到正常的色泽而进行颜色校正的操作过程，这也是简牍信息采集工作的一个重要环节。

早在 2008 年 11 月，西汉简牍就开始启动清洗后的脱色拍照工作，主要通过添加化学还原试剂的方法来进行汉简的脱色处理，使竹简从现有的深色恢复到竹质本色。对此我们仍然选取与走马楼三国吴简相同的方法，即主要采用 $Na_2S_2O_8$（连二亚硫酸钠）法来进行西汉简的脱色工作，达到了预期的良好效果。

对饱水简牍脱色操作时首先要做适当的预处理，采取络合剂清除竹简内部对颜色影响较大的重金属离子和附着物②，例如用 2% 的依地酸二钠（EDTA-2Na）去除 Fe^{3+} 等物质；然后配制一定浓度的连二亚硫酸钠试剂水溶液，在适当的温度、时间、pH 值条件下进行脱色，将竹简颜色还原为本来面貌的米黄色。其作用原理是还原简牍本身因空气氧化作用而改变的一些化学结构，使之转化为无色物质并溶于水，所以并不会对竹简产生比较明显的副作用。

同时在汉简脱色过程中，与刚清洗后的双面玻璃捆扎方式不同，需要调整为改用单片玻璃托起再加棉线轻绕缠固的方法。注意掌握力度的控制，不能过于松动或者勒得太紧，并将编号钢牌系好轻插于一端，集中置入塑料盒中分类存放。此项操作既有效避免了双面绑夹对本已腐朽、残损竹简的挤压，更有利于化

① 胡东波、宋少华、肖静华：《长沙走马楼出土饱水竹简的防腐保存》，《文物保护与考古科学》2003 年第 2 期，第 14~19 页。
② 方北松、刘珊珊、童华、金平：《饱水竹简变色机理的初步研究》，《中国文物保护技术协会第四次学术年会论文集》，科学出版社，2007 年，第 365~371 页。

学试剂的充分渗透和缩短处理时间，并为下个阶段的脱水加固环节提供了良好保证。

简牍脱色处理之后按照保护的要求，须把所使用的各种化学试剂彻底清除，以避免残留于胎体内的物质对长期保存造成不利影响。具体方法是用蒸馏水完全浸泡 2 天后更换，重复操作不少于 3 次，以确保内部无残留。因此该批简牍在脱色完成后，其色度保持的耐久性还是令人满意的。此后，我馆又进行了数次汉简照片拍摄及红外影像扫描等工作，均没有再做大批量的脱色处理。

五、简牍的脱水加固

长期处于浸泡状态的饱水简牍，在常规保管、陈列展览等方面非常不利，必须尽快采取脱水保护措施。走马楼汉简在完成了信息资料采集后即可开展后续的保护，其主要包括简牍文字红外扫描、文物保护修复档案建立等工作，随即进入到下一步的简牍脱水环节。

在对西汉简牍移交脱水之前，先完成好相关文物的建档登记等准备工作，按照顺序对每枚简牍进行称重、测量尺寸、数码照相存档等操作，并特别记录下诸如缺失、残损等腐蚀病害状况，以便于后期的修补与复原工作。针对这批汉简质地以竹材为主及保存状况较差的特点，我们采取“乙醇 － 十六醇法”来分批进行简牍的填充加固。

首先把汉简放在尺寸合适的玻璃条上用棉线绑好固定，注意简有字一面须朝内，然后将成批简牍放入乙醇水溶液中浸泡，从低浓度开始逐步阶梯上升至纯的无水乙醇，直到胎体内所含水分被完全取代为止。由于使用到的乙醇本身也会对简有一定的脱色作用，能够使得竹木纤维的底色变浅，因此不再单独进行脱色处理。接下来，在此基础上添加十六醇试剂进行梯级填充置换，配置适量浓度的乙醇加十六醇混合液（起始浓度为 40%），再适当升高温度控制在 42℃～45℃来促进溶解渗透，最终放入 100% 的十六醇中充分填充加固后取出，待自然冷却后即可。如此在简牍内部结构中留下细微的十六醇固体颗粒，能够起到很好的支撑和稳固作用。①

简牍的脱水对于长久保存至关重要，只有采取这种“慢脱水”的处理方法，才能减少和避免含水竹木质器物干燥时的剧烈收缩，否则绝大多数容易出现失水皱缩、开裂、变形等无法挽回的人为性破坏。汉简完成脱水后还需经过表面处理，采用配制好的松香溶液作为有机封护剂，将其浸泡或均匀涂刷在器物表面，自然干燥后形成一层防御保护膜。它可以进一步防止简牍外观“泛晶”等问题的发生，也能增强文物本体对周围污染物的抵抗能力。

所有走马楼汉简均采用“乙醇 － 十六醇法”来进行脱水定型工作，经过一系列的有效加固与表面封护后，该批简牍能够基本恢复到原来的质感与色泽，其材质形体上保持稳定，尺寸也没有感觉明显的收缩变化，简面的文字内容信息得以完整地长久保存下来。这也为西汉简牍今后具体的深入研究与展出利用等提供了便利，符合有机质类文物保护的根本要求。

六、简牍的修复粘接

走马楼简牍经过脱水以后，进行必要的修复、粘接工作不可或缺。对西汉简牍采取修补的主要工作原则有：胶粘剂应选择具有化学性质稳定、与本体材质相兼容的材料；简面上修补须严密规整，不得残留涂胶痕，使其外观和内容保持相对完整的一致性；经过修复后的简牍更接近于出土前的本来面貌。

整个西汉简牍的脱水、修复工作采取流水化作业方式，脱水加固完成后即进入到修复流程，直至简牍

① 方北松、张扬、蔡桂兰等：《走马楼吴简十六醇法脱水研究》，《文物保护与科技考古》，三秦出版社，2006 年，第 173～181 页。

装入有机玻璃包装盒内。各个环节中都始终把文物安全摆在首位，注意检查简牍的外观尺寸、文字内容、编号与原来所拍摄照片相符合，尽量避免错号和跳号等意外情况的出现，其修复质量也要达到文物保护的有关要求。同时，还做好出土汉简保护修复档案的相关记录工作等。

在修复过程中先谨慎、细致地做好拼对与缀合工作，对于竹简折断、残损的部位，采取双组份环氧树脂来进行粘接处理。首先将树脂胶按照比例调和均匀，再把每枚竹简的各个残片初步拼接起来后，在简的横断面上沾取少量胶液压紧，尽量使黏胶均匀地填补在接口缝隙中，然后采用线绳绑缚固定好，以防止发生移动和错位等情况。待到胶体半干时进行表面修整工作，等树脂胶完全固化后，拆除绑固的棉线与玻璃条即可，以此获得了较为良好的修复效果。

由于绝大多数竹简都存在开裂、残断、破损等现象，其拼接、缀合的工作量和难度可想而知。从事修复的文保人员必定要熟悉简牍修复过程的主要操作，修补、粘接须平整严密，尽可能地保持简牍原貌，并不断改进修复的方法，提高修复的水平与技巧，避免粘上胶印和纸痕等。竹木简牍在完成拼对、修补后，不仅在外观、形制上保持了一致，文字、墨迹也连接无误，而且纵向的开裂、缝隙、折断部分均得到恢复，有利于简牍的长期保存及其文字内容辨识考释等工作。

七、定制包装盒与囊匣存放

若要保持脱水后竹简的长期稳定不发生变化，其后期包装与存放就显得尤为重要。考虑到简牍库房保护、管理的实际需要，有利于日常提取和内容释读等工作，我们针对每一枚西汉简牍，量身定制了如下包装盒：先准备好两块尺寸一致的透明有机玻璃底板和盖板，双层上下组合起来成为一套；再根据每枚简牍的形状、规格等不同，在底层有机玻璃板的中间位置开凿合适大小的槽，然后将已修复的竹简逐个放入盒槽内，最后套封上层盖板并用同样材质的螺丝嵌合卡紧即完成包装。这是对原来采用双面胶或透明胶带固定方式的工艺改进，进一步提升了整体形式的美观性，并使得包装盒内的密封性更好，简牍在自然条件下更易于收藏保管。

值得一提的是，由于有机玻璃开槽的尺寸大小都不一致，其槽口的长、宽及深度要比简本身略大些，周边只能留有少许空间，太多就会造成竹简在其中上下晃动，存在安全隐患。但对于那些本身仍然存在一定程度弯曲、变形情况的竹简，在材料内部挖槽制作时，其预留的尺寸空间要稍微留有余地，也尽量减少人为地过多干预而导致表面损伤的可能。并且在每套有机玻璃盒的底板上端，表面均要预先刻写好各自的标签序号，每枚编号与简牍尺寸逐一相互对应，因此，就带来了简牍包装工作的复杂性和差异性。

走马楼汉简全部采用有机玻璃盒套封来进行外部包装，针对糟朽的简牍类文物而言，其明显的优点在于：竹木简牍放置于包装盒中，不仅可以得到有效的固定与防护，能够直观地进行文字释读和近距离观察，而且直接用双手拿取、接触也非常方便，避免使相对脆弱的文物造成任何不良的影响。

2017 年上半年，所有走马楼汉简完成包装和点交验收的程序后，已全部进入到库房保管的环节。地下库房区域采取的是用专门定做的囊匣盒来盛装，再依照编号顺序和质地类别、形制尺寸的不同，将西汉简牍分别摆放于文物专用密集柜架的抽屉内。

走马楼汉简经过一系列保护修复之后，放入外观统一的囊匣盒内长期保存，其典藏环境还必须满足有机质文物保护的要求，需进一步添置配备中央空调、通风排气管道、空气净化过滤等硬件设施。库房保管人员须具备有机质藏品的相关业务知识，熟悉和掌握竹木类简牍的性质和特点，特别是做好文物保存状况监测、控制以及粉尘污染管理，防止强光源的直接照射，特别是紫外线辐射等。竹木简牍严格控制在一定的温湿度标准范围内，最好使库房全年温度保持在 16℃ ~ 24℃之间、调节相对湿度达到 45% ~ 55% 为宜，以延缓本已脆弱不堪的竹木胎体再次出现各种腐蚀病害。

第三节 简牍保护处理的相关对比研究分析

在对走马楼汉简保护项目的实施过程中，通过咨询、听取相关单位及竹木器文保专家的意见，在尊重文物的历史、艺术、科学价值的基础之上，遵循最小干预性等文物保护原则，根据饱水西汉简牍的具体状况分别进行了脱色拍照、脱水加固、修复包装等技术处理工作，圆满完成了既定的保护任务，实现了预计的总体规划目标。

通过饱水简牍在保护处理前后的一些对比研究和分析工作，我们可以进一步了解到该批西汉简出土时的文物保存状况，以及脱水修复后的简牍各项理化性能指标。由此可见，长沙西汉简牍保护项目的各项工作已取得了令人满意的保护效果。

一、红外光谱图分析（FT－IR）

从走马楼西汉简牍中选取了 3 枚竹、木样品进行红外光谱分析（FT-IR），并分别测定了古简牍样本与现代竹材、木材的红外谱图。测试参数：红外光谱仪 Thermo Scientific OMINIC，采谱范围 400cm^{-1} ～ 4000cm^{-1}（图四〇～图四四）。

由图四〇及图四二现代木材与古代木牍红外光谱图的对比可知，古代木牍吸收峰发生了明显变化。现代竹材在 1734cm^{-1} 和 1254cm^{-1} 有聚木糖的振动吸收峰，而古竹简中，1734cm^{-1} 这个峰基本完全消失。在古竹简中，1254cm^{-1} 处发生偶合裂分，产生多个新峰，聚木糖发生降解。现代木材中的 1375cm^{-1} 处为半纤维素的 CH 弯曲振动峰在古竹简中已基本消失，半纤维素已基本降解。古代竹简样品中，1507cm^{-1}、1462cm^{-1} 和 1421cm^{-1} 处的吸收峰为木质素的振动吸收峰，峰值强烈，说明该古代竹简样品中所剩余的大部分为木质素。由图四三的古代竹毛胚红外光谱图可知，与古代竹简类似，古代竹毛胚内部成分也发生了严重降解。

通过图四一的现代木材及图四四古木牍样品的红外光谱图对比，现代木材中 1733cm^{-1}、1245cm^{-1} 有聚木糖的振动吸收峰，而在古木牍样品中，1733cm^{-1} 处的吸收峰消失，1245cm^{-1} 处的吸收峰发生偶合裂分，同时产生多个新峰，表明在木牍样品中，聚木糖已经降解。在现代木材中 1383cm^{-1} 处的吸收峰为半纤维素

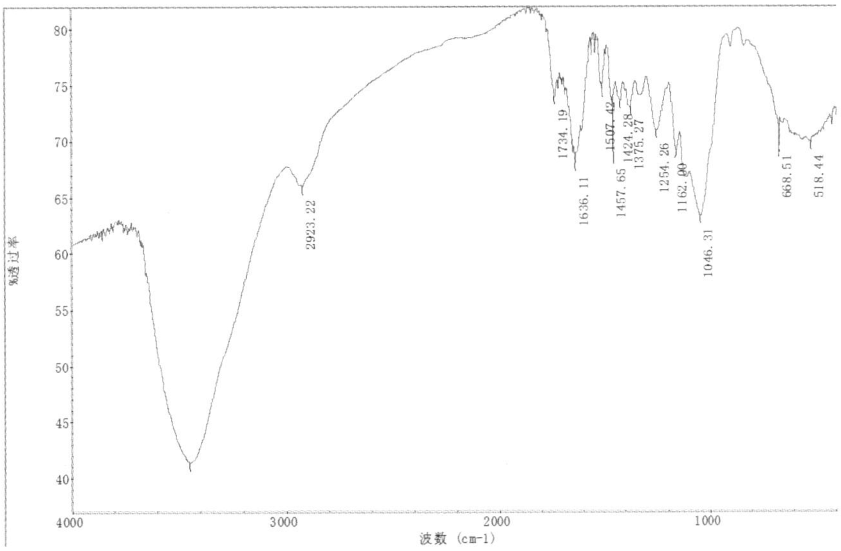

图四〇　现代竹材红外光谱图

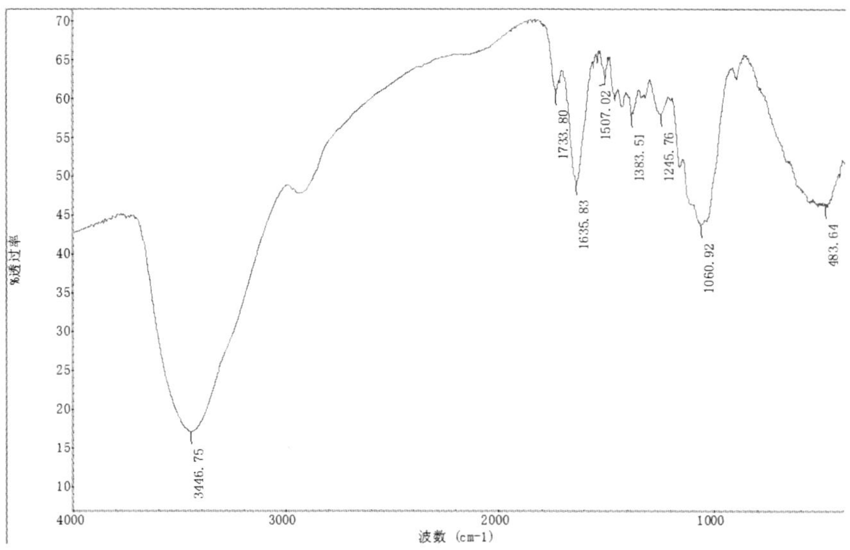

图四一　现代木材红外光谱图

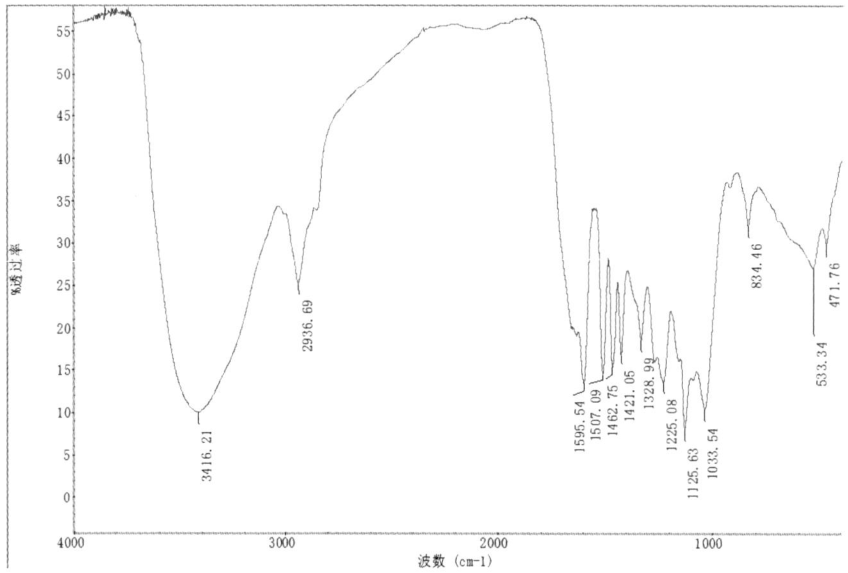

图四二　古竹简红外光谱图

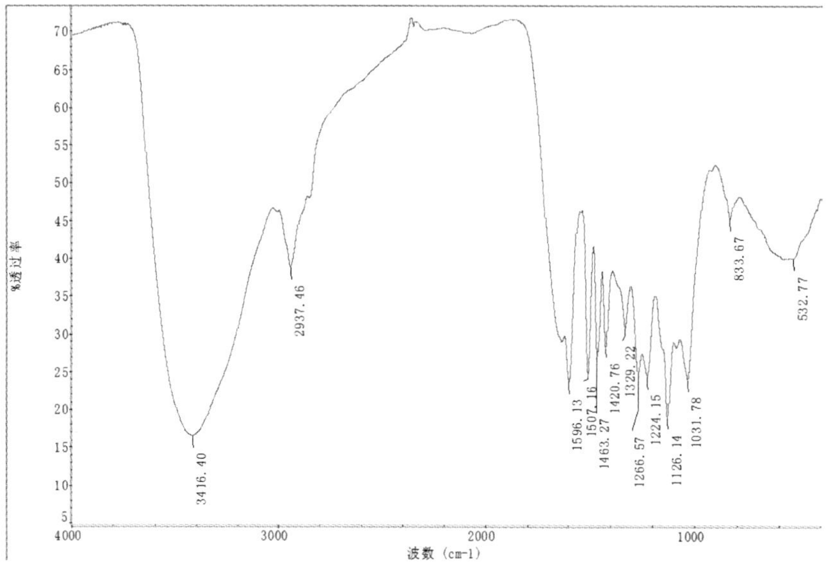

图四三　古竹毛胚红外光谱图

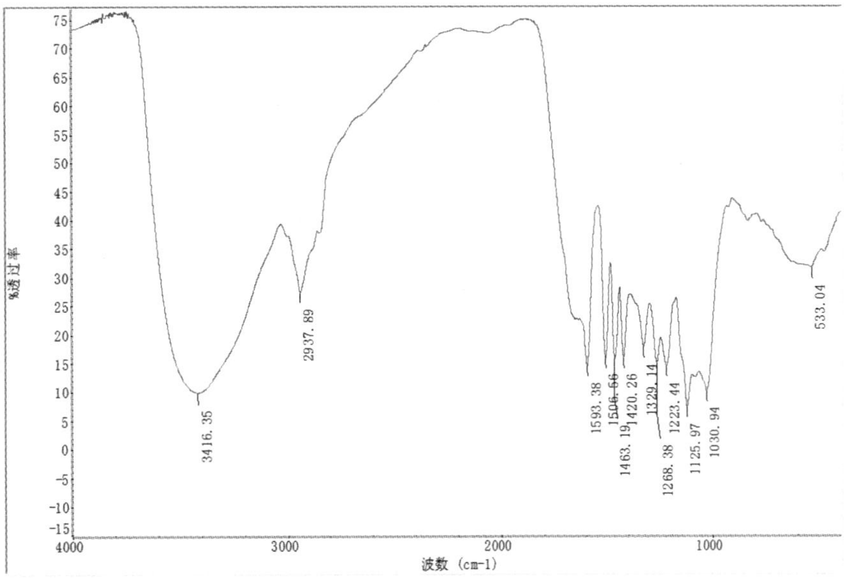

图四四　古木牍红外光谱图

CH 弯曲振动，而在木牍样品中这一位置的吸收峰基本消失，表明半纤维素已发生大幅度降解。此外，在现代木材和古代木牍红外图谱对比中，$1506cm^{-1}$、$1463cm^{-1}$ 和 $1420cm^{-1}$ 处出现的吸收峰，古木牍要比现代木材强烈，而这些峰都是木质素的振动吸收峰。纤维素、半纤维素、木质素为木材的主要成分，其中纤维素、半纤维素因其结构特点容易发生降解，导致成分降低，故木质素含量相对升高，在红外光谱图中的吸收峰增强。

二、扫描电镜分析（SEM）

此外，我们通过扫描电子显微镜的观察，对出土饱水竹简和脱水填充后竹简进行了微观形貌特征的对比分析工作，所使用的仪器为美国 FEI 公司 Quanta－200 型扫描电子显微镜（图四五）。

图四五（a）、（b）分别为西汉饱水竹简的纵截面与横截面 SEM 图（放大 2000 倍）。经扫描电子显微镜观察其微观形态，由于受到地下环境和微生物侵蚀等共同的作用，竹简纤维表面粗糙、内部结构疏松，细胞腔塌陷、收缩，并存在许多裂隙与孔洞，说明纤维束状结构已经发生明显的降解，纤维素被解体以及分子键断裂，从而导致力学强度显著降低。

图四五（c）、（d）分别为脱水填充后竹简的纵截面与横截面 SEM 图（放大 1000 倍）。通过扫描电镜检测填充后样品的微观结构，便可清楚看到填充试剂十六醇颗粒在其中的基本分布情况，表明饱水简牍在经过填充加固之后，十六醇晶体已沿着细胞孔隙大量渗透、留存于胎体内部，对于保持糟朽竹简的外形提供了重要的支撑作用，其物理学强度等也得以大幅度的提升。

综上所述，本章节分别简要介绍了长沙走马楼西汉简牍的保护与修复的全部过程，该批古代珍贵文献在完成脱水、修复、包装等工作之后，已经基本恢复到出土前的本来面貌。通过试验检测其各项性征指标都已处于基本稳定，竹木文物保护处理后的整体效果良好，目前在长沙简牍博物馆的地下库房中得到妥善保管。这批西汉简牍的科技保护工作，为后续深入开展简牍文字内容的释读与相关整理研究等提供了重要的支持和保证。

（a）饱水竹简纵截面

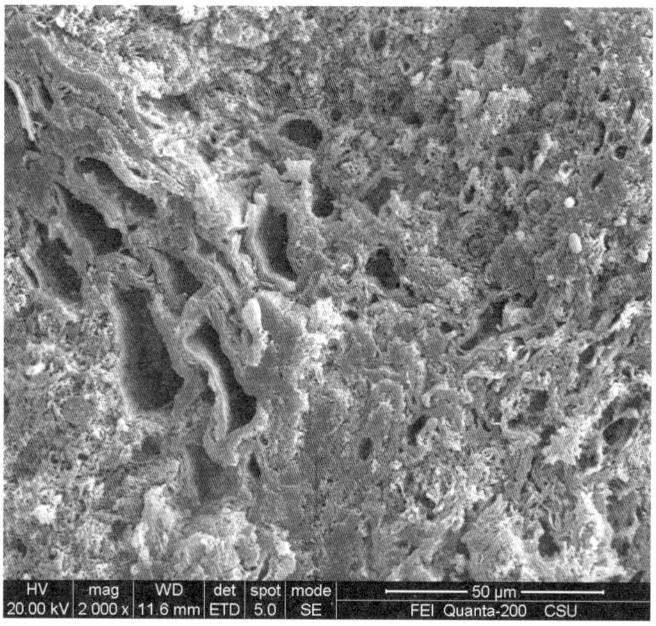

（b）饱水竹简横截面

（c）脱水填充后竹简纵截面

（d）脱水填充后竹简横截面

图四五 选取竹简样品的扫描电镜 SEM 图

第八章　几点初步认识暨结语

第一节　古井出土日用陶器的考古学年代观察

J8、J9出土陶器是我们判断其开凿、使用及废弃年代的重要的第一手考古材料，对于了解出土简牍废弃填埋的时间，探究古人处理简牍的动因及方式亦具有重要的参考价值。两口井的下层与底部堆积，主要为数量不等的日用陶器类与建筑材料构件，故可依据出土陶器的形制特点，进行考古类型学与文化因素的分析比较，推断其使用的相对年代。

首先我们观察比较两口井出土日用陶器的类别与组合（图四六）：

1.J8的日用陶器基本组合为：汲水罐、平底盆、圜底盆、小口罐、瓮、釜、器盖、印纹硬陶罐等。

2.J9的日用陶器基本组合为：汲水罐、平底盆、圜底盆、圜底罐、瓮、器盖、豆、硬陶罐、印纹硬陶罐等。

从两口井出土日用陶器的组合比较中可见，相同器类有：汲水罐、平底盆、圜底盆、印纹硬陶罐。不同的器类则有：小口罐（J8）、瓮（J8）、釜（J8）、豆（J9）、圜底罐（J9）、硬陶罐（J9）。

其次比较两口井陶器组合中主要同类器物形态的特征：

1. 汲水罐

J8出土汲水罐的基本形制为斜折沿，矮曲颈，圆肩，鼓腹，平底，肩、腹部饰凹凸弦纹，泥质灰陶，轮制。J9出土的汲水罐虽无完整器形，但出土残片的形态风格与J8基本相同。

2. 盆

J8出土陶盆分平底、圜底两种形制。平底盆基本形制分为两式：Ⅰ式折沿，敞口，弧腹。Ⅱ式折沿，敛口，折肩，腹部饰凹凸弦纹，下腹多素面。圜底盆形制为：折沿，直口，束颈，折肩，腹部拍饰凹凸弦纹、细绳纹。J9出土陶盆亦见平底、圜底两种型式，与J8基本相同，唯平底盆下腹部除素面外亦拍饰细绳纹。

3. 印纹硬陶罐

形制为两式：Ⅰ式尖圆唇，直领，长鼓腹，平底，泥条盘筑，紫褐胎，胎体厚重，火候高，肩、腹拍饰方格纹、回形纹。J8、J9皆出，J8稍完整，J9仅余不同个体的口、腹、底。Ⅱ式直口，方唇，口部以下残缺，仅出自J9。

4. 硬陶罐

仅见于J9。侈口，溜肩，圆鼓腹，下腹及底部残缺，若依形制复原当为斜腹平底。制法为泥条盘筑，青灰胎，胎体较薄，通体拍饰小方格纹（按：本地考古工作者习称此类器为硬陶罐或麻布纹罈）。

通过特征比较可见，两口井出土同类陶器的形制基本相同，胎质、火候类似，制作风格、纹饰相近，从器物类型学视角观察，可视为同一文化期的遗存物。换言之，两口井出土陶器的年代大体相同。

经过以上的比较分析，剔除非典型陶器，我们从两口井原陶器组合中筛选出汲水罐、平底盆、圜底盆、印纹硬陶罐、硬陶罐作为新的日用陶器组合，可视作古井使用时期的日用陶器的代表。从文化因素的角度观察，这一组新的陶器组合是从西汉早期的文化传统中脱胎而来，代表着景武时期渐已形成的新的文化范式。据我们目前所了解，以往有关长沙乃至湖南本区域汉代考古学年代分期的讨论，主要所依据的是墓葬发掘的材料，而墓葬材料则多侧重于仿铜陶礼器的器形演变分析，随葬的日用陶器则略带述及。① 对遗址出土的日用陶器关注不多，对其年代的讨论较为宽泛。其中的原因固然与遗址的属性、等级以及发掘材料类别的多寡，有着密切的关联。尽管存在诸多不足，我们仍可以借鉴本省已有的发掘成果，并参考湖北、河南、江西等地区发掘的西汉时期（尤其是早中期）的墓葬、遗址的材料予以比较，尝试探讨两井出土陶器的相对年代。

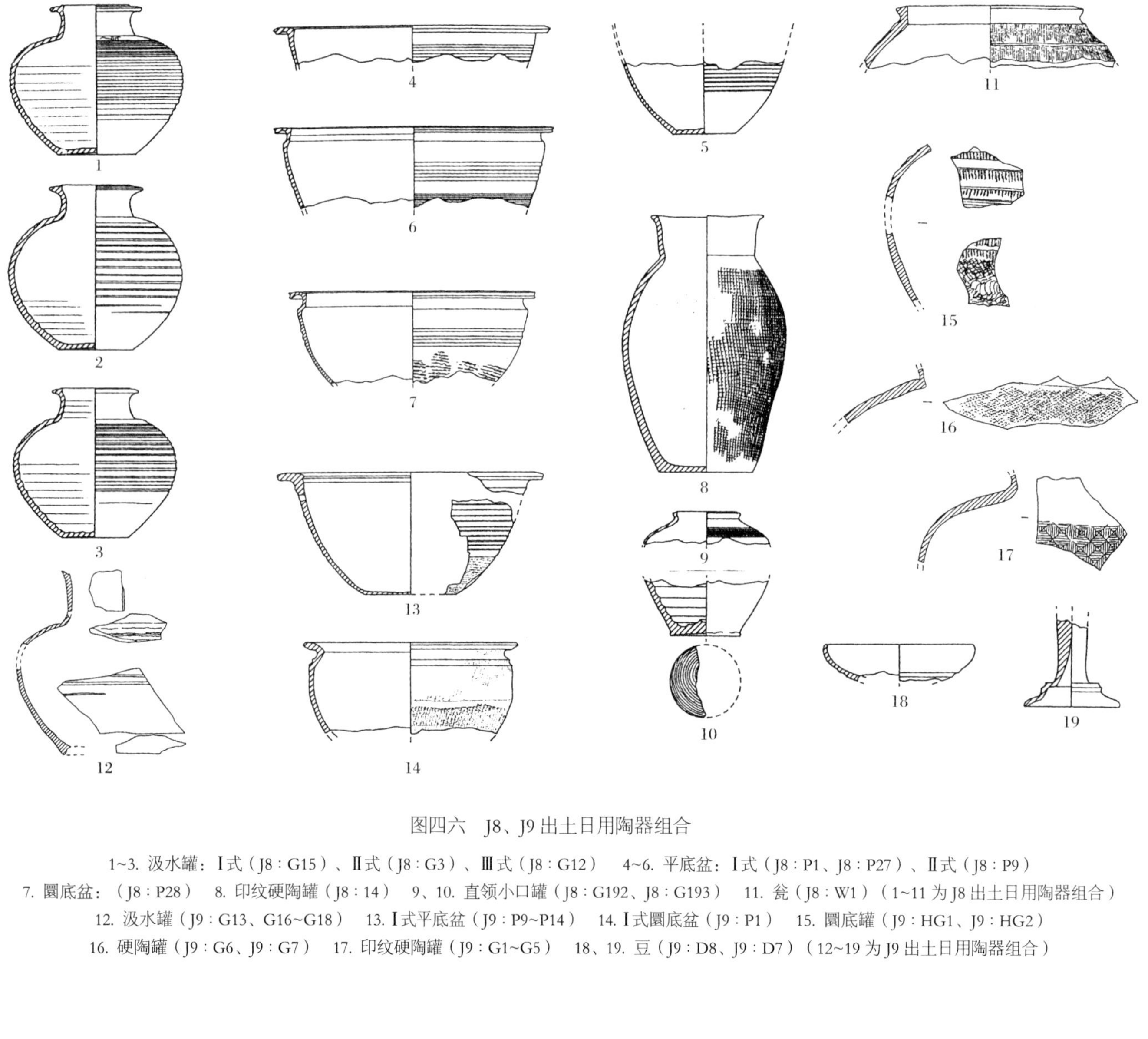

图四六　J8、J9出土日用陶器组合

1~3. 汲水罐：Ⅰ式（J8：G15）、Ⅱ式（J8：G3）、Ⅲ式（J8：G12）　4~6. 平底盆：Ⅰ式（J8：P1、J8：P27）、Ⅱ式（J8：P9）
7. 圜底盆：（J8：P28）　8. 印纹硬陶罐（J8：14）　9、10. 直领小口罐（J8：G192、J8：G193）　11. 瓮（J8：W1）（1~11为J8出土日用陶器组合）
12. 汲水罐（J9：G13、G16~G18）　13. Ⅰ式平底盆（J9：P9~P14）　14. Ⅰ式圜底盆（J9：P1）　15. 圜底罐（J9：HG1、J9：HG2）
16. 硬陶罐（J9：G6、J9：G7）　17. 印纹硬陶罐（J9：G1~G5）　18、19. 豆（J9：D8、J9：D7）（12~19为J9出土日用陶器组合）

① 宋少华：《西汉长沙国（临湘）中小型墓葬分期概论》，何介钧主编《湖南考古耕耘录》，岳麓书社，1999年，第257~287页。谭远辉：《湘西北地区西汉墓葬概论》，何介钧主编《湖南考古耕耘录》，岳麓书社，1999年，第288~296页。罗炯炯：《湖南西汉墓葬研究》，湖南大学硕士学位论文，2009年。余静：《湖南地区两汉墓葬初步研究》，《考古学报》2021年第2期，第193~220页。

一、湖北江汉地区西汉早中期墓葬遗址材料举例

1. 荆州谢家桥一号汉墓。据出土竹牍记载，该墓下葬的年代为“五年十一月癸卯朔庚午”，即西汉吕后五年十一月二十八日（前 184 年 12 月 26 日）。发掘简报认为，竹牍纪年明确，该墓随葬的日用陶器为小口瓮、高领罐、短领罐、釜、甑、钵、盂、熏炉、仓、灶等，均具有西汉初期的特征。器形的风格受到了楚文化及秦文化的影响（图四七）。①

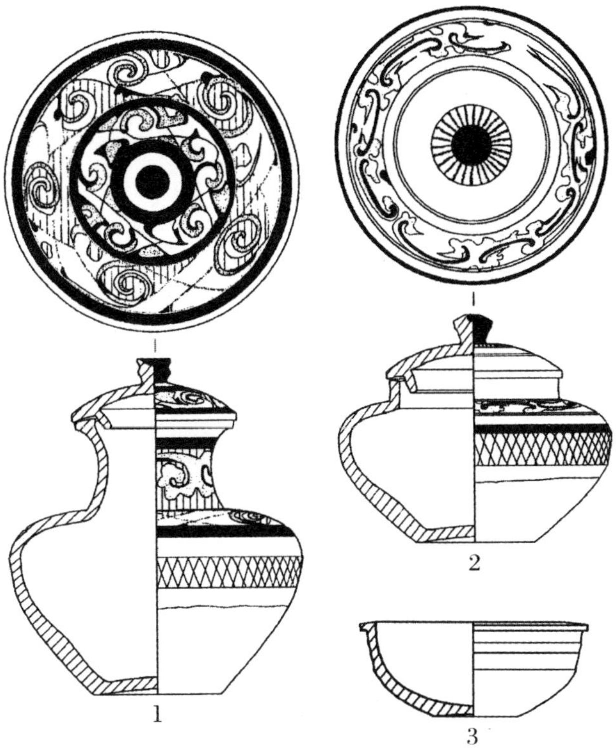

图四七　荆州谢家桥一号汉墓出土日用陶器组合

1. 高领罐（M1 北室：56）　2. 矮领罐（M1 北室：44）
3. 盂（M1 西室：37）

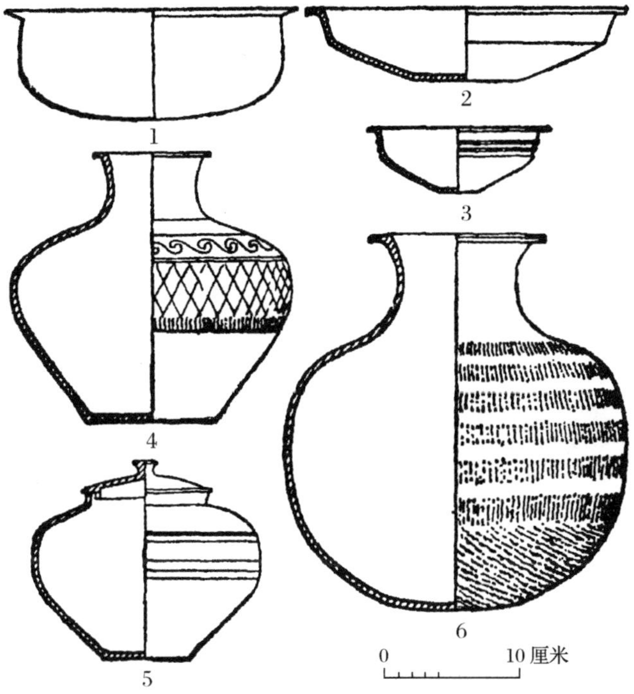

图四八　江陵凤凰山 168 号汉墓出土日用陶器组合

1. 铜錭（168：277）　2. 陶盘（168：260）　3. 陶盂（168：301）
4. 陶瓮（168：276）　5. 陶罐（168：278）　6. 陶圜底瓮（168：298）

2. 江陵凤凰山 168 号汉墓。据出土告地书竹牍纪年为“十三年五月庚辰”。发掘简报认为：“当为汉文帝前十三年五月，该墓下葬于汉文帝前元十三年（公元前 167 年）五月十三日。”从墓中只出汉文帝五年（前 175）始铸的四铢半两钱，所出土的陶仓、灶、罐、圜底瓮、瓮，以及漆盒、卮、盂、盘、斗杯等，均与葬于汉景帝四年（前 153）的凤凰山 10 号墓的同类器物的器形和花纹相类似，也可以作为这座墓的年代是汉初的佐证（图四八）。②

3. 荆州市胡家草场十二号墓。该墓出土的日用陶器和模型明器为小口瓮、盂、矮领罐、罐、甑、仓、灶等，发掘简报认为胡家草场 M12 出土的“岁纪”简记录的是秦昭王至汉文帝时的大事，汉文帝时的大事，亦用

① 荆州博物馆：《湖北荆州谢家桥一号汉墓发掘简报》，《文物》2009 年第 1 期，第 26~42 页。
② 湖北省文物考古研究所：《江陵凤凰山一六八号汉墓》，《考古学报》1993 年第 4 期，第 445~512 页。

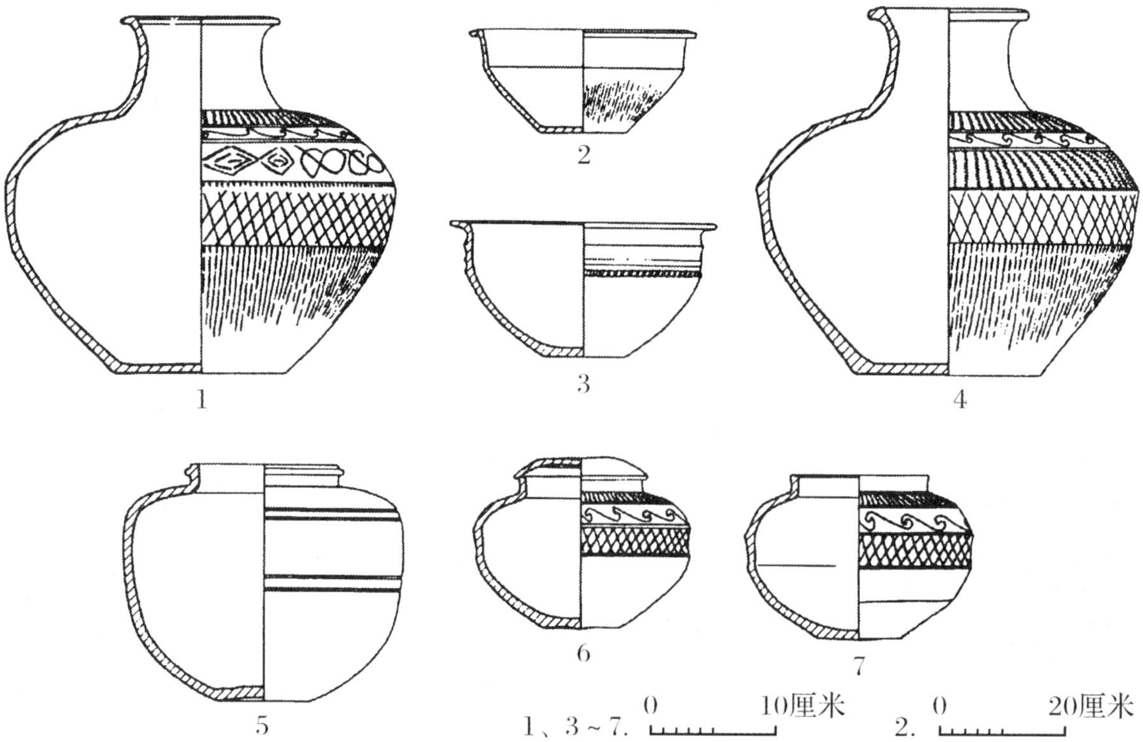

图四九　荆州市胡家草场十二号墓出土日用陶器组合

1、4. 小口瓮（M12∶76、M12∶1）　2、3. 盂（M12∶36、M12∶47）　5. 罐（M12∶7）　6、7. 矮领罐（M12∶6、M12∶3）

"今元年"起始，止于十六年。历、日至简的第1号简分别记载了文帝后元元年（前163）朔日和八节干支。综合出土器物形制及竹简记载，初步判断胡家草场M12应为文帝时期墓葬，下葬年代不早于汉文帝后元元年（前163）（图四九）。①

4. 荆州高台汉墓。该墓地发掘于1999年，共计发掘44座秦汉墓。该发掘报告认为："陶礼器、日用陶器和铜容器三类器物组列中，以日用陶器组列的纵向演进关系最为强烈，并且相互衔接，贯穿始终，另外两类器物的发展则呈现出明显的阶段性。"②其所分三期五段，"二期二段的日用陶器中的小口瓮、短领罐等器类，腹部具有明显的转折，且多双折，与凤凰山168号墓等所出同类器在制器风格上具有很强的一致性。年代上限早至西汉初年，下限在文帝时期。"③"二期三段日用陶器中的高领罐等器与江陵凤凰山10号墓所出同类器相同。圜底罐、小口瓮、矮领罐等器类的形制均要晚于二期二段的同类器。本期段年代上下限应属景帝时期。"④"二期四段日用陶器的基本组合与前段基本相同，形制上也只出现了细微变化和差异，但是出现了折腹罐、平底罐等器。推断其年代应为元狩五年（前118）以前或武帝初年（图五〇）。"⑤

5. 十堰店子河秦汉时期居址。该遗址出土的陶质生活用器主要有盆、罐、双耳罐、瓮、甑、坛、器盖、

① 荆州博物馆：《湖北荆州市胡家草场墓地M12发掘简报》，《考古》2020年第2期，第20页。
② 湖北荆州博物馆：《荆州高台秦汉墓》，科学出版社，2000年，第256页。
③ 湖北荆州博物馆：《荆州高台秦汉墓》，科学出版社，2000年，第257页。
④ 湖北荆州博物馆：《荆州高台秦汉墓》，科学出版社，2000年，第257页。
⑤ 湖北荆州博物馆：《荆州高台秦汉墓》，科学出版社，2000年，第257页。

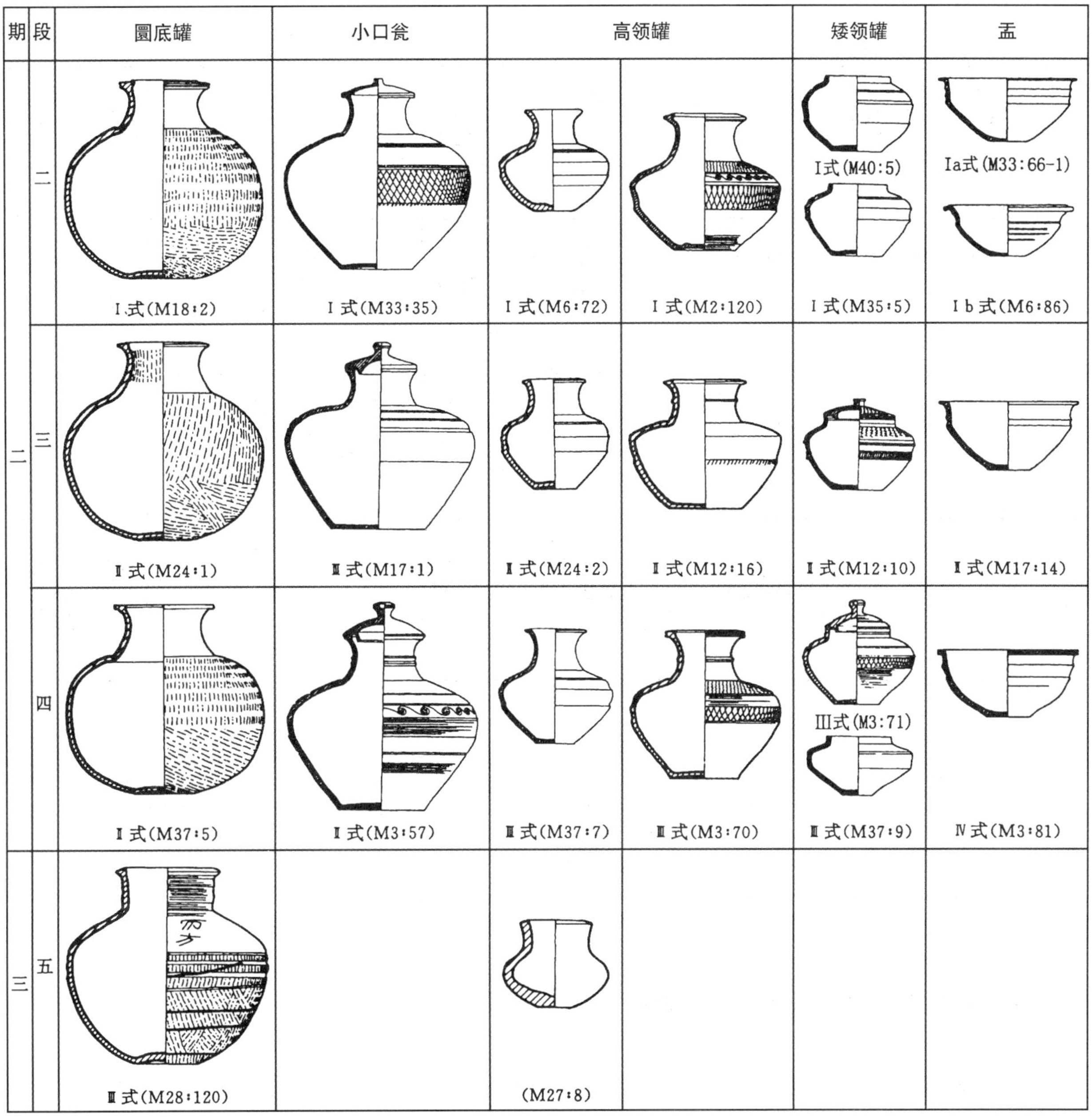

图五〇　荆州高台秦汉墓群出土器物分期图［据《荆州高台汉墓》图一八一（1）（2）改绘］

支座、豆等。[①] 整理者据发掘叠压打破层位关系、器物组合关系及类型学分析，将秦汉时期的遗存划分为四组。第一组典型陶器：A 型Ⅰ式盆，A 型Ⅰ式甑，A 型Ⅰ式、B 型Ⅰ式罐，A 型Ⅰ式双耳罐等；第二组典型陶器：A 型Ⅱ式、B 型Ⅰ式盆，A 型Ⅱ式、B 型甑，Ⅰ式坛，A 型Ⅱ式、B 型Ⅱ式罐，A 型Ⅱ式双耳罐等。简报将陶盆作为分期断代的主要标型器，认为第一期的陶盆与云梦睡虎地 M11 出土的陶盆形制接近，均为折腹，推断第一期的年代当在秦代前后。第二期出土的 B 型陶盆与荆州谢家桥 M1、江陵凤凰山 M168 出土的同类器形制接近，均为宽折沿，推断第二期的年代为西汉早期。第三期出土的陶盆、双耳罐与云梦楚王城及郧阳上宝盖、韩家州、丹江口牛场等墓地出土的同类器形制一致，推断第三期年代大致为西汉中晚期（图五一）。[②]

---

① 武汉大学历史学院考古系等：《湖北十堰市店子河遗址秦汉时期居址的发掘》，《考古》2019 年第 4 期，第 31 页。
② 武汉大学历史学院考古系等：《湖北十堰市店子河遗址秦汉时期居址的发掘》，《考古》2019 年第 4 期，第 38~40 页。

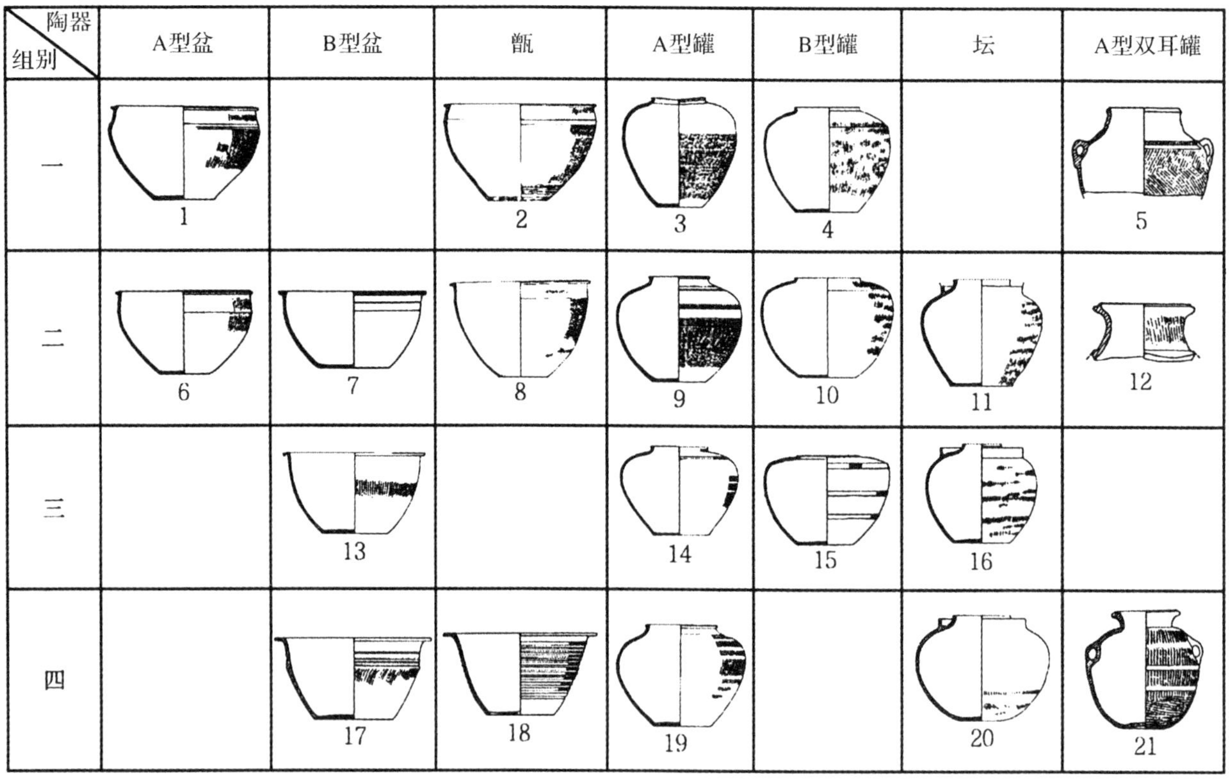

图五一　十堰店子河秦汉居址出土日用陶器组合分组分期图

1. A型Ⅰ式盆（H167∶36）　2. A型Ⅰ式甑（H167∶38）　3. A型Ⅰ式罐（W3∶1）　4. B型Ⅰ式罐（W31∶1）　5. A型Ⅰ式双耳罐（H167∶9）　6. A型Ⅱ式盆（W34∶1）　7. B型Ⅰ式盆（W5∶2）　8. A型Ⅱ式甑（W24∶1）　9. A型Ⅱ式罐（W4∶1）　10. B型Ⅱ式罐（W26∶1）　11. Ⅰ式坛（W34∶2）　12. A型Ⅱ式双耳罐（Ⅰ T0801G19∶8）　13. B型Ⅱ式盆（W16∶1）　14. A型Ⅲ式罐（W2∶1）　15. B型Ⅲ式罐（W16∶1）　16. Ⅱ式坛（Ⅰ T0602⑤∶1）　17. B型Ⅲ式盆（Ⅰ T0801G14∶11）　18. B型甑（Ⅰ T0802⑤∶1）　19. A型Ⅳ罐（Ⅰ T0801G14∶12）　20. Ⅲ式坛（W33∶2）　21. A型Ⅲ式双耳罐（Ⅰ T0501G14∶35）

二、河南地区西汉时期墓葬遗址材料举例

6.三门峡后川村西汉围沟墓。简报认为，发掘的M243和M247在一座围沟内，两座墓当同属一个时期，出土的陶缶分别与三门峡市大岭粮库围沟墓陶缶Ⅰ、Ⅱ式相同，陶茧形壶与陕县东周秦汉墓茧形壶近似。时代不早于西汉初期。[①] 我们注意到，两墓出土的随葬物中陶缶（按：湖北称之为小口瓮）的数量比例尤显突出。整理者认为，两座墓出土缶、茧形壶、蒜头壶等是秦人典型器物（图五二）。[②]

7.郑州马良寨遗址汉代陶窑。该窑址出土的生活用器中，陶盆数量较多，分为A，Ba、Bb，Ca、Cb三型，基本特征为大敞口，平折沿，斜腹，平底。简报认为："从出土器物来看，陶盆整体为折沿盆，大体与河南荥阳后镇村汉代遗址A型陶盆形制接近，口沿平直，时代为西汉中晚期至东汉时期。"（图五三）[③]由此，我们再检视荥阳后镇村汉代遗存发掘简报，可知陶盆皆出自灰坑，其数量在出土陶器中占较大比重，A型陶盆的形制，口沿宽而平直，方唇，且唇面多有凹槽。整理者推其时代亦为西汉中晚期至东汉时期。[④]

① 河南省文物考古研究院等：《河南三门峡后川村西汉围沟墓发掘简报》，《中国国家博物馆馆刊》2021年第3期，第68~86页。
② 河南省文物考古研究院等：《河南三门峡后川村西汉围沟墓发掘简报》，《中国国家博物馆馆刊》2021年第3期，第68~86页，图九、十一、二七、三五、四四。
③ 河南省文物考古研究院：《河南郑州马良寨遗址汉代陶窑发掘简报》，《华夏考古》2018年第4期，第30~41、57页，图一三。
④ 郑州大学历史学院考古系等：《河南荥阳后镇村汉代遗存发掘简报》，《华夏考古》2013年第2期，第10~20页。

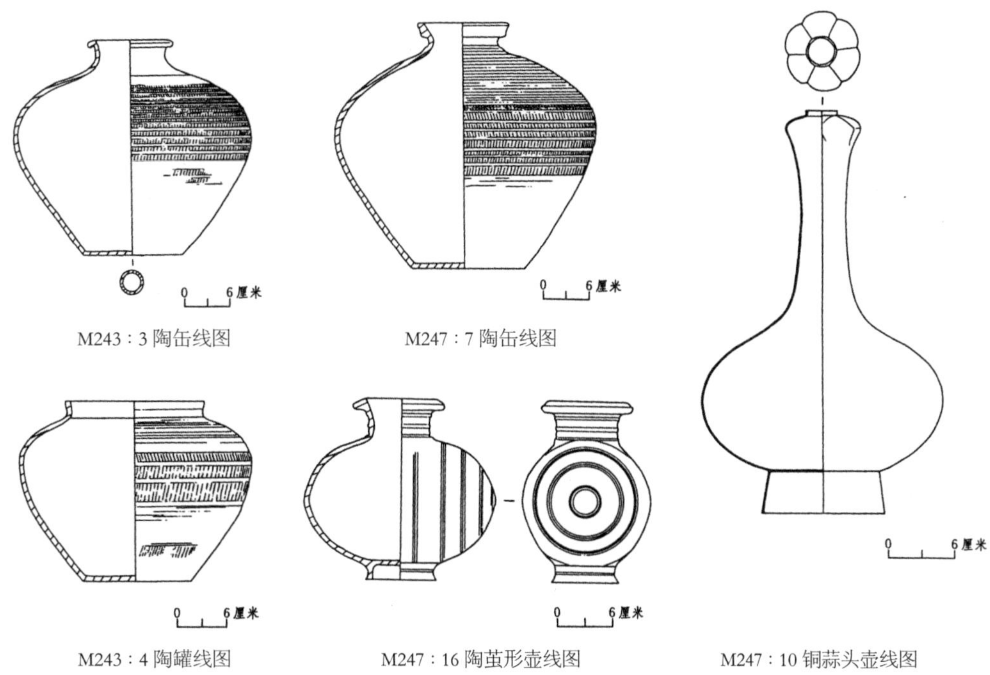

图五二　三门峡后川村西汉围沟墓出土日用陶器、铜器组合

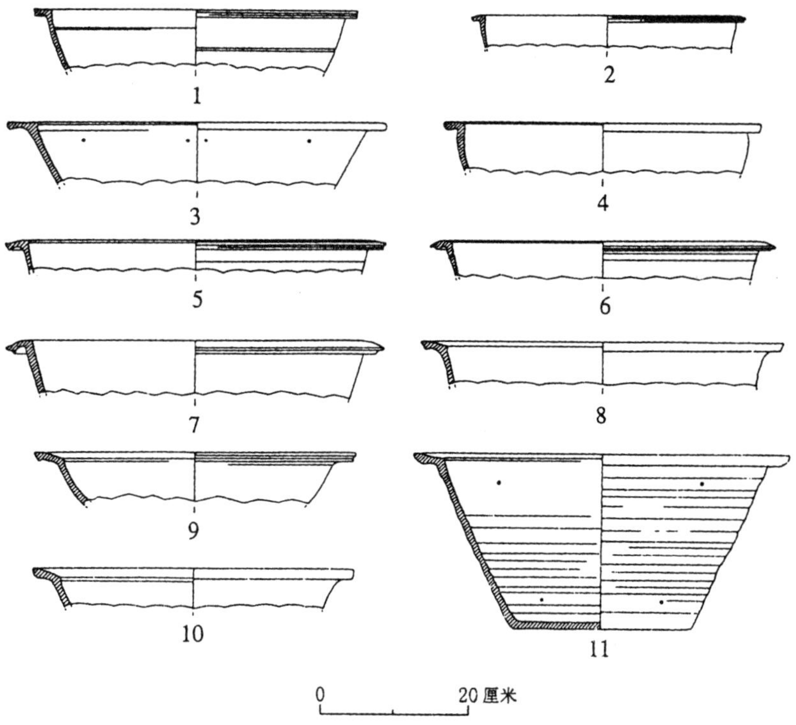

图五三　郑州马良寨汉代窑址出土日用陶器图

1、2. A型Ⅰ式盆（Y3：1、Y4：2）　3、4. Ba型盆（H83①：7、H83①：8）
5~7. Bb型盆（Y4：1、Y4：10、Y4：11）　8、9. Cb型盆（H83①：6、Y1：3）
10、11. Ca型（Y1：5、H83①：10）

三、江西地区西汉时期墓葬材料举例

8. 莲花罗汉山西汉安成侯墓。报告整理者通过对墓葬制度、规模及“安成侯印”龟纽金印等其他出土器物特征的考察，认为墓主人为第一代安成侯刘苍。①刘苍为刘氏长沙国第一代长沙王刘发次子，封王子侯于武帝元光六年（前129），卒于武帝元鼎元年（前116）。该墓被盗严重，出土遗物除仿铜青瓷礼器及少量金、铜、铁器外，还出土了陶罐36件，根据形体大小及器形的不同，分A、B、C、D、E五型（图五四）。②A、B、C三型只是形体大小的差别，其形制特征皆为：侈口，束颈，溜肩，弧鼓腹，平底。夹砂灰，红陶，泥条盘筑，慢轮修制，烧制火候900℃～990℃。③肩部、腹部拍印方格纹，肩部常刻画文字与符号。据刘苍卒年可推知随葬陶罐年代的上限当在武帝元鼎元年（前116）之后。此类形制的硬陶罐最早亦常见于景武之际的长沙西汉墓之中，湖南考古工作者习称此类罐为硬陶罐或麻布纹罈。

四、湖南地区西汉时期墓葬遗址材料举例

9. 沅陵虎溪山一号汉墓。报告整理者根据墓葬的形制规模及棺室中出土的一方“吴阳”玉印，认为虎溪山1号墓主人为西汉吴氏长沙国第二代王吴臣之子吴阳。吴阳受封沅陵侯为高后元年（前187），卒于汉文帝后元二年（前162），在位25年。④该墓保存完整，随葬的日用陶器组合为圜底罐、盆、豆、盂、甑等，其中罐、盆的数量占大宗。圜底罐，口多呈喇叭状，高弧领，鼓腹，平底或略内凹，腹部、底部饰竖向或交叉的横断绳纹。盆的形制分为三种，弧壁盆、斜直壁盆和折壁盆。豆，敞口，圆唇浅盘，短柄，喇叭型，圈足。⑤据吴阳卒年可推知随葬日用陶器年代的上限当在汉文帝后元二年（前162）之后（图五五）。

10. 长沙马王堆一号汉墓。马王堆二、三号汉墓报告整理者认为，从地层关系看，一号汉墓的封土覆盖在二、三号汉墓的封土之上，并在构筑一号汉墓墓室时打破了三号汉墓的墓道和部分墓室。由此证明一号汉墓晚于二、三号墓。根据三号墓出土“十二年二月乙巳朔戊辰”告地书纪年竹牍，整理者认为三号墓主下葬时间为文帝初元十二年（前168）二月，一、三汉墓的随葬器物风格一致，因此两墓的年代应相当接近，可能只相距数年而已。⑥从一号墓出土的泥郢称流行时间下限看，我们认为一号墓下葬的年代最晚不会超过景帝二年（前155）⑦。一号墓出土印纹硬陶罐22件，轮制，大口短颈，深腹平底。器身肩部拍印席纹，腹部拍印斜方格纹，器表施黄褐色或红褐色釉。从罐颈所系的竹楬文字，可知多用于盛装佐食的羹、酱及粮食等（图五六）。⑧

11. 长沙风盘岭汉墓。2008年发掘。该墓早期被盗，出土随葬铜、玉、铁、漆器、陶器数十件。其中印纹硬陶罐14件，形制分为A、B、C三型，A型基本的形制为敞口、丰肩、鼓腹、斜直、平底内凹，通体饰方格纹。B型的基本形制为微敞口、短曲颈、溜肩、弧鼓微鼓、深腹稍显修长，平底微凹，肩饰叶脉或席纹（按：经笔者考察，该墓硬陶罐，器身皆为泥条盘筑，口沿经慢轮修制）。根据该墓葬使用题凑的葬制及出土泥半两，整理者推测墓主较可能是西汉早中期长沙国某代国王或王后。墓葬年代在公元前118

① 江西省文物考古研究院等：《江西莲花罗汉山西汉安成侯墓》，上海古籍出版社，2017年，第68～70页。
② 江西省文物考古研究院等：《江西莲花罗汉山西汉安成侯墓》，上海古籍出版社，2017年，第45～54页，图三三。
③ 江西省文物考古研究院等：《江西莲花罗汉山西汉安成侯墓》，上海古籍出版社，2017年，第81页。
④ 湖南省文物考古研究所：《沅陵虎溪山一号汉墓》，文物出版社，2020年，第154～155页。
⑤ 湖南省文物考古研究所：《沅陵虎溪山一号汉墓》，文物出版社，2020年，第104～109页，图一一〇。
⑥ 湖南省博物馆等：《长沙马王堆二、三号汉墓》，文物出版社，2004年，第237页。
⑦ 宋少华：《西汉长沙国（临湘）中小型墓葬分期概论》，何介钧主编《湖南考古耕耘录》，岳麓书社，1999年，第257～287页。
⑧ 湖南省博物馆、中国科学院考古研究所：《长沙马王堆一号汉墓》，文物出版社，1972年，第124～126页，图一〇八。

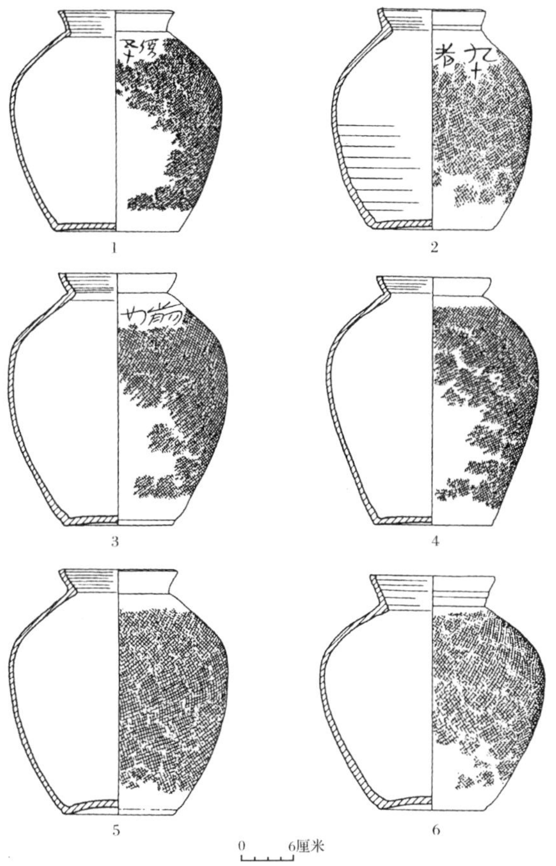

图五四　莲花罗汉山西汉安成侯墓出土硬陶罐形制图

1. M∶63　2. M∶64　3. M∶65　4. M∶66　5. M∶67　6. M∶68

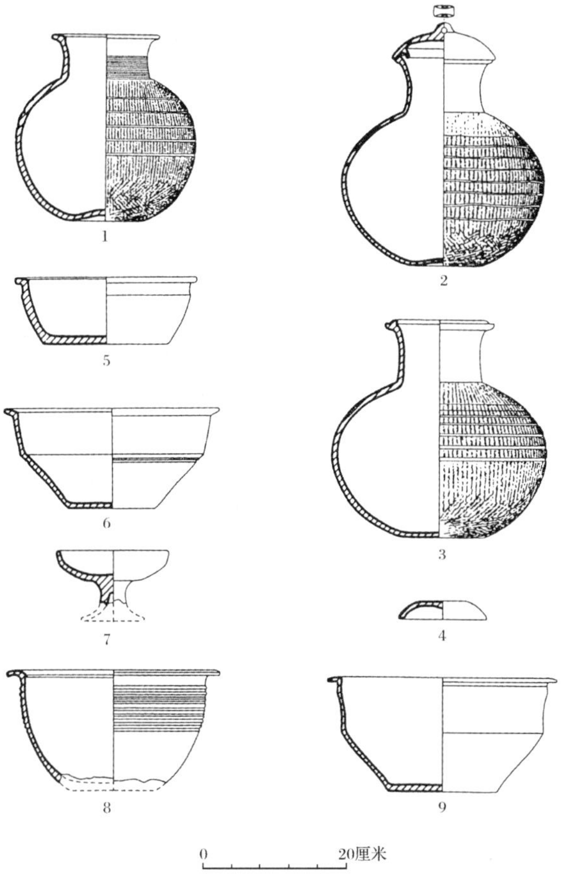

图五五　沅陵虎溪山一号汉墓出土日用陶器组合
（据《沅陵虎溪山一号汉墓》改编）

1~3. 罐（M1N∶16、M1NE∶27、M1N∶124）　4. 器盖（M1N∶115）
5. 斜直壁盆（M1N∶1）　6、9. 折壁盆（M1NE∶37、M1NE∶36）
7. 豆（M1T∶75）　8. 弧壁盆（M1NE∶29）

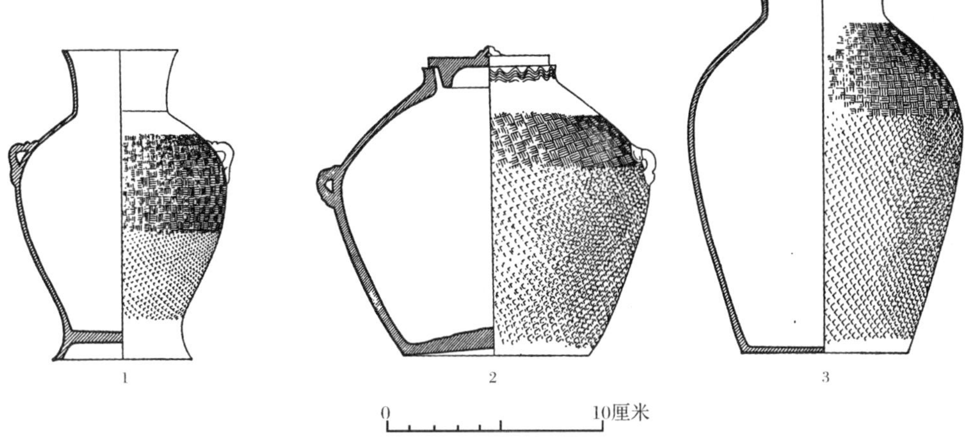

图五六　长沙马王堆一号汉墓出土印纹硬陶罐形制图

1. 硬陶双耳罐（301）　2. 硬陶瓿（274）　3. 硬陶大口罐（133）

年以前的可能性较大。[①]根据该墓所处的地理位置及随葬泥半两，推测墓主应为刘氏长沙国第一代或第二代长沙王室主要成员，墓葬年代的上限在景帝二年（前155）之后，下限在武帝元狩五年（前118）之前（图五七）。

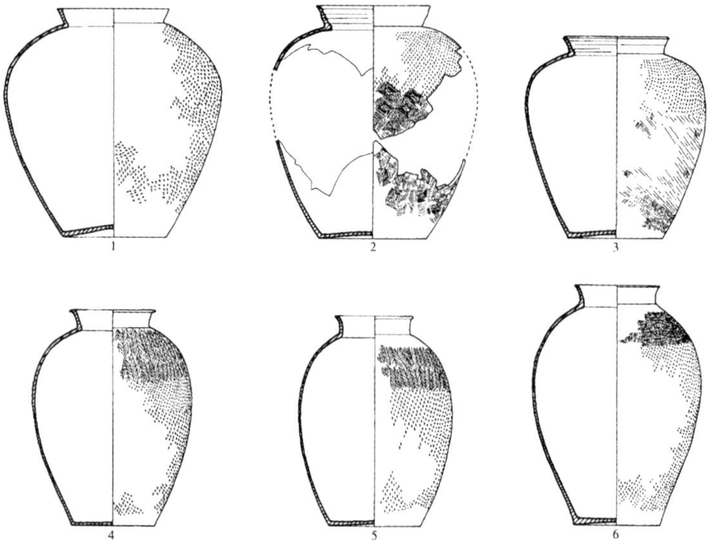

图五七　长沙风盘岭汉墓出土硬陶罐形制图

1~3. A型罐（M1∶40、51、50）　4~6. B型罐（M1∶23、33、43）

12. 里耶古城遗址。2002年开展大规模的抢救性发掘，持续至2006年结束。发掘整理者根据城址区地层、界面、主要遗迹的关系，依据所出秦简、陶器、钱币等，将全部遗存分为三期。第一期：战国中期到战国末期；第二期：秦代；第三期：西汉早期。第一期陶器以泥质陶为主占70%。纹饰大多为绳纹。陶器火候不高，制作较粗糙。器形有瓮、甑、高领罐、盆、釜、器耳、盖、豆、鬲等。第一期陶器与江陵纪南城遗址古井中出土的战国时期的鬲、罐、盆、瓮、豆等相似。风格上为典型的楚文化特征。第二期陶器以泥质陶为主，占96%。纹饰均为绳纹，少数有附加堆饰。该期陶器火候较高。器形有盆、高领罐、瓮、甑、钵、豆、鬲、量等。遗址中一、二期陶系区别较大，但器类皆有高领罐、瓮、盆、鬲、豆等器形，但形制上有所变化，新出现的盘、陶量皆是典型的秦文化陶器。第三期陶器以泥质陶为主，占总数99%以上。纹饰均为绳纹，少数有附加堆饰。陶器制作规整，火候高。器形有盆、高领罐、瓮、甑、钵、豆等。出土了大量的半两钱。第二、三期总体变化不大，主要器类没有变化，新增了D、E型瓮，且年代较晚，有越文化因素。其中“米”字纹罐，是西汉早期典型越人风格的器物。第三期所出土的陶器与江陵高台秦汉墓中所出的器物非常接近（图五八）。[②]

13. 怀化沅陵窑头古城遗址。该城址的系统性的调查勘探发掘工作，始于20世纪90年代初，前后持续13年。发掘报告整理者认为，窑头古城始建年代应为战国中期，而延续使用至汉初，发掘地层的年代大致可分为早、晚两期，早期为战国中期，晚期为战国晚期至秦汉时期。90T1③a层91H2，03T2④、⑤层以及03T4第⑤层等地层和遗迹中所出柱足鬲、盆、折肩罐、三足盘、双耳罐及铁镬、铧犁等被视为战国晚期至秦汉时期遗物（图五九）。[③]

① 长沙市文物考古研究所等：《湖南长沙风盘岭汉墓发掘简报》，《文物》2013年第6期，第27~38页，图六。
② 湖南省文物考古研究所：《里耶发掘报告》，岳麓书社，2007年，第228~230页，图一四六。
③ 湖南省文物考古研究所：《沅陵窑头发掘报告》，文物出版社，2015年，第41页，第16页图六。

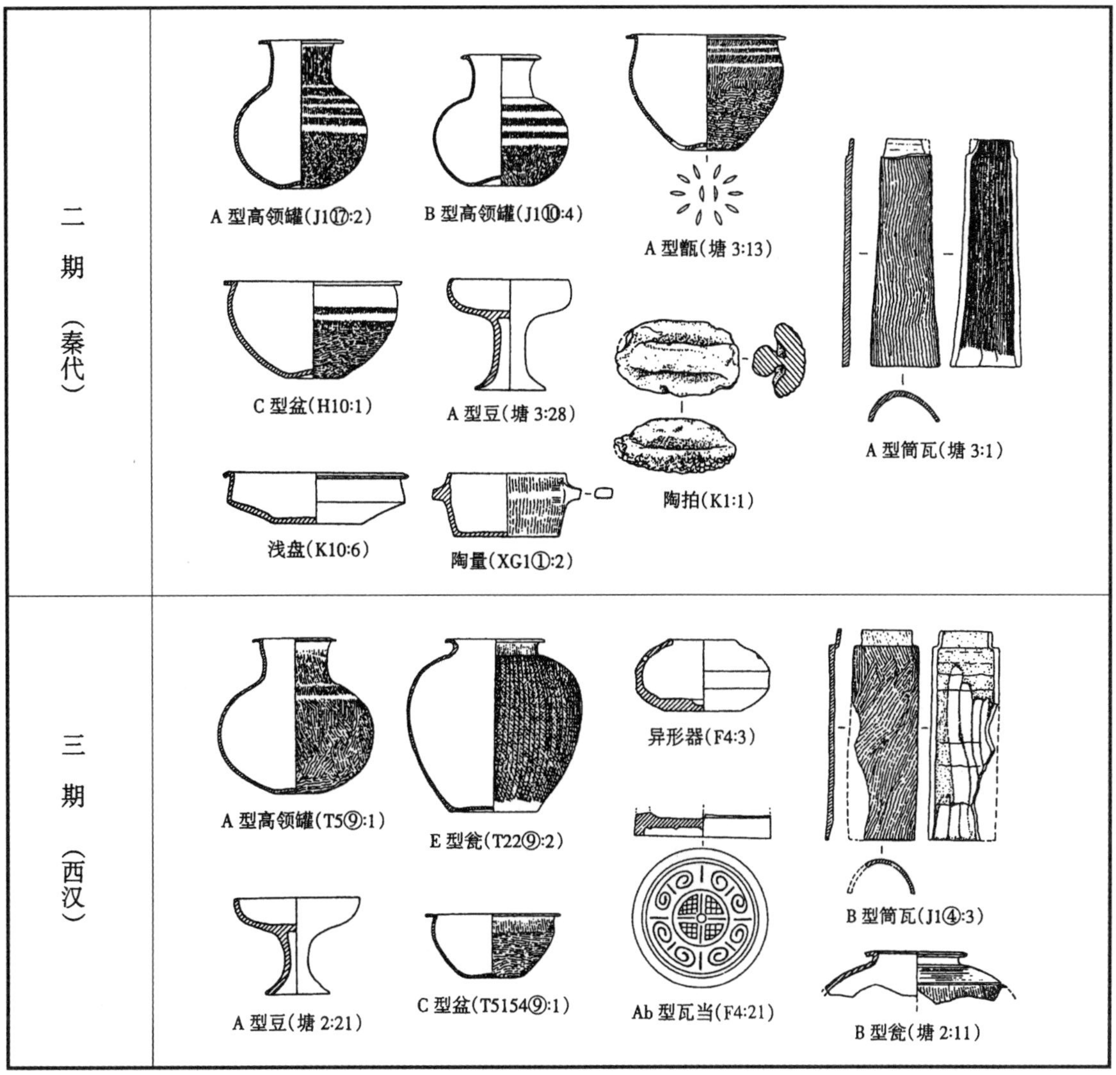

图五八　里耶城址出土器物分期图

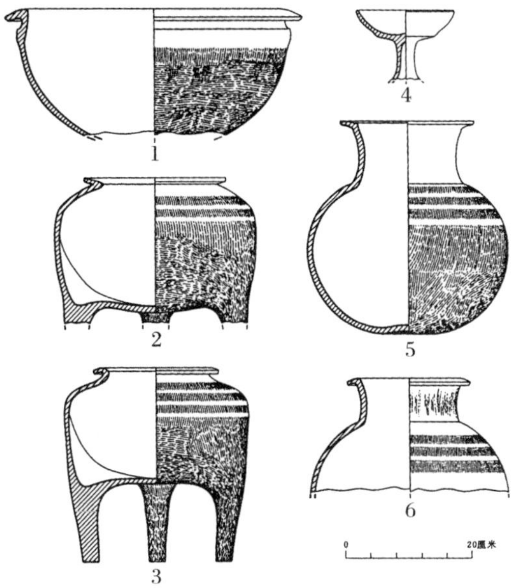

图五九　沅陵窑头古城遗址晚期地层出土日用陶器组合（90T1③a出土）

1. 盆（5）　2、3. 鬲（10、4）　4. 豆（18）　5、6. 高领罐（3、22）

以上列举13例秦汉墓葬、遗址材料，皆以出土日用陶器作为分析比较的对象，是根据本报告J8、J9出土陶器的实际情况所做出的选择。由此可使比较的对象更加清楚明确，讨论较为深入，而不仅仅只是做一般的器物形制的比对。

首先我们观察与湖南毗邻的湖北秦汉墓葬、遗址的材料。湖北秦汉时期，特别是西汉前期的考古材料十分丰富，不可一一列举，仅择其较为典型的材料加以讨论。前揭所举5例墓葬、遗址材料中，前3例墓葬出土简牍皆有明确纪年，时代为吕后至文帝时期，虽时间跨度相差20～30年，但器物形态的演变并无明显的差别，故在考古学年代分期上一般视为西汉早期。我们观察比较的对象，如小口瓮、盆、高领罐、短领罐、盂、圜底罐等，皆为随葬的日用陶器。小口瓮①：泥质灰陶，外施黑衣，形制为方唇，侈口，折沿，长束颈，圆肩，腹中部有折棱，下腹斜收为平底，肩、腹部浅饰暗划纹或彩绘，有盖。高领罐：泥质灰陶，形制为侈口，方唇，折沿，沿面微斜，口沿横切面呈斜“T”形，束颈，圆肩，扁腹，腹中部有折棱，下腹斜收，平底内凹，有盖。矮领罐：泥质灰陶，形制为侈口或直口，矮领，广肩，腹中部有折棱，下斜收为平底，有盖，肩、腹部饰凹弦纹，浅饰暗划纹或彩绘。盂（按：本报告称作盆）：泥质灰陶，内外施黑衣，形制为敞口或微敛，方唇或圆唇，折沿，腹中部饰凹凸弦纹、绳索纹，下腹或饰细绳纹；分两式：Ⅰ式弧腹，平底，Ⅱ式折腹，平底。圜底罐（或称圜底瓮）：泥质灰陶，形制为平折沿，口微侈，喇叭形粗短颈，广肩，圆鼓腹，圜底或内凹，腹部饰抹断绳纹。从这三座年代相近的单座墓葬出土的不同形制的日用陶器上，我们观察到其肩、腹结合部普遍存在着折棱的装饰风格。

这一风格在第4例高台墓群材料中亦能同样看到。该报告将墓葬年代划分为三期五段，认为：日用陶器和模型明器中，圜底罐发展脉络清楚。高领罐、矮领罐、小口瓮、釜、盂（盆）、仓、灶则是二期二段至二期四段均存在的共有器物，其纵向发展关系比较清楚。……其二期二段与三段的年代上限可早至西汉初年，下限定在景帝时期，两段的器物形制大同小异。②小口瓮、高领罐、矮领罐等器类，腹部具有明显的折转，且多为双折，这与凤凰山M168等墓所出的同类器的制器风格上具有很强的一致性。③高领罐等器与江陵凤凰山M10所出同类器相同。凤凰山M10有确切纪年，属西汉景帝时期。④圜底罐的形制演变：其一期一段至二期四段（汉初至武帝元狩五年之前）其形制演变无大差异，形体由战国晚期粗长颈、长圆腹变成短曲颈、扁圆腹，至三期五段（西汉中期前段，武帝元狩五年至昭帝时期），则成粗直颈、斜广肩、圆腹、圜底的形态。⑤

细观报告公布的陶器分期图，我们注意到西汉早期小口瓮、罐、盂（盆）等日用陶器的腹部普遍存在的折转制法，在西汉中期稍前（二期四段）已被圆转的风格所替代，这一细微的变化与差异也成为了二期二段向二期四段发展过程中器物形态演变的重要特征。该报告以日用陶器的演变为主线，依据考古类型学的方法，经过纵向与横向的分析比较，较为准确地勾勒出该地域西汉初年至武帝时期随葬器物年代分期的基本轮廓。其研究的方法与结论对于我们认识J8、J9出土日用陶器的年代具有颇多的参考价值。该报告指出的这一变化特征，不仅体现在墓葬材料上，亦可从遗址材料中看到相类的例证。

在前揭所举第5例十堰店子河遗址秦汉时期居址出土的日用陶器中亦见到相应的佐证。从店子河遗址秦汉时期遗存陶器分组图中，我们观察到第一组（秦代前后）陶器盆、甑等腹部存在着明显折转的特征，到第二组（西汉早期）仍保留着折转的痕迹，而在第三组（西汉中晚期）则基本消失。⑥整理者以遗址出

---

① 按：关于小口瓮的称谓，各地略有不同。河南、陕西常称作“缶”，湖北习称“小口瓮”，特此说明。
② 荆州博物馆：《荆州高台汉墓》，科学出版社，2000年，第256~257页。
③ 荆州博物馆：《荆州高台汉墓》，科学出版社，2000年，第256~257页。
④ 荆州博物馆：《荆州高台汉墓》，科学出版社，2000年，第256~257页。
⑤ 荆州博物馆：《荆州高台汉墓》，科学出版社，2000年，第258页。
⑥ 武汉大学历史学院考古系等：《湖北十堰市店子河遗址秦汉时期居址的发掘》，《考古》2019年第4期，第39页，图二六。

土大量的陶盆作为分期断代的标型物，反映了居址人群日常生活使用器具的真实状况，同时也说明了居址遗存物与墓葬随葬品之间存在共性与差异，对于我们辨识 J8、J9 出土陶器的性质与功用是颇有帮助的。

湖北西汉早中期墓葬及遗址日用陶器组合中的小口瓮、盂（盆）等亦见于河南西汉时期的墓葬、遗址中。前揭所举三门峡后川村西汉围沟墓之例可为证。两座墓随葬日用陶器中的小口瓮（缶）、盆等器，就其文化渊源而言，显系来自关中秦人的典型器物，是秦文化传播影响的结果。其形制与湖北荆州、江陵等地西汉早期墓葬出土的同类器非常相近。湖北江汉地区入秦时间较早，秦昭王二十九年（前 278），白起拔郢，楚王东迁于陈，秦以楚故地设南郡。湖北云梦睡虎地 M7 的年代为秦昭王五十一年（前 255），墓主为来自关中的秦人，该墓出土的小口瓮、盆、釜等日用器即为典型的秦器代表。迨至西汉早期，河南、湖北（江汉地区）两地随葬日用陶器中文化因素相似度如此相近，其原因便是不难理解。而郑州马良寨汉代陶窑遗址及荥阳后镇村汉代遗存中出土的陶盆，整理者推论其年代为西汉中期以后，且时间跨度较长，则是更加说明在人们日常生活与生产活动中，陶盆已成为不可或缺的必需品，且数量大为增加。这种脱胎于秦人风格的汉式陶盆，不仅流行于汉所属弘农、河南诸郡地及荆、益二州一带，亦广泛传布影响于长江以南的广大区域（包括长沙国）。

至此，我们再回看湖南西汉早期墓葬、遗址中随葬、使用日用陶器的状况。先以前揭所举沅陵侯吴阳墓为例，该墓保存完整，下葬于文帝时期。该墓出土的日用陶器中陶盆的形制有折壁、弧壁两式，所谓折壁即腹部有折棱，与凤凰山 M168、胡家草场 M12、高台秦汉墓二期三段的陶盆相同。圜底罐数量最多，多达 36 件，与凤凰山 M168、高台秦汉墓二期二段圜底罐的风格基本相同。笔者曾撰文探讨长沙西汉中小型墓葬的年代分期，除陶礼器外，日用陶器的组合确与江汉地区汉初墓葬中的组合存有差别，在一般中小型墓葬中并不见小口瓮、盆（盂）等器，而是随葬一定数量的陶罐（矮领罐），此类罐的形态分为折肩折腹（亦称“亚”字形）与圆腹两式，其“亚”字形罐与高台秦汉墓二期二段矮领罐的形制相同，亦与湖北云梦睡虎地秦墓、秦汉墓同类罐相同。[①]被认为是来自秦地或受秦文化影响的产物[②]，其出现的年代可早至战末汉初，至西汉中期则蜕变成为圆肩斜腹，折棱消失。而另一种形制的圆腹小罐则仍是沿袭楚风的余续，与其文化同源的圜底罐，本是楚文化的产物，是楚墓中常见的日用陶器，不仅见于两湖地区的晚期楚墓，亦在西汉早期的墓葬中可见。对于随葬器物形态所反映的不同文化传承与相互融合重组的现象，近来学者的研究成果对我们认识或有启益。徐舸先生认为：“江汉秦墓中器物可据其渊源划分为三类，第一类楚式器物，第二类秦式器物，第三类新式器物。”[③]“作为外来者的秦人在踏入江汉楚故地时，已开始了楚化的过程，这种楚化不仅仅停留在物质层面，也深刻地改变了他们的精神世界。楚化很可能是秦人群体的主动选择。当然，楚化情形广泛存在于物质与观念层面而不涉及社会制度。……站在考古学的角度观察，即是秦楚两种物质文化传统彼此融合，原本清晰的文化边界逐渐消弭，并最终在秦汉之际形成了新的文化传统。”[④]徐舸在分析楚化的原因时认为：“面对空前广阔的新疆域，出其人而徙之民的旧有策略已不再适用，……在故秦人与新秦人之间，不同群体的融合与原有认同边界的消弭无疑有利于尽快巩固新地……对于南郡的秦人来说在物质与观念层面的楚化既是融合的结果，也是加速进一步融合的途径。”[⑤]

早在 20 世纪 90 年代上半叶，著名考古学家俞伟超先生就已指出：“当秦人占领这片土地之后（按：指两湖地区），渊源悠久的楚文化因素仍在当地的楚遗民中得以延续。概括江汉平原其它地区同时期材料，

① 云梦睡虎地秦墓编写组：《云梦睡虎地秦墓》，文物出版社，1981 年，图七四～七七 A、B 型小罐。湖北省博物馆：《1978 年云梦秦汉墓发掘报告》，《考古学报》1986 年第 4 期，第 479~525 页。
② 宋少华：《西汉长沙国（临湘）中小型墓葬分期概论》，何介钧主编《考古耕耘录》，岳麓书社，1999 年，第 257~287 页。
③ 徐舸：《江汉秦墓与江东楚式墓的初步考察》，《考古学报》2022 年第 3 期，第 317~318 页。
④ 徐舸：《江汉秦墓与江东楚式墓的初步考察》，《考古学报》2022 年第 3 期，第 324 页。
⑤ 徐舸：《江汉秦墓与江东楚式墓的初步考察》，《考古学报》2022 年第 3 期，第 326~327 页。

我们称它为‘后楚文化’，这种文化在某些地区还可表现为楚与秦文化的并存，在另一些地区又表现为‘后楚文化’的一枝独秀，还有一些地区（如云梦睡虎地）则存在着典型的秦文化。由此再沿着历史前移的日程追踪。则可进而看出，保留着大量原有楚文化因素的‘后楚文化’，没有完全融入到秦文化之中，而是要到汉武帝前后才最终融入到汉文化之中。”①

循此专家学者的研究思络与观察视角，分析湖南汉代早中期墓葬、遗址、古井的考古材料。我们看到沅陵侯墓随葬日用陶器中的圜底罐、折腹盆所呈现的便是一种混合式的文化面貌，或者说是西汉早期偏晚湖南汉文化的初态，而这种物质形态文化面貌的传续与演化，在J8、J9日用陶器组合中亦能看到。两个井共出汲水罐与弧腹盆等陶器，汲水罐的形态为侈口、短颈、圆鼓腹、平底，其圆腹的形态显系承续楚式圜底罐的风格，而平底与外饰弦纹则是受到秦式小口瓮、高领罐的影响，与荆州高台二期四段（武帝初年）高领罐、小口瓮的形制颇显相近，而这种形态的汲水罐在长沙西汉早期墓葬随葬的日用陶器中尚未见到。如果说墓葬材料尚不足以说明遗址出土器物面貌的话，那么里耶古城址及沅陵窑头古城址发掘的材料便使得这一推断得到证实。里耶古城遗址第三期遗存（整理者认为其年代属于西汉早期）出土的日用陶器中未见有此类形制的汲水罐。②沅陵窑头古城址晚期地层（整理者认为其年代为战国晚期至秦汉）出土的日用陶器鬲、盆、豆、高领罐等器物组群中亦未见有此类型汲水罐。③从考古类型学的角度观察，汲水罐应是脱胎于圜底罐之后出现的一种新的器形，是进入汉代后在秦楚文化因素融合的基础上产生的一种新型的罐式，它出现的年代从形态学上讲当晚于前述罐、瓮类器。在长沙发掘两汉时期的水井中，经常有见相类似的汲水罐，其形制渊源或当始于此。不仅汲水罐如此，陶盆的形态亦反映出时代的特征。与J8、J9出土的陶盆比较，其早期腹部多见的折棱（或称之为折腹盆），此时多已被弧腹或斜直腹所替代，尽管仍见有折棱的遗孑痕迹，但已不再代表此类盆形器的主体风格了。

接下来，我们讨论井内出土的印纹硬陶罐与硬陶罐。印纹硬陶罐在长沙战国时期楚墓中常有发现，与此罐伴出的还有印纹硬陶双系壶、双沿罈等，应是与当地土著蛮夷文化有着密切的关联（有学者认为印纹硬陶属越文化）。作为随葬品，此类罐在墓葬中一直处于从属的地位，呈现渐趋衰微的状态。然至战末汉初复又悄然兴起，其与楚人政治实体逐渐东移，退出湖湘是否有关，还有待进一步观察。该罐的形制特征与制作手法颇特别：侈口，折沿，短直领，溜肩长鼓腹，平底；通体拍饰方格、叶脉、编席、回形、各种几何纹等，施薄青釉。器身通常采用泥条盘筑的手法制作，胎体厚重，火候高。此类型印纹硬陶罐至西汉中期以后便逐渐消失。J8、J9出土的印纹硬陶罐及口沿、腹底残片与马王堆一号汉墓出土的印纹硬陶罐形制大体相同，马王堆一号墓下葬的年代为文帝晚期，应是这种印纹硬陶文化传承的余续。而J9出土的另一件硬陶罐残片（J9：G6+G7）却是继前者之后新出现的罐形，虽然它只是残片，却是带鲜明的时代特征，成为我们判定古井堆积物年代的重要依据。观察它的制法与形制：泥条盘筑，慢轮修制，胎体较薄，火候高；敞口，折沿，无领，圆肩，鼓腹，平底；器表仅拍饰简单的方纹格，薄施青釉，肩部多见刻画文字与符号。它应是在继承本地印纹硬陶文化传统，并与其他文化的因素融合演化出来的一种新型的罐器。此类罐型的出现虽仍带有脱胎于西汉早期本地蛮夷印纹硬陶罐的痕迹，如泥条盘筑的制法、周身拍打纹饰、器表施薄釉、烧成温度较高等等，但在形制上却有别于早期印纹硬陶罐。从类型学的角度观察，当是在吸纳了传统印纹硬陶罐的制法、纹饰、烧制技术等因素与秦式泥质灰陶罐的形态的基础上产生的一个新的罐式，它的口沿之下已无短颈，胎体变薄，纹饰简约，溜肩圆鼓腹取代了早期的长鼓腹。该硬陶罐早期阶段的形

---

① 俞伟超：《江陵九店东周墓·序》，科学出版社，1995年，第Ⅱ页。
② 湖南省文物考古研究所：《里耶发掘报告》，岳麓书社，2007年，第228~239页。
③ 湖南省文物考古研究所：《江陵窑头发掘报告》，文物出版社，2015年，第16页，图六。

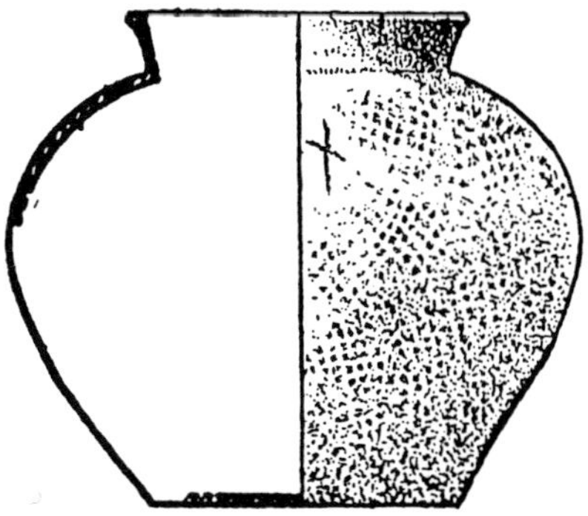
图六〇　长沙西汉前期墓葬出土硬陶罐（M342：13）

制，口宽而体胖，形如鹅卵，晚期则多演变成橄榄形，其与印纹硬陶并存一个时期后，逐渐取而代之。此罐型一经出现便逐渐主导了此后两汉时期长沙乃至湖南地区出土硬陶罐的演变形态，并逐渐占居随葬品中的重要位置，不仅成为人们日常生活中普遍使用的必需品，而且成为湖南两汉墓葬中颇具特色的随葬物。其自身所保留传承的制作工艺（泥条盘筑法）与形制特征，亦为东汉中晚期青瓷四系罐的出现作了长足的铺垫。相关学者的研究亦认为："湘赣地区的早期成熟瓷器的出现与印纹硬陶的发展密切相关。"①关于它最早出现的时间，我们认为当在景武之际。早在20世纪50年代，《长沙发掘报告》的整理者在论述长沙西汉前期墓葬出土的日用陶器的年代时，对此类硬陶罐的年代，就已提出了颇有预见性的见解。认为"此式陶罐大量出现在西汉后期"②，"如342号中所出的陶器、陶罐、有盖陶罐等，从其陶质及型式都是接近或属于西汉后期。这是西汉前期中最晚的形式"（图六〇）。③

为了进一步分析此类硬陶罐的年代，我们再比较一下近年新出土的考古材料。前揭所举江西莲花罗汉山安成侯刘苍墓，葬于武帝元鼎元年（前116）之后。该墓出土的A至E型硬陶罐的基本形制：侈口，折沿，溜肩，弧鼓腹，平底，器表拍饰方格纹，刻画字符；制法：泥条盘筑，慢轮修制，火候高。这些特征与J9出土的硬陶罐的特征基本相合。虽然刘苍墓出土的鼎、合、壶、钫、甑等仿铜陶礼器的形制风格更多地受到来自东南区域地方类型的吴越式汉文化影响，但A至E型硬陶罐的风格与之不同，并未在东南之地流行。推测墓主恐因与长沙国的亲缘关系而接收了来自故国赗送的丧礼之物。

前揭所举长沙风盘岭汉墓的材料。该墓埋葬的年代应在景帝二年（前155）至武帝元狩五年（前118）之间。其随葬的硬陶罐的形制与稍晚于它的安成侯刘苍所出几近一致，制作手法亦相同。两座墓所出硬陶罐的形制皆与马王堆一号墓所出的印纹硬陶罐有别。因风盘岭汉墓仅出半两，未出五铢，其年代当稍早于刘苍之墓。两座墓出土硬陶罐的风格如此相似，表明其源当来自同一产地——长沙国，同时说明此种形制陶罐出现的年代当在景帝时期。

通过以上比较可见J9出土硬陶罐残片的风格是与之基本一致的，其年代亦应与之相当。笔者曾撰文探讨长沙西汉中小型墓葬的年代分期，认为此类硬陶罐出现的时间，约在文景之际至武帝元狩五年（前118）。④近年来，学者余静先生的研究也关注到这个问题，所得结论与笔者的观点大体一致。余静认为："湘—鄂东区墓葬出土器物，第三期（西汉中期，大致相当于汉武帝元狩五年—宣帝时期），本期随葬物仍以鼎、盒、壶、钫为主，出现一定数量的硬陶罐和壶。第四期（西汉晚期，大致相当于元、成、哀、平时期），随葬器物以壶、罐为主，罐多有硬陶、泥质陶和夹砂陶之分。"⑤其在分析归纳南方地区汉文化形成过程中的特点时，认为："汉代主体文化因素和汉文化因素的区域类型一起构成了中国南方地区汉文化的基本内容。两湖地区具有地域特色的器物为硬陶罐和高领罐，且出土数量较多，流行时间较长，构成该地区最基本的

① 杨哲峰：《略读秦汉时期印纹硬陶的区域类型及相互关系》，《中原文物》2017年第5期，第68页。
② 中国科学院考古研究所：《长沙发掘报告》，科学出版社，1957年，第25页。
③ 中国科学院考古研究所：《长沙发掘报告》，科学出版社，1957年，第75页。
④ 宋少华：《试论长沙西汉中小型墓葬的分期》，《湖南考古辑刊》第2集，岳麓书社，1984年，第191~197页。
⑤ 余静：《中国南方地区两汉墓葬研究》，科学出版社，2023年，第102、116页。

器物组合。”①余静所言两湖区出现的具有地域特色的硬陶罐，即是A型、Ba型硬釉陶罐②，而其所谓的A型、Ba型硬釉陶罐正是本文讨论的印纹硬陶罐与硬陶罐。结合近年来长沙新出西汉墓葬、古井的具体材料来看，余静先生所言硬陶罐出现的时间宜可提前至景帝或景武之际。

以上对汲水罐、陶盆、印纹硬陶罐、硬陶罐的类型、文化因素影响、年代的讨论以及与相关墓葬、遗址考古材料的纵横比较分析，无论是受秦、楚文化因素影响而产生的汲水罐、圜底罐、折腹盆，还是脱胎于土著蛮夷文化、越文化、楚文化因素而传承、演变的印纹硬陶罐、硬陶罐等不同类别陶器，都是基于在国家统一这一大的历史背景前提下所进行的观察。统一的政治格局必然会对人们的生活习俗、观念形态、礼仪制度等，以及不同的物态文化的交融整合带来深刻的影响，原来的传统文化意义上的物质载体逐渐被一种新型的文化范式下的物质载体所取代，这也成为我们判定古井出土器物年代的一个重要依据。

需要说明的是，以上所运用的考古类型学方法与文化因素分析法，来观察某一区域内不同时期考古学文化因素的变化，以及同一时期不同区域内共有的文化特征来研究分析某一主流文化形成的历史进程，更多的是侧重在物态文化演变的基础之上，而简牍内容所反映的复杂的历史事实，是否能与考古学探讨的结论相契合，恐怕还不能简单地画等号，也非考古学科本身所能回答。这必然要提升到更高的文化层面、社会层面与制度层面的去分析研究，因此我们尚需借助其他学科的研究成果，共同推进研究的深化。

自汉朝立国到走马楼汉简记载的年代止，其间已历经七十余年的时间，长沙国虽奉汉法以治，但因政治、经济、社会发展、地域环境与历史文化传统等诸多因素的不同，复杂社会的诸多问题不可能仅依赖出土陶器的研究得到解决。出土简文就记载长沙国依然存在着大量的蛮夷族群，不仅武陵支郡尚存众多的蛮夷聚里，即便是国都临湘京畿之地亦散布着相当数量的蛮夷归义民，甚至长沙国官方通行的语言仍为楚语，官府处理蛮夷事务需要通过译人予以沟通。这一现象不独长沙国存在，在汉王朝统治下的广大疆域里，依然存在着众多的不同族群，因而会呈现出不同的地域文化特征。这些悠久的文化传统不会因新王朝的建立便骤然消失而改变面貌，与汉朝主流文化的融合将会是一个长期的过程。尽管如此，在新王朝渐趋统一稳定的格局下，原有传统文化的取向最终都会在主流文化的影响下发生蜕变，或融合，或部分保留，或消亡，由此形成新的多元一统的文化面貌。若以汉长沙国都临湘城为例，生活在这一特定环境中的人群里，上至王室成员、百官佐吏，下至黎民百姓、奴婢囚徒，以至杂居其间的蛮夷土著，他们既有可能是这些古井出土的日用陶器的使用者，其中一部分还可能是其制造者、贩运者，我们却很难从这些统一范式的陶器中分辨出孰为楚人、秦人、蛮夷人的制器风格了，也不可能像看待汉初墓葬中的随葬物那样，能够较易分辨出不同的文化属性。这恰恰说明到汉武帝时期，先秦诸文化的融合已成大势，汉文化的特征已经显现。当然，考古类型学与文化因素分析法的解读功能毕竟存在一定局限性，还必须紧密结合语言学、文字学、简牍学、历史学、社会学等不同学科所揭示的内容，方能更加深入地了解汉代长沙国古井出土日用陶器背后所隐藏的、早已消失在历史尘埃中复杂丰富的史实真相。这对从不同学科的视角认识汉长沙国的历史作用，理解汉文化的传播融合的方式与途径，探求湖南中国化历史进程，当有着积极重要的意义。

综上所述，通过对比湖北、河南、江西及湖南本地秦汉墓葬、遗址中出土日用陶器中的典型器物——小口瓮、直领罐、折腹盆、圜底罐、硬陶罐等，运用考古类型学、文化因素分析的方法，并参考发掘整理者、相关学者的研究成果，我们梳理了其器物组合、器物形态文化因素的基本特征与演变轨迹。在此基础上进行纵向与横向的分析比较，并以J8出土简牍纪年作为参考依据③，我们认为走马楼J8、J9两个井出土的日

① 余静：《中国南方地区两汉墓葬研究》，科学出版社，2023年，第254页。按：笔者引证时，对原著论述部分未作整段摘引，在不违背作者本意的原则下，对文字表述作了一些调整与集合，特此说明。

② 余静：《中国南方地区两汉墓葬研究》，科学出版社，2023年，第218页。

③ 需加说明的是，简牍最晚的纪年并不代表古井废弃的时间，同理出土日用陶器的年代下限亦如此。古井废弃的原因有多种，废弃的时间亦存在者多种可能。作为整理者，我们只是依据出土陶器的相对年代与简牍确切纪年对古井废弃的年代作出的一个大致推断。

用陶器的种类、形制、制作工艺、纹饰风格等基本一致，时间相接紧密。从各自井内遗存物（简牍及植物灰烬层除外）的厚薄程度来观察，J9 开凿使用的年代似稍后于 J8，但总体上同属于一个考古学年代分期的时段内。由此对走马楼 J8、J9 出土日用陶器的相对年代做出初步的推断：其上限约在文景之际或稍晚至景帝初年（前 160—前 150 年左右），其下限约在武帝元狩年间或稍后（前 120—前 110 年左右）。

第二节　古井使用废弃年代与填埋原因推测

J8 为一圆形竖井，井口为 88 厘米，自上而下呈圆柱状，中部收束为 52 厘米，井底缓收呈圜底状，残存深度达 240 厘米。井内堆积大体分为上下两层，其上层为经焚烧后的植物灰烬、炭屑与倾倒叠错的竹木简牍；其下层约 1 米厚的堆积层中，出土器物除少量竹筒外，大部分为陶制日用器皿与建筑材料构件残片，如罐、盆、瓮、釜、板瓦、筒瓦、瓦当等，而以弦纹汲水罐数量最多，占出土陶器总量的 80% 以上。J9 位于 J8 之东侧，两井边缘间距仅 52 厘米，亦为一圆形竖井，中部收束，上窄下阔，井底呈圜底状，井径为 84 ~ 106 厘米，残存深度为 290 厘米。井内堆积单一，绝大部分为植物焚烧后的灰烬、残渣与炭屑颗粒，仅出土少量陶制罐、盆、豆等残片。

汉代人取井水常用系绳的陶罐，在湖南长沙、湘西等地西汉中晚期墓葬中，常见随葬陶水井、汲水罐等模型明器，其模型汲水罐的形制与 J8、J9 所出实用器大体相同（图六一）。[①]传世文献有载，汉人称此汲水的陶罐为瓶。《汉书·游侠传·陈遵》云："观瓶之居，居井之眉，处高临深，动常近危。酒醪不入口，臧水满杯，不得左右，牵于纆徽。一旦叀碍，为甇所轠，身提黄泉，骨肉为泥。"师古曰："眉，井边也，若人目上之有眉。纆徽，井索也。叀，悬也。甇，井以砖为甃者也。轠，击也。言瓶忽悬碍不得下，而为井甇所击，则破碎也。"[②]由此我们推测 J8 内堆积相累而破碎的灰陶罐多与汲水有关。

根据 J8 出土数量众多的汲水罐以及以往考古发掘水井出土物品种类的情况分析，初步推测 J8 的性质属于长沙国某官署内日常工作、生活用井。J9 的性质亦应与 J8 相当，从其出土陶片较少的情况推测，其开凿年代当稍晚于 J8。或因 J8 开凿使用时间稍早，跌落于井内的堆积物过多，使用者未及时加以疏浚导致壅塞，使用不便，故于附近另凿一井。从 J9 出土的陶器残件的形制看，其与 J8 的年代相去不远，为同一时期的稍晚阶段。

据考古发现所见，汉代人对过期行政文书档案的处理，虽有相应的时限规定，但处置方式多样，南北略有不同。如西北边驿悬泉置发现的简牍，大多出土于置驿坞壁的外西侧，该处被发掘者推定为驿站日常垃圾的堆弃场所。[③]马圈湾的发掘，则发现有利用废弃的文书草简充作厕筒现象。[④]南方出土简牍则大多弃置于水井、窖坑、沟堑之中，亦有相当一部分移作柴薪，燃于釜爨之下，也有一部分作为随葬物品。如湖北荆州松柏汉墓《南郡免老簿》、《新傅簿》、《罷癃簿》[⑤]、云梦睡虎地 77 号西汉墓简牍文书[⑥]、长沙

① 中国科学院考古研究所:《长沙发掘报告》,科学出版社,1957 年,第 101 页,图七九·5,图版伍叁 5、6。湖南省文物考古研究所等:《1986—1987 大庸城区西汉墓发掘简报》,《湖南考古集刊》第 5 集，岳麓书社，1989 年，图五 23~28。谭远辉：《湘西北地区西汉墓葬概论》，何介钧主编《考古耕耘录——湖南中青年考古学者论文集》，岳麓书社，1999 年，第 294 页，图二 18~21。

② [汉]班固撰:《汉书》卷九十二《游侠传·陈遵》，中华书局，1983 年，第 3712、3713 页。

③ 戴春阳：《大漠雄风 丝路瑰宝——敦煌悬泉置汉晋驿站遗址考古发掘》，张德芳主编《悬泉汉简(壹)》，中西书局，2019 年，第 11 页。

④ 胡平生：《马圈湾木简与厕筒》，《胡平生简牍文物论稿》，中西书局，2012 年，第 213~214 页。

⑤ 荆州博物馆：《湖北荆州纪南松柏汉墓发掘简报》，《文物》2008 年第 4 期，第 24~32 页。

⑥ 湖北省文物考古研究所、武汉大学简帛研究中心：《湖北云梦睡虎地 77 号西汉墓出土简牍概述》，《文物》2018 年第 3 期，第 45~55 页。

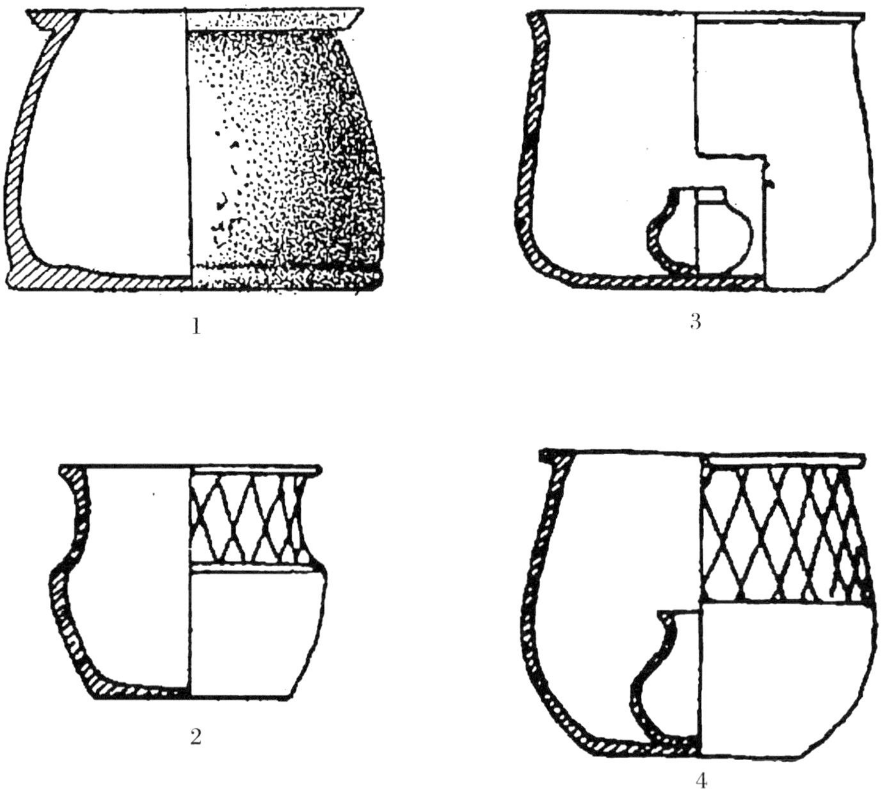

图六一　湖南地区西汉中晚期墓葬出土的陶水井、汲水罐模型明器

1. 长沙发掘报告 M203：117　2. 常德桃源狮子山 M12：9　3. 大庸城区大三 M67：10　4. 常德桃源狮子山 M68：23
（据余静《中国南方地区西汉墓葬研究》）

五一广场东汉简[①]、长沙东牌楼东汉简[②]、长沙走马楼三国吴简[③]等。然而走马楼西汉简虽亦弃置于井内，处置方式与上述发现似无差异，但与大量植物焚烧灰烬同埋的现象却极为少见。在室内清理揭剥中亦发现有相当数量的简牍存在被火烧灼的痕迹，这一现象令人颇觉异样，这在迄今为止全国范围内的考古发掘中前所未见。

从两井内填埋大量经焚烧后的同质的植物灰烬，以及出土简牍中尚有相当一部分也存在着火灼烧痕的现象分析，造成此种状况的原因初步推测有三：一、有可能即是对王国过期档案进行常规性的检除后销毁处理。二、另一种可能则是在第二代康王刘庸时期，长沙国内部曾发生了一次较大的变故，导致对王国此前的档案文书进行了一次较大规模的清除。其清除的方式便是集中焚烧后就近填埋。三、另存在其他不明的原因，如火灾等。从 J8、J9 填埋焚烧后灰烬的体量推测，其焚烧简牍的数量之大，远远超出了残存简牍的份量，其总量难以估算。可能因处理者的仓促，一部分简牍尚未燃烬，便被匆匆推入 J8 井内，其上再覆

① 长沙市文物考古研究所：《湖南长沙五一广场东汉简牍发掘简报》，《文物》2013 年第 6 期，第 4～26 页。
② 长沙市文物考古研究所、中国文物研究所：《长沙东牌楼东汉简牍》，文物出版社，2006 年。
③ 长沙市文物考古研究所、长沙简牍博物馆、中国文化遗产研究院、北京大学、故宫博物院：《长沙走马楼三国吴简》，文物出版社，1999—2019 年。

埋厚厚的灰烬，以为应差了事。J8 出土简牍仅是被焚烧销毁众多简牍中仅存的一小部分，此劫烬之余填埋于地下 2000 余年而后人不晓，终经科学发掘面世而得于整理研究，实乃不幸中之万幸之事了。

虽然我们无法排除已遭焚毁的简牍中或有可能存在年代更早或更晚的情况，但从井底出土的陶器形制的年代以及出土简牍中已知最晚的纪年的情况来判断，J8 开凿使用的相对年代当在文景之际，约在公元前 160 年左右。J9 开凿的年代稍迟其后。两井被填埋废弃的时间同在武帝元狩三年（前 120）之后。

第三节　简牍年代检讨

简牍年代的确定对于考察政区疆域的变迁关联密切，政区版图的盈缩并废随着历史的演进而变化，故这种考察须将对象置于一定的时空框架下进行，方可有的放矢。关于走马楼西汉简牍的年代问题，课题整理组的意见，大都赞成在武帝元朔元年至元狩三年，即公元前 128 年至公元前 120 年之间。①笔者曾撰文从纪年朔日干支和相关谥号、职官、人名等几个方面探讨了简牍的年代。②所得结论与课题整理组是大体一致的。近有学者对个别简牍，如“都乡七年垦田簿”的年代提出了质疑，进而认为：“《田租簿》的年代应确定在长沙国吴右七年，亦即汉文帝前元元年（前 179）。走马楼西汉简的年代也有进一步探讨的必要。”③上述质疑于对简牍年代深入探讨当大有裨益。我们以为，年代问题至为重要，它是这批简牍所有问题讨论的基础，若在历史时间坐标不清晰的状态下，讨论空间存载的一切事物，也只能泛泛而论，缺乏较坚实的根基。兹结合相关简文对简牍的年代展开讨论，略抒管见，就教于方家。

一、相关简文年代辨析

出土简牍中记录户民出生时间与当时年岁的简文，为简牍年代的确定提供了重要依据。近来已有学者对相关的简文进行了研究，对其年代进行了考证，④所论合理，与史实相符。此再稍作补充，略加申说。举例简文如下：

例 1：

五年九月丙辰朔丁卯，都鄉佐鼻敢言之。廷移臨湘書曰：北平大女南坐

負罰金，臨湘庫弗能入。居。迺四年六月中去亡。捕得。南辭：五年五月中自出　　（简 0102）

---

① 长沙简牍博物馆、长沙市文物考古研究所联合发掘组：《2003 年长沙走马楼西汉简牍重大考古发现》（宋少华、金平执笔），《出土文献研究》第 7 辑，上海古籍出版社，2005 年，第 57～64 页。杨芬：《读长沙走马楼西汉简札记——纪年与证律》，《简帛研究》2018 年第 2 期，第 230～237 页。李洪财：《走马楼西汉简的断代——兼谈草书的形成时间》，《简帛研究》2018 年第 2 期，第 238～251 页。欧扬：《走马楼西汉简刑制史料初探》，《简帛研究》2018 年第 2 期，第 215～229 页。李均明、宋少华：《长沙走马楼西汉简狱政资料的整理与考证》，《出土文献研究》第 18 辑，中西书局，2019 年，第 150～158 页。王勇：《对走马楼西汉简“非纵火时擅纵火”的考察》，《出土文献研究》第 18 辑，中西书局，2019 年，第 159 ～ 167 页。杨芬、宋少华：《长沙走马楼西汉简〈官司空令史儿等为武擅解脱易桎弗举劾案〉初步考察》，《简帛研究·二〇二〇·秋冬卷》，广西师范大学出版社，2021 年，第 235～252 页。长沙简牍博物馆、长沙市文物考古研究所：《长沙市走马楼西汉古井及简牍发掘简报》，《考古》2021 年第 3 期，第 35～62 页。陈松长：《长沙走马楼西汉古井出土简牍概述》，《考古》2021 年第 3 期，第 97～108 页。熊曲、宋少华：《长沙走马楼西汉简临湘驾论血娄、齐盗赃案初探》，（韩国）庆北大学《东西人文》第 15 号，2021 年 4 月，第 137～156 页。

② 宋少华：《再论走马楼西汉简牍的年代》，（韩国）庆北大学《东西人文》第 16 号，2021 年 8 月，第 489～513 页。

③ 晋文：《走马楼西汉简〈都乡七年垦田租簿〉的年代问题》，《山东师范大学学报（社会科学版）》2021 年第 3 期，第 93 页。

④ 杨芬：《读长沙走马楼西汉简札记——纪年与证律》，《简帛研究·二〇一八·秋冬卷》，广西师范大学出版社，2019 年，第 230～236 页。

例 2：

北平大女南，母姊占定王四年産，盡今五年，年廿八。　　　　　（简 0109）

研究者认为该简例 2 与记录大女“南”的名爵里的簿籍有关①，我们以为除此外与处理大女“南”相关的司法案录联系更为密切。限于探讨的主题，此处对案情不加讨论。据简文可知，“南”为其母姊自占生年，生于（定王）四年，到现任长沙王的第五年时，已年二十八岁。据《史记·汉兴以来诸侯王年表》载，景帝前元元年（前 156）“复置长沙国”，前元二年（前 155）三月甲寅为“定王发元年”，武帝元朔元年（前 128）为“康王庸元年”。另据《史记·五宗世家》载：“（发）立二十七年卒。子康王庸立，二十八年卒。”“定王”乃长沙王刘发谥号，“定王四年”乃刘发在王位时的年数，即前 152 年。“今五年”，“今”当为现在位的长沙王刘庸，“五年”乃刘庸在王位时的年数，即前 124 年。当时之人对在位的帝王一般尊称作“今上”或者称为“今”。书作“今上”的例子，如司马迁在《史记》当中即屡屡称用。省写为“今”的用例，如湖北云梦睡虎地秦墓竹简之《叶书》，写录于秦始皇三十年，其记述秦始皇时年代，即始自“今元年”。②由此可进一步证明，“定王四年”与“今五年”所记年份数，实为长沙国自成体系的王国纪年。此外，汉人叙事中“尽今某年”或“尽今某某年”，也视为一种常用语态，表示从某一时段起，至迄今为止的时间计量，通常以年为单位，并不一定指代帝王。此例颇多，不一赘举。据简文所载纪年，大女“南”生于定王四年（前 152），到现任长沙王五年（前 124）时为二十八岁。若按公元年推算却为二十九岁，当有一岁之差，究其原因，还应从汉代官府造籍的标准时间上加以考虑。张荣强先生认为，秦汉时期存在岁尽增年的做法，当时官府造籍的标准时间在八月，官方年龄的增年时间节点也在八月。③鲁家亮先生据此对睡虎地秦简所载小史“喜”揄史年龄的分析，为我们探究原因提供了非常有益的启示。其文云：据《叶书》记载，“喜”出生于秦昭王四十五年十二月甲午日鸡鸣时，揄史的时间为秦王政三年八月，由此可以推测其揄史的实际年龄为十八岁又八或九个月。而“喜”揄史的时间也在八月，也就是说“喜”揄史的同时，也在官方增年之时，即年龄被官方认可为十九岁。④鲁文强调的是，“喜”揄史时虽未满 19 岁，但因在官方增年的时间节点上，故被官方认可为十九岁。由此，我们再回到对大女“南”年龄的分析上，笔者推测此简所录与司法案录相连，而非造籍登年。如其推测不误的话，大女“南”不论是生于定王四年的八月前还是八月后，其年龄的认定不存在增年的问题。进一步言，即便可能其年龄或已是超过二十八岁若干个月，但仍未到官方增年的时间节点上，未被官方认可，也只能录为二十八岁。

对大女“南”实际年龄的推算，大概率可为两个结果：一是恰满二十八岁；二是虽已超过二十八岁，但未到二十九岁的增年点，官方未予认可。因无更多的材料帮助了解到“南”出生的确切月份，故只能做如下推测。假设“南”生于定王四年十月至五年三月的上半年，即公元前 153 年 11 月至公元前 152 年 4 月间，即使按最晚的三月起计，至康王刘庸四年的三月（前 125 年 4 月）就已满二十八岁了，再至八月的增年节点时，也已是二十八岁五个月。而到五年的三月（前 124 年 4 月）就已满二十九岁，至八月的增年节点，已是二十九岁零五个月，应被官方认定为二十九岁，甚或卅岁。显然与简文所记的年龄不合。若“南”生于定王四年四月至八月的下半年，即公元前 152 年 5 月至 9 月，如以最晚的八月起计，至康王刘庸四年的八月则刚满二十八岁，再至五年的上半年（前 124 年 4 月前）也仅为二十八岁半，未到官方认定的增年时间节点。由于简文没有书写具体的纪年历朔，故我们臆测，大女“南”或生于定王四年的下半年某月间，

① 杨芬：《读长沙走马楼西汉简札记——纪年与证律》，《简帛研究·二〇一八·秋冬卷》，广西师范大学出版社，2019 年，第 231 页。

② 辛德勇：《重谈中国古代以年号纪年的启用时间》，《文史》2009 年第 1 期，第 44 页。

③ 张荣强：《从岁尽增年至岁初增年——中国中古官方计令方式的演变》，《历史研究》2015 年第 2 期，第 51~67 页。

④ 鲁家亮：《里耶秦简所见“小史”刍议》，出土文献与中国古代文明研究协同创新中心中国人民大学分中心编《出土文献的世界——第六届出土文献青年学者论坛论文集》，中西书局，2018 年，第 97 页。

而简文书写的时间可能在康王刘庸五年的上半年间或在官方认定的增年时间节点之前。这样稍为细致推测或可排除因为简单加减公元年数的粗算而造成的误差。

复检举例简文。从简例 1 看，都乡佐鼻上行文书的时间是在五年九月十二日。从其所言县廷下移文书中获知，大女南因“坐负罚金，临湘库弗能入”罪而被处罚，服居期间于四年（前 125）六月中逃亡。[①]捕得后，南辩称其为五年（前 124）五月中自出到官府投案服罪。大女南虽为自出者，但属本罪与逃亡罪并犯，官府仍会依法处置。《二年律令 · 亡律》简 157：“吏民亡，盈卒岁，耐；不盈卒岁，（系）城旦舂；公士、公士妻以上作官府，皆偿亡日。其自出（也），笞五十。给逋事，皆籍亡日，数盈卒岁而得，亦耐之。”及简 166：“诸亡自出，减之；毋名者，皆减其罪一等。”由此推测官府对大女南问讯案录的时间当在六月中之后，或在八九月间，此与推测的时间亦相去不远。以上对大女“南”年龄展开的分析，亦在说明简牍的年代应属长沙康王刘庸时期。

简文举例：

例 3：

便移五年計，餘口四千二百廿七。案閲實四千二百七十四，其卌九口計後年。計餘口多其實二人，

長以下爲書誤，事不可行。

五年九月丙辰朔戊午，長沙内史卒史乙、中尉守卒史癸别有案，移便以律令從事，言夬（決），

移副中尉府。毋留 / 卒史乙、守卒史癸。　　（简 0042）

例 4：

受多其實二人，長以下爲書誤，事不可行。定主者名、爵、里

它坐，遣。謹案：長路人、丞非子、令史訢、嗇夫勝、佐快。主路人　　（简 0090）

例 5：

五年九月丙辰朔甲戌，便丞非子敢告臨湘丞主，案贖罪以

下，寫劾、辟、報爰書，移書到，令史可論。路人、快言　　（简 0347）

例 6：

擇，餘口皆公乘。路人，臨湘樂成里；非子，郴畸里；訢、快，官大夫；勝

不更。訢、勝，便都里；快，昌里。路人前徵快上五年户計。左内　　（简 0346）

便，今湖南郴州永兴县地，《汉书 · 高惠高后文功臣表》云：“孝惠元年（前 194），便顷侯吴浅，以父长沙王功侯，二千户。”元鼎五年（前 112）吴千秋“坐酎金免”，国除。[②]《水经注 · 耒水》：“又

① 按：笔者窃以为简例 1 所言之“居”，应是一种罚作行为，是服居者对欠负官府罚金的抵偿劳役或是其他代偿役作。与秦律“居赀赎债”的影响关联密切，可能是秦之赎刑在西汉前中期的承绪与衍变。朱红林先生认为：“秦律‘居赀赎债’即汉律之‘居官府偿日’。”（参看氏著《张家山汉简〈二年律令〉集释》，社会科学文献出版社，2005 年，第 85 页）另有学者认为：“西汉绝大部分时间里……‘居’也消声敛迹，不复使用。”（参看张铭新：《关于〈秦律〉中的“居”——〈睡虎地秦墓竹简〉注释质疑》，《考古》1981 年第 1 期，第 48～50 页。李均明、刘国忠、刘光胜、邬文玲：《当代中国简帛学研究（1949—2019）》，中国社会科学院出版社，2019 年，第 540 页。）但新出走马楼西汉简牍仍有见零散、数量不多与之相关的简文，笔者认为，对此问题仍或有可以探讨的空间。

② [汉] 班固撰：《汉书》卷十六《高惠高后文功臣表》，中华书局，1962 年，第 618 页。

北过便县之西，县，故惠帝封长沙王子吴浅为侯国。”[①]马孟龙先生认为：便国在“景帝中六年（前 144）由长沙国迁往南郡”[②]。笔者赞同马孟龙说，认为原便国北迁南郡之后，原便县复用旧名，隶属长沙国。简文所见便之长、丞、啬夫、令史、佐等名，皆为县级长吏及属员之职官称谓，说明此时便县已复旧名，不为侯国。便县恢复旧称当在公元前 144 年之后，可证该简的年代不会早于公元前 144 年。此案例涉及两条纪年朔日干支，皆为“五年九月丙辰朔”，历日分别为戊午、甲戌，应为长沙王刘庸的纪年。检张培瑜《秦汉初朔闰表》《三千五百年历日天象》、李忠林《秦至汉初朔闰表》及陈垣《二十史朔闰表》，自惠帝五年至武帝太初改历之前，诸帝、后在位期间，每改元之第五年九月的朔日干支与简文纪年朔日相比对，除武帝元朔五年与刘庸五年九月相合外，余皆不合；且景帝中元六年（前 144），便国北迁南郡之后，刘氏长沙国自定王刘发至剌王刘建德止，诸王自纪年中，其五年九月朔日干支与之相合者，亦唯第二代王刘庸，余皆不合。其五年九月三日为戊午，十九日为甲戌，当月之中两个历日的排入均无冲突。故简例所涉年代当在武帝元朔五年（前 124）（表一五，表一六）。

表一五　　西汉惠帝至武帝诸纪年之五年九月朔日干支比对表

帝后名	惠帝	高后	文帝		景帝		武帝					
纪年	五年（前 190）	五年（前 183）	前元五年（前 175）	后元五年（前 159）	前元五年（前 152）	中元五年（前 145）	建元五年（前 136）	元光五年（前 130）	元朔五年（前 124）	元狩五年（前 118）	元鼎五年（前 112）	元封五年（前 106）
月朔	九月己卯（戊寅）	九月己亥（戊戌）	九月壬午	九月己酉	九月戊戌	九月戊午	九月丙寅	九月辛卯	九月丙辰	九月辛巳	九月丙子	九月辛丑

表一六　　西汉刘氏长沙国诸王纪年之五年九月朔日干支比对表

诸侯王名	定王发（前 155—前 129）	康王（戴王）庸（前 128—前 101）	顷王鲋鮈（前 100—前 84）	剌王建德（前 83—前 50）
王纪年	五年（前 151）	五年（前 124）	五年（前 96）	五年（前 79）
汉纪年	景帝前元六年	武帝元朔五年	武帝太始元年	昭帝元凤二年
月　朔	九月癸巳（壬辰）	九月丙辰	九月壬寅	九月甲子

注：据陈垣《二十史朔闰表》、张培瑜《中国先秦史历表》《三千五百年历日天象》、李忠林《秦至汉初朔闰表》制作。

① [北魏]郦道元著，[清]戴震校勘：《水经注》第六册卷三十九，王云五主编《万有文库》，商务印书馆，1929 年，第 99 页。
② 马孟龙：《西汉侯国地理》，上海古籍出版社，2021 年，第 27 页。

简文举例：

例 7：

五年八月丁亥朔丙午，沅陵長陽、令史青肩行丞事，敢告臨沅、遷陵、充、沅陽、富陽、臨湘、連道、臨澫、索、門淺、昭陵、姊（秭）歸、江陵主：寫劾 （简 0107+0095）

例 8：

☑□沅陵歸☑

移書，辟，□居眾徒出入歲餘日弗歸，吏卒主者□☑

佐襄劾，敢言之：沅陵廷謹寫移，上謁，以律令從事。敢言之。佐襄☑ （简 0087）

沅陵，秦置为县，汉承之。《水经注 · 沅水》：“施水北流会于沅，沅水又东迳沅陵县北，汉故顷侯吴阳之邑也。”①《汉书·高惠高后文功臣表》云：“沅陵顷侯吴阳，以父长沙王功侯。（高后元年，前187）七月丙申封，二十五年薨。孝文后二年（前 162），顷侯福嗣，十七年薨。孝景中五年（前 145），哀侯周嗣，薨，亡后。”②《史记 · 惠景间侯者年表》云：“（景帝）后三年（前 141），侯周薨，无后，国除。”③简例 7、8 所见沅陵长、沅陵廷，称长而不称相，应是沅陵侯无后除国后复用县名，县官长之称。简文产生的年代当在景帝后元三年（前 141）之后。简例 7 所载“五年八月丁亥朔”，据张培瑜《秦汉初朔闰表》，武帝建元五年、元光五年、元狩五年、元鼎五年、元封五年之八月朔日分别为丙申、辛酉、壬子、丁未、壬申，唯元朔五年八月丁亥朔，二十日为丙午，与之相符。李忠林《秦至汉初朔闰表》与同。故可推知该简的纪年为武帝元朔五年（前 124）八月二十日。

二、从职官名称变更与新出律令看简牍的年代

简文举例：

例 9：

☑□行丞相事，告中二＝千＝石〈＝〉、郡守、諸侯相下☑

☑□□遣吏是服，處實入所，以律☑ （简 0378）

例 10：

六年六月辛亥朔癸酉，臨湘令越、庫嗇夫繇行丞事，敢言☑

移主爵都尉五年爵計畢一牒，臨湘監扎□小□☑ （简 0275）

例 11：

五年八月戊申，獄史□□書案：充國遷爲長沙相，獄☑

爲内官令，罷室爲武庫丞，獄屬少府，埶爲車府丞，獄屬大☑ （简 0044）

---

① [北魏]郦道元著，[清]戴震校勘：《水经注》第六册卷三十七，王云五主编《万有文库》，商务印书馆，1929 年，第 72 页。
② [汉]班固撰：《汉书》卷十六《高惠高后文功臣表》，中华书局，1962 年，第 621 页。
③ [汉]司马迁撰：《史记》卷十九《惠景间侯者年表》，中华书局，1959 年，第 985 页。

上举简文所见官职秩级除“二千石”“郡守”“诸侯相”“长沙相”外，其“丞相”“中二千石”“主爵都尉”皆属中央职官。《史记·孝景本纪》：“中五年（前145）……六月丁巳……更命诸侯丞相曰相。”[①]又“中六年（前144）……更命廷尉为大理，将作少府为将作大匠，主爵中尉为都尉，长信詹事为长信少府，将行为大长秋，大行为行人，奉常为太常，典客为大行，治粟内史为大农。”[②]《史记·五宗世家》：“太史公曰：……自吴楚反后，五宗王室，汉为置二千石，去‘丞相’曰‘相’，银印。”[③]《汉书·景帝纪》：“（中元）五年（前145）……更名诸侯丞相为相。”[④]《汉书·百官公卿表》载：“景帝中五年（前145）令诸侯王不得复治国，天子为置吏，改丞相曰相，省御史大夫、廷尉、少府、宗正、博士官，大夫、谒者、郎诸官长丞皆损其员。”[⑤]上举《史记》《汉书》相关记载内容皆相同。

汉初诸侯王国丞相与汉丞相地位相当，至景帝平息吴楚七国之乱后，中元五年（前145）改称相，降至与汉九卿同列，禄秩相同于中二千石。《汉书·景帝纪》：“后元年（前143）……三月，赦天下，赐民爵一级，中二千石、诸侯相爵右庶长。”[⑥]阎步克赞同“中二千石”的“中”指中央、京师之说，认为“中二千石”秩级的产生反映了中央官相对于地方郡国官地位的提升。[⑦]陈侃理撰文对此作了进一步阐述：“正如劳干指出并经由阎步克充分论证的那样，‘中二千石’本义是中央的二千石官，‘中’指中央、京师，与地方的郡国相对。大约在汉景帝中五年或稍后，中二千石成为一个更高的秩级，从二千石分化出来。……加上表职类的‘中’字，有意使之专属于中央官，避免制度性地用于地方官职。”[⑧]陈认为：“景帝后元年时，主要对应列卿官职的中二千石秩级已经形成，诸侯相的禄秩与中二千石相同。但上引史文并不以‘中二千石’涵盖诸侯相，这说明‘中二千石’意味着‘中央’二千石官，而诸侯相非汉之中央官，即便俸禄同于列卿中二千石，亦不能称‘中二千石’。”[⑨]孙正军在归纳中二千石秩级形成诸说，即文帝时说、景帝时说和武帝时说之后，引证文献与他人研究成果，对诸说再加辨析认为：“尽管文景二朝记载已零星出现似乎显示彼时存在‘中二千石’的文字，但这些‘中二千石’都不能被确切定为中二千石秩级，而更有可能维持其原初的中央二千石之意，中二千石成为秩级大约要等到武帝即位之后，从上举数例也可看出，中二千石秩级的形成并不晚至太初元年，极有可能在武帝在位前期的建元、元光时期即已形成。”同时，孙正军为其论点加注引《汉书·武帝纪》“建元元年（前140）冬十月，诏丞相、御史、列侯、中二千石、二千石、诸侯相举贤良方正直言极谏之士”这条文献时，仍谨慎认为：“上述文字仅见于《汉书·武帝纪》，《史记》叙述此次举贤良方正均未言及举荐者官职，而遍览西汉察举贤良、孝廉等诏令，迄未见到‘中二千石、二千石、诸侯相’的表述，东汉则较常见……笔者怀疑上述记载并非武帝诏令原文，其书写极有可能受到东汉察举诏令书法的影响，故不能据以推测中二千石秩级在建元初业已形成。”[⑩]这一颇显小心的态度，反映出作者观察事物的审慎。其实孙正军正文中的推论还是颇为严谨准确的，拙文所举简例9为其论点提供了一条出土文献的佐证。简书对官职表述序次为“中二千石、二千〈石〉、郡守、诸侯相”，除“二千”后漏抄“石”字重文符及增加“郡守”二字外，其表述序式与武帝建元元年举荐诏令并无大差异。故可证《汉书·武帝纪》所载之诏令当无误也，实乃当时朝廷诸类相关文书（包括察举诏令文书）的规范表述。上述诸学者对“二千石”“诸侯相”秩级属性以及中二千石秩级形成的时间的讨论与辨析，对于我们进一

---

① ［汉］司马迁撰：《史记》卷十二《孝景本纪》，中华书局，1959年，第445页。
② ［汉］司马迁撰：《史记》卷十二《孝景本纪》，中华书局，1959年，第446页。
③ ［汉］司马迁撰：《史记》卷五十九《五宗世家》，中华书局，1959年，第2104页。
④ ［汉］班固撰：《汉书》卷五《景帝纪》，中华书局，1962年，第148页。
⑤ ［汉］班固撰：《汉书》卷十九《百官公卿表》，中华书局，1962年，第741页。
⑥ ［汉］班固撰：《汉书》卷五《景帝纪》，中华书局，1962年，第150页。
⑦ 阎步克：《从爵本位到官本位：秦汉官僚品位结构研究》，生活·读书·新知三联书店，2009年，第285～322页。
⑧ 陈侃理：《汉代二千石秩级的分化》，《出土文献的世界·第六届出土文献青年学者论坛论文集》，中西书局，2018年，第145～150页。
⑨ 陈侃理：《汉代二千石秩级的分化》，《出土文献的世界·第六届出土文献青年学者论坛论文集》，中西书局，2018年，第145～150页。
⑩ 孙正军：《汉武帝朝的秩级整理运动——以比秩、中二千石、真二千石秩级的形成为中心》，《文史哲》2020年第5期，第62页。

步认识走马楼西汉简牍的年代颇有助益。由此可推上举简例的年代可在景中之后，太初之前。此外，简例10有见“主爵都尉”职官，主爵都尉本为中朝官，郡国不置。《汉书·百官公卿表》云：“主爵中尉，秦官，掌列侯。景帝中六年更名都尉，武帝太初元年更名右扶风，治内史右地……列侯更属大鸿胪。”①

以上简例所见“丞相”“中二千石”“诸侯相”“主爵都尉”“长沙相”等官职秩级名，参诸文献，其变更出现皆在景中元五年（前145）、六年（前144）至武帝建元年间，其使用通行当在此后的一段时期内。其变更时间明确，具有鲜明的时代政治印记。所举简文的性质或是朝廷下颁的诏书政令，或是朝廷某职府下移的行政文书，或是长沙国内部通行的文书。简文显见“中二千石”“主爵都尉”“长沙相”等职秩名，其年代只能是晚至景中五年（前145）之后至武帝建元、元光年间（前140—前129）。值得提到的是，纪年简牍中亦发现数枚载有帝王的纪年。如前揭历简择例所举之“五年二月己丑朔丁酉”（简0054）、“元年五月丙子朔己丑”（简0503）、“二年十一月癸酉朔戊戌”（简0379）即是。这是目前所见历朔明确的武帝纪年简，据朔日干支推定，均与武帝元朔五年（前124）、元狩元年（前122）、元狩二年（前121）相合。更为重要的是，有两条简文的内容为年代的断定，提供了十分明确的信息，兹录于下：

例12：

牒書：郡出錢買置傳車被章，毋大農責及隃侈不稱者各一牒，皆不宜出。

五年二月己丑朔丁酉，大農卒史熹劾。

二月己亥，大農令當時敢言郡大守卒人：移諸侯相，以律令【從】事，移夬（決）。敢告卒人。

卒史☑　　（简0054）

大农，“秦名治粟内史，汉初因之，景帝后元年更名为大农令。武帝太初元年更名大司农”②。大农令为中朝官，位列九卿，掌管国家钱谷租税等财政收入与支出。简文“大农令当时”，即为时任大农令郑当时，《汉书》有传。据《汉书·百官公卿表下》云：“元光五年，詹事郑当时为大农令，十一年免。”③元光五年（前130）到元狩三年（前120），郑当时为大农令，在任十一年。元狩四年（前119）颜异接任大农令。《汉书·郑当时传》云：“郑当时字庄，陈人也。其先郑君尝事项籍，籍死而属汉……郑君死孝文时。当时以任侠自喜，脱张羽于厄，声闻梁楚间。孝景时，为太子舍人。……武帝即位，当时稍迁为鲁中尉、济南太守、江都相，至九卿为右内史。以武安魏其时议，贬秩为詹事，迁为大司农。当时为大吏，戒门下：‘客至，亡贵贱亡留门（下）者。’执宾主之礼，以其贵下人。性廉，又不治产，印奉赐给诸公。然其馈遗人，不过具器食。……其推毂士及官属丞史，诚有味其言也，常引以为贤于己，未尝名吏，与官属言，若恐伤之。闻人之善言，进之上，唯恐后。山东诸公以此翕然称郑庄。……汉征匈奴，招四夷，天下费多，财用益屈，当时为大司农，任人宾客僦，入多逋负。司马安为淮阳太守，发其事，当时以此陷罪，赎为庶人。顷之，守长史，迁汝南太守，数岁，以官卒。……当时死，家亡余财。”④由此知郑当时于武帝元光五年（前130）任大农令，在位十一年。简文“五年”乃武帝元朔五年（前124），时郑为大农令第七年，尚在任内。此简所记乃大农府因某郡侯国购置传车未按大农令的规定，逾侈违制，构成职务犯罪，对此犯罪行为，下达了问责纠劾的文书，并通报各郡国。此乃长沙国所收录的大农府下行的文书，简文所记人物、姓名、官职等与传世文献所载可互为对应。大农令在武帝太初元年更名为大司农，故此简年代的上限在景帝后元三年（前141）之后，下限在太初元年（前104）之前。再检张培瑜《秦汉初朔闰表》、

① [汉]班固撰：《汉书》卷十九《百官公卿表》，中华书局，1962年，第736页。
② 安作璋、熊铁基：《秦汉官制史稿》，齐鲁书社，1984年，第167页。
③ [汉]班固撰：《汉书》卷十九《百官公卿表》，中华书局，1962年，第770页。
④ [汉]班固撰：《汉书》卷五十《郑当时传》，中华书局，1962年，第2323～2325页。

李忠林《秦至汉初朔闰表》，武帝元朔五年二月为己丑朔，与简文历朔皆合。九日为丁酉，日干支排入无冲突。[1]这为简牍年代的确定提供了有力的证据。

例 13：

甲午□□廿日辛卯，率臣請，下御史，有臣昧死請。

制曰：可。/ 二年十一月癸酉朔戊戌，大常平、丞祭下御史府，承書從事　　（简 0379+0391）

简例13请制诏书所记时任太常平可与文献记载相对应。《汉书·百官公卿表》载，元朔六年（前123），“绳侯周平为太常，四年坐不缮园陵，免”[2]。《汉书·高惠高后文功臣表》载，周平的曾祖乃高景侯周成，成以其父功封，“孝文后五年（前159），谋反，下狱死”。孝景中元年（前149），周平的父亲周应以周成孙绍封为（绳）侯。周平嗣父爵，元狩四年（前119），坐为太常不缮园屋，免。[3]《汉书》两表记载的内容基本相一致。

另据《百官公卿表》知，元狩元年（前122）乐安侯李蔡为御史大夫，一年迁。元狩二年（前121）三月戊寅（三月初八），丞相公孙弘薨。壬辰（三月二十二日），御史大夫李蔡为丞相。[4]由上引文献可以推知，简文所载“大常平”，即为太常周平，其时尚在任内，至元狩四年方坐免。明确了官职人名，又可反证简文所记年数朔日即为武帝元狩二年无疑。再检张培瑜、李忠林所作朔闰表，武帝元狩二年十一月为癸酉朔，与简文历朔相合，二十六日为戊戌，日干支排入无冲突。[5]御史大夫当为李蔡，蔡以军功封侯。[6]此诏书下御史府的时间为（元狩）二年十一月癸酉朔戊戌，即汉历十一月二十六日（前122年12月）。李蔡转年三月才接任丞相，实际上已到公历年（前121）的4月了，是故简文之二年十一月至三月之前御史大夫李蔡仍在任内。

大常的主要职责是宗庙礼仪，就是“欲令国家盛大、社稷长存，故称太常，以列侯为之，重宗庙也”。[7]太常主要属官有丞，《汉书·百官公卿表》说丞秩千石，实际上是太常的副职，有时也能作为太常的代表。[8]因简文而得知，大常之丞名祭。两人请治之事大概与皇家宗庙礼仪、陵寝管理方面有关。按诏书下达的程序，皇帝制曰可之后，须经由御史大夫下达给丞相，由丞相下发给朝中将军，二千石官员及郡国守相，再由守、相下发所属县、道、邑、侯国及都尉。故见请制诏书下御史府承书从事，再由御史府转经丞相府下达至长沙国。周平本人于数年后因不缮园陵罪坐免。

出土简文恰与传世文献所载互为应证，从而为简牍年代的确定，提供了颇具说服力的例证。

简文举例：

例 14：

九年五月乙未朔丁未，臨湘令堅、長賴丞尊守丞告尉謂倉、都

---

① 张培瑜：《中国先秦史历表·秦至汉初朔闰表》，齐鲁书社，1987年，第237页。李忠林：《秦至汉初历法研究》，中华书局，2016年。

② [汉]班固撰：《汉书》卷十九《百官公卿表》，中华书局，1962年，第773页。

③ [汉]班固撰：《汉书》卷十六《高惠高后文功臣表》，中华书局，1962年，第595页。

④ [汉]班固撰：《汉书》卷十九《百官公卿表》，中华书局，1962年，第773、774页。

⑤ 张培瑜：《中国先秦史历表·秦至汉初朔闰表》，齐鲁书社，1987年，第238页。李忠林：《秦至汉初历法研究》，中华书局，2016年。

⑥ [汉]班固撰：《汉书》卷十七《景武昭宣元成功臣表》云：“安乐侯李蔡。以将军再击匈奴得王，侯，二千户。（元朔四年）四月乙巳封，六年，元狩五年（前118），坐以丞相侵卖园陵道壖地，自杀。”（中华书局，1962年，第644页）按：《功臣表》称安乐侯，《百官表》则称乐安侯。

⑦ [汉]司马迁撰：《史记》卷十二《孝景本纪》云：“（中六年）更命廷尉为大理……奉常为太常。”《汉官仪》《后汉书·光武纪》注及《北堂书钞》设官部引。

⑧ 安作璋、熊铁基：《秦汉官制史稿》，齐鲁书社，2007年，第92页。

鄉，敢告宮司空、攸、南陽、將作定王后：定王后營徒髡鉗城旦、故大夫臨　（简 0591）

例 15：

湘泉陽里武，完城旦徒、官大夫攸大里兒，宮司空令史、公乘

攸臧郢里外，佐、公乘南陽平里不識，皆坐。武故為臨武丞，盜所　（简 0004）

例 16：

主守臧六百，公士以上盜，武毄宮司空獄，請主毄令史兒為

武擅解脱易桎。外、不識知武請兒，聽武請，為武擅解脱易桎。　（简 0546）

例 17：

論完為城旦，不劾論武，監臨見知縱故弗舉劾，外、不識，公士以

上，得，毄牢。駕論武笞百、釱止，髡鉗兒、外、不識，皆為城旦籍髡笞。　（简 0207）

上举简例为长沙国临湘县移告有关部门的关于临武丞武等人同谋共犯重罪，复治后的案决文书，案情分析详见对该案的初步考察一文。[①]简文有见“定王后营徒”一词，“定王”乃长沙王刘发的谥号，刘发逝于武帝元光六年（前 129），“定王后”当为刘发之嫡妻，“定王后营徒”为修造定王后陵墓茔域的刑徒。由是可知，定王之妻或为刘庸（定王嫡子）之母，当逝于其夫之后，彼时或在世，其陵墓尚在营造之中。从简文“九年五月乙未朔丁未”纪年朔日看，当为刘氏第二代长沙王刘庸在位时的第九年。刘庸于武帝元朔元年（前 128）继嗣王位，其九年当为刘庸在位时的王国纪年，而此时朝廷的纪年则为后来追记的武帝元狩三年（前 120），简文所记纪年朔日干支与张培瑜《秦汉初朔闰表》、李忠林《秦至汉初朔闰表》武帝元狩三年五月皆相合。尤应指出的是，涉案的宫司空狱史外与佐不识是因“监临见知纵故弗举劾”触犯了“见知之法”而判罪。“见知之法”又称“见知故纵，监临部主”之法。此法令文景间尚未出，只产生于武帝元光年间（前 134—前 129）。《史记》《汉书》皆有载，可为互证。《汉书·酷吏传》云：“赵禹者，斄人。……今上时，禹以刀笔吏积劳，稍迁为御史。上以为能，至太中大夫，与张汤论定诸律令，作见知，吏传得相监司。用法益刻，盖自此始。”[②]《汉书·百官公卿表》载，武帝元光六年（前 129），“中大夫赵禹为中尉”[③]。是知元光六年赵禹已迁为中尉，其作“见知之法”当在此年迁中尉前。《汉书·张汤传》云：“武安侯为丞相，征汤为史，荐补侍御史。治陈皇后巫蛊狱，深竟党与，上以为能，迁太中大夫。与赵禹共定诸律令，务在深文，拘守职之吏。”[④]《汉书·武帝纪》载，元光五年（前 130）七月乙巳，“皇后陈氏废，捕为巫蛊者，皆枭首”[⑤]。《汉书·外戚传孝武陈皇后》载：“元光五年，上遂穷治之，女子楚服等坐为皇后巫蛊祠祭祝诅，大逆无道，相连及诛者三百余人。”[⑥]由上引文献可知，巫蛊案事发于武帝元光五年七月间，张汤因治狱有功，深得武帝赏识，擢迁太中大夫。由此可推知，赵、张二人共定诸律令，作“见知”之法，当在武帝元光五年（前 130）七月之后至元光六年（前 129）之间。通过对举例简文“定王后”“见知之法”产生时间的辨析以及简文所载纪年朔日干支的比对，可推知，“临武丞武案事”只能

① 杨芬、宋少华：《长沙走马楼西汉简〈宫司空令史儿等为武擅解脱易桎弗举劾案〉初步考察》，《简帛研究·二〇二〇·秋冬卷》，广西师范大学出版社，2021 年，第 235 ~ 252 页。

② [汉]班固撰：《汉书》卷九十《酷吏传》，中华书局，1962 年，第 3651 页。

③ [汉]班固撰：《汉书》卷十九《百官公卿表》，中华书局，1962 年，第 771 页。

④ [汉]班固撰：《汉书》卷五十九《张汤传》，中华书局，1962 年，第 2638 页。

⑤ [汉]班固撰：《汉书》卷六《武帝纪》，中华书局，1962 年，第 164 页。

⑥ [汉]班固撰：《汉书》卷九十七上《孝武陈皇后》，中华书局，1962 年，第 3948 页。

是发生在武帝元光六年之后的事件，其王九年之纪对应的年代应当是武帝元狩三年（前 120）。

三、“都乡七年垦田租簿”年代讨论

“都乡七年垦田租簿”资料披露之后，陆续有学者围绕计簿格式、内容、田租征收[①]，纪年问题、田制、田租[②]，垦田性质、租簿性质[③]，乐人等问题[④]，展开了多方面探讨，这对于走马楼西汉简的深入研究起到了积极的推动作用。其中对于垦田租簿年代问题的讨论也引人关注，其讨论的范围已溢出“都乡七年垦田租簿”材料自身，而涉及整批简牍的年代，这本是出土文献整理研究的一个必然延续的过程，相信这种有益的探讨还将持续相当一段时间。

关于对“都乡七年垦田租簿”年代的讨论，目前来看大致分为两种意见。第一种意见认为“七年”应属长沙国纪年，为长沙王刘庸七年（前 122）。最先提出走马楼西汉简牍年代属武帝早期，其简文所见的“四年”至“九年”的纪年为长沙王刘庸纪年的意见，见于长沙简牍博物馆、长沙市文物考古研究所联合发掘组《2003 年长沙走马楼西汉简牍重大考古发现》（以下简称《发现》）一文。[⑤]其后马代忠先生在此基础上，结合参加释文整理所见的新材料，对“都乡七年垦田租簿”牍文所涉的年代及相关问题进行了初步考察，其在所撰《长沙走马楼西汉简〈都乡七年垦田租簿〉初步考察》（以下简称《考察》）一文中认为“七年，应属长沙国纪年，即长沙王刘庸七年”。[⑥]2017 年之后参与《长沙走马楼西汉简的整理与研究》课题组有关专家学者陆续发表文章，大多赞同“简牍的年代为武帝时期，简牍纪年为长沙王刘庸纪年”的意见。[⑦]有的学者认为，亦不排除在整理研究中仍有发现年代或早或晚简牍的可能。[⑧]第二种意见认为，“七年”为长沙王吴右七年，当是文帝前元元年（前 179），走马楼西汉简的年代为吕后至文帝时期。此为晋文先生在其《走马楼西汉简“都乡七年垦田租簿”的年代问题》（以下简称《年代问题》）一文中提出。[⑨]我们赞成第一种意见，认为晋文先生虽然对“都乡七年垦田租簿”的年代作了颇为细致的分析与梳理，其所做的推论也以简牍材料与文献为依据，但其对年代的结论，

---

① 朱德贵：《新出简牍与秦汉赋役制度研究》第二节《长沙走马楼西汉简牍所见“都乡七年垦田租簿”》，中国人民大学出版社，2021 年，第 93~109 页。

② 晋文：《走马楼西汉简〈都乡七年垦田租簿〉的年代问题》，《山东师范大学学报（社会科学版）》2021 年第 3 期，第 85~94 页。晋文：《秦汉土地制度研究》第五章《走马楼汉简中的田制等问题》，社会科学文献出版社，2021 年，第 170~209 页。

③ 高智敏：《秦及西汉前期的垦田统计与田租征收——以垦田租簿为中心的考察》，《简帛研究·二〇一七·春夏卷》，广西师范大学出版社，第 44~60 页。

④ 李立：《西汉时期乐人公职服务问题考论——以走马楼西汉简〈都乡七年垦田租簿〉为中心》，《中原文化研究》2021 年第 3 期，第 104~114 页。

⑤ 长沙简牍博物馆、长沙市文物考古研究所联合发掘组：《2003 年长沙走马楼西汉简牍重大考古发现》（宋少华、金平执笔），《出土文献研究》第 7 辑，上海古籍出版社，2005 年，第 61 页。

⑥ 马代忠：《长沙走马楼西汉简〈都乡七年垦田租簿〉初步考察》，《出土文献研究》第 12 辑，中西书局，2013 年，第 213~214 页。

⑦ 杨芬：《读长沙走马楼西汉简札记——纪年与证律》，《简帛研究·二〇一八·秋冬卷》，广西师范大学出版社，2019 年，第 230~237 页。李洪财：《走马楼西汉简的断代——兼谈草书的形成时间》，《简帛研究·二〇一八·秋冬卷》，广西师范大学出版社，第 238~251 页。欧扬：《走马楼西汉简刑制史料初探》，《简帛研究·二〇一八·秋冬卷》，广西师范大学出版社，2019 年，第 215~229 页。李均明、宋少华：《长沙走马楼西汉简狱政资料的整理与考证》，《出土文献研究》第 18 辑，中西书局，2019 年，第 150~158 页。王勇：《对走马楼西汉简“非纵火时擅纵火”的考察》，《出土文献研究》第 18 辑，中西书局，2019 年，第 159~167 页。杨芬、宋少华：《长沙走马楼西汉简〈官司空令史儿等为武擅解脱易桎弗举劾案〉初步考察》，《简帛研究·二〇二〇·秋冬卷》，广西师范大学出版社，2021 年，第 235~252 页。陈松长：《长沙走马楼西汉古井出土简牍概述》，《考古》2021 年第 3 期，第 97~108 页。熊曲、宋少华：《长沙走马楼西汉简临湘驾论血娄、齐盗脏案初探》，（韩国）庆北大学《东西人文》第 15 号，2021 年 4 月，第 137~156 页。邬文玲：《走马楼西汉简所见赦令初探》，《社会科学战线》2022 年第 4 期，第 119~129 页。李洪财：《从走马楼西汉简歧异干支谈汉初历法混用问题》，《社会科学战线》2022 年第 4 期，第 130~139 页。朱德贵：《新出简牍与秦汉赋役制度研究》第二节《长沙走马楼西汉简牍所见〈都乡七年垦田租簿〉》，中国人民大学出版社，2021 年，第 93~109 页。

⑧ 长沙简牍博物馆、长沙市文物考古研究所：《长沙市走马楼西汉古井及简牍发掘简报》，《考古》2021 年第 3 期，第 38~65 页。宋少华：《再论走马楼西汉简牍的年代》，（韩国）庆北大学《东西人文》第 16 号，2021 年 8 月，第 489~513 页。宋少华：《长沙走马楼西汉简牍所见年代疆域琐议》，《出土文献研究》第 20 辑，中西书局，2022 年。

⑨ 晋文：《走马楼西汉简〈都乡七年垦田租簿〉的年代问题》，《山东师范大学学报（社会科学版）》2021 年第 3 期，第 93 页。

仍存在可以讨论的空间。故不揣谫陋，对“七年垦田租簿”的年代以及与其相关的简牍年代问题略申管见，从以下六个方面予以讨论。

（一）关于汉简历朔材料公布数量的说明

《年代问题》认为：

> 《田租簿》的纪年推算还存在其他可能。从现已公布的材料看，认为“七年”就是刘庸七年的依据主要是以下历朔材料：
>
> 四年 二月乙未朔五月甲子朔
>
> 五年 二月己丑朔三月己未朔 四月戊子朔 六月丁亥朔 八月丁亥朔 九月丙辰朔
>
> 六年 四月壬子朔
>
> 七年 三月丁丑朔
>
> 八年 四月辛丑朔
>
> 九年 十一月丁酉朔
>
> 查验张培瑜《中国先秦史历表》，可知这些历朔确如整理者所说：“简文记录的四年、五年、六年的历朔，与汉武帝元朔四年、五年、六年的历朔相合。简文记录的七年、八年、九年的历朔亦与汉武帝元狩元年、二年、三年的历朔相合。”但所谓“相合”，实际只是与整理者提供的上述历朔相合，却并非与简文记录的所有相关历朔相合。[①]

对此，首先予以说明的是，2005年在《出土文献研究》第7辑上发表的《发现》一文，仅是一篇考古简讯的报道，并不合于考古发掘简报编写的体例与要求，其中还缺乏不少必备的要素，只是受托编辑部负责人之邀，作一简要的报道。当是之时，出土简牍的古井发掘工作结束未久，艰巨繁复的简牍清理揭剥等保护工作刚刚展开，其本身便是一项漫长、复杂、细致的工作过程，绝非短期内所能完成，实际上简牍的清洗揭剥工作至2005年才全部结束。该简讯所公布的走马楼西汉简历朔材料，仅据初步清洗的部分简牍材料，并与当时邀请来长指导汉简整理的胡平生、李均明两位先生共同讨论，对其年代、性质、价值等斟酌评估后，商定一个初步的意见，并非如《年代问题》一文所言：“实际只是与整理者提供的上述历朔相合。”这似乎容易让人理解为，简牍整理者对简牍纪年，只是选择发表与之相合的历朔，而并非与简文记录的所有相关历朔相合。

我们注意到《年代问题》在论述过程中还引征了《长沙市走马楼西汉古井及简牍发掘简报》（以下简称《简报》）、李洪财《走马楼西汉简的断代——兼谈草书的形成时间》（以下简称《断代》）二文中的相关的历朔材料。[②]《简报》在原《发现》的基础上已补充增加了三十余条历朔材料，《断代》中若剔除存疑者，亦公布了十余条历朔材料。想来《年代问题》在讨论历朔年代时已是看到，然而却未见将其一并纳入整体考察的范围之内，对整理者提供的历朔新材料，也只是选择性地采用相关材料，由此提出所谓“相合说”，似显偏颇。

其次需加说明的是，《发现》公布的历朔材料中，并未回避历朔不合者，附录简文中就附有“五年七月癸卯朔癸巳”历朔材料。[③]《年代问题》亦加引证并作析评：

---

① 晋文：《走马楼西汉简〈都乡七年垦田租簿〉的年代问题》，《山东师范大学学报（社会科学版）》2021年第3期，第89页。

② 长沙简牍博物馆、长沙市文物考古研究所：《长沙市走马楼西汉古井及简牍发掘简报》，《考古》2021年第3期，第38~65页。李洪财：《走马楼西汉简的断代——兼谈草书的形成时间》，《简帛研究·二〇一八·秋冬卷》，广西师范大学出版社，2019年，第238~251页。

③ 长沙简牍博物馆等：《2003年长沙走马楼西汉简牍重大考古发现》，《出土文献研究》第7辑，上海古籍出版社，2005年，第63页。

> 在整理者附录的简文中，便有着“五年七月癸卯朔”的明确记载。根据《中国先秦史历表》和李忠林《秦至汉初（公元前 246~前 104 年）朔闰表》，这个历朔和元朔五年（前 124）、元狩五年（前 118）的历朔并不相合，而且和吴臣五年（前 197）、吴回五年（前 189）、吴右五年（？）、吴著五年（前 173）、刘发五年（前 151）和刘庸五年（前 124）的历朔均不相合。可见“七年”为刘庸七年的推断，乃至整批汉简的年代推断，实际并不完全准确。另据胡平生研究，“五年七月癸卯朔”实际应为长沙王刘附昫五年七月癸卯朔，刘附昫五年即汉武帝太始元年（前 96）。[①]

《年代问题》在论证时对《简报》公布的比较完整“五年七月癸卯朔癸巳”之的释文、图版似乎未加关注，仅据“五年七月癸卯朔”在张培瑜、李忠林所推排的《秦汉朔闰表》中，与长沙国诸王五年历朔不合，便由此得出“可见‘七年’为刘庸七年的推断，乃至整批汉简的年代推断，实际并不完全准确”的结论，显得不够谨慎。胡平生先生虽认为“五年七月癸卯朔”为长沙王刘附朐五年，即汉武帝太始元年（前 96），但仍完整地呈录了朔日干支全文，对“癸巳”日不合朔提出质疑，认为是错误。[②]《简报》则将与“五年七年癸卯朔癸巳”相关的简 79、简 25 的图文全部发表，并在注 24 中提出对“五年七月癸卯朔癸巳”的商榷意见，认为是书误所致，当更为“五年十月辛卯朔癸巳”。[③]《简报》作者另又撰文论证其年代，联系简文内容，辨析该简历朔为刘庸五年，即武帝元朔五年（前 124），“五月七月癸卯朔癸巳”应更为“五月十月辛卯朔癸巳”。[④]李洪财先生近年亦撰文对将“五年七月癸卯朔癸巳”更为“五年十月辛卯朔癸巳”之说表示赞同，认为：“证明错误不能简单的对照当下各种历表不合为主要依据，而需要更多内容、形式以及校勘学才能定论。”[⑤]其分析颇见中肯，值得重视。

第三点需要说明的是，在其后展开的论述中用以比对走马楼汉简历朔材料，皆以《简报》《断代》已发表的历朔资料为依据。读者另可参考本报告第六章第三节《简牍的纪年与时代》之表二至表一〇。

（二）《西汉前中期相关历朔对照表》辩疑

《年代问题》一文公布了一幅《西汉前中期相关历朔对照表》（以下简称《对照表》）[⑥]，择取部分已发表的走马楼西汉简牍二年至九年的历朔材料与吕后四年至文帝三年（前 184—前 177）及武帝元朔二年至元狩三年（前 127—前 120）的部分历朔比较，由此推论走马楼西汉简的年代可能是吕后至文帝时期。其云：

> 不难看出，表中除了六年四月的“壬午”与“壬子”冲突外，三年至八年的所有历朔都完全相同。根据“二年十一月癸酉朔戊戌”（0379），可判断表中二年并不一定是指吕后四年或刘庸二年，[⑦]而根据九年四月有两个不同朔日，亦可判断表中九年并不一定是指文帝三年或刘庸九年。这表明走马楼汉简所记此表三年至八年历朔还可能是在吕后五年到文帝前元二年（前 183—前 178）。[⑧]

其《对照表》见右（表一七）。

① 晋文：《走马楼西汉简〈都乡七年垦田租簿〉的年代问题》，《山东师范大学学报（社会科学版）》2021 年第 3 期，第 89 页。
② 胡平生：《走马楼西汉简“牒书传舍屋墙垣坏败”考释》，《胡平生简牍文物论稿》，中西书局，2012 年，第 281 页。
③ 长沙简牍博物馆等：《长沙市走马楼西汉古井及简牍发掘简报》，《考古》2021 年第 3 期，第 58~62 页。
④ 宋少华：《再论走马楼西汉简牍的年代》，（韩国）庆北大学《东西人文》第 16 号，2021 年 8 月，第 489~513 页。
⑤ 李洪财：《从走马楼西汉简歧异干支谈汉初历法混用问题》，《社会科学战线》2022 年第 4 期，第 132 页。
⑥ 晋文：《走马楼西汉简〈都乡七年垦田租簿〉的年代问题》，《山东师范大学学报（社会科学版）》2021 年第 3 期，第 90 页。
⑦ 关于“二年十一月癸酉朔戊戌与九年四月有两个不同朔日”的问题，待到本节第五小节再作讨论。
⑧ 晋文：《走马楼西汉简〈都乡七年垦田租簿〉的年代问题》，《山东师范大学学报（社会科学版）》2021 年第 3 期，第 90~91 页。

《年代问题》虽未说明比对的张培瑜《中国先秦史历表》中何种历法，但我们经过仔细比较之后发现，《年代问题》所选用的出土汉简二年至九年的历朔材料只是与张培瑜《秦汉朔闰表》中吕后四年至文帝三年的“实历”与“颛顼历”的历朔相比对，虽多相合，却与“汉历”多不合，而且历朔比对还有采用“实历”与“颛顼历”交叉互补的方式，取其相合者而列之。故依据《对照表》所列上表的对应年代另作一表（表一八），详列张培瑜《秦汉朔闰表》中同期实历、颛历、汉历的朔闰干支及考古发掘简报、他人论文中已发表的西汉历简朔日干支记录要素较完备者（疑似、残缺者皆剔除）予以比对。[①]

表一七　　西汉前中期相关历朔对照表[②]

西汉前期	二	三	四	五	六	七	八	九	十一	西汉前期	二	三	四	五	六	七	八	九	十一	简牍纪年
吕后四年									戊申	元朔二年									戊申	二年
五年	辛未				己巳	己亥				三年	辛未				己巳	己亥				三年
六年	乙未			甲子						四年	乙未			甲子						四年
七年	乙丑[③]	己未	戊子		丁亥		丁亥	丙辰		五年	己丑	己未	戊子		丁亥		丁亥	丙辰		五年
八年			壬午							六年			壬子							六年
文帝元年		丁丑								元狩元年		丁丑								七年
二年			辛丑							二年			辛丑							八年
三年		丙申	乙丑						丁酉	三年		乙未	乙丑						丁酉	九年

说明：本表依据张培瑜《中国先秦史历表》、李洪财《走马楼西汉简的断代——兼谈草书的形成时间》而制定。

从表一八中可见：

1. 高后五年（前 183）二月朔，实历、颛历皆为辛未，汉历为壬申，汉简三年二月辛未朔。
2. 高后五年（前 183）六月朔，实历、颛历皆为己巳，汉历为庚午，汉简三年六月己巳朔。
3. 高后五年（前 183）七月朔，实历、颛历皆为己亥，汉历为庚子，汉简三年七月己亥朔。
4. 高后六年（前 182）二月朔，实历、颛历皆乙未，汉历为丙申，汉简四年二月乙未朔。
5. 高后六年（前 182）五月朔，实历为癸亥、颛历为甲子，汉历为甲子，汉简四年二月甲子朔。
6. 高后六年（前 182）七月朔，实历、颛历皆癸亥，汉历为癸亥，汉简四年七月癸亥朔。
7. 高后六年（前 182）八月朔，实历、颛历皆壬辰，汉历为癸巳，汉简四年八月壬辰朔。
8. 高后七年（前 181）十月朔，实历、颛历皆辛卯，汉历为壬辰，汉简五年十月辛卯朔。
9. 高后七年（前 181）二月朔，实历为己丑，颛历为庚寅，汉历为庚寅，汉简五年二月己丑朔。
10. 高后七年（前 181）三月朔，实历为戊午，颛历为己未，汉历为庚申，汉简五年三月己未朔。
11. 高后七年（前 181）四月朔，实历为戊子，颛历为己丑，汉历为己丑，汉简五年四月戊子朔。
12. 高后七年（前 181）六月朔，实历为丁亥，颛历为戊子，汉历为戊子，汉简五年六月丁亥朔。
13. 高后七年（前 181）八月朔，实历为丙戌，颛历为丁亥，汉历为丁亥，汉简五年八月丁亥朔。
14. 高后七年（前 181）九月朔，实历、颛历皆为丙辰，汉历为丁巳，汉简五年九月丙辰朔。

---

① 用于比对的走马楼汉简历朔，采自李洪财：《走马楼西汉简的断代——兼谈草书的形成时间》，《简帛研究·二〇一八·秋冬卷》，广西师范大学出版社，2019 年，第 238~251 页。长沙简牍博物馆、长沙市文物考古研究所：《长沙市走马楼西汉古井及简牍发掘简报》，《考古》2021 年第 3 期，第 38~65 页。

② 晋文：《走马楼西汉简〈都乡七年垦田租簿〉的年代问题》，《山东师范大学学报（社会科学版）》2021 年第 3 期，第 90 页。

③ 张培瑜：《中国先秦史历表·秦汉初朔闰表》，高后七年二月朔，实历为“己丑”。颛历、殷历、汉历皆为“庚寅”，此疑《对照表》将实历“己丑”误印为“乙丑”。又，晋文：《秦汉土地制度研究》，表 5–1 已更为“己丑”，社会科学文献出版社，2021 年，第 179 页。

表一八　　《秦汉初朔闰表》实历、颛顼历、汉历朔日干支与走马楼汉简朔日干支对照表

西汉前期	历名	十	十一	十二	正	二	三	四	五	六	七	八	九	后九
高后四年（前184）	实	戊寅	戊申	丁丑	丁未	丁丑	丙午	丙子	乙巳	乙亥	甲辰	甲戌	癸卯	
	颛	己卯	戊申	戊寅	丁未	丁丑	丁未	丙子	丙午	乙亥	乙巳	甲戌	甲辰	
	汉	己卯	己酉	戊寅	戊申	丁丑	丁未	丁丑	丙午	丙子	乙巳	乙亥	甲辰	
二年	汉简①		戊申											
高后五年（前183）	实	癸酉	壬寅	壬申	辛丑	辛未	庚子	庚午	庚子	己巳	己亥	戊辰	戊戌	丁卯
	颛	癸酉	癸卯	壬申	壬寅	辛未	辛丑	庚午	庚子	己巳	己亥	己巳	戊戌	戊辰
	汉	甲戌	癸卯	癸酉	壬寅	壬申	辛丑	辛未	庚子	庚午	庚子	己巳	己亥	戊辰
三年	汉简					辛未				己巳	己亥			
高后六年（前182）	实	丁酉	丙寅	丙申	乙丑	乙未	甲子	甲午	癸亥	癸巳	癸亥	壬辰	壬戌	
	颛	丁酉	丁卯	丙申	丙寅	乙未	乙丑	甲午	甲子	癸巳	癸亥	壬辰	壬戌	
	汉	戊戌	丁卯	丁酉	丙寅	丙申	乙丑	乙未	甲子	甲午	癸亥	癸巳	壬戌	
四年	汉简					乙未			甲子		**癸亥**	**壬辰**		
高后七年（前181）	实	辛卯	辛酉	庚寅	庚申	己丑	戊午	戊子	丁巳	丁亥	丁巳	丙戌	丙辰	
	颛	辛卯	辛酉	辛卯	庚申	庚寅	己未	己丑	戊午	戊子	丁巳	丁亥	丙辰	
	汉	壬辰	壬戌	辛卯	辛酉	庚寅	庚申	己丑	己未	戊子	戊午	丁亥	丁巳	
五年	汉简	**辛卯**				己丑	己未	戊子		丁亥		丁亥	丙辰	
高后八年（前180）	实	丙戌	乙卯	乙酉	甲寅	甲申	癸丑	壬午	壬子	辛巳	辛亥	庚辰	庚戌	庚辰
	颛	丙戌	乙卯	乙酉	甲寅	甲申	甲寅	癸未	癸丑	壬午	壬子	辛巳	辛亥	庚辰
	汉	丙戌	丙辰	乙酉	乙卯	乙酉	甲寅	甲申	癸丑	癸未	壬子	壬午	辛亥	辛巳
六年	汉简		**乙酉**					壬子	**壬午**	**辛亥**			**庚辰**	
文帝元年（前179）	实	庚戌	己卯	己酉	戊寅	戊申	丁丑	丙午	丙子	乙巳	乙亥	甲辰	甲戌	
	颛	庚戌	己卯	己酉	戊寅	戊申	丁丑	丁未	丙子	丙午	丙子	乙巳	乙亥	
	汉	庚戌	庚辰	己酉	己卯	戊申	戊寅	丁未	丁丑	丁未	丙子	丙午	乙亥	
七年	汉简		**己卯**		**戊寅**	**戊申**	丁丑		**丙子**		**乙亥**	**乙巳**		
文帝二年（前178）	实	癸卯	癸酉	癸卯	癸酉	壬寅	壬申	辛丑	庚午	庚子	己巳	戊戌	戊辰	戊戌
	颛	甲辰	甲戌	癸卯	癸酉	壬寅	壬申	辛丑	辛未	庚子	庚午	己亥	己巳	己亥
	汉	乙巳	甲戌	甲辰	癸酉	癸卯	壬申	壬寅	辛未	辛丑	庚午	庚子	己巳	己亥
八年	汉简	**甲辰**	**癸酉**	**癸卯**				辛丑	**辛未**	**庚子**				**戊戌**
文帝三年（前177）	实	丁卯	丁酉	丁卯	丁酉	丙寅	丙申	乙丑	甲午	甲子	癸巳	壬戌	壬辰	
	颛	戊辰	戊戌	丁卯	丁酉	丙寅	丙申	乙丑	乙未	甲子	甲午	癸亥	癸巳	
	汉	己巳	戊戌	戊辰	丁酉	丁卯	丙申	丙寅	乙未	乙丑	甲午	甲子	癸巳	
九年	汉简		丁酉		**丙申**	**丙寅**	乙未	乙丑	**乙未**	**甲子**	**甲午**			

说明：本表依据张培瑜《中国先秦史历表》而制作。表中汉简朔日干支字体加粗者为《对照表》所未选，计24条。字体未加粗者为《对照表》所择选，计16条。

① 走马楼西汉简，表中简称“汉简”。按：《对照表》所列简牍纪年“二年十一月戊申”朔、“九年三月乙未”朔，走马楼出土汉简中并无此两个历朔的记载，亦未做过披露，不知《对照表》所据何来，故填涂灰色示意以作区别。

15. 高后八年（前 180）十一月朔，实历、颛历皆为乙卯，汉历为丙辰，汉简六年十一月乙酉朔。
16. 高后八年（前 180）四月朔，实历为壬午，颛历为癸未，汉历为甲申，汉简六年四月壬子。
17. 高后八年（前 180）五月朔，实历为壬子，颛历为癸丑，汉历为癸丑，汉简六年五月壬午朔。
18. 高后八年（前 180）六月朔，实历为辛巳，颛历为壬午，汉历为癸未，汉简六年六月辛亥朔。
19. 高后八年（前 180）九月朔，实历为庚戌，颛历为辛亥，汉历为辛亥，汉简六年九月庚辰朔。
20. 文帝前元元年（前 179）十一月朔，实历、颛历皆为己卯，汉历为庚辰，汉简七年十一月己卯朔。
21. 文帝前元元年（前 179）正月朔，实历、颛历皆为戊寅，汉历为己卯，汉简七年正月戊寅朔。
22. 文帝前元元年（前 179）二月朔，实历、颛历皆为戊申，汉历为戊申，汉简七年二月戊申朔。
23. 文帝前元元年（前 179）三月朔，实历、颛历皆为丁丑，汉历为戊寅，汉简七年三月丁丑朔。
24. 文帝前元元年（前 179）五月朔，实历、颛历皆为丙子，汉历为丁丑，汉简七年五月丙子朔。
25. 文帝前元元年（前 179）七月朔，实历为乙亥，颛历为丙子，汉历为丙子，汉简七年七月乙亥朔。
26. 文帝前元元年（前 179）八月朔，实历为甲辰，颛历为乙巳，汉历为丙午，汉简七年八月乙巳朔。
27. 文帝二年（前 178）十月朔，实历为癸卯，颛历为甲辰，汉历为乙巳，汉简八年十月甲辰朔。
28. 文帝二年（前 178）十一月朔，实历为癸酉，颛历为甲戌，汉历为甲戌，汉简八年十一月癸酉朔。
29. 文帝二年（前 178）十二月朔，实、颛历皆为癸卯，汉历为甲辰，汉简八年十二月癸卯朔。
30. 文帝二年（前 178）四月朔，实历、颛历皆为辛丑，汉历为壬寅，汉简八年四月辛丑。
31. 文帝二年（前 178）五月朔，实历为庚午，颛历为辛未，汉历为辛未，汉简八年五月辛未朔。
32. 文帝二年（前 178）六月朔，实历、颛历皆为庚子，汉历为辛丑，汉简八年六月庚子朔。
33. 文帝二年（前 178）后九月朔，实历为戊戌，颛历为己亥，汉历为己亥，汉简八年后九月戊戌朔。
34. 文帝三年（前 177）十一月朔，实历为丁酉，颛历为戊戌，汉历为戊戌，汉简九年十一月丁酉。
35. 文帝三年（前 177）正月朔，实历、颛历皆为丁酉，汉历为丁酉，汉简九年正月丙申朔。
36. 文帝三年（前 177）二月朔，实历、颛历皆为丙寅，汉历为丁卯，汉简九年二月丙寅朔。
37. 文帝三年（前 177）四月朔，实历、颛历皆为乙丑，汉历为丙寅，汉简九年四月乙丑朔。
38. 文帝三年（前 177）五月朔，实历为甲午，颛历为乙未，汉历为乙未，汉简九年五月乙未朔。
49. 文帝三年（前 177）六月朔，实历、颛历皆为甲子，汉历为乙丑，汉简九年六月甲子朔。
40. 文帝三年（前 177）七月朔，实历为癸巳，颛历为甲午，汉历为甲午，汉简九年七月甲午朔。

以上所举 40 例历朔材料，经比对统计：高后五年（前 183）至文帝前元三年（前 177）间，实历、颛历与汉简三年至九年间历朔相合者有 19 例，即高后五年二月、六月、七月，六年二月、七月、八月，七年十月、九月，文帝前元元年十一月、二月、三月、五月，文帝前元二年十二月、四月、六月，三年二月、四月、六月；独取实历与汉简历朔相合者为 7 例，即高后七年二月、四月、六月，文帝前元元年七月，文帝前元二年十一月、后九月，文帝前元三年十一月；独取“颛历”与汉简历朔相合者为 8 例，即高后六年五月，七年三月、八月，文帝前元元年八月，文帝前元二年十月、五月，文帝三年五月、七月。完全不相合者 6 例，即高后八年十一月、四月、五月、六月、九月，文帝前元三年正月。两历相合者仅占总数的 47.5% 左右；单历相合者：实历占 17.5%，颛历占 20%，不合者占 15%。反观汉历与汉简三年至九年间历朔比对，其相合者仅 7 例，即序号为 5、6、13、22、31、38、40 者，不合者为 33 例，占总比 82.5%。暂且不论两者之间的年代是否能真正对应，仅就比对方法而言，采用实历、颛历双历相合或互搭相合的方式是否恰当颇值讨论。出土历简的朔日干支比对何类历法为宜，我们不妨再回看一下张培瑜先生对秦汉初期朔闰表所列数类历法的说明：

实——实朔干支（即用现代天文方法计算所得实朔干支）；颛——颛项历；殷——殷历；

汉——依新出秦汉简牍复杂的汉初历法；初——另一法复原的汉初历法。仅列出与上法相异处。[①]

其实张培瑜先生在该书《前言》中对复原的汉初历法已作了清晰的阐述：

> 由于近年来纪日秦汉简牍接连出土，这个问题可以说基本上解决了。我们根据新出土秦汉历日材料复原了汉初历法。现在知道汉初所用历法虽也是四分法，但与颛顼历、殷历上元及气朔不同。它既不是殷历，也不是颛顼历，而是一种新的历法。本书根据“汉初历法”的法数推出了秦汉初朔闰表。同时列出用殷历、颛项历方法计算所得的结果，以资比对。[②]

由于张培瑜先生《中国先秦史历表》一书出版甚早，其中自会存在某些不足。此后三十余年间各地出土历简材料日益丰富，其后来学人的科研成果也日渐累积，更趋严谨完备。此亦可借助后出之新成果、新材料来验证前辈学贤之推断与考论。据此，先以徐锡琪先生《西周（共和）至西汉历谱》、李忠林先生《秦至汉初历法研究》之《秦至汉初朔闰表》与之比对，其高后五年（前 185）至文帝前元三年（前 177）的历朔与张培瑜先生《秦汉初朔闰表》中依新出秦汉简牍复原的汉初历法——汉历所推算出的历朔，两者基本上完全相合，而与走马楼汉简二年至九年的历朔大多不合。[③]其次，以近年湖北荆州胡家草场 M12 出土西汉简牍为例，李志芳、蒋鲁敬两位先生将胡家草场 M12 出土西汉“历简”的朔日干支与张培瑜《秦汉初朔闰表》比对后认为：“文帝后元元年（前 163）至武帝太初元年（前 104）每年朔日干支多与《先秦史历表》‘秦汉初朔闰表’中依出土秦汉简牍复原的汉初历法吻合，个别略有出入，与湖北随州孔家坡汉简，山东临沂银雀山汉简历日基本一致。”[④]蒋鲁敬先生在此基础上将各家历法推算结果作更为细致的比对后认为：

> “历”简中对应文帝后元元年（前 163）至武帝元封六年（前 105）的朔日干支，与《西周（共和）至西汉历谱》《中国先秦史历表》“秦汉初朔闰表”中依出土秦汉简牍复原的汉初历法所推算的朔日干支大多相吻合。[⑤]

既然胡家草场出土西汉“历”简的朔日干支与《秦汉初朔闰表》中“汉历”所推算的朔日干支大多相吻合，作为出土文献的走马楼西汉简，其朔日干支的比对，当宜以张培瑜先生据“汉初历法”的法数推出的“汉历”为其基本的依据，再辅以近来重要研究成果如徐锡琪《西周（共和）至西汉历谱》、李忠林《秦至汉初历法研究》等及重要考古发现作为参证，似为更加妥当。从本节列表比对的结果表明，走马楼西汉简的年代应不属吕后至文帝时期。

（三）长沙王吴右纪年推考

《年代问题》将《对照表》中走马楼汉简所记三年至八年历朔，对应到吕后五年至文帝二年，其强调云：

---

① 张培瑜：《中国先秦史历表凡例》，齐鲁书社，1987 年，凡例，第 2 页。
② 张培瑜：《中国先秦史历表凡例》，齐鲁书社，1987 年，前言，第 4 页。
③ 徐锡琪：《西周（共和）至西汉历谱》，北京科技出版社，2016 年，第 1315~1330 页。另按：徐书“汉文帝前元元年七月丙午”朔，核该书六月二十九日干支为“乙亥”，七月二日干支为“丁丑”，七月朔日干支当为“丙子”，“丙午”朔疑为印误，见氏著第 1326 页。李忠林：《秦至汉初历法研究》，中华书局，2016 年，第 226~231 页。
④ 李志芳、蒋鲁敬：《湖北荆州市胡家草场西汉墓 M12 出土简牍概述》，《考古》2020 年第 2 期，第 22 页。
⑤ 蒋鲁敬：《胡家草场 M12 出土竹简中的“历”与“日至”初探》，《简帛》第二十三辑，上海古籍出版社，2021 年，第 54 页。

"究其原因，这固然是考虑当时的田租乃十五税一。"[①]出于这一原因的需要，《对照表》将《史记》《汉书》所载长沙恭王吴右在位时间对应高后、文帝的在位时间自作了一番微调并解释道：

> 案《史记·汉兴以来诸侯王年表》《汉书·异姓诸侯王表》，恭王吴右（若）七年均为吕后八年（前180）。但前者记恭王在位九年，如孝文三年（前177），长沙"靖王著元年"；后者记恭王在位八年，孝文二年，长沙"靖王产嗣"。这种现象主要是源于史家对当年嗣立还是次年嗣立的混乱记载。若吴右在位的最后一年确实是《史记》记载的文帝二年，而吴右的在位时间又确实是《汉书》记载的八年，那么吴右七年便应当是文帝前元元年（前179）。这意味着吕后至文帝时期亦大致与上述公布的历朔相合。[②]

这种将《史记》《汉书》明确记载长沙恭王吴右在位的第七年为高后八年（前180），下调至文帝前元元年（前179）的做法，固然可以满足《对照表》所设置年代比对的需求，但是将《汉书》所载吴右在位第八年，即文帝前元元年（前179），擅挪至《史记》所载吴右在位的第九年的年位上，即文帝前元二年（前178），从而将吴右七年顺势下调至文帝前元元年（前179），这种过于牵强的调补年位的方法似乎欠妥。仅是对传世文献所做的更改解说而引起的连锁反应，由此所产生的系列问题，恐是《对照表》设计者未曾预料。兹试作辨析：

首先，依据《史记·汉兴以来诸侯王年表》《汉书·异姓诸侯王表》的记载，两表所载恭王吴右嗣位时间及前三王即吴芮、吴臣、吴回的在位时间、年数是基本一致，是清楚明确的（表一九）。

表一九 《史记》《汉书》所载长沙国吴氏诸王纪年比对表

汉纪年	嗣、在位年	薨年	汉纪年	嗣、在位年	薨年
高祖五年（前202）	二月乙未衡山王吴芮为长沙王（在位4月）	文王吴芮六月	汉五年（前202）	二月乙未王吴芮始（在位4月）	六月
高祖六年（前201）	成王臣元年（在位8年）	孝惠六年（前194）	汉六年（前201）	成王臣嗣（在位8年）	孝惠六年（前194）
孝惠二年（前193）	哀王回元年（在位7年）	高后元年（前187）	孝惠二年（前193）	哀王回嗣（在位7年）	高后元年（前187）
高后二年（前186）	恭王右元年（在位9年）	孝文前元二年（前178）	高后二年（前186）	共王若嗣（在位8年）	孝文元年（前179）
孝文前元三年（前177）	靖王著元年（在位21年）	孝文后元七年（前157）	孝文二年（前178）	靖王产嗣（在位22年）	孝文后元七年（前157）

说明：据《史记》卷十七《汉兴以来诸侯王年表》第807~838页、《汉书》卷十三《异姓诸侯王表》第366~387页。

前贤王先谦在梳证这一段史实时，其《汉书补注》（以下简称《补注》）基本是沿袭《汉书》的说法（表二〇）。

表二〇 《汉书补注》所载汉长沙国吴氏诸王年表

序号	诸王谥名	汉长沙国吴氏诸王嗣位薨年
1		（汉）四年（前203）九月初置长沙国
2	文王吴芮	（汉）五年（前202）二月乙未吴芮始，六月薨

① 晋文：《走马楼西汉简〈都乡七年垦田租簿〉的年代问题》，《山东师范大学学报（社会科学版）》2021年第3期，第90~91页。
② 晋文：《走马楼西汉简〈都乡七年垦田租簿〉的年代问题》，《山东师范大学学报（社会科学版）》2021年第3期，第90~91页。

续表二〇

序号	诸王谥名	汉长沙国吴氏诸王嗣位薨年
3	成王吴臣	（汉）六年（前 201）成王臣嗣，孝惠帝元年（前 194）臣八年
4	哀王吴回	孝惠帝二年（前 193），哀王回嗣，高后元年（前 187）（回）七年
5	共（恭）王吴若（右）	高后二年（前 186），共王若嗣，孝文元年（前 179）（若）八年
6	靖王吴产（著）[1]	孝文二年（前 178），靖王产嗣，（孝文）后元七年（前 157）（产）二十二年来朝，薨，无子国除

说明：据《汉书》卷十三《异姓诸侯王表》第 366~387 页。

从以上所举二表的比较中可以清楚地看到，《史记》《汉书》对长沙恭（共）王吴右（若）嗣位的时间记载明确，皆为高后二年（前 186），由此下推恭王吴右七年只能是对应高后八年（前 180）。所存不同只是吴右七年之后的在位年数，《史记》载吴右在位 9 年，薨于孝文前元二年（前 178）。《汉书》《补注》载共（恭）王吴若（右）在位 8 年，薨于孝文前元元年（前 179）。其薨年相差一年，虽有影响，但也只会影响到吴右七年之后最终的在位年数及后来嗣位的靖王吴著在位的年数。《史记》载靖王吴著在位为 21 年，《汉书》载靖王吴产（著）在位为 22 年。这在《史记》《汉书》各列的《诸侯王年表》《异姓诸侯王表》中记载得非常清楚。面对史家存在不同的说法，后来研究者通常采取较为慎重的态度，或从一家之言，或并举两家之说，参酌比较而取其信者，差别之处保留，不作改变，供学者自作考量。复观今之治地方史志学者，对于西汉吴氏长沙王诸王在位年数，或从史迁之说，或随班书之言，相互之间并无扞格，[2]更不必以甲长而适乙短。

其次，倘若为求证恭王吴右七年必是对应文帝前元元年的话，也须先解决好《史记》《汉书》共同认定的，吴右嗣位高后二年（前 186）与吴右七年在高后八年（前 180）这一关键性的前提，而不应仅仅因为某种原因而自做更改。细阅《年代问题》设计的《西汉前中期相关历朔对照表》，其对年代朔日干支对应的整体编排，恐是为了证明走马楼西汉简的年代属于高后至文帝时期的结论所做的铺垫，将《汉书》所载恭王吴右在位八年中的最后一年（前 179）变成《史记》所载恭王吴右在位九年中的最后一年（前 178），由此顺理成章地将吴右七年从高后八年（前 180），变成了文帝前元元年（前 179），从而成为“都乡七年垦田租簿”为高后至文帝时期说的合法理据。

我们以为，这种自改传世文献有关王国纪年的方式非但不够严谨，其结果还容易造成吴氏长沙王年表上的混乱，产生一系列连锁反应的问题。假设恭王吴右七年果如《对照表》所说在文帝前元元年（前 179）的话，那么吴右元年必然会下移为高后三年（前 185），《对照表》虽未排列出高后三年与吴右元年的对应栏，但其编年自身的逻辑顺序已体现出这种年代对应关系。如此一来，《史记》《汉书》所共载吴右元年在高后二年（前 186）的年位则会空置出来，那么这一年又该归属哪一位王的在位年或薨年呢？倘若恭王吴右之前三王都循此法依次下移一年而不留空档的话，其所造成的不合之处岂不更多，其所产生的连锁变化与问题岂不与《史记》《汉书》所载相悖更远。即便空置的高后二年（前 186）不与前三王有所关联，其所空置的原因，又该作何种解释。由此看来，当改变前提或前提错误时，一年之差虽在毫厘之间，但其结果或结论所造成困惑始终难以纾解。通过以上辨析，我们认为《年代问题》之《对照表》所编排的

---

① [清]王先谦：《汉书补证》，中华书局，1983 年，第 151~157 页。

② 伍新福主编《湖南通史·古代卷》从《史记》说，吴右在位九年（前 186—前 178）（湖南出版社，1994 年，第 156 页）。罗庆康《长沙国研究》从《史记》说，吴右（前 186—前 178）在位九年（湖南人民出版社，1998 年，第 12~33 页）。长沙市志编纂委员会《长沙市志》第一卷从《史记》说，吴右高后二年（前 186）嗣位，文帝二年（前 178）卒（湖南人民出版社，2004 年，第 66 页）。何旭红《汉代长沙国考古发现与研究》从《汉书》说，吴右在位八年（前 186—前 179）（岳麓书社，2013 年，第 3 页）。

年代对应关系，尤其是将恭王吴右七年移位至文帝前元元年（前 179）的推论，显得依据不足，论证似过随意，存在着颇多可商榷探讨之处。

兹将《史记》《汉书》所载长沙恭王吴右、长沙康王刘庸即位后的前九年与张培瑜先生《中国先秦史历表 · 秦汉初朔闰表》之“汉历”（表中简称“历表”）、李忠林先生《秦至汉初历法研究 · 秦至汉初朔闰表》（表中简称“历法”）同年历朔分作一表，通过与表二一、表二二所列走马楼西汉简牍历朔材料相比对（表中简称“汉简”，朔日干支下编号为简牍清理序号），或可进一步厘清走马楼西汉简牍的年代。

表二一　汉长沙国恭王吴右元年至九年（吕后二年至文帝二年）与走马楼西汉简牍朔日干支比对表

朝廷纪年	来源	10	11	12	1	2	3	4	5	6	7	8	9	后 9	王国纪年
吕后二年（前 186）	历表	辛酉	辛卯	庚申	庚寅	己未	己丑	戊午	戊子	丁巳	丁亥	丙辰	丙戌	乙卯	恭王吴右元年
	历法	辛酉	辛卯	庚申	庚寅	己未	己丑	戊午	戊子	丁巳	丁亥	丙辰	丙戌	乙卯	
元年	汉简														
三年（前 185）	历表	乙酉	乙卯	甲申	甲寅	癸未	癸丑	壬午	壬子	辛巳	辛亥	庚辰	庚戌		二年
	历法	乙酉	乙卯	甲申	甲寅	癸未	癸丑	壬午	壬子	辛巳	辛亥	庚辰	庚戌		
二年	汉简														
四年（前 184）	历表	己卯	己酉	戊寅	戊申	丁丑	丁未	丁丑	丙午	丙子	乙巳	乙亥	甲辰		三年
	历法	己卯	己酉	戊寅	戊申	戊寅	丁未	丁丑	丙午	丙子	乙巳	乙亥	甲辰		
三年	汉简					辛未 796				己巳 1282	己亥 2015				
五年（前 183）	历表	甲戌	癸卯	癸酉	壬寅	壬申	辛丑	辛未	庚子	庚午	庚子	己巳	己亥	戊辰	四年
	历法	甲戌	癸卯	癸酉	壬寅	壬申	辛丑	辛未	庚子	庚午	庚子	己巳	己亥	戊辰	
四年	汉简					乙未 6			甲子 46		癸亥 632	壬辰 324			
六年（前 182）	历表	戊戌	丁卯	丁酉	丙寅	丙申	乙丑	乙未	甲子	甲午	癸亥	癸巳	壬戌		五年
	历法	戊戌	丁卯	丁酉	丙寅	丙申	乙丑	乙未	甲子	甲午	癸亥	癸巳	壬戌		
五年	汉简	辛卯 79				己丑 54	己未 47	戊子 504		丁亥 506		丁亥 107	丙辰 42		
七年（前 181）	历表	壬辰	壬戌	辛卯	辛酉	庚寅	庚申	己丑	己未	戊子	戊午	丁亥	丁巳		六年
	历法	壬辰	壬戌	辛卯	辛酉	庚寅	庚申	己丑	己未	戊子	戊午	丁亥	丁巳		
六年	汉简		乙酉 538					壬子 187	壬午 467	辛亥 528			庚辰 699		
八年（前 180）	历表	丙戌	丙辰	乙酉	乙卯	乙酉	甲寅	甲申	癸丑	癸未	壬子	壬午	辛亥	辛巳	七年
	历法	丙戌	丙辰	乙酉	乙卯	乙酉	甲寅	甲申	癸丑	癸未	壬子	壬午	辛亥	辛巳	
七年	汉简		己卯 257		戊寅 138	戊申 389	丁丑 645		丙子 513		乙亥 191	乙巳 115			
文帝元年（前 179）	历表	庚戌	庚辰	己酉	己卯	戊申	戊寅	丁未	丁丑	丁未	丙子	丙午	乙亥		八年
	历法	庚戌	庚辰	己酉	己卯	戊申	戊寅	丁未	丁丑	丁未	丙子	丙午	乙亥		
八年	汉简	甲辰 368	癸酉 379	癸卯 293				辛丑 666	辛未 795	庚子 542				戊戌 1806	
二年（前 178）	历表	乙巳	甲戌	甲辰	癸酉	癸卯	壬申	壬寅	辛未	辛丑	庚午	庚子	己巳	己亥	吴右九年史① 吴产元年汉②
	历法	乙巳	甲戌	甲辰	癸酉	癸卯	壬申	壬寅	辛未	辛丑	庚午	庚子	庚午	己亥	
九年	汉简		丁酉 1805		丙申 557	丙寅 575		乙丑 1145	乙未 177	甲子 1004	甲午 1798				

① 《史记》表中简称《史》。
② 《汉书》表中简称《汉》。

表二二 汉长沙国康王刘庸元年至九年（武帝元朔元年至元狩三年）与走马楼西汉简牍朔日干支比对表

武帝纪年	来源	10	11	12	1	2	3	4	5	6	7	8	9	后9	王国纪年《史记》
元朔元年（前128）	历表	甲申	甲寅	癸未	癸丑	壬午	壬子	辛巳	辛亥	庚辰	庚戌	庚辰	己酉		
	历法	甲申	甲寅	癸未	癸丑	壬午	壬子	辛巳	辛亥	庚辰	庚戌	庚辰	己酉		康王刘庸元年①
元年	汉简														
二年（前127）	历表	己卯	戊申	戊寅	丁未	丁丑	丙午	丙子	乙巳	乙亥	甲辰	甲戌	癸卯		
	历法	己卯	戊申	戊寅	丁未	丁丑	丙午	丙子	乙巳	乙亥	甲辰	甲戌	癸卯		二年
二年	汉简														
三年（前126）	历表	癸酉	癸卯	壬申	壬寅	辛未	辛丑	庚午	庚子	己巳	己亥	戊辰	戊戌	丁卯	
	历法	癸酉	癸卯	壬申	壬寅	辛未	辛丑	庚午	庚子	己巳	己亥	戊辰	戊戌	丁卯	三年
三年	汉简					辛未 796				己巳 1282	己亥 2015				
四年（前125）	历表	丁酉	丙寅	丙申	乙丑	乙未	乙丑	甲午	甲子	癸巳	癸亥	壬辰	壬戌		
	历法	丁酉	丙寅	丙申	乙丑	乙未	乙丑	甲午	甲子	癸巳	癸亥	壬辰	壬戌		四年
四年	汉简					乙未 6			甲子 46		癸亥 632	壬辰 324			
五年（前124）	历表	辛卯	辛酉	庚寅	庚申	己丑	己未	戊子	戊午	戊子（丁亥）	丁巳	丁亥	丙辰	丙戌	
	历法	辛卯	辛酉	庚寅	庚申	己丑	己未	戊子	戊午	丁亥	丁巳	丁亥	丙辰	丙戌	五年
五年	汉简	辛卯 79				己丑 54	己未 47	戊子 504		丁亥 506		丁亥 107	丙辰 42		
六年（前123）	历表	乙卯	乙酉	甲寅	甲申	癸丑	癸未	壬子	壬午	辛亥	辛巳	庚戌	庚辰		
	历法	乙卯	乙酉	甲寅	甲申	癸丑	癸未	壬子	壬午	辛亥	辛巳	庚戌	庚辰		六年
六年	汉简		乙酉 538					壬子 187	壬午 467	辛亥 528			庚辰 699		
元狩元年（前122）	历表	庚戌	己卯	己酉	戊寅	戊申	丁丑	丁未	丙子	丙午	乙亥	乙巳	甲戌		
	历法	庚戌	己卯	己酉	戊寅	戊申	丁丑	丁未	丙子	丙午	乙亥	乙巳	甲戌		七年
七年	汉简		己卯 257		戊寅 138	戊申 389	丁丑 645		丙子 513		乙亥 191	乙巳 115			
二年（前121）	历表	甲辰	癸酉	癸卯	壬申	壬寅	壬申	辛丑	辛未	庚子	庚午	己亥	己巳	戊戌	
	历法	甲辰	癸酉	癸卯	壬申	壬寅	壬申	辛丑	辛未	庚子	庚午	己亥	己巳	戊戌	八年
八年	汉简	甲辰 368	癸酉 379	癸卯 293				辛丑 666	辛未 795	庚子 542				戊戌 1806	
三年（前120）	历表	戊辰	丁酉	丁卯	丙申	丙寅	乙未	乙丑	乙未	甲子	甲午	癸亥	癸巳		
	历法	戊辰	丁酉	丁卯	丙申	丙寅	乙未	乙丑	乙未	甲子	甲午	癸亥	癸巳		九年
九年	汉简		丁酉 1805		丙申 557	丙寅 575		乙丑 1145	乙未 177	甲子 1004	甲午 1798				

① 长沙王刘庸谥号《史记》云"康王"，《汉书》云"戴王"，本表从《史记》说。

通过表二一、表二二的比较，我们可以清楚地看到：按照《史记》所载长沙恭王吴右元年至九年（前186～前178）的纪年时间（按：《汉书》所载为八年），表二一所列《历表》与《历法》朔闰干支与走马楼西汉简牍朔闰干支比对皆不相合，即便是《对照表》所采用的实历与颛历互搭的方式亦多不相合（可参比前揭表十七、表十八）。而按照《史记》所载长沙康王刘庸元年至九年（前128—前120）的纪年时间（按：《汉书》所载刘庸元年至九年为前127—前119，均晚一年），表二二所列《历表》与《历法》朔闰干支与走马楼西汉简牍朔闰干支比对则基本相合。因此，我们认为走马楼西汉简牍的年代应属武帝时期。

（四）从西汉前期置闰的规律上观察走马楼汉简的年代

为进一步深入探讨“七年垦田租簿”及与之相关的走马楼西汉简牍整体的年代，我们可以从汉历置闰的角度再作观察。从前文所举的表二一、表二二两表中，我们注意到长沙恭王吴右元年至九年，即高后二年（前186）至文帝前元二年（前178）间与长沙康王刘庸元年至九年，即武帝元朔元年（前128）至元狩三年（前120）间，在置闰的排闰序位上有明显的不同，表现为：长沙恭王吴右九年中置闰年位为元年、四年、七年、九年，长沙康王刘庸九年中置闰年位为三年、五年、八年。这种变化产生的原因颇值关注。近年来一些历法专家学者的研究成果为探究这一原因提供重要的依据，亦为甄别走马楼西汉简的年代提供了一个新的观察视角。

关于古代置闰的基本规律，李忠林先生认为：

> 我们知道，现代天文学测得的朔望月平均长度为29.530589日，回归年为365.24219879日，一回归年较十二个朔望月还长10.87513079日，这样至少两个平年前后均为闰年。也就是说，存在两年一闰和三年一闰两种模式，即“（闰）—平—闰”和“（闰）—平—平—闰”。而且我们很容易证明不会出现“（闰）—平—闰—平—闰”这种模式，而只能是“（闰）—平—闰—平—平—闰”或“（闰）—平—平—闰—平—闰”这种模式。古代历法虽疏，但岁实和朔策与真值的差距总在百分位以后，因此这一规律在阴阳合历的置闰法则中具有普适性。[①]

李忠林在考察置闰法则在秦至汉初实际应用的情况后认为：

> 从秦王政元年至汉太初改历前的实际置闰年份可以通过出土文献和《史记》、《汉书》纪志中的“后九月”记录考得，这个工作张培瑜、陈久金等先生曾做过，陈久金的考证最为翔实，他共考得这一时期的实际置闰年份36个，其中11个是史书直接有后九月记载的年份，其余为推得的，这些推得的闰年是可信的，许多得到了新出历简的证实。[②]

李忠林在前人考证的基础上，制作出秦至汉初实际闰年表并根据新出历简又补充9个闰年（表二三）。[③]

---

① 李忠林：《秦至汉初历法研究》，中华书局，2016年，第101页。
② 李忠林：《秦至汉初历法研究》，中华书局，2016年，第100页。
③ 李忠林：《秦至汉初历法研究》，中华书局，2016年，第103页。

表二三 秦至汉初（前 246 — 前 104）实际闰年表

闰							
245	226	207	188	169	150	131	112
244	225	206	187	168	149	130	111
闰	闰	闰	闰	闰	闰	闰	闰
242	223	204	185	166	147	128	109
241	222	203	184	165	146	127	108
闰	闰	闰	闰	闰	闰	闰	闰
239	220	201	182	163	144	125	106
238	219	200	181	闰	闰	闰	闰
（闰）	闰	闰	闰	161	142	123	104
236	217	198	179	160	141	122	——
（闰）	闰	闰	闰	闰	闰	闰	——
234	215	196	177	158	139	120	——
233	214	195	176	157	138	119	——
（闰）	闰	闰	闰	闰	闰	闰	——
231	212	193	174	155	136	117	——
230	211	192	173	154	135	116	——
（闰）	闰	闰	（闰）	闰	闰	闰	——
228	209	190	171	152	133	114	——
（闰）	闰	闰	（闰）	闰	闰	闰	——

说明：采自李忠林《秦至汉初历法研究》中《秦至汉初（公元前 246—前 104 年）实际闰年表》。表中填涂灰色处为本报告所加。

李忠林先生认为该表置闰出现变化的原因是：

这一时期置闰遵循了“3—3—3—2—3—3—2”的规律，只是在文帝后元元年（公元前 163 年）出现了变革，这一变革显然不是临时调整的，此后一直遵照新改的方式排闰，也可以看作在公元前 169 年至前 162 年，这段时间里一次性排入了一个“3—3—2”的小闰周，当然这样做的目的是为了调历，出土历简和传世文献也从不同侧面反映了这次历法变革，这一点陈久金和张培瑜也曾有过讨论。①

李忠林在论述秦至汉初（前 246 —前 104），使用不同历法时说到：

许多学者都注意到了文帝时期的历改，据《汉书》载，文帝曾“召公孙臣以为博士，草立土德时历制度，更元年”……我们也注意到了公元前 162 年置闰的变革，即将公元前 161 年的闰月提前到了公元前 162 年，种种迹象表明了这一年有过历改。②

① 李忠林：《秦至汉初历法研究》，中华书局，2016 年，第 117 页。原注：张培瑜：《新出土秦汉简牍中关于太初前历法的研究》，陈久金、陈美东：《从元光历谱及马王堆帛书天文资料试探颛顼历问题》，均载于中国社会科学院考古研究所编《中国古代天文文物论集》，文物出版社，1989 年，第 69~103 页。

② 李忠林：《秦至汉初历法研究》，中华书局，2016 年，第 144 页。

从李忠林制作的《秦至汉初（公元前 246—前 104 年）实际闰年表》中可以看到，文帝后元时期的改历，即将公元前 161 年的闰月提前到了公元前 162 年，导致文帝后元元年（前 163）至武帝太初元年（前 104）在置闰年位排序上发生了变化（见表二三填涂灰色处）。虽然改历后依然遵循置闰的规律，但由于置闰年位原来的排序已经改变，因而改历后置闰年位便呈现出新的变化。这种改历前后的变化不仅在李忠林《秦至汉初（公元前 246—前 104 年）实际闰年表》中看得非常清楚，而且在汉长沙国吴、刘两氏长沙王，特别是恭王吴右、康王刘庸王国纪年的置闰年位上也得到了充分的验证。以下将高后至武帝年间长沙国吴右、吴著、刘发、刘庸嗣位后元年至九年的置闰年位，在《秦至汉初（公元前 246—前 104 年）实际闰年表》中标识出来，做一对比。诸王即位、在位时间、薨年皆从《史记》说。

表二四　　西汉长沙国诸王（元年至九年）置闰年位对比表（公元前纪年）[①]

朝廷纪年	王国纪年	置闰年位	朝廷纪年	王国纪年	置闰年位	朝廷纪年	王国纪年	置闰年位	朝廷纪年	王国纪年	置闰年位	朝廷纪年	王国纪年	置闰年位
惠帝七	吴回六	前 188	十一	九	前 169	七	六	前 150	四	廿五	前 131	五	十七	前 112
高后元年	七	前 187	十二	十	前 168	中元	七	前 149	五	廿六	前 130	六	十八	前 111
二	吴右元年	前 186（闰）	十三	十一	前 167（闰）	二	八	前 148（闰）	六	廿七	前 129（闰）	元封元年	十九	前 110（闰）
三	二	前 185	十四	十二	前 166	三	九	前 147	元朔元年	刘庸元年	前 128	二	廿	前 109
四	三	前 184	十五	十三	前 165	四	十	前 146	二	二	前 127	三	廿一	108 前
五	四	前 183（闰）	十六	十四	前 164（闰）	五	十一	前 145（闰）	三	三	前 126（闰）	四	廿二	前 107（闰）
六	五	前 182	后元	十五	前 163	六	十二	前 144	四	四	前 125	五	廿三	前 106
七	六	前 181	二	十六	前 162（闰）	后元	十三	前 143（闰）	五	五	前 124（闰）	六	廿四	前 105（闰）
八	七	前 180（闰）	三	十七	前 161	二	十四	前 142	六	六	前 123	太初元年	廿五	前 104
文帝元年	八	179 前	四	十八	前 160	三	十五	前 141	元狩元年	七	前 122	二	廿六	前 103
二	九	前 178（闰）	五	十九	前 159（闰）	武帝建元	十六	前 140（闰）	二	八	前 121（闰）	三	廿七	前 102
三	吴著元年	前 177	六	二十	前 158	二	十七	前 139	三	九	前 120	四	廿八	前 101
四	二	前 176	七	二十一	前 157	三	十八	前 138	四	十	前 119			
五	三	前 175（闰）	景帝前元		前 156（闰）	四	十九	前 137（闰）	五	十一	前 118（闰）			
六	四	前 174	二	刘发元年	前 155	五	廿	前 136	六	十二	前 117			
七	五	前 173	三	二	前 154	六	廿一	前 135	元鼎元年	十三	前 116			
八	六	前 172（闰）	四	三	前 153（闰）	元光元年	廿二	前 134（闰）	二	十四	前 115（闰）			
九	七	前 171	五	四	前 152	二	廿三	前 133	三	十五	前 114			
十	八	前 170（闰）	六	五	前 151（闰）	三	廿四	前 132（闰）	四	十六	前 113（闰）			

① 此表据李忠林《秦至汉初（公元前 246—前 104 年）实际闰年表》制作。表中填涂灰色处为诸王即位后元年至九年置闰年位的标识。

从表二四的四王即位后前九年置闰年位的比较可以看到：长沙恭王吴右，高后二年（前186）即位，在位九年（前186—前178）中其置闰时段恰处在一个大置闰模式中的前一小闰周内，其元年则嵌入首个三年一闰组的闰年。若用数字图形表示，即 3—3—3—2—3—3—2 ，体现在置闰年位上则为王（吴右）元年、四年、七年、九年。长沙靖王吴著，孝文前元三年（前177）即位，在位二十一年，孝文后元七年薨（前157）。即位后前九年（前177—前169），置闰时段与恭王右同处在一个大置闰模式中后一小闰周，余尾一年则跨入文帝改历排入的一个"3—3—2"小闰周之首，若用数字图形表示，即 3—3—3—2—3—3—2 3—3—2，体现在置闰年位上则为王（吴著）三年、六年、八年。长沙定王刘发，景帝二年（前155）即位，在位二十七年，武帝元光六年（前129）薨，即位后前九年（前155—前147）置闰时段，位于一个大置闰模式的中段，横跨前后二个小闰周，用数字图形表示，即 3—3—3—2—3—3—2 体现在置闰年位上则为王（刘发）三年、五年、八年。长沙康王刘庸，武帝元朔元年（前128）即位，在位二十八年，武帝太初四年（前100）薨。即位后前九年（前128—前120）的置闰时段则是横跨于二个大置闰模式之间，前五年位于前一大置闰模式内后一小闰周内，后四年处在后一大置闰模式内前一小闰周内，用数字图形表示，即 3—3—3—2—3—3—2 3—3—3—2—3—3—2，体现在置闰年位上，则为王（刘庸）三年、五年、八年。现将吴、刘四王即位后前九年置闰年位数字图形排比如下（图形中填灰色处表示置闰时段）：

1. 长沙恭王吴右 3—3—3—2—3—3—2
2. 长沙靖王吴著 3—3—3—2—3—3—2 3—3—2
3. 长沙定王刘发 3—3—3—2—3—3—2
4. 长沙康王刘庸 3—3—3—2—3—3—2 3—3—3—2—3—3—2

从以上排比的数字图形中可以看出，诸王即位后前九年的置闰年位上存在着明显的差别。其差别不仅表现数字图形上的排列，更体现在置闰年位的实际状况。这种状况产生的结果有二：

一、吴氏二王置闰时段因位于3—3—3—2或3—3—2置闰模式的序位上，其置闰的年位便出现元年、四年、七年、九年与三年、六年、八年这样两种结果。

二、刘氏二王置闰时段皆位于3—2—3的序位上，其置闰的年位只会产生三年、五年、八年一种结果。

造成这种结果的原因如前所述，皆因文帝时期的改历影响到置闰模式内排闰序次发生变化。发现这些微小的差别的存在，揭示这种差别的意义，恰可成为我们观察出土历朔年代新的视角。联系到前揭所举《年代问题》一文之《西汉前中期相关历朔对照表》，无论该文作者将长沙恭王吴右即位之年，按《史记》《汉书》所载，确定在吕后二年（前186），还是自下移至吕后三年（前185）；无论是将吴右七年按《史记》《汉书》所言确定在吕后八年（前180），还是自下移至文帝元年（前179），其置闰的年位都不会因此而改变。若在吕后二年（前186）即位，置闰年位只能是元年、四年、七年、九年；若在吕后三年（前185）即位，置闰年位只能是三年、六年、八年，绝不会出现置闰年位在三年、五年、八年的情况。同理长沙康王刘庸即位后前九年的置闰年位，只能是三年、五年、八年的结果，绝不会与长沙恭王吴右置闰年位相同，即便是按照《汉书》载刘庸即位之年为武帝元朔二年（前127），其置闰年位只会变成二年、四年、七年，而不会出现元年、四年、七年、九年的结果。

在这里，我们可以说置闰年位的不同恰是判定年代不同的一个重要标识。至此，我们再回头审视走马楼西汉简牍历朔材料的年代，虽然其四年至七年的简文中并无置闰后九月的明确记载，但却可通过相邻纪年月份中已知的月朔进行推求；并可在李忠林《秦至汉初朔闰表》中得以验证。

由于出土汉简元年、二年、三年的材料偏少，八年已见置闰后九月的历朔简文，故不列作观察对象（见前揭表二二）。兹选四年、五年、六年、七年的置闰情况做一个比较。

先检四年，据表五、表六、表二二载：简 0324 为四年八月壬辰朔戊午，简 0079 为五年〈十〉月癸〈辛〉卯朔癸巳。[①]检李忠林《秦至汉初朔闰表》，武帝元朔四年八月壬辰朔，元朔四年九月壬戌朔，元朔五年十月辛卯朔。[②]经推算比对，汉简四年八月壬辰朔（前 125 年 9 月 9 日）至五年十月辛卯朔（前 125 年 11 月 7 日）之间为 59 天，仅有二个月的天数，即八月之 30 天，九月之 29 天，可证四年未置闰后九月。

次检五年，据表六、表七、表二二载：简 0042 为五年九月丙辰朔戊午，简 0538 为六年十一月乙酉朔丙戌。检李忠林《秦至汉初朔闰表》，武帝元朔五年九月丙辰朔，元朔五年后九月丙戌朔，元朔六年十月乙卯朔，元朔六年十一月乙酉朔。[③]经推算比对，汉简五年九月丙辰朔至六年十一月乙酉朔之间相隔 89 天，恰为三个月的天数，即九月之 30 天，后九月之 29 天，十月之 30 天，可证五年置闰后九月。

次检六年，据表七、表八、表二二载：简 0699 为六年九月庚辰朔癸卯，简 0257 为七年十一月己卯朔乙酉。检李忠林《秦至汉初朔闰表》，武帝元朔六年九月庚辰朔，元狩元年十月庚戌朔，元狩元年十一月己卯朔。[④]经推算比对，汉简六年九月庚辰朔至七年十一月己卯朔之间相隔 59 天，仅为二个月的天数，即九月之 30 天，十月之 29 天，由此可证六年未置闰后九月。

再检七年，据表八、表九、表二二载：简 0115 为七年八月乙巳朔壬申、简 0368 为八年十月甲辰朔丁卯。检李忠林《秦至汉初朔闰表》，武帝元狩元年八月乙巳朔，元狩元年九月甲戌朔，元狩二年十月甲辰朔。[⑤]经推算比对，汉简七年八月乙巳朔至八年十月甲辰朔之间相隔 59 天，仅为二个月的天数，即八月之 29 天，九月之 30 天，由此可证七年未置闰后九月。

通过所列历朔材料推求比较，我们看到，走马楼汉简除五年置闰外，其四年、六年、七年均未置闰。因八年置闰已有历朔材料可证，其九年不置闰亦明。这与李忠林《秦至汉初（公元前 246—前 104 年）实际闰年表》及张培瑜《中国先秦史历表》中武帝元朔、元狩年间置闰的情况完全相合。据此反观长沙恭王吴右元年至九年即吕后二年（前 186）至文帝前元元年（前 178）的置闰情况，其三年（前 184）、五年（前 182）、八年（前 179）未置闰甚明。且不论置闰后九月朔日干支是否相合，仅是置闰年份便与康王刘庸不合，已是非常清楚了。通过以上论析可以推定，长沙走马楼西汉简牍的年代应属武帝时期。目前出土汉简历朔资料显示，尚未发现按《汉书》所载刘庸在武帝元朔二年（前 127）即位之后的置闰证据。换言之，《史记》所载康王刘庸即位与在位的时间，得到了走马楼西汉简置闰历朔材料的支持。这也是本报告论述西汉前期长沙国诸王年代世系时择从《史记》说的缘由。

（五）走马楼汉简年代判定的其他旁证

除了运用推求置闰年位的方法之外，我们需要强调的是，讨论简牍的年代，不仅要关注历朔材料本身，更要关注历朔与简文内容之间的联系，在未比较完整地了解内容之前，不宜匆下结论，否则结论往往会有失偏颇。例如：《年代问题》曾对两枚走马楼西汉简的年代提出了质疑，认为：

---

① 长沙简牍博物馆、长沙市文物考古研究所：《长沙市走马楼西汉古井及简牍发掘简报》，《考古》2021 年第 3 期，第 38~65 页。《简报》注 24 指出简 79 月份、历朔为书误。当更为“五年十月辛卯朔癸巳”。本文前揭第一部分“关于汉简历朔材料公布数量的说明”已予以说明。参见宋少华：《再论走马楼西汉简牍的年代》，（韩国）庆北大学《东西人文》第 16 号，2021 年 8 月，第 489~513 页。李洪财：《从走马楼西汉简歧异干支谈汉初历法混用问题》，《社会科学战线》2022 年第 4 期，第 238~251 页。

② 李忠林：《秦至汉初历法研究》，中华书局，2016 年，第 262 页。按：李表载元朔四年八月壬辰朔，公历为前 125 年 9 月 8 日，实当为公历 9 月 9 日，8 日疑为印误。

③ 李忠林：《秦至汉初历法研究》，中华书局，2016 年，第 262~263 页。

④ 李忠林：《秦至汉初历法研究》，中华书局，2016 年，第 264 页。

⑤ 李忠林：《秦至汉初历法研究》，中华书局，2016 年，第 264 页。

《长沙市走马楼西汉古井及简牍发掘简报》公布了两枚西汉皇帝的纪年简，即“元年五月丙子朔已丑”（0503）和“二年十一月癸酉朔戊戌”（0379）。作者据此认为：“这是目前所见历朔明确的武帝纪年简。据朔日推算，其不仅与武帝元狩元年（前122）、元狩二年（前121）相合，亦与长沙王刘庸七年、八年的纪年相合，两者恰可互为印证，从而为简牍年代的确定，提供了比较有说服力的旁证。”其实不然。根据《中国先秦史历表》，这两枚简的朔日同样与文帝元年、二年相合，亦同样与长沙王吴右七年、八年的纪年相合。可见其年代问题也确有进一步探讨的必要。[①]

是否确如《年代问题》一文所认为的那样，我们可从不同角度展开分析。

首先，就历朔比对本身而言，若是对标张培瑜《秦汉朔闰表》，前揭第二节已用事例说明宜以比对汉历为妥。《简报》公布的“元年五月丙子朔己丑”（简0503）和“二年十一月癸酉朔戊戌”（简0379）两枚历简，其年朔日干支与张培瑜《秦汉朔闰表 · 汉历》武帝元狩元年五月、二年十一月的朔日比对，其结果完全相合。李忠林《秦至汉初朔闰表》、徐锡琪《西周（共和）至西汉历谱》之武帝元狩元年五月、二年十一月朔日干支亦与之相合。[②]而与文帝前元元年五月丁丑朔、二年十一月甲戌朔干支则不合。[③]检视《年代问题》所称相合者，其所比对的则是《秦汉初朔闰表》中的实历与颛顼历，即文帝前元元年（前179）五月，实历、颛历皆为丙子朔，汉历为丁丑；前元二年（前178）十一月实历为癸酉朔，颛历为甲戌，汉历为甲戌。比对何种历法更为合宜，前揭已做辨析，此不赘。至于长沙恭王吴右七年能否如作者所愿与文帝元年对应，还是遵从《史记》《汉书》所载与吕后八年对应，前揭亦做有关论述，此亦不再复述。

其次，分析历朔的年代还应与简文内容紧密联系。现将《简报》公布的与西汉朝廷纪年相关简文列举如下：

例18：

元年五月丙子朔己丑，右倉昌敢言之：廷下長沙内史、臨湘書曰：遣令史農夫是丞相六年計，楝〈校〉終〈繆〉

長一牒。六年長沙臨湘少内禁錢計，付大倉右倉禾稼計。茹卵一石，受二石；合青笥二合；韋橐（简0503）

例19：

二枚，受四。不相應，處寫〈實〉入所言。謹案：大倉右倉禾稼計，五年實受臨湘少内禁錢計，茹卵一石、韋橐二枚，聶廣各尺五寸 （简0505）

例20：

六年六月癸〈辛〉亥朔乙亥[④]，右倉佐□敢言之：廷下臨湘書，使令史農夫輸六年茹卵一石及所

① 晋文：《走马楼西汉简〈都乡七年垦田租簿〉的年代问题》，《山东师范大学学报（社会科学版）》2021年第3期，第90页。

② 张培瑜：《中国先秦史历表 · 秦汉朔闰表》，第238页。李忠林：《秦至汉初历法研究 · 秦至汉初朔闰表》，第263、264页。徐锡琪《西周（共和）至西汉历谱》，第1440、1441页。

③ 张培瑜：《中国先秦史历表 · 秦汉朔闰表》，第230页。李忠林：《秦至汉初历法研究 · 秦至汉初朔闰表》，第229、230页。徐锡琪《西周（共和）至西汉历谱》，第1328、1329页。

④ 简508“六月癸亥朔”为书误，当更为“辛亥朔”。根据与案情相关联的众多历朔干支材料，反复比校，其年代与武帝元朔六年至元狩元年历朔均相合，故据此订正。

盛餝物，受
爲報。今已受，謁移臨湘。定以如校，付大倉右倉禾稼計，計六年，大倉上校大農府。它如書。
令農夫校，敢言之。　　（简 0508）

上列三例简文皆属“六年长沙临湘少内禁钱计付大仓右仓禾稼计误脱案”的相关文书，其年代与“元年”有关。案情梗概：因（元狩）元年（前 122）朝廷有关机构在审核长沙国临湘县少内元朔六年（前 123）奉输至大农太仓的调物及校券（临湘少内禁钱计）时，发现临湘少内所付校券中书写的物品数量与太仓右仓核收实物的账目不符。经往复核查，终于查清乃临湘少内某佐坚在移送太仓元朔六年（前 123）的校付券书中，未将所书物品数量说明应为五年与六年两年的合计物数，而只书写成六年之数，遂造成误脱案事。从三例简文内容、用语、行文格式及运行方向看，当属中央大农府下属机构大仓之右仓的上行文书。例 20 或为案情取证所涉当年右仓与临湘往复文书的副本。其所用纪年当是遵用朝廷纪年。邬文玲先生从该涉案简文“元年”“四月丙辰赦”入手，结合传世、出土文献记载，对简文所涉年代作了细致的梳理与考辩，认为：“元朔六年，元狩元年、元狩三年分别对应刘庸六年、七年、九年，其中‘（元狩元年）夏四月赦天下’，应即走马楼西汉简所见‘四月丙辰赦’。”[①]论析透彻，其说可从。

再次，我们还可从简文所见职官名称考辨其年代。例 20 简 0508 所见“大仓上校大农府”，“大农”职官名在“长沙临湘少内禁钱计付大仓右仓禾稼计误脱案”文书中有数见。《汉书·百官表》云：“治粟内史，秦官，掌谷货，有两丞。景帝后元元年（前 143）更名大农令，武帝太初元年（前 104）更名大司农。”[②]又云：“高帝元年（前 206）执盾襄为治粟内史。景帝后元二年（前 142）大农令惠。武帝元光五年（前 130）詹事郑当时为大农令，十一年免。武帝元鼎元年（前 116）大农令张成。武帝天汉元年（前 100）大司农桑弘羊。”[③]据文献记载可知“大农”职官之名出现在景帝后元元年，倘若“元年”为文帝前元元年（前 179）的话，此时“大农”则应称“治粟内史”。故据“大农”职官更名的时间推考简文的年代，其上限在景帝后元元年（前 143）之后，其下限在武帝太初元年（前 104）之前。涉及中央大农职官、人名的相关考证，可参见本节之二。联系此案相关历朔年代，考其职官及任者姓名，此简所载“大农”，当为武帝元狩元年（前 122），时任大农令郑当时所在之大农府。[④]

例 21：
甲午□□廿日辛卯，率臣請，下御史，有臣昧死請
制曰可ノ二年十一月癸酉朔戊戌，大常平、丞祭下御史府，丞〈承〉書從事　　（简 0379+0391）

例 21 简文应属汉朝皇帝制可诏书下行传抄件的残篇。“太常”，职官名。《史记·孝景本纪》云：“中六年（前 144）……更命廷尉为大理，将作少府为将作大匠，主爵中尉为都尉，长信詹事为长信少府，将行为大长秋，大行为行人，奉常为大常，典客为大行，治粟内史为大农。”[⑤]《汉书·百官公卿表》云：“奉常，

① 邬文玲：《走马楼西汉简所见赦令初探》，《社会科学战线》2022 年第 4 期，第 119~129 页。
② ［汉］班固撰：《汉书》卷十九《百官公卿表》，中华书局，1962 年，第 731 页。
③ ［汉］班固撰：《汉书》卷十九《百官公卿表》，中华书局，1962 年，第 746、766、770、780、785 页。
④ 参看宋少华：《再论走马楼西汉简牍的年代》，（韩国）庆北大学《东西人文》第 16 号，2021 年 8 月，第 489~513 页。有关“大农”的讨论，前揭第 129 页已有论述，可参见。
⑤ ［汉］司马迁撰：《史记》卷十二《孝景本纪》，中华书局，1959 年，第 446 页。

秦官，掌宗庙礼仪，有丞。景帝中六年更名太常。”[①]检核《汉书·百官公卿表》，孝惠七年（前188）奉常免，高后七年（前181）奉常根，在位三年，孝文二年（前178）奉常饶，孝文十二年（前168）奉常昌闾，……中元六年（前144）奉常利更为太常。[②]元朔六年（前123）“绳侯周平为太常，四年坐不缮园陵，免”[③]。简文所见“太常平”，与以上所列孝惠七年至景帝中元六年（前144）期间，任职奉常、太常的人名皆不合，唯能与绳侯周平相对应。涉及中央太常职官、人名的相关考证，可参见本节之二，此不赘述。倘若“二年”为文帝前元二年（前178）的话，此时“太常”则应称“奉常”。故据“大常”职官之名更名时间、任职者姓名及历朔干支比对可以推定简文的年代，应为武帝元狩二年（前121）。

通过以上简例的分析讨论，我们认为，探讨历朔的年代，必须联系简文内容进行多角度、多方面的分析，不预设前提，方不失之偏颇。[④]以下我们回到本节篇首最初的议题，结合相关简文内容讨论“都乡七年垦田租簿”的年代。

（六）“都乡七年垦田租簿”年代讨论

关于“都乡七年垦田租簿”所涉走马楼西汉简牍整体年代的讨论，前揭诸小节中已作了相关的说明与辨析。本节援引相关简文，对该簿具体的年代问题展开探讨。举例如下（“都乡七年垦田租簿”简文见第六章《出土简牍概述》第四节《简牍的内容》，此略）：

例22：

八年十月甲辰朔丁卯，都鄉守嗇夫武敢言之：廷移臨湘書曰：或遝七年豤（墾）田租簿，田百一十九頃七十五畝，租千五百六十五石三斗。出其田二頃六十一畝半，租卅三石八斗六升，樂（简0368+1564+1584）

例23：

八年五月辛未朔壬申，南山令史憙敢告臨湘令史：男子戍自詣，辭：故不更，别治長賴稷里，爲都鄉嗇夫，主治七年豤田租簿。不故不以實，不亡。臨湘以亡駕論命戍完爲（城旦）。（简0795）

例24：

☑移豤（墾）田租簿常會六月

☑内史府敢言之　（简0456）

简例22、23与“都乡七年垦田租簿”关联密切。简文涉及一名叫“戍”的男子，拥有不更爵位，“别治长赖”（县）稷里为其治所或籍贯。其任都乡啬夫，主治七年垦田租簿。临湘以“故不以实”“逃亡”罪，对其加处刑罚，驾论命戍为完城旦。我们注意到从简例22行文语气上看，其呈上行文书格式，当为某县都乡主吏向本上级县廷报告的文书。文书的报告者为某县都乡守啬夫武，文书的内容，是武根据县廷要求，

① [汉]班固撰：《汉书》卷十九《百官公卿表》，中华书局，1962年，第726页。
② [汉]班固撰：《汉书》卷十九《百官公卿表》，中华书局，1962年，第751~765页。
③ [汉]班固撰：《汉书》卷十九《百官公卿表》，中华书局，1962年，第751、754、755、758、773页。
④ 前揭关于“九年四月有两个不同朔日（乙丑、乙未）”的问题，于此略作说明。该简例源于李洪财《走马楼西汉简的断代》一文之表9，所举6例九年四月朔、历日干支，其5例可与武帝元狩三年四月朔日相合，历日可排入。唯残简0660乙未朔不合，是否书误，暂且存疑。

对所移来自临湘县因治狱需征遝该县“都乡七年垦田租簿”一事所作的专项回复报告。临湘治狱需征遝的很可能与该县都乡上报垦田租簿后所留之正本有关。

我们认为简例22是对遝书的回复文书，“廷”应指某县廷。从简例22引述的“遝书”格式观察，颇与里耶秦简8–133与益阳兔子山J7⑥：6书格式相类。刘自稳先生认为：“由实物所见的秦汉几份遝书来看，功能都是申请遣送司法审判中涉及的文书材料或涉案人员。”其在辨析秦汉初与西汉中后期的遝书文书内部结构和书写载体的差异后认为，遝书演进的形态“由秦至汉初的单行概说演变成西汉中后期的详细名籍。文书书写载体则从单板木牍变成编联简册”。该文表一所作汉初遝书文书起首的表述方式为“或遝……书”“或遝……簿”。[①]从简例22“廷移临湘书曰”之“遝书”看，其文书起首语即采用了“或遝……簿”的表述方式，带有明显的西汉早期遝书形态的痕迹。该份“或遝七年垦田租簿”以下文字显然与遝书的内容有关。虽多有缺失，但可以看出“遝书”应由一定数量的简册编联，与汉初遝书的单板木牍形态已有区别，其表现形态上应晚于汉初，是否为遝书的过渡形态有待观察。简例23则是一份由南山县令史悳移送临湘县令史的平行文书。内容是向临湘方面说明，以“故不以实”“逃亡”等罪加判重刑的男子戍，已自出到南山县投案，向有关部门申诉后情，自诉并没有故意隐瞒治簿实情与逃亡。

如对上列文书内容大意理解无大误的话，其中有几点值得关注：一、此“都乡”或与南山（县）有关联，是否为临湘之都乡，暂且存疑。二、两份文书的内容相互关联，时间前后衔接，前者为岁首（十月二十四日），后者乃岁中过半（五月二日），虽相隔达八月之久，却仍在同年之内，文书内容与“七年垦田租簿”案事有关。三、简24似表明，长沙国内史府规定所属县、道每年移送垦田租簿的期会时间定在六月，此项工作似由长沙内史府官员主持。我们知道《二年律令·田律》规定：“县道已垦田，上其数二千石官，以户数婴之，毋出五月望。”[②]学者多认为《二年律令》颁布的时间在吕后时期。此据简例24可知，至少在武帝元狩年间汉长沙国已将每年各属县移送垦田租簿的时间规定在六月，年终考课审核仍应在计断九月。考课中若发现虚假瞒报不实等问题，由审计官员上报内史府言决处罚。内史或可指定相关属县（通常所见为首县临湘）案验查实，而这种案审的时间常有可能跨越年度。故有见简例22所载，因主审县临湘移文某县征遝涉案七年垦田租簿一事，继而有该县的都乡守啬夫于八年岁首（十月）因所在县廷的要求，呈送相关情况的报告。随着案情审理的进展，相继出现了涉案人员因故逃亡而加判其罪，随后又自出到所在南山县投案请求复治等种种情况。故有简例23所见南山县令史向主审县令史陈述复治后情的移文。

上举简例与前揭所列举“都乡七年垦田租簿”（详见第六章第三节簿籍类文书举例）对照比较，差别明显处便是垦田顷亩数与纳租数量的变化。简例22为“田百一十九顷七十五亩，租千五百六十五石三斗”，而前揭“都乡七年垦田租簿”仅为“垦田六十顷二亩，租七百九十六石五斗七升半”，两者垦田、纳租数量之比相差近达一倍。相同之处则同名为“七年垦田租簿”与“出其田二顷六十一亩半，租卅三石八斗六升，乐”的内容。由此推算田亩租率，两簿皆近为“率亩斗三升”。看来，相同之处不应是偶然的巧合，两简所指或为一事。高智敏先生在比较里耶“迁陵县卅五年垦田租簿”与走马楼西汉“都乡七年垦田租簿”的内容后认为：“这两份垦田租簿登载的应是当年五月已垦田数及应纳田租额，统计的垦田是民户所占民田。从两份垦田租簿反映的亩租额来看，秦及西汉前期实行的是程租税田制。乡吏每年五月调查民户垦田，‘度稼得租，确定其应纳田租额，制作垦田租簿’。五月望日逐级呈报至县、郡。”[③]高文所作分析对我们认识“七年垦田租簿”的性质甚有启示。据此我们以为，“都乡七年垦田租簿”与“或遝七年垦田租簿”中所涉田

① 刘自稳：《遝书新论——基于湖南益阳兔子山遗址J7⑥：6木牍的考察》，《文物》2021年第6期，第87~92页。
② 张家山二四七号汉墓竹简整理小组编：《张家山汉墓竹简［二四七号墓］》（释文修订本），文物出版社，2006年，第42页。
③ 高智敏：《秦及西汉前期的垦田统计与田租征收——以垦田租簿为中心的考察》，《简帛研究·二〇一七·春夏卷》，广西师范大学出版社，2017年，第44页。

租的性质是相同的，其登载的应是当年六月已垦田数及应纳田租额。两份文书所载垦田纳租数量上的差别以及“出田”所涉临湘蛮夷归义民田不出租事，或成为临湘据以“故不以实”“逃亡”等罪名论处主治垦田租簿者的原因。而简例23南山令史恵移告临湘令史的公函中复述垦田租簿主治者的申诉辞，似乎暗示造成“都乡七年垦田租簿”出现如此重大差错的状况，或是事出有因。由于简册的缺失，我们无法揣测其中的缘由，故不便再作无据的推考。虽存遗憾，但简文记载明确的纪年干支，却可以使我们了解事件发生的时间及七年垦田租簿编制的年代，这对我们进一步探讨其他相关问题将有所帮助。

简例22的纪年干支为“八年十月甲辰朔丁卯”，简例23纪年干支为“八年五月辛未朔壬申”，检张培瑜《秦汉朔闰表·汉历》、李忠林《秦至汉初朔闰表》，高祖八年（前199）十月丁未朔、五月癸酉朔，吕后八年（前180）十月丙戌朔、五月癸丑朔，文帝前元八年（前172）十月庚午朔、五月丁酉朔，与之比对皆不合。[①]景、武时期各改元之纪皆无八年，故可不作比对。依张、李两表，再检西汉前期长沙国在位八年以上吴臣、吴右、吴著、刘发、刘庸诸王。吴臣为吴氏第二代长沙王，谥成王，其八年《史记》《汉书》均载乃惠帝元年（前194），该年“十月戊寅朔”“五月甲辰朔”；吴右为吴氏第四代长沙王，谥恭王，其八年《史记》《汉书》均载乃文帝前元元年（前179），该年“十月庚戌朔”“五月丁丑朔”；吴著为吴氏第五代长沙王，谥靖王，其八年《史记》载乃文帝前元十年（前170），该年“十月戊子朔”“五月己卯朔”，《汉书》载乃文帝前元九年（前171），该年“十月甲午朔”“五月辛酉朔”。刘发为刘氏第一代长沙王，谥定王，《史记》《汉书》载刘发景帝前元二年（前155）三月甲寅立，其八年乃景帝中元二年（前148），该年“十月辛巳朔”“五年丁未朔”。[②]经比较上述四王各八年的十、五之月朔与之比对皆不合。刘庸为刘氏第二代长沙王，《史记》载刘庸谥康王，元朔元年（前128）嗣位，其八年乃武帝元狩二年（前121），该年“十月甲辰朔”，廿四日为丁卯，“五月辛未朔”，二日为壬申。[③]《汉书》载刘庸谥戴王，元朔二年（前127）嗣位，其八年为武帝元狩三年（前120），该年“十月戊辰朔”“五月乙未朔”。上述长沙五王八年的十月、五月之朔，唯《史记》所载刘庸八年，即武帝元狩二年（前121）的十月、五月历朔与简文历朔相合。故由此推测“都乡七年垦田租簿”所涉年代应在武帝元狩年间。

以上讨论涉及对举例简文文意的理解，例如“都乡”的归属，是临湘县都乡，还是南山县都乡，亦或它县之都乡。“遝书”的移送者、接受者是何廷？本节举例的简文与“七年垦田租簿”有无关联？“七年垦田租簿”的性质是当年六月的期会之簿，还是秋冬岁尽的考课之簿，《七年垦田租簿》所云临湘蛮夷归义民是属临湘境内，还是由临湘迁置它县等等，仍有许多值得推敲探讨的地方。上述讨论仅是我们对简文内容的初步理解，倘若存在认识上的歧义与偏差，亦不会影响举例简文纪年干支所属年代的改变。

四、“长沙顷王五年说”年代商榷

古人书简纪历并非无疏漏讹误，整理此批出土简牍时，亦发现存在一些纪年历朔书写笔误之处，这些问题有待进一步探讨分析。关于诸如此类问题，恕不备举，仅就个别披露后引起年代讨论的简文[④]，结合

① 张培瑜：《中国先秦史历表·秦汉朔闰表》，第227、229、231页。李忠林：《秦至汉初历法研究·秦至汉初朔闰表》，第217、229、233、234页。
② 宋少华：《长沙走马楼西汉简牍所见年代疆域琐议》，《出土文献研究》第20辑，中西书局，2022年。其注24“刘发八年为景帝中元三年”有误，当更为景帝中元二年，特此说明。
③ 张培瑜：《中国先秦史历表·秦汉朔闰表》，第227、230、231、234、238页。李忠林：《秦至汉初历法研究·秦至汉初朔闰表》，第220、229、235、248、264页。
④ 长沙简牍博物馆、长沙市文物考古研究所联合发掘组：《2003年长沙走马楼西汉简牍重大考古发现》（宋少华、金平执笔），《出土文献研究》第7辑，上海古籍出版社，2005年，第61页。

已整理释读的相关简文稍加辨析。兹列简文如下：

例25：

牒書：傳舍屋、櫨垣壞敗，門、内户扇、瓦、竹不見者十三牒。吏主者不智（知）數遁行，稍繕治，使壞敗物不見。毋辯護，不勝任。

五年七月癸卯朔癸巳，令史援劾，敢言之：謹案：佐它主。它，鄮佐。前以詔遣故長沙軍司馬貰死烝陽。敬寫移，謁移鄮，以律令從事，敢　（简0079）

例26：

言之。/令史援。

十月癸巳，長沙邸長蕎移鄮。/令史援。/二月丙午，長沙邸蕎敢告鄮主；謹寫重，敢告主。/令史援。·鄮第廿九。　（简0015）

走马楼汉简发掘简讯发表后，参加初期整理的学者根据披露的部分简文，对其中个别历简的年代提出过意见。认为汉简中的“五年”，“以历朔推算，参考书风书体，应当是长沙顷王鲋鮈五年”。“长沙顷王鲋鮈五年应为太始元年（前96），查张培瑜《三千五百年历日天象》，太始元年七月癸卯朔，正与‘五年癸卯朔癸巳朔日’相合。”但又指出：“此处‘癸巳’却明显错误，因为既然是‘七月癸卯朔’，则月内根本不可能有‘癸巳’。”[①]面对朔日与历日不合的问题，文章虽已提出质疑，但未给出解决的方案，故所提出“顷王五年说”仍存在疑问。其实造成这一疑问的原因，盖因公布的简文资料有限所致。当是之时，汉简资料尚未进行全面整理，发布的仅为极少的一部分。随着汉简整理工作的全面展开，简文释读已经完成，可资简册集成的条件已基本具备，故可对此再作分析。

细读所举简例，我们以为集成的简文实为同一册书的内容。所述同为一事，文义前后连贯，当为一份完整的举劾移送文书，很可能是留存于邸府的副本。此份平行文书的大意是：五年七月〈十月〉癸卯〈辛卯〉朔癸巳日，长沙邸令史援将案查传舍设施用品等“坏败不见”的情况书录于牒，起诉传舍管理者（吏主者）失职犯罪。该份起诉书抄写后移送鄮县，要求对原传舍管理者，现为鄮佐的它，依律令予以处罚。当日（十月癸巳）经由长沙邸长蕎签发后移送鄮县。其后简文云：“二月丙午，长沙邸蕎敢告鄮主：谨写重，敢告主。”其文大意为：二月丙午日，长沙邸长蕎告知鄮县主官，（我）恭敬慎重地再次抄写与此前移送相同内容的文书告知（您）。由是便知这是一份再次移送相同内容的平行文书。前一简例25乃复述首发移文的内容，后一简例26则表明再次抄写送达，意在催促鄮县主官尽快处罚失职者。我们注意到这份重移劾文书之首发文书的书首移文时间为“五年七月癸卯朔癸巳”，文末签发日期落款则为“十月癸巳”，书首与文末落款日期的纪年月朔历日干支存在矛盾。

已有学者对秦汉劾文书格式演变作过研究探讨，其归纳西汉中期的劾文格式大致可分成三部分：一、案验详情。二、总结调查结果，概括被告所犯罪行。三、呈文（年月日＋某劾、敢言之＋被劾者讯息＋写移，谒某县某狱以律令从事）。并对简册编联的形制，依据悬泉汉简的《传车举簿》等的情况作了推测，即案牒在前，呈文在后。[②]其归纳与推论颇有新见，对深入认识劾文书格式演变颇有意义。根据前揭第六章之第四节《简牍的内容》所披露的据相关内容所集成的简文，该简册呈文格式还可补充为：年月日＋某劾、

① 胡平生、宋少华：《走马楼汉简“牒书传舍墙垣坏败”考释》，黎明钊编《汉帝国的制度与社会秩序》，牛津大学出版社，2012年，第430页。胡平生：《简牍名迹选2·走马楼前汉简释文校考》，《胡平生简牍文物论稿》，中华书局，2012年，第274~275页。

② 唐俊峰：《秦汉劾文书格式演变初探》，《中国古代法律文献研究》第十一辑，社会科学文献出版社，2017年，第131~159页。

敢言之＋被劾者讯息＋写移，谒某县（狱）以律令从事＋（月日＋某移），似可更加完整。

我们在关注学习秦汉劾文书格式在不同时期的演变形态时，对日期书署的方式也给予观察比较。李均明先生认为，秦汉时期但凡涉及书檄类文书，“为了明确责任，常备日期、发文者、收文者、起草人等要素，并位于特定位置上”[①]。尽管学界对秦汉劾文书格式还存在不同的理解与讨论[②]，但呈文日期书署的位置、格式在西汉早期至西汉末年及东汉初期，似未有太大的变化，直至东汉中期才看到发生改变。[③]日期书署的格式，文首必署年月日＋某劾或某敢言之……，文末必署月日＋某移、某写移……。例如居延简“建武六年三月庚子朔甲辰，不侵守（侯）长业”的劾状呈文，即：（1）年月日＋敢言之；（2）年月日＋某移劾；（3）月日＋某移狱。[④]又例如居延简“建武五年九月癸酉朔壬午，令史立劾状呈文”，其格式即为：（1）年月日＋某劾；（2）年月日＋某敢言之；（3）月日＋某移居延，写移……[⑤]

我们看到建武六年三月甲辰之呈文，文首日期年月日书写完整，乃建武六年三月五日，文末日期因同年，仅署“三月己酉”，即建武六年三月十日。可知侯长业的上级在接到其劾状呈文后第五天才移书居延。而建武五年九月壬午之呈文，文首日期书写完备，乃建武五年九月十日，文末日期仅署“九月壬午”，知是同一天移书居延。此种日期书署的例证甚多，兹不一一。可见书檄类中劾书呈文日期书署的基本格式，文首必须完备无缺，文末则可省略，若是同年则省署年号。这种日期书写的格式可称之为特定位置上的要素，恰可用于验证日期书署的正误。按此格式，我们看到长沙邸劾文书的呈文首尾日期的历日相同，月份却有差，其中必有一误。查张培瑜、李忠林的秦汉朔闰表，武帝元朔五年七月初一为丁巳朔，月中无“癸巳”日，武帝太始元年七月初一虽为癸卯朔，月中亦无“癸巳”日。另见有（元朔）二年九月癸卯朔、（元狩）二年十二月癸卯朔等，但月中皆无“癸巳”日。故朔日为癸卯之月者，均可排除，不在考察之列。复检“五年”中相邻之月朔历日者，唯武帝元朔五年十月为辛卯朔，其月有“癸巳”日，即十月三日。对比劾文书首尾的日期，我们以为，文首日期“七月”当为“十月”之误写，此有文末落款日期“十月癸巳”可为证。“七”与“十”笔画简略，横竖长短稍有随意，误写便有可能产生且易误释。唯有联系上下文义，反复推敲，方能减少失误。若此，更“七月”为“十月”，则月朔癸卯当可认定为“辛卯”的误写。走马楼汉简其年数朔日干支误写者不乏其例，兹不加赘举，可参看李洪财先生文。[⑥]联系其后“二月丙午，长沙邸蕎敢告鄮主；谨写重。敢告主”之简文，知“二月丙午”为重抄写移送的时间。“二月丙午”应为武帝元朔五年二月，月初己丑朔，月内有“丙午”日，即二月十八日。若按岁首十月推算，至岁中二月，这在时序的沿续上就不会产生矛盾。汉朝自高祖立国以来，一直沿用秦朝的历法制度与服色，以夏正十月为岁首，至武帝太初元年方改易正朔服色。“夏五月，正历，以正月为岁首。”师古注曰：“谓以建寅之月为正也，未正历之前谓建亥之月为正，今此言以正月为岁首，史追正其月名。”[⑦]将岁首由夏正十月改至正月乃武帝太初元

① 李均明：《秦汉简牍文书分类辑解》，文物出版社，2009年，第128页。
② 唐俊峰：《秦汉劾文书格式演变初探》，《中国古代法律文献研究》第十一辑，社会科学文献出版社，2017年，第131~159页。
③ 长沙市文物考古研究所、清华大学出土文献研究保护中心等：《长沙五一广场东汉简牍选释》，中西书局，2015年，第122页。
④ 李均明：《秦汉简牍文书分类辑解》，居延新简EPT68：劾状（3）54、55、59、60、61、62、63、64、57、58、68、69、70、71、72、73、74、75、76、56以上二十简为一册书（文物出版社，2009年，第72页）。
⑤ 唐俊峰：《秦汉劾文书格式演变初探》，《中国古代法律文献研究》第十一辑，社会科学文献出版社，2017年，表一，第144 ~ 145页。《表一“令史立劾状”》格式排序：附件之劾24、25、26A、22（表中未注简号，据李均明书补）、23；状16、17、18、19、20、21、27、28。正件之文书B：14、15；呈文A：13；中转文书C：78。另参见李均明：《秦汉简牍文书分类辑解》，《居延新简》EPT68：13、24、25、26A、26B、27、28、14、15、16、17、18、19、20、21、22、23（文物出版社，2009年，第70~71页）。
⑥ 李洪财：《走马楼西汉简的断代——兼谈草书的形成时间》，《简帛研究·二〇一八·秋冬卷》，广西师范大学出版社，2019年，第238~247页。
⑦［汉］班固撰：《汉书》卷六《武帝纪》，中华书局，1962年，第199页。

年之事，改历之前咸以十月为岁首，简文“五年”之纪年朔日当为改历之前的历朔。“十月”恰为岁首之月，自十月三日起，经十一月、十二月、正月至二月十八日时已相隔达四个多月之久矣。前移鄮之劾文书久未见复处置结果，故才有长沙邸长毒“谨写重”，再次重抄移书，催问责处之事发生。

综上所述，两简所述同为一事，实为同一册劾文书之第二、第三部分（另有13枚案验情况的牒书作为附件置前），其书风相同，皆出令史援一人之手，文义前后通贯，无有歧义。所载移文的时间经过勘误后，时序先后关系明确，衔接合乎逻辑。首次移鄮的时间为五年岁首“十月辛卯朔癸巳”，再次移鄮的时间乃同年岁半之“二月丙午”，其间相隔四个多月。否则从劾文起诉追责的时间上推理则自相抵牾，两简之文义更是难以贯通，断无重复之事发生在未做之前的。①以上所作的辨析与推论只是报告编写者的一些粗浅认识，若尚属合理的话，那么简例25所书月份、朔日干支乃为抄写者令史援书误所致，当更为“五年十月辛卯朔癸巳”为妥，其年代为康王刘庸五年，即武帝元朔五年（前124）。

联系上述所举之有关简牍年代的若干论据，基本上可推测出走马楼西汉简年代的大体时间。当然，本节所作的年代论证只是针对大部分简牍的年代而言，亦不排除在日后整理研究中仍有发现年代或早或晚简牍的可能。故对走马楼西汉简牍年代的讨论，当会随着简文的陆续刊布持续相当一个时期。对于年代证据关键节点的找寻，恐要在对简文内容深入研究与整体贯通之后，方有可能清晰把握。

第四节 从出土简牍与传世文献比较中看汉代长沙国辖县的变化

西汉一朝二百余年间，吴、刘二氏长沙国疆域的变迁是一个动态的过程。周振鹤先生曾在其《西汉长沙国封域变迁考》一文中指出：“县的设置与并省在二百年的过程中是经常发生的，……亦不要以为《汉志》所载的县存在于整个西汉一代。……长沙国各个阶段内实领县若干，我们无从确定。我们所知道的不过是一定时期内某些县的增减而已。”②走马楼出土的西汉简牍所见武帝时期的县名数量众多，证明了周振鹤先生的观点。除可与《汉志》所载长沙、武陵、桂阳、零陵四郡所领县名相对应外，尚有不少新见县名或相当于县级机构的官府名称。另外，县政机构的长吏、佐官、属员亦多见其中，兹罗列如下：

县、道、侯国：临湘、长赖、南山、南阳、西山、定邑、定园、寿陵、邑陵、靖园、益阳、临沩、罗、醴陵、攸、安成、昭陵、连道、鄮、烝阳、临沅、门浅、迁陵、零阳、义陵、辰阳、充、索、沅陵、酉阳、无阳、镡成、郴、舂陵、便、叶（侯国）、临武、零陵、都梁（侯国）等。

县、乡职官：临湘令、丞、尉，临湘少内、少内佐，内官长，临湘司空、司空啬夫、监葆啬夫、司空佐，临湘库、库啬夫，都乡啬夫、都乡佐，中乡佐，东乡啬夫，南乡啬夫、佐，南阳长，长赖长、丞、令史，南山长、佐，南山库，西山长、佐，罗丞，益阳佐，攸丞，醴陵丞，烝阳丞，鄮长、丞、佐，昭陵狱史，门浅长，沅陵长、丞，辰阳丞、令史、狱史，义陵佐，酉阳丞，沅阳丞、佐、仓佐，无阳长、令史、雎夷乡啬夫，镡成库佐，便长、丞、啬夫、令史、佐，舂陵长、丞，临武丞，零陵将田佐、仓佐等。

现将《汉书·地理志》所载长沙、武陵、桂阳、零陵四郡国属县，依其排列序次与简文所见县、乡、里名（并附职官名等）列表对比如下（表二五）：

① 按：若首次移文的时间仍以“（元朔）五年（前124）七月”计，且不论月朔历日干支不合的问题，仅是再次移文时间便要写成“六年（前123）二月”，年数则又不合。若首次移文以“太始元年（前96）七月”，即“长沙王鲋鮈五年”计，且不说年号有无之事，仅再次移文的二月，便与岁首改易之后的时序相悖，令移文先后的时间本末倒置。故无论按上述哪一种纪年朔日推考，其所存裂隙始终难以自洽。

② 周振鹤：《西汉长沙国封域变迁考》，《文物集刊》1980年第2期，第187页。

表二五 《汉志》所载长沙、武陵、桂阳、零陵四郡国属县与简牍所见县道名（附乡、里、职官名）对比表

	长沙国（内史）		武陵郡		桂阳郡		零陵郡	
出处 序号	《汉志》	走马楼西汉简	《汉志》	走马楼西汉简	《汉志》	走马楼西汉简	《汉志》	走马楼西汉简
1		临湘令（0118）、丞（0201）、尉（0205）、右尉（0539）、左尉（0327）、尉史（0421），令史（0796），门下亭长（0399），少内佐（0231），内官长（0324），司空啬夫（0509）、守狱门亭长（2019）、狱史（0771）、扩门佐（0418），监葆啬夫（0250）、库啬夫（0275），漻阳乡（0441）、安阳乡（0574）、南乡啬夫（0401）、中乡佐（1280），泉阳里（0232）、牛造里（0754）、高成里（0158）、梴年里（0133）、当阳里（0796）、邸里（0189）、平里（0243）	索	索（0107+0095）	郴	郴（0225）（0447）、畸里（0346）	零陵	零陵将田佐（0611）、仓佐（0611）
2	罗	罗丞（0861）	孱陵		临武	临武丞（0125）	（518）营道	
3	连道	连道（0175）（0188）、始里（0694）	临沅	临沅（0257），丞（1857），临沅食官、厩（0017）、庄里（0406）	便	便长（0346）、丞（0347）、令史、啬夫、佐（0090）（0374），都里（0346），昌里（0346）	始安	
4	益阳	益阳（1735）、益阳佐（1225）	沅陵	沅陵长、丞、令史（0107）	南平		夫夷	
5	下雋		镡成	镡成（0154）、镡成库佐（0040）	耒阳		营浦	
6	攸	攸丞（0861）、令史（1045）、大里（0229）、臧郢里（0229）	无阳	无阳长（0121）、令史（0121）、守令史（0078），脽夷乡啬夫（0052），狱史、守狱史（0008），亭长（0011），安居里（0080），共里（0003），皇里（0011），安成里（0006）	桂阳		都梁	都梁侯（0266）（0270）
7	酃	酃长（1024）、酃主（0015）、丞（0086）、佐（0079）	迁陵	迁陵（0107+0095）	阳山		泠道	泠道（0275）
8	承阳	烝阳（0175）、烝阳丞（0491）、都乡（0669）、罗里（0127）、沩里（0555）	辰阳	辰阳丞（0040）、令史（0046）、狱史（0040）	曲江		泉陵	
9	湘南		酉阳	酉阳丞（0555）、东里（0555）	含洭		洮阳	
10	昭陵	昭陵（0447）、昭陵狱史（0133）	义陵	义陵佐（0006）、都乡（0094）、安成里（0006）	浈阳		锺武	
11	荼陵		佷山		阴山			
12	容陵		零阳	零阳（0358）		舂陵长（0530）		
13	安成	安成（1434）	充	充（0107+0095）、充丞（2119）		叶侯使者（0279）（0283）		

续表二五

		长沙国（内史）	武陵郡		桂阳郡		零陵郡	
14		长赖长（1398）、长赖（0176）、丞（0118）、令史（0339）、都乡啬夫（0132）、仓啬夫（0344）、樱里（0795）		门浅（0095），门浅丞（0313）				
15		南山长（0395）、令史（0795）、佐（0557）、成里（0595）	沅阳	沅阳（0048）（0095）、沅阳佐（0004）、仓佐（0040）				
16		西山（0796）、西山陵长（0337）、西山主（0134）、佐（0599）						
17		南阳（0175）、南阳长（0335）、南阳库（1335）平阳里（0125）						
18		定邑（0306）、定邑长（0214）、定邑主（0306），令史（0557），千秋里、延年里（0522）						
19		定园长（0214）						
20		寿陵（0796）、寿陵主（0176）、寿陵长（1535）、寿陵西都（0153）（0197）						
21		靖园（0274）、高成里（0274）、黄里（0585）						
22		临沩（0556）、丞（0620）、狱史（0620）						
23		醴陵（0175）、醴陵丞（0542）						
24		邑陵（0340）（0796）						

《汉志》所载荆南地区长沙、武陵、桂阳、零陵四郡国所辖县，实为汉元帝年间的版图。通过对上表所列县名比较，知《汉志》所载长沙国所辖十三县，汉简可见九县，如临湘、罗、连道、益阳、攸、酃、阳、昭陵、安成，未见下隽、湘南、荼陵、容陵四县。另见溢置长赖、南山、定邑、靖园、临沩、醴陵等县级或类县级行政机构十一个，溢置新县有见长、丞、令史、佐等长吏属员，辖区划分乡、里；《汉志》所载武陵郡所辖十三县，汉简可见十一县，如索、临沅、沅陵、镡成、无阳、迁陵、辰阳、酉阳、义陵、零阳、充，未见孱陵、佷山二县，另见门浅、沅阳二县；《汉志》所载桂阳郡辖十一县，汉简可见三县，如郴、临武、便，未见南平、耒阳、桂阳、阳山、曲江、含，浈阳、阴山八县，另见春陵、叶侯国；《汉志》所载零陵郡所辖之九县一国，汉简可见二县一国，如零陵、泠道、都梁国，未见营道、始安、夫夷、营浦、泉陵、洮阳、钟武七县。考虑到简牍文书在被处理时曾遭焚烧、填埋、残损严重及本报告统计疏漏等因素，[1]不排除还存在遗漏县、道、侯国名的情况。

---

① 长沙简牍博物馆、长沙市文物考古研究所：《长沙市走马楼西汉古井及简牍发掘简报》，《考古》2021年第3期，第60页。

尽管如此，若排除在国都首善之地周边因特殊原因新滋置的县或类县级机构，以及武帝元朔之后开边增置的新县与封削省并县、道、侯国的情况，简文所见县名大多可与《汉志》相对应。虽然，比较之对象因年代的不同，其领辖属县已发生较大的变动，但所见县名却涉及《汉志》所载长沙、武陵、桂阳、零陵四郡国的范围。如果再联系简文所载的具体内容加以观察，似乎很难把此时长沙国的行政范围局限在一郡之地。虽然相关学者的研究多认为景帝二年（前155）封其庶子刘发为长沙王时，已除武陵、桂阳两郡，至武帝时期又行推恩之令，元光、元朔年间封置长沙王子侯十五国，别属汉郡，[①]但出土纪年简牍记载的诸多事例所展现的另外一幅同一时空框架下长沙国政区历史图景，似乎与以往学者研究结论存在一定的差距。例如前揭所举《武陵无阳脽夷乡啬夫襄人收賨案》《便移五年计书误案》及《西汉刘氏长沙国含长沙、武陵两郡考述》，[②]其中的原因仍然须做进一步的观察与讨论。

第五节　武帝前期长沙国政区疆域的新观察

汉长沙国的疆域变迁与汉长沙国的政区沿革是密切相关的。众多学者皆知《汉书·地理志》所载长沙国所辖十三县之范围，实为元帝初元三年（前46）复置长沙国后的情形，非指汉初以来的变迁状况。其间百六十年错杂的疆域盈缩与政区变化究为如何，自20世纪80年代起即已为不少学者所加关注并予以缜细地爬梳，或为专文论述，或辟专著详考。[③]这些颇具开创性、系统性的研究成果，极大地推进了这一学术课题认识的广度与深度，廓清了诸多学术史上的疑难点。其中周振鹤先生的《西汉政区地理》《中国行政区划通史·秦汉卷》首次系统地梳理了西汉二百年全部郡国级政区及辖境的变迁过程，成果卓著。周振鹤先生将汉长沙国（郡）政区沿革划分为五个阶段，即长沙国（前202—前157）—长沙郡（前157—前155）—长沙国（前155—前48）[④]—长沙郡（前48—前46）—长沙国（前46—8）。在此基础上，笔者按周振鹤先生五个阶段的思路，参酌其他学者意见，略加梳理其属县，概述如下：

第一阶段（前202—前157）。

高帝五年（前202），以长沙郡、武陵郡置长沙国封吴芮。吕氏七年（前181），以南部数县析置桂阳郡。文帝后元七年（前157），长沙国除，长沙、武陵、桂阳皆为汉郡。

长沙国长沙内史所辖县（前202—前157）：临湘县、罗县、连道县、益阳县、湘南县、昭陵县、承阳县、酃县、安成县、艾县、攸县、茶陵县、容陵县、洮阳县、舂陵县、夫夷县、泉陵县、都梁县、耒阳县、便县、叶平县[⑤]、建成县、宜春县。

---

① 周振鹤：《中国行政区划通史·秦汉卷》（上），复旦大学出版社，2017年，第436~446页。周振鹤：《西汉政区地理》，商务印书馆，2017年，第127~136页。马孟龙：《西汉侯国地理·西汉侯国建置沿革综表》，上海古籍出版社，2013年，第510~540页。

② 王勇：《西汉刘氏长沙国含长沙、武陵两郡考述》，待刊。

③ 傅举有：《长沙国述略》，《求索》1984年第3期。《长沙国的疆域》，《轪侯家》1991年第3期（内部资料）。周振鹤：《西汉政区地理》，人民出版社，1986年。周振鹤：《西汉长沙国疆域变迁考》，《文物集刊》第2辑，文物出版社，1980年。周振鹤：《中国行政区划通史·秦汉卷》，复旦大学出版社，2017年。罗庆康：《长沙国研究》，湖南人民出版社，1998年。马孟龙：《西汉侯国地理》修订本，上海古籍出版社，2013年。

④ 周振鹤：《中国行政区划通史·秦汉卷》（上），复旦大学出版社，2017年，第436~446页。又，长沙国（郡）沿革五个阶段之第三阶段"长沙国（前155—前141）"，疑为印误，宜更为"长沙国（前155—前48）"，见该书第436页。

⑤ 周振鹤：《中国行政区划通史·秦汉卷》（上），第八章第三节"长沙国（郡）、武陵郡、零陵郡、桂阳郡沿革"，"叶平侯国（前125~前112）……今地无考，或亦在攸县附近"（复旦大学出版社，2017年，第442页）。

长沙国武陵郡所辖县（前 202 —前 157）：义陵县、沅陵县、无阳县、迁陵县、辰阳县、酉阳县、零阳县、佷山县、充县、上衍县、门浅县、镡成县[①]、索县、临沅县。

长沙国桂阳郡所辖县（前 181 —前 157）：郴县、临武县、南平县、桂阳县、零陵县、营浦县、泠道、龁道（疑后省并）、观阳县（疑后省并）、营道。

第二阶段（前 157 —前 155），国除入为汉郡，属县略。

第三阶段（前 155 —前 48）。

景帝前元二年（前 155），重置长沙国。武陵郡、桂阳郡自文帝后元七年长沙国除后入汉，自此不复属长沙国。又武帝元鼎六年（前 111）平越后，析桂阳郡另置零陵郡，亦入汉不属王国，长沙国实为一郡之地。汉廷益其南郡汉水南岸数县属长沙，故其北界抵“波汉之阳”。武帝元光六年（前 129），置安成、宜春（豫章）、容陵三王子侯国，别属汉郡。元朔四年（前 125），置路陵、攸舆、茶陵、建成、安众、叶六王子侯国，别属桂阳郡。元朔五年（前 124），置安道[②]、舂陵、夫夷、都梁、洮阳、泉陵五（六）[③]王子侯国，别属桂阳郡。宣帝元康元年（前 65），又置复阳、钟武、高城三王子侯国。[④]公元前 65 年之后剌王建德有罪削八县：索、临沅削入武陵郡，华容、竟陵、郢县削归南郡，耒阳、便县削入桂阳郡，艾县削入它郡。

长沙国所辖县（前 155 —前 48）：临湘县、罗县、连道、益阳、湘南县、昭陵县、承阳县、安平县、阳山县、下隽县。

第四阶段（前 48 —前 46），国除入为汉郡，属县略。

第五阶段（前 46 —8）。

元帝初元三年（前 46），复置长沙国。或因长沙国户数过少，遂取安成、容陵、茶陵、攸四县益之。[⑤]这便是为读者所熟知载于《汉书 · 地理志》元延绥和之际（前 9 — 前 8）的长沙国政区版籍。

《汉书 · 地理志》载：“长沙国，秦郡，高帝五年为国。莽曰填蛮。属荆州。户四万三千四百七十，口二十三万五千八百二十五。县十三：临湘、罗、连道、益阳、下隽、攸、酃、承阳、湘南、昭陵、茶陵、容陵、安成。”[⑥]哀帝建平四年（前 3）置湘乡侯国，平帝元始五年（5）置承阳侯国、昭陵侯国，皆别属汉郡。[⑦]

此一考证的成果与研究方法，为我们认识汉长沙国政区疆域在长达 200 余年间的动态变化，勾勒出一幅基本清晰的轮廓与一条探索的路径，较之前贤的研究推进了一大步。随着时间的推移，在本世纪初走马楼西汉简的发现与之随后的整理，将使我们有可能借助出土文献材料对相关问题进行更为深入的观察与思考。

通过初步的观察比较，据纪年简牍所载，在武帝元朔至元狩年间（前 128 —前 120）汉长沙国政区呈现了许多新的情况，为传世文献与以往研究成果所不载。例如长沙国内史政区属县的数量就已超出了前揭“第三阶段”的数量，出现了不少新的县名或类似县级机构名称。如长赖、南山、靖园、西山、西陵、寿陵、邑陵、定陵、定邑、定园、醴陵等。

---

① 周振鹤：《中国行政区划通史 · 秦汉卷》（上），第八章第三节“长沙国（郡）、武陵郡、零陵郡、桂阳郡沿革”，认为：“汉初武陵郡有门浅、上衍两县，不知何时废也。地望不明。”镡成，“元鼎六年平南越后，镡成方属武陵。治所在今湖南靖州苗族侗族自治县南，确址无考”。孱陵，“武帝初年仍属南郡辖，不知何年改隶武陵”。索、临沅，“宣帝时期由长沙国削入”武陵郡（复旦大学出版社，2017 年，第 441 页）。

② 马孟龙《西汉侯国地理 · 西汉侯国建置沿革综表》修订本中备注：《史表》误作安遥，《表》误作中山王子（上海古籍出版社，2021 年，第 537 页）。

③ 马孟龙：《西汉侯国地理 · 西汉侯国建置沿革综表》修订本，上海古籍出版社，2021 年，第 537、539、540 页。

④ 周振鹤：《中国行政区划通史 · 秦汉卷》（上），复旦大学出版社，2017 年，第 436 页。

⑤ 周振鹤：《中国行政区划通史 · 秦汉卷》（上），复旦大学出版社，2017 年，第 436 页。

⑥ ［汉］班固撰：《汉书》卷二十八下《地理志》，中华书局，1962 年，第 1639 页。

⑦ 周振鹤：《中国行政区划通史 · 秦汉卷》（上），复旦大学出版社，2017 年，第 446 页。

简文举例：

例 1：

九年五月乙未朔丁未，臨湘令堅、長賴丞尊守丞告尉謂

倉、都鄉，敢告宮司空、攸、南陽、將作：定王后訾徒髡鉗城旦　（简 0583）

例 2：

十五日與賊寇已私日失入時尊六枚，寇相入☐

……即徙定陵，上到雁澤渚□□□　（简 0686）

例 3：

九年正月丙申朔辛酉，鐵官長齊守臨湘令，丞忠，敢告定邑主：定邑令史

辛與行事長南山長行、佐齒皆坐，劾監臨主守縣官錢盜之（正）。

二月戊寅，臨湘佐□□以來，掾遂、獄史生（背）。　（简 0557）

例 4：

二月丙寅，定園長衾行定邑長事移書

□□令史生?　（简 0214）

例 5：

九（七）年三月丁丑朔癸未，臨湘令寅謂南鄉告尉、

別治長賴、醴陵，敢告壽陵、西山主：不智何人非縱　（简 0176）

例 6：

追搜索壽陵界中，□壽陵界中臨湘旁　（简 0739）

例 7：

三年二月辛未朔壬戌，宮司空丞僕謂司空，敢告西山、壽陵、長賴、邑陵：臨湘令

史公乘、當陽里它人，坐追劾人者回辟逗留，毄牢，遂亡滿卅日不得。駕論命　（简 0796）

例 8：

三月甲申，長沙內史齊客、邸長始守丞謂臨湘、宮司空、食官、壽陵、采銅、烝陽、

南陽、連道邑、別治醴陵：移牒，臨湘長一短二，采銅、宮司空、食官、烝陽各一、醴

陵　（简 0175）

例 9：

烝陽羅里。血妻，士五，南山成里。皆坐盜鐵湞（鎖）各一，亡，未命。共盜

靖園高成里大夫昌錢二千、麻布一匹、繒複衣一、赤羅□一、青　（简 0342）

以上所举文例中，定陵、定邑长、定园长、寿陵主、西山主、邑陵等名称的出现，当与定王刘发或刘氏长沙国王室陵域所在有关。据长沙近五十年来对西汉长沙国王陵的考古勘探调查与考古发掘成果已获知，吴氏长沙王与刘氏长沙王的陵域均位于湘江西岸的丘陵地带，陵区整体略呈南北向狭长条状。吴氏长沙王陵区主要分布在南半部，其南起天马山，北至咸嘉湖、象鼻嘴山、狮子山一带。刘氏长沙王陵区主要分布在北半部，其东南自桃花岭，西北达蜈蚣蒂山、风盘岭一线（图四六）。①

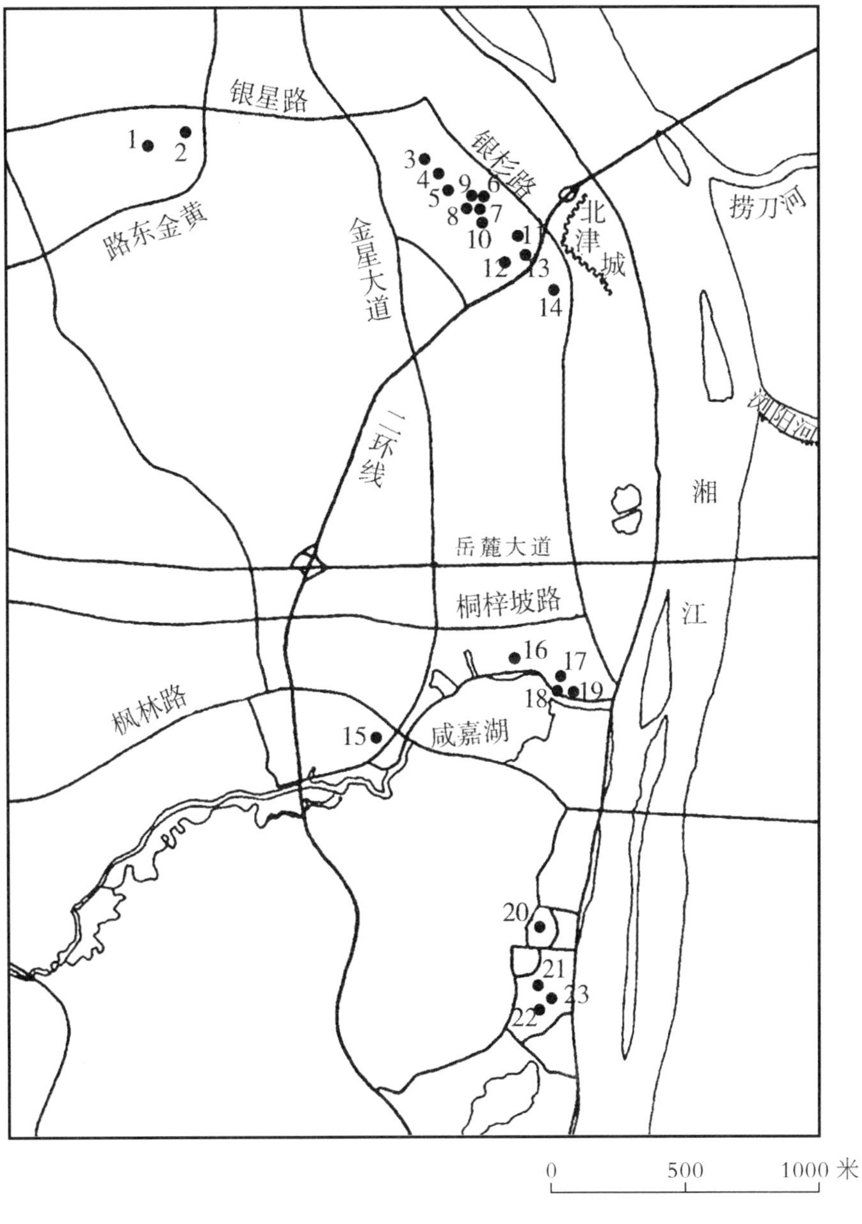

图六二　汉代长沙王陵分布图（据何旭红《汉代长沙国考古发现与研究》）

1. 蜈蚣蒂汉墓　2. 风盘岭一号墓　3. 风篷岭张氏王后墓　4. 桃花岭汉墓　5. 栗树嘴汉墓　6. 狮子拱一号汉墓　7. 狮子拱二号汉墓　8. 狮子拱三号汉墓　9. 狮子拱四号汉墓　10. 杉木拱汉墓　11. 郭家山汉墓　12. 马坡山汉墓　13. 庙坡山汉墓　14. 东山汉墓　15. 望城坡"渔阳"王后墓　16. 陡壁山"曹嫘"王后墓　17. 狮子山汉墓　18. 扇形山汉墓　19. 象鼻嘴一号汉墓　20. 凤凰山汉墓　21. 天马山二号汉墓　22. 天马山一号汉墓　23. 天马山三号汉墓

① 何旭红：《汉代长沙国考古发现与研究》，岳麓书社，2013年，第49~51页。

西汉自始，帝王陵寝旁即置陵邑，汉功臣王侯亦可置邑移民。《史记·淮南衡山列传》："乃徙城阳王王淮南故地，而追尊谥淮南王为历王，置园复如诸侯仪。"[①]《汉书·霍光传》载，光薨，"发三河卒穿复土，起冢祠堂。置园邑三百家，长丞奉守如旧法"[②]。以上所举是否皆为县名，尚可不必遽下结论。简例1、2、3、4所见定王后营（茔）、定陵、定邑、定园之名出现应在刘发去世，朝廷颁谥之后，当是武帝元朔元年（前128）之后的称谓，此前上述陵寝、墓园、机构等虽早已在规划修造之中，却是不会冠以谥名的。据《史记·汉兴以来诸侯王年表》载，景帝前元元年（前156）"复置长沙国"。前元二年三月甲寅为"定王发元年"[③]。《史记·五宗世家》："（发）立二十七年卒。"[④]"定王"乃长沙王刘发的谥号，定陵当为定王刘发的陵墓，定王后茔当指王后的茔墓。定园、定邑分别或为定王与王后陵园与陵邑的日常管理机构。简例5、6、7、8所见寿陵、邑陵，或为涉及欲绵延百代，占地面积更为广大的长沙王陵区域内不同类别的管理机构，与山林、苑囿、池陂等密切关联。当然亦不排除继续沿用已被除国的汉初所封异姓吴氏长沙国已设地名、陵园名的可能。简例5所见"西山"，在益阳兔子山7号井出土的惠帝五年七月的木牍文书（简J7⑦：305）亦可见。[⑤]说明该县名至少在汉初就已设置，亦不排除设置年代有更早的可能。简例9所见"靖园"则有可能原为吴氏长沙国第五代王吴著［靖王，薨于文帝后元七年（前157），因无后国除］的寝园[⑥]，疑为国除之后渐更为县治。简例5、7、8、9所见"别治长赖""别治醴陵"及"西山""南山"等名，疑为分布在王国都畿临湘县附近新设机构的治所，或为王国新设机构，或与临湘丞、尉治所有关。虽然上述机构名称之后常见缀有长、丞、尉、令史等职官名及乡里名（参见前揭所列长沙国（内史）县乡里名对比表），是否确为县名，仍须对其政区边界与所辖乡里作进一步观察，但可以推定与加强王国都畿周边的治理及规划新建的刘氏王陵茔域的安全当有一定的关联。

长沙国与原支郡及属县的关系也呈现不一样的面貌。简文中仍多见原支郡及属县名，如武陵、义陵、临沅、索、充、零阳、沅陵、迁陵、酉阳、辰阳、无阳、镡成、便、烝阳、郴、舂陵、临武等，甚至已封王子侯国的叶[⑦]、都梁[⑧]侯国名亦见且有往来。王国与支郡、属县之间的互动颇显频繁，其隶属关系未见明显脱钩迹象，在事关王国的赍米钱赋的征收调输、县佐将田雇佣收禾、各种计簿的考课举缪纠误、监临官员职务犯罪、捕亡缉盗案劾审决等一些重大紧要事务、事件中，仍见王国对下行使有效管理的状态。"遣吏是服，处实入所"乃下行文书中常见的官方指令用语，时见王国相关部门的掾史参与并主导其间。另也有见支郡属县的主官、长吏代守王国内史丞的职事，这种除迁调任的情况表明，应是王国尚能在其管辖范围内实施有效行政的一种常态。

简文举例：

例10：

五年九月丁巳獄史巴人、胡人訊襄人，要道辭曰：府調無陽四年賨糴（糶）賣取錢輸臨沅食官、廄，償所贖童賈（價）錢，皆急緩。夷聚里相去離遠，民貧難得，襄人令譯士五擿收價［責議］

① ［汉］司马迁撰：《史记》卷一百一十八《淮南衡山列传》，中华书局，1962年，第3080、3081页。
② ［汉］班固撰：《汉书》卷六十八《霍光金日磾传》，中华书局，1962年，第2948页。
③ ［汉］司马迁撰：《史记》卷十七《汉兴以来诸侯王年表》，中华书局，1959年，第839页。
④ ［汉］司马迁撰：《史记》卷五十九《五宗世家》，中华书局，1959年，第2100页。
⑤ 张春龙、张忠炜：《湖南益阳兔子山遗址七号井出土简牍述略》，《文物》2021年第6期，第71~72页。
⑥ ［汉］司马迁撰：《史记》卷十七《汉兴以来诸侯王年表》，中华书局，1959年，第829页。
⑦ 马孟龙：《西汉侯国地理·西汉侯国建置沿革综表》修订本，"叶，元朔四年，武帝封长沙定王子刘嘉为叶侯，《汉志》叶属南阳郡，前面曾引述周振鹤先生的观点，南阳郡之叶侯乃由长沙迁置而来。今按，《待时轩印存》著录有一方西汉滑石印'叶阳邑长'滑石印是湖南地区西汉墓葬特有的随葬物，可证西汉长沙国确有'叶（阳）县'，即刘嘉初封之地"（上海古籍出版社，2021年，第272页）。
⑧ 马孟龙：《西汉侯国地理·西汉侯国建置沿革综表》修订本，"都梁置年，元朔五年六月（前124），废年，莽。长沙王子，地望，今湖南隆回县桃花坪街道"（上海古籍出版社，2021年，第539页）。

溪臾人，環言：得五桴船一樓士五定所，當米八斗；腸七十五斤，士五强秦、磨、僕各廿五斤，非搞家賓腸。襄人自責，得士五共吸、大男共來予腸十五斤，士五工期爲☑　（简1792+0017）

例11：

五年九月丙辰朔辛酉，無陽長婿、令史巴人行丞事，敢告臨湘主：案牘罪

以下寫劾、辟、爰書。移書到，令史可論，倚言夬（決）屬所長沙内史府，如律令。敢言之。　（简0121）

例12：

二〈三〉年四月丙申，將田義陵佐僮、沅陽佐卯，出賃安成里公乘伉充、南陽

公乘午等，連□上粟，卯實不與僮共出錢繒以付充等，僮詐以卯名爲券書。

四年二月乙未朔戊戌，將田沅陽佐卯劾。　（简0006）

例13：

四年五月甲子朔庚寅，案事，長沙相史駕、武陵守卒史縱、辰陽令史野劾。

六月丙申，案事，長沙相史駕、武陵守卒史縱移辰陽：以律令從事，言夬（決）相府／相史駕、卒史縱　（简0046）

例14：

五年二月己丑朔丁酉，服捕命未得者尉史驕爰書：命男子卯自詣，辭曰：故公大夫，沅陽昌里，

爲沅陽倉佐，均鐔成庫佐。鐔成遣卯趣作倉役無

陽、義陵、沅陽。相史駕、卒史縱劾卯以詐爲書，辟負辟償，臧（贓）六百以上，移辰陽，辰陽辟歸鐔成，鐔成以吏亡鞫論，免卯削爵士五。辰陽獄史光甲與丞郎　（简0040）

例15：

☑（毋辨）護，不勝任。得，毄牢。以不勝任論，免非子

☑（移校五）年應獄計。便、郴以從事。司空除毄　（简0225）

例16：

四月辛卯，長沙僕行長沙内史事、舂陵長始守丞敢言之。少府謹寫移，

敢言之。／守史郢、書佐丙。内史齊客告歸。　（简0530）[①]

简例10、11为“无阳脽夷乡啬夫襄人收赍案”中的案讯文书。案情大意：长沙王刘庸五年（前124），王国某府急调无阳县（属武陵郡）四年“赍”，粜卖为钱输给临沅食官、厩，用以偿还抵押的童（重）价钱。事发紧急，而无阳所在地蛮夷聚落之间相离甚远，民贫难以征得。在征税的过程中，脽夷乡啬夫襄人因纳税券书交付等方面出现问题，与多名纳赍者发生纠纷，引发了一桩诉讼案。简文所见此案先由无阳

① 不限于县丞、内史丞，这里的守丞当为副职的泛指。对“守丞”含义多有讨论，笔者赞从孙闻博先生之说，即守丞是县丞在职、因故不在署时的一种权宜设置，丞归即罢，不具有试守性质。孙闻博：《里耶秦简“守”、“守丞”新考——兼谈秦汉的守官制度》，《简帛研究·二〇一〇》，广西师范大学出版社，2012年，第66~75页。

县长、丞案讯，再将案劾文书移送临湘县（可能由上级部门指定）复审，审决结果仍需移呈报备长沙内史府。

简例12、13、14为“义陵将田佐僮诈以卯名共出为券书案”的劾文书内容。卯乃沅阳昌里人，公大夫，先后事沅阳仓佐、镡成库佐。镡成曾遣其出做无阳、义陵、沅阳仓役。僮乃义陵将田佐。长沙王刘庸二年（前127），两人受命同为“大农将赁人田无阳界中”，各自管理所负“将田”事务。僮为避负偿雇佣者钱缯（佣者赁资），诈用卯名共出为券书，致使卯被案讯论罪，卯因此逃亡，后又自出投官申述冤情。案情的发生、审理在长沙王刘庸三年（前126）至五年（前124）间，审理过程几经反复，颇为曲折。主理此案的长沙国相府曾前后两次派员审理，结果却各不相同。报告所举简例，仅为披露案情前期阶段的少许部分，理案过程未作过多展开。尽管如此，从简例13已知，此由长沙相史驾、武陵守卒史纵联署签发的下行文书，是移案责成辰阳县负责审理，并将审决结果报备相府；而简例14则为某县尉史上报卯自出后的案讯爰书。从上举二则案例中可见，自赍税征缴、粜钱输给到将田雇赁、案劾审理等诸多方面，长沙国对武陵支郡及其属县，依然行使着有效的行政管辖权，其隶属关系并未发生改变。接下来我们将目光移向长沙内史地与桂阳郡。

前揭第三章第四节所举“便移五年户计余口书误案”劾文书显示，便县因上报五年（前124）户计人口数出现误差，长沙内史府、中尉府掾史经审查发现有误后举劾，便县长吏及属员一干人等皆因“书误”事而获罪。此案移交便县审理后，移副报备中尉府。值得注意的本节简例15，似为对便丞非子的判决文书，简文虽有残缺，但文意尚可明白。前揭簿籍类文书所引简例，已知便丞非子为郴县畸里人。另据已发表的“临武丞武案”的判决文书可知，狱事已决，经报上级机关审批后的判决文书当移送涉案人员的原籍所在地、案发地、服刑地等相关部门，各自移录当年狱计册薄，做到相应无误。[①]此一法律程序与当时施行的司法审判的制度设计有关。文中“便、郴以从事”为省文，按规范的文例复原，即为“（移）便、郴以（律令）从事”。从文书的用语及运行方向看，显然属于下行文书。便，当指长沙国（内史）之便县。郴，应指桂阳郡治之郴县。两县同时受命按照上级指令办事，除朝廷外，桂阳郡与长沙国的从属关系，孰主孰从，就值得再作观察了。联系相关简文来看，很显然这一指令来自长沙国。

简例16有见桂阳郡之属县舂陵长吏，代守王国内史丞的记载。其用语呈上行文书格式，疑为向朝廷或王国报告的文书，所言者之一乃代守长沙内史丞事的舂陵长始。舂陵按其辖属关系当为桂阳郡属县。马孟龙考其地望有二，即今湖南宁远县柏家坪镇柏家村东南与湖北枣阳市吴庄镇舂陵村。[②]《汉书·王子侯表》：“舂陵节侯买，长沙定王子。（元朔五年）六月壬子封，四年薨。元狩三年（前120），戴侯熊渠嗣，五十六年薨。元康元年（前165），孝侯仁嗣。侯敞嗣，建武二年（26），立尚文子祉为城阳王。”[③]《后汉书·城阳恭王祉列传》：“节侯买以长沙定王子封零道之舂陵乡，为舂陵侯……元帝初元四年（前45），徙封南阳之白水乡，犹以舂陵为国名。”[④]武帝元朔五年六月封刘买为舂陵侯，舂陵县即为其封国，县之长吏当为其侯相。何以出现舂陵长名？推测其原因：一则或是简文所记乃元朔五年六月之前事，时尚未封置刘买侯国。因简文仅署该月“四月辛卯” 历日干支，未记年份。检张培瑜《秦汉初朔闰表》，知除元朔三、四年外，元朔元、二、五年的四月中皆有辛卯日。李忠林《秦至汉初朔闰表》同。故推舂陵长始守内史丞事，当在其中的某年。根据相关简文所载内史齐客在任期间涉处有关案事的时年，推测简例16的年代在元朔五年四月的可能性较大。二则或是舂陵侯国初封之时，仅取二三乡之地，颇类尹湾汉简中平曲县之事例，[⑤]疑割舂陵县而建侯国。从舂陵长始代守长沙内史丞职事观察，这种临时的调迁应属于

① 杨芬、宋少华：《长沙走马楼西汉简〈官司空令史儿等为武擅解脱易桎弗举劾案〉初步考察》，《简帛研究·二〇二〇·秋冬卷》，广西师范大学出版社，2021年，第250页。
② 马孟龙：《西汉侯国地理·西汉侯国建置沿革综表》修订本，上海古籍出版社，2021年，第452页。
③ ［汉］班固撰：《汉书》卷十五上《王子侯表》，中华书局，1962年，第469页。
④ ［南朝宋］范晔撰：《后汉书》卷十四《城阳恭王祉列传》，中华书局，1965年，第560页。
⑤ 周振鹤：《中国行政区划通史·秦汉卷》（上），复旦大学出版社，2017年，第118~120页。

长沙国的职权分内之事。安作璋、熊铁基认为："汉初王国二千石官，均由中央代置，二千石以下官，始由王国自置。……景帝以后，定制四百石以上官吏均由中央派遣，王国仅得自置四百石以下官。"①周长山认为："县道长吏的任免权根本握于丞相之手。而对属县负有监督指导之责的郡国守、相，则可以在县道长官出现空缺之时，命人代行其职。"②邹水杰认为，县令长"从任用类型来看，从州郡县属吏与朝廷郎官中，通过功次和察举迁升为令长是当时最主要途径，由郎官、博士直接出补令长也是重要的补充。……但他们同时又要受郡守的制约。郡守可自选官吏以行或守的形式暂代县令长之职，或使能吏一人兼摄多县之事"。③彼时长沙国属县令长的任命权属究归何处？须待进一步观察研究。在此只是对观察的对象提出一些推测：若排除长沙国范围内与之春陵重名者，春陵倘若确为桂阳汉郡之属县，长沙国是不大可能径从汉郡调迁属县长吏代守内史丞之职事的，由此似可表明彼时桂阳及春陵尚隶属长沙国并受其辖治。

前揭本章第三节所举简例14、15、16、17为"宫司空令史儿等为武擅解脱易桎弗举劾案"（以下简称"临武丞武案"）劾文书。武为临武县丞，大夫，临湘泉阳里人。因监守自盗，初判"髡钳城旦、定王后营徒"。后因发现武在关押期间还犯有其他重罪，复治加判其罪。复治"临武丞武案"还涉及武被关押在王国宫司空狱期间，擅自为其解脱刑具以及虽负监管之责却未为加举报的数位吏员。有关案情的讨论，已有文章披露，兹不作展开。④关于"临武丞武案"初审与复治一事值得讨论。据已公布的该案两份判决文书，知初审时，"武毄（系）宫司空狱"，"儿"为"主毄（系）令史"，"外""不识"皆为"狱史"，似表明武帝时期，长沙国宫司空是设置有监狱的。虽有学者研究认为，郡国"不单独置狱"。⑤但据新出简牍资料观察，此一问题仍有可探讨的空间。关于复治的情况，其与张家山出土《奏谳书》案例十五"醴阳令恢盗县官米案"审判程序颇为近似。该案例的案发地是南郡的醴阳，恢任县令之地，而案审地却非恢供职之地的江陵县。⑥近年来，研究者指出："汉初存在由同级的县向上奏报它县长官犯罪的司法实践，或者说可以进一步推测这一实践背后是有具体的规定作为制度依据。……郡治所在县的县令将郡管辖的特殊身份犯罪案件上报至中央，由皇帝最终裁决。"⑦管笑雪认为："案件很可能是由受案县道在呈报南郡之后，由南郡转交江陵县审理。……江陵县对案件的调查审理反映出地域回避的制度设计。……类似于'异地审理'。"⑧目前有关《奏谳书》其他案例的审判程序的讨论，大致可归为两种类型。一类如案例十七"士五毛盗牛案"⑨，可视为"案发地县廷管辖"的类型⑩；另一类如案例十五"醴阳令恢盗县官米案"，可视为"案发异地审理"的类型，这与涉案者的官秩身份是否有关以及还有无其他类型，仍可作进一步观察。参考上述学者的意见，我们认为，武帝时期上述两种类型的案审程序皆可能同时并存，根据"临武丞武案"及公布的相关简文资料来看，此案更相近于"案发异地审理"的类型。从"临武丞武"案审判程序上观察，自案件发生地"武"供职之地临武县到案件初审地王国宫司空狱，再至复审地国治临湘县，其中并无看到因存在郡国之别及地域上的距离而出现阻隔与影响，或是超越常规的特事办理，表明这是在长沙国政区范围内的按当时法律程序处理的一起重要司法案件，亦表明汉廷相关的法律制度设计在郡国同时得以推行。至于王国审判案件中涉及有爵者甚至是高爵犯罪者，例如"武案"中武为大夫爵，主令史儿为官大夫爵，宫司空令史外，佐不

---

① 安作璋、熊铁基：《秦汉官制史稿》，齐鲁书社，2007年，第725页。
② 周长山：《汉代地方政治史论》，中国社会科学出版社，2006年，第67页。
③ 邹水杰：《两汉县行政研究》，湖南人民出版社，2008年，第170页。
④ 杨芬、宋少华：《长沙走马楼西汉简〈宫司空令史儿等为武擅解脱易桎弗举劾案〉初步考察》，《简帛研究·二〇二〇·秋冬卷》，广西师范大学出版社，2021年，第235~252页。
⑤ 宋杰：《汉代监狱制度研究》，中华书局，2013年，第183~184页。
⑥ 张家山二四七号汉墓竹简整理小组：《张家山汉墓竹简［二四七号墓］》（释文修订本），文物出版社，2006年，第98页。
⑦ 陈迪：《〈岳麓书院藏秦简（伍）〉053~055简小考》初稿，第八届"出土文献与法律史研究"学术研讨会论文，2018年11月。
⑧ 管笑雪：《秦至汉初特殊身份者审判程序研究》，《出土文献与法律史研究》第十辑，法律出版社，2021年，第58~59页。
⑨ 张家山二四七号汉墓竹简整理小组：《张家山汉墓竹简［二四七号墓］》（释文修订本），文物出版社，2006年，第100~102页。
⑩ 彭浩：《谈〈奏谳书〉中的秦代和东周时期的案例》，《文物》1995年第3期，第44页。

识皆公乘爵，是否论决后需上报朝廷审批，仍可继续讨论。

临武应指桂阳郡之临武县，是简文所见在地理空间上位于长沙国最南端之县。今之临武县距郴州的公路距离尚有百余公里，古代实际距离则当更远。郴县时为桂阳郡治所在，据《湖南通志 · 地理志》载，临武，“今桂阳州之临武、嘉禾县地”。郴县，“今郴州、宜章、兴宁、桂阳、桂东及桂阳州地”[①]。武任临武县丞，临武为桂阳郡属县，武因职务犯罪，先是收械于长沙国宫司空狱，由王国司法部门判处重刑，发配充作修筑长沙定王后（定王之妻）陵墓的刑徒。其后又因另外发现武与狱史外、不识共犯“见知之法”而移临湘县复治，加判其罪（此亦属于小范围的“案发异地审理”）。从案件发生、转移处置的政区空间观察，是从桂阳郡临武县→长沙国宫司空狱（可能在临湘）→定王后陵墓（临湘）→临湘县狱；从时间维度上观察，案情发生在第一代长沙定王发薨年（前 129）之后，至第二代长沙王刘庸九年（前 120）之间。在这一基本明确的时空框架之下，从发生的一系列相互关联的事件与空间场景转换中可以清楚地观察到：武帝元朔、元狩之际的长沙国依然对临武县行使着有效的行政管辖。由此而延伸到桂阳郡，其隶属长沙国的关系应该是清楚的。倘若桂阳郡已为汉郡，临武县为桂阳郡之属县，长沙国何以越界捕人，临武丞更是不会因犯罪而被递解到国治临湘审决，罚作刑徒与复治其罪的；反之，长沙国又如何能在桂阳汉郡的管辖区域内拥有临武县这样一块飞地。上述的推论若属合理的话，从临武县所处地理位置上观察，长沙国的政区疆域当广至桂阳郡。

关于桂阳郡始建年代，传世文献记载较为简略，认为在汉初高帝置。《汉书 · 地理志》载：“桂阳郡，高帝置。”[②]《水经注 · 耒水》载，桂阳郡“汉高帝二年分长沙置”[③]。后来学者的研究则倾向于吕后、景帝之时。王国维《汉郡考》认为：“汉郡之增，实在孝景之世，……是岁七国反，既平其地又以其余威削诸侯，于是……南得武陵、桂阳于长沙。”[④]董远成亦承此说，认为：“至汉景帝吴楚七国之乱时，……把原来的长沙国的南部地区，相当于以汉志桂阳、零陵西部之地，从长沙国划出，改为直属于汉朝的桂阳郡。”[⑤]周振鹤认为，桂阳郡“吕后七年分长沙内史置。初置时属长沙国，文帝后元七年，长沙国除，入为汉郡，自此不复属王国”[⑥]。诸位学者的论析或自有理据，然而检视走马楼出土西汉简牍，却很难见到有关记载桂阳郡的只言片语，但凡涉及桂阳郡相关的属县、职官、案事等等，颇难见其郡级长吏亦或掾史的踪影或活动的行迹，给人一种模糊不清、难以确定的印象。与前举简例 12、13、14“义陵将佃佐僮诈以卯名为出书案”中有见“武陵（郡）守卒史纵”的明确记载成了鲜明的对照。我们以为：吕后七年，置桂阳郡属长沙国的可能性是存在的，然景帝重置刘氏长沙国至武帝前期，桂阳郡恐未设置，其辖境统属于长沙内史。当然，造成此模糊印象或有其他的原因，如因出土简牍残损，缺失严重，导致有关记载桂阳郡的简文阙如以及本书作者存在的认知局限等等。为慎重起见，在以下论述中仍假定桂阳郡已设置为前提而展开讨论，并由此提出一些初步的看法。关于武陵郡的归属，前揭简文反映颇为清晰，其属长沙国甚明，且有学者专文论述[⑦]，此不赘。

对于简文所记载的与众多复杂事案交织一起频繁出现的原支郡诸属县之名而言，如果在简牍的年代推断没有出现太大的误差，同时排除有关县名重复的话，似乎在表明这一时期长沙国政区的有效管控范围，仍大致维持在汉初疆域版图内，当然不排除个别属县或有变动或并废。由前揭简例涉及原桂阳郡所属县，仅见郴、舂陵、临武、便、零陵、泠道等。郴为桂阳郡治所在，舂陵、临武、便、零陵、泠道为桂阳郡之

① [清]李瀚章、曾国荃、郭嵩焘等修纂：《光绪湖南通志》卷三，《续修四库全书》，上海古籍出版社，2002 年，第 367 页。
② [汉]班固撰：《汉书》卷二十八上《地理志》，中华书局，1962 年，第 1594 页。
③ 陈桥驿：《水经注校证》，中华书局，2007 年，第 915 页。
④ 王国维：《观堂集林》卷十二《汉郡考》，《王国维遗书》第二册，上海古籍书店，1983 年。
⑤ 董远成：《楚秦汉时期长沙地区历史地理概述》，《湖南省博物馆馆刊》第六辑，岳麓书社，2009 年，第 178 页。
⑥ 周振鹤：《中国行政区划通史 · 秦汉卷》，复旦大学出版社，2017 年，第 441 页。
⑦ 王勇：《西汉刘氏长沙国含长沙、武陵两郡考述》，待刊。

属县，临武县更在诸王子所封侯国之南。桂阳郡所属之数县以及前揭所言之都梁侯国、叶侯国均与长沙国内史府、中尉府及属县行政发生交集往来，却少见该郡行政作为之影响，是故除桂阳郡的归属与设置当值得重新考虑外，其中是否还隐匿着中央朝廷更深的谋划与心机，亦值得考虑。从武帝元光、元朔年间封置长沙王子侯国的地域位置观察，众侯国皆错置在长沙国南部及桂阳郡的东西两侧，东侧为罗霄山脉之西缘一线，西侧为雪峰山脉东缘一带，唯独空留耒、便至郴、桂阳一线的交通便道地域未加封置，是否与朝廷平越之意暗合，颇值留意。南越国与朝廷的关系貌合神离，素非融洽，双方关系时急时缓。长沙国毗邻其北，惠文之际，两国常互启事端，频生战事，景、武年间，其王佯称病不朝，图谋不轨。朝廷虽剿抚并用，亦未见获有大的功效。《史记·南越列传》载："孝景时，（佗）称臣，使人朝请。然南越其居国窃如号名，其使天子，称王朝命如诸侯。"①"……佗孙胡为南越王……称病，竟不入见……（太子）婴齐代立，即藏其先武帝玺。……固称病，遂不入见，遣子次公入宿卫。"②"元鼎四年，汉使安国少季往谕王、王太后以入朝，比内诸侯……其相吕嘉……称病，不肯见王及使者。乃阴与大臣作乱。"③由此可见，南越国不臣之心由来已久，平越之意或早在汉武广开三边的谋略之中。在封置长沙王子侯的同时有意留此通道，便于朝廷储备粮草、屯输兵马、养精蓄锐，以待时变。桂阳郡是秦汉以来通往岭南的主要出发地，在秦开凿通达岭南的四条通道中，除一道位于豫章郡外，余三道皆位于桂阳郡境内。此三道："一是由湖南零陵溯湘江而上，往严关、秦城，从湘桂走廊的灵渠入漓口，沿西江而达番禺等岭南各地；二是自湖南道县溯潇水越九嶷塞而南达广西贺江再南通西江；三是自湘水支流耒水而达郴州，由此南越骑田岭，出阳山关，沿湟水东南行，经湟溪关、浈关，从北江而南达番禺。"④元鼎四年（前 113）朝廷遣使入越宣旨，命南越王、王太后入朝，比内诸侯之时，卫尉路博德便已屯兵桂阳待使者，以防生变，说明朝廷早已提前做好了两手准备。元鼎五年（前 112），趁南越国发生内乱，朝廷发兵五路出击，其一路即由"卫尉路博德为伏波将军，出桂阳，下汇水……咸会番禺"⑤。所发的进军路线正是出桂阳（治郴），越骑田岭后下湟水（今连江）的骑田岭道。由此，说明桂阳郡战略地位的重要。

通道不封侯国的原因也是考虑到防止侯国与岭外暗通款曲，急变之时凭塞阻逆，合纵反叛。暂不收桂阳为汉郡，由其自便，或是"王国境内无侯国"之法在特殊情况下的一种变通实施方式。马孟龙对长沙王子侯国发生迁徙数量如此之高的原因分析，对我们认识这一问题或有所启发。马孟龙认为：西汉的长沙国位于长江以南，而江南地区因生产力低下，自然环境恶劣，在武帝以前一直是不封置侯国的地区。汉武帝也考虑到桂阳郡自然环境恶劣又与南粤国接壤，属边郡范畴，分封在当地的王子侯不仅入朝长安路途遥远，还会受到来自南粤国的军事威胁这些因素。"于是在要求长沙王裂地分封子弟的同时，还制订了一套折中方案，允许长沙王子侯用减少封户作为交换，迁离桂阳郡和豫章郡。可见武帝在制定推恩令的同时，对长沙国的特殊情况也有所顾及，针对长沙王子侯国制定了'减邑内徙'的政策。"⑥那么除了顾及长沙王子侯国这些特殊情况而采取的政策外，有无可能在为实施更大的战略企图的行动措施上，因长沙之桂阳战略地位的特殊，制定了一套朝廷与王国双方相宜且具有一定弹性的权宜之策，以收羁而不发，张弛有度、待时而动之效。因无更多传世与出土文献的佐证，在此我们提出的只是一种假想与揣测。根据出土简牍所载县名观察，我们认为：彼时原桂阳郡地相当一部分区域仍隶属长沙国，径由内史辖治，

① [汉]司马迁撰：《史记》卷一百一十三《南越列传》，中华书局，1959 年，第 2970 页。
② [汉]司马迁撰：《史记》卷一百一十三《南越列传》，中华书局，1959 年，第 2972 页。
③ [汉]司马迁撰：《史记》卷一百一十三《南越列传》，中华书局，1959 年，第 2974 页。
④ 王元林：《秦汉时期南岭交通的开发与南北交流》，《中国历史地理论丛》2008 年第 4 期，第 46~47 页。
⑤ [汉]司马迁撰：《史记·南越列传》，中华书局，1975 年，第 2973 页。《汉书·武帝纪》："遣伏波将军路博德出桂阳，下湟水；楼船将军杨仆出豫章，下浈水；归义越侯严为戈船将军，出零陵，下离水；甲为下濑将军，下苍梧。皆将罪人，江淮以南楼船十万人。越驰义侯遗[四]别将巴蜀罪人，发夜郎兵，下牂柯江，咸会番禺。"（中华书局，1983 年，第 186~187 页。）
⑥ 马孟龙：《西汉侯国地理》修订本，上海古籍出版社，2021 年，第 276 页。

其归属汉郡的时间或在武帝元鼎年间平越稍前后。即便桂阳郡仍隶属中央辖治，其政区范围或在临武、春陵、零陵、泠道一线以南，处与南越国犬牙交错之地。其与武帝元光至元朔年间裂分长沙王子侯国的关系仍是一个值得深入探讨有意义的话题。令人可喜的是，已有学者对此话题展开相关讨论，言之入理，所论有据，颇值得关注。[①]

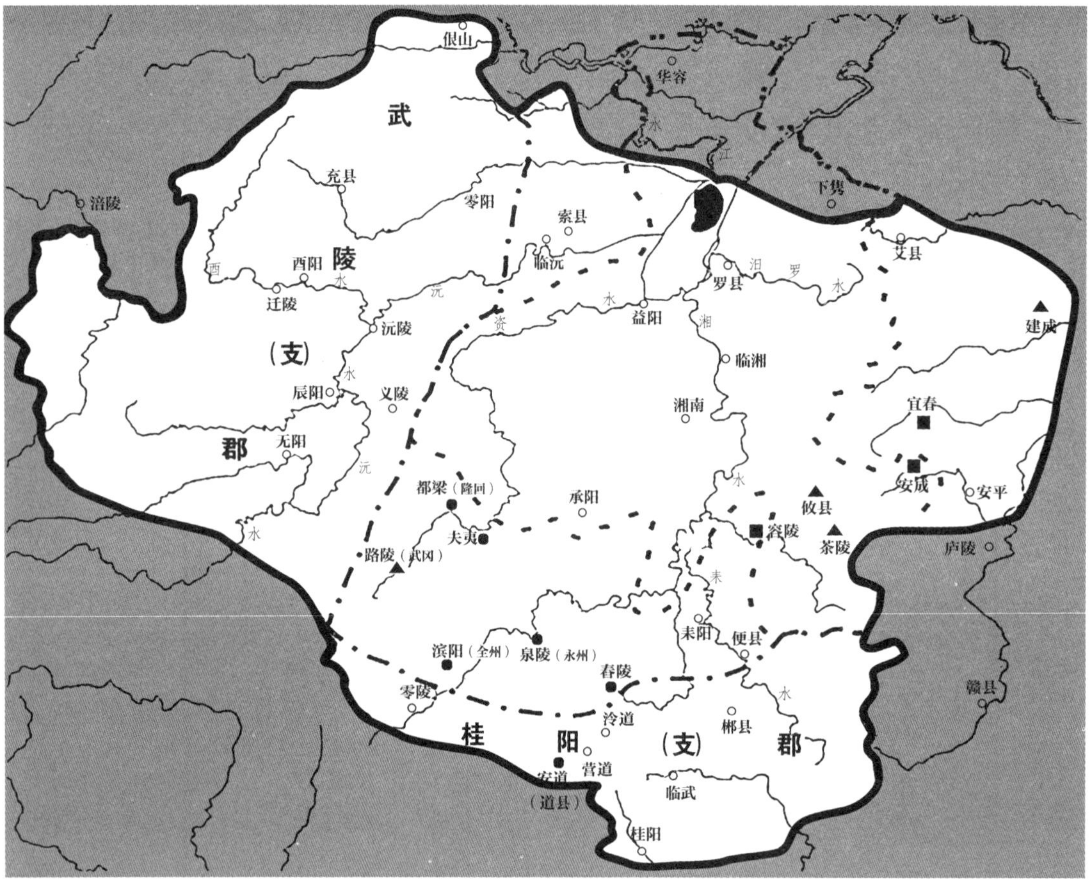

■ 武帝元光六年王子侯国
▲ 武帝元朔四年王子侯国
● 武帝元朔五年王子侯国
—·—·— 景帝三年七国之乱前长沙国界
------ 元帝初元四年长沙国界

图六三　西汉长沙国刘氏王子侯元光、元朔年间封置示意图

（据周振鹤《中国行政区划通史·秦汉卷》图2-24长沙国封域变迁示意图[②]及马孟龙《西汉侯国地理·西汉侯国建置沿革综表》[③]改绘）

---

① 陈守琪：《走马楼西汉简所见地名辑证》，湖南大学硕士学位论文，2023年5月。但昌武：《西汉刘氏长沙国封城演变新考》，中国史学会、山东大学《首届中国古代史青年学者论坛论文集》，山东济南，2023年9月，第330~345页。陈守琪：《西汉刘氏长沙国初期封城考》，中国社会科学院简帛研究中心等《第五届简帛学国际学术研讨会论文集》，2023年10月，第643~661页。李知默、黄鑫鑫：《汉景帝以武陵、零陵、桂阳属长沙史实考论——以走马楼西汉简为中心》，陈松长主编《长沙走马楼西汉简研究》，岳麓书社，2024年，第338~352页。

② 周振鹤：《中国行政区划通史·秦汉卷》（上），复旦大学出版社，2017年，第226页。

③ 马孟龙：《西汉侯国地理》修订本，上海古籍出版社，2021年，第510、528、529、537、539、540页。

第六节　结语

2003年长沙走马楼8号古井中出土的西汉简牍，经初步考证，应为西汉武帝时期，刘氏长沙国第二代长沙王康王刘庸（前128—前101）在位前期的官方行政文书。根据简文记载的纪年朔日干支推比，其使用的时间在公元前126至前120年之间。简牍的种类繁多，内容丰富，其中司法文书占有较大的比重，涉及长沙国的官僚行政体制、署曹设置、官吏分职、功墨考课、刑制改革、法律诉讼、乞鞫覆狱、求盗捕亡、囚徒管理、土地租税、垦田将田、上计案阅、牢狱行值、邮驿传邸、郡县交通、蛮夷管理、政区版图、疆域辖治等等诸多方面，呈现了武帝时期南方诸侯王国体制的复杂面相，具有鲜明的时代特征与地域特征。

20世纪末至21世纪初，我国出土的秦汉法律文献已有相当的数量，但其时代多为秦至汉初，而西汉中、晚期的材料偏少。走马楼西汉简牍的年代明确，数量可观，等级较高，为此前历年出土的西汉简牍中所少见。对于研究汉代法律制度的演变特别是诸侯王国法制状况，无疑提供了具有重要价值的珍贵资料，对于汉初王国制度如何从“王治”向西汉中期“奉汉法以治”的转变提供了一个十分难得的独特的观察视角。

总而言之，走马楼西汉简牍对于多方位、多视角、多层面地深入了解研究汉武帝前期长沙国的政治、经济、军事、文化、社会等诸多方面，具有十分重要的价值。对于从不同学科的视角，认识汉长沙国的历史作用，研究汉文化的传播融合的方式与途径，探索多元一体中国化历史进程，具有积极重要的意义。该简牍的新材料，必将引发诸学科研究的新课题，相信随着走马楼西汉简牍资料的整理发布与研究工作的深入推进，当会取得较为丰硕的学术成果。

附录

附录一 孢粉、水稻硅质体分析

2003年，湖南省文物考古研究所受长沙市文物考古研究所委托，在湖南供销大厦考古工地西汉文化层取样13个，其后在实验室对其进行孢粉和水稻硅质体的分析。样品编号分别为地表（20cm）、南面1号、南面2号、南面3号、南面4号、南面5号、南面6号、西南面7号、西南面8号、西面9号、西面10号、J8、J9。

一、孢粉分析

孢粉是孢子和花粉的简称，是植物重要的繁殖器官。由于孢粉的外壁能耐各种腐蚀，因此当其飘落在土壤中之后，就能被长期保存下来。通过对这些孢粉种类的分析，能够从一个侧面反映当时的植被的状况。

实验室中对上述13个样品进行了盐酸去钙、氢氟酸去硅、碘氢酸重液富集等处理后，在西面9号、西面10号、J8、J9等4个样品中发现较多的孢粉，地表（20cm）、南面1号、西南面8号3个样品中孢粉极少仅零星出现，南面2号、南面3号、南面4号、南面5号、南面6号、西南面7号6个样品未见孢粉，孢粉出土情况详见表1。出土的孢粉隶属16科15属，可分为四大类型，即蕨类植物、裸子植物、被子植物、藻类及苔藓植物（未鉴定种属），通过对表1中出土孢粉的统计分析，可知这四大类型植物在地层中的百分含量（详见表2）。下面对出土孢粉较多的西面9号、西面10号、J8、J9等4个样品简单分析如下。

西面9号样品共观察到孢粉81个。该样品以藻类及苔藓类植物为主，占孢粉总数的51.85%，裸子植物次之，为29.63%，被子植物和蕨类植物含量较低，分别为9.88%和8.64%。裸子植物以柏科（Cupressaceae）为主，见有杉科（Taxodiaceae）及松属（Pinus sp.）；被子植物以栎属（Quercus sp.）为主，见有禾本科（Gramiaceae）；蕨类植物仅发现里白属（Hicriopteri sp.）。

西面10号样品共观察到孢粉15个。该样品以裸子植物为主，占孢粉总数的80%，藻类及苔藓类植物次之，为20%，未发现被子植物和蕨类植物。裸子植物以柏科（Cupressaceae）为主，见有松属（Pinus sp.）。

J8样品共观察到孢粉57个。该样品以蕨类植物为主，占孢粉总数的78.95%，裸子植物次之，为14.04%，被子植物、藻类及苔藓类植物含量较低，分别为5.26%和1.75%。蕨类植物以凤尾蕨属（Pteris sp.）为主，见有瓦韦属（Lepisorus sp.）、水龙骨属（Polypodiodes sp.）；裸子植物以柏科（Cupressaceae）为主，见有松属（Pinus sp.）；被子植物见有栲属（Castanopsis sp.）、香蒲属（Typha sp.）、禾本科（Gramiaceae）。

J9号样品共观察到孢粉12个。该样品以裸子植物为主，占孢粉总数的62.50%，藻类及苔藓类植物次之，为25%，被子植物含量低，为12.50%，未发现蕨类植物。裸子植物以柏科（Cupressaceae）为主，见有松属（Pinus sp.）；被子植物发现有栎属（Quercus sp.）、化香树属（Platycarya sp.）、苦苣苔科（Gesneriaceae）和禾本科（Gramiaceae）。

从上述4个样品发现的孢粉来看，乔木主要以常绿针、阔叶植物松、柏、栲为主，草本植物以禾本科为主，蕨类植物主要是喜湿热的凤尾蕨，这些属种都是目前该地区常见的物种，故推测其古植被面貌与现在相似。

值得注意的是，J8井中出现大量的凤尾蕨属（Pteris sp.）孢子及挺水植物香蒲属（Typha sp.），这可能是受到人类活动的干扰，此外J8、J9两口井中都发现了禾本科的花粉，根据花粉的大小和萌发孔的结构，尤其是水稻植物硅酸体的分析结果（见后）来看，这些禾本科的花粉可能与当时种植水稻有关。

表 1 文化层出土孢粉一览表（单位：个）

层位 种属	地表 （0~20cm）	南面 1号	南面 2号	南面 3号	南面 4号	南面 5号	南面 6号	西南面 7号	西南面 8号	西面 9号	西面 10号	J8	J9
蕨类植物													
里白属 Hicriopteri sp.										6			
铁线蕨属 Adiantum sp.									1				
凤尾蕨属 Pteris sp.												43	
瓦韦属 Lepisorus sp.												1	
水龙骨属 Polypodiodes sp.												1	1
蕨类										1			
裸子植物													
柏科 Cupressaceae										19	7	5	3
松属 Pinus sp.										2	5	3	2
杉科 Taxodiaceae										3			
被子植物													
栎属 Quercus sp.										7			1
栲属 Castanopsis sp.												1	
化香树属 Platycarya sp.													1
桑科 Moraceae									1				
香蒲属 Typha sp.												1	
苦苣苔科 Gesneriaceae													1
禾本科 Gramiaceae										1		1	1
藻类苔藓	1	1							1	42	3	1	2
总计	1	1	0	0	0	0	0	0	3	81	15	57	12

表 2 蕨类、裸子、被子植物百分含量

地层 孢粉类型	西面 9 号	西面 10 号	J8	J9
蕨类孢子	8.64%	0.00%	78.95%	0.00%
裸子植物花粉	29.63%	80.00%	14.04%	62.50%
被子植物花粉	9.88%	0.00%	5.26%	12.50%
藻类及苔藓类	51.85%	20.00%	1.75%	25.00%

二、水稻植物硅质体

植物硅质体是指高等植物的根系在吸收地下水的同时，吸收了一定量的可溶性二氧化硅，这些二氧化硅经过植物的输导组织输送到了茎、叶、花、果实等处，而后在植物细胞间和细胞内沉淀下来，形成二氧化硅颗粒。一般在生长过该种植物的土壤中，都会保存着相应的硅质体。通过对文化层土壤的植物硅质体进行分析，就能够了解古代遗址附近生长的植物种类。水稻的硅质体主要存在于其茎叶内部及谷壳表面，而保存于叶内部的扇形硅质体和谷壳表面的双峰硅质体被认为是水稻所独有的形态，因此当遗址中发现了这两种形态的硅质体，常常被认为该区域种植过水稻。

通过对 13 个样品进行盐酸去钙、碘氢酸重液富集等处理后，在 11 个样品中发现水稻硅质体 40 个，其分布情况详见表 3。

表 3 水稻硅质体统计表

上层土样（0~20cm）	8
南面 1 号	3
南面 2 号	0
南面 3 号	1
南面 4 号	0
南面 5 号	4
南面 6 号	1
西南面 7 号	1
西南面 8 号	1
西面 9 号	5
西面 10 号	7
J8	1
J9	8

发现的水稻硅质体有扇形和双峰两种形态。扇形硅质体发现在南边 5 号和西面 9 号两个地层中，经测量其扇柄长 α、扇叶长 β、扇叶宽 c、扇柄宽 d、扇厚 e 均值数据分别为 20.7um、26.23um、37.17um、8.26um、8.2um，和 29.33um、7.45um、37.58um、10.26um、12.5um，数据详见表 4。

水稻双峰硅质体在地表（0~20cm）、南面 1 号、南面 3 号、南面 5 号、南面 6 号、西南面 7 号、西南面 8 号、西面 9 号、西面 10 号、J8、J9 等 11 个地层中发现，双峰硅质体双峰间距、垭深、双峰角度 1、双峰角度 2 的均值数据详见表 5。

根据对表 4、表 5 水稻相关测量数据的研究，可知这些水稻为栽培稻，既有籼稻类型，也有粳稻类型。

表 4　　水稻扇形硅质体测量数据（单位：μm）

地层编号	扇柄长 α	扇叶长 β	扇叶宽 c	扇柄宽 d	扇厚 e
南面 5 号	20.7	26.23	37.14	8.26	8.2
西面 9 号	29.33	17.45	37.58	10.26	12.5

表 5　　水稻双峰乳突硅质体测量数据（单位：μm）

地层编号	双峰间距	垭深	双峰角度 1	双峰角度 2
地表（0 ~ 20cm）	22.85	2.11	82.0°	81.5°
	33.68	6.15	99.2°	74.2°
	20.75	2.21	93.4°	111.4°
南面 1 号	21.56	3.21	97.2°	94.3°
南面 3 号	32.1	3.4	92.14°	100.2°
南面 5 号	33.23	2.89	95.12°	102.33°
南面 6 号	20.65	2.07	98.7°	96.2°
西南面 7 号	29.54	3.54	99.2°	98.8°
西南面 8 号	37.22	7.21	97.8°	111.9°
西面 9 号	30.14	2.87	131.9°	71°
西面 10 号	30.01	4.01	102.9°	90.9°
J8	38.1	6.48	98.5°	79.4°
J9	35.2	3.42	95.1°	94.3°

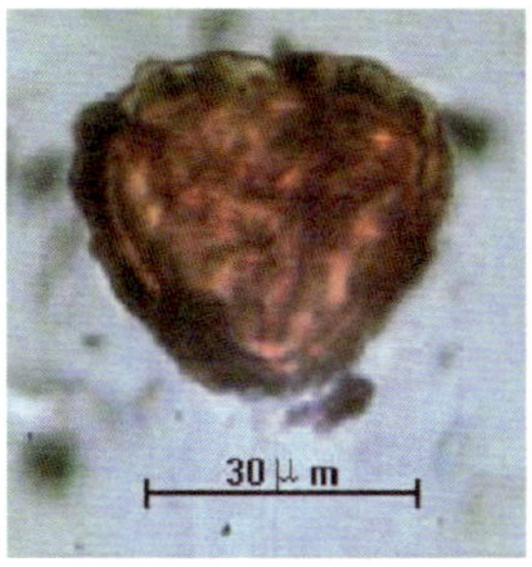

风尾蕨属 Pteris sp.

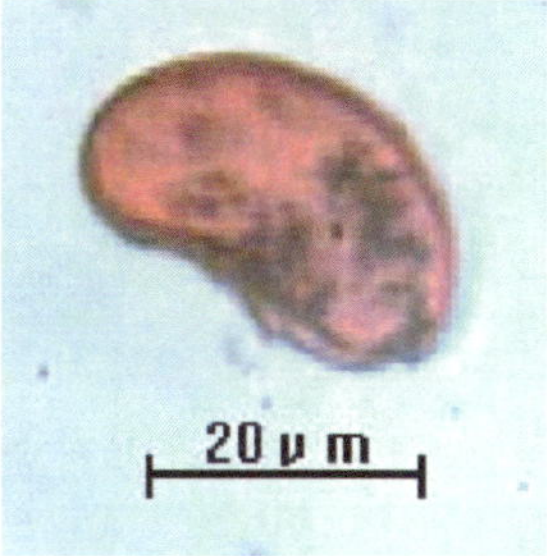

水龙骨属 Polypodiodes sp.

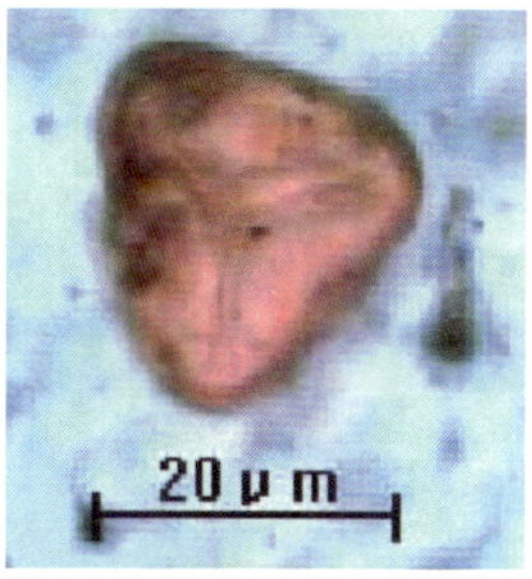

铁线蕨属 Adiantum sp.

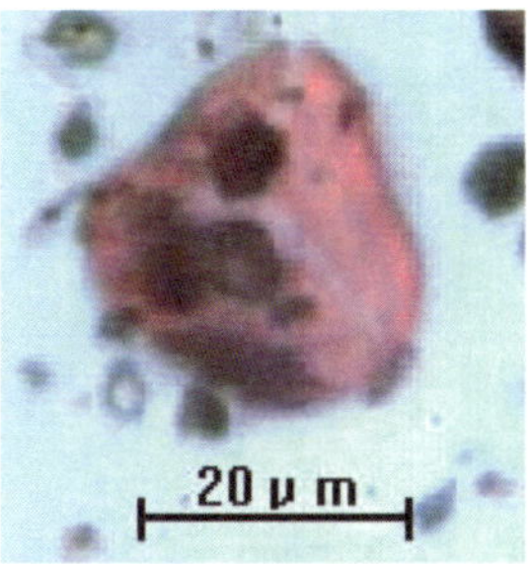

里白属 Hicriopteri sp.

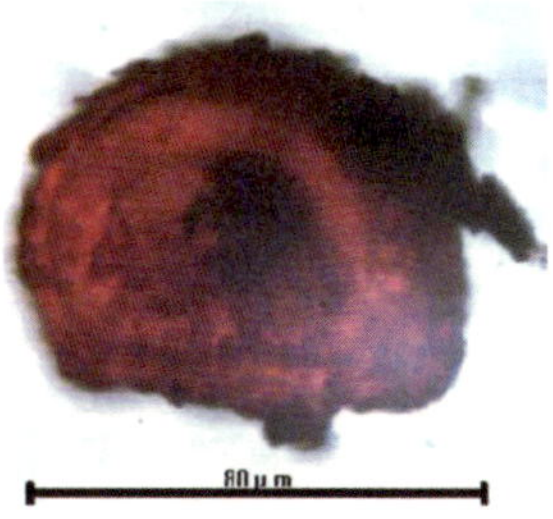

瓦韦属 Lepisorus sp.

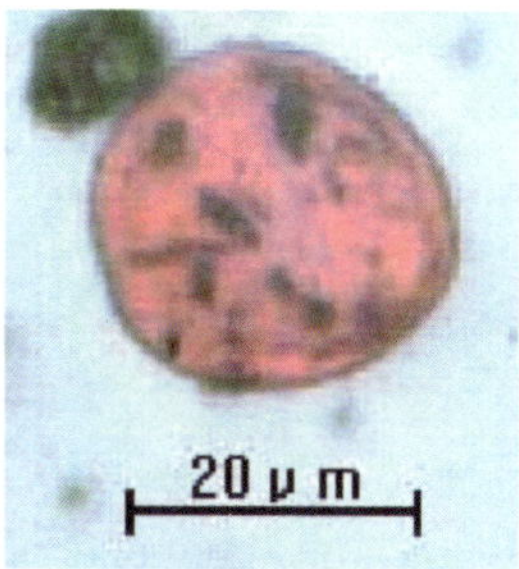

柏科 Cupressaceae

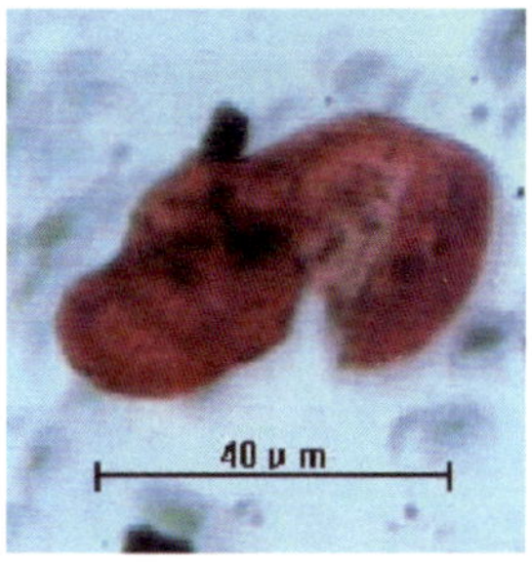

松属 Pinus sp.

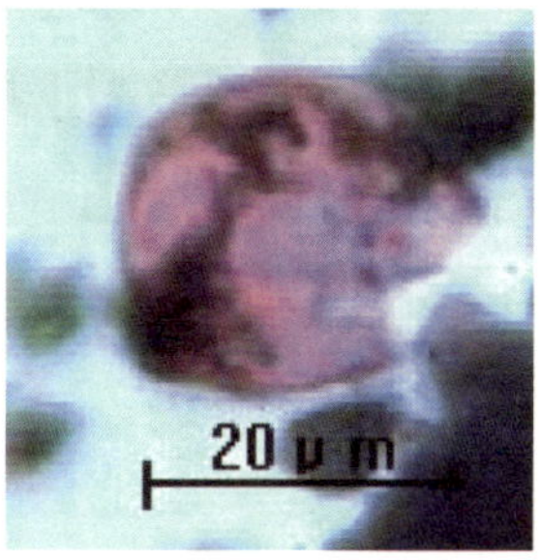

杉科 Taxodiaceae

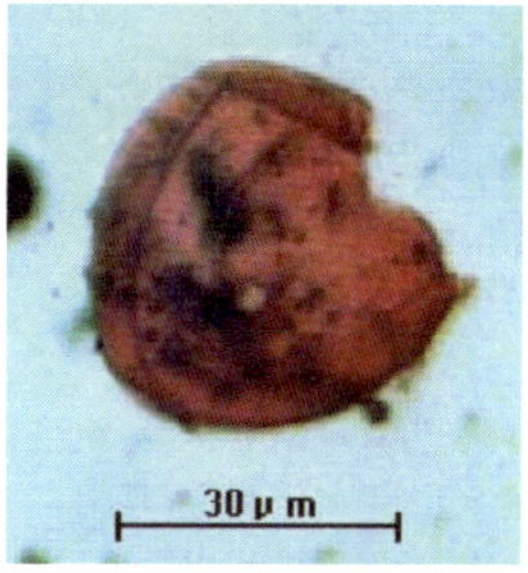

禾本科 Gramiaceae

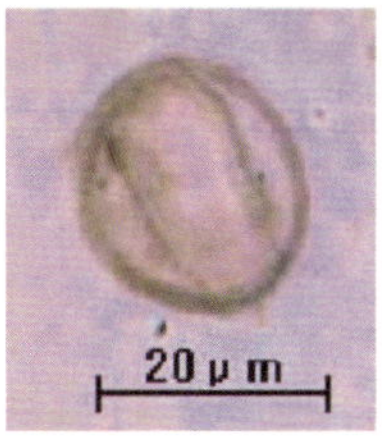

栎属 Quercus sp.

栲属 Castanopsis sp.

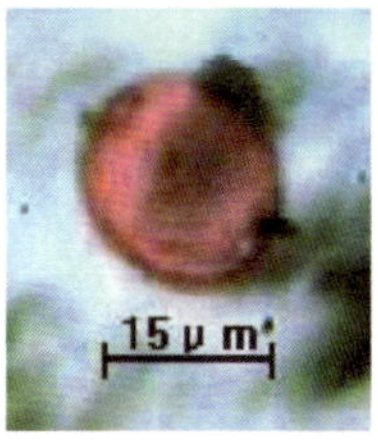

香蒲属 Typha sp.

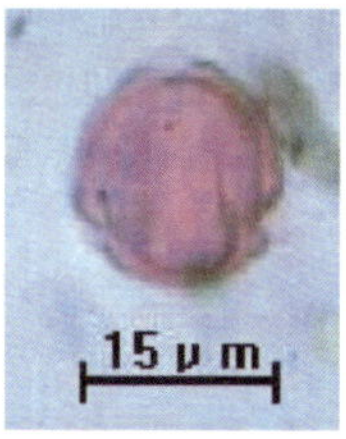

苦苣苔科 Gesneriaceae

化香树属 Platycarya sp.

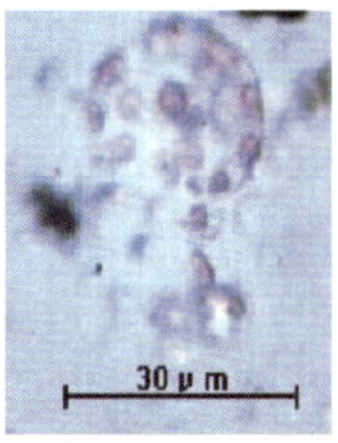

未知藻类 1

未知藻类 2

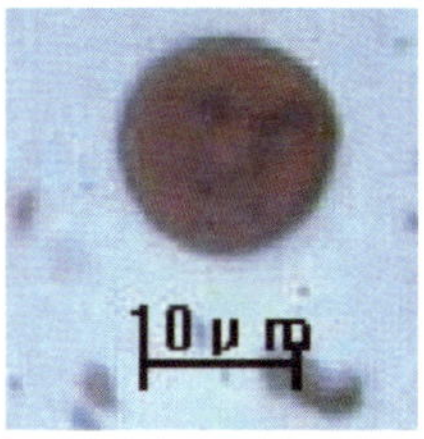

未知藻类 3

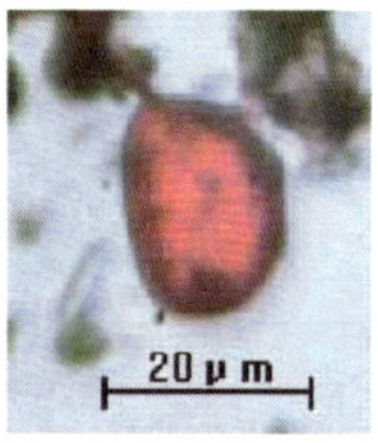

未知藻类 4

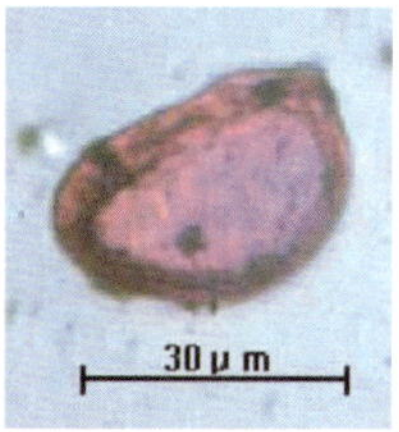

未知藻类 5

孢粉图版

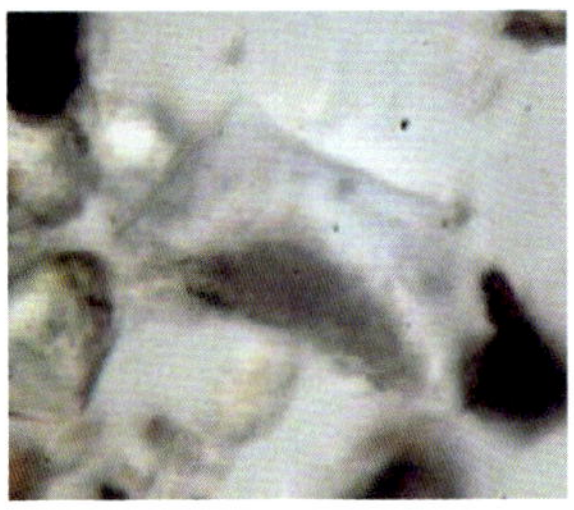

J9 双峰硅质体（稻壳　单体正面）

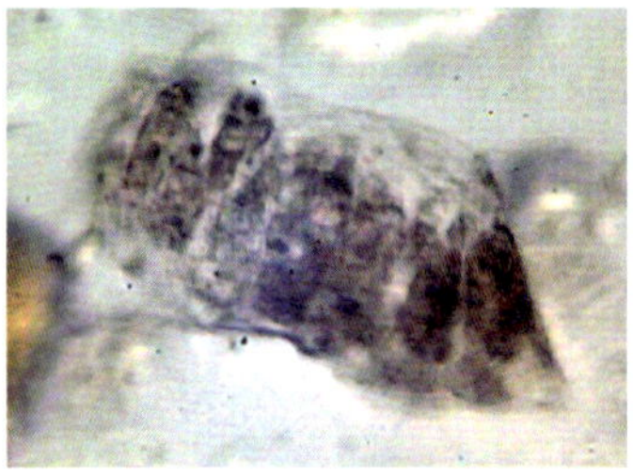

J9 双峰硅质体（稻壳　连体底面）

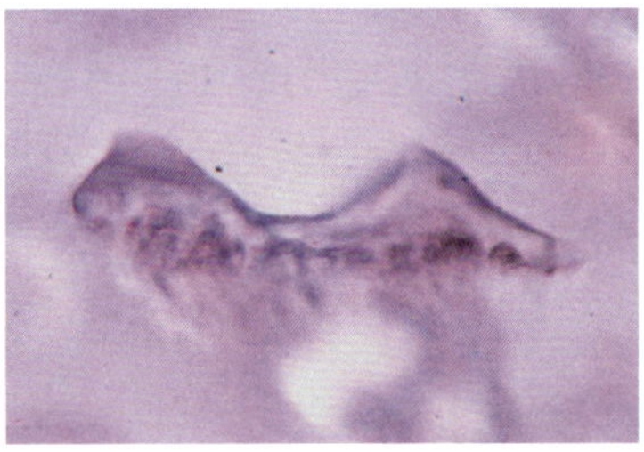

西面9号　双峰硅质体(稻壳　连体侧面）

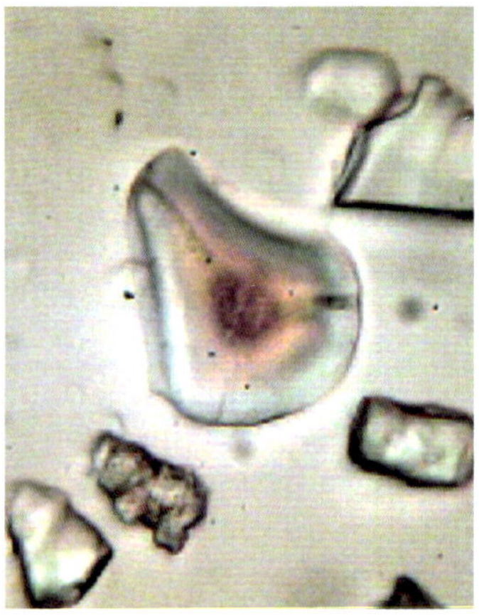

西面9号　稻叶扇形硅质体

水稻硅质体图版

附录二 竹木类样品的检测分析

2003年长沙市走马楼街省供销社工地抢救发掘了一批西汉简牍，其出土于8号古井之内，出土时由于长期受到地下土壤、污染物的影响及微生物侵蚀等，使得简牍遭到比较严重的破坏，文物整体的保存状况非常糟朽，腐蚀严重，并普遍存在着残断、开裂、表面弯曲等多种病害现象。

按照有机质文物保护的相关要求，我们对此次古井中出土的一些竹木类样品做了树种材质的测试和鉴定，以及其降解糟朽程度的判定，并根据检测鉴定的结果对其竹木材质的性能等做了简单分析。

一、样品材质鉴定

1. 竹材种类分析

2005年12月，长沙简牍博物馆从出土竹简中选取了4件无字残片的样品，提供给中国林业科学研究院木材工业研究所进行材质种类鉴定工作。通过对竹材进行解剖切片，再将其完成染色、树脂封固等处理，然后采用显微镜进行三切面照片的方式观察。其鉴定结果显示，制作竹简所选取的原料主要有苦竹属和刚竹属两种（参见表1、图1、图2）。就目前来说，刚竹和苦竹在湖南地区也均有分布。

表 1 走马楼西汉竹简样品材质鉴定结果

样品编号	竹材种类	学 名
样1#	苦竹	Pleioblastus sp.
样2#	刚竹	Phyllostachys sp.
样3#	苦竹	Pleioblastus sp.
样4#	苦竹	Pleioblastus sp.

（1）苦竹属（Pleioblastus sp.）

皮下层一层细胞，壁稍厚，皮层细胞2～3层，壁薄。中部维管束为半开放型，内部维管束为开放型，髓外围组织细胞5～6层。

在苦竹属中，一般常用的如斑苦竹，该属广泛分布于我国长江流域以南诸地区。其特点是纹理直，但直径较为细，只有4～6厘米左右，篾性一般。由于竹壁相对较薄，因此竹简样品中含有竹肉成分较多，使得竹简的保存更加困难。

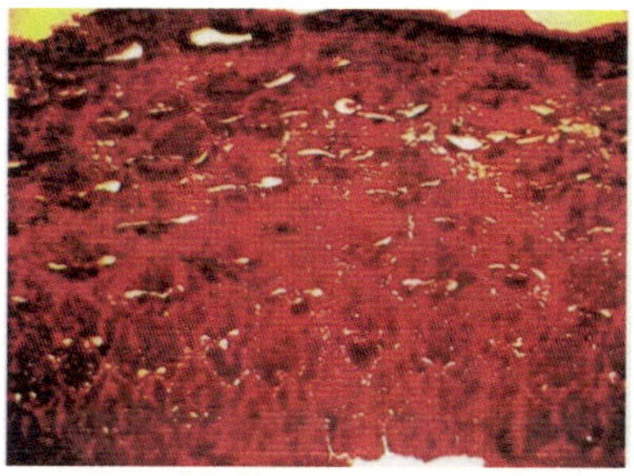

图1 苦竹样品横切面（70倍）

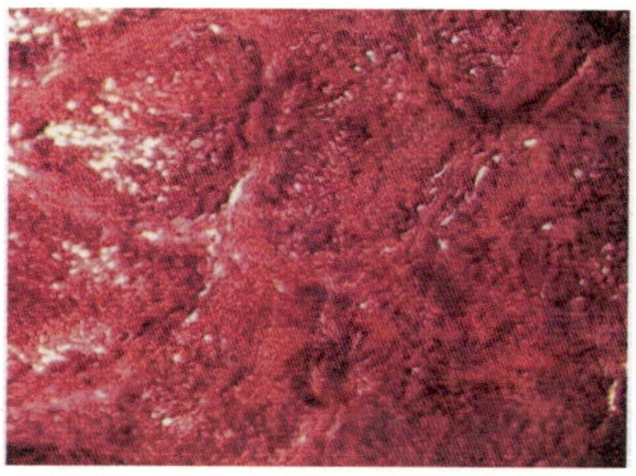

图2 刚竹样品横切面（100倍）

（2）刚竹属（Phyllostachys sp.）

竹筒仅具竹青部分，无表皮及中内部分。外部维管束较为密集，具半分化维管束。维管束的长宽比例为 4∶1～4∶2。

在刚竹属中，通常利用最为普遍的是毛竹。毛竹主要分布于我国长江流域及其以南的广大地区，黄河流域也有栽培。其秆高挺直，竹径为 10～20 厘米，材质坚韧有弹性，竹节之间距离合适，是我国分布面积最大、用途最广、蓄积量最多的竹种。从鉴定结果来看，刚竹筒主要是由竹青构成的。

其后的 2019 年，我馆又再次挑选了 6 件无字竹筒样品，委托湖南省文物考古研究院来进行材质鉴定工作。各个竹材样本厚薄、宽窄不一，保存状况也存在着一定的差异性。通过对竹材微观结构的观察，根据维管束特征，除了其中有一件样品过于糟朽外，其余竹材均鉴定为刚竹属（Phyllostachys Siebold et Zucc），检测的显微镜照片详见图 3～8。

竹材样品 A，竹材外侧剖面为半分化型，外方纤维股较内方纤维股大。内部维管束轮廓呈菱形，属于开放型维管束，鉴定其为刚竹属。

竹材样品 B，竹材皮下为方形细胞，细胞壁较厚，细胞腔较小。竹材外侧剖面为半分化型，外方纤维股较内方纤维股大。因竹材糟朽严重，无法观察内部纤维束形态。

竹材样品 C，竹材表皮下方细胞或经过一定程度干燥收缩，紧靠竹材表皮下方细胞已无法观察其结构，横切面能观察到半分化型与开放型维管束。

竹材样品 D，糟朽较为严重，未能观察到表皮下方细胞形态，内部维管束轮廓虽然模糊，但基本上部分维管束为分化型及开放型维管束。

竹材样品 E，竹材在保存过程中存在一定的形变，保存状况尚可，维管束类型与前几种样品相同。

竹材样品 F，严重糟朽程度，除后生木质部两个大型导管外，其他结构无明显特征，已经无法给出确切的判断。

根据竹筒样品材质的横切面特征等观测结果，除了样品 F 严重糟朽以外，其余 5 个样品均检测为刚竹属竹材。

2. 木材种类鉴定

2019 年，我们从西汉简牍中也挑选出了 5 件木质残片样品，提供给湖南省文物考古研究院分析鉴定其木材种属。这些木材样本均被抢救发掘于 8 号古井内，埋藏在地下的淤泥层中，伴随着成堆简牍和各类污染物一同清理出土。

（1）黄山松（Pinus hwangshanensis）

木材样品 A 横切面早晚材突变，早材为多边形管胞，管胞壁薄，管胞腔大；晚材多呈四边形管胞，管胞壁厚，管胞腔小，未见薄壁细胞。树脂道主要分布在晚材管胞中，早材管胞中也存在少量树脂道，未见薄壁细胞。管胞壁上可见 1 ～ 2 列具缘纹孔，以单列具缘纹孔较为常见，未见螺纹加厚，交叉场几乎全为

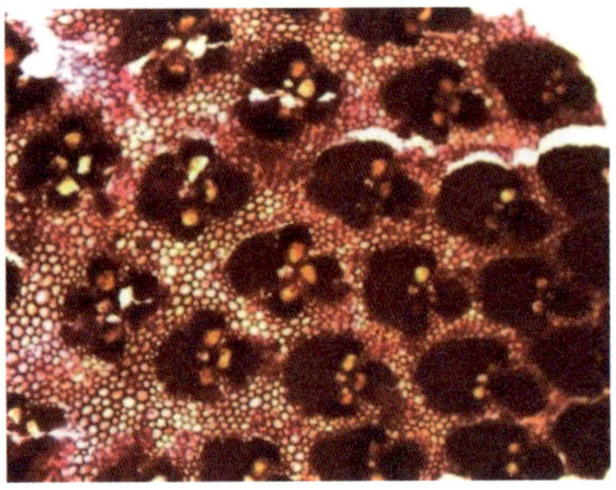

图 3　样品 A 的横切面

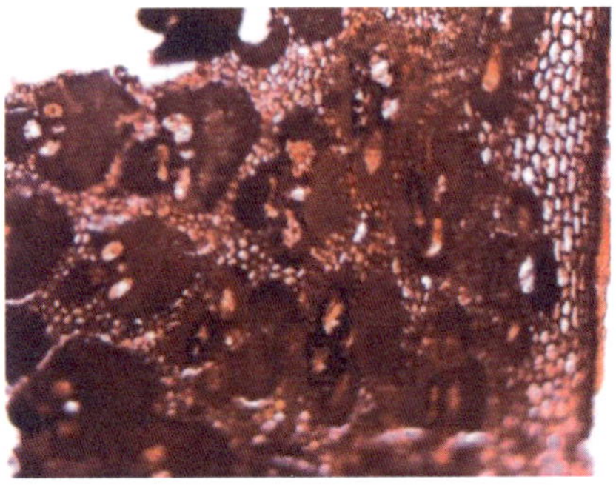

图 4　样品 B 的横切面

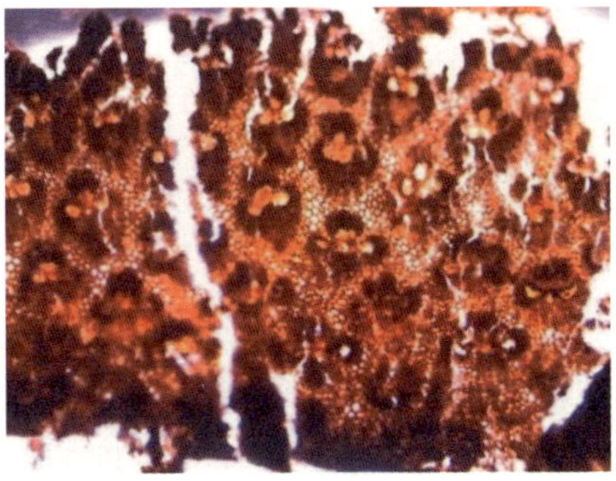

图 5 样品 C 的横切面

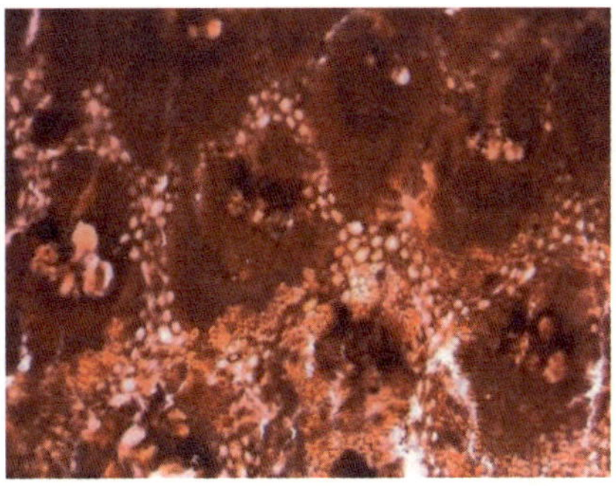

图 6 样品 D 的横切面

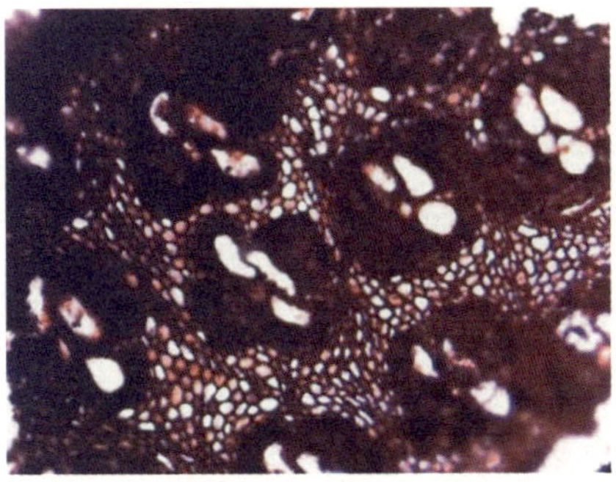

图 7 样品 E 的横切面

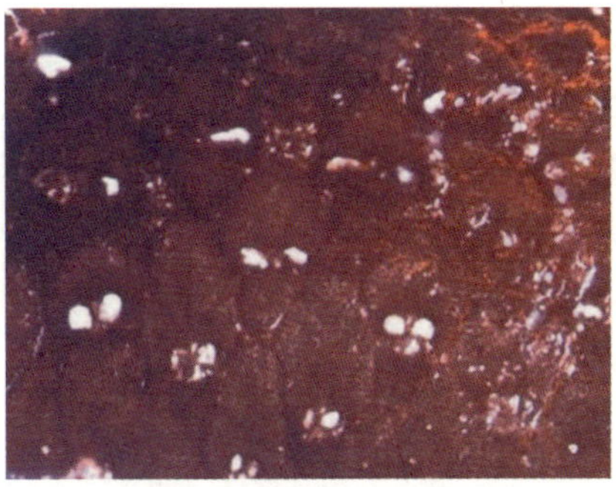

图 8 样品 F 的横切面

窗格型。木射线由单列及纺锤形木射线组成，主要为单列木射线，纺锤形木射线较少。木射线高 3~19 个，其中有几种在 5~11 个。通过以上特征，结合相关木材谱图，鉴定该木材为黄山松，其切面照片见图 9。

（2）杉木 [C. lanceolata （Lamb.） Hook.]

木材样品 B 横切面早晚材缓变，早材为多边形管胞，管胞壁薄，管胞腔大；晚材管胞壁稍厚，主要为四边形，管胞壁上主要为单列具缘纹孔，纹孔数量较少，射线薄壁细胞与射线管胞交叉场为杉木型，每个交叉场中 1~4 个，主要为 1~2 个。木射线单列，木射线高 2~15 个，集中在 3~12 个细胞。木材样品 B 的切面照片见图 10。

（3）润楠（M. pingii Cheng ）

木材 C 横切面为散孔材，导管为卵圆形，单管孔及 2~3 复管孔，未见侵填体，木射线发达，早材及晚材交界不明显，径切面交叉场为异形 III 型及异形 II 型，导管为单穿孔，未见螺纹加厚，部分胞腔内具有树胶，弦切面木射线非叠生，木射线为双列异形 III 型及异形 II 型，导管纹孔互列，端壁结状加厚不明显，木射线高 5~17 个细胞，根据上述特征鉴定该木材样品为润楠。木材样品 C 的切面照片见图 11。

图 9 木材样品 A 的横切面、径切面、弦切面

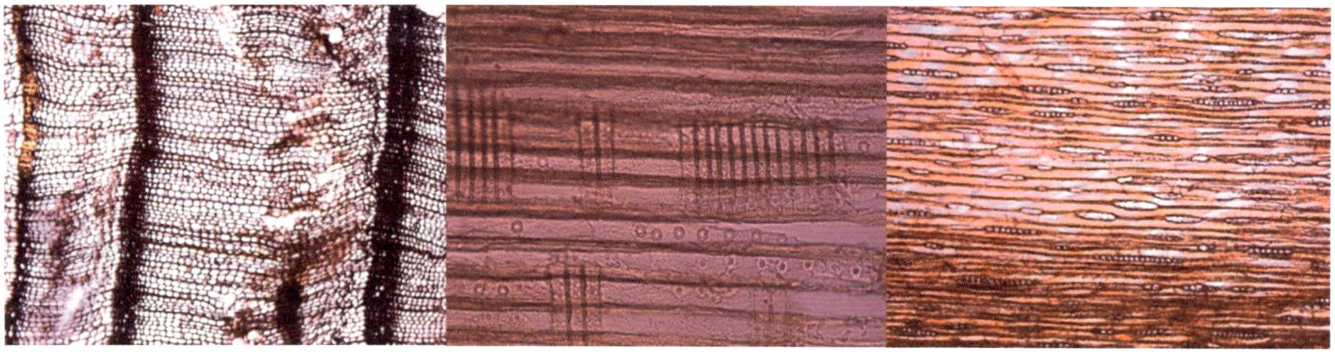

图10　木材样品B的横切面、径切面、弦切面

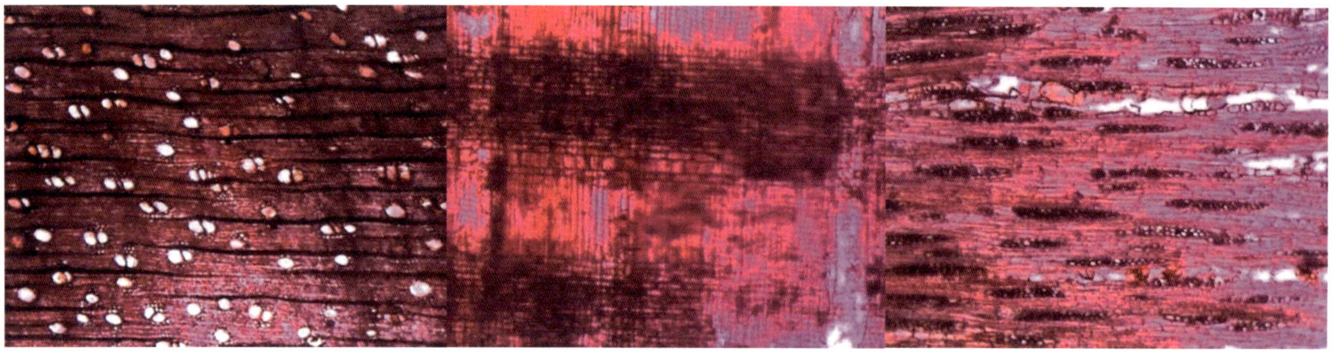

图11　木材样品C的横切面、径切面、弦切面

（4）柏木（Cupressus Funebris Endl）

该木材横切面早晚材缓变，薄壁细胞明显，主要分布在晚材边缘，为弦向带状组织，少量星散状，未见树脂道。早材管胞壁薄腔大，晚材管胞稍厚，腔小，早材管胞为四边形及少量五边形，晚材基本为四边形。薄壁细胞与木射线管胞交叉场为柏木型，管胞上为具缘纹孔，纹孔数量较少，弦切面为单列木射线，木射线高2~18个细胞，集中在3~12个细胞高度，弦切面上可见薄壁细胞管道，管道中含有较多的树脂，其显微图片见图12。

柏木尺寸稳定性好，容易干燥，具有较强的耐腐蚀性和抗蚁蛀能力；耐磨损，加工切削良好，是一种性能优良的木材。

（5）未知树种

木材样品E已经严重糟朽，未能准确鉴定出其树种，其显微镜切面照片见图13。

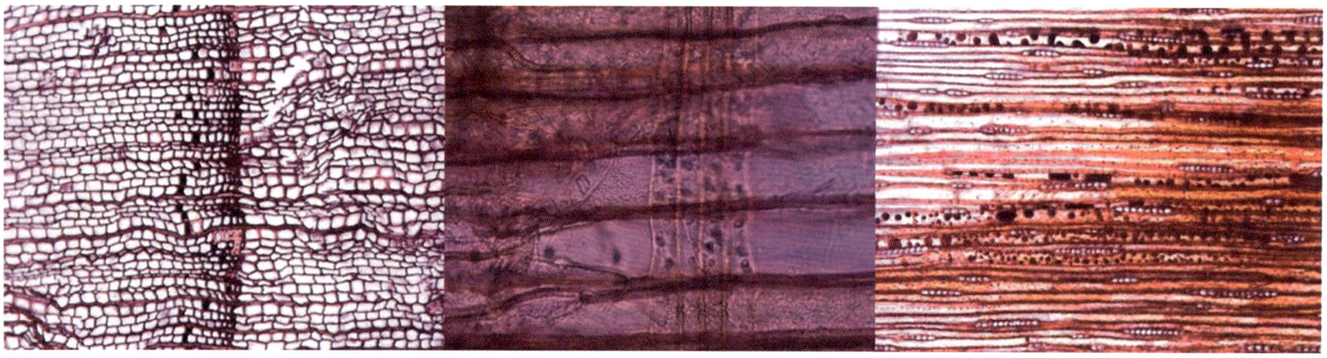

图12　木材样品D的横切面、径切面、弦切面

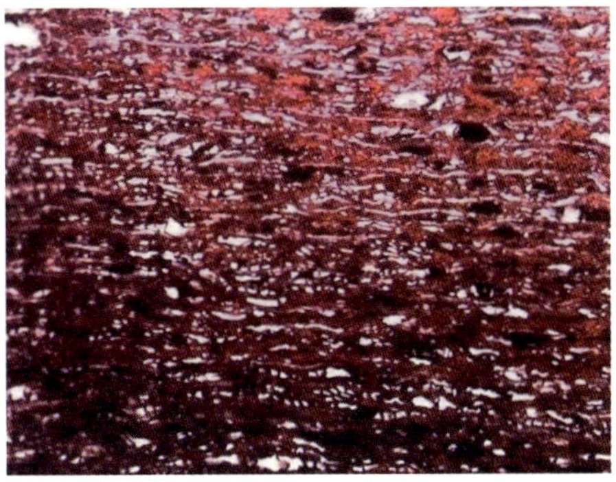

图 13　木材样品 E 的横切面

二、红外光谱分析（FT-IR）简牍保存状况

在本次实验中分别测定了现代竹材、木材的红外光谱图以及 3 件西汉简牍样品的红外光谱图，使用到的仪器为 Thermo Scientific OMINIC 红外光谱仪，采谱范围 $400cm^{-1}\sim4000cm^{-1}$。采集红外光谱图见图 14～图 18。

由图 14 及图 16 可知，通过现代竹材与古代竹简红外光谱图的比对，古代竹简吸收峰发生了明显变化。现代竹材在 $1734cm^{-1}$ 和 $1254cm^{-1}$ 有聚木糖的振动吸收峰，而古竹简中，$1734cm^{-1}$ 这个峰基本完全消失，在 $1254cm^{-1}$ 处发生偶合裂分，产生多个新峰，聚木糖发生降解。现代竹材中的 $1375cm^{-1}$ 处为半纤维素的 CH 弯曲振动峰在古代竹简中已基本消失，半纤维素已基本降解。古代竹简样品中，$1507cm^{-1}$、$1462cm^{-1}$ 和 $1421cm^{-1}$ 处的吸收峰为木质素的振动吸收峰，峰值强烈，说明该古代竹简样品中剩余大部分为木质素。由图 17 的古代竹毛胚红外光谱图可知，与古代竹简类似，汉代竹毛胚内部成分也发生了严重的降解。

由图 15 的现代木材及图 18 古代木牍样品的红外光谱图对比可知，现代木材中 $1733cm^{-1}$、$1245cm^{-1}$ 有聚木糖的振动吸收峰，而在古代木牍样品中，$1733cm^{-1}$ 处的吸收峰消失，$1245cm^{-1}$ 处的吸收峰发生偶合裂分，同时产生多个新峰，表明在古代木牍样品中，聚木糖已经降解。在现代木材中 $1383cm^{-1}$ 处的吸收峰为半纤维素 CH 弯曲振动，而在古代木牍样品中这一位置的吸收峰基本消失，表明半纤维素已发生大幅度降解。此外，在现代木材和古代木牍红外光谱图对比中，$1506cm^{-1}$、$1463cm^{-1}$ 和 $1420cm^{-1}$ 处的吸收峰，古代木牍要比现代木材强烈，而这些峰都是木质素的振动吸收峰。纤维素、半纤维素、木质素为木材的主要成分，其中纤维素、半纤维素因其结构特点容易发生降解，导致成分降低，故木质素含量相对升高，在红外谱图中的吸收峰增强。

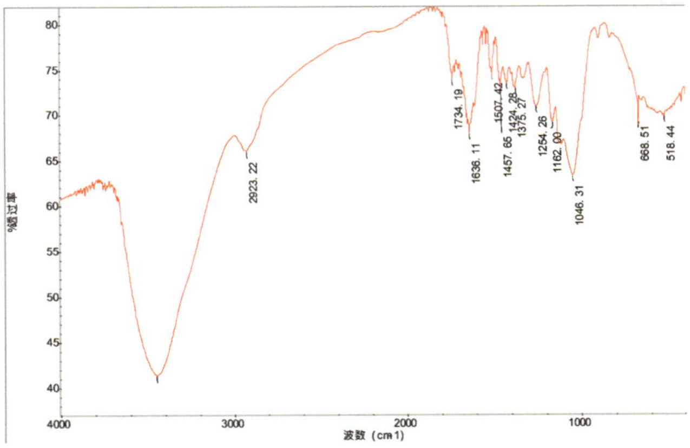

图 14　现代竹材红外光谱图

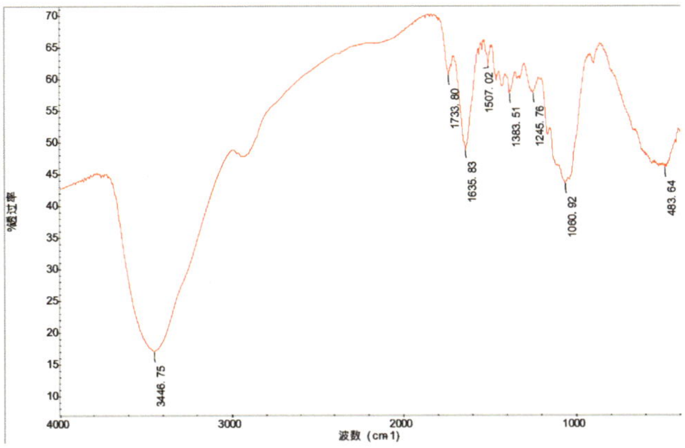

图 15　现代木材红外光谱图

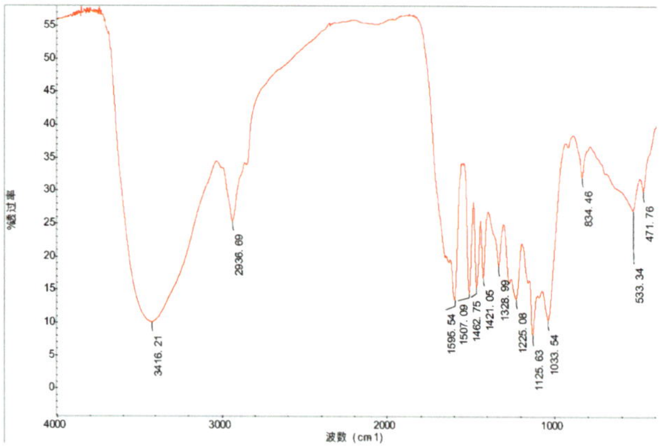

图 16　古代竹简红外光谱图

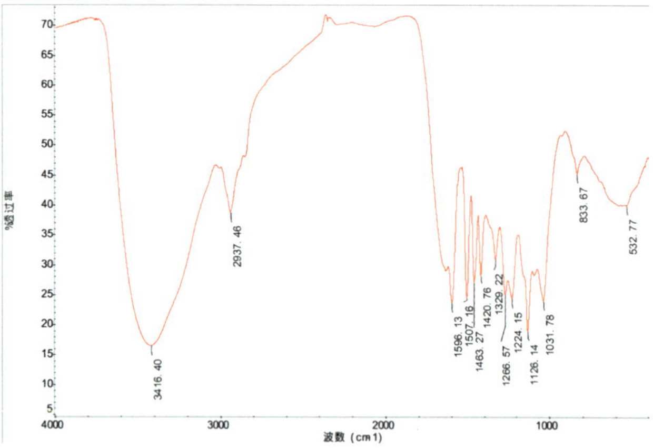

图 17　古竹毛胚红外光谱图

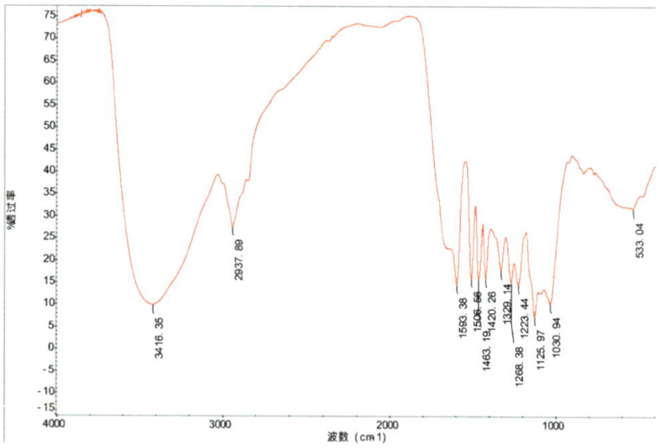

图 18　古代木牍红外光谱图

三、简牍结晶度测定

可以通过 X 射线衍射谱图来计算古代出土竹木材的结晶度，选取 3 枚西汉无字竹、木简样品分别用玛瑙研钵磨碎成粉末，然后采用全自动 X 射线衍射仪（日本 RIGAKU）进行测试分析，测量出的 X 射线衍射谱图见图 19～图 21。

普通木材结晶度介于 50%～70% 之间，数据结果采用 Segal 经验法计算，本次测量的汉代竹简、竹毛胚及木简样品的结晶度分别为 12.58%、17.72%、13.35%（表 2），对比现代竹木材质的纤维素结晶度可知，出土饱水简牍样品中的纤维素都已经发生了严重降解，竹简比木牍降解更加严重。

表 2　　简牍纤维的结晶度测量结果

样品名	2θ/°	峰强度（Ip）	背景强度（Ig）	结晶度 % （Ip–Ig）/Ip×100%
古竹简	23.2	1725	1508	12.58
古竹毛坯	23.2	1947	1602	17.72
古木简	23.2	2210	1915	13.35

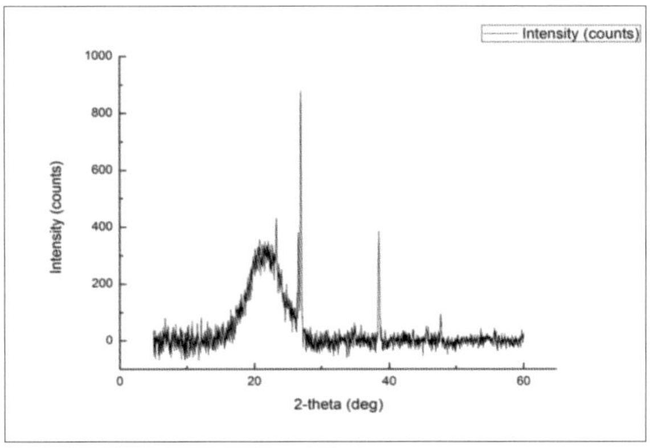

图 19 古代竹简 X 射线衍射图

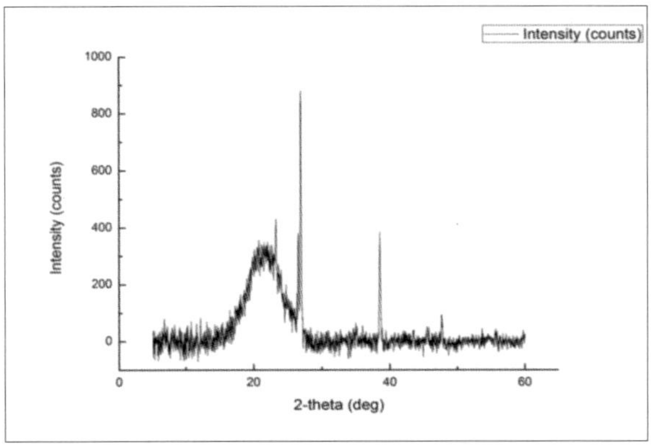

图 20 古竹毛胚 X 射线衍射图

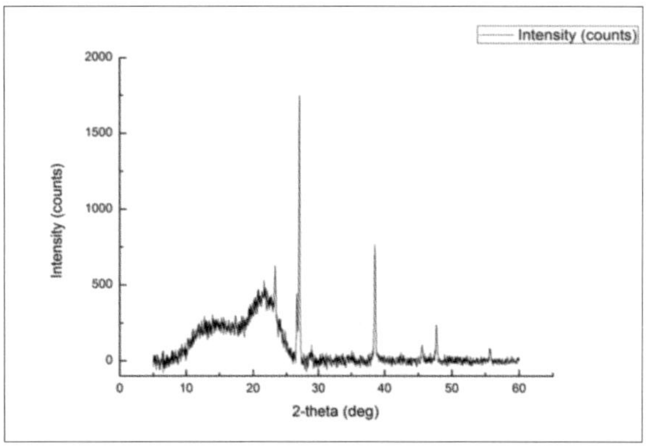

图 21 古代木筒 X 射线衍射图

四、结论

1. 对出土西汉简牍进行竹材种类的鉴定工作，总共提供了 10 件竹简无字残片样品分别进行显微镜切片观察，其检测结果显示：制作竹简所选取的原料主要有苦竹属、刚竹属两种竹材。

2. 从古井内出土的饱水西汉简牍中挑选出 5 件不同的木质残片样品，委托湖南省文物考古研究院来分析鉴定其材质种属。其检测结果发现 5 件木材样品分别为黄山松、润楠、柏木、杉木，还有一件由于木材太过糟朽，无法确切鉴定其微观特征。

3. 在红外光谱仪分析实验中分别测定了现代竹材、木材以及 3 件西汉简牍样品的红外光谱图，通过此次对于样品检测数据的比对分析，可以得知这批古代出土饱水简牍中的纤维素及半纤维都已经发生了严重的降解。

4. 最后通过 X 射线衍射仪测定竹木简牍内纤维的结晶度，根据 X 射线衍射谱图数据计算来了解简牍的保存状况，也能证明饱水简牍样品中的纤维素均已发生了严重降解，竹简比木牍降解的程度更加严重。

附录三　陶器样品的检测分析

2003年长沙走马楼8号古井内，除出土了糟朽的竹木简牍堆积以外，还存有各类废弃的泥质日用陶器，如汲水罐、盆、瓮及建筑构件残片等。其中完整与较完整的器物为12件，残片共计272件。9号古井出土陶器为日用器与建筑材料两类，质地与8号古井所出者基本相同。

为了弄清楚这批陶器残片的主要成分以作比较，我们于2019年初从古井出土遗物中总共挑选出43份样品，并将陶片样本送交至湖南省文物考古研究院检测中心，分析测试了陶片的元素组成和物相结构特征，同时鉴定了陶片样品的类型、微观形貌与火候温度等相关数据。

一、陶片样品信息

此次实验中进行检测分析的43件陶片样品，其中41件出土于8号古井，2件来自9号古井，样品的编号及陶片类型等具体信息参见下表1。

二、陶器样品的检测分析

1. 陶片胎体的元素组成测定

通过X射线荧光光谱仪（Niton XL3t）测定来自长沙走马楼古井中出土的43件陶片样品，测定时间120s，检测模式为Mining，其陶器样本胎体的元素组成检测结果列于表2。

由检测结果可以得知，在陶片中含量最高的是SiO_2，其次分别为Fe_2O_3、Al_2O_3、K_2O等。根据陶片元素的检测结果，再测定其物相结构。

2. 陶片物相结构测定

采用X射线衍射仪测定陶片的物相结构，仪器为日本rigaku Ultima IV，扫描度数3°《2θ《75°，测试电压40kv，电流40mA，步长0.02，狭缝10mm。

所选择的陶片样本一共有9种类型，选取每一类陶片中具有代表性的一片对其进行物相测定，共测定了9件样品的谱图。X射线衍射测定结果见表3，衍射谱图见图1~图9。

由表3及图1~图9可知，遗址中出土的陶片在完成烧制后，其主要的成分为石英(SiO_2)，另外还含有少量的其他成分。

3. 陶片的形貌分析

再对长沙简牍博物馆所提供的7个陶片样品进行形貌等检测分析，其能够为陶器烧制工艺的研究工作提供一定的参考数据。选取陶器的样品编号列于表4。

将样品进行切割，选取合适的剖面采用扫描电镜（evo10，ZEISS，德国）进行微观形貌分析。陶片的微观形貌分析能够直接地了解陶片的烧制工艺和烧结情况。图10~16列出了各样品50倍（左）和1000倍（右）的显微图像。从图10~图16可以看到除JDBWG-1外，陶片器物表面都能看到明显的孔隙，尤其JDBWG-4的孔隙尺寸达到600μm，表明样品的烧制情况比较差，气孔多而且大；与此相反，JDBWG-1中几乎看不见明显的气孔，在1000倍下，显微结构最为致密，是所有样品中烧结情况最好的。

表 1　　走马楼古井出土的陶片样本信息表

序号	编号	陶片类型（部位）
1	J9：D2	豆（盘口）
2	J9：D9	豆（柄）
3	J8：G193	小口矮领罐
4	J8：A1	小口矮领罐（器盖）
5	J8：G189	小口矮领罐（沿罐口）
6	J8：G190	小口矮领罐（窄沿折肩盆口）
7	J8：G191	小口矮领罐（窄沿罐口）
8	J8：G192	小口矮领罐（小罐残底）
9	J8：G20	平沿小口直领罐（口沿）
10	J8：G22	平沿小口直领罐（口沿）
11	J8：G24	平沿小口直领罐（口沿）
12	J8：G25	平沿小口直领罐（口沿）
13	J8：G34	平沿小口直领罐（口沿）
14	J8：G95	平沿小口直领罐（领部）
15	J8：G109	平沿小口直领罐（上腹）
16	J8：G54	平沿小口直领罐（下腹）
17	J8：G83	平沿小口直领罐（下腹）
18	J8：G38	平沿小口直领罐（底部）
19	J8：W5	绳纹圜底罐（上腹）
20	J8：W16	绳纹圜底罐（下腹）
21	J8：W4	绳纹圜底罐（底部）
22	J8：W9	绳纹圜底罐（底部）
23	J8：W1	瓮（口沿）
24	J8：W37	釜（口沿）
25	J8：W8	瓮（底部）
26	J8：G177	硬陶罐（腹）
27	J8：G182	硬陶罐（底）
28	J8：T2	筒瓦（瓦当）
29	J8：T12	筒瓦（瓦舌）
30	J8：T8	筒瓦（瓦身）
31	J8：T16	筒瓦（瓦身）
32	J8：B9	板瓦（薄）
33	J8：B5	板瓦（薄）
34	J8：B90	板瓦（薄）
35	J8：B31	板瓦（厚）
36	J8：B44	板瓦（厚）
37	J8：B93	板瓦（厚）
38	J8：P2	泥质灰陶盆（口沿）
39	J8：P3	泥质灰陶盆（口沿）
40	J8：P7	泥质灰陶盆（口沿）
41	J8：P13	泥质灰陶盆（口沿）
42	J8：P25	泥质灰陶盆（腹）
43	J8：P29	泥质灰陶盆（底）

表 2 陶片元素测定含量（wt%）

序号	编号	SiO_2	Fe_2O_3	TiO_2	CaO	K_2O	Al_2O_3	MgO
样 1	J8：G20	74.80	8.71	1.49	0.63	2.16	11.39	0.82
样 2	J8：G22	71.95	12.35	1.62	1.13	2.31	9.75	0.89
样 3	J8：G24	63.11	17.79	1.78	2.53	3.62	9.35	1.81
样 4	J8：G109	75.59	9.40	1.35	1.87	2.16	8.91	0.73
样 5	J8：G54	72.81	8.95	1.28	4.03	2.07	10.17	0.69
样 6	J8：G95	66.46	13.59	1.39	2.00	2.57	13.37	0.63
样 7	J8：G83	72.18	11.54	1.22	1.25	2.79	9.77	1.24
样 8	J8：G38	75.32	9.47	1.76	1.50	2.04	9.13	0.77
样 9	J8：G34	70.66	10.02	1.37	1.50	1.69	13.92	0.83
样 10	J8：G25	73.64	9.83	0.99	0.90	2.06	11.78	0.80
样 11	J8：W1	81.89	4.32	1.24	0.50	1.73	9.51	0.80
样 12	J8：W8	79.95	5.73	1.41	0.78	1.66	9.46	1.02
样 13	J8：W37	81.19	5.29	1.26	0.49	1.07	9.99	0.71
样 14	J8：W9	77.44	8.07	1.17	2.24	2.37	7.73	0.98
样 15	J8：W5	76.95	6.05	1.17	2.64	2.54	9.83	0.82
样 16	J8：W16	78.00	7.49	1.00	0.53	1.75	10.72	0.51
样 17	J8：W4	77.17	7.93	1.16	1.93	2.79	8.00	1.02
样 18	J8：B5	78.33	7.43	1.00	0.50	1.61	10.65	0.47
样 19	J8：B9	77.21	7.32	0.97	0.97	1.70	11.34	0.48
样 20	J8：B44	78.31	7.44	1.00	0.83	1.77	10.15	0.50
样 21	J8：B31	77.55	7.38	1.07	1.64	1.88	9.92	0.56
样 22	J8：B90	81.03	4.99	1.13	0.41	2.29	9.46	0.69
样 23	J8：B93	78.73	4.67	1.03	0.99	2.62	10.70	1.26
样 24	J8：B191	70.20	8.84	1.27	2.86	1.79	14.08	0.97
样 25	J8：B190	79.05	6.69	0.98	0.76	1.90	10.13	0.50
样 26	J8：B193	77.39	6.37	0.94	0.41	1.82	12.32	0.76
样 27	J8：A1	69.31	9.72	1.46	1.90	2.43	14.21	0.96
样 28	J8：G189	75.93	5.38	0.94	0.53	1.55	14.83	0.84
样 29	J8：G192	75.50	5.57	0.99	0.52	1.54	15.05	0.82
样 30	J9：D2	76.46	5.49	0.97	0.64	1.60	14.28	0.56
样 31	J9：D9	78.35	5.91	0.97	0.56	1.88	11.86	0.46
样 32	J8：T8	77.60	7.67	0.95	1.12	1.98	9.93	0.75
样 33	J8：T16	77.73	8.06	0.98	0.79	2.08	9.84	0.51
样 34	J8：T12	79.83	6.39	1.18	0.99	1.88	9.06	0.68
样 35	J8：T2	73.79	7.26	1.09	0.78	1.60	14.84	0.63
样 36	J8：G177	71.54	8.79	0.93	1.03	2.37	14.10	1.24
样 37	J8：G182	71.01	8.25	1.13	1.09	2.92	14.71	0.89
样 38	J8：P29	78.29	5.77	0.93	1.56	2.44	10.37	0.64
样 39	J8：P25	77.47	6.99	1.01	1.59	2.17	10.00	0.77
样 40	J8：P13	75.40	7.52	1.17	2.80	2.39	10.15	0.57
样 41	J8：P3	74.87	8.30	1.30	1.99	2.27	10.71	0.56
样 42	J8：P7	80.23	5.00	1.21	0.65	2.54	9.83	0.54
样 43	J8：P2	77.46	7.71	1.31	3.14	2.57	6.73	1.06

表 3　　X 射线衍射测定陶片的物相结构

序号	编号	物质名称
1	J8∶A1	主要为石英、硫锰矿等
2	J8∶B9	主要为石英、二氧化钛、硅钙石等
3	J9∶D2	主要为石英、二氧化钾、二氧化钛、硅钙石等
4	J8∶G38	主要为石英、二氧化钾、二氧化钛等
5	J8∶G182	主要为石英、二氧化钛等
6	J8∶P3	主要为石英、二氧化钛等
7	J8∶T12	主要为石英、二氧化钛等
8	J8∶W9	主要为石英、二氧化钛等
9	J8∶W37	主要为石英、二氧化钛、硅钙石、硼镁石等

表 4　　陶片样品编号对照表

测试编号	出土编号	陶片类型
JDBWG-1	J8∶B44	板瓦
JDBWG-2	J8∶G182	硬陶罐
JDBWG-3	J8∶W5	绳纹圜底罐
JDBWG-4	J8∶G83	平沿小口直领罐
JDBWG-5	J8∶P7	泥质灰陶盆
JDBWG-6	J8∶T16	筒瓦
JDBWG-7	J8∶W8	瓮

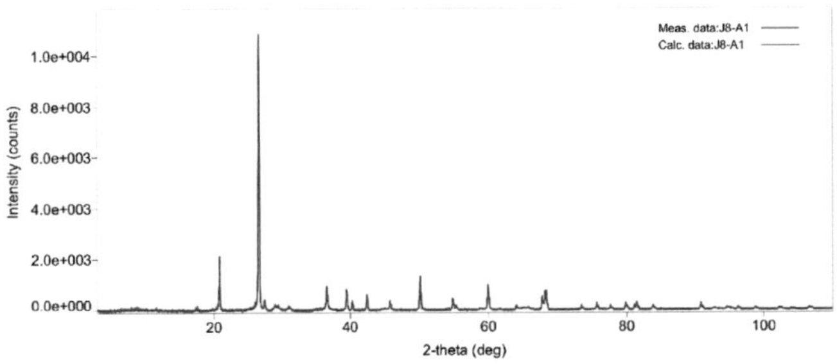

图 1　J8∶A1 陶片样品 X 射线衍射谱图

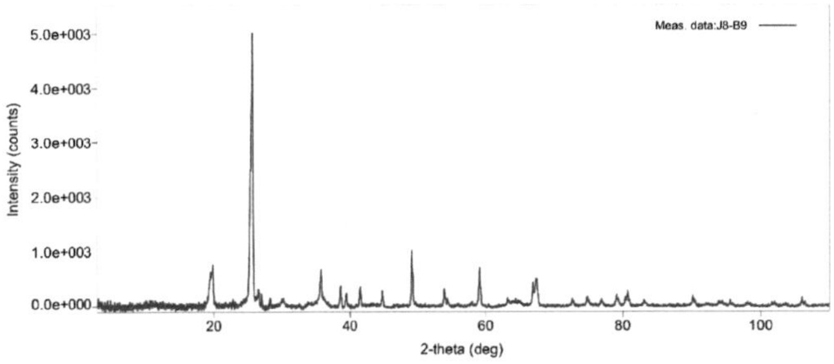

图 2　J8∶B9 陶片样品 X 射线衍射谱图

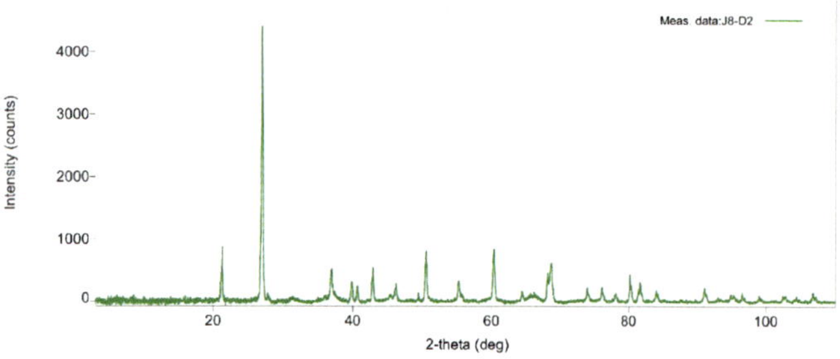

图 3　J9：D2 陶片样品 X 射线衍射谱图

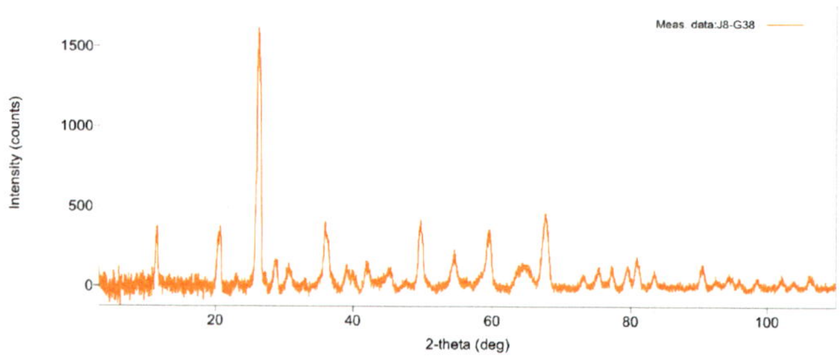

图 4　J8：G38 陶片样品 X 射线衍射谱图

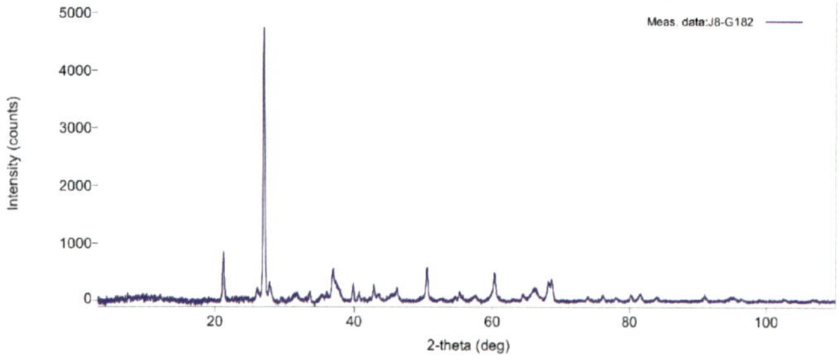

图 5　J8：G182 陶片样品 X 射线衍射谱图

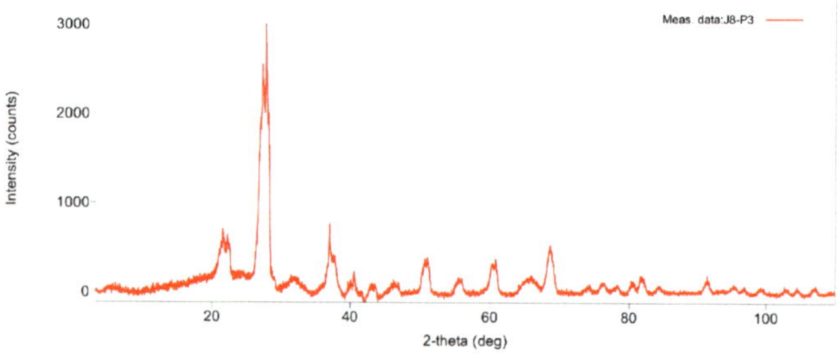

图 6　J8：P3 陶片样品 X 射线衍射谱图

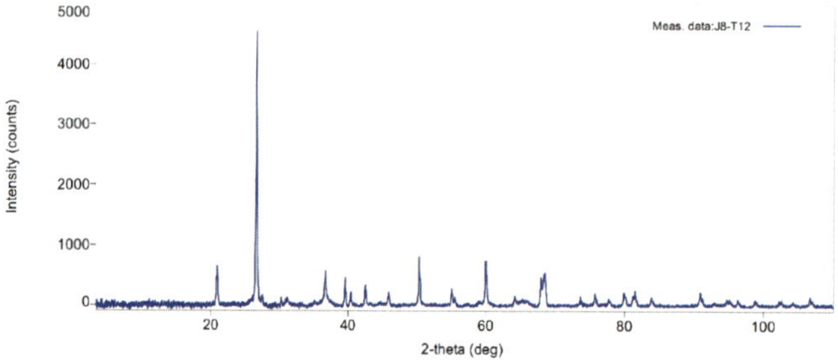

图 7　J8：T12 陶片样品 X 射线衍射谱图

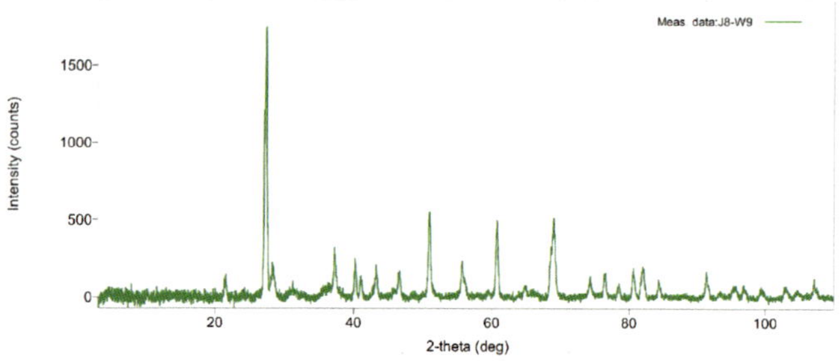

图 8　J8：W9 陶片样品 X 射线衍射谱图

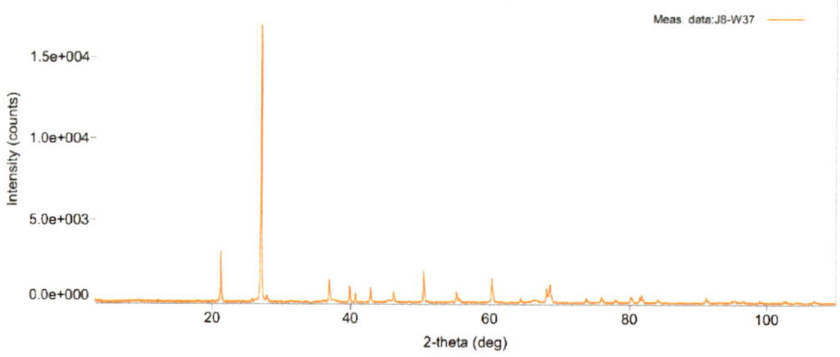

图 9　J8：W37 陶片样品 X 射线衍射谱图

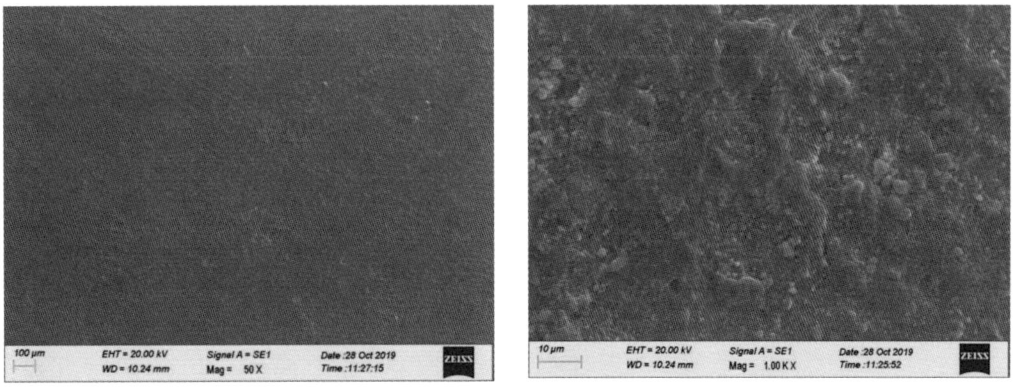

图 10　JDBWG−1 的显微图像（左边 50 倍，右边 1000 倍）

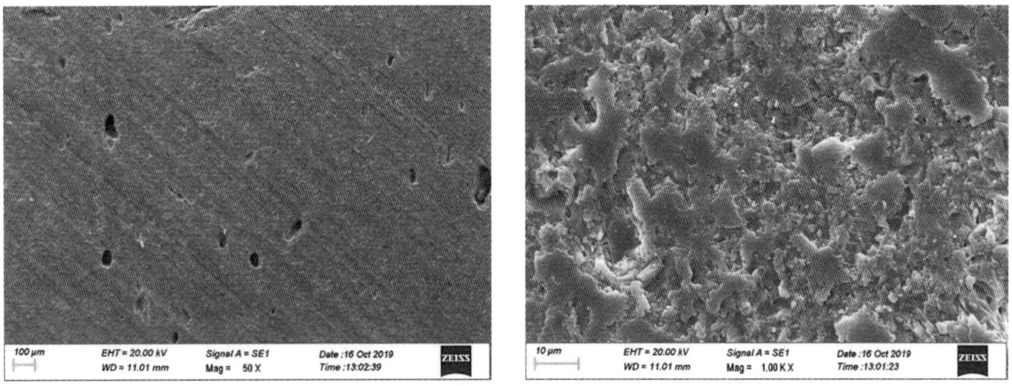

图 11　JDBWG−2 的显微图像（左边 50 倍，右边 1000 倍）

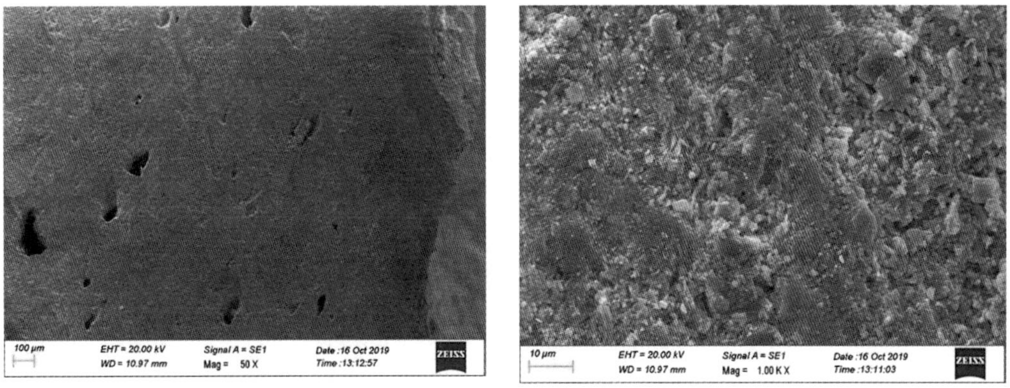

图 12　JDBWG−3 的显微图像（左边 50 倍，右边 1000 倍）

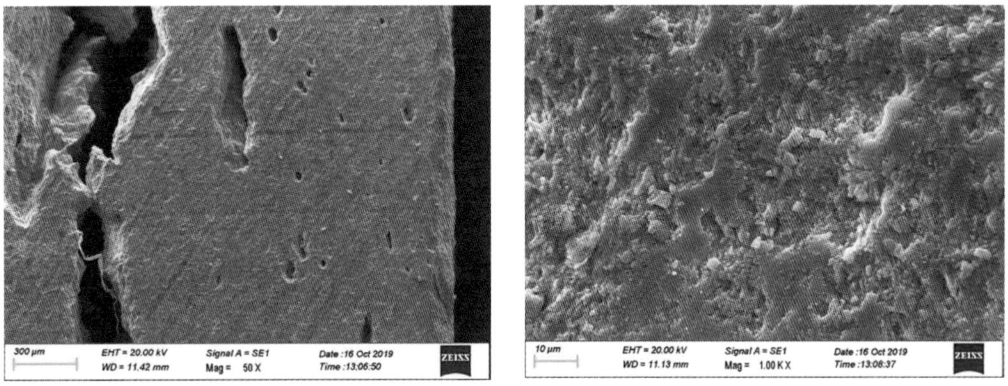

图 13　JDBWG-4 的显微图像（左边 50 倍，右边 1000 倍）

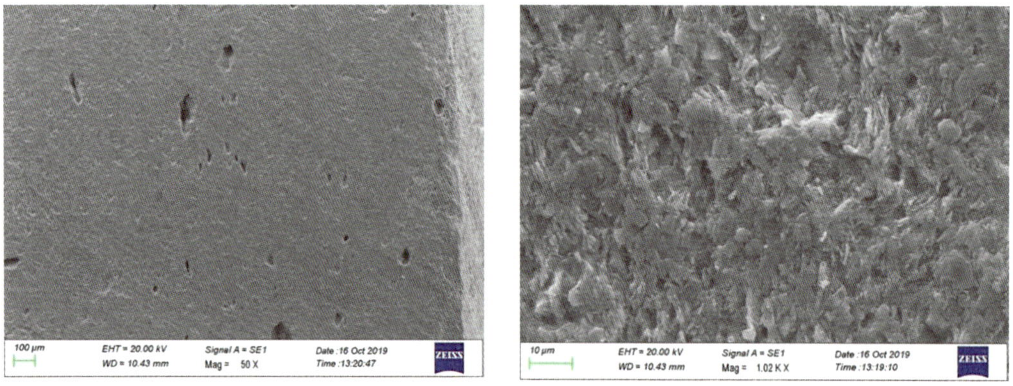

图 14 JDBWG-5 的显微图像（左边 50 倍，右边 1000 倍）

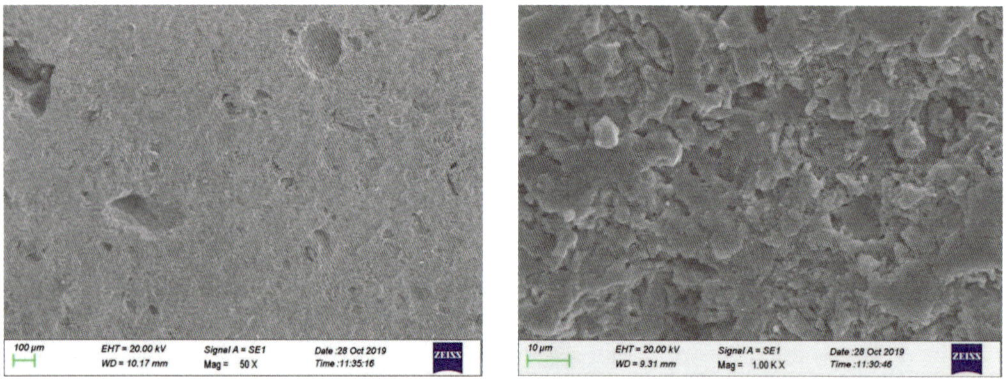

图 15 JDBWG-6 的显微图像（左边 50 倍，右边 1000 倍）

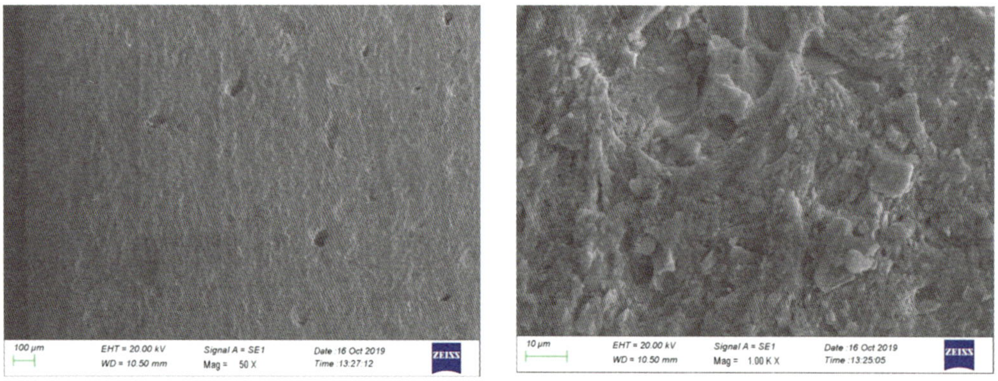

图 16 JDBWG-7 的显微图像（左边 50 倍，右边 1000 倍）

4. 陶片的成分分析

采用扫描电镜搭载的 X 射线能谱仪（XFlash @5000，德国 bruker）对上述 7 件陶器样品剖面进行面扫描，每个样品扫描时间不少于 10min。能谱面扫描除了能对样品的元素组成进行分析，还能得到样品中的元素分布情况，十分有利于研究陶瓷的胎体和釉面组成。

（1）元素组成及含量

图 17~ 图 23 和表 5 分别列出了各个陶片样品的元素组成结果，需要说明的是，图 17~ 图 23 的部分样品中标注了 Mg、Ti 元素，但经计算含量为 0，故未列于表 5 中。可以看到，陶片主要由 Si、Al、K、Fe、O 元素组成，在 JDBWG-4 中检测到少量 Mg 元素，JDBWG-2 中检测到少量 Ca 元素；同时，可以发现

JDBWG-1 和 JDBWG-6 中 Fe 元素的含量显著高于其他样品。通常，陶胚中 Mg、K、Ca、Fe 元素的含量越高，陶胚的耐火性能越差，能够达到的烧成温度也就越低，其数据可以作为衡量陶器制作工艺的参考。

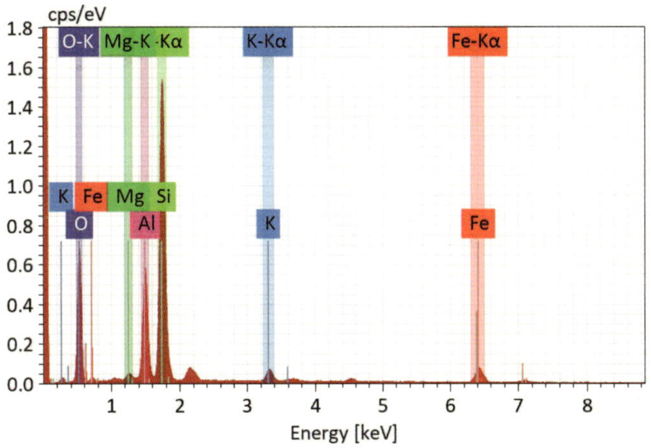

图 17　JDBWG-1 的成分组成及含量

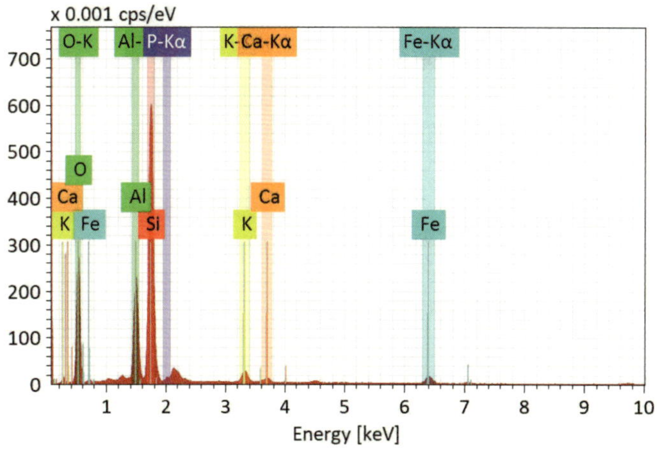

图 18　JDBWG-2 的成分组成及含量

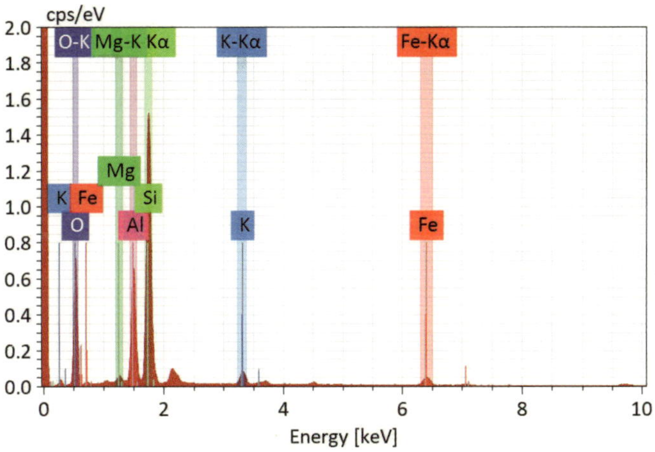

图 19　JDBWG-3 的成分组成及含量

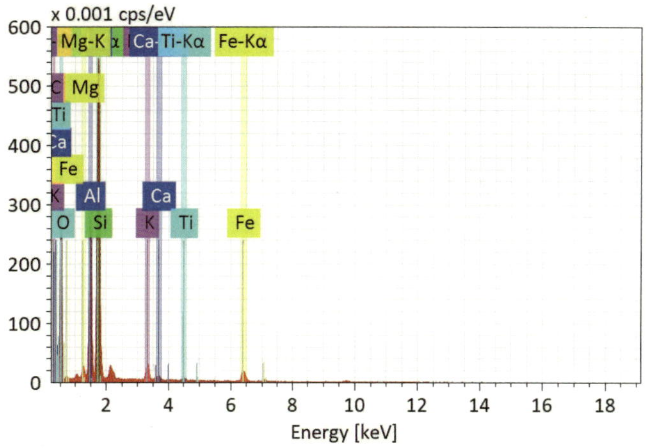

图 20　JDBWG-4 的成分组成及含量

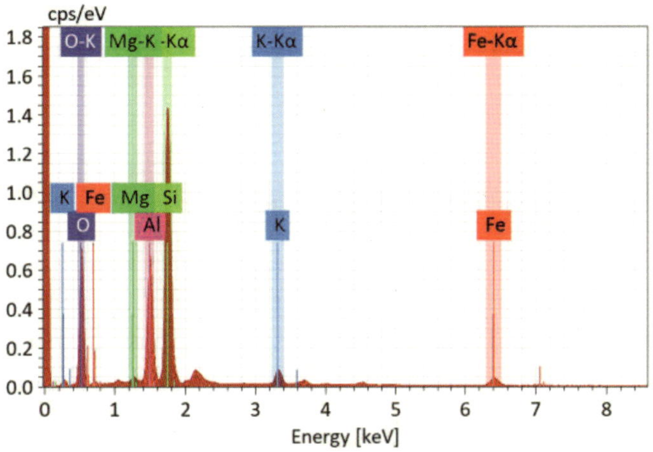

图 21　JDBWG-5 的成分组成及含量

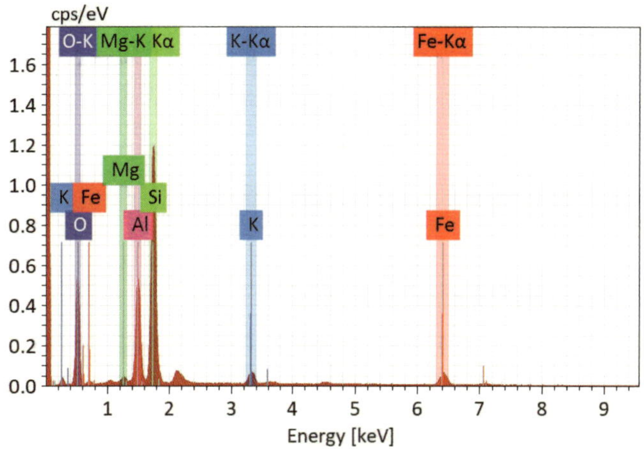

图 22　JDBWG-6 的成分组成及含量

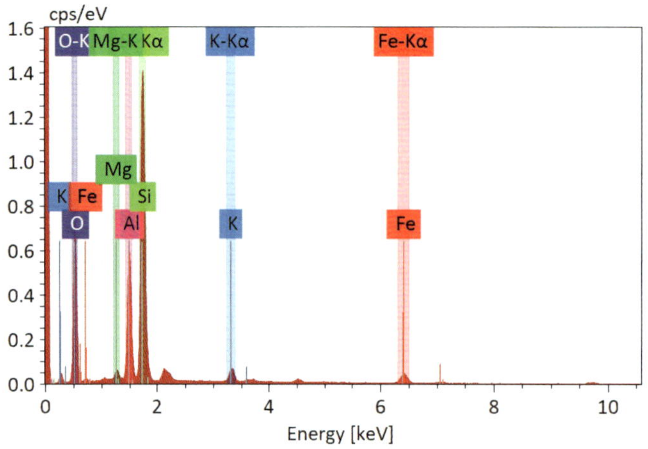

图 23　JDBWG-7 的成分组成及含量

表 5　　陶片样品的元素组成（质量分数，wt%）

编号	O	Mg	Al	Si	K	Ca	Fe
JDBWG-1	46.21	--	9.59	24.97	2.85	--	16.38
JDBWG-2	48.82	--	10.28	27.19	3.12	1.23	9.36
JDBWG-3	47.99	--	11.70	26.83	2.6	--	10.88
JDBWG-4	48.25	1.05	12.95	24.81	2.95	--	9.36
JDBWG-5	48.70	--	12.16	26.12	2.73	--	10.29
JDBWG-6	45.73	--	11.32	25.26	2.66	--	15.03
JDBWG-7	49.46	--	10.80	26.09	2.34	--	11.31

（2）元素分布

由于元素分布结果成组出现，下面的元素分布的结果均将在图 24~30 中按照图片组的方式列出，每个图片组中从前往后依次为检测区域、Si 分布、Al 分布、K 分布、Fe 分布。从图 24~ 图 30 可以看到，每个陶片样品中的元素分布在整个剖面上都是均匀的，未出现明显界面，表明陶片表面的黑色层是由于烧制气氛所造成，而不是人为制作的釉面。JDBWG-1 中检测到 Fe 质矿物颗粒，JDBWG-2 中检测到未熔融的石英颗粒。JDBWG-7 在检测过程中，表面在电子束轰击下开裂，反映出胎体质地较软。

5. 陶片的烧成温度分析

本次实验先将 7 件陶片样品切割成高 5mm、宽度小于 30mm 的规则样块，再采用热膨胀仪（TA Dil806，美国）对样品胎体进行了烧成温度测试，所得到的图谱及测量结果列于图 31~ 图 37 和表 6 中。烧成温度较高的 JDBWG-1、JDBWG-2 和 JDBWG-6，超过了 1000℃，较低的是 JDBWG-5 和 JDBWG-7，烧成温度在 940℃左右。

图 24 JDBWG-1 的元素分布图

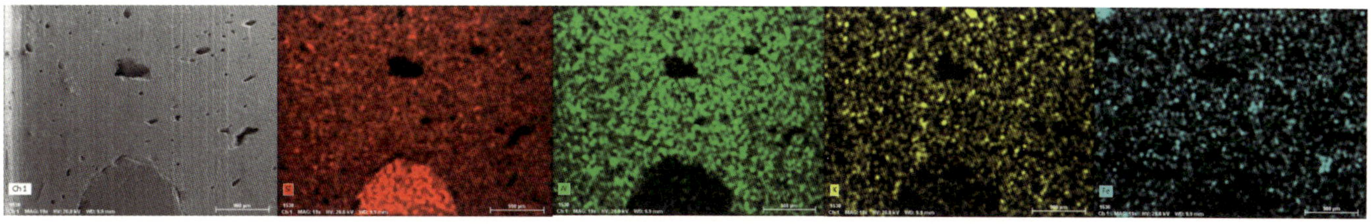

图 25 JDBWG-2 的元素分布图

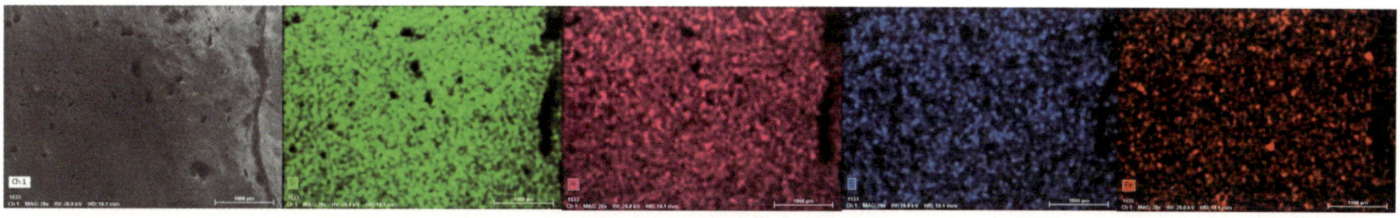

图 26 JDBWG-3 的元素分布图

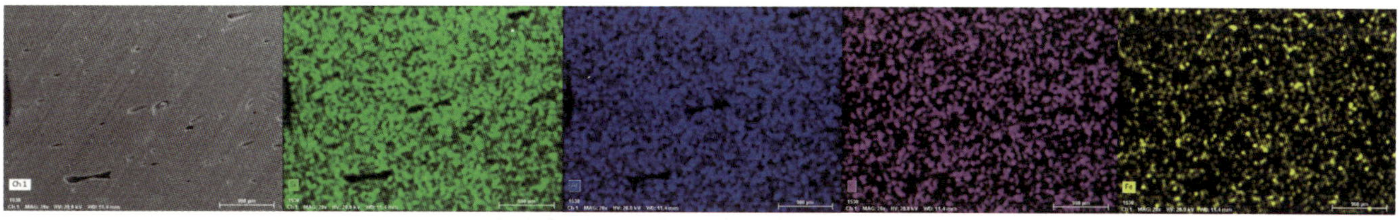

图 27 JDBWG-4 的元素分布图

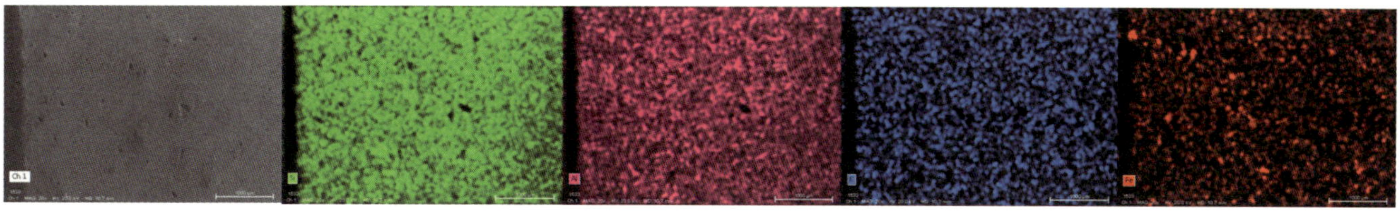

图 28 JDBWG-5 的元素分布图

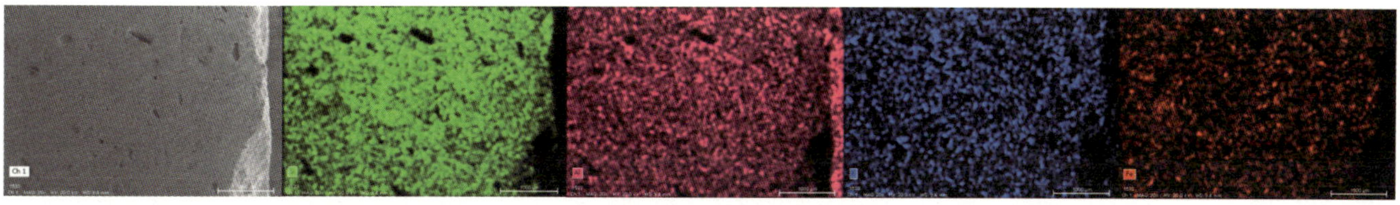

图 29 JDBWG-6 的元素分布图

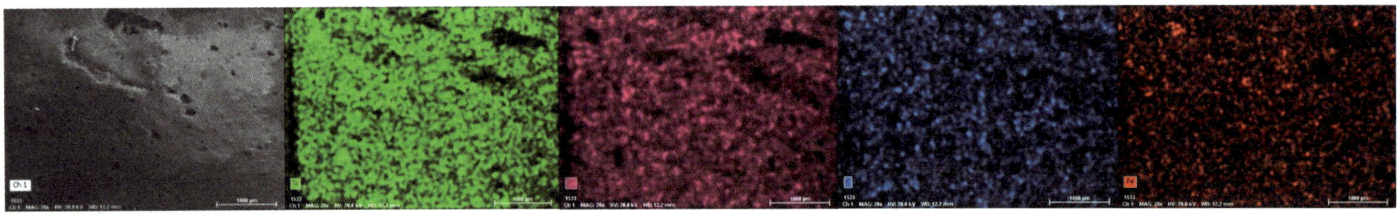

图 30　JDBWG-7 的元素分布图

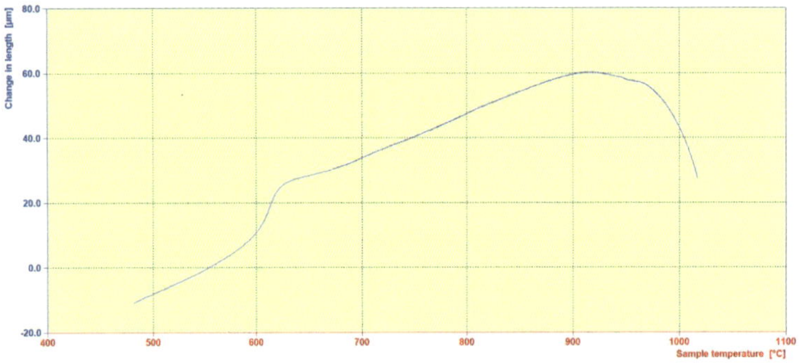

图 31　JDBWG-1 的热分析图谱

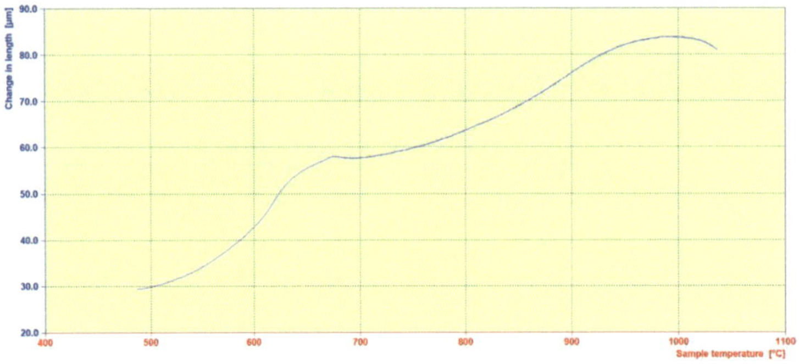

图 32　JDBWG-2 的热分析图谱

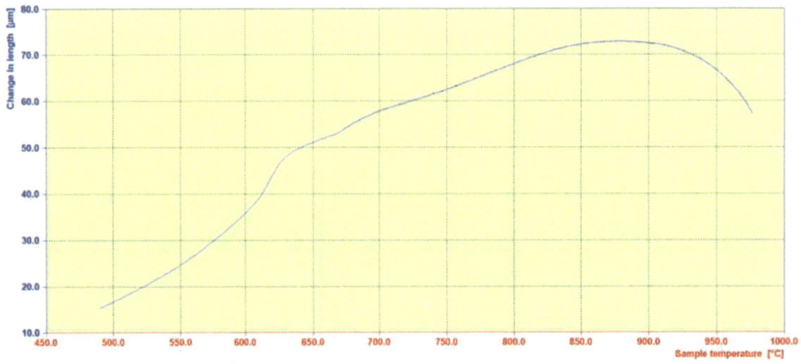

图 33　JDBWG-3 的热分析图谱

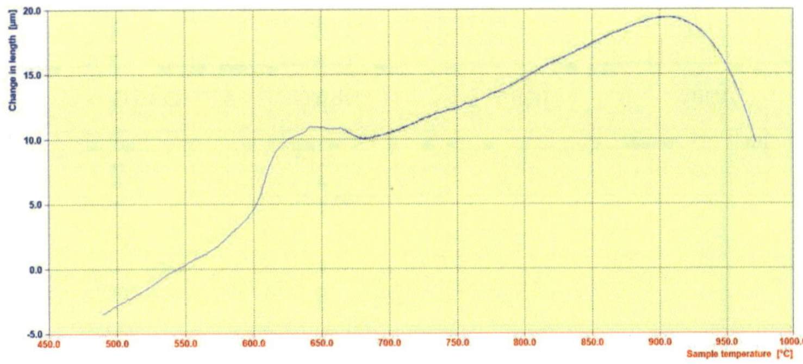

图 34　JDBWG-4 的热分析图谱

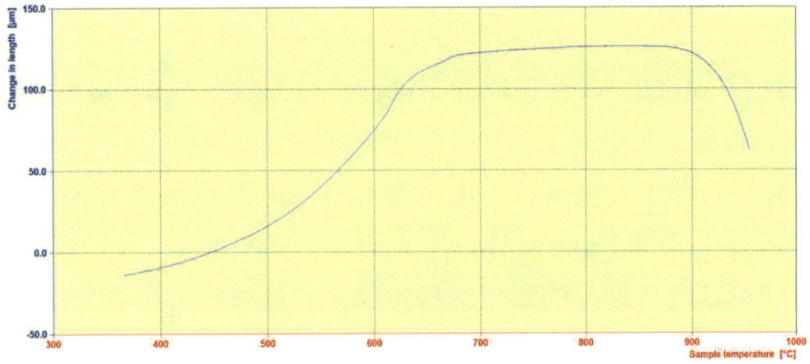

图 35　JDBWG-5 的热分析图谱

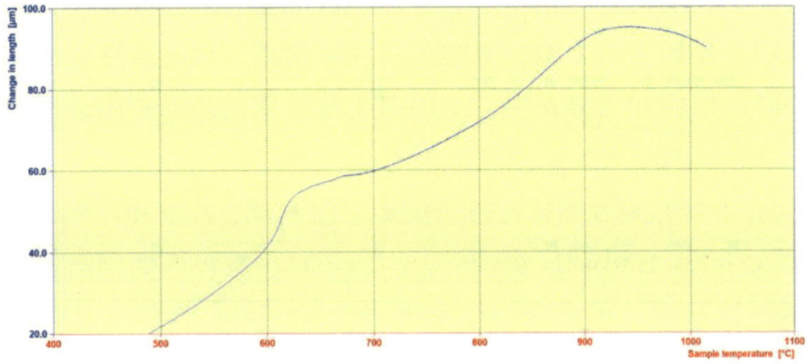

图 36　JDBWG-6 的热分析图谱

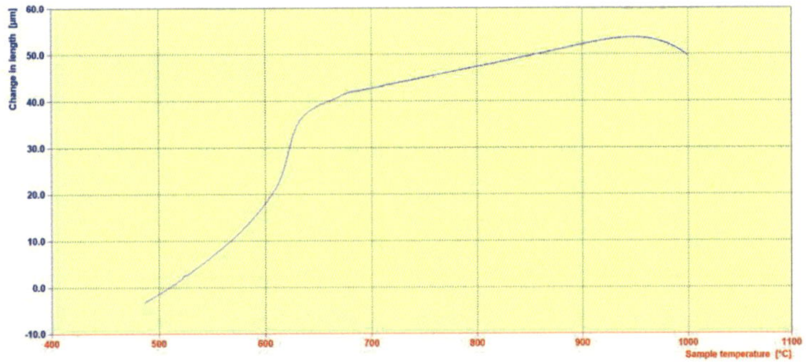

图 37　JDBWG-7 的热分析图谱

表 3 出土陶片样品的烧成温度（℃）

编号	JDBWG-1	JDBWG-2	JDBWG-3	JDBWG-4	JDBWG-5	JDBWG-6	JDBWG-7
烧成温度	1006.8	1002.0	976.2	993.9	937.0	1022.1	944.2

我们通过上述检测分析可得知，所有陶片样品的烧成温度均不低于 930℃，但个体之间存在的差别却比较明显。在制作工艺方面，JDBWG-1 胎质致密、无明显气孔，烧成温度也达到了 1000℃以上，这能体现出当时较高的制作水平。

三、结论

通过对长沙简牍博物馆所提供的 43 件陶片样品进行外观形貌、元素成分和烧成温度等检测和分析，为研究我国汉代时期的陶器烧制工艺提供了一定的参考依据。主要有以下几个方面：

1. 根据检测结果可知，长沙走马楼古井中出土陶片样本的主要元素组成为 Si、Fe、Al、K 等，在陶片中含量最高的是 SiO_2，其次分别为 Fe_2O_3、Al_2O_3、K_2O 等。

2. 采用 X 射线衍射仪测定陶片样品的物相结构特征，通过分析得到遗址中出土陶片在完成烧制后，其主要成分为石英、二氧化钾、二氧化钛等。

3. 我们采用扫描电镜对陶片 7 件样品进行微观形貌分析，它能够直观地了解陶质器物的烧制工艺和烧结状况。通过观察发现，JDBWG-1 是所有样品中烧结情况最好的，显微结构最为致密；而其他样品中都可以看见比较明显的孔隙，特别是 JDBWG-4 的气孔最多并且大，表明样品的烧制状况较差。

4. 再进一步采取 X 射线能谱仪对上述陶器样品剖面进行面扫描，每个样品的能谱面扫描能够分析出其元素组成和元素分布情况，有利于研究陶瓷的胎体和釉面组成。将陶片样品的元素分布结果均按照图片组的方式列出，可知每个样品中的元素分布在整个剖面上都是均匀的，未出现明显界面，由此表明陶片表面的黑色层为烧制气氛造成，并不是人为制作而产生的。

5. 采用热膨胀仪对 7 件不同的陶片胎体进行了烧成温度测试，由上述检测结果得知，烧成温度较高的样品为 JDBWG-1、JDBWG-2 和 JDBWG-6，超过了 1000℃；而较低的则是 JDBWG-5 和 JDBWG-7，烧成温度在 940℃左右。

附录四　泥土与果核样品的检测分析

此次实验检测分析了来自长沙简牍博物馆提供的出土走马楼西汉简牍的J8古井内泥土样品，其主要组成元素的成分为Si、Fe、Al、K、Ti等，物相分析得到泥土的主要成分为SiO_2、TiO_2。

同时，还总共鉴定了12件古井内出土种子样品的类型，其测试结果显示：12枚果核种子中，4枚为桃，5枚为李，2枚为梅，1枚为杨梅。

一、古井内部泥土样品成分测定

1. 元素测定

使用便携荧光光谱仪（XRF）测定泥土样品元素组成，测试参数：OXFORD X－MET7500，Mining－E－FP模式，测定时间45s。

测试结果为样品中SiO_2含量最高，高达73.41%；Al_2O_3次之，含16.01%；Fe_2O_3为5.73%，K_2O为3.02%，TiO_2为1.44%，CaO为0.38%。

2. 物相成分测定

物相组成分析是通过X射线衍射仪（简称XRD）进行测试得到的结果，仪器为rigaku Altima IV，扫描度数3°～75°，测试电压40kV，得到古井内部所采集泥土样品的衍射谱图（图1）。

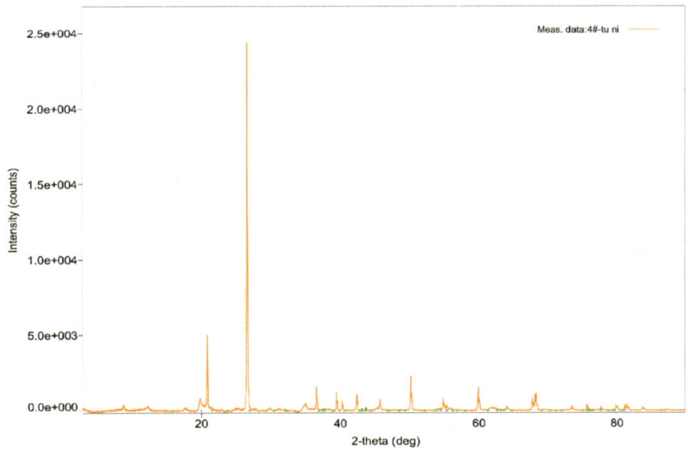

图1　古井内部泥土的X射线衍射图

通过X射线衍射仪的检测，可得出结论：古井内部泥土样本的主要物相成分为SiO_2、TiO_2，为土壤的主要成分。

二、果核样品鉴定结果

本次总共鉴定了来自长沙简牍博物馆提供的12件果核种子样品，其均出土于长沙市走马楼省供销社工地8号古井中。根据各类种子的大小及其表面形态特征观察，可以得出结论：其中4件为桃的果核，5

件为李的果核，2 件为梅的果核，1 件为杨梅果核。

1. 桃（Amygdaluspersica L.）

4 枚种子中，1 枚种子存在炭化的现象，边缘磨损较为严重，经过测量，4 枚种子长 21.77mm ~ 26.07mm，宽 16.52mm ~ 19.15mm，厚 11.86mm ~ 15.28mm。种子两端无硬刺状长角，核较长。具有两粗纵棱，表面有小孔穴，核椭圆形，略扁，腹线棱锐，窄翅状，因此鉴定这 4 件样品为桃（图 2）。

2. 李（Prunussalicina）

由于其中 2 枚种子已经残损，去除这 2 枚种子的长度，经过测量，其他种子的长 12.48mm~ 13.91mm，宽 9.47mm~10.84mm，厚 6.88mm ~ 7.82mm。双凸面，核具有腹缝和背缝，基端钝，背缝棱基端不下延，根据上述特征，鉴定该 5 枚种子为李（图 3）。

3. 梅（Prunusmume）

测量得到该种子长 15.86mm~17.48mm，宽 14.02mm ~ 14.54mm，厚 6.18mm ~ 9.32mm。双凸面，核具有腹缝和背缝，基端钝，背缝棱基端不下延，表面有圆形小孔穴，因此鉴定该 2 枚种子为梅（图 4）。

4. 杨梅（Myricarubra）

经过测量，该种子最长处为 11.40mm，最短处为 9.74mm，厚度最宽处为 6.43mm。表面无倒钩刺，但是表面粗糙，种子宽椭圆体形，表面密布锈色硬毛，根据其特征鉴定该种子为杨梅。

图 2 桃的种子样品

图 3 李的种子样品

图 4 梅的种子样品

图 5 杨梅的种子样品

附录五　J8出土陶器类别统计表

用途	质地	器类	完残状况	合计	分别占生活用器、建筑材料比例	占陶器总数比例
生活用器	泥质灰陶 红褐陶	汲水罐	完整件	12	78.2%	50%
			半残件	5		
			口沿残片	19		
			器底残片	7		
			肩腹残片	186		
		平底盆	口沿残片	15	11.3%	7.2%
			器底残片	1		
			肩腹残片	17		
		绳纹圜底盆	器底残片	1	3.1%	1.98%
			肩腹残片	8		
		瓮	口、底残片	2	0.68%	0.44%
		直口小罐	口沿残片	1	0.68%	0.44%
			器底残片	1		
		平沿小罐	口沿残片	1	0.34%	0.22%
		釜	口沿残片	1	0.34%	0.22%
		器盖	盖边残片	2	0.68%	0.44%
		合计	完整	12	95.22%	60.93%
			残片	267		
	印纹硬陶	罐	完整	1	4.78%	3.07%
			器底残片	4		
			器身残片	9		
		合计	完整	1	4.78%	3.07%
			残片	13		
建筑材料	泥质灰陶	板瓦	厚板瓦残片	9	86.7%	31.2%
			中厚板瓦残片	83		
			薄板瓦残片	51		
		筒瓦	瓦当残片	2	13.3%	4.8%
			筒瓦残片	20		
		合计	完整	0	100%	36%
			残片	165		

附录六　J9出土陶器类别统计表

用途	质地	器类	完残状况	合计	占生活用器 / 建筑材料比例	占陶器总数比例
生活用器	泥质灰陶	汲水罐	口、腹、底残片	6	9.7%	4.6%
		平底盆	腹、底残片	17	27.4%	13%
		圜底盆	口、腹、底残片	4	6.5%	3.1%
		绳纹圜底罐	口、腹残片	10	16.1%	7.6%
		豆	豆把残片	6	16.1%	7.6%
			豆盘残片	4		
		瓮	口沿残片	2	3.2%	1.5%
		器盖	盖边残片	3	4.8%	2.3%
		合计	完整	0	83.9%	39.7%
			残片	52		
	硬陶	硬陶罐	口沿残片	2	3.2%	1.5%
		印纹硬陶罐	口沿、腹、底残片	8	12.9%	6.1%
		合计	残片	10	16.1%	7.6%
建筑材料	泥质灰陶	板瓦	厚板瓦	11	81.2%	42.7%
			中厚板瓦	28		
			薄胎板瓦	17		
		筒瓦	厚筒瓦	6	18.8%	10%
			薄筒瓦	7		
		合计	完整	0	100%	52.7
			残片	69		

附录七　走马楼出土西汉简牍登记表

编号	尺寸 cm （长 × 宽–厚）	材质	完残状况	形制、字迹	备注
0001	43.6 × 1.5–0.3	竹	顶端开裂，底部缺失，上部右边有一缺口	两面，较清楚	
0002	44.2 × 1.7–0.26	竹	顶端开裂，上部左边有一小缺口	两面，较清楚	
0003	43.6 × 1.7–0.31	竹	顶部缺失，仅余右边沿，左下角缺	两面，较清楚	0161+0003
0004	24.0 × 1.6–0.2	竹	简体弯曲，开裂严重，仅余下半部	两面，较清楚	0094+0004
0004–1	20.4 × 1.6–0.2	竹	简体开裂弯曲，脱水后多处断裂，仅余上半部	两面，较清楚	
0005	37.2 × 1.6–0.19	竹	四处开裂，开裂处稍有缺失，上部残断	两面，较清楚	0151+0005
0006	43.5 × 1.4–0.13	竹	上部开裂，中下部一处断裂，左下角半边缺失，三处开裂	两面，较清楚	
0007	43.8 × 1.6–0.25	竹	基本完整，左上角和底部开裂	两面，较清楚	
0008	43 × 1.5–0.16	竹	中下部右边缺失 4.5cm × 0.4cm	两面，较清楚	
0009	42.6 × 1.4–0.15	竹	右上部开裂，右下角缺失	一面，模糊	
0010	43.6 × 1.8–0.2	竹	基本完整，上半部多处开裂	两面，较清楚	
0011	43 × 1.6–0.24	竹	顶部稍缺，右上角缺失	两面，较清楚	
0012	42.5 × 1.8–0.2	竹	上部左侧缺失 5.1cm × 0.6cm，多处开裂	两面，较清楚	0171+0012
0013	42 × 1.4–0.17	竹	左下角和右下角缺失，稍有开裂	两面，较清楚	
0014	42.8 × 1.6–0.19	竹	简体开裂严重，右上角和左下角缺失	两面，较清楚	
0015	44.8 × 1.6–0.29	竹	完整	两面，较清楚	
0016	25.6 × 1.5–0.17	竹	上下两端缺失，右上部和右下部开裂	一面，较清楚	0016+0123
0017	38.4 × 1.6–0.22	竹	上下两端缺失，上部多处开裂，左下角稍缺	两面，较清楚	1792+0017
0018	40.7 × 1.7–0.18	竹	左下角缺，两处断裂	两面，不清	
0019	43.1 × 0.7–0.19	竹	上部右半边断裂成三段，断裂处有缺失	一面，较清楚	
0020	44.8 × 0.7–0.15	竹	完整，稍有开裂	一面，较清楚	
0021	44.6 × 0.7–0.13	竹	基本完整，左上角和右下角稍缺	一面，较清楚	
0022	38.3 × 0.7–0.18	竹	底部缺失，三处断裂，断裂处有缺失	一面，较清楚	
0023	45.1 × 0.7–0.18	竹	完整，上部弯曲，稍有开裂	一面，较清楚	
0024	41.4 × 0.8–0.05	竹	顶部左边沿和底部右边沿缺失，多处纵向开裂	一面，不清	
0025	44.7 × 0.7–0.1	竹	完整，多处开裂	一面，较清楚	
0026	44.9 × 0.7–0.16	竹	基本完整，右下角稍缺	一面，较清楚	
0027	44.9 × 0.7–0.16	竹	中部一处开裂，底部弯曲	一面，较清楚	
0028	44.9 × 0.7–0.1	竹	完整，多处开裂，中部有断痕	一面，清楚	
0029	44.6 × 0.7–0.13	竹	中部开裂处有弯曲和缺失	一面，较清楚	
0030	42.5 × 0.7–0.12	竹	基本完整，简面多处开裂，下端稍残	一面，较清楚	
0031	29.1 × 0.7–0.07	竹	上下两端缺失，一处断裂，右下边沿缺失	一面，较清楚	

续表

编号	尺寸 cm（长 × 宽 – 厚）	材质	完残状况	形制、字迹	备注
0032	27.5 × 0.9–0.13	竹	上下两端缺，右下半边缺失	两面，较清楚	
0033	36.5 × 1.5–0.24	竹	上下两端缺，上部开裂处有缺失	两面，较清楚	
0034	44.1 × 1.6–0.16	竹	基本完整，多处开裂	两面，较清楚	
0035	43 × 1.4–0.13	竹	上部右边有一缺口	两面，较清楚	
0036	44.7 × 0.7–0.14	竹	完整	一面，较清楚	
0037	42.9 × 1.4–0.13	竹	下部弯曲，弯曲处右边缺失，底部左半边缺失	两面，较清楚	
0038	42.0 × 1.6–0.2	竹	右上角稍缺，多处开裂	两面，较清楚	
0039	31.6 × 0.8–0.09	竹	稍弯曲，右下角缺失	一面，不清	
0040	41.5 × 1.5–0.22	竹	顶部稍缺，上部多处开裂	两面，较清楚	
0041	44.4 × 1.4–0.23	竹	基本完整	两面，仅清楚	
0042	44 × 2.5–0.2	竹	多处开裂，底部左半边缺失	三面，较清楚	
0043	35 × 2.7–0.18	竹	上部有缺失，中部左右边残缺，多处开裂	四面，模糊	
0044	38.5 × 1.7–0.21	竹	下部残缺	两面，较清楚	
0045	45.3 × 0.7–0.11	竹	基本完整，一处断裂	一面，较清楚	
0046	43.7 × 1.5–0.23	竹	基本完整，稍有弯曲，下部右边沿稍缺	两面，较清楚	
0047	43.2 × 1.6–0.16	竹	基本完整，下部多处开裂	两面，较清楚	
0048	42.5 × 1.7–0.16	竹	中部左半边缺失，一处断裂	两面，较清楚	
0049	43.7 × 1.6–0.15	竹	多处开裂，开裂处有缺失	两面，较清楚	
0050	38.7 × 1.6–0.37	竹	上部右半边缺，下部残缺	两面，较清楚	
0051	42.7 × 1.5–0.3	竹	中部开裂处有缺失	两面，较清楚	
0052	32.5 × 1.8–0.28	竹	顶部稍缺，下部缺失	两面，较清楚	0052+0157
0053	33.4 × 1.6–0.18	竹	上部残缺	两面，部分清楚	
0054	36.9 × 1.8–0.23	竹	下部缺失	三面，较清楚	
0055	42.5 × 1.7–0.16	竹	上部右半边缺，左下角缺	两面，无字	
0056	42.2 × 3.8–0.3	竹	基本完整，多处严重开裂，下部有四处断痕	五面，较清楚	
0057	42.1 × 3.3–0.17	竹	上部左半边缺失	四面，较清楚	
0058	55.4 × 0.7–0.13	竹	基本完整，一处断裂	一面，模糊	
0059	39 × 0.8–0.13	竹	下部一处挤压变形，一处断裂，下部残缺	一面，较清楚	
0060	54.9 × 0.7–0.13	竹	中部一处断裂，底部稍弯曲	一面，模糊	
0061	55.3 × 0.8–0.12	竹	完整，中部稍弯曲，两处断裂	一面，不清	
0062	54.8 × 0.8–0.13	竹	基本完整，一处断裂，断裂处有缺失	一面，不清	
0063	55.6 × 0.7–0.12	竹	底部左边沿稍缺，多处开裂	一面，模糊	
0064	50.1 × 0.8–0.15	竹	底部稍缺，一处断裂	一面，不清	
0065	54.9 × 0.8–0.14	竹	基本完整，两处断裂	一面，不清	
0066	54.7 × 0.8–0.13	竹	中部弯曲，有两处断裂，断裂处有缺失	一面，不清	

续表

编号	尺寸 cm（长 × 宽–厚）	材质	完残状况	形制、字迹	备注
0067	55.5×0.8–0.14	竹	基本完整，两处断裂	一面，不清	
0068	56×0.8–0.13	竹	完整，有一处开裂	一面，模糊	
0069	28.1×0.8–0.16	竹	中下部弯曲，有四处开裂	一面，部分清楚	
0069–1	22.2×0.8–0.15	竹	顶部残缺，上部有断痕，稍弯曲	一面，部分清楚	
0070	37.4×0.7–0.13	竹	上部缺失，三处开裂	一面，不清	
0071	55.8×0.8–0.13	竹	顶部右半边缺失	一面，较清楚	
0072	26.6×0.7–0.14	竹	下部残缺，一处开裂	一面，较清楚	
0072–1	18×0.7–0.14	竹	下部残缺	一面，较清楚	
0073	32.4×0.8–0.15	竹	上部残缺，一处开裂	一面，较清楚	
0074	28.5×0.8–0.17	竹	基本完整，两处断裂	一面，部分清楚	
0074–1	22.3×0.8–0.15	竹	底部残缺，下部有断痕	一面，不清	
0075	17.4×0.7–0.12	竹	上下残缺，中部开裂处有缺失	一面，较清楚	
0075–1	18×0.7–0.12	竹	上下残缺	一面，较清楚	
0076	25.3×1.5–0.21	竹	余下半部，左上角和右下边沿缺失	两面，较清楚	0173+0076
0077	42×1.5–0.25	竹	基本完整，右下角稍缺	两面，较清楚	
0078	44.5×1.4–0.13	竹	底部左半边缺，中下部右边有一小缺口	两面，较清楚	
0079	45×1.5–0.17	竹	基本完整，下部有断痕，底端稍残	两面，较清楚	
0080	39.7×1.5–0.22	竹	上下两端缺	两面，较清楚	0152+0080
0081	39.2×1.5–0.16	竹	底部缺失	两面，较清楚	
0082	22.2×1.6–0.21	竹	完整	两面，较清楚	
0083	22.2×1.6–0.27	竹	完整	两面，较清楚	
0084	22.8×1.7–0.31	竹	完整	两面，较清楚	
0085	22.1×1.5–0.2	竹	完整	两面，较清楚	
0086	21.9×1.4–0.16	竹	上部左边沿缺失	两面，较清楚	
0087	23.6×1.5–0.22	竹	上部弯曲，右边大部缺失，尾部缺失	三面，较清楚	
0088	21.5×1.4–0.25	竹	完整	两面，较清楚	
0089	24.2×1.7–0.15	竹	上下两端缺失，多处开裂	两面，较清楚	0105+0089+0098
0090	22.1×1.6–0.21	竹	完整	两面，较清楚	
0091	22.5×1.6–0.23	竹	开裂，右上角稍缺	两面，不清	
0092	15.2×1.5–0.2	竹	开裂，下部缺失，左下边沿缺	两面，较清楚	0092+0099+0349
0093	21.5×1.4–0.21	竹	开裂，左下角缺失	两面，部分清楚	
0094	19×1.3–0.17	竹	下部缺失，开裂	两面，较清楚	0094+0004
0095	12.5×1.5–0.17	竹	上部缺失	两面，较清楚	0107+0095
0096	13.8×1.4–0.15	竹	上部缺失	两面，不清	
0097	9.2×1.4–0.18	竹	余上部一段，下部残缺	两面，不清	

续表

编号	尺寸 cm（长 × 宽 – 厚）	材质	完残状况	形制、字迹	备注
0098	4.5 × 1.5–0.15	竹	余其中一段	两面，较清楚	0105+0089+0098
0099	9.2 × 1.6–0.15	竹	余中部一段	两面，较清楚	0092+0099+0349
0100	9.9 × 1.2–0.2	竹	上下残缺开裂	两面，较清楚	
0101	19.4 × 1.6–0.21	竹	上部缺失	两面，模糊	
0102	22.2 × 1.7–0.25	竹	基本完整，右下角稍缺	两面，较清楚	
0103	20.8 × 1.5–0.22	竹	稍残，顶部缺失，简面有开裂	两面，部分清楚	
0104	25.6 × 1.5–0.16	竹	完整，简面有开裂	两面，部分清楚	
0105	9.3 × 1.3–0.17	竹	余其中一段，上下大部残缺	两面，较清楚	0105+0089+0098
0106	8 × 1.5–0.23	竹	余其中一段，上下大部残缺	两面，较清楚	
0107	9.1 × 1.5–0.17	竹	余上半部	两面，较清楚	0107+0095
0108	22.1 × 0.7–0.08	竹	完整，一处断裂	一面，较清楚	
0109	21.5 × 0.9–0.1	竹	完整，上端有断痕，下部有开裂	一面，部分清楚	
0110	13.8 × 0.7–0.06	竹	余中部一段，上下大部残缺，开裂	一面，不清	
0111	22.6 × 0.7–0.12	竹	上部左边沿缺，中部开裂处有缺失	一面，不清	
0112	22.2 × 0.7–0.11	竹	基本完整，左上角稍缺	一面，不清	
0113	22.5 × 0.9–0.2	竹	完整	一面，不清	
0114	4.9 × 1.5–0.16	竹	余下部一截	两面，不清	0122+0114
0115	22.5 × 1.6–0.17	竹	底部左半边缺失	两面，较清楚	
0116	21.6 × 1.8–0.15	竹	多处开裂，右下边沿稍缺	一面，不清	
0117	21.3 × 1.6–0.18	竹	下端右下边沿缺失	两面，较清楚	
0118	21.3 × 1.6–0.15	竹	基本完整，简面多处开裂，右侧下部稍缺失	两面，较清楚	
0119	21.1 × 1.3–0.12	竹	中部左边沿缺失，下端左半边缺	两面，较清楚	
0120	21.7 × 1.7–0.18	竹	多处开裂，开裂处有缺损	两面，较清楚	
0121	22.5 × 2.5–0.38	竹	纵向一处开裂，右上边沿缺一小口	三面，较清楚	
0122	15.8 × 1.8–0.18	竹	上下两端残缺	两面，较清楚	0122+0114
0123	13.9 × 1.5–0.25	竹	上下两端缺	两面，较清楚	0016+0123
0124	21.1 × 1.6–0.17	竹	中部左边沿有一小缺口，右边沿多处断裂	两面，部分清楚	
0125	21.7 × 1.4–0.15	竹	完整，稍弯曲	两面，较清楚	
0126	23.9 × 1.1–0.16	竹	上部缺失	一面，较清楚	
0127	21.3 × 1.2–0.14	竹	中下部左右边沿缺失，四处开裂	两面，部分清楚	
0128	19.2 × 1.5–0.13	竹	左边沿稍有缺损，右半边多处缺失	两面，不清	
0129	21.7 × 1.4–0.2	竹	基本完整，中部左边沿稍缺，多处开裂	两面，较清楚	
0130	22 × 1.4–0.17	竹	基本完整，右下边沿稍缺	两面，较清楚	
0131	21.6 × 0.9–0.1	竹	顶部稍缺，上部右边沿有缺失	一面，不清	
0132	21.7 × 1.5–0.16	竹	完整	两面，较清楚	

续表

编号	尺寸 cm （长 × 宽－厚）	材质	完残状况	形制、字迹	备注
0133	21.2 × 1.5－0.22	竹	完整	两面，较清楚	
0134	21.6 × 1.4－0.16	竹	中上部左边沿缺失	两面，较清楚	
0135	21.5 × 1.5－0.23	竹	完整	两面，较清楚	
0136	21.5 × 1.5－0.21	竹	完整	两面，较清楚	
0137	8.8 × 1.5－0.26	竹	余中部一段，上下部残缺	两面，较清楚	0439+0137+0145
0138	21.3 × 1.4－0.3	竹	基本完整，中部左边沿稍缺	两面，不清	
0139	21.5 × 1.6－0.27	竹	基本完整，中部开裂处稍有缺损	两面，不清	
0140	21 × 1.4－0.17	竹	上部残缺	两面，不清	
0141	16.4 × 1.6－0.13	竹	下部缺失，一处断裂	两面，模糊	
0142	9.5 × 1.5－0.23	竹	上下部缺失	三面，不清	
0143	21.4 × 1.3－0.11	竹	上端右半边缺失，底部断裂	两面，模糊	
0144	18 × 1.7－0.16	竹	上部缺失，余中下部	两面，不清	
0145	9.9 × 1.6－0.31	竹	上部缺失，余下半部	两面，较清楚	0439+0137+0145
0146	14.1 × 1.6－0.17	竹	上部缺失	两面，较清楚	
0147	21.9 × 0.9－0.2	竹	完整	一面，不清	
0148	21.5 × 1.1－0.15	竹	完整	一面，不清	
0149	5.4 × 1.6－0.12	竹	余上部一段	两面，较清楚	
0150	7 × 1.5－0.15	竹	余上部，中下部残缺	三面，模糊	
0151	4.1 × 1.6－0.12	竹	余上部一段，中下部残缺	两面，较清楚	0151+0005
0152	3.5 × 1.6－0.21	竹	余上部一段，中下部残缺	两面，较清楚	0152+0080
0153	21.7 × 1.4－0.13	竹	上端缺失，多处断裂	两面，较清楚	
0154	14 × 0.7－0.12	竹	余中部一段，上下部残缺	一面，较清楚	
0155	19.7 × 0.8－0.09	竹	顶部右边沿缺	一面，不清	
0156	13.2 × 0.9－0.1	竹	余上半部	一面，不清	
0157	10.8 × 0.9－0.3	竹	上中部缺失	一面，较清楚	0052+0157
0158	17.8 × 1.6－0.2	竹	上下部缺失	两面，部分清楚	
0159	4.9 × 1.4－0.13	竹	余其中一段，上下部残缺	两面，较清楚	
0160	3.5 × 0.6－0.12	竹	余其中一段	形制不明，模糊	
0160－1	2.5 × 0.5－0.12	竹	余其中一段	形制不明，模糊	
0161	4.2 × 1.1－0.16	竹	右半边残缺，余其中一段	两面，较清楚	0161+0003
0162	8.7 × 0.9－0.17	竹	上下部缺失，余其中一段，左上角缺	两面，较清楚	0162+0353+1743
0163	8.7 × 1.3－0.15	竹	上下部缺失，余其中一段，中上部右半边缺失	两面，较清楚	
0164	4.7 × 1.5－0.16	竹	上下部皆残缺，余其中一段，右下角缺	两面，不清	
0165	21.1 × 1.5－0.16	竹	完整	两面，较清楚	
0166	20.3 × 1.7－0.17	竹	完整	两面，较清楚	

续表

编号	尺寸 cm（长 × 宽－厚）	材质	完残状况	形制、字迹	备注
0167	18.9×1.3－0.11	竹	下部左半边及下端缺失	两面，较清楚	
0168	12.8×1.3－0.1	竹	上半部残缺，余下半部	两面，较清楚	
0169	11.6×1.5－0.1	竹	余上半部，左上角缺，右边沿有一缺口，下半部残缺	两面，较清楚	
0170	10.8×1.5－0.09	竹	上半部残缺，余下半部，左下端残缺	两面，较清楚	
0171	3.7×0.7－0.09	竹	上下部残缺，余其中一段，右半边缺	两面，较清楚	0171+0012
0171–1	1.5×0.7－0.09	竹	残片	两面，较清楚	
0172	12.1×1.5－0.31	竹	上下两端缺残，残余中部断裂，左上角缺	两面，模糊	
0173	18.5×1.4－0.13	竹	下端残缺	两面，较清楚	0173+0076
0174	21.5×1.6－0.21	竹	右边沿开裂，右上角缺	两面，模糊	
0175	21.1×1.6－0.2	竹	完整，右下半边开裂	两面，较清楚	
0176	21.6×1.5－0.14	竹	基本完整，中部断裂处有一缺口	两面，较清楚	
0177	21.3×1.5－0.2	竹	基本完整，上部两处开裂	两面，较清楚	
0178	21.1×1－0.13	竹	基本完整，顶部稍有开裂	一面，较清楚	
0179	21.2×1.6－0.28	竹	基本完整，中下部收缩处有一缺口	两面，较清楚	
0180	22×1.6－0.12	竹	右上半边右下角缺，中部左边沿缺	两面，部分清楚	
0181	21.5×1.4－0.09	竹	右边中部断裂处有一缺口，左下边沿缺	两面，较清楚	
0182	21.2×1.4－0.1	竹	上部翻折弯曲，底部断裂	两面，部分清楚	
0183	22×1.3－0.09	竹	多处开裂，中上部弯曲，左下半边缺失	两面，不清	
0184	22.4×0.9－0.14	竹	完整	一面，较清楚	
0185	21.8×1.4－0.2	竹	完整，中下部开裂	两面，较清楚	
0186	20.9×1.5－0.14	竹	中下部开裂处有缺失，左下边沿缺	两面，较清楚	
0187	22.1×1.2－0.22	竹	完整	两面，较清楚	
0188	21×1.5－0.12	竹	完整	两面，较清楚	
0189	18.8×1.5－0.11	竹	下端开裂残断	两面，较清楚	0189+0249
0190	20.7×1.4－0.07	竹	中部右边缘缺失 1.7cm×0.5cm	两面，较清楚	
0191	21.5×1.4－0.09	竹	基本完整，左上边缘稍缺	两面，较清楚	
0192	21×1.7－0.18	竹	完整，中上部一处开裂	两面，较清楚	
0193	22×1.6－0.17	竹	完整	两面，较清楚	
0194	21.2×1.6－0.17	竹	完整	两面，较清楚	
0195	23.5×1.5－0.28	竹	上端稍缺，左上半边残缺	两面，较清楚	
0196	21.4×1.4－0.17	竹	右下端稍缺	两面，较清楚	
0197	20.5×1.5－0.16	竹	中部右边沿缺一 0.4cm×0.3cm 小口	两面，较清楚	
0198	17.3×1.2－0.15	竹	大半残缺，仅余左半下部	两面，不清	
0199	13.8×1.4－0.18	竹	上半部缺失，余下半，其右下边缘残缺	两面，部分清楚	
0200	21.2×1.7－0.2	竹	左面残缺余两面之上部左半边缺，下部开裂处缺口	三面，部分清楚	

续表

编号	尺寸cm（长×宽－厚）	材质	完残状况	形制、字迹	备注
0201	21.8×1.5－0.18	竹	完整	两面，较清楚	
0202	8.5×1.3－0.08	竹	多处开裂，上下部残缺，余中部一段	两面，较清楚	0387+0202
0202－1	13.2×1.3－0.08	竹	上下部残缺	两面，不清	
0203	21.8×1.3－0.16	竹	右下角缺失	两面，较清楚	
0204	20.9×1.4－0.23	竹	右下边缘及左下角缺失	两面，不清	
0205	14.5×1.5－0.16	竹	余上半部，下部缺失	两面，较清楚	0205+0363
0206	21.2×0.9－0.11	竹	中部开裂处右边稍缺	一面，不清	
0207	21.2×1.6－0.21	竹	完整	两面，较清楚	
0208	20.2×1.4－0.21	竹	下端右边开裂处有一0.5cm×0.5cm小缺口	两面，较清楚	
0209	17.8×1.5－0.25	竹	下部缺失	两面，较清楚	
0210	18.1×1.5－0.3	竹	左上角稍缺，下部缺失	两面，较清楚	
0211	18.3×1.5－0.17	竹	下端缺失，多处开裂	两面，不清	
0212	20.9×1.6－0.11	竹	完整	两面，不清	
0213	16.7×1.5－0.1	竹	上下两端缺失，右上边开裂处稍缺，左下角缺失	两面，较清楚	
0214	21.3×1.4－0.1	竹	左面上下两端缺失	两面，模糊	
0215	21.9×1.7－0.09	竹	下部左边沿缺一0.6cm×0.5cm小口	两面，较清楚	
0216	20.6×1.6－0.16	竹	完整	两面，模糊	
0217	22×1.6－0.19	竹	基本完整，中部开裂处稍缺	两面，较清楚	
0218	24.5×1.5－0.15	竹	上部残缺，下部左边缘缺失0.8cm×0.4cm，下端残缺	两面，部分清楚	
0219	20.7×1.4－0.1	竹	上端及左上半边缺失	两面，较清楚	
0220	20.9×1.2－0.09	竹	完整，稍有开裂	两面，不清	
0221	13×1.6－0.09	竹	上下端皆残断，余中部一段，多处开裂	两面，较清楚	
0222	21.3×1.5－0.09	竹	完整	两面，较清楚	
0223	16.2×1.5－0.18	竹	下部残缺，左下角缺失	两面，模糊	
0224	15.3×1.3－0.09	竹	上下两端缺失，下端弯曲	一面，不清	
0225	16×1.7－0.09	竹	上部缺失	两面，较清楚	
0226	21×1.4－0.12	竹	左面下部缺失，多处开裂	两面，较清楚	
0227	19.3×1.4－0.14	竹	左上角和右上边沿缺失	两面，较清楚	
0228	21.7×0.9－0.17	竹	完整	一面，不清	
0229	20.3×1.5－0.16	竹	左下角缺失	两面，较清楚	
0230	21.2×0.9－0.1	竹	上部断裂处有一0.4cm×0.3cm缺口	一面，模糊	
0231	21.7×1.4－0.18	竹	上部左半边缺失，中部右边沿缺失，下部开裂处有缺失	两面，部分清楚	
0232	20.9×1.5－0.12	竹	完整	两面，较清楚	
0233	16.7×1.8－0.09	竹	下部缺失	三面，较清楚	
0234	20.7×1.5－0.13	竹	右上角缺失	两面，较清楚	

续表

编号	尺寸 cm（长 × 宽 − 厚）	材质	完残状况	形制、字迹	备注
0235	22.2 × 1.3 − 0.16	竹	完整，一处开裂	两面，较清楚	
0236	17 × 1 − 0.08	竹	左上角残，左边中下部有一 1.2cm × 0.7cm 缺口，下部残缺	一面，不清	
0237	16.7 × 1.2 − 0.09	竹	上下两端缺失，上部中间缺 1.1cm × 0.4cm	一面，不清	
0238	21.1 × 1.5 − 0.13	竹	完整	两面，较清楚	
0239	14.1 × 1.5 − 0.11	竹	上部缺失	两面，较清楚	
0240	14.9 × 1.5 − 0.17	竹	下部缺失	一面，模糊	
0241	16.6 × 1.3 − 0.09	竹	上部缺失，右边缘缺失 1cm × 0.3cm	两面，较清楚	
0242	25 × 2.2 − 0.46	竹	下端残缺，稍有开裂	三面，较清楚	
0243	18.2 × 1.7 − 0.17	竹	下端稍缺	两面，较清楚	
0244	20 × 1.6 − 0.09	竹	左下角缺失	两面，不清	
0245	21.5 × 1.7 − 0.21	竹	完整	两面，较清楚	
0246	25.3 × 1.5 − 0.2	竹	下部残缺	两面，较清楚	
0247	14 × 1.4 − 0.15	竹	上部残缺，余下半部	两面，较清楚	
0248	19.9 × 1.3 − 0.07	竹	上部左右边缘缺失，下部左右边缘缺失	两面，较清楚	
0249	2.6 × 1 − 0.17	竹	仅余其中一小段，左边缘缺失	两面，较清楚	0189+0249
0250	15.2 × 1.6 − 0.09	竹	上部缺失，底部断裂处有缺失	两面，较清楚	
0251	19.3 × 0.8 − 0.16	竹	顶部缺失	一面，不清	
0252	21.8 × 1.5 − 0.09	竹	多处开裂	两面，较清楚	
0253	17.0 × 1.5 − 0.3	竹	上下两端残缺	两面，模糊	
0254	21.6 × 1.4 − 0.27	竹	基本完整，中部残断处稍缺失	两面，较清楚	
0255	21.1 × 0.7 − 0.07	竹	上部左边沿缺	一面，较清楚	0451+0255+0876
0256	21.1 × 1.6 − 0.16	竹	右下角缺	两面，较清楚	
0257	19 × 2 − 0.17	竹	多处开裂，下部残缺	三面，较清楚	
0258	18.1 × 1.5 − 0.1	竹	上部残缺，右下角缺失	两面，较清楚	
0259	19.9 × 1.5 − 0.1	竹	下端右角残缺	两面，较清楚	
0260	21.1 × 1.5 − 0.22	竹	上下部皆有断裂	两面，较清楚	
0261	22.2 × 1.8 − 0.2	竹	下部右边沿缺失 1.3cm × 0.7cm	两面，较清楚	
0262	20.9 × 1.3 − 0.14	竹	完整，稍弯曲	两面，模糊	
0263	20.2 × 1.4 − 0.12	竹	顶部残缺，中部开裂处有缺失	两面，较清楚	
0264	21.9 × 1.7 − 0.18	竹	多处开裂，中部右边缺失 1.5cm × 0.5cm	两面，部分清楚	
0265	21.3 × 2.3 − 0.23	竹	完整	三面，不清	
0266	19.2 × 1.3 − 0.09	竹	顶部左右边沿缺失，中部右边开裂处有缺失，下部残缺	两面，较清楚	
0267	15.6 × 1.6 − 0.15	竹	顶部稍缺，中部开裂，下部残缺	两面，较清楚	
0268	21.4 × 1.9 − 0.12	竹	基本完整，稍有开裂	三面，较清楚	
0269	17.7 × 1.3 − 0.12	竹	中部开裂，右上角及下端残缺	两面，部分清楚	

续表

编号	尺寸 cm （长 × 宽－厚）	材质	完残状况	形制、字迹	备注
0270	11.6 × 1.3－0.1	竹	上部残缺，余下半部，其左下角缺失	两面，较清楚	
0271	21 × 1.6－0.16	竹	通体多处开裂，上部右边缘残缺，左下角缺失	两面，较清楚	
0272	21.1 × 1.4－0.09	竹	简体多处开裂，左边缘有缺失	两面，部分清楚	
0273	21.4 × 1.6－0.13	竹	多处开裂，下端左右角缺失	两面，较清楚	
0274	20.6 × 1.4－0.19	竹	简体开裂，下部左、右边缘开裂，有缺失	两面，较清楚	
0275	19.4 × 1.6－0.1	竹	上部弯曲，下端缺失	两面，较清楚	
0276	15.8 × 1.7－0.13	竹	中、下部残缺	两面，较清楚	0276+0468
0277	16 × 1.6－0.14	竹	上端残缺	两面，较清楚	
0278	21.9 × 1.8－0.1	竹	通体多处开裂，中下部左边缺失，右边残缺	四面，部分清楚	
0279	20.5 × 1.4－0.1	竹	通体多处开裂，上端右角及下端左角缺失	两面，较清楚	
0280	21.7 × 1.5－0.13	竹	完整	两面，较清楚	
0281	21.3 × 2.1－0.25	竹	右边缘中部缺失 1.4cm × 0.6cm，下部缺失 3.7cm × 0.5cm	三面，较清楚	
0282	21.6 × 1.5－0.07	竹	上部多处开裂，下部左右边沿缺失	两面，较清楚	
0283	21 × 1.3－0.16	竹	多处开裂，上、下部右边缘缺失	两面，较清楚	
0284	23 × 1.7－0.09	竹	上下端残缺，上部左半边缺失	两面，不清	
0285	20 × 1.2－0.1	竹	上部右边缘残缺，下部弯曲	两面，不清	
0286	21.1 × 0.8－0.1	竹	完整	一面，较清楚	
0287	16.4 × 0.7－0.07	竹	下半部缺失	一面，不清	
0288	21.5 × 0.9－0.17	竹	完整	一面，较清楚	
0289	21.9 × 0.9－0.14	竹	完整	一面，不清	
0290	17.5 × 0.9－0.09	竹	底部缺失	一面，不清	
0291	20.7 × 0.8－0.11	竹	上下两端稍缺	一面，不清	
0292	23.4 × 0.7－0.07	竹	底部稍缺	一面，部分清楚	
0293	15.9 × 1.5－0.27	竹	下部残缺，余上半部，稍有开裂	两面，部分清楚	
0294	21.1 × 1.5－0.14	竹	下部左半边缺失	两面，较清楚	
0295	16 × 1.4－0.18	竹	上半部残缺，余下半部	两面，较清楚	
0296	21.2 × 1.6－0.13	竹	简体多处开裂，开裂处有缺失	两面，较清楚	
0297	18.4 × 1.4－0.15	竹	上端缺失，上部左边缘缺失，下部开裂	两面，较清楚	
0298	18 × 1.4－0.1	竹	左侧多处残缺，下部缺失	两面，部分清楚	
0299	20 × 1.6－0.1	竹	简体多处开裂，左下角缺失	两面，较清楚	
0300	20.8 × 1.5－0.15	竹	右侧稍有缺失，左侧缺失严重，多处开裂	两面，不清	
0301	14 × 1.6－0.13	竹	下部残缺，余上半部，左侧有一三角形楔口	一面，较清楚	有楔口
0302	24.3 × 1.5－0.13	竹	下端缺失	两面，部分清楚	
0303	15.9 × 0.7－0.06	竹	余上半部，下部缺失	一面，较清楚	
0304	13.7 × 1.6－0.18	竹	上半部开裂，下半部残缺	两面，较清楚	

续表

编号	尺寸cm（长×宽-厚）	材质	完残状况	形制、字迹	备注
0305	16.5×1.5-0.3	竹	上半部缺失，下半部开裂	两面，较清楚	
0306	21.1×1.6-0.11	竹	上部多处开裂，右半边缺失	两面，较清楚	
0307	19.8×0.7-0.09	竹	下部开裂，底部残缺	一面，较清楚	
0308	20.9×0.8-0.13	竹	完整	一面，较清楚	
0309	23.6×1.5-0.11	竹	上端右角残缺，下端左角稍缺	两面，部分清楚	
0310	12.2×1.7-0.14	竹	上部残缺，下部左下缺失	两面，较清楚	
0311	21.3×1.5-0.12	竹	简体开裂，右上角缺失	两面，不清楚	
0312	21.7×1.8-0.16	竹	完整，简体有断裂	两面，较清楚	
0313	21.3×1.8-0.18	竹	完整	两面，不清	
0314	21.4×0.6-0.09	竹	完整，简体有断裂	一面，不清	
0315	20.5×1.2-0.27	竹	简体开裂，上端残缺	两面，不清	
0316	20.3×0.8-0.12	竹	基本完整，两处断裂	一面，较清楚	
0317	20.9×1.6-0.22	竹	上部左、右边沿缺失	两面，不清	
0318	21.0×1.3-0.18	竹	基本完整，稍有开裂	两面，较清楚	
0319	20.1×1.4-0.1	竹	简体开裂，上部弯曲有缺失，左下角缺失	两面，不清	有火灼痕迹
0320	21×1.7-0.27	竹	完整，简面发黑，有开裂	两面，不清	
0321	21.1×2.2-0.11	竹	简体多处开裂，上部右侧、下半部左右边缘缺失	四面，较清楚	
0322	21.8×1.5-0.18	竹	简体多处开裂，下部左侧残缺	两面，部分清楚	
0323	16.7×0.9-0.12	竹	上部缺失	一面，不清	
0324	21.8×1.5-0.17	竹	基本完整	两面，较清楚	
0325	22.1×1-0.22	竹	完整	一面，不清	
0326	20.1×1.5-0.18	竹	左右下角有残缺	两面，较清楚	
0327	21×1.5-0.15	竹	上端右半边缺失	两面，部分清楚	
0328	15×1.5-0.23	竹	上下部皆残缺	两面，较清楚	
0329	21.1×1.4-0.1	竹	右上角有缺失	两面，不清	
0330	21.3×1-0.2	竹	基本完整，简面发黑	一面，不清	
0331	21.9×1.4-0.15	竹	基本完整，一处断裂	两面，模糊	
0332	20.8×1.5-0.17	竹	上部弯曲，中部断裂处有缺失，左下角残缺	两面，较清楚	
0333	22.1×1.4-0.14	竹	基本完整，简体开裂，左下边缘稍缺	两面，模糊	
0334	20.5×1.5-0.19	竹	完整	两面，较清楚	
0335	22×1.7-0.19	竹	简体多处开裂，左上角缺失	两面，较清楚	
0336	21.3×1.5-0.1	竹	上部左右边缘缺失，简面发黑	两面，不清	有火灼痕迹
0337	21.3×1.5-0.13	竹	上、中部右边缘缺失，简体开裂	两面，模糊	
0338	22.1×1.5-0.12	竹	中下部右边缘有缺失	两面，较清楚	
0339	20.7×1.4-0.11	竹	左上角稍缺，简体有开裂	两面，较清楚	

续表

编号	尺寸 cm（长 × 宽 – 厚）	材质	完残状况	形制、字迹	备注
0340	21.8 × 1.4–0.17	竹	上端左边缘缺失 1cm × 0.4cm	两面，较清楚	
0341	21.1 × 1.7–0.15	竹	基本完整，右下边沿开裂	两面，部分清楚	
0342	21.5 × 1.8–0.13	竹	完整，筒体开裂	两面，较清楚	
0343	22.5 × 1.4–0.23	竹	完整，筒体开裂	两面，较清楚	
0344	19.7 × 1.5–0.16	竹	顶端缺失，筒体开裂	两面，较清楚	
0345	22.2 × 1.4–0.09	竹	上下端缺失，筒体开裂	两面，较清楚	
0346	21.5 × 1.5–0.21	竹	完整，筒体开裂	两面，较清楚	
0347	21.4 × 1.5–0.19	竹	完整	两面，较清楚	
0348	22.9 × 1.5–0.2	竹	上半部缺失，筒体稍有开裂	两面，较清楚	
0349	19 × 1.5–0.22	竹	上半部缺失，下端右下角缺	两面，较清楚	0092+0099+0349
0350	19.3 × 1.5–0.31	竹	上下两端缺失，上部残缺	两面，模糊	有火灼痕迹
0351	21.7 × 1.5–0.17	竹	完整	两面，较清楚	
0352	21.7 × 1.5–0.14	竹	完整，筒面有开裂	两面，较清楚	
0353	13.6 × 1.5–0.28	竹	上下部残缺，余中部一段，筒体开裂	两面，较清楚	0162+0353+1743
0354	10.7 × 1.5–0.21	竹	上部残缺，余下部一段	两面，不清	
0355	7.7 × 1.6–0.22	竹	上下部残缺，余中部一段	两面，较清楚	
0356	3.3 × 1.4–0.2	竹	残余其中一小段	两面，不清	
0356–1	7.3 × 1.8–0.2	竹	上中部残缺，仅余下半部	两面，不清	
0357	20.3 × 1.2–0.14	竹	上端边沿缺失，左下角缺失	两面，不清	
0358	12.3 × 1.5–0.18	竹	上下两端缺失，筒体开裂	两面，部分清楚	
0358–1	3.5 × 1.5–0.18	竹	上下两端缺失，仅余一小段	两面，部分清楚	
0359	17 × 1.1–0.17	竹	上部左边沿缺，下部缺失	两面，不清	
0360	22 × 0.8–0.21	竹	基本完整	一面，不清	
0361	20.6 × 0.9–0.13	竹	基本完整，左下角稍缺	一面，不清	
0362	14.3 × 1.3–0.12	竹	仅余上半部，左上边沿缺，下半部残缺	两面，不清	
0363	14.4 × 0.5–0.16	竹	仅余其中一段，右半边缺失	一面，较清楚	0205+0363
0364	14.4 × 1.7–0.36	竹	上下两端缺失	两面，较清楚	
0365	11 × 1.4–0.17	竹	仅存上半部，下部缺失	两面，较清楚	
0366	5.6 × 1.5–0.2	竹	仅存上部一段，下部大半缺失	两面，较清楚	
0367	11.2 × 1.3–0.08	竹	仅余其中一段，弯曲，两处开裂	两面，部分清楚	
0368	11.8 × 1.6–0.26	竹	仅余上部，下部残缺	两面，较清楚	0368+1564+1584
0369	8.5 × 1.6–0.16	竹	上部残缺，余下部一段，右下边缘缺失	两面，较清楚	
0370	12.2 × 1.5–0.28	竹	上下部残缺，仅余中部一段	两面，较清楚	
0371	7.5 × 1.5–0.25	竹	余上部一段，下部大半缺失	两面，较清楚	
0372	11.7 × 1.1–0.14	竹	上部左边缘缺失，下部残缺	两面，较清楚	

续表

编号	尺寸cm（长×宽–厚）	材质	完残状况	形制、字迹	备注
0373	11.3×1.3–0.26	竹	余上半部，下半部缺失	两面，较清楚	
0374	13.2×1.6–0.27	竹	余上半部，纵向开裂，下半部残缺	两面，部分清楚	
0375	11.1×1.5–0.14	竹	上下部残缺，仅余中部一段，简体开裂	两面，不清	
0376	12.3×1.4–0.13	竹	余上半部，下半部残缺	两面，不清	
0377	12.6×1.4–0.2	竹	仅余上半部，简体弯曲，左边沿缺失	两面，较清楚	
0378	13.3×1.5–0.28	竹	上部残缺，余下部一段，右边缘缺失	两面，模糊	
0379	11.5×1.4–0.31	竹	仅余上半部	两面，较清楚	0379+0391
0380	9.5×1.6–0.39	竹	残余中部一段，上下两端缺失	两面，较清楚	
0381	7×1.5–0.27	竹	仅余中部一段，上下两端缺失	两面，较清楚	0381+1465
0382	9.6×1.3–0.28	竹	仅余中部一段，上下两端缺失	两面，较清楚	
0383	7.2×1.5–0.25	竹	仅余中部一段，上下两端缺失	两面，较清楚	0964+0383+1609
0384	18.1×1.4–0.13	竹	上端残缺，下部一处开裂，左边缘稍缺	两面，模糊	0935+0384
0385	10.3×1.4–0.2	竹	上下部残缺，仅余中部一段	两面，较清楚	
0386	13.1×1.4–0.18	竹	上部残缺，余下半部，下部多处开裂	两面，较清楚	
0387	8.5×1.3–0.16	竹	下部残缺，余上部一段，左右角及边缘缺失	两面，模糊	0387+0202
0388	8.6×1.5–0.17	竹	上下部残缺，余中部一段	两面，不清	
0389	7.1×1.5–0.36	竹	仅余上部一段，左下角缺失	两面，较清楚	
0390	4.1×1–0.4	竹	余其中一段，两处断裂	两面，部分清楚	
0390–1	4.3×1.1–0.4	竹	余其中一段，一处断裂	两面，部分清楚	
0390–2	2.7×1.7–0.4	竹	余其中一段，中部开裂	两面，部分清楚	
0391	11×1.3–0.41	竹	余下半部	两面，较清楚	0379+0391
0392	4.2×1.4–0.31	竹	仅余上部一段，中下部皆残缺	两面，模糊	
0393	5.3×1.6–0.09	竹	上下部皆残缺，仅余中部一段	三面，不清	
0394	20.1×1.4–0.18	竹	基本完整，下部一处开裂，开裂处稍缺	两面，较清楚	
0395	21.5×1.5–0.2	竹	基本完整，简体开裂	两面，较清楚	
0396	21.7×1.5–0.2	竹	基本完整，左下角稍缺，简体两处断裂	两面，模糊	
0397	22.1×1.6–0.15	竹	基本完整，右侧有断痕，简体开裂	两面，较清楚	
0398	21.4×1.5–0.1	竹	中部左右边缘缺失，简体右下角缺失	两面，部分清楚	
0399	21.4×1.6–0.14	竹	基本完整，简面有开裂	两面，较清楚	
0400	21.3×1.6–0.14	竹	基本完整，下端有断痕	两面，较清楚	
0401	21.7×1.6–0.15	竹	基本完整，稍有开裂	两面，较清楚	
0402	20.6×1.5–0.13	竹	基本完整，稍有开裂	两面，较清楚	
0403	20.4×1.4–0.14	竹	基本完整，稍有开裂	两面，部分清楚	
0404	21.7×1.5–0.17	竹	基本完整，稍有开裂，右下角稍缺	两面，较清楚	
0405	21.3×1.6–0.13	竹	基本完整，简体开裂，右下边缘缺失	两面，较清楚	

续表

编号	尺寸 cm（长×宽−厚）	材质	完残状况	形制、字迹	备注
0406	22.1×1.6−0.18	竹	基本完整，中部右侧稍缺	两面，较清楚	
0407	20.4×1.5−0.16	竹	顶端缺失，上下部右边缘缺失	两面，部分清楚	
0408	22×1.4−0.22	竹	完整	两面，较清楚	
0409	21.7×1.5−0.17	竹	基本完整，左右边缘稍有缺失	两面，较清楚	
0410	21.7×1.6−0.13	竹	基本完整，筒体开裂，左下边缘缺失	两面，较清楚	
0411	21.6×1.5−0.11	竹	上部左半边残缺，中部右半边残缺，上下部之间有残断，下部多处开裂	两面，不清	
0412	22.2×1.5−0.22	竹	完整	两面，部分清楚	
0413	17.8×1.5−0.12	竹	上下两端残缺	两面，脱落	
0414	21.6×1.6−0.16	竹	基本完整，右下角稍缺	两面，较清楚	
0415	21.2×0.8−0.15	竹	完整	一面，不清	
0416	22.4×1.9−0.23	竹	稍完整，右上边缘稍缺，左下边缘有残缺	三面，部分清楚	
0417	25×3.2−0.59	竹	上下两端残缺，仅余中部，筒体开裂，左右边缘缺失	四面，不清	
0418	20.5×1.4−0.17	竹	筒体弯曲，多处开裂，左右边缘多处缺失	两面，部分清楚	
0419	21.3×1.3−0.2	竹	左上角残缺，筒体弯曲开裂	两面，不清	
0420	20.9×0.7−0.14	竹	弯曲，一处断裂	一面，不清	
0421	22.2×1.4−0.13	竹	基本完整，多处开裂，下端右侧边沿稍缺失	两面，较清楚	
0422	21.9×1.6−0.14	竹	基本完整，顶端左侧开裂	两面，不清	
0423	21.7×1.5−0.17	竹	上部左边缘缺失，右下部边缘有残缺	两面，不清	
0424	19.3×1.3−0.14	竹	上部残缺，筒体开裂	两面，不清	
0425	21.7×1.6−0.32	竹	顶端残缺，中部断裂处稍缺失	两面，不清	
0426	8.2×0.8−0.13	竹	仅余上部一段，左半边缺失	一面，较清楚	
0427	14.2×1.3−0.1	竹	仅余中部一段，弯曲，筒体开裂	一面，不清	
0428	11.9×1.2−0.12	竹	仅余上部，左半残缺	两面，部分清楚	
0429	13×0.7−0.07	竹	仅余上部，中下部残缺，筒体严重开裂	一面，不清	
0430	9.5×0.5−0.06	竹	仅余上部一段，筒体开裂	一面，不清	
0431	4.3×0.8−0.09	竹	仅余其中一小段	一面，较清楚	
0432	3.6×0.5−0.11	竹	仅余其中一小段	一面，较清楚	
0433	4.4×1.3−0.2	竹	仅余其中一段	两面，较清楚	
0434	3.4×1.5−0.18	竹	仅余其中一小段	两面，较清楚	
0435	3.6×1.5−0.22	竹	仅余其中一小段，中间开裂	两面，较清楚	0435+0874
0436	6.7×1.5−0.1	竹	仅余下半部，筒体开裂	两面，较清楚	
0437	0.9×1.4−0.12	竹	仅余下端一小段	两面，不清	
0438	2.5×1.5−0.17	竹	仅余顶端一段	一面，较清楚	
0439	2.8×1.2−0.31	竹	仅余一小段，右上角缺失	两面，较清楚	0439+0137+0145
0440	7.4×1.6−0.18	竹	仅余上部一段，顶端残缺，中下部缺失，三处开裂	两面，较清楚	

续表

编号	尺寸 cm（长×宽-厚）	材质	完残状况	形制、字迹	备注
0441	12.7×1.5-0.3	竹	仅余上半部，下部缺失	两面，较清楚	
0442	10.5×1.3-0.12	竹	仅余下半部，简体弯曲	两面，较清楚	
0443	9.9×1.3-0.1	竹	上下两端缺失，仅余中部一段，简体开裂	两面，较清楚	
0444	9×1.3-0.1	竹	仅余上部一段，简体开裂	两面，部分清楚	
0445	8.1×1.6-0.22	竹	仅余上部一段，下部残缺	一面，较清楚	有火灼痕迹
0446	5×1.4-0.1	竹	仅余顶部一段	两面，模糊	
0447	6.3×1.5-0.1	竹	仅余中部一段，上下部皆缺失	两面，不清	
0448	5.8×1.3-0.1	竹	仅余中部一段，上下部皆缺失	两面，较清楚	
0449	7.3×1.4-0.12	竹	仅余上部一段，简体开裂，中、下部皆缺失	两面，部分清楚	
0450	7.4×1.5-0.12	竹	仅余其中一段，左下边沿缺失	两面，不清	
0451	4×1.5-0.16	竹	仅余其中一段，上下皆缺失	一面，较清楚	0451+0255+0876
0452	5.1×1.3-0.15	竹	仅余其中一段，上下皆缺失	两面，较清楚	
0453	5.3×1.4-0.15	竹	仅余其中一段，上下皆缺失	一面，较清楚	
0454	5.7×1.2-0.1	竹	仅余下部一段，简体开裂，上、中部缺失	两面，模糊	
0455	6.5×1.5-0.13	竹	仅余其中一段上、下部皆缺失	两面，部分清楚	
0456	10.9×1.4-0.25	竹	仅余下半部，右侧边缘缺失	两面，较清楚	
0457	9.8×1.6-0.22	竹	仅余上半部，简体开裂	两面，较清楚	
0458	8.7×1.4-0.35	竹	仅余其中一段，余皆缺失	两面，较清楚	
0459	5.9×0.9-0.23	竹	仅余其中一段，左半残缺	两面，较清楚	
0460	8.9×1.4-0.21	竹	仅余上半部，右侧边缘残缺	两面，不清	
0461	5.5×1.4-0.17	竹	仅余上部一段，左边缘缺失，下部残缺，右上角残缺	两面，较清楚	
0462	8.1×1.1-0.14	竹	余其中一段，多处断裂	两面，不清	有火灼痕迹 0462+0463
0463	6.7×1.5-0.22	竹	仅余下部一段，右下角缺失	两面，较清楚	0462+0463
0464	6.9×1.3-0.21	竹	仅余其中一段，两侧边沿缺失	两面，不清	
0465	8.4×1.5-0.07	竹	仅余上半部，简体开裂	两面，部分清楚	
0466	3.6×1.6-0.4	竹	仅余下部一小段，上、中部皆缺失	两面，模糊	
0467	2.9×0.6-0.06	竹	仅余上部一小段，左半残缺	一面，较清楚	
0468	4.9×1.1-0.12	竹	仅余下部一段，左右边缘有缺失，上、中部残缺	两面，部分清楚	0276+0468
0469	4.3×1.3-0.3	竹	仅余下部一小段，中、上部皆残缺	两面，较清楚	
0470	4.4×1-0.13	竹	仅余中部一小段，右边沿缺	两面，不清	
0471	11.5×1.5-0.25	竹	仅余其中一段，中部左边沿缺，上下端残缺	两面，不清	
0472	10.5×1.4-0.12	竹	上半部残缺，仅余下半部，左下边缘缺失，开裂	两面，不清	发黑
0473	7.6×1.2-0.23	竹	仅余上半部，下半部残缺	两面，较清楚	
0474	10×1.6-0.13	竹	上下端残缺，余其中一段，左上角稍缺	两面，较清楚	
0475	9.6×1.5-0.18	竹	下端残缺，余上半部，简体弯曲，右下角缺	两面，较清楚	

续表

编号	尺寸 cm（长 × 宽－厚）	材质	完残状况	形制、字迹	备注
0476	9.3×1.6−0.17	竹	下部残缺，仅余上半部，右边缘有缺失	两面，不清	
0477	8.3×1.5−0.14	竹	上部残缺，仅余下部一段，左上角缺失	两面，不清	
0478	8.6×1.5−0.1	竹	上部残缺，仅余下半部，右上角稍缺失	两面，较清楚	
0479	12.7×1.5−0.08	竹	上下端残缺，仅余其中一段，右上角缺，简体开裂	两面，较清楚	
0480	12.4×1.5−0.28	竹	上部残缺，仅余下半部	两面，较清楚	
0481	16.3×1.4−0.13	竹	上部残缺，下端左下角缺失	两面，部分清楚	
0482	13.5×1.4−0.23	竹	下部残缺仅余上半部，左下半边缺失，简体开裂、扭折	两面，较清楚	
0483	15.7×1.4−0.15	竹	上部缺失，仅存下半部，左下边缘缺失	两面，不清	
0484	15.2×1.5−0.16	竹	上下端缺失，仅存中部，简体开裂，右上边缘缺失	两面，较清楚	
0485	21.3×1.6−0.19	竹	基本完整，中部开裂，左边沿缺一 4cm×3cm 小口	一面，不清	
0486	4.4×1.4−0.17	竹	大部残缺，仅余上部一小截，右下角缺失	两面，不清	
0487	7.8×1.1−0.11	竹	上中部残缺，仅余下部一段，弯曲，左半缺失	两面，模糊	
0488	6.8×0.8−0.12	竹	余上部一段	一面，较清楚	
0489	8.3×1.6−0.18	竹	下半部残缺，余上部一段，简体开裂	两面，模糊	
0490	14×1.5−0.21	竹	上下端残缺，仅余中部一段，简体弯曲、开裂	两面，较清楚	
0491	13.5×1.3−0.26	竹	上下端残缺，仅余其中一段，简体开裂	两面，较清楚	
0492	13.7×0.9−0.12	竹	仅余上中部，下部残缺	一面，部分清楚	
0493	12.9×0.8−0.14	竹	仅余上半部，下部残缺	一面，较清楚	
0494	14.6×0.9−0.15	竹	上部残缺，仅余下半部，简体弯曲开裂	一面，模糊	
0495	13×0.9−0.2	竹	下半部残缺，余上半部，简体开裂，弯曲	一面，模糊	
0496	8.5×0.8−0.13	竹	上下部残缺，余其中一段	一面，模糊	
0497	9.7×0.8−0.1	竹	仅余上半部，简体弯曲，右下边缘缺失	一面，不清	
0498	3.9×0.8−0.26	竹	大半残缺，仅余顶端一段，右下角缺失	一面，模糊	
0499	9.5×0.9−0.07	竹	仅余上半部，下半部残缺	一面，较清楚	
0500	21.9×1.4−0.17	竹	基本完整，左下角缺失	两面，较清楚	
0501	22.2×1.4−0.3	竹	基本完整，左下角稍缺	两面，较清楚	
0502	22.1×1.5−0.26	竹	基本完整，右上角稍缺	两面，较清楚	
0503	22.1×1.5−0.3	竹	完整	两面，较清楚	
0504	22.3×1.5−0.32	竹	完整，下部有一处开裂	两面，较清楚	
0505	22×1.5−0.28	竹	完整	两面，较清楚	
0506	22.1×1.6−0.26	竹	完整，简体稍有开裂	两面，较清楚	
0507	22.1×1.4−0.3	竹	基本完整，右上角稍缺	两面，较清楚	
0508	21.9×1.4−0.31	竹	完整，右上角有开裂	两面，较清楚	
0509	21.3×1.6−0.34	竹	基本完整，简体开裂，右下角缺失	两面，较清楚	
0510	21×1.3−0.29	竹	基本完整，中部开裂，弯曲	两面，不清	

续表

编号	尺寸 cm（长 × 宽 - 厚）	材质	完残状况	形制、字迹	备注
0511	21.9 × 1.5 - 0.35	竹	完整	两面，不清	
0512	21.5 × 1.7 - 0.36	竹	完整	两面，不清	
0513	21.8 × 1.5 - 0.35	竹	基本完整，左上部边缘稍缺失，简体开裂	两面，较清楚	
0514	21.6 × 1.4 - 0.32	竹	基本完整，上端右侧开裂，弯曲	两面，不清	
0515	20.5 × 1.5 - 0.09	竹	基本完整，简体开裂	一面，不清	
0516	21.8 × 1.5 - 0.31	竹	基本完整，简体开裂	两面，较清楚	
0517	21.6 × 1 - 0.19	竹	基本完整，简体开裂	一面，不清	
0518	21.2 × 1.6 - 0.16	竹	基本完整，简体开裂	两面，较清楚	
0519	21 × 1.5 - 0.22	竹	完整，一处断裂	两面，较清楚	
0520	20.4 × 1.2 - 0.15	竹	上下端有残缺，简体开裂，左侧边沿有缺失	两面，较清楚	
0521	21.2 × 1.4 - 0.08	竹	简体开裂，中部左边沿稍缺失	两面，较清楚	
0522	21.7 × 1.4 - 0.22	竹	基本完整，稍有开裂	两面，较清楚	
0523	21.2 × 1.5 - 0.12	竹	简体开裂，右下角缺失，左上边缘残缺	两面，模糊	
0524	20.6 × 1.5 - 0.16	竹	简体开裂，中部边沿稍缺，左上角残缺	两面，较清楚	
0525	20.9 × 1.5 - 0.17	竹	基本完整，简体稍有开裂	两面，较清楚	
0526	21.3 × 1.6 - 0.1	竹	简体上下端均有缺失，上部左边缘缺失	两面，较清楚	
0527	21.5 × 1.5 - 0.22	竹	简体开裂，右上角缺失，右下部边缘残缺	两面，模糊	
0528	21.6 × 1.4 - 0.2	竹	基本完整，稍有开裂，上部弯曲	两面，较清楚	
0529	21.7 × 1.6 - 0.32	竹	基本完整，稍有开裂，右边缘稍有缺失	两面，较清楚	
0530	22.1 × 1.6 - 0.27	竹	完整，稍有开裂	两面，较清楚	
0531	22.1 × 1.5 - 0.31	竹	完整	两面，较清楚	
0532	21.5 × 1.6 - 0.18	竹	简体开裂，右侧边缘残缺	两面，较清楚	
0533	21.3 × 1.7 - 0.2	竹	基本完整	两面，模糊	
0534	22.4 × 2 - 0.35	竹	基本完整，简体开裂	三面，较清楚	
0535	20.6 × 1.4 - 0.17	竹	基本完整，简体开裂，右下角稍残缺	两面，较清楚	
0536	22 × 1.5 - 0.25	竹	基本完整	两面，较清楚	
0537	20.8 × 0.5 - 0.05	竹	基本完整，下部有开裂	一面，较清楚	
0538	21 × 1.4 - 0.18	竹	基本完整，简体开裂，上端左角稍缺	两面，较清楚	
0539	20.2 × 1.8 - 0.17	竹	简体多处开裂，左右边缘及下端皆有残缺	三面，模糊	
0540	19.8 × 1.4 - 0.28	竹	简体开裂，弯曲，下端有残缺	两面，部分清楚	
0541	21.7 × 1.4 - 0.26	竹	简体多处开裂	两面，不清	
0542	21.5 × 1.6 - 0.22	竹	基本完整，稍有开裂	两面，模糊	
0543	21.9 × 1.4 - 0.26	竹	基本完整，上部稍有弯曲	两面，不清	
0544	22 × 1.5 - 0.36	竹	基本完整	两面，不清	
0545	21.3 × 1.4 - 0.35	竹	基本完整，简体开裂，顶部开裂处有一 0.4cm × 0.3cm 的圆洞	两面，较清楚	

续表

编号	尺寸 cm （长 × 宽 – 厚）	材质	完残状况	形制、字迹	备注
0546	20.8 × 1.5–0.23	竹	下部右半边缺失	两面，较清楚	
0547	20.6 × 1.5–0.26	竹	基本完整，稍有开裂	两面，较清楚	
0548	21.8 × 1.6–0.28	竹	基本完整，筒体有开裂	两面，不清	
0549	20.4 × 1.4–0.17	竹	基本完整	两面，较清楚	
0550	21.9 × 1.5–0.17	竹	筒体有开裂，右上角缺失	两面，不清	
0551	21.9 × 1.4–0.16	竹	基本完整，筒体有开裂，左右边缘稍有缺失	两面，不清	
0552	18 × 1.6–0.18	竹	筒体开裂，底端残缺	两面，不清	
0553	21.9 × 1.6–0.13	竹	基本完整，稍有开裂	两面，不清	
0554	21.2 × 1–0.18	竹	基本完整，筒体开裂	一面，不清	
0555	21.4 × 1.5–0.19	竹	基本完整，筒体开裂	两面，较清楚	
0556	21.5 × 1.5–0.26	竹	基本完整，右下角稍缺	两面，较清楚	
0557	21.8 × 1.4–0.3	竹	基本完整，近上端处有一直径为 0.4cm 的圆洞	两面，较清楚	
0558	21.9 × 1.4–0.26	竹	基本完整，近上端处有一直径为 0.4cm 的圆洞形缺口	两面，较清楚	
0559	21.7 × 1.5–0.25	竹	基本完整	两面，部分清楚	
0560	21.9 × 1.5–0.22	竹	基本完整	两面，较清楚	
0561	22 × 1.3–0.32	竹	基本完整	两面，不清	
0562	21.9 × 1.5–0.33	竹	基本完整	两面，较清楚	
0563	22.3 × 1.2–0.27	竹	上部扭曲、开裂	两面，部分清楚	
0564	21.7 × 1.5–0.3	竹	中部开裂处有断裂	两面，不清	
0565	22 × 1.7–0.17	竹	基本完整，上端开裂，下端有残缺	两面，部分清楚	
0566	22.2 × 1.5–0.32	竹	基本完整	两面，部分模糊	
0567	22.3 × 1.5–0.41	竹	基本完整	两面，不清	
0568	22 × 0.8–0.18	竹	基本完整，中下部筒面有缺失、断裂	一面，不清	
0569	21.7 × 1.4–0.23	竹	基本完整，右上边沿折卷	两面，不清	
0570	21.7 × 1.8–0.17	竹	筒体纵向开裂，右上角稍缺	两面，不清	
0571	21.4 × 1.9–0.21	竹	基本完整，筒体多处有开裂	两面，不清	
0572	22 × 1.7–0.24	竹	上部开裂处有缺失	两面，模糊	
0573	20.9 × 1.6–0.17	竹	基本完整，筒体多处开裂	两面，部分清楚	
0574	22.2 × 1.6–0.17	竹	基本完整，筒体有开裂	两面，较清楚	
0575	21.7 × 1.5–0.21	竹	基本完整，右上角稍缺	两面，较清楚	
0576	21.8 × 2–0.35	竹	完整，筒体有开裂	两面，较清楚	
0577	21.8 × 1.6–0.13	竹	筒体开裂，弯曲，多处缺失	两面，不清	
0578	21.5 × 1.6–0.3	竹	基本完整，筒体开裂	两面，较清楚	
0579	21.1 × 1.5–0.17	竹	基本完整，左下边沿稍缺，筒体开裂	两面，较清楚	
0580	20.9 × 1.5–0.13	竹	基本完整，筒体开裂，右下边沿稍缺	两面，部分清楚	

续表

编号	尺寸 cm（长×宽-厚）	材质	完残状况	形制、字迹	备注
0581	22.7×1.5-0.14	竹	简体扭曲，上下端有缺失	两面，较清楚	
0582	21.8×1.5-0.32	竹	完整	两面，部分清楚	
0583	21.3×1.6-0.18	竹	完整，简面开裂	两面，较清楚	
0584	22.1×1.6-0.17	竹	简体多处开裂，左上边沿缺失	两面，较清楚	
0585	20.7×1.5-0.11	竹	简体开裂，两侧边缘多处残缺	两面，较清楚	
0586	21×1.3-0.12	竹	简体开裂，右上角缺失	两面，较清楚	
0587	20.7×1.4-0.14	竹	基本完整，中部左边沿稍缺	两面，较清楚	
0588	20.5×1.6-0.13	竹	基本完整，简体有开裂，下部右边沿稍缺失	两面，较清楚	
0589	21.3×1.5-0.23	竹	基本完整，右上部开裂处有缺失	两面，较清楚	
0590	20.6×1.3-0.16	竹	简体多处开裂，右下角缺失	两面，较清楚	
0591	21.1×1.5-0.15	竹	基本完整，简体多处开裂	两面，较清楚	
0592	20.5×1.4-0.12	竹	简体扭曲开裂，右上角缺失	两面，较清楚	
0593	21.5×1.5-0.18	竹	简体多处开裂，左边沿缺失 1.3cm×0.3cm	两面，较清楚	
0594	21.2×1.5-0.14	竹	基本完整，简体弯曲有开裂	两面，较清楚	
0595	21.4×1.5-0.15	竹	基本完整，中部有一 0.7cm×0.5cm 缺口	两面，较清楚	
0596	20.9×1.4-0.13	竹	基本完整，稍有开裂	两面，较清楚	
0597	21.1×1.5-0.13	竹	基本完整，开裂，中部稍弯曲	两面，部分清楚	
0598	21.2×1.6-0.12	竹	基本完整，中部开裂	两面，较清楚	
0599	21.8×1.5-0.26	竹	简体上下端皆有残缺，上部左边缘有缺失	两面，不清	
0600	21.9×1-0.38	竹	完整	一面，模糊	
0601	20.6×0.5-0.12	竹	完整	一面，较清楚	
0602	21.8×0.7-0.16	竹	基本完整	一面，不清	
0603	22×0.8-0.13	竹	基本完整	一面，不清	
0604	21.7×1-0.13	竹	基本完整，多处开裂	一面，模糊	
0605	21×0.5-0.1	竹	基本完整	一面，较清楚	
0606	21.2×0.5-0.1	竹	基本完整	一面，较清楚	
0607	21.4×1-0.1	竹	简体多处开裂，中部左边沿有缺失	一面，不清	
0608	22.3×1.4-0.25	竹	基本完整，上部左边沿缺失 0.6cm×0.4cm	两面，较清楚	
0609	20.9×1.7-0.18	竹	简体多处开裂，左下角缺失 1.2cm×0.4cm	两面，较清楚	
0610	21.9×1-0.12	竹	基本完整，中有开裂	一面，不清	
0611	21.3×1-0.16	竹	基本完整，稍有开裂	一面，模糊	
0612	20.5×1-0.18	竹	基本完整	一面，不清	
0613	21.9×1-0.21	竹	基本完整，有三处开裂	一面，不清	
0614	19.1×0.8-0.12	竹	简体开裂，下部残断	一面，部分清楚	
0615	20.3×0.9-0.12	竹	简体开裂，右下边缘缺失	一面，模糊	

续表

编号	尺寸 cm （长 × 宽－厚）	材质	完残状况	形制、字迹	备注
0616	18.4 × 1.1－0.19	竹	底部缺失，稍有开裂	一面，不清	
0617	22.2 × 1.7－0.25	竹	完整	两面，较清楚	
0618	22.2 × 1.6－0.23	竹	完整，下部有断痕，筒面有开裂	两面，较清楚	
0619	22.1 × 1.6－0.17	竹	完整，中部有断痕，下部开裂	两面，较清楚	
0620	22.3 × 1.5－0.12	竹	基本完整，上端右侧稍缺，筒面有开裂	两面，较清楚	
0621	19.3 × 1.4－0.23	竹	筒体开裂，左上角与底端残缺	两面，部分清楚	
0622	16 × 1.3－0.29	竹	上下两端皆残缺	两面，模糊	
0623	18.8 × 1.4－0.19	竹	筒体开裂，上端残缺，	两面，不清	
0624	20.7 × 1.4－0.24	竹	筒体开裂，上端残缺	两面，较清楚	
0625	21.7 × 1－0.19	竹	筒体多处开裂	一面，不清	
0626	21.2 × 1－0.21	竹	完整，有开裂	一面，较清楚	
0627	22.2 × 0.8－0.13	竹	基本完整，中部有开裂	一面，不清	
0628	5.7 × 1.4－0.23	竹	仅余上部一段	两面，不清	
0629	3.3 × 1.3－0.24	竹	仅余下部一段	两面，不清	
0630	22.4 × 1.4－0.2	竹	筒体开裂，右下边沿有残缺	两面，较清楚	
0631	18 × 1.6－0.25	竹	筒体开裂，下部残缺	一面，不清	
0632	21.7 × 1.2－0.13	竹	筒体多处开裂，上下两端残缺	两面，不清	
0633	16.4 × 1.4－0.23	竹	筒体开裂，中部右边沿与下端残缺	两面，较清楚	
0634	13.2 × 1.4－0.12	竹	筒体开裂，上半部与下端左半残缺	两面，部分清楚	
0635	15.1 × 0.7－0.11	竹	仅余中部，上下端皆残缺	一面，较清楚	
0636	21.1 × 1.1－0.16	竹	筒体开裂，下部左边沿缺失	一面，模糊	
0637	24.2 × 2－0.34	竹	残断开裂严重，拼合困难	三面，部分清楚	
0638	21.9 × 2.2－0.34	竹	基本完整，筒体开裂	三面，部分清楚	
0639	21.4 × 1－0.22	竹	基本完整，筒体开裂	一面，不清	
0640	21.6 × 0.9－0.13	竹	基本完整，一处断痕，筒面有开裂	一面，模糊	
0641	21.3 × 1.5－0.24	竹	基本完整	两面，不清	
0642	21.6 × 1.3－0.17	竹	筒体开裂，底端稍缺	两面，不清楚	
0643	21.5 × 1.4－0.18	竹	稍略完整，筒体多处开裂	一面，脱落	
0644	22.1 × 1.2－0.21	竹	筒体略完整，多处开裂	两面，模糊	
0645	22 × 1.9－0.25	竹	筒体多处断裂，开裂处有缺失	两面，不清楚	
0646	20.6 × 1.1－0.16	竹	基本完整，中部断裂	一面，模糊	
0647	15.3 × 1.6－0.34	竹	上下两端缺失	两面，较清楚	
0648	18.3 × 1.5－0.35	竹	上部缺失	两面，较清楚	
0649	17.3 × 1.4－0.26	竹	下部弯曲残缺	两面，较清楚	有火灼痕迹 正背有字
0650	17.7 × 1.4－0.21	竹	筒体开裂，上端残缺	两面，较清楚	

续表

编号	尺寸 cm（长 × 宽 – 厚）	材质	完残状况	形制、字迹	备注
0651	19.3×1.5–0.14	竹	简体开裂，上部残缺	两面，较清楚	
0652	7.6×1.4–0.13	竹	简体开裂，仅余中间一段	两面，较清楚	
0653	2.8×1.2–0.16	竹	简体开裂，仅余其中一小段	两面，模糊	
0654	4.5×1.6–0.29	木	仅余其中一段，右侧残缺	三行，较清楚	
0655	5.5×1.7–0.16	竹	仅余其中一段，有开裂	两面，较清楚	
0656	2.7×0.7–0.07	竹	仅余右半其中一小段	两面，较清楚	
0657	12.6×1.5–0.31	竹	仅余上半部，下半部残缺	两面，较清楚	0657+1555
0658	15.4×1.3–0.11	竹	简体多处开裂，下半部缺失	两面，模糊	
0659	15.4×1.6–0.13	竹	简体开裂，仅余上半部，下半部残缺	两面，不清	
0660	16.2×1.8–0.12	竹	简体多处开裂，仅余上半部，下部残缺	三面，模糊	
0661	22.4×1.6–0.28	竹	基本完整，简体稍有开裂	两面，较清楚	
0662	5.2×1.2–0.1	竹	简体残缺，仅余其中一小段	两面，模糊	
0663	6.9×1.6–0.12	竹	简体开裂，仅余其中一段	两面，较清楚	
0664	6.2×1.6–0.16	竹	仅余中间一段，上下皆残缺	两面，模糊	
0665	6.6×1.1–0.09	竹	简体开裂，仅余其中一段	两面，模糊	
0666	22.2×1.5–0.17	竹	基本完整，上端左侧稍残缺	两面，较清楚	
0667	22.1×1.5–0.21	竹	基本完整，简体多处开裂	两面，较清楚	
0668	22×1.5–0.22	竹	基本完整，简体多处断裂	两面，较清楚	
0669	21.6×1.9–0.24	竹	基本完整，简体开裂，右上角缺失	三面，较清楚	
0670	21.3×1.6–0.17	竹	简体开裂，上部两边沿多处残缺	两面，不清	
0671	15.9×1.7–0.21	竹	简体开裂，下部缺失	两面，模糊	
0672	15.4×0.9–0.12	竹	简体开裂，下部缺失	一面，不清	
0673	15.7×1.5–0.13	竹	简体开裂，下部缺失	一面，不清	
0674	19.5×0.9–0.09	竹	简体弯曲，上部残缺	一面，不清	有火灼痕迹
0675	20.1×1.3–0.15	竹	简体扭曲开裂，下端残缺	两面，不清	
0676	22.4×0.7–0.16	竹	基本完整，下端弯曲	一面，模糊	
0677	4.2×0.9–0.15	竹	仅余其中一小段，右半残缺	两面，较清楚	
0678	5.1×0.8–0.12	竹	仅余下端一小段，左半残缺	两面，不清楚	
0679	16.1×1.5–0.2	竹	简体开裂，上端缺失	两面，较清楚	
0680	16.8×1.1–0.2	竹	两端稍残，简面有开裂	一面，部分清楚	
0681	17.6×0.8–0.07	竹	简体开裂，上下端皆残缺	一面，较清楚	
0682	18.2×1.7–0.13	竹	简体多开裂，上端残缺	两面，较清楚	
0683	21.7×0.8–0.1	竹	简体开裂，上端右角残缺	一面，不清	
0684	20.8×0.6–0.05	竹	基本完整，两端稍有开裂	一面，较清楚	
0685	15.5×1.9–0.13	竹	简体开裂，下部缺失	两面，不清	

续表

编号	尺寸 cm（长 × 宽 − 厚）	材质	完残状况	形制、字迹	备注
0686	14.9 × 1.8−0.14	竹	简体开裂，左上端缺失，下部残缺	两面，较清楚	
0687	13.6 × 1.3−0.17	竹	简体开裂，余上半部	两面，不清	
0688	13.6 × 1.7−0.13	竹	简体扭曲开裂，下半部残缺	两面，模糊	
0689	13.5 × 1.5−0.18	竹	简体开裂，上半部残缺	两面，不清	
0690	17.5 × 1−0.12	竹	简体开裂，下部残缺	一面，不清	
0691	22.2 × 1−0.12	竹	基本完整，有开裂	一面，较清楚	
0692	20.6 × 0.7−0.1	竹	简体较完整，中部弯曲开裂	一面，无字	
0693	22.2 × 1−0.13	竹	基本完整，稍有开裂	一面，不清	
0694	16.4 × 0.8−0.09	竹	简体弯曲开裂，上下端残缺	一面，较清楚	
0695	19.8 × 0.7−0.07	木	简体厚薄不匀	单行，不清	
0696	19.4 × 1−0.09	竹	简体开裂，下半部残缺	一面，模糊	
0697	22 × 1.3−0.13	竹	简体开裂扭曲	两面，模糊	
0698	8.5 × 1.2−0.12	竹	简体弯曲，上半大部残缺	两面，较清楚	1654+0698
0699	8.2 × 1.4−0.15	竹	简体弯曲，下半大部残缺	两面，较清楚	
0700	8.8 × 0.9−0.12	竹	余其中一段左下角缺	一面，不清	
0701	8.5 × 0.9−0.08	竹	简体开裂，上半大部残缺	一面，模糊	
0702	9.8 × 1.4−0.22	竹	简体扭曲，上下端残缺	两面，较清楚	
0703	10.5 × 1.7−0.14	竹	简体开裂，上半大部残缺	两面，较清楚	
0704	11.5 × 1.6−0.15	竹	简体开裂，有一 0.5cm × 0.4cm 缺口，上半大部残缺	两面，较清楚	
0705	10.8 × 1.6−0.07	竹	简体开裂，余下半部，上半残缺，右边沿稍缺	两面，不清	
0706	10.8 × 1.2−0.12	竹	简体有裂，上、下部及左半残缺	两面，较清楚	有火灼痕迹
0707	11.1 × 1.2−0.21	竹	简体开裂，下半部残缺	两面，模糊	
0708	8.7 × 0.7−0.16	竹	简体开裂，上下两端残缺	一面，模糊	
0709	8.1 × 1.3−0.19	竹	简体开裂，下半大部残缺	两面，较清楚	
0710	22.5 × 0.6−0.07	竹	基本完整，简体弯曲，开裂	一面，模糊	
0711	20.8 × 0.5−0.06	竹	基本完整，顶端开裂	一面，较清楚	
0712	20.9 × 0.5−0.07	竹	基本完整，简体有开裂	一面，较清楚	
0713	22.5 × 0.7−0.09	竹	简体弯曲，开裂	一面，不清	
0714	21.8 × 0.9−0.13	竹	基本完整，简体中部断裂	一面，模糊	
0715	21.9 × 0.8−0.16	竹	基本完整	一面，不清	
0716	22.5 × 0.6−0.07	竹	简体弯曲，多处开裂	一面，不清	
0717	21 × 0.5−0.07	竹	基本完整，下端开裂	一面，较清楚	
0718	21.1 × 0.8−0.13	竹	简体弯曲，多处开裂	一面，较清楚	
0719	20.5 × 0.6−0.08	竹	基本完整，有一处开裂	一面，不清	
0720	21.8 × 1−0.21	竹	基本完整，简体开裂	一面，不清	

续表

编号	尺寸 cm （长 × 宽 – 厚）	材质	完残状况	形制、字迹	备注
0721	21.1 × 0.9 – 0.14	竹	基本完整	一面，较清楚	
0722	17.9 × 0.8 – 0.13	竹	简体开裂，下端残缺	一面，较清楚	
0723	21.7 × 0.9 – 0.18	竹	基本完整，简体有开裂	一面，较清楚	
0724	11.1 × 1.3 – 0.13	竹	简体开裂，下半部残缺	两面，较清楚	
0725	12.6 × 0.9 – 0.14	竹	简体开裂、弯曲，下半残缺	一面，较清楚	
0726	14.2 × 0.9 – 0.12	竹	简体开裂、弯曲，下半部缺失	一面，较清楚	
0727	17.6 × 0.8 – 0.08	竹	简体开裂，上下两端缺失	一面，较清楚	
0728	16.2 × 0.8 – 0.12	竹	简体开裂，下半部缺失	一面，模糊	
0729	16.6 × 1.6 – 0.07	竹	简体开裂，上半部缺失	两面，部分清楚	
0730	10 × 1.3 – 0.12	竹	简体开裂，下部大半缺失	两面，较清楚	0730+1616
0731	6.1 × 1.2 – 0.12	竹	简体开裂，仅余其中一段，大部残缺	一面，不清	
0732	5.5 × 0.9 – 0.07	竹	仅余上部一段，大部残缺	一面，不清	
0733	2.7 × 1.1 – 0.09	竹	仅余其中一小段，大部缺失	两面，不清楚	
0734	3.8 × 0.9 – 0.23	竹	仅余一小残段，大部缺失	一面，不清	有火灼痕迹
0735	1.8 × 0.8 – 0.1	竹	仅余一小残段	一面，不清楚	
0736	21 × 0.6 – 0.07	竹	基本完整，简体有开裂	一面，较清楚	
0737	22.5 × 0.6 – 0.08	竹	基本完整，简体开裂，稍有残缺	一面，不清	
0738	21 × 0.7 – 0.07	竹	基本完整，简体多处开裂	一面，较清楚	
0739	21.2 × 0.6 – 0.07	竹	基本完整，简体开裂	一面，较清楚	
0740	22.5 × 0.7 – 0.07	竹	基本完整，简体弯曲、有开裂	一面，模糊	
0741	21 × 0.6 – 0.07	竹	基本完整，简体有开裂	一面，较清楚	
0742	20.8 × 0.5 – 0.06	竹	基本完整，简体多处断裂	一面，较清楚	
0743	14.9 × 1.6 – 0.14	竹	简体上半残缺，下端右角缺失	两面，不清	
0744	12.8 × 1.2 – 0.12	竹	仅余其中一段，弯曲开裂，上下端残缺	两面，不清	
0745	12.7 × 1.9 – 0.21	竹	简体开裂，仅余下半部，上半缺失	两面，较清楚	
0746	10.8 × 1.5 – 0.08	竹	简体开裂，上下两端缺失	两面，不清	
0747	7.2 × 1.3 – 0.15	竹	简体开裂，下部大半残缺	两面，较清楚	
0748	7.4 × 1.3 – 0.16	竹	简体开裂弯曲，仅余下部一段	两面，模糊	
0749	7.3 × 1.4 – 0.13	竹	简体开裂，仅余中部一段，上下大部残缺	两面，不清	
0750	7.9 × 1.2 – 0.08	竹	简体开裂，仅余中部一段，上下残缺	两面，较清楚	
0751	7.2 × 1.4 – 0.12	竹	简体开裂扭曲，余上部一段，下部大半残缺	两面，部分清楚	
0752	9.6 × 1.3 – 0.14	竹	简体有裂，仅余上半部	两面，较清楚	
0753	22.2 × 1.6 – 0.18	竹	基本完整，稍有开裂弯曲	两面，较清楚	
0754	21.8 × 1.5 – 0.17	竹	基本完整，稍有开裂残缺	两面，较清楚	
0755	22 × 0.9 – 0.16	竹	基本完整，稍有开裂	一面，不清	

续表

编号	尺寸 cm（长 × 宽－厚）	材质	完残状况	形制、字迹	备注
0756	21.2×0.5−0.06	竹	基本完整，稍有开裂弯曲	一面，较清楚	
0757	22.3×0.7−0.1	竹	简体多处开裂、残断	一面，不清	
0758	15.8×0.9−0.07	竹	简体弯曲，上半部缺失	一面，模糊	
0759	13.4×1.3−0.12	竹	简体开裂残缺，下半部缺失	两面，模糊	
0760	11.6×1.5−0.16	竹	简体开裂，仅余中部一段，上下两端皆残缺	两面，模糊	
0761	12×1.5−0.23	竹	简体有开裂，下半缺失	两面，较清楚	
0762	9.4×1.6−0.19	竹	简体扭曲，上半部残缺	两面，较清楚	
0763	8.7×1.4−0.08	竹	简体开裂，仅余中部一段，两端残缺	两面，较清楚	
0764	6×1.6−0.16	竹	简体仅余其中一段，两端残缺甚多	两面，较清楚	
0765	5.7×1.4−0.19	竹	仅余一小段残片	两面，模糊	1617+0765+1016+0765−1
0765−1	1.8×1.4−0.19	竹	仅余一小段残片	两面，模糊	1617+0765+1016+0765−1
0766	7.2×1.4−0.25	竹	简体开裂，仅余其中一段，上下两端残缺	两面，部分清楚	
0767	10.3×1.6−0.32	竹	简体开裂，余下半部，上半残缺	两面，较清楚	
0768	10.7×1.5−0.26	竹	简体开裂，余上半部，下部残缺	两面，较清楚	0768+1176
0769	22×1.5−0.22	竹	基本完整，稍有开裂	两面，较清楚	
0770	21.7×1.5−0.19	竹	基本完整，简体稍有开裂残缺	两面，脱落	
0771	21.8×1.3−0.27	竹	简体开裂，两侧边缘多处残缺	两面，较清楚	
0772	22.1×1.3−0.26	竹	基本完整，简体弯曲有开裂	两面，较清楚	
0773	11.4×1.4−0.15	竹	简体有开裂，左上角有缺失，下半部残缺	两面，较清楚	
0773−1	10.9×1.3−0.15	竹	简体开裂，两端残缺	两面，不清楚	
0774	16.6×0.6−0.06	竹	简体弯曲，多处开裂，下端残缺	一面，不清	
0775	6.5×1.4−0.17	竹	简体开裂，仅余下部一段，大部残缺	两面，模糊	0776+0775
0776	15.6×1.6−0.17	竹	简体开裂，下部残缺	两面，部分清楚	0776+0775
0777	16.6×1.4−0.17	竹	简体开裂，上端残缺	两面，部分清楚	
0778	21.9×1.3−0.31	竹	基本完整，中部一处开裂	两面，部分清楚	
0779	22.3×1.4−0.17	竹	简体多处开裂，两侧边沿多处残缺	两面，部分清楚	
0780	11.4×1.4−0.17	竹	简体开裂，上下两端缺失	两面，较清楚	
0781	5.9×1.4−0.16	竹	简体开裂，仅余下部一段，上半皆残缺	两面，不清	
0782	3.3×1.3−0.11	竹	仅为其中一小段残片	一面，不清	
0783	9.7×1.4−0.27	竹	简体开裂，仅余下半部，上半残缺	两面，不清	
0784	10.2×1.5−0.21	竹	简体开裂，右侧边缘缺失，下半部残缺	两面，较清楚	
0785	11.6×0.7−0.18	竹	简体开裂，下半残缺	一面，不清	
0786	12.4×0.9−0.11	竹	简体残断开裂，下部缺失	一面，较清楚	
0787	17.9×0.9−0.16	竹	简体开裂，上下两端缺失	一面，较清楚	
0788	20.6×0.8−0.19	竹	简体开裂，两端稍缺	一面，模糊	

续表

编号	尺寸 cm（长×宽-厚）	材质	完残状况	形制、字迹	备注
0789	10.1×0.8-0.21	竹	简体开裂，下半残缺	一面，不清	
0790	7.6×0.7-0.11	竹	简体开裂弯曲，下半残缺	一面，不清	
0791	8.3×0.8-0.15	竹	简体开裂，仅余中部一段	一面，不清	
0792	6.9×0.9-0.11	竹	简体开裂，仅余中部一小段	一面，不清	
0793	3.4×1-0.16	竹	简体开裂，仅余其中一小段，且右半残缺	两面，不清	
0794	2.2×0.9-0.22	竹	仅余其中一小段	一面，不清	
0795	21.5×1.5-0.24	竹	基本完整，稍有开裂、弯曲	两面，较清楚	
0796	21.7×1.5-0.25	竹	基本完整，简体多处开裂	两面，较清楚	
0797	21.7×1.4-0.27	竹	完整，简面有开裂	两面，较清楚	
0798	21.7×1.5-0.25	竹	基本完整，稍有开裂、弯曲	两面，较清楚	
0799	21.3×1.5-0.22	竹	基本完整，稍有开裂、弯曲	两面，模糊	
0800	21.2×0.8-0.19	竹	基本完整	一面，不清	
0801	21.3×1.5-0.24	竹	基本完整，稍有开裂、弯曲	两面，模糊	
0802	21.8×1.5-0.22	竹	基本完整，稍有开裂，边缘有残缺	两面，较清楚	
0803	21.7×1.4-0.25	竹	基本完整	两面，较清楚	
0804	21.2×1.3-0.21	竹	基木完整，简体开裂弯曲	两面，部分清楚	
0805	21.2×1.2-0.21	竹	简体多处开裂，上下端有残缺	两面，不清	
0806	14.3×0.9-0.2	竹	简体开裂，稍弯曲，上下两端残缺	一面，模糊	
0807	20.5×1.4-0.23	竹	基本完整，稍有开裂	两面，较清楚	
0808	21.4×1.6-0.21	竹	基本完整，稍有开裂	两面，部分清楚	
0809	21.4×1.7-0.24	竹	基本完整，稍有开裂、弯曲	两面，较清楚	
0810	21.2×1.5-0.22	竹	基本完整，稍有开裂、弯曲	两面，较清楚	
0811	21.5×1.7-0.24	竹	基本完整，稍有开裂弯曲	两面，较清楚	
0812	21.1×0.5-0.07	竹	基本完整，简体多处开裂	一面，较清楚	
0813	22×0.8-0.15	竹	基本完整，略有弯曲	一面，不清	
0814	21.2×1.5-0.16	竹	基本完整，下部左侧缺，简面有开裂	两面，部分清楚	
0815	20.9×1.7-0.29	竹	基本完整，简体开裂，下端有断裂	两面，较清楚	
0816	18×1.5-0.27	竹	简体开裂，上部残缺	两面，不清	
0817	15.3×1.5-0.25	竹	简体开裂，下部残缺	两面，较清楚	
0818	15.5×1.6-0.26	竹	简体断裂严重，上部残缺	两面，部分清楚	
0819	4.8×0.6-0.08	竹	残余其中一段，略弯曲	一面，较清楚	
0820	5.8×0.7-0.16	竹	残余上部一段，下部大半残缺	一面，不清	
0821	5.8×0.7-0.11	竹	残余其中一段，上下部皆残缺	一面，模糊	
0822	6×0.8-0.15	竹	残余其中一段，上下部皆残缺	一面，不清	
0823	6.6×0.9-0.11	竹	残余其中一段，上下皆残缺	一面，不清	

续表

编号	尺寸 cm（长 × 宽－厚）	材质	完残状况	形制、字迹	备注
0824	8.1 × 0.8−0.12	竹	残余其中一段，上下皆残缺	一面，模糊	
0825	9.4 × 0.6−0.09	竹	残余其中一段，上下皆缺失	一面，模糊	
0826	6.1 × 0.9−0.14	竹	仅余其中一段，上下皆缺失	两面，不清	
0827	5.6 × 0.7−0.25	竹	仅余上部一小段，下部大半缺失	一面，较清楚	
0828	4.9 × 0.9−0.22	竹	筒体开裂，残余其中一段，上下缺失	两面，较清楚	
0829	4.6 × 0.6−0.17	竹	筒体开裂，仅余下端一小段	一面，不清	
0830	4.8 × 0.9−0.12	竹	筒体开裂，残余其中一小段，上下皆缺失	一面，模糊	
0831	5 × 0.3−0.12	竹	残损严重，仅余右半一小段	一面，不清	
0832	4.6 × 0.4−0.18	竹	残损严重，仅余右半一小段	一面，不清	
0833	1.8 × 0.5−0.13	竹	残损严重，仅余右半一小段	一面，不清楚	
0834	3.6 × 0.4−0.09	竹	残损严重，仅余其中一小段	一面，不清	
0835	3.6 × 0.7−0.21	竹	残损严重，仅余其中一小段	一面，较清楚	
0836	5.7 × 1.5−0.2	竹	筒体开裂，仅余其中一段，上下皆残缺	两面，不清	
0837	6.2 × 1.4−0.18	竹	筒体开裂，仅余其中一段，上下皆残缺	两面，模糊	
0838	6.5 × 1.3−0.15	竹	筒体弯曲，仅余下部一段	两面，较清楚	
0839	8.4 × 1.2−0.17	竹	筒体开裂弯曲，仅余其中一段，上下残缺	两面，较清楚	
0840	15.3 × 0.7−0.11	竹	筒体有裂，上端残缺	一面，较清楚	
0841	16.1 × 1.4−0.22	竹	筒体开裂，上半部与下部右半残缺	两面，模糊	
0842	22.1 × 0.7−0.14	竹	基本完整，稍有开裂	一面，不清	
0843	21.2 × 0.5−0.11	竹	基本完整，稍有弯曲	一面，较清楚	
0844	5.8 × 1.5−0.17	竹	筒体有缺裂，仅余下部一段	两面，模糊	
0845	2.6 × 1.3−0.24	竹	残余上端一小段	两面，不清	
0846	22.4 × 1.5−0.25	竹	基本完整，筒体开裂	两面，较清楚	
0847	21.2 × 1.5−0.24	竹	筒体开裂弯曲，右边缘多处残缺	两面，模糊	
0848	22.2 × 1.6−0.3	竹	基本完整，筒体有开裂	两面，较清楚	
0849	21.7 × 1.7−0.23	竹	基本完整，筒体多处开裂	两面，较清楚	
0850	22 × 0.9−0.15	竹	基本完整，筒体有开裂	一面，不清	
0851	11.1 × 1.2−0.22	竹	筒体开裂扭曲，上半部缺失	两面，模糊	
0851−1	6.4 × 1.2−0.22	竹	仅余其中一段，两侧多处残损，中部断裂	两面，不清	
0852	22.9 × 1.9−0.21	竹	筒体多处开裂，中部左边沿缺失	三面，较清楚	有火灼痕迹
0853	21.9 × 1−0.12	竹	基本完整，中间有开裂	一面，不清	
0854	21.3 × 1.1−0.14	竹	基本完整，筒体开裂，中部左边沿残缺	一面，不清	
0855	21.7 × 1.7−0.22	竹	筒体开裂、弯曲，上端残缺	一面，较清楚	
0856	15.7 × 1.3−0.18	竹	筒体开裂，下部残缺	两面，不清楚	有火灼痕迹
0857	15.2 × 1.2−0.13	竹	筒体开裂，上部残缺	两面，不清	

续表

编号	尺寸 cm（长 × 宽－厚）	材质	完残状况	形制、字迹	备注
0858	24.7 × 2.4－0.33	竹	简体开裂，上下两端及简体左侧边沿残缺	四面，不清	
0859	20.6 × 1.6－0.19	竹	基本完整，简体开裂，稍有缺失	两面，较清楚	
0860	22.3 × 1.5－0.34	竹	基本完整，简体边沿有残缺，中部断裂	两面，较清楚	有火灼痕迹
0861	21.3 × 1.3－0.27	竹	简体开裂，上下两端有缺失	两面，较清楚	
0862	21.7 × 0.8－0.14	竹	基本完整，简体有开裂	一面，不清	
0863	21.8 × 1－0.17	竹	基本完整，底部右边缺失，下端削成锥状	一面，无字	
0864	18.3 × 0.7－0.08	竹	简体开裂，上端残缺	一面，模糊	
0865	17.9 × 0.8－0.15	竹	简体开裂，下端残缺	一面，模糊	
0866	17.5 × 1.6－0.3	竹	简体开裂弯曲，上半部残缺	两面，较清楚	
0867	15.7 × 1.4－0.24	竹	简体开裂，上下两端缺失	两面，较清楚	
0868	15.6 × 1.6－0.29	竹	简体开裂，下部缺失	两面，较清楚	
0869	14.9 × 1.6－0.34	竹	简体开裂弯曲，下部缺失	两面，不清	
0870	14.5 × 1.5－0.17	竹	简体开裂，上下两端缺失	两面，不清	
0871	14.9 × 1.4－0.14	竹	简体开裂，上下部残缺	两面，不清	
0872	14.2 × 1.4－0.15	竹	简体开裂，下半部残缺	两面，较清楚	
0873	12.2 × 1.2－0.19	竹	简体开裂，残余上半部的右边沿与下半部	两面，较清楚	
0874	11.5 × 1.7－0.28	竹	简体稍有开裂，上下两端缺失	两面，较清楚	0435+0874
0875	6.4 × 1.7－0.22	竹	简体开裂，余其中一段，上下两端缺失	两面，不清楚	
0876	4.9 × 1.5－0.36	竹	简体开裂，仅余其中一段，上下皆缺失	一面，较清楚	0451+0255+0876
0877	6.4 × 1.5－0.2	竹	简体弯曲，仅余其中一段，上下皆缺失	两面，模糊	
0878	9.9 × 1－0.15	竹	仅余其中一段，上下皆残缺	一面，不清	
0879	10.7 × 1.3－0.17	竹	简体开裂，仅余其中一段，上下皆残缺	两面，较清楚	
0880	8.1 × 1.4－0.15	竹	简体开裂，仅余其中一段，上下残缺	两面，较清楚	
0881	8.3 × 1.5－0.22	竹	简体开裂，仅余上半部，下半残缺	两面，较清楚	
0882	7.7 × 1.4－0.26	竹	简体开裂，仅余上半部，下半部残缺	两面，模糊	
0883	7.4 × 1.7－0.25	竹	简体开裂，仅余其中一段，上下皆残缺	两面，较清楚	
0884	5.7 × 1.6－0.29	竹	简体开裂，仅余其中一段，上下皆残缺	两面，模糊	
0885	6.7 × 1.6－0.32	竹	简体开裂，仅余其中一段	两面，较清楚	有火灼痕迹 1556+0885
0886	10.9 × 1.9－0.26	竹	简体开裂，弯曲严重，仅余其中一段，上下两端残缺	三面，较清楚	有火灼痕迹
0887	6.4 × 1.5－0.23	竹	简体开裂弯曲，仅余其中一段，下部大半残缺	两面，较清楚	
0888	15.6 × 1.4－0.21	竹	简体开裂，上下两端及两侧边沿多处残缺	两面，较清楚	
0889	1.8 × 1－0.15	竹	残余其中一小片，大部残缺	两面，较清楚	
0890	7.9 × 1.9－0.23	竹	简体开裂，仅余其中一段，上下皆残缺	三面，较清楚	
0891	8.5 × 1.5－0.13	竹	简体开裂弯曲，仅余下端，上部大半残缺	两面，模糊	
0892	8.6 × 1.3－0.34	竹	简体开裂，仅余其中一段	两面，较清楚	有火灼痕迹

续表

编号	尺寸 cm （长 × 宽 – 厚）	材质	完残状况	形制、字迹	备注
0893	9.9 × 1.4–0.16	竹	简体弯曲开裂，下半残缺	两面，较清楚	0893+1386
0894	9 × 1.3–0.13	竹	简体开裂弯曲，仅余其中一段，上下皆残缺	两面，模糊	
0895	7.2 × 1.3–0.35	竹	简体开裂，仅余下端	两面，模糊	有火灼痕迹
0896	5.8 × 1.4–0.34	竹	仅余底端一段，大半残缺	两面，较清楚	
0897	5.4 × 1.3–0.16	竹	仅余其中一段，上下皆残缺	两面，较清楚	
0898	4.5 × 1.4–0.25	竹	仅余其中一段，上下皆残缺	两面，较清楚	0962+0898
0899	4.5 × 1.8–0.34	竹	简体开裂，仅余底端一段，大半残缺	两面，模糊	
0900	4.5 × 1.7–0.09	竹	简体开裂严重，仅余其中一段，上下皆残缺	两面，不清	
0900–1	2.5 × 0.9–0.09	竹	仅余其中一段，简体开裂	一面，不清	
0901	4.4 × 0.9–0.24	竹	仅余其中一段，弯曲开裂	两面，不清	
0902	4 × 1.2–0.25	竹	简体开裂，仅余其中一段，上下残缺	两面，较清楚	
0903	4.2 × 1.2–0.25	竹	简体开裂，仅余其中一段，上下残缺	两面，模糊	
0904	5.6 × 0.9–0.21	竹	简体开裂，仅余其中一段，左半及上下残缺	两面，较清楚	
0905	11 × 1.2–0.18	竹	简体开裂，下半部缺失	两面，部分清楚	
0906	6.8 × 1.3–0.27	竹	简体开裂，仅余下部一段，上半部残缺	两面，不清	
0907	5.7 × 1.4–0.23	竹	简体开裂，仅余其中一段，上下残缺	两面，较清楚	1096+0907
0908	6.4 × 1.5–0.24	竹	仅余上部一段，下部大半残缺	两面，较清楚	
0909	6.7 × 1.6–0.33	竹	简体开裂，仅余其中一段，上下残缺	两面，不清楚	0909+0910
0910	2.7 × 1.3–0.26	竹	简体开裂，仅余其中一小段，上下大部残缺	两面，模糊	0909+0910
0911	4.2 × 1.3–0.22	竹	仅余上部一段，下部残缺	两面，较清楚	
0912	6.8 × 1.4–0.2	竹	简体开裂，仅余其中一段，上下残缺	两面，不清	
0913	8.7 × 1.5–0.22	竹	简体开裂，仅余其中一段，上下残缺	两面，模糊	
0914	7 × 1.5–0.27	竹	仅余下半部，上部大半残缺	两面，模糊	
0915	5.8 × 1.2–0.1	竹	简体开裂，仅余下部一段，上半残缺	两面，不清	
0916	6 × 1.6–0.29	竹	简体开裂，仅余其中一段，上下残缺	两面，不清	
0917	6 × 1.4–0.19	竹	简体开裂，仅余其中一段，上下残缺	两面，不清	
0918	5.3 × 1.6–0.22	竹	简体开裂，仅余其中一段，上下残缺	两面，模糊	
0919	4.4 × 1–0.11	竹	简体开裂，仅余其中一段，上下残缺	两面，不清	
0920	5 × 0.5–0.15	竹	简体开裂，仅余上部一段，下部残缺	一面，较清楚	
0921	4.6 × 0.4–0.17	竹	简体弯曲，仅余其中一段，左半及上下残缺	一面，较清楚	
0922	4.9 × 1–0.14	竹	简体弯曲，仅余其中一段，上下残缺	两面，较清楚	
0923	4 × 0.5–0.15	竹	简体弯曲，仅余其中一段，右半及上下皆残缺	一面，不清	
0923–1	5.2 × 0.4–0.5	竹	简体开裂，仅余其中一段，上下左右皆残缺	一面，不清	
0924	2.5 × 1.1–0.14	竹	简体开裂，仅余其中一段，上下残缺	两面，不清	
0924–1	3.3 × 1–0.14	竹	简体开裂弯曲，仅余其中一段，上下残缺	两面，不清	

续表

编号	尺寸 cm（长×宽-厚）	材质	完残状况	形制、字迹	备注
0925	5.1×0.5-0.13	竹	仅余上部一段，下半残缺	一面，模糊	
0926	5.8×0.9-0.19	竹	筒体开裂，仅余其中一段，左半及上下残缺	两面，较清楚	
0927	7×0.7-0.08	竹	筒体开裂，仅余上部一段，下部残缺	一面，不清	
0928	6.2×0.7-0.12	竹	筒体开裂弯曲，仅余其中一段，右边沿及上下残缺	一面，模糊	
0929	6.2×0.8-0.12	竹	筒体开裂弯曲，仅余其中一段，上下残缺	一面，不清	
0930	6×0.6-0.13	竹	仅余其中一段，上下残缺	一面，不清	
0931	4.9×0.6-0.1	竹	筒体开裂，仅余其中一段，上下残缺	一面，不清	
0932	4.6×1-0.17	竹	仅余上部一段，右半及下部残缺	两面，较清楚	
0933	2.4×0.6-0.13	竹	筒体开裂，仅余其中一段，上下皆残缺	一面，不清	
0934	4.2×0.7-0.15	竹	筒体开裂，仅余上部一段，下部大半残缺	一面，模糊	
0935	3.3×0.8-0.15	竹	筒体开裂，仅余上部一段，右半及下部残缺	两面，模糊	0935+0384
0936	3.4×0.5-0.13	竹	仅余上部一小段，右半及下部残缺	一面，模糊	
0937	3.6×0.5-0.09	竹	筒体开裂，仅余其中一段，上下残缺	一面，不清	
0938	4.2×1-0.18	竹	筒体开裂弯曲，仅余其中一段，上下残缺	一面，模糊	
0939	5×0.6-0.09	竹	筒体开裂，仅余其中一段，上下残缺	两面，不清楚	
0940	5.5×0.9-0.13	竹	筒体开裂，仅余其中一段，上下残缺	一面，较清楚	
0941	10×1.5-0.29	竹	筒体开裂，仅余上半部，下半残缺	两面，较清楚	
0942	8.7×1.4-0.24	竹	仅余上半部，下半残缺	两面，较清楚	
0943	6.8×1.1-0.19	竹	筒体开裂弯曲，仅余上半部，下部残缺	两面，较清楚	
0944	7.2×1.3-0.16	竹	仅余上半部，下半残缺	两面，较清楚	
0945	7.7×1.3-0.19	竹	筒体开裂，仅余其中一段，上下皆残缺	两面，模糊	
0946	5.8×1-0.16	竹	仅余其中一段，上下残缺	一面，模糊	
0947	5.2×1.7-0.16	竹	筒体开裂，仅余底端一段，上部残缺	三面，较清楚	
0948	5.3×1-0.12	竹	筒体开裂，仅余下部一段，上半残缺	一面，不清	
0949	5.7×1.5-0.17	竹	筒体开裂，仅余上部一段，下部残缺	两面，不清	
0950	5.8×1.7-0.24	竹	筒体开裂弯曲，仅余其中一段，上下皆残缺	两面，较清楚	
0951	7.2×0.7-0.17	竹	仅余其中一段，上下及左半残缺	一面，不清	0951+0958
0952	7.2×1.5-0.26	竹	筒体开裂，仅余下半部，上部大半残缺	两面，较清楚	
0953	2.3×1.4-0.1	竹	筒体开裂，仅余其中一小段，上下大半残缺	两面，模糊	
0954	4.2×1.6-0.3	竹	筒体开裂，仅余其中一段，上下大半残缺	两面，模糊	
0955	4.7×1.5-0.21	竹	筒体开裂，仅余上部一小段，下部大半残缺	两面，较清楚	
0956	4.2×1.3-0.15	竹	筒体开裂，仅余上端一小段，下部大半残缺	两面，模糊	
0957	4.9×1.2-0.22	竹	筒体开裂，仅余下端一小段，上部大半残缺	两面，较清楚	
0958	6.1×0.5-0.13	竹	筒体弯曲，余其中一段，左半及上下皆残缺	一面，不清	0951+0958
0959	9.5×1.9-0.25	竹	筒体开裂，仅余下半部，上半残缺	两面，较清楚	

续表

编号	尺寸 cm （长 × 宽－厚）	材质	完残状况	形制、字迹	备注
0960	6.8 × 1.4－0.26	竹	仅余上半部一段，下半残缺	两面，较清楚	
0961	7.1 × 1.5－0.33	竹	筒体开裂，仅余其中一段，上下皆残缺	两面，较清楚	
0962	7.1 × 1.5－0.22	竹	筒体开裂，仅余其中一段，上下皆残缺	两面，模糊	0962+0898
0963	6.1 × 1.5－0.5	竹	仅余下端一段，上部大半残缺	两面，较清楚	
0964	3.5 × 1.5－0.27	竹	仅余上端一小段，下部大半残缺	两面，较清楚	0964+0383+1609
0965	4.9 × 1.2－0.22	竹	筒体开裂，仅余其中一小段，上下皆残缺	两面，较清楚	
0966	5.0 × 1.4－0.47	竹	筒体开裂，仅余上端一小段，下部大半残缺	两面，不清	
0967	6.3 × 1.4－0.22	竹	筒体开裂，仅余上半部一小段，下部大半残缺	两面，较清楚	
0968	7.4 × 1.7－0.19	竹	筒体开裂，仅余上半部一段，其上端右半及下部大半残缺	两面，较清楚	
0969	4.8 × 1.6－0.18	木	残片，仅余右边一小片，大半残缺，余字一行	形制不明，较清楚	
0970	4.7 × 1.5－0.28	竹	仅余上端一段，其左边沿及下部大半残缺	两面，较清楚	
0971	3.5 × 1.4－0.17	竹	仅余上端一小段，下部大半残缺	两面，较清楚	
0972	3.1 × 1.5－0.19	竹	仅余其中一段，上下皆残缺	两面，模糊	
0973	2.7 × 1.4－0.24	竹	筒体开裂，仅余其中一小段，上下皆残缺	两面，较清楚	
0974	8.5 × 1.4－0.31	竹	筒体开裂，仅余其中一段，左右两面及上下皆残缺	三面，较清楚	有火灼痕迹
0975	9.2 × 1.6－0.25	竹	筒体开裂，仅余上半部，左边沿及下部大半残缺	两面，部分清楚	
0976	8.1 × 1.7－0.19	竹	筒体开裂，仅余上半部，下部残缺	两面，较清楚	
0977	9.4 × 1.4－0.19	竹	筒体开裂，仅余下端一段，上部残缺	两面，不清楚	
0978	12.3 × 1.5－0.19	竹	筒体开裂，仅余上半部，上端右角及下部残缺	两面，不清	
0979	5.4 × 1.4－0.26	竹	筒体开裂，仅余上部一小段，下部大半残缺	两面，较清楚	
0980	5.7 × 1.5－0.16	竹	筒体开裂，仅余其中一段，上下残缺	两面，较清楚	1878+0980
0981	6.4 × 1.6－0.21	竹	仅余其中一段，上下残缺	两面，不清	
0982	5.5 × 1.5－0.27	竹	仅余上部一小段，下部残缺	两面，部分清楚	
0983	1.9 × 1.4－0.26	竹	筒体开裂，仅余下端一小段，上部残缺	两面，部分清楚	
0984	6.0 × 1.5－0.31	竹	筒体开裂扭曲，仅余其中一段，上下残缺	两面，较清楚	
0985	6.4 × 1.5－0.17	竹	筒体开裂，仅余其中一段，上下残缺	两面，较清楚	
0986	5.5 × 1.3－0.21	竹	筒体弯曲，仅余下端一小段，上部残缺	两面，模糊	
0987	5.2 × 1.4－0.28	竹	筒体开裂，仅余其中一段，上下残缺	两面，较清楚	
0988	2.7 × 1－0.24	竹	仅余其中左半一段，其右半及上下残缺	两面，较清楚	
0989	11.3 × 2.3－0.34	竹	筒体开裂弯曲，仅余上半部，其左边沿及下部残缺	三面，模糊	
0990	11.2 × 1.4－0.19	竹	筒体开裂，仅余上半部，下半残缺	两面，不清	
0991	10 × 1.4－0.22	竹	筒体开裂弯曲，仅余下半部，上半部残缺	两面，不清	
0992	9.7 × 1.3－0.24	竹	筒体开裂弯曲，仅余下半部，右边沿及上部残缺	两面，较清楚	
0993	8.8 × 1.5－0.21	竹	筒体开裂，仅余下半部，上部残缺	两面，不清	
0994	8.7 × 1.5－0.23	竹	筒体稍裂，仅余其中一段，上下残缺	两面，模糊	

续表

编号	尺寸 cm（长 × 宽 – 厚）	材质	完残状况	形制、字迹	备注
0995	8.7 × 1.6–0.21	竹	简体开裂，仅余其中一段，上下残缺	两面，较清楚	
0996	8.4 × 1.4–0.22	竹	简体开裂弯曲，仅余下半部，上部残缺	两面，较清楚	
0997	8.3 × 1.4–0.25	竹	简体开裂，仅余其中一段，上下残缺	两面，模糊	
0998	9.5 × 1.6–0.21	竹	简体开裂，仅余下半部，右半稍有缺失，上半部残缺	两面，不清	
0999	11.5 × 1.5–0.25	竹	简体开裂严重，仅余其中一段，上下残缺	两面，模糊	
0999–1	1.5 × 1.2–0.15	竹	仅余其中一小段，残碎为三小片	两面，模糊	
1000	12.1 × 1.6–0.24	竹	简体开裂，仅余下半部，上半部残缺	两面，较清楚	
1001	9.9 × 1.1–0.25	竹	简体开裂，仅余其中一段之右半，上下皆残缺	两面，较清楚	
1001–1	8.7 × 0.6–0.25	竹	简体开裂，仅余其中一段之左半，右半及上下皆残缺	两面，不清楚	
1002	9 × 1.6–0.32	竹	简体开裂，仅余其中一段，上下皆残缺	两面，较清楚	
1003	9.8 × 1.4–0.19	竹	简体开裂，仅余其中一段，上下皆残缺	两面，不清	
1004	6.9 × 1.7–0.26	竹	简体开裂，仅余上部一小段，下部大半残缺	两面，较清楚	有火灼痕迹
1005	9.7 × 2.2–0.35	竹	简体稍开裂，仅余上部一段，下部残缺	三面，较清楚	
1006	8.7 × 1.3–0.24	竹	简体开裂弯曲，仅余上半部，下部残缺	两面，较清楚	
1007	10.7 × 1.4–0.24	竹	简体开裂，仅余上半部，边沿有缺失，下部残缺	两面，较清楚	
1008	11.5 × 1.4–0.23	竹	简体开裂，仅余上半部，下部残缺	两面，较清楚	
1009	14 × 1.4–0.26	竹	简体开裂扭曲，下部残缺	两面，部分清楚	
1010	13.1 × 2–0.47	竹	简体开裂，仅余其中一段，左边沿缺失，上下两端残缺	三面，较清楚	
1011	12.1 × 1.3–0.19	竹	简体开裂，仅余下半部，上半部残缺	两面，模糊	
1012	12.1 × 1.6–0.17	竹	简体开裂，仅余下半部，上半部残缺	两面，模糊	
1013	10.9 × 1.2–0.13	竹	简体开裂，仅余下半部，其左半有缺失，上半部残缺	两面，不清	1017+1013
1014	7.3 × 1.3–0.18	竹	简体弯曲，仅余上半部，下部残缺	两面，较清楚	
1015	7.9 × 1.5–0.29	竹	简体开裂，仅余其中一段，上下残缺	两面，较清楚	
1016	8.6 × 1.3–0.17	竹	简体弯曲，仅余其中一段，上下残缺	两面，较清楚	1617+0765 +1016+0765–1
1017	9.9 × 1.6–0.16	竹	简体开裂，仅余其中一段，上下残缺	两面，较清楚	1017+1013
1018	10.5 × 1.6–0.2	竹	简体开裂，仅余其中一段，上下残缺	两面，不清	
1019	12.2 × 1.6–0.15	竹	简体开裂，仅余上部，其上端左半及下部残缺	两面，较清楚	
1020	11.9 × 1.4–0.17	竹	简体稍裂，仅余上半部，其左边有缺失，下部残缺	两面，不清	
1021	12.8 × 1.7–0.17	竹	简体开裂，仅余上半部，下部残缺	两面，较清楚	
1022	14 × 1.5–0.21	竹	简体稍弯曲，仅余下半部，上部残缺	两面，较清楚	
1023	17.5 × 1.2–0.14	竹	简体开裂弯曲，上下两端缺，左下半边缺，简面发黑	两面，不清	
1024	8.7 × 1.2–0.28	竹	简体弯曲，仅余其中一段，上下皆残缺	两面，较清楚	
1025	6.9 × 1.8–0.21	竹	简体开裂，仅余上部一段，其边沿有，下部残缺	三面，不清	
1026	7.2 × 1.4–0.16	竹	简体开裂，仅余下部一段，上部残缺	两面，较清楚	
1027	5.7 × 1.5–0.25	竹	简体开裂，仅余其中一段，上下皆残缺	两面，不清	

续表

编号	尺寸 cm（长×宽-厚）	材质	完残状况	形制、字迹	备注
1028	2.2×1.2-0.14	竹	仅余其中一小块，上下皆残缺	两面，模糊	
1029	11.8×1.3-0.17	竹	简体开裂，仅余下半部，上半部残缺	两面，较清楚	
1030	10.9×1.4-0.11	竹	简体开裂严重，仅余其中一段，上下残缺	两面，不清	
1031	10.3×1.5-0.28	竹	简体开裂，仅余上半部，下部残缺	两面，较清楚	有火灼痕迹
1032	10×1.4-0.15	竹	简体开裂弯曲，余上半部，下部残缺	两面，不清	有火灼痕迹
1033	6.9×1.9-0.21	竹	简体开裂，仅余上部一段，右边沿有缺失，下部残缺	三面，较清楚	
1034	4.9×0.8-0.22	竹	简体弯曲，仅余其中一段，上下皆残缺	一面，较清楚	
1035	6.3×1.5-0.27	竹	简体开裂，仅余其中一段，上下皆残缺	两面，模糊	
1036	6.7×1.5-0.23	竹	简体开裂，仅余其中一段，上下皆残缺	两面，部分清楚	
1037	8.8×2-0.24	竹	简体开裂，仅余其中一段，上下皆残缺	三面，较清楚	
1038	9.3×0.9-0.19	竹	简体弯曲，仅余上半部，下部残缺	一面，较清楚	
1039	5.7×0.8-0.12	竹	简体开裂，仅余其中一段，下部残缺	一面，较清楚	
1040	8.7×0.9-0.21	竹	简体开裂，仅余其中一段，上下皆残缺	一面，不清	
1041	8.5×0.7-0.19	竹	简体开裂，仅余其中一段，上下残缺	一面，不清	
1042	9.2×0.8-0.17	竹	简体开裂，仅余其中一段，上下皆残缺	一面，不清	
1043	11.3×0.7-0.15	竹	简体有裂，仅余其中一段，上下皆残缺	一面，较清楚	
1044	13.2×0.8-0.09	竹	简体开裂弯曲，仅存上部，下部残缺	一面，模糊	
1045	14.3×1-0.22	竹	简体开裂弯曲，下部残缺	一面，不清	
1046	6.3×0.7-0.21	竹	简体开裂，仅余其中一段，上下残缺	一面，不清	
1047	6.1×1-0.11	竹	简体开裂，仅余其中一段，上下皆残缺	一面，不清	
1048	6.5×0.7-0.12	竹	简体开裂，仅余上部一段，下部大半残缺	一面，较清楚	
1049	5.7×0.7-0.12	竹	简体开裂，仅余上部一段，下部大半残缺	一面，较清楚	
1050	5×0.6-0.17	竹	简体弯曲，仅余其中一段，上下皆残缺	一面，不清	
1051	4.4×1.1-0.23	竹	简体开裂，仅余其中一段，其右半及下部残缺	两面，较清楚	
1052	4.6×1-0.15	竹	简体弯曲，仅余其中一段，右边沿及上下皆残缺	两面，较清楚	
1053	8.1×1.2-0.2	竹	简体开裂，仅余其中一段，其左半及上下皆残缺	两面，不清	
1054	12.4×1.2-0.18	竹	简体开裂，仅余下部，其左半及上部残缺	两面，不清	
1055	11.2×1.3-0.17	竹	简体开裂弯曲，仅余上部，其左上角及下部残缺	两面，不清	
1056	14.6×1.2-0.13	竹	简体开裂，下部残缺	一面，不清	
1057	16.8×0.9-0.15	竹	简体开裂，上部残缺	一面，不清	
1058	20.6×1-0.24	竹	简体开裂严重，其上部右半及下端有残缺	一面，不清	
1059	6.1×1-0.22	竹	简体开裂，仅余其中一段，其左半及上下残缺	两面，模糊	
1060	5.5×0.7-0.13	竹	简体开裂，仅余其中一段，上下皆残缺	一面，不清	
1061	5.2×0.7-0.13	竹	简体弯曲，仅余其中一段，上下残缺	一面，不清	
1062	5.9×1-0.13	竹	简体开裂，仅余其中一段，上下残缺	一面，不清	

续表

编号	尺寸 cm（长 × 宽 - 厚）	材质	完残状况	形制、字迹	备注
1063	4.8 × 1.2－0.11	竹	简体开裂弯曲，仅余上端一段，下部大半残缺	一面，不清	
1064	1.4 × 1.2－0.18	竹	仅余其中一小块，上下左右皆残缺	两面，模糊	
1065	15.5 × 1.7－0.29	竹	简体开裂严重，左右边沿及下部残缺有	三面，较清楚	有火灼痕迹
1066	13.5 × 1.3－0.18	竹	简体扭曲开裂，其上部左半及下部残缺	两面，较清楚	
1067	13.2 × 1.3－0.26	竹	简体扭曲开裂，仅余下半部，上半部残缺	两面，部分清楚	
1068	9.5 × 1.4－0.22	竹	简体开裂，仅余下半部，其左半及上部残缺	两面，部分清楚	
1069	10.5 × 1.4－0.27	竹	简体开裂弯曲，仅余上半部，下半部残缺	两面，不清	
1070	3.6 × 1.2－0.24	竹	简体开裂，仅余其中一小段，上下皆残缺	两面，不清	
1071	3.1 × 1.4－0.25	竹	简体开裂，仅余其中一小段	两面，较清楚	
1072	2.6 × 1.9－0.23	竹	简体开裂，仅余其中一小段，上下皆残缺	两面，较清楚	有火灼痕迹
1073	4.3 × 1.3－0.18	竹	简体有裂，仅余上端一小段，其右上角及下部残缺	两面，较清楚	
1074	7 × 1.6－0.28	木	简体有裂，仅余其中一段，上下皆残缺	单行，不清	
1075	7.8 × 0.8－0.14	竹	简体开裂，仅余上半部，下半部残缺	一面，不清	
1076	8.2 × 0.7－0.2	竹	简体开裂严重，仅余其中一段，上下皆残缺	一面，较清楚	
1077	8.8 × 0.7－0.23	竹	仅余其中一段，其左右边沿及上下皆残缺	两面，不清	
1078	10.2 × 0.7－0.13	竹	简体开裂严重，仅余其中一段，上下皆残缺	一面，较清楚	
1079	10.7 × 0.9－0.11	竹	简体开裂严重，仅余其中一段，其左右边沿及上下残缺	两面，不清	
1080	10.2 × 0.5－0.15	竹	简体开裂弯曲，仅余其中一段，其左右边沿及上下残缺	一面，不清	
1081	12.4 × 0.8－0.11	竹	简体开裂，仅余其中一段，上下两端残缺	一面，较清楚	
1082	6.8 × 0.9－0.17	竹	简体开裂，仅余上部一段，下部残缺	一面，不清	
1083	4.8 × 0.9－0.19	竹	仅余上部一小段，下部大半残缺	一面，模糊	
1084	4.1 × 0.5－0.11	竹	简体开裂，仅余其中一段之右半，其左半及上下皆残缺	一面，不清	
1085	3.7 × 0.7－0.14	竹	仅余上部一小段，下部大半残缺	一面，模糊	
1086	4.1 × 0.3－0.12	竹	简体弯曲，仅余其中一小段之右半，其左半及上下皆残缺	一面，模糊	
1087	3.1 × 0.8－0.16	竹	简体弯曲，仅余上端一小段，下部大半残缺	两面，不清	
1088	2.7 × 0.7－0.14	竹	简体弯曲，仅余其中一小段之右半，其左半及上下皆残缺	两面，较清楚	
1089	2.5 × 1－0.25	竹	简体有裂，仅余底端一小段，上部皆残缺	一面，不清	
1090	1.9 × 0.5－0.13	竹	仅余其中一小段，其左右边沿及上下皆残缺	两面，模糊	
1091	2.2 × 0.7－0.16	竹	简体开裂，仅余顶端一小段之左半，其右半及下部残缺	两面，不清	
1092	2.8 × 0.5－0.14	竹	仅余其中一小段，上下皆残缺	一面，较清楚	
1093	3.2 × 0.9－0.15	竹	简体开裂，仅余上端一小段，下部皆残缺	一面，较清楚	
1094	3.8 × 0.7－0.23	竹	简体开裂，仅余其中一小段，上下皆残缺	一面，不清	
1095	4.3 × 0.9－0.10	竹	简体开裂弯曲，仅余其中一段之左半，其右半及上下皆残缺	两面，不清	
1096	2.3 × 1－0.21	竹	简体开裂，仅余其中一小段，上下皆残缺	两面，模糊	1096+0907
1097	2.6 × 0.9－0.22	竹	简体开裂，仅余其中一段之右半，其左半及上下皆残缺	两面，较清楚	

续表

编号	尺寸cm（长×宽-厚）	材质	完残状况	形制、字迹	备注
1098	3.9×0.6-0.22	木	仅余其中一小段残片，余皆残缺，余字一行	形制不明，模糊	
1099	3.6×0.6-0.17	竹	简体弯曲，仅余其中一段，上下皆残缺	一面，模糊	
1100	4.1×1-0.18	竹	简体弯曲，仅余其中一段之右半，其左半及上下皆残缺	两面，较清楚	
1101	5.3×0.6-0.14	竹	简体开裂，仅余其中一小段，上下皆残缺	一面，较清楚	
1102	7×0.6-0.14	竹	简体开裂，仅余上半部，下半部残缺	一面，较清楚	
1103	4.6×0.5-0.12	竹	简体开裂，仅余其中一小段，上下皆残缺	一面，不清	
1104	3.8×0.6-0.22	木	仅余其中一段残片，余字一行	形制不明，模糊	
1105	3.9×0.6-0.14	竹	简体弯曲，仅余其中一小段，上下皆残缺	一面，较清楚	
1106	3.8×1.3-0.16	竹	简体开裂，仅余其中一残段，上下皆残缺	两面，不清	1198+1106+1781
1107	3.4×0.8-0.09	竹	简体开裂，仅余其中一残段，上下皆残缺	一面，较清楚	
1108	2.8×0.6-0.2	竹	简体开裂，仅余其中一小段，上下皆残缺	一面，不清	
1109	2.1×0.6-0.16	竹	简体弯曲，仅余其中一小残段，上下皆残	一面，模糊	
1110	6.1×1.2-0.27	竹	仅余其中一段，上下皆残缺	两面，模糊	
1111	3.9×1-0.26	竹	简体开裂，仅余其中一小段之左半，其右半及上下皆残缺	两面，模糊	
1112	3.7×0.9-0.18	竹	简体弯曲，仅余其中一小段之左半，其右半及上下皆残缺	两面，较清楚	
1113	2.4×1.4-0.18	竹	简体开裂，仅余顶端一小段，下部基本残缺	两面，较清楚	
1114	2.5×1.2-0.21	竹	简体开裂，仅余其中一段，上下皆残缺	两面，模糊	
1115	2.5×0.4-0.15	竹	仅余顶端一小段，右边沿缺失，下部残缺	一面，模糊	
1116	2.1×1.1-0.13	竹	仅余其中一小残段，上下皆残缺	两面，模糊	
1117	10.8×0.9-0.15	竹	简体弯曲开裂，仅余上半部，下半部残缺	一面，较清楚	
1118	8.5×0.6-0.18	竹	简体开裂弯曲，仅余上半部之左半，其右半及下半部残缺	两面，较清楚	
1119	8×0.7-0.12	竹	简体开裂，仅余下半部，上半部残缺	一面，较清楚	
1120	7×0.7-0.14	竹	简体开裂，仅余上半部，下半部残缺	一面，较清楚	
1121	6.1×1.5-0.25	竹	简体开裂，仅余上部一段，下部残缺	两面，较清楚	
1122	6.3×0.8-0.15	竹	简体开裂，仅余其中一段，上下皆残缺	一面，模糊	
1123	5.6×1-0.14	竹	简体开裂，仅余上部一段之左半，其右半及下部残缺	两面，不清	
1124	2.8×1.1-0.19	竹	简体开裂，仅余底端一段，其左半及上部残缺	两面，模糊	
1125	2.7×0.6-0.24	竹	仅余其中一段，其右边沿缺失	一面，较清楚	
1126	3.3×0.9-0.19	竹	简体开裂，仅余其中一段，上下残缺	两面，较清楚	
1127	4.3×1-0.18	竹	仅余下端一段，上部残缺	一面，较清楚	
1128	4.6×1-0.12	竹	简体开裂严重，仅余其中一段，上下皆缺失	两面，不清	
1129	5.2×0.9-0.11	竹	简体开裂严重，余上端一段，其上端右角及下部残缺	一面，较清楚	
1130	5.7×0.8-0.22	竹	仅余其中一段，上下皆残	一面，较清楚	有火灼痕迹
1131	5.7×0.4-0.07	竹	简体开裂扭曲，余其中一段之左半，右半边及上下皆残缺	一面，模糊	1131+1702
1132	7×0.8-0.08	竹	简体开裂弯曲，仅余其中一段，上下皆残缺	一面，较清楚	

续表

编号	尺寸cm（长×宽-厚）	材质	完残状况	形制、字迹	备注
1133	3.6×1.1-0.09	竹	简体开裂，仅余顶端一段，上部大半残缺	一面，模糊	
1134	3.2×1.2-0.18	竹	简体开裂，仅余其中一段，上下皆残缺	两面，较清楚	有火灼痕迹
1135	2.9×0.9-0.17	竹	简体开裂，仅余其中一段，上下皆残缺	两面，不清	
1136	3.5×1-0.16	竹	简体开裂，仅余其中一段之右半，其左半及上下皆残缺	两面，不清	
1137	2.4×0.9-0.11	竹	简体开裂，仅余其中一小段，上下皆残缺	两面，不清	
1138	9.2×1.3-0.28	竹	简体开裂，仅余上半部之左半，其右半及下部残缺	两面，部分清楚	
1139	9×1.1-0.22	竹	简体弯曲，仅余上半部，下半部残缺	一面，较清楚	
1140	10.5×1-0.14	竹	简体开裂严重，仅余上半部，其左右边沿及下半部残缺	两面，不清	
1141	10.1×0.8-0.12	竹	简体开裂，仅余上半部，下半部残缺	一面，模糊	
1142	10×0.6-0.12	竹	简体开裂弯曲，仅余下半部，上半部残缺	一面，模糊	
1143	11.2×1.6-0.27	竹	简体开裂，仅余下半部，其底端左半及上部残缺	两面，较清楚	
1144	9.2×0.8-0.12	竹	简体开裂，仅余下半部，上半部残缺	一面，较清楚	
1145	9.8×1.3-0.21	竹	简体开裂弯曲，仅余其中一段，其左半及上下皆残缺	两面，模糊	
1146	8.7×1.5-0.24	竹	简体开裂弯曲，仅余上半部，其左上角及下半部残缺	两面，模糊	
1147	9.2×0.6-0.22	竹	简体开裂，仅余其中一段，上下皆残缺	一面，不清	
1148	6.5×0.9-0.15	竹	简体开裂，仅余其中一段之左半，右半边沿及上下皆残缺	两面，模糊	
1149	4.4×0.9-0.18	竹	简体弯曲，仅余底部一段之右半，左半及上部皆残缺	两面，较清楚	
1150	12.2×1.4-0.17	竹	简体开裂，残损严重，仅余中部一段，上下两端皆残缺	两面，不清	
1151	10.8×1.7-0.16	竹	简体开裂严重，仅余上半部，下半部残缺	两面，较清楚	
1152	5.3×1.3-0.2	竹	简体开裂，仅余上部一段，其边沿有缺失，下部残缺	两面，较清楚	
1153	4.2×0.8-0.11	竹	简体开裂弯曲，仅余其中一段，上下皆残缺	两面，不清	
1154	5.5×1.5-0.16	竹	简体开裂，仅余其中一段，上下皆残缺	两面，不清	
1155	2.9×1.2-0.14	竹	简体开裂，仅余上部一段，下部大半残缺	两面，较清楚	
1156	4.4×1-0.18	竹	仅余上端一段，其下部皆残缺	一面，较清楚	
1157	4.6×1.1-0.25	竹	简体开裂，仅余其中一段，上下皆残缺	两面，不清	
1158	4.8×1.5-0.15	竹	简体开裂，仅余其中一段，上下皆残缺	两面，不清	
1159	4×0.8-0.16	竹	简体开裂，仅余上端一段之右半，其左半及下部残缺	两面，模糊	
1160	2.2×0.7-0.17	竹	仅余其中一小段，其左边沿及上下皆残缺	一面，不清	
1161	3.5×0.9-0.28	竹	简体开裂，仅余其中一小段，上下皆残缺	两面，模糊	
1162	5.7×1.3-0.24	竹	简体开裂，仅余其中一段，上下皆残缺	两面，模糊	
1163	3.4×1.3-0.17	竹	简体开裂弯曲，仅余其中一段，上下皆残缺	三面，较清楚	
1164	3.6×0.7-0.2	竹	简体开裂，仅余其中一段，上下皆残缺	一面，较清楚	
1165	7.8×1.4-0.3	竹	简体开裂，仅余下半部	两面，部分清楚	有火灼痕迹
1166	8.2×1.5-0.19	竹	简体开裂，仅余下部一段，左下角缺失，上部残缺	两面，模糊	
1167	11.4×1.5-0.33	竹	简体有裂，仅余下半部，上半部残缺	两面，不清	

续表

编号	尺寸 cm（长 × 宽－厚）	材质	完残状况	形制、字迹	备注
1168	16 × 1.5－0.18	竹	简体有裂隙，下部残缺	一面，不清	正背有字
1169	16.8 × 1.5－0.27	竹	简体有裂隙，上端有缺失，下部残缺	一面，不清	
1170	6.6 × 1.3－0.16	竹	简体开裂，仅余上部一段，顶端有缺失，下半部残缺	两面，不清	
1171	6.1 × 1.4－0.31	竹	简体开裂，仅余其中一段，上下皆残缺	两面，较清楚	
1172	5.1 × 1.8－0.23	竹	简体开裂，仅余下端一段，上部大半残缺	两面，模糊	
1173	4.6 × 1.6－0.26	竹	简体开裂，仅余其中一段，上下皆残缺	两面，模糊	
1174	5.1 × 1.7－0.23	竹	仅余其中一段，上下皆残缺	两面，不清	
1175	12.5 × 1.4－0.29	竹	简体开裂弯曲，仅余上半部，下部缺失	两面，部分清楚	有火灼痕迹
1176	10.9 × 1.5－0.25	竹	简体有裂隙，仅余下半部，上半部残缺	两面，较清楚	0768+1176
1177	10.3 × 1.4－0.18	竹	简体开裂弯曲，余上半部，其顶端边沿有缺失，下部残缺	两面，部分清楚	
1178	9.1 × 1.5－0.11	竹	简体开裂，仅余其中一段，上下皆残缺	两面，模糊	
1179	7.4 × 1.6－0.37	竹	简体开裂，仅余其中一段，上下皆残缺	两面，较清楚	
1180	5 × 1.3－0.19	竹	简体开裂，仅余下端一段，上部大半残缺	两面，不清	
1181	6.4 × 1.6－0.3	竹	简体开裂，仅余其中一段，上下皆残缺	两面，模糊	
1182	7.2 × 1.5－0.27	竹	简体有裂隙，仅余其中一段，上下皆残缺	两面，模糊	
1183	8.5 × 1.4－0.15	竹	简体开裂弯曲，仅余其中一段，上下皆残缺	两面，不清	
1184	9.7 × 1.6－0.25	竹	简体开裂弯曲，仅余其中一段，上下皆残缺	两面，部分清楚	
1185	11 × 0.6－0.16	竹	简体开裂，仅余上半部，下半部残缺	一面，模糊	
1186	11 × 0.7－0.12	竹	简体开裂，仅余其中一段，上下皆残缺	一面，模糊	
1187	9.1 × 0.8－0.13	竹	简体开裂，仅余下半部，上半部残缺	一面，不清	
1188	9.1 × 1.3－0.25	竹	简体有裂隙，仅余上半部之右半，其左半及下半部残缺	两面，模糊	
1189	4 × 0.4－0.15	竹	仅余其中一段，其左右边沿及上下皆残缺	一面，不清	
1189-1	2.1 × 0.4－0.15	竹	仅余其中一段，其左右边沿及上下皆残缺	一面，不清	
1190	7.8 × 0.8－0.11	竹	简体开裂，仅余上半部，下半部残缺	一面，不清	
1191	4.8 × 1.6－0.22	竹	简体开裂，仅余下端一段，上部大半残缺	两面，不清	
1192	8 × 1.5－0.23	竹	简体开裂弯曲，仅余其中一段，上下皆残缺	两面，模糊	
1193	8.8 × 0.6－0.17	竹	简体开裂弯曲，仅余上部一段，下半部残缺	一面，不清	
1194	8.1 × 0.9－0.17	竹	简体开裂弯曲，仅余其中一段，下半部残缺	一面，模糊	
1195	7.2 × 1.1－0.22	竹	简体弯曲，仅余其中一段，左右两侧及上下有缺失	三面，较清楚	
1196	4.6 × 0.9－0.19	竹	简体弯曲，仅余其中一段，上下皆残缺	一面，不清	
1197	3.7 × 1.4－0.23	竹	仅余顶端一段，下部大半残缺	两面，较清楚	1197+1106+1781
1198	7.5 × 0.6－0.11	竹	仅余其中一段，上下皆残缺	一面，不清	
1199	4.4 × 0.8－0.17	竹	简体开裂，仅余其中一段，上下皆残缺	一面，模糊	
1200	2.8 × 0.9－0.15	竹	仅余底端一段之右半，其左半及上部大半残缺	两面，不清	
1201	4.1 × 1.5－0.18	竹	简体开裂，仅余其中一段，上下皆残缺	两面，较清楚	

续表

编号	尺寸 cm（长 × 宽－厚）	材质	完残状况	形制、字迹	备注
1202	4.1×0.9－0.27	竹	简体开裂，仅余其中一段之右半，其左半及上下皆残缺	两面，模糊	
1203	4×1－0.2	竹	简体开裂，仅余顶端一段，下部大半残缺	一面，不清	
1204	4.2×0.6－0.29	竹	简体弯曲，仅余其中一段之右半，其左半及上下皆残缺	两面，模糊	
1205	5.4×0.8－0.25	竹	简体开裂，仅余底端一段之右半，其左半及上部残缺	两面，模糊	
1206	3.9×0.7－0.11	竹	简体开裂，仅余顶端一段之左半，其右半及下部残缺	两面，不清	
1207	4.3×0.7－0.11	竹	简体开裂，仅余其中一段之右半，其左半及上下皆残缺	两面，模糊	
1208	4.5×0.8－0.15	竹	仅余顶端一段，下部大半残缺	一面，模糊	
1209	4.1×0.6－0.27	竹	简体开裂，仅余其中一段，其边沿及上下皆残缺	一面，不清	
1210	3.1×0.8－0.11	竹	简体开裂，仅余其中一段，上下皆残缺	一面，模糊	
1211	3.3×0.7－0.13	竹	简体开裂，仅余其中一小段，上下皆残缺	一面，模糊	
1212	1.9×0.8－0.18	竹	简体开裂，仅余其中一小段，其边沿上下皆残缺	两面，较清楚	
1213	2.3×0.5－0.26	竹	仅余其中一小段，其边沿及上下皆残缺	形制不明，模糊	
1214	1.9×0.5－0.15	竹	简体弯曲，余其中一小段之右半，其左半及上下皆残缺	两面，不清	
1215	2.7×0.7－0.14	竹	简体开裂，仅余其中一小段之左半，其右半及上下皆残缺	两面，模糊	
1216	4.4×0.8－0.1	竹	简体弯曲，仅余其中一段，上下皆残缺	一面，不清	
1217	3.7×1－0.19	竹	简体开裂，仅余其中一段之右半，其左半及上下残缺	两面，模糊	
1218	5.5×0.9－0.16	竹	简体开裂，仅余上部一段，下部残缺	一面，不清	
1219	6.3×0.8－0.13	竹	简体开裂弯曲，仅余下部一段，上部残缺	一面，模糊	
1220	7.3×0.7－0.13	竹	简体开裂，仅余其中一段，上下皆残缺	一面，较清楚	
1221	7×0.9－0.15	竹	简体开裂，仅余其中一段，上下皆残缺	一面，不清	
1222	5.9×0.6－0.25	木	简体开裂，仅余其中一残片，大半残缺，余字一行	形制不明，较清楚	
1223	3.8×0.8－0.19	竹	简体开裂，稍弯曲，仅余下部一段，上部大半残缺	两面，较清楚	
1224	4.4×1.1－0.26	竹	简体开裂，仅余其中一段之右半，其左半及上下皆残缺	两面，模糊	
1225	4.3×1.2－0.22	竹	简体开裂，仅余上部一段，下部残缺	两面，较清楚	
1226	3.1×0.5－0.09	竹	仅余其中一段，上下皆残缺	一面，不清	
1227	2×0.5－0.16	竹	仅余其中一小段，上下皆残缺	一面，模糊	
1228	4.3×0.8－0.09	竹	简体开裂，仅余其中一段之左半，其右半及上下皆残缺	两面，模糊	
1229	4×0.7－0.11	竹	简体开裂，仅余其中一段，上下皆残缺	一面，模糊	
1230	3.3×0.9－0.12	竹	仅余上部一段之左半，其右半及下部皆残缺	两面，清楚	
1231	4.4×0.7－0.16	竹	简体开裂弯曲，仅余其中一段，左右边沿及上下皆残缺	一面，不清	
1232	6×0.8－0.11	竹	简体开裂弯曲，仅余其中一段之左半，右半及上下皆残缺	两面，不清	
1233	6.4×0.8－0.25	竹	简体开裂，仅余下端一段之左半，其右半及上部皆残缺	两面，模糊	
1234	2.9×0.9－0.19	竹	简体开裂，仅余其中一小段之右半，其左半及上下皆残缺	两面，较清楚	
1235	3.1×0.7－0.12	竹	简体开裂，仅余顶端一段，下部大半残缺	一面，模糊	
1236	3.4×0.9－0.2	竹	仅余底端一段之左半，其右半及上部皆残缺	两面，较清楚	

续表

编号	尺寸 cm （长 × 宽 – 厚）	材质	完残状况	形制、字迹	备注
1237	4.5 × 0.7 – 0.13	竹	简体开裂，仅余上端部一段，下部大半残缺	一面，较清楚	
1238	6.1 × 0.7 – 0.15	竹	简体开裂弯曲，仅余下部一段，上部残缺	一面，较清楚	
1239	5.9 × 0.8 – 0.17	竹	简体开裂，仅余上部一段，下部残缺	一面，较清楚	
1240	9.4 × 0.7 – 0.13	竹	简体开裂弯曲，仅余其中一段，上下皆残缺	一面，较清楚	
1241	4.3 × 0.7 – 0.19	竹	仅余上部一段，下部残缺	一面，较清楚	
1242	4.9 × 0.8 – 0.17	竹	简体开裂弯曲，仅余上部一段之左半，其右半及下部残缺	两面，较清楚	
1243	5 × 0.8 – 0.1	竹	简体弯曲，仅余其中一段，上下皆残缺	一面，较清楚	
1244	5.4 × 0.9 – 0.14	竹	简体开裂，仅余上部一段之左半，其右半及下部残缺	两面，模糊	
1245	5.4 × 0.9 – 0.11	竹	简体开裂严重，仅余上部一段，下部残缺	一面，较清楚	
1246	4.9 × 0.6 – 0.21	竹	仅余上部一段之左半，其右半及下部残缺	两面，较清楚	
1247	6.5 × 0.9 – 0.18	竹	简体开裂弯曲，仅余其中一段，上下皆残缺	一面，不清	
1248	6.3 × 0.7 – 0.16	竹	简体开裂弯曲，仅余其中一段，上下皆残缺	一面，不清	
1249	6.7 × 0.5 – 0.15	竹	简体开裂，仅余其中一段之左半，其右半及上下皆残缺	一面，不清	
1250	3.9 × 0.8 – 0.13	竹	简体开裂，仅余上端一段，其边沿及下部大半残缺	两面，不清	
1251	3.4 × 1 – 0.18	竹	仅余顶端一段之左半，其右半及下部残缺	两面，模糊	
1252	2.6 × 0.7 – 0.15	竹	简体开裂，仅余其中一段之左半，其右半及上下皆残缺	两面，较清楚	
1253	2.9 × 0.9 – 0.15	竹	简体开裂，仅余其中一段，上下皆残缺	一面，不清	
1254	2.3 × 1.1 – 0.18	竹	简体开裂，仅余其中一段之左半，其右半及上下皆残缺	两面，不清	
1255	8 × 0.6 – 0.13	竹	简体弯曲，仅余其中一段，上下残缺	一面，不清	
1256	7.3 × 0.9 – 0.15	竹	简体开裂，仅余其中一段，上下皆残缺	一面，较清楚	
1257	6.2 × 0.7 – 0.11	竹	简体开裂，仅余其中一段，上下皆残缺	一面，模糊	
1258	7.7 × 0.7 – 0.12	竹	简体开裂，仅余下半部，上半部残缺	一面，模糊	
1259	6.3 × 0.8 – 0.22	竹	简体开裂扭曲，仅余其中一段，上下皆残缺	一面，不清	
1260	6.6 × 0.8 – 0.17	竹	简体开裂，仅余其中一段，上下皆残缺	一面，模糊	
1261	4.4 × 0.6 – 0.12	竹	简体开裂，仅余其中一段，上下皆残缺	一面，不清	
1262	4.2 × 0.6 – 0.1	竹	简体开裂，仅余其中一段，上下皆残缺	一面，不清	
1262 – 1	3.3 × 0.5 – 0.1	竹	简体开裂，仅余其中一段，上下皆残缺	一面，不清	
1263	3.6 × 0.8 – 0.14	竹	简体开裂，仅余其中一段，上下皆残缺	两面，不清	
1264	2.9 × 0.6 – 0.17	竹	简体开裂，仅余底端一段之右半，其左半及上部皆残缺	两面，较清楚	
1265	2.7 × 1.2 – 0.07	竹	简体开裂，仅余其中一段，上下皆残缺	两面，较清楚	
1266	3.5 × 0.5 – 0.15	竹	简体开裂，仅余其中一段之右半，其左边沿及上下皆残缺	一面，不清	
1267	2.6 × 1.5 – 0.17	竹	简体开裂，仅余底端一段，上部大半残缺	两面，模糊	
1268	12 × 1.6 – 0.21	竹	简体开裂，仅余上半部，下半部残缺	两面，较清楚	
1269	14.2 × 1.4 – 0.18	竹	简体开裂，仅余上半部，其左上端及下部残缺	两面，模糊	
1270	15.8 × 1.3 – 0.28	竹	简体开裂弯曲，余下半部，上部残缺	两面，较清楚	

续表

编号	尺寸 cm（长 × 宽－厚）	材质	完残状况	形制、字迹	备注
1271	17.9 × 1.5－0.21	竹	简体开裂，上部大半保存，下部残缺一小段	两面，较清楚	
1272	21.4 × 1.5－0.2	竹	简体开裂弯曲，下部右边沿缺失	两面，较清楚	
1273	5 × 1.1－0.15	竹	简体开裂，仅余上部一段，其右边沿及下部残缺	两面，部分清楚	
1274	4.5 × 1.2－0.15	竹	简体开裂，仅余其中一段，上下皆残缺	两面，较清楚	
1275	4.4 × 1－0.19	竹	简体开裂，仅余其中一段，其右边沿及上下皆残缺	两面，较清楚	
1276	6.4 × 1－0.17	竹	简体开裂，仅余上部一段，其右边沿及下部残缺	两面，不清	
1277	8.6 × 1.4－0.28	竹	简体开裂，仅余上半部，下半部残缺	两面，模糊	
1278	8.5 × 1.5－0.12	竹	简体开裂弯曲，仅余上半部，下部大半残缺	两面，不清	
1279	10.2 × 1.5－0.21	竹	简体开裂严重，仅余上半部，下半部残缺	两面，模糊	
1280	11.5 × 1.5－0.16	竹	简体开裂弯曲，仅余中部一段，其左边沿及上下两端残缺	两面，较清楚	
1281	5.2 × 1.3－0.23	竹	简体开裂，仅余下部一段，其右半及上部大半残缺	两面，不清	
1282	6.1 × 1.5－0.16	竹	简体开裂，仅余上部一段，其上端右边沿及下部大半残缺	两面，较清楚	
1283	7.3 × 1.8－0.23	竹	简体开裂，仅余其中一段，上下皆残缺	两面，模糊	
1284	8.1 × 1.7－0.24	竹	简体开裂，仅余其中一段，上下皆残缺	两面，较清楚	
1285	8.2 × 1.5－0.27	竹	简体开裂，仅余上半部，其左边沿及下部残缺	两面，部分清楚	
1286	8.8 × 1.2－0.2	竹	简体开裂弯曲，仅余其中一段，上下皆残缺	两面，模糊	
1287	9.2 × 1.3－0.18	竹	简体开裂，仅余下半部，上半部残缺	两面，不清	
1288	11.7 × 0.9－0.15	竹	简体开裂，仅余其中一段，上下皆残缺	一面，不清	
1289	11.1 × 0.8－0.18	竹	简体开裂弯曲，仅余其中一段，其右半及上下残缺	一面，不清	
1290	11.3 × 0.8－0.21	竹	简体开裂弯曲，仅余下半部，上半部残缺	一面，模糊	
1291	9.4 × 0.8－0.14	竹	简体开裂，仅余其中一段，上下皆残缺	一面，较清楚	
1292	11.2 × 0.7－0.18	竹	简体弯曲，仅余下半部，上半部残缺	一面，不清	
1293	11.1 × 0.8－0.14	竹	简体开裂，仅余下半部，上半部残缺	一面，不清	
1294	8.6 × 0.7－0.14	竹	简体开裂，仅余下半部，上半部残缺	一面，较清楚	
1295	7.9 × 0.8－0.17	竹	简体开裂严重，仅余其中一段，上下皆残缺	一面，较清楚	
1296	8.2 × 0.7－0.17	竹	简体开裂弯曲，仅余下半部，上半部残缺	一面，模糊	
1297	10 × 0.9－0.19	竹	简体开裂，仅余下半部，其边沿有缺失，上半部残缺	一面，不清	
1298	7.0 × 0.6－0.11	竹	简体开裂，仅余其中一段，左下半边缺，上下皆残缺	一面，较清楚	
1299	7.1 × 0.7－0.22	竹	简体开裂弯曲，仅余其中一段，上下皆残缺	一面，模糊	
1300	7 × 1.4－0.24	竹	简体开裂，仅余下部一段，上部残缺	两面，模糊	
1301	10.6 × 1.3－0.23	竹	简体开裂，仅余其中一段，上下皆残缺	两面，较清楚	
1302	11 × 1.5－0.28	竹	简体开裂弯曲，仅余下半部，边沿有缺，上半部残缺	两面，部分清楚	
1303	15.8 × 1.4－0.23	竹	简体开裂弯曲，下部有残缺	两面，不清	
1304	17.7 × 1.5－0.16	竹	简体开裂严重，边沿多处缺失，下端残缺	两面，较清楚	
1305	9.2 × 1.5－0.22	竹	简体开裂，仅余其中一段，上下皆残缺	两面，较清楚	

续表

编号	尺寸 cm（长×宽－厚）	材质	完残状况	形制、字迹	备注
1306	8.4×1.5－0.13	竹	简体弯曲，开裂严重，仅余其中一段，上下皆残缺	一面，模糊	
1307	5×1.5－0.2	竹	简体开裂，仅余其中一段，上下皆残缺	两面，模糊	正背有字
1308	5×1.7－0.22	竹	简体开裂，仅余顶端一段，下部大半残缺	两面，模糊	
1309	4.8×1.6－0.24	竹	简体开裂，仅余其中一段，上下皆残缺	两面，模糊	
1310	7.3×0.7－0.14	竹	简体开裂，仅余其中一段，上下皆残缺	一面，较清楚	
1311	7.5×0.9－0.24	竹	简体有裂，仅余下半部，上半部残缺	一面，不清	
1312	8.3×0.9－0.13	竹	简体弯曲，仅余上半部，下半部残缺	一面，不清	
1313	8.4×0.6－0.13	竹	简体开裂弯曲严重，仅余其中一段，左右边沿多处缺失	一面，模糊	
1314	11.2×0.7－0.18	竹	简体开裂弯曲，仅余上半部，下半部残缺	一面，较清楚	
1315	15.7×0.9－0.18	竹	简体开裂严重，仅余上半部，边沿有缺失，下半部残缺	一面，不清	
1316	17.9×1－0.21	竹	简体开裂，上端残缺	一面，模糊	有火灼痕迹
1317	13.3×0.8－0.14	竹	简体开裂，仅余上半部，下半部残缺	一面，较清楚	有火灼痕迹
1318	8.2×0.7－0.12	竹	简体开裂严重，仅余其中一段，上下皆残缺	一面，不清	
1319	8.3×0.8－0.14	竹	简体弯曲，仅余下半部，上半部残缺	一面，不清	
1320	9×0.8－0.12	竹	简体弯曲，仅余其中一段，上下皆残缺	一面，不清	
1321	7.4×1－0.12	竹	简体开裂，仅余上部一段，右边沿有缺失，下部残缺	两面，模糊	
1322	6.8×0.6－0.1	竹	简体开裂弯曲，仅余上部一段，下部大半残缺	一面，较清楚	
1323	5.4×0.9－0.11	竹	简体开裂，仅余其中一段，上下皆残缺	一面，不清	
1324	8×1.5－0.25	竹	简体开裂弯曲，仅余其中一段，上下皆残缺	两面，模糊	
1325	9.2×1.4－0.26	竹	简体弯曲，仅余其中一段，上下皆残缺	两面，较清楚	
1326	10.6×1.7－0.27	竹	简体弯曲，仅余其中一段，上下皆残缺	两面，较清楚	
1327	8.8×1.6－0.21	竹	简体开裂弯曲，仅余下半部，上半部残缺	两面，不清	
1328	7.5×1.9－0.34	竹	简体开裂严重，仅余其中一段，左上多残损，上下皆残缺	三面，不清	
1329	11×1.5－0.23	竹	简体开裂，余其中一段，上下皆残缺	两面，较清楚	
1330	7.1×1.2－0.29	竹	简体开裂，仅余其中一段，上下皆残缺	两面，模糊	
1331	11.3×1.6－0.21	竹	简体开裂，仅余上半部，下半部残缺	两面，较清楚	
1332	7.6×1.4－0.15	竹	简体开裂，仅余其中一段，上下皆残缺	两面，较清楚	
1333	10×1.4－0.29	竹	简体弯曲开裂，仅余上半部，下半部残缺	两面，较清楚	有火灼痕迹
1334	11.2×1.5－0.28	竹	简体开裂弯曲，仅余其中一段，上下皆残缺	两面，部分清楚	
1335	14.2×1.3－0.25	竹	简体开裂，仅余上半部，下半部残缺	两面，较清楚	
1336	14.2×1.5－0.14	竹	简体开裂严重，开裂处有缺失，上下两端残缺	两面，模糊	
1337	21.1×1.5－0.34	竹	简体开裂，上端右半与下端左半有缺失	两面，模糊	
1338	21.3×1.5－0.26	竹	简体开裂，弯曲，下端左半有缺失	两面，不清	
1339	9.4×1－0.12	竹	简体开裂弯曲，仅余其中一段，上下皆残缺	一面，较清楚	有火灼痕迹
1340	4.7×0.6－0.12	竹	仅余下端一小段，上部大半残缺	一面，模糊	

续表

编号	尺寸 cm（长 × 宽 - 厚）	材质	完残状况	形制、字迹	备注
1341	5.3 × 0.8－0.17	竹	简体开裂弯曲，仅余上端一段，下部大半残缺	一面，不清	
1342	4.1 × 0.9－0.24	竹	仅余其中一小段，上下皆残缺	一面，较清楚	
1343	3.2 × 0.7－0.11	竹	简体开裂，仅余底端一段，上部残缺	一面，不清	
1344	3.5 × 0.7－0.13	竹	简体开裂，仅余其中一段，上下皆残缺	一面，不清	
1345	3.6 × 0.9－0.21	竹	仅余其中一小段，上下皆残缺	两面，较清楚	
1346	6.2 × 1－0.22	竹	简体开裂，仅余下半部之右半，其左半及上部残缺	两面，较清楚	正背有字
1347	5.5 × 0.7－0.12	竹	简体开裂弯曲，仅余其中一段，上下皆残缺	一面，较清楚	
1348	3.8 × 0.7－0.1	竹	简体开裂，仅余其中一小段，上下皆残缺	一面，较清楚	
1349	6.2 × 0.7－0.12	竹	简体开裂严重，仅余其中一小段，上下皆残缺	一面，模糊	
1350	5.9 × 0.8－0.18	竹	简体开裂，仅余上端一段，下部皆残缺	一面，模糊	
1351	5.7 × 0.7－0.15	竹	简体开裂，仅余其中一段，上下皆残缺	一面，较清楚	
1352	5.9 × 0.6－0.15	竹	简体开裂严重，仅余其中一小段，上下皆残缺	一面，模糊	
1353	3.8 × 0.9－0.13	竹	简体开裂严重，仅余其中一小段，上下皆残缺	一面，不清	
1354	4.7 × 0.4－0.11	竹	仅余其中一小段之右半，其左半及上下皆残缺	一面，模糊	
1355	3.6 × 0.5－0.1	竹	简体开裂，仅余顶端一段，下部皆残缺	一面，部分清楚	
1356	4.1 × 1.2－0.21	竹	简体开裂，仅余其中一小段，其左右面及上下皆残缺	三面，较清楚	
1357	3.3 × 0.8－0.16	竹	简体开裂弯曲，仅余顶端一段之右半，其左半及下部残缺	两面，较清楚	
1358	2.8 × 0.7－0.18	竹	仅余其中一小段，其左右边沿及上下皆残缺	两面，不清	
1359	6.1 × 0.7－0.16	竹	简体开裂弯曲，仅余其中一段，上下皆残缺	一面，不清	
1360	4.6 × 0.9－0.22	竹	简体开裂，仅余其中一段，右下半边有缺失，上下皆残缺	一面，不清	
1361	6.8 × 0.9－0.14	竹	简体开裂弯曲，仅余上端一小段，下部残缺	一面，模糊	
1362	6.1 × 0.8－0.14	竹	简体开裂弯曲，仅余下部一段，上部残缺	一面，模糊	
1363	5.3 × 0.9－0.22	竹	简体弯曲，仅余其中一段之左半，其右半及上下皆残缺	两面，较清楚	1449+1363
1364	4.0 × 1－0.21	竹	简体开裂弯曲，仅余其中一段之左半，右半及上下皆残缺	两面，较清楚	
1365	3.3 × 0.7－0.17	竹	简体开裂，仅余顶端一小段，下部皆残缺	一面，模糊	
1366	3 × 0.8－0.16	竹	简体开裂，仅余其中一小段，上下皆残缺	一面，模糊	
1367	6.8 × 0.7－0.09	竹	仅余其中一段，上下皆残缺	一面，较清楚	
1368	7.2 × 0.7－0.14	竹	简体开裂，仅余其中一段，上下皆残缺	一面，模糊	
1369	5.6 × 0.6－0.18	竹	简体开裂，仅余其中一段，左边沿有缺失，上下皆残缺	一面，较清楚	
1370	5.3 × 0.8－0.13	竹	简体开裂，仅余其中一段，上下皆残缺	一面，较清楚	
1371	4 × 0.7－0.24	竹	简体开裂，仅余其中一小段，上下皆残缺，有火灼痕	一面，不清	有火灼痕迹
1372	4 × 1.1－0.16	竹	简体开裂，仅余上端一小段，下部皆残缺	两面，模糊	
1373	3.4 × 0.4－0.13	竹	简体开裂，仅余其中一小段，右边沿有缺失，上下皆残缺	一面，模糊	
1374	7.1 × 0.5－0.12	竹	简体弯曲，仅余其中一段，其右边沿有缺失，上下皆残缺	一面，较清楚	
1375	5.9 × 0.5－0.19	竹	简体弯曲，仅余下端一段，上部残缺	一面，不清	

续表

编号	尺寸 cm（长 × 宽 – 厚）	材质	完残状况	形制、字迹	备注
1376	3.9 × 0.8 – 0.17	竹	简体开裂，仅余其中一小段，上下皆残缺	一面，不清	
1377	3.4 × 0.5 – 0.09	竹	简体开裂，仅余其中一小段，上下皆残缺	一面，较清楚	
1378	2.8 × 0.6 – 0.08	竹	简体开裂，仅余其中一小段，上下皆残缺	一面，模糊	
1379	2.3 × 0.7 – 0.11	竹	简体开裂，仅余其中一小段，上下皆残缺	一面，较清楚	
1380	2.2 × 0.4 – 0.13	木	仅余顶端一小残片	签牌，较清楚	
1381	22 × 0.8 – 0.25	竹	较完整	一面，不清	
1382	7.6 × 0.7 – 0.15	竹	简体弯曲，开裂严重，仅余其中一段，上下皆残缺	一面，模糊	
1383	7.8 × 1.1 – 0.21	竹	简体开裂，仅余其中一段之左半，其右半及上下皆残缺	两面，较清楚	
1384	9.6 × 0.7 – 0.13	竹	简体开裂，仅余下半部，上半部残缺	一面，模糊	
1385	11.4 × 0.7 – 0.15	竹	简体开裂，仅余其中一段，上下皆残缺	一面，不清	
1386	12 × 0.7 – 0.14	竹	简体开裂弯曲，仅余下半部，上半部残缺	一面，部分清楚	0893+1386
1387	16 × 0.6 – 0.18	竹	简体开裂弯曲，仅余上半部，下半部残缺	一面，不清	
1388	10.5 × 0.6 – 0.15	竹	简体开裂严重，仅余上半部，下半部残缺	一面，部分清楚	
1389	9.1 × 0.7 – 0.13	竹	简体开裂严重，仅余其中一段，上下皆残缺	一面，模糊	
1390	6.8 × 0.6 – 0.09	竹	简体开裂，仅余其中一段，上下皆残缺	一面，较清楚	
1391	4.4 × 0.9 – 0.21	竹	简体开裂严重，仅余其中一段，上下皆残缺	两面，不清	
1392	5 × 0.9 – 0.15	竹	简体开裂，仅余其中一段，上下皆残缺	一面，较清楚	
1393	10.8 × 0.9 – 0.19	竹	简体开裂严重，仅余上半部，下半部残缺	一面，不清	
1394	11.8 × 1 – 0.25	竹	简体弯曲开裂，仅余上半部之左半，其右半及下部残缺	两面，较清楚	
1395	11.4 × 0.5 – 0.1	竹	简体开裂弯曲，仅余下半部，上半部残缺	一面，较清楚	
1396	12.2 × 0.7 – 0.09	竹	简体开裂，仅余下半部，上半部残缺	一面，模糊	
1397	10.2 × 0.9 – 0.15	竹	简体开裂 ，仅余上半部，下半部残缺	一面，不清	
1398	9.1 × 1 – 0.12	竹	简体开裂弯曲，仅余其中一段，左下边沿有缺失，上下皆残缺	两面，模糊	
1399	8.7 × 0.5 – 0.09	竹	简体开裂严重，仅余其中一段，上下皆残缺	一面，较清楚	
1400	7.6 × 0.6 – 0.11	竹	简体开裂，仅余其中一段，右边沿缺失，上下皆残缺	一面，不清	
1401	8.2 × 1 – 0.19	竹	简体开裂弯曲严重，仅余上半部，下半部残缺	一面，部分清楚	
1402	6.1 × 0.7 – 0.14	竹	简体开裂，仅余上部一小段，下半部残缺	一面，较清楚	
1403	7.1 × 0.5 – 0.13	竹	简体开裂严重，仅余其中一小段，上下皆残缺	一面，较清楚	
1404	8.4 × 0.6 – 0.12	竹	简体开裂弯曲，仅余下半部，上半部残缺	一面，较清楚	
1405	8.2 × 0.7 – 0.16	竹	简体开裂弯曲，仅余其中一段，上下皆残缺	一面，模糊	
1406	10.2 × 0.6 – 0.14	竹	简体开裂弯曲，仅余上半部，下半部残缺	一面，不清	
1407	8 × 1.5 – 0.13	竹	简体开裂严重，仅余其中一段，上下皆残缺	三面，模糊	
1408	5.4 × 1.2 – 0.21	竹	简体开裂，仅余顶端一段，左边沿缺失，其下部皆残缺	两面，较清楚	
1409	4.2 × 1.2 – 0.16	竹	简体开裂，仅余顶端一小段，下部皆残缺	两面，不清	
1410	3.7 × 1.4 – 0.27	竹	简体开裂，仅余顶端一小段，下部皆残缺	两面，较清楚	

续表

编号	尺寸cm（长×宽–厚）	材质	完残状况	形制、字迹	备注
1411	2.1×1.7–0.09	木	大部残缺，仅余其中一小片，余字一行	形制不明，较清楚	
1412	4.9×1.2–0.19	竹	简体开裂，仅余底端一段之左半，其右半及上部皆残缺	两面，较清楚	
1413	4.9×1.5–0.29	竹	仅余顶端一段，下部皆残缺	一面，较清楚	
1414	3.4×1.4–0.22	竹	简体开裂，仅余其中一段，上下皆残缺	两面，较模糊	
1415	3.1×1.3–0.22	竹	简体开裂，仅余其中一小段，上下皆残缺	一面，较清楚	
1416	1.8×1.2–0.23	竹	简体开裂，仅余其中一小段，上下皆残缺	两面，较清楚	
1417	6.9×1.4–0.16	竹	简体开裂，仅余其中一段，上下皆残缺	两面，不清	
1418	5.3×1.3–0.12	竹	简体开裂弯曲，仅余上部一段，下部皆残缺	两面，较清楚	
1419	5.7×1.5–0.22	竹	简体开裂，仅余上部一段，下部皆残缺	一面，较清楚	
1420	4.5×1.1–0.23	竹	简体开裂弯曲，仅余上部一小段，下部皆残缺	两面，较清楚	
1421	1.8×1.3–0.17	竹	简体开裂，仅余顶端一小段，下部皆残缺	两面，不清	
1422	6.3×0.8×0.18	竹	简体开裂，仅余其中一小段，上下皆残缺	一面，较清楚	
1423	4.6×1–0.18	竹	简体开裂，仅余顶端一小段之右半，其左半及下部皆残缺	两面，较清楚	
1424	4.2×0.7–0.22	竹	简体开裂，仅余其中一段之左半，其右半及上下皆残缺	两面，较清楚	
1425	5.7×0.3–0.14	竹	简体开裂，仅余其中一段之左侧边，其右半及上下皆残缺	一面，不清	
1426	7.3×0.3–0.14	竹	简体开裂弯曲，仅余其中一段，两侧及上下皆残缺	一面，不清	
1427	3.9×0.8–0.16	竹	简体开裂，仅余顶端一段，下部残缺，正背有字	一面，模糊	正背有字
1428	6.3×0.6–0.23	竹	简体开裂弯曲，仅余下部一段，上部皆残缺	一面，模糊	
1429	8.9×0.9–0.14	竹	简体开裂，仅余其中一段，上下皆残缺	一面，较清楚	
1430	8.8×0.3–0.11	竹	简体开裂弯曲，仅余其中一段之右半，左半及上下皆残缺	一面，不清	
1431	7.6×0.7–0.07	竹	简体开裂，仅余上部一段，有残损，下部皆残缺	一面，模糊	
1432	7.2×0.8–0.13	竹	简体开裂，仅余其中一段，上下皆残缺	一面，较清楚	
1433	7.1×1.1–0.21	竹	简体开裂弯曲，仅余上部一段之右半，其左半及下部残缺	两面，不清	
1434	4.1×0.6–0.08	竹	简体开裂，仅余上段一小段，边沿缺失，下部皆残缺	一面，较清楚	
1435	5.2×0.7–0.15	竹	简体开裂，仅余顶端一段，下部皆残缺	一面，部分清楚	
1436	3.9×0.8–0.13	竹	简体开裂，仅余顶端一段，下部皆残缺	一面，较清楚	
1437	4.1×0.7–0.14	竹	简体开裂，仅余顶端一段，下部皆残缺	一面，不清	
1438	4.2×0.9–0.16	竹	简体开裂，仅余其中一段，上下皆残缺	一面，不清	
1439	3.7×0.8–0.19	竹	简体开裂弯曲，仅余顶端一段，下部皆残缺	一面，模糊	
1440	2.8×0.9–0.15	竹	简体开裂，仅余其中一段之左半，其右半及上下皆残缺	两面，不清	
1441	4.5×1–0.15	竹	简体开裂，仅余底端一小段之左半，其右半及上部皆残缺	两面，较清楚	
1442	3.4×0.7–0.16	竹	简体弯曲，仅余其中一小段，上下皆残缺	一面，不清	
1443	8.1×1.2–0.27	竹	简体开裂，仅余其中一段，上下皆残缺	两面，部分清楚	
1444	6.8×1.3–0.22	竹	简体开裂，仅余其中一段，上下皆残缺	两面，部分清楚	
1445	8.9×1.4–0.31	竹	简体开裂弯曲，仅余其中一段，右下部缺失，上下皆残缺	两面，较清楚	

续表

编号	尺寸 cm（长 × 宽 – 厚）	材质	完残状况	形制、字迹	备注
1446	9 × 1.5–0.25	竹	简体开裂，仅余其中一段，上下皆残缺	两面，部分清楚	
1447	7.8 × 1.3–0.29	竹	简体弯曲，仅余其中一段，上下皆残缺	两面，不清	
1448	13.2 × 1.2–0.15	竹	简体弯曲，开裂严重，仅余下部，上部残缺	两面，模糊	
1449	9.3 × 1.6–0.29	竹	简体开裂，仅余其中一段，右下半有缺损，上下皆残缺	两面，较清楚	1449+1363
1450	6.8 × 1.4–0.28	竹	简体开裂，仅余其中一段，左半多处缺损，上下皆残缺	两面，部分清楚	
1451	8.2 × 1.3–0.28	竹	简体开裂，仅余其中一段，上下皆残缺	两面，部分清楚	
1452	10.5 × 1.2–0.21	竹	简体略弯曲，仅余其中一段，上下皆残缺	两面，部分清楚	
1453	4.6 × 1.5–0.27	竹	简体开裂，仅余其中一小段，上下皆残缺	两面，模糊	
1454	4.8 × 1.3–0.17	竹	简体开裂，仅余其中一小段，其右半有缺损，上下皆残缺	两面，不清	
1455	6.9 × 1.3–0.24	竹	简体开裂，仅余上半部，下半部残缺	两面，较清楚	
1456	7.7 × 1.2–0.15	竹	简体开裂弯曲，余其中一段，右下半有缺损，上下皆残缺	两面，模糊	
1457	6.7 × 1.4–0.37	竹	简体开裂弯曲，仅余其中一段，上下皆残缺	两面，不清	有火灼痕迹
1458	8.2 × 0.9–0.21	竹	简体开裂弯曲，仅余下半部，左半缺损，上半部残缺	两面，模糊	
1458–1	7.8 × 0.6–0.21	竹	简体开裂，仅余其中一段，上下皆残缺	一面，模糊	
1459	4.9 × 1.4–0.21	竹	简体开裂，仅余其中一小段，上下皆残缺	两面，不清	
1460	5.1 × 1.7–0.28	竹	简体开裂，仅余底端一小段，其上部皆残缺	两面，较清楚	
1461	6 × 1.5–0.27	竹	简体开裂弯曲，仅余其中一段，上下皆残缺	两面，模糊	
1462	8.4 × 1.5–0.25	竹	简体开裂弯曲，仅余其中一段，上下皆残缺	两面，部分清楚	
1463	5.9 × 1.5–0.1	竹	简体开裂，仅余底部一段，左半上部缺失，上部皆残缺	两面，较清楚	
1464	3.4 × 1.4–0.37	竹	简体开裂，仅余其中一小段，上下皆残缺	两面，不清	
1465	3.3 × 1.4–0.25	竹	简体开裂，仅余其中一小段，上下皆残缺	两面，模糊	0381+1465
1466	5.4 × 1.4–0.16	竹	仅余上端一段，下部皆残缺	两面，不清	
1467	5.1 × 1.2–0.22	竹	简体弯曲，仅余上端一段，下部皆残缺	两面，较清楚	
1468	5.7 × 1.3–0.19	竹	简体开裂弯曲，仅余底端一段，上部皆残缺	两面，较清楚	
1469	6 × 0.8–0.16	竹	简体开裂弯曲，仅余其中一段，上下皆残缺	一面，不清	
1470	7.4 × 0.8–0.13	竹	简体开裂，仅余上半部一段，下半部残缺	一面，模糊	
1471	7.5 × 0.9–0.19	竹	简体开裂，仅余其中一段，上下皆残缺	一面，较清楚	
1472	9.5 × 0.6–0.09	竹	简体开裂严重，仅余其中一段，上下皆残缺	一面，不清	
1473	12 × 1.1–0.2	竹	简体开裂弯曲，仅存上半部，下半部残缺	一面，模糊	
1474	13.5 × 1.1–0.24	竹	简体开裂严重，仅存上半部，下半部 残缺	一面，不清	
1475	14.2 × 0.9–0.12	竹	简体开裂，仅存下半部，上半部残缺	一面，清楚	
1476	9.3 × 0.9–0.14	竹	简体开裂、略弯曲，仅存上半部，下半部残缺	一面，模糊	
1477	8 × 1.0–0.18	竹	简体开裂弯曲，仅余上半部，下半部残缺	一面，模糊	有火灼痕迹
1478	7.8 × 1.3–0.26	竹	简体开裂，卷曲严重，仅余其中一段，其左右边沿有缺损，上下皆残缺	两面，模糊	
1479	3.5 × 0.8–0.21	竹	简体开裂，仅余其中一段，上下皆残缺	一面，模糊	

续表

编号	尺寸 cm （长 × 宽 – 厚）	材质	完残状况	形制、字迹	备注
1479–1	3.6 × 0.8–0.21	竹	简体开裂，仅余其中一段，上下皆残缺	一面，模糊	
1480	5.3 × 0.8–0.14	竹	简体弯曲严重，仅余其中一段，上下皆残缺	一面，不清	
1481	5.7 × 0.8–0.16	竹	仅余底端一小段，上部皆残缺	一面，不清	
1482	4.4 × 0.8–0.24	竹	简体弯曲，仅余顶端一小段，下部皆残缺	一面，不清	
1483	15.9 × 0.6–0.09	竹	简体开裂弯曲，顶端有缺损，下半部小半残缺	一面，较清楚	
1484	21.9 × 0.8–0.17	竹	简体有开裂，基本完整	一面，部分清楚	
1485	22 × 1–0.22	竹	简体弯曲，稍有开裂，基本完整	一面，较清楚	
1486	19.8 × 0.7–0.12	竹	简体弯曲，中部两处断裂，稍有残损，基本完整	一面，不清	
1487	20 × 0.8–0.11	竹	简体弯曲开裂，基本完整	一面，不清	
1488	20.1 × 0.7–0.11	竹	简体开裂弯曲，基本完整	一面，模糊	
1489	21.8 × 0.7–0.08	竹	简体开裂弯曲，断裂处有缺损，基本完整	一面，不清	
1490	13.7 × 1–0.14	竹	简体开裂弯曲，仅余上半部，下半部残缺	一面，较清楚	
1491	15.0 × 1–0.14	竹	简体开裂弯曲，仅余上半部，顶端有缺损，下半部残缺	一面，不清	
1492	16.7 × 0.7–0.14	竹	简体开裂弯曲，仅余中部一段，上下两端残缺	一面，较清楚	
1493	18.2 × 0.5–0.2	竹	简体开裂严重，仅余下半部之右半，其左半及上部皆残缺	一面，不清	
1494	17.5 × 0.9–0.22	竹	简体开裂严重，仅余上半部，下半部残缺	一面，较清楚	
1495	17.3 × 1–0.18	竹	简体开裂，仅余下半部，上半部残缺	一面，较清楚	
1496	20.8 × 0.8–0.14	竹	简体弯曲，开裂严重，边沿有缺损，基本完整	一面，模糊	
1497	6.5 × 1–0.15	竹	简体开裂弯曲，余其中一小段之左半，右半及上下皆残缺	两面，较清楚	
1498	4.1 × 0.7–0.07	竹	简体开裂，仅余其中一小段，上下皆残缺	一面，模糊	
1499	4.1 × 1–0.16	竹	简体开裂，仅余底端一小段，上部皆残缺	一面，不清	
1500	3.7 × 1.2–0.16	竹	简体开裂，仅余其中一小段，上下皆残缺	两面，模糊	
1501	2.8 × 1–0.14	竹	简体开裂，仅余其中一小段，上下皆残缺	一面，模糊	
1502	2.9 × 0.9–0.14	竹	简体开裂，仅余其中一小段之左半，其右半及上下皆残缺	两面，模糊	
1503	1.8 × 0.4–0.11	竹	简体开裂，仅余其中一小段，左边沿缺损，上下皆残缺	一面，模糊	
1504	6.2 × 1.5–0.22	竹	简体开裂，仅余其中一小段，上下皆残缺	两面，较清楚	
1505	8.4 × 1.5–0.19	竹	简体开裂，仅余下半部，开裂处有缺损，上半部残缺	两面，较清楚	
1506	8.5 × 1.5–0.16	竹	简体开裂，余其中一小段，右下边沿有缺损，上下皆残缺	两面，不清	
1507	9.7 × 1.5–0.15	竹	简体开裂，仅余其中一小段，上下皆残缺	两面，部分清楚	
1508	13.8 × 1.4–0.2	竹	简体弯曲开裂，仅余下部，上边沿皆有缺损，上部残缺	两面，不清	
1509	6.2 × 1.5–0.31	竹	简体开裂，仅余其中一小段，上下皆残缺	两面，不清	
1510	5.7 × 1–0.19	竹	简体开裂，仅余下端一段之右半，其左半及上部残缺	两面，较清楚	
1511	6.3 × 1.3–0.13	竹	简体开裂，仅余其中一小段，右边沿有缺损，上下皆残缺	两面，较清楚	
1512	3.9 × 1.8–0.29	竹	简体开裂，仅余其中一小段，上下皆残缺	两面，较清楚	
1513	4.0 × 1.5–0.29	竹	简体开裂，仅余顶端一段，下部皆残缺	两面，较清楚	

续表

编号	尺寸 cm（长 × 宽 – 厚）	材质	完残状况	形制、字迹	备注
1514	7.2 × 1.4 – 0.14	竹	简体开裂，仅余下部一段，上部皆残缺	两面，模糊	
1515	3.8 × 2.3 – 0.11	木	仅余一残片，余字一行	形制不明，较清楚	
1516	3.6 × 1.4 – 0.25	竹	简体开裂，余其中一小段，右下边沿有缺损，上下皆残缺	两面，较清楚	
1517	3.2 × 1.4 – 0.24	竹	简体开裂，仅余其中一段，上下皆残缺	两面，模糊	
1518	2.5 × 1.2 – 0.15	竹	简体开裂弯曲，仅余其中一小段，上下皆残缺	两面，模糊	
1519	15.5 × 0.9 – 0.15	竹	简体开裂弯曲，仅存下部，右下边沿有缺失，上半部残缺	一面，不清	
1520	15.7 × 0.7 – 0.22	竹	简体略有弯曲，仅余下半部，上半部残缺	一面，较清楚	
1521	16.5 × 0.8 – 0.16	竹	简体开裂弯曲，仅余中部一段；上下两端残缺	一面，较清楚	
1522	20.3 × 1.1 – 0.22	竹	简体有开裂，基本完整	一面，较清楚	
1523	20 × 0.6 – 0.13	竹	简体弯曲，基本完整	一面，模糊	
1524	21.4 × 0.9 – 0.24	竹	简体稍弯曲，基本完整	一面，不清	
1525	20.5 × 0.8 – 0.2	竹	简体弯曲，中间断裂，基本完整	一面，模糊	
1526	5 × 0.7 – 0.16	竹	简体开裂，仅余其中一小段，上下皆残缺	一面，模糊	
1527	5.2 × 0.9 – 0.27	竹	简体开裂，仅余其中一小段之左半，其右半及上下皆残缺	两面，较清楚	
1528	4.9 × 0.9 – 0.16	竹	简体开裂，仅余其中一小段，上下皆残缺	一面，较清楚	
1529	10.5 × 0.9 – 0.15	竹	简体弯曲，仅余其中一段，上下皆残缺	一面，不清	
1530	10.3 × 0.9 – 0.14	竹	简体开裂严重，仅余下半部，上半部残缺	一面，不清	
1531	10.3 × 0.8 – 0.12	竹	简体开裂严重，仅余上半部，下半部残缺	一面，不清	
1532	12.4 × 0.5 – 0.11	竹	简体开裂弯曲，仅存上半部，下半部残缺	一面，较清楚	
1533	12.2 × 0.7 – 0.13	竹	简体开裂，仅余上半部，边沿有缺损，下半部残缺	一面，较清楚	
1534	20.3 × 0.7 – 0.16	竹	简体开裂弯曲，基本完整	一面，不清	有火灼痕迹
1535	21.3 × 0.8 – 0.17	竹	简体开裂弯曲，基本完整	一面，不清	
1536	7.4 × 0.4 – 0.1	竹	简体开裂，仅余其中一小段，上下皆残缺	一面，较清楚	
1537	6.1 × 0.6 – 0.11	竹	简体开裂，仅余其中一小段，上下皆残缺	一面，较清楚	
1538	6.1 × 0.9 – 0.12	竹	简体开裂，仅余顶端一小段，下部皆残缺	一面，模糊	
1539	5.1 × 0.7 – 0.17	竹	简体开裂弯曲，仅余其中一小段，上下皆残缺	一面，较清楚	
1540	3.6 × 0.5 – 0.12	竹	简体开裂，仅余其中一段，左边沿有缺损，上下皆残缺	一面，清楚	
1541	16.5 × 1 – 0.27	竹	简体开裂，仅存下半部，上半部残缺	一面，模糊	
1542	20.5 × 0.8 – 0.16	竹	简体开裂弯曲，大部保存，下端有残缺	一面，较清楚	
1543	20.9 × 0.7 – 0.12	竹	简体稍裂，基本完整	一面，不清	
1544	20.9 × 0.8 – 0.11	竹	简体开裂，底部缺失，下部右半边缺，大半保存，下端残缺	一面，不清	
1545	21.3 × 1 – 0.21	竹	简体开裂，上端边沿有缺损，基本完整	一面，模糊	
1546	21.2 × 1 – 0.19	竹	简体稍有弯曲，基本完整	一面，模糊	
1547	19.7 × 0.8 – 0.17	竹	简体弯曲开裂，基本完整	一面，不清	
1548	4.3 × 1.3 – 0.21	竹	简体开裂，仅余底端一小段，上部皆残缺	两面，较清楚	

续表

编号	尺寸cm（长×宽－厚）	材质	完残状况	形制、字迹	备注
1549	4.9×1－0.16	竹	简体开裂，仅余底端一小段之左半，其右半及上部皆残缺	两面，较清楚	
1550	11.1×1.4－0.16	竹	简体开裂弯曲，仅余上部一段，下半部残缺	两面，较清楚	
1551	14×1.2－0.12	竹	简体开裂弯曲严重，仅余其中一段，上下皆残缺	一面，不清	
1552	16.3×1.3－0.15	竹	简体开裂，仅余其中一段，上下两端残缺	两面，不清	
1553	12.8×1.6－0.23	竹	简体开裂弯曲，仅余其中一段，上下皆残缺	两面，模糊	
1554	12.5×1.2－0.22	竹	简体开裂弯曲，仅余其中一段，上下皆残缺	两面，模糊	
1555	9.3×1.5－0.21	竹	简体开裂，仅余其中一段，上下皆残缺	两面，较清楚	0657+1555
1556	7.1×1.5－0.17	竹	简体开裂，仅余其中一段，上下皆残缺	两面，较清楚	1556+0885
1557	6.8×1.7－0.19	竹	简体开裂，仅余其中一小段，上下皆残缺	两面，较清楚	
1558	13.3×0.7－0.18	竹	简体开裂弯曲，仅余上半部，下半部残缺	一面，模糊	
1559	13.3×0.8－0.13	竹	简体开裂，仅余其中一段，上下皆残缺	一面，不清	
1560	12.9×0.7－0.11	竹	简体开裂弯曲，仅余上半部，下半部残缺	一面，较清楚	
1561	12.4×1－0.15	竹	简体稍弯曲，开裂，仅余上半部，下半部残缺	两面，较清楚	
1562	11.6×0.8－0.11	竹	简体开裂，仅余其中一段，上下皆残缺	一面，不清	
1563	10.8×0.8－0.16	竹	简体弯曲，仅余其中一段，上下皆残缺	一面，模糊	有火灼痕迹
1564	9.2×1－0.26	竹	简体开裂，仅余下半部之右半，其左半及上部皆残缺	两面，较清楚	0368+1564+1584
1565	6.2×0.7－0.11	竹	简体开裂严重，仅余其中一小段，上下皆残缺	一面，部分清楚	
1566	5.9×0.4－0.13	竹	简体开裂，仅余其中一小段，右半边缺损，上下皆残缺	一面，较清楚	有火灼痕迹
1567	8.2×0.9－0.13	竹	简体弯曲，仅余其中一小段，上下皆残缺	一面，较清楚	有火灼痕迹
1568	7.3×0.9－0.13	竹	简体开裂，仅余其中一小段，上下皆残缺	两面，模糊	
1569	7.8×0.8－0.16	竹	简体开裂，仅余上半部，下部残缺	一面，不清	有火灼痕迹
1570	8.4×0.7－0.11	竹	简体稍弯曲，开裂，仅余上半部，下半部残缺	一面，模糊	
1571	9.1×0.7－0.1	竹	简体开裂严重，仅余其中一小段，上下皆残缺	一面，模糊	
1572	8.7×2.8－0.19	竹	简体开裂，仅余其中一段，上下皆残缺	三面，模糊	
1573	9.9×1.3－0.23	竹	简体开裂弯曲，仅余其中一段，上下皆残缺	两面，较清楚	有火灼痕迹
1574	9.7×1.2－0.14	竹	简体开裂弯曲，仅余上半部，下半部残缺	两面，较清楚	
1575	12.5×1.5－0.15	竹	简体开裂，稍弯曲，仅余上半部；下半部残缺	两面，较清楚	
1576	14.5×1.6－0.14	竹	简体开裂，仅余左半一段，上下两端残缺	两面，模糊	
1577	11×1.4－0.16	竹	简体弯曲，仅余其中一段，上下皆残缺	两面，较清楚	
1578	8.5×1.4－0.14	竹	简体开裂，弯曲严重，仅余其中一小段，上下皆残缺	两面，较清楚	
1579	8.8×1.1－0.23	竹	简体开裂，仅余上半部之右半，其左半及下部皆残缺	两面，部分清楚	
1580	6.7×1.6－0.16	竹	简体开裂弯曲，仅余上端一段，下部皆残缺	两面，较清楚	
1581	5.2×1.4－0.21	竹	简体开裂，仅余其中一小段，上下皆残缺	两面，较清楚	
1582	8.7×0.8－0.09	竹	简体开裂严重，仅余下半部，上半部残缺	一面，不清	
1583	9.6×0.9－0.12	竹	简体开裂严重，仅余下半部，上半部残缺	一面，不清	

续表

编号	尺寸 cm（长×宽−厚）	材质	完残状况	形制、字迹	备注
1584	9.6×0.6−0.25	竹	简体开裂弯曲，仅余其中一段之左半，边沿有缺损，其右半及上下皆残缺	两面，较清楚	0368+1564+1584
1585	9.6×1.1−0.28	竹	简体开裂弯曲，仅余其中一段，上下皆残缺	一面，不清	
1586	10.1×0.8−0.11	竹	简体开裂稍弯曲，仅余上半部，边沿有缺损，下半部残缺	一面，不清	
1587	8.7×0.9−0.14	竹	简体开裂稍弯曲，仅余下半部，上半部残缺	一面，较清楚	
1588	9.3×0.8−0.13	竹	简体开裂，仅余其中一段，上下皆残缺	一面，较清楚	
1589	10×0.9−0.17	竹	简体开裂，仅余其中一段，左边沿有缺损，上下皆残缺	一面，不清	
1590	8.9×0.8−0.18	竹	简体开裂，仅余上半部，侧边沿缺损，下部皆残缺	两面，较清楚	
1591	7.4×0.5−0.09	竹	简体弯曲，边沿有缺损，仅余其中一段，上下皆残缺	一面，较清楚	
1592	8.5×0.7−0.12	竹	简体开裂，边沿有缺损，仅余其中一段，上下皆残缺	一面，模糊	
1593	7.2×1−0.26	竹	简体弯曲，仅余下半部之右半，其左半及上部皆残缺	两面，模糊	
1594	6.5×0.5−0.14	竹	简体开裂，仅余其中一段，其右半边缺损，上下皆残缺	一面，较清楚	
1595	8.2×0.9−0.15	竹	简体开裂，仅余下半部，上半部残缺	一面，模糊	
1596	10.9×1.5−0.22	竹	简体开裂弯曲，仅余下半部，左下边沿缺损，上部皆残缺	两面，较清楚	
1597	14.2×1−0.21	竹	简体开裂，仅余其中一段，上下两端残缺	两面，较清楚	
1598	15.3×2.3−0.25	竹	简体开裂严重，仅余其中一段，上下皆残缺	三面，较清楚	
1599	14.3×1.6−0.45	竹	简体扭曲，仅余其中一段，上下两端残缺	两面，较清楚	
1600	19.4×1.5−0.45	竹	简体弯曲，余下部大半，上端残缺	两面，较清楚	
1601	9.5×2.1−0.33	竹	简体开裂弯曲，仅余上部一段，其边沿皆有缺损，下部皆残缺	四面，不清	
1602	7.3×1.7−0.23	竹	简体开裂，仅余上部一段，下部残缺	两面，模糊	
1603	6×1.1−0.21	竹	简体开裂，仅余其中一段，其左边沿缺损，上下皆残缺	两面，模糊	
1604	6.7×1.2−0.27	竹	简体弯曲，仅余其中一段，其边沿皆有缺损，上下皆残缺	两面，模糊	
1605	3.6×1.6−0.24	竹	简体开裂弯曲，仅余底端一段，上部皆残缺	两面，较清楚	
1606	4.8×1.5−0.21	竹	简体开裂，仅余其中一小段，左右边沿有缺损，上下皆残缺	三面，不清	
1607	6.4×1.5−0.21	竹	简体开裂，仅余下部一小段，上部皆残缺	两面，较清楚	1656+1607
1608	5.2×1.5−0.16	竹	简体开裂，仅余上部一小段，下部皆残缺	两面，部分清楚	
1609	10.9×1.5−0.3	竹	简体稍扭曲，仅余下半部，左下边沿有缺损，上部皆残缺	两面，较清楚	0964+0383+1609
1610	13.2×1.5−0.22	竹	简体弯曲，仅余其中一段，其右半上部缺损，上下皆残缺	两面，模糊	
1611	4.1×1.5−0.14	竹	简体开裂，仅余底端一小段，上半部皆残缺	两面，较清楚	
1612	3.3×1.3−0.19	竹	简体开裂，仅余其中一小段，上下皆残缺	一面，较清楚	正背有字
1613	5.6×1.4−0.23	竹	上端呈三角形，简体开裂，左右两侧有楔口，下部残缺	签牌，不清	有楔口
1614	3.8×1.2−0.14	竹	简体开裂，仅余其中一小段左半有缺损，上下皆残缺	两面，较清楚	
1615	3.6×1.4−0.19	竹	简体开裂，仅余其中一段，右半边沿缺损，上下皆残缺	两面，较清楚	
1616	5×1.4−0.17	竹	简体开裂，仅余下端一小段，上半部皆残缺	两面，模糊	0730+1616
1617	5.1×1.2−0.16	竹	简体开裂，仅余上端一小段，下半部皆残缺	两面，模糊	1617+0765+1016+0765−1
1618	3.6×1.5−0.18	竹	简体开裂，仅余其中一小段，上下皆残缺	两面，较清楚	

续表

编号	尺寸 cm （长 × 宽 – 厚）	材质	完残状况	形制、字迹	备注
1619	3.7 × 1.6 – 0.18	竹	仅余其中一小段，上下皆残缺	两面，模糊	
1620	3.6 × 1.4 – 0.21	竹	简体开裂，仅余下端一小段，上部皆残缺	两面，较清楚	
1621	2 × 0.7 – 0.15	竹	简体开裂，仅余其中一段，左右边沿有缺损，上下皆残缺	两面，模糊	
1622	3 × 0.8 – 0.19	竹	简体开裂，仅余其中一小段，上下皆残缺	一面，模糊	
1623	3.6 × 0.6 – 0.14	竹	仅余其中一小段，右边沿缺损，上下皆残缺	一面，较清楚	
1624	3.7 × 1 – 0.15	竹	简体开裂，仅余其中一小段，上下皆残缺	一面，不清	
1625	4.4 × 1.2 – 0.14	竹	仅余其中一小段，上下皆残缺	两面，不清	
1626	5.1 × 1.2 – 0.22	木	仅余右半一小段，其余皆残缺，余字一行	形制不明，部分清楚	
1627	6.2 × 1 – 0.12	竹	简体开裂，仅余上半部，下半部残缺	一面，模糊	
1628	5 × 0.6 – 0.17	竹	简体弯曲，仅余上半部，其左半边稍缺损，下半部残缺	一面，较清楚	
1629	3.1 × 0.5 – 0.14	竹	简体开裂，仅余其中一小段，边沿缺损，上下皆残缺	一面，模糊	
1630	2 × 0.5 – 0.2	竹	简体开裂，仅余其中一小段，左边沿缺损，上下皆残缺	一面，模糊	
1630–1	1.1 × 0.5 – 0.2	竹	仅余其中一小段，边沿缺损，上下皆残缺	一面，模糊	
1631	4.1 × 0.7 – 0.11	竹	简体开裂，仅余其中一小段，上下皆残缺	一面，模糊	
1632	4.6 × 0.9 – 0.15	竹	简体开裂，仅余其中一小段，上下皆残缺	一面，模糊	
1633	3.1 × 1.1 – 0.13	竹	简体开裂，仅余其中一小段，上下皆残缺	一面，模糊	
1634	4.1 × 1.0 – 0.25	竹	简体开裂弯曲，仅余下端一段，左半有缺损，上部皆残缺	两面，模糊	正背有字
1635	7 × 0.8 – 0.11	竹	简体开裂，仅余其中一段，上下皆残缺	一面，不清	
1636	4.1 × 0.7 – 0.11	竹	简体开裂弯曲，仅余其中一段之左半，其右半及上下皆残缺	两面，较清楚	
1637	5.2 × 1.1 – 0.21	竹	简体开裂弯曲，仅余顶端一段，左半边沿缺损，下部残缺	两面，不清	
1638	5.8 × 0.8 – 0.15	竹	简体开裂弯曲，余其中一小段，左半边沿缺损，上下皆残缺	两面，模糊	
1639	3.8 × 0.9 – 0.2	竹	简体开裂，仅余其中一小段，左半边沿缺损，上下皆残缺	两面，模糊	
1640	5.3 × 0.9 – 0.19	竹	简体弯曲，仅余上部一段，其右半边缺损，下部皆残缺	两面，模糊	
1641	3.7 × 0.6 – 0.11	竹	简体开裂弯曲，仅余其中一段，左边沿缺损，上下皆残缺	一面，不清	
1642	10.5 × 0.6 – 0.12	竹	简体开裂，仅余上半部，下半部残缺	一面，较清楚	
1643	10.2 × 0.7 – 0.1	竹	简体开裂，仅余其中一段，上下皆残缺	一面，不清	
1644	9.2 × 0.7 – 0.12	竹	简体开裂严重，仅余其中一段，上下皆残缺	一面，模糊	
1645	20.4 × 1 – 0.14	竹	简体开裂，中部左边沿有缺损；顶端稍有残缺	一面，较清楚	
1646	21.3 × 0.7 – 0.12	竹	简体开裂弯曲，底端有残缺	一面，较清楚	
1647	21.3 × 0.9 – 0.22	竹	基本完整，字迹脱落严重	一面，不清	
1648	21.5 × 0.9 – 0.22	竹	基本完整，字迹脱落严重	一面，不清	
1649	7.2 × 0.8 – 0.12	竹	简体开裂弯曲，仅余其中一段，上下皆残缺	一面，较清楚	
1650	7.4 × 0.6 – 0.1	竹	简体开裂弯曲，仅余其中一段，其右半边及上下皆残缺	一面，较清楚	
1651	8.6 × 0.9 – 0.1	木	仅余其中一段残片，右边沿残缺，余字一行	形制不明，较清楚	
1652	8.3 × 1.6 – 0.22	竹	简体开裂严重，仅余其中一段，上下皆残缺	一面，不清	正背有字

续表

编号	尺寸 cm（长 × 宽 − 厚）	材质	完残状况	形制、字迹	备注
1653	7.1 × 1.4−0.14	竹	筒体开裂，仅余其中一段，上下皆残缺	两面，不清	
1654	9.6 × 1.3−0.16	竹	筒体开裂，仅余上半部，下半部残缺	两面，模糊	1654+0698
1655	13.3 × 2−0.18	竹	筒体开裂严重，仅余上半部，下半部残缺	三面，较清楚	
1656	13.4 × 1.5−0.31	竹	筒体开裂弯曲，仅余上半部，其左边沿有缺口，下部残缺	两面，较清楚	1656+1607
1657	7.5 × 1−0.14	竹	筒体开裂弯曲，仅余下半部，其右边沿有缺损，上部残缺	两面，模糊	
1658	6.1 × 1.1−0.28	竹	筒体开裂，仅余其中一小段，上下皆残缺	两面，部分清楚	
1659	5 × 1.4−0.25	竹	筒体开裂弯曲，仅余上端一小段，下半部皆残缺	两面，较清楚	
1660	4 × 1−0.22	竹	筒体开裂，仅余上端一小段，其右边沿有缺损，下半部皆残缺	两面，较清楚	
1661	3.4 × 1.2−0.17	竹	筒体开裂，仅余其中一小段，上下皆残缺	两面，模糊	
1662	2.6 × 0.8−0.25	竹	筒体开裂，仅余其中一小段，左右边沿缺损，上下皆残缺	两面，模糊	
1663	2.6 × 1.2−0.21	竹	筒体开裂，仅余其中一小段，左半缺损，上下皆残缺	两面，较清楚	
1664	3.5 × 0.8−0.26	竹	筒体开裂扭曲，仅余其中一小段，上下皆残缺	一面，较清楚	
1665	4.6 × 0.6−0.12	竹	筒体弯曲，仅余其中一小段，上下皆残缺	一面，较清楚	
1666	5 × 0.6−0.11	竹	筒体开裂严重，仅余上端一小段，其左侧有缺损，下半部皆残缺	一面，不清	
1667	6.7 × 0.7−0.2	竹	筒体弯曲，仅余其中一小段，上下皆残缺	一面，较清楚	
1668	2.1 × 0.4−0.18	竹	筒体开裂，仅余其中一小段，右半残缺，左半边沿缺损，上下皆残缺	两面，不清	
1669	7 × 1.1−0.31	竹	筒体开裂弯曲，仅余其中一小段，上下皆残缺	一面，模糊	
1670	6.1 × 0.8−0.13	竹	筒体开裂严重，仅余上端一小段，下半部皆残缺	一面，模糊	
1671	6.8 × 0.7−0.11	竹	筒体开裂严重，仅余其中一小段，上下皆残缺	一面，模糊	
1672	4.3 × 0.7−0.13	竹	筒体开裂，仅余其中一小段，上下皆残缺	一面，较清楚	
1673	3.5 × 0.7−0.11	竹	筒体开裂，仅余其中一小段之左半，其右半及上下皆残缺	两面，不清	
1674	3.4 × 0.9−0.29	竹	筒体开裂弯曲，仅余其中一小段，上下皆残缺	一面，较清楚	
1675	2.2 × 0.9−0.14	竹	筒体残碎严重，仅余其中一小段之左半，其右半及上下皆残缺	两面，不清	
1676	2.8 × 0.9−0.21	竹	筒体开裂，仅余底端一小段之左半，其右半上部皆残缺	两面，较清楚	
1677	2.8 × 0.7−0.12	竹	筒体开裂，仅余其中一小段，上下皆残缺	一面，较清楚	
1678	2.9 × 0.5−0.11	竹	仅余顶端一小段，右边沿缺损，下部皆残缺	一面，较清楚	
1679	3.9 × 1−0.21	竹	筒体开裂，仅余上部一小段之左半，其右半及下部皆残缺	两面，较清楚	
1680	4.3 × 0.8−0.13	竹	筒体开裂，仅余上部一小段，下部皆残缺	一面，模糊	
1681	4.6 × 0.7−0.13	竹	筒体开裂严重，仅余其中一小段，上下皆残缺	一面，不清	
1682	6.6 × 0.5−0.1	竹	筒体开裂，仅余其中一段，上下皆残缺	一面，模糊	
1683	10.4 × 0.8−0.16	竹	筒体开裂，仅余上半部，下半部残缺	一面，模糊	
1684	11.9 × 0.8−0.22	竹	筒体开裂，仅余上半部，右下半缺损，下半部皆残缺	一面，不清	
1685	10.9 × 0.9−0.15	竹	筒体开裂严重，仅余其中一段，上下皆残缺	一面，模糊	
1686	11.5 × 0.7−0.15	竹	筒体开裂，仅余上半部，下半部残缺	一面，不清	
1687	10.9 × 0.7−0.22	竹	筒体弯曲，仅余其中一段，上下皆残缺	一面，不清	

续表

编号	尺寸cm（长×宽－厚）	材质	完残状况	形制、字迹	备注
1688	11.9×0.9－0.1	竹	简体开裂严重，仅余下半部，其右边沿缺损，上半部残缺	一面，不清	
1689	12.8×0.8－0.13	竹	简体开裂弯曲严重，仅余其中一段，上下两端皆残缺	一面，不清	
1690	11.5×1.3－0.17	竹	简体开裂弯曲，仅余其中一段，上下两端皆残缺	两面，不清	
1691	8.9×1.0－0.14	竹	简体开裂弯曲，仅余其中一段，左半多处缺损	两面，模糊	
1692	7.1×1.3－0.25	竹	简体开裂严重，仅余其中一小段，上下皆残缺	两面，较清楚	
1693	5.3×0.6－0.2	竹	简体开裂，仅余其中一小段，其右半边缺失，左半缺损，上下皆残缺	两面，模糊	
1694	2.1×0.5－0.13	竹	简体开裂，仅余其中一小段，上下皆残缺	一面，较清楚	
1695	1.6×0.7－0.11	竹	简体开裂，仅余顶端一小段，下半部残缺	一面，较清楚	
1696	2.3×0.6－0.09	竹	简体开裂，仅余其中一小段，上下皆残缺	一面，不清	
1697	3.3×0.4－0.11	竹	简体开裂，仅余其中一小段，右边沿缺损，上下皆残缺	一面，较清楚	
1698	3.9×0.7－0.12	竹	简体开裂弯曲，仅余其中一小段，上下皆残缺	一面，模糊	
1699	4.5×0.8－0.26	竹	简体弯曲严重，仅余其中一小段，右半边沿缺失，上下皆残缺	两面，较清楚	
1700	4.6×0.5－0.11	竹	简体开裂，仅余其中一小段，右边沿缺失，上下皆残缺	一面，模糊	
1701	7.3×0.9－0.18	竹	简体开裂，仅余其中一段，上下皆残缺	一面，模糊	
1702	10.8×0.3－0.07	竹	简体开裂弯曲，仅余其中一段，左半边沿缺失，上下皆残缺	一面，模糊	1131+1702
1703	5.6×0.4－0.13	竹	简体开裂，仅余其中一小段，左半边沿缺失，上下皆残缺	一面，不清	
1704	4.8×0.4－0.11	竹	简体开裂，仅余上半部一小段，左边沿缺损，下部残缺	一面，较清楚	
1705	4.8×0.6－0.08	竹	简体开裂，仅余其中一小段，上下皆残缺	一面，模糊	
1706	5.1×0.8－0.14	竹	简体开裂，弯曲，仅余上部一段，下半部残缺	一面，较清楚	
1707	2.9×0.6－0.11	竹	简体开裂，仅余上部一小段，下部皆残缺	一面，模糊	
1708	2.6×0.6－0.2	竹	简体开裂，仅余其中一小段，左右边沿缺失，上下皆残缺	两面，模糊	
1709	2.7×0.6－0.05	竹	仅余其中一小段，左右边沿有缺失，上下皆残缺	一面，较清楚	
1710	4.3×0.5－0.07	竹	简体开裂，仅余上部一小段，下部皆残缺	一面，模糊	
1711	4.7×0.8－0.22	竹	简体开裂弯曲，仅余其中一小段，其右半残缺，上下皆残损	两面，不清	
1712	4.3×0.8－0.16	竹	简体开裂，仅余其中一小段，右半缺损，上下皆残缺	两面，模糊	
1713	4.7×0.8－0.11	竹	简体开裂，仅余其中一小段，上下皆残缺	一面，模糊	
1714	5.4×0.8－0.3	竹	简体开裂，仅余其中一小段，左边沿缺损，上下皆残缺	一面，较清楚	
1715	2.0×0.8－0.17	竹	简体开裂，仅余其中一小段，上下皆残缺	一面，模糊	
1716	15.9×1－0.11	竹	简体开裂弯曲，残余中下部大半，上部残缺	一面，模糊	
1717	17.7×1.3－0.14	竹	简体开裂，多处缺损，残余中上部，下端残缺	两面，较清楚	
1718	19.3×0.9－0.23	竹	简体开裂严重，右下角缺失，上下两端有残缺	一面，不清	
1719	21.3×1－0.21	竹	基本完整，略有弯曲	一面，不清	
1720	20.6×1.2－0.19	竹	简体略弯曲，多处开裂，缺损严重	一面，不清	
1721	23.5×1.2－0.28	竹	简体弯曲，开裂严重，仅余下半部，其右半多处缺损，上半部残缺	两面，较清楚	
1722	21.9×0.8－0.15	竹	简体略弯曲，仅余下半部	一面，模糊	

续表

编号	尺寸 cm（长 × 宽 − 厚）	材质	完残状况	形制、字迹	备注
1723	21.8 × 0.8−0.13	竹	简体弯曲，边沿有缺损，上下两端有残缺	一面，较清楚	
1724	18.9 × 0.7−0.16	竹	简体稍弯曲，仅余下半部，上半部残缺	一面，不清	
1725	17.6 × 0.8−0.17	竹	简体稍弯曲，仅余下半部，上半部残缺	一面，不清	
1726	21.7 × 0.8−0.19	竹	简体弯曲，开裂，基本完整	一面，不清	
1727	20.3 × 0.9−0.16	竹	简体开裂弯曲，边沿缺损，仅余上中部，下端残缺	一面，不清	
1728	21.3 × 0.9−0.15	竹	简体开裂弯曲，左边沿有缺损，基本完整	一面，不清	
1729	11.3 × 0.6−0.1	竹	简体弯曲，仅余中部一段，上下皆残缺	一面，不清	
1730	14.5 × 0.7−0.09	竹	简体开裂弯曲，仅余上半部，下半部残缺	一面，不清	
1731	15.6 × 0.7−0.08	竹	简体开裂，边沿多处缺损，下半部残缺	一面，不清	
1732	15.8 × 0.8−0.13	竹	简体开裂弯曲，仅余中部一段，上下皆残缺	一面，不清	
1733	17.7 × 0.8−0.16	竹	简体开裂弯曲，仅余中部一段，上下两端皆残缺	一面，不清	
1734	21.3 × 0.9−0.22	竹	简体稍有弯曲，基本完整	一面，较清楚	
1735	20.4 × 0.7−0.13	竹	简体开裂弯曲，边沿有缺损，基本完整	一面，不清	
1736	6.8 × 0.8−0.18	竹	简体开裂，仅余其中一段，其左半缺损，上下皆残缺	两面，较清楚	
1737	5.4 × 0.6−0.25	竹	简体开裂，仅余其中一段，其左边沿缺损，上下皆残缺	一面，较清楚	
1738	4.8 × 1.0−0.29	竹	简体稍弯曲，仅余下部一小段，左半边沿有缺损，上中部皆残缺	两面，不清	
1739	4.5 × 0.6−0.1	竹	简体开裂，仅余其中一小段，上下皆残缺	一面，不清	
1740	4.4 × 0.8−0.15	竹	简体开裂弯曲，仅余其中一小段，其右半缺损，上下皆残缺	两面，模糊	
1741	6.4 × 0.7−0.19	竹	简体开裂，仅余上部一段，中下部皆残缺	一面，模糊	
1742	8.5 × 0.6−0.11	竹	简体开裂弯曲，仅余上半部一段，下部皆残缺	一面，不清	
1743	8.4 × 0.4−0.14	竹	简体开裂弯曲，仅余其中一段，其右边缺损，上下皆残缺	两面，较清楚	0162+0353+1743
1744	10.1 × 0.7−0.11	竹	简体开裂弯曲，仅余其中一段，上下皆残缺	一面，较清楚	
1745	9.5 × 0.7−0.11	竹	简体开裂，仅余其中一段，上下皆残缺	一面，不清	
1746	14 × 0.8−0.14	竹	简体开裂弯曲，仅余上部一段，下部残缺	一面，不清	
1747	13.9 × 0.6−0.11	竹	简体稍弯曲，开裂，仅余其中一段，上下皆残缺	一面，较清楚	
1748	12.1 × 0.8−0.12	竹	简体开裂严重，仅余上部一段，其右半多处缺损，下部皆残缺	一面，不清	
1749	9.7 × 0.6−0.15	竹	简体开裂，仅余上部一段，下部皆残缺	一面，不清	
1750	8.9 × 0.6−0.12	竹	简体开裂严重，仅余其中一小段，边沿多处缺损，上下皆残缺	一面，模糊	
1751	5.7 × 0.7−0.11	竹	简体开裂，仅余其中一小段，上下皆残缺	一面，不清	
1752	4.5 × 0.7−0.15	竹	简体开裂，仅余上部一小段，中下部皆残缺	一面，不清	
1753	4 × 0.5−0.2	竹	简体开裂，弯曲，仅余其中一小段，上下皆残缺	一面，模糊	
1754	2.6 × 0.7−0.07	竹	简体开裂，仅余其中一小段，上下皆残缺	一面，不清	
1755	8.0 × 0.8−0.21	竹	简体开裂弯曲严重，仅余其中一段，边沿多处缺损，上下皆残缺	一面，不清	
1756	10.9 × 0.9−0.18	竹	简体稍有开裂，仅余上半部，下半部残缺	一面，不清	
1757	12.2 × 0.8−0.11	竹	简体开裂弯曲严重，仅余其中一段，边沿多缺损，上下两端皆残缺	两面，不清	

续表

编号	尺寸 cm（长 × 宽－厚）	材质	完残状况	形制、字迹	备注
1758	14.6×0.9－0.11	竹	简体开裂，仅余上半部，下半部残缺	一面，不清	
1759	12.7×0.7－0.13	竹	简体弯曲严重，仅余其中一段，边沿多缺损，上下两端皆残缺	一面，模糊	
1760	13.7×0.6－0.11	竹	简体开裂，扭曲严重，仅余上部，下部残缺	一面，模糊	
1761	20.9×0.8－0.12	竹	简体弯曲，开裂严重，右边沿多处缺损，下端残缺	一面，不清	
1762	3.8×0.8－0.13	竹	简体开裂，仅余其中一小段，上下皆残缺	一面，较清楚	
1763	6.5×0.8－0.11	竹	简体开裂弯曲，仅余其中一段，边沿缺损，上下皆残缺	一面，模糊	
1764	3.6×0.7－0.11	竹	简体开裂，仅余其中一小段，上下皆残缺	一面，部分清楚	
1765	3.7×0.4－0.11	竹	简体开裂，仅余其中一小段，左边沿缺损，上下皆残缺	一面，较清楚	
1766	5.1×0.8－0.11	竹	简体开裂，仅余顶端一小段，右下缺损，其中下部皆残缺	一面，不清	
1767	4.9×0.9－0.1	竹	简体开裂，仅余上端一小段，中下部皆残缺	一面，不清	
1768	4.2×1.1－0.12	木	仅余一小块残片	形制不明，较清楚	
1769	7.8×1.2－0.14	竹	简体开裂，仅余上半部一段，边沿多处缺损，下部皆残缺	两面，模糊	
1770	7.6×1.2－0.17	竹	简体弯曲开裂，仅余上半部一段，边沿缺损，下部皆残缺	两面，不清	
1771	6.8×1.2－0.14	竹	简体开裂，仅余其中一段，上下皆残缺	两面，不清	
1772	5.3×1.3－0.2	竹	简体开裂，仅余其中一段，上下皆残缺	两面，模糊	
1773	5.3×1.5－0.22	竹	简体开裂，仅余其中一段，字面有剥落，上下皆残缺	两面，不清	
1774	3.6×1.2－0.21	竹	简体多处断裂，仅余其中一段，上下皆残缺	两面，较清楚	
1775	4.9×0.9－0.21	竹	简体开裂弯曲，仅余其中一段，其左半缺损，上下皆残缺	两面，不清	
1776	5.8×1.4－0.23	竹	简体开裂，仅余下部一段，中上部皆残缺	两面，不清	
1777	5.4×1.3－0.22	竹	简体开裂，仅余其中一段，上下皆残缺	两面，较清楚	
1778	8.1×1.1－0.21	竹	简体开裂，仅余下半部，右半下端缺损，中上部皆残缺	两面，不清	
1779	6.7×1.3－0.19	竹	简体开裂，仅余其中一段，上下皆残缺	两面，不清	
1780	5.9×1.3－0.2	竹	简体开裂，仅余其中一段，上下皆残缺	两面，不清	
1781	5.6×1.2－0.17	竹	简体开裂，仅余其中一段，上下皆残缺	两面，模糊	1198+1106+1781
1782	4.6×1.5－0.16	竹	简体开裂，仅余其中一段，上下皆残缺	两面，模糊	
1783	3.9×1.1－0.2	竹	简体开裂，仅余其中一段，其左半缺损，上下皆残缺	两面，不清	
1784	6.9×0.9－0.2	竹	简体开裂，仅余其中一段，两边沿缺损，上下皆残缺	两面，不清	
1785	8.6×1.4－0.19	竹	简体开裂，仅余其中一段，左半边沿缺损，上下皆残缺	两面，模糊	
1786	12.5×1.6－0.21	竹	简体开裂弯曲，仅余中部一段，上下两端皆残缺	两面，模糊	
1787	16.9×1.5－0.27	竹	简体开裂，仅存中下部，边沿缺损，上部残缺	两面，不清	
1788	19×1.2－0.25	竹	简体开裂弯曲，仅存上中部，边沿缺损，下端残缺	一面，不清	
1789	9.2×2.1－0.46	竹	简体开裂，仅余下半部一段，左边沿缺损，中上部皆残缺	三面，较清楚	
1790	9.3×1.2－0.24	竹	简体开裂弯曲，仅余下半部，左边沿缺损，中上部皆残缺	两面，不清	
1791	6×1.4－0.17	竹	弯曲开裂，仅余下半部一段，中上部皆残缺	两面，较清楚	
1792	4.1×1.3－0.17	竹	简体开裂，仅余上端一段，边沿缺损，中下部残缺	两面，较清楚	1792+0017

续表

编号	尺寸 cm（长 × 宽－厚）	材质	完残状况	形制、字迹	备注
1793	2.9 × 1.6－0.21	竹	简体开裂，仅余其中一小段，上下皆残缺	两面，模糊	
1794	6.9 × 0.8－0.19	竹	简体开裂弯曲，仅余下半部一段，中上部皆残缺	一面，不清	
1795	9.3 × 1.3－0.22	竹	弯曲严重，仅余其中一段，上下皆残缺	两面，不清	有火灼痕迹
1796	8.2 × 1.2－0.17	竹	简体弯曲开裂，仅余下半部，左半边沿缺损，中上部皆残缺	两面，较清楚	
1797	16.4 × 1.2－0.32	竹	简体开裂弯曲严重，仅余中下部，左半边沿缺损，上部残缺	两面，较清楚	
1798	5.4 × 1.5－0.19	竹	简体开裂，仅余上部一段，中下部皆残缺	两面，较清楚	
1799	4.1 × 0.6－0.22	竹	简体开裂，仅余上端一小段，左半边沿缺损，中下部皆残缺	一面，较清楚	
1800	6.3 × 1.2－0.2	竹	简体开裂，仅余下端一小段，中上部皆残缺	两面，较清楚	
1801	22.9 × 1.9－0.37	木	基本完整	两行，较清楚	正背有字
1802	22.7 × 2.5－0.17	木	基本完整，稍有开裂	两行，模糊	
1803	17.4 × 2.2－0.3	木	基本完整，有两处断裂	单行，模糊	
1804	15.8 × 2.2－0.27	木	简体仅存下半部，上部残缺	两行，较清楚	
1805	17.2 × 2.1－0.38	木	基本完整，有压裂痕	两行，较清楚	
1806	22.2 × 2.5－0.47	木	简体有开裂，中上部基本完整，下端右角残缺	两行，较清楚	
1807	22.6 × 2.1－0.35	木	基本完整，稍有压裂	两行，较清楚	
1808	22.7 × 2.9－0.29	木	基本完整，有一裂痕	三行，较清楚	
1809	10.9 × 1.2－0.25	木	简体断裂，仅余其中一段，上下皆残缺	单行，模糊	
1810	16.7 × 1.9－0.52	木	简体稍有开裂，上部削如人形，下端如刀刃状	异形，较清楚	
1811	22.4 × 2.2－0.25	木	简体基本完整，稍有裂痕，左上边沿缺损，下部中有一穿孔	三行，较清楚	
1812	22.8 × 2.2－0.3	木	简体断裂，右下部边沿缺损	两行，较清楚	
1813	8.3 × 4.2－0.28	木	简体残损严重，仅余其中一段，上下皆残缺	四行，较清楚	
1814	16.5 × 4.9－0.36	木	简体残损，仅余下部，中上部皆残缺	单行，较清楚	
1815	4.5 × 3.3－0.25	木	简体残损严重，仅存上部一段，中下部皆残缺	单行，较清楚	
1816	3.9 × 2－0.31	木	仅余顶部一段，中下部皆残缺	单行，模糊	
1817	4.5 × 2.3－0.29	木	简体开裂，仅余顶部一段，右上角边沿残损，中下部皆残缺	两行，部分清楚	
1818	3.5 × 2.2－0.24	木	简体残损，仅余其中一段，上下皆残缺	两行，不清	
1819	3.9 × 2.2－0.26	木	简体残损，仅余其中一段，上下皆残缺	两行，不清	
1820	10.7 × 2.6－0.19	木	简体残损严重，仅余其中一段，左边沿缺损，上下皆残缺	习字，不清	正背有字
1821	6 × 1.1－0.14	木	简体开裂，仅余其中一小段，上下皆残缺	单行，模糊	
1822	4.6 × 2.3－0.25	木	简体断裂，仅余下端一小段，中上部皆残缺	两行，模糊	
1823	4.3 × 2.4－0.26	木	简体仅余其中一小段，上下皆残缺	两行，较清楚	
1824	2.2 × 1.4－0.31	木	简体仅余其中一小段，上下皆残缺	单行，较清楚	
1825	4.7 × 2.4－0.26	木	简体仅余其中一小段，右下边沿缺损，上下皆残缺	两行，不清	
1826	3.7 × 2.7－0.32	木	简体仅余其中一小段，左下边沿缺损，上下皆残缺	两行，较清楚	
1827	5.0 × 1.6－0.17	木	简体断裂，仅余顶端一小段，中下部皆残缺	单行，模糊	

续表

编号	尺寸 cm（长×宽-厚）	材质	完残状况	形制、字迹	备注
1828	4.7×2.2-0.3	木	简体有裂，仅余右半一小段，其上下皆残缺，余字一行	形制不明，模糊	
1829	4.4×2.2-0.23	木	简体仅余下端一小段，右边沿缺损，中上部皆残缺	两行，较清楚	
1830	5.9×1.5-0.06	木	仅余顶端一小段，其右半、下部皆残缺，余字一行	形制不明，模糊	
1831	4.2×1.5-0.2	木	仅余底端一小段，中上部皆残缺	单行，模糊	
1832	2.6×1.5-0.19	木	仅余其中一小段，上下左右皆残缺，余字一行	形制不明，模糊	
1833	3.1×1.2-0.07	木	仅余其中一小段残片，上下左右皆残缺，余字一行	形制不明，较清楚	
1834	2.9×1-0.14	木	仅余底端一小段残片，上下左右皆残缺，余字一行	形制不明，较清楚	
1835	1.8×1.3-0.22	木	仅余其中一小段残片，上下左右皆残缺，余字一行	形制不明，较清楚	
1836	3.3×1-0.17	木	仅余上端一小段残片，左右皆残缺，余字一行	形制不明，较清楚	
1837	2.7×1.9-0.15	木	仅余底端一小段，余字一行	形制不明，较清楚	
1838	2.2×1.3-0.26	木	仅余其中一小段残片，上下左右皆残缺，余字两行	形制不明，较清楚	
1839	4.5×1.3-0.05	木	简体扁薄，仅余其中一小段残片，四周皆残缺	单行，较清楚	
1840	9.2×1.8-0.16	木	仅余其中一小段，四周皆残缺，余字两行	形制不明，模糊	
1841	6.7×2.1-0.24	木	仅余下部一段，右下角缺损，中上部皆残缺	两行，模糊	
1842	6.4×2.5-0.25	木	仅余下部一段，左上边沿缺损，中上部皆残缺	两行，模糊	
1843	8.1×0.9-0.09	竹	简体开裂严重，仅余上半部一段，中下部皆残缺	一面，不清	
1844	11.5×0.9-0.13	竹	简体弯曲开裂，仅余下半部，上半部残缺	一面，模糊	
1845	12.3×0.9-0.16	竹	简体开裂弯曲，仅余上半部，下半部残缺	一面，模糊	
1846	11.7×0.9-0.19	竹	简体开裂，仅余上半部，下半部残缺	一面，不清	
1847	15.6×0.7-0.18	竹	简体仅存上半部，顶端弯曲缺损，下半部残缺	一面，不清	
1848	21×0.9-0.18	竹	简体稍弯曲，有隙，基本完整	一面，模糊	
1849	19.5×0.6-0.09	竹	简体开裂严重，仅存中下部，上部残缺	一面，不清	
1850	8.3×1.3-0.24	竹	简体开裂弯曲，仅余其中一段，上下皆残缺	两面，不清	
1851	6.2×0.9-0.11	竹	简体弯曲，仅余其中一小段，左半缺损，上下皆残缺开裂	两面，不清	
1852	3.4×0.4-0.06	竹	简体开裂，仅余其中一段，左边沿缺损，上下皆残缺	一面，模糊	
1853	4.9×0.8-0.14	竹	简体开裂，仅余其中一小段，上下皆残缺	一面，不清	
1854	3.9×0.9-0.12	竹	简体开裂，仅余上端一小段，中下部皆残缺	一面，模糊	
1855	12×1.6-0.18	竹	简体断裂严重，仅余上半部，其下左半缺损，下半部残缺	两面，不清	
1856	12.7×1.7-0.34	竹	简体开裂严重，仅余其中一段，右边沿缺损，上下两端残缺	两面，不清	
1857	6.1×1.2-0.16	竹	简体开裂弯曲，仅余其中一段，上下皆残缺	两面，模糊	
1858	5.3×1.5-0.15	竹	简体开裂，仅余其中一小段，上下皆残缺	三面，不清	
1859	5.9×1.5-0.17	竹	简体开裂弯曲，仅余其中一小段，上下皆残缺	两面，不清	
1860	6.2×1.3-0.17	竹	简体开裂弯曲，仅余其中一段，右半边沿缺损，上下皆残缺	两面，不清	
1861	7.9×1.2-0.17	竹	简体开裂弯曲，仅余其中一段，上下皆残缺	两面，不清	
1862	7.3×1.4-0.15	竹	简体开裂弯曲严重，仅余下部一段，右半边沿缺损，中上部皆残缺	两面，不清	

续表

编号	尺寸 cm（长 × 宽 – 厚）	材质	完残状况	形制、字迹	备注
1863	4.5 × 1.4–0.18	竹	简体开裂，仅余其中一小段，上下皆残缺	两面，不清	
1864	6.9 × 1.5–0.15	竹	简体开裂弯曲，仅余下部一段，中上部皆残缺	两面，模糊	
1865	8.9 × 2.9–0.21	木	简体开裂，仅余上半部，下部皆残缺	三行，较清楚	
1866	10.6 × 2.3–0.24	木	简体断裂，仅余其中一段，上下皆残缺，余字两行	习字，较清楚	
1867	6.3 × 2.8–0.07	木	简体扁薄，仅余一段薄片，周边多残缺，余字一行	习字，较清楚	
1868	16.2 × 2.7–0.3	木	简体开裂，仅余中下部，上部残缺	两行，较清楚	
1869	11.2 × 3.8–0.25	木	简体开裂，仅余其中一段	单行，较清楚	
1870	13.7 × 2.2–0.25	木	仅余其中一段，中部左边沿有楔口，上下皆残缺	两行，模糊	有楔口
1871	5.5 × 1.1–0.15	竹	简体开裂，仅余其中一段，上下皆残缺	两面，不清	
1872	7.8 × 1.0–0.09	竹	开裂，仅余上部一段，上端及右半边沿缺损，中下部皆残缺	两面，模糊	
1873	10 × 1.4–0.15	竹	简体弯曲开裂，仅余其中一段，上下皆残缺	两面，不清	
1874	14.3 × 1.2–0.19	竹	简体开裂，仅余中下部，边沿多缺损，上部残缺	两面，较清楚	
1875	21 × 2.6–0.28	竹	简体开裂，左右边沿及右下端多处缺损	四面，部分清楚	
1876	6.3 × 1.4–0.16	竹	简体开裂，仅余上部一小段，中下部皆残缺	两面，模糊	
1877	6.5 × 1.2–0.15	竹	简体开裂弯曲，仅余其中一小段，上下皆残缺	两面，不清	
1878	4.5 × 1.3–0.14	竹	简体弯曲，仅余上部一段，左上端边沿缺损，中下部皆残缺	两面，较清楚	1878+0980
1879	4.3 × 1.2–0.19	竹	简体开裂，仅余其中一小段，上下皆残缺	两面，较清楚	
1880	6.1 × 0.9–0.11	竹	简体开裂，仅余其中一小段，左半多缺损，上下皆残缺	两面，不清	
1881	8.9 × 0.6–0.11	竹	简体开裂，仅余其中一段，上下皆残缺	一面，不清楚	
1882	7.9 × 0.7–0.11	竹	简体开裂严重，仅余上半部一段，中下部皆残缺	一面，部分清楚	
1883	8.6 × 1.2–0.11	竹	简体开裂弯曲，仅余其中一段，上下皆残缺	一面，不清	
1884	9.6 × 1.2–0.12	竹	简体开裂，仅余其中一段，其右上半边缺损，上下皆残缺	两面，不清	
1885	11.5 × 0.8–0.11	竹	简体开裂，仅余其中一段，上下皆残缺	一面，不清	
1886	20.7 × 0.5–0.11	竹	简体开裂弯曲，两端有缺损	一面，不清	
1887	10.2 × 0.7–0.12	竹	简体开裂弯曲，仅余下半部，其左半下端缺损，上部残缺	两面，不清	
1888	6.7 × 1.3–0.16	竹	简体开裂，仅余其中一小段，上下皆残缺	两面，模糊	
1889	4 × 0.7–0.09	竹	简体仅余其中一小段，上下皆残缺	一面，不清	
1890	6.1 × 0.9–0.11	竹	简体开裂弯曲，仅余下部一段，其左半缺损，中上部皆残缺	两面，模糊	
1891	5.8 × 1–0.13	竹	简体开裂，仅余其中一小段，其右边沿缺损，上下皆残缺	一面，不清	
1892	6 × 0.8–0.09	竹	简体开裂严重，仅余其中一小段，边沿多处缺损，上下皆残缺	一面，不清	
1893	3.9 × 1–0.16	竹	简体仅余其中一段，其左半缺损，上下皆残缺	两面，较清楚	
1894	3.5 × 0.9–0.15	竹	简体开裂，仅余底端一小段，其左下角缺损，中上部皆残缺	两面，不清	
1895	5.1 × 1–0.14	竹	简体仅余其中一段，其左半边沿缺损，上下皆残缺	两面，模糊	
1896	4.5 × 0.6–0.09	竹	简体开裂，仅余其中一小段，上下皆残缺	一面，模糊	
1897	5.9 × 1–0.12	竹	简体开裂弯曲，仅余上部一小段，其左半缺损，中下部残缺	两面，模糊	

续表

编号	尺寸 cm（长×宽-厚）	材质	完残状况	形制、字迹	备注
1898	6.2×0.7-0.09	竹	简体开裂弯曲，仅余其中一小段，上下皆残缺	一面，不清	
1899	4.9×0.9-0.12	竹	简体开裂，仅余其中一小段，其左半缺损，上下皆残缺	两面，模糊	
1900	4.9×0.8-0.12	竹	简体开裂，仅余其中一段，其左边沿及右半缺损，上下皆残缺	两面，不清	
1901	4.7×0.5-0.13	竹	简体开裂，仅余其中一小段，左边沿有缺损，上下皆残缺	一面，不清	
1902	7.2×0.6-0.09	竹	简体开裂，仅余其中一段，上下皆残缺	一面，不清	
1903	3.5×0.8-0.11	竹	简体仅余底端一小段，左半缺损，其中上部皆残缺	两面，模糊	正背有字
1904	5.6×0.7-0.15	竹	简体开裂，仅余其中一段，上下皆残缺	一面，不清	
1905	6×0.9-0.13	竹	简体开裂，仅余其中一小段，其左半边沿缺损，上下皆残缺	两面，不清	
1906	4.3×0.7-0.11	竹	简体开裂弯曲，仅余下部一小段，其左半边沿缺损，中上部皆残缺	两面，模糊	
1907	5×0.7-0.13	竹	简体开裂，仅余其中一小段，上下皆残缺	一面，较清楚	
1908	4.3×0.4-0.11	竹	简体弯曲，余其中一小段，其右边沿缺损，上下皆残缺	一面，较清楚	
1909	3.6×0.7-0.12	竹	简体开裂，仅余其中一小段，上下皆残缺	一面，不清	
1910	6.1×0.6-0.15	竹	简体弯曲，仅余其中一段，其右边沿缺损，上下皆残缺	一面，不清	
1911	6×0.5-0.07	竹	简体开裂弯曲，仅余其中一段，上端右半缺损，上下皆残缺	一面，模糊	
1912	5.2×0.6-0.09	竹	简体开裂，仅余其中一小段，上下皆残缺	一面，不清	
1913	7×0.6-0.11	竹	简体开裂弯曲，仅余其中一小段，边沿多缺损，上下皆残缺	一面，不清	
1914	5.6×0.7-0.11	竹	简体开裂，仅余其中一小段，上下皆残缺	一面，不清	
1915	11.4×0.7-0.12	竹	简体开裂，仅余其中一段，上下皆残缺	一面，模糊	
1916	10.8×0.9-0.11	竹	简体开裂，仅余其中一段，左边沿多处缺损，上下皆残缺	一面，模糊	
1917	10.1×0.8-0.11	竹	简体开裂，仅余其中一段，左上边沿缺损，上下皆残缺	一面，不清	
1918	16×0.8-0.13	竹	简体开裂弯曲，仅余中部一段，上下两端残缺	一面，较清楚	
1919	16.3×0.8-0.13	竹	简体开裂，仅余中部一段，上下两端残缺	一面，较清楚	
1920	15.6×0.6-0.07	竹	简体开裂弯曲，仅余上中部，左右边沿多处缺损，下端残缺	一面，部分清楚	
1921	5.6×1.4-0.22	竹	简体开裂弯曲，仅余其中一小段，左半缺损，上下皆残缺	两面，不清	
1922	3.3×1.5-0.12	竹	简体开裂，仅余其中一小段，上下皆残缺	两面，不清	
1923	2.9×1.1-0.16	竹	简体开裂，仅余其中一小段，上下皆残缺	两面，不清	
1924	3.8×1.3-0.11	竹	简体开裂，仅余其中一小段，上下皆残缺	两面，模糊	
1925	4×1-0.16	竹	简体开裂弯曲，仅余其中一小段，左半边沿缺损，上下皆残缺	两面，较清楚	
1926	4.2×1.1-0.17	竹	简体开裂，仅余其中一小段，左半边沿缺损，上下皆残缺	两面，不清	
1927	4.2×1.6-0.24	竹	简体开裂严重，仅余底端一小段，其上皆残缺	两面，不清	
1928	5.7×1.3-0.13	竹	简体开裂弯曲，仅余下端一小段，左下角缺损，其上皆残缺	两面，不清	
1929	6.3×0.5-0.11	竹	简体扭曲，仅余下端一段，中上部皆残缺	一面，不清	
1930	9.6×1.1-0.11	竹	简体开裂弯曲严重，仅余其中一段，左半边沿多缺损，上下皆残缺	两面，不清	
1931	11.3×1.2-0.16	竹	简体扭曲，仅余上半部，边沿有缺损，下半部残缺	两面，较清楚	
1932	14×1-0.18	竹	简体稍弯曲开裂，仅余下半部，上半部残缺	一面，不清	

续表

编号	尺寸cm（长×宽－厚）	材质	完残状况	形制、字迹	备注
1933	10.8×0.8－0.11	竹	筒体稍开裂弯曲，仅余下半部，边沿多缺损，上半部残缺	一面，模糊	
1934	8.5×0.6－0.1	竹	筒体开裂，仅余其中一段，右边沿缺损，上下皆残缺	一面，不清	
1935	7.2×1.3－0.17	竹	筒体开裂，仅余其中一段，上下皆残缺	两面，不清	
1936	2.8×1.3－0.19	竹	筒体仅余顶端一小段，其下皆残缺	两面，较清楚	
1937	3.2×1.2－0.14	竹	筒体扭曲，仅余顶端一小段，其下皆残缺	两面，不清	
1938	11.8×5.5－0.48	木	基本完整，上部开裂，左边沿缺损	木楬，较清楚	
1939	9.2×2.1－0.06	木	不规则长条形薄片，边沿凹凸不齐，余字一行	削衣，较清楚	
1940	4.2×2.3－0.23	木	不规则长方形薄片，余字两行	削衣，不清楚	
1941	3.9×1.7－0.06	木	不规则长方形薄片，余字一行	削衣，较清楚	
1942	5.5×1.8－0.16	木	上下、右边沿缺，长条形，边缘不齐	削衣，较清楚	
1943	3.4×1.7－0.06	木	仅余其中一段，左边沿缺，长方形，边缘不齐	削衣，较清楚	
1944	2.3×2.8－0.13	木	残片，仅余其中一截，长方形，边缘不齐	三行，模糊	
1945	5×2.5－0.06	木	不规则长方形，余字一行	削衣，较清楚	
1946	2.9×1.6－0.39	木	残片，仅余其中一小块，近方形，边沿不齐	两行，较清楚	
1947	2.2×1.6－0.27	木	残片，仅余其中一小块，近方形，边缘不齐，余字一行	形制不明，模糊	
1948	8.9×2－0.31	木	长条形，仅余其中一段，上下皆残缺	两行，较清楚	
1949	10.1×2.4－0.22	木	长条形，仅余其中一段，上下皆残缺	两行，较清楚	
1950	13.4×1.4－0.27	木	长条形，仅余上中部，下部残缺	单行，较清楚	
1951	19.6×2.1－0.34	木	长条形，仅余中下部，上端残缺	两行，不清	
1952	17.8×1.4－0.24	木	简体断裂，长条形，左半剖离，上部残缺	单行，较清楚	
1953	7.9×1.7－0.07	木	不规则长条形	削衣，不清	
1954	4.2×2.7－0.37	木	残块，仅余边角一块，近似方形，简体浸染墨团	形制不明，无字	
1955	3.8×1.6－0.26	木	残块，仅余其中一不规则长方形，余字一行	形制不明，不清	
1956	3.0×1.2－0.18	木	仅余其中一小段，上下皆残缺	单行，较清楚	
1957	10.6×2－0.27	木	简体开裂，仅余其中一段，上下皆残缺上半部缺失	两行，不清	
1958	4.1×2.3－0.43	木	仅余右下角一块，不规则长方形	木楬，模糊	
1959	5.2×1.9－0.28	木	仅余一小段，中上部皆残缺	两行，不清	
1960	3.6×1.6－0.16	木	仅余其中一小段，右下缺损，上下皆残缺，余字一行	形制不明，较清楚	
1961	4×1.2－0.18	木	仅余其中一小块，右边沿缺损，上下皆残缺，余字一行	形制不明，较清楚	
1962	2.2×2.2－0.22	木	残片，仅余其中一块，近似方形，上下皆残缺，余字一行	形制不明，模糊	
1963	3.3×1.4－0.08	木	简体仅余其中一块，左边沿缺损，上下皆残缺，余字一行	形制不明，较清楚	
1964	5.1×2.1－0.22	木	仅余左边一小块，不规则长方形，余皆残缺，余字一行	形制不明，较清楚	
1965	5.2×3－0.26	木	仅余其中一块，形似三角，余皆残缺，余字一行	削衣，模糊	
1966	2.7×1.1－0.21	木	仅余其中一小段，长方形，余皆残缺	单行，模糊	1971+1966
1967	5.2×2－0.1	木	仅余右半一小段，不规则长方形，余皆残缺，余字一行	形制不明，较清楚	

续表

编号	尺寸 cm（长 × 宽－厚）	材质	完残状况	形制、字迹	备注
1968	2.8×2－0.26	木	仅余其中一段，近方形，余皆残缺，余字一行	形制不明，模糊	
1969	3.4×1.5－0.16	木	仅余左上角一段，不规则长方形，余皆残缺，余字一行	形制不明，较清楚	有朱笔
1970	3.9×1.5－0.21	木	仅余右半一小段，不规则长方形，余皆残缺，余字一行	形制不明，模糊	
1971	2.6×1.2－0.13	木	残片，仅余顶端一小段，余皆残缺	一行，较清楚	1971+1966
1972	5.8×2.6－0.19	木	残片，仅余其中一段，不规则长方形，余皆残缺	习字，较清楚	
1973	6.6×5.5－0.19	木	残片，仅余上部一段，近方形，下半部残缺，简体有墨团	习字，较清楚	
1974	12.1×1.9－0.34	木	简体断裂，仅余中部一段，上下皆残缺	两行，模糊	
1975	3.3×3.1－0.28	木	残片，仅余其中一段，近方形，余皆残缺	三行，较清楚	
1976	9.2×4－0.24	木	形近梯形，上下皆残缺	四行，模糊	
1977	3.9×2.4－0.25	木	仅余底部一小段，长方形，中上部皆残缺	两行，部分清楚	
1978	3×2.1－0.24	木	仅余其中一小段，长方形，余皆残缺	两行，较清楚	有朱笔
1979	3.9×1.4－0.14	木	仅余其中一小段，左半缺损，上下皆残缺	两行，较清楚	
1980	2.6×1.4－0.29	木	简体仅余其中一小段，上下皆残缺	单行，较清楚	
1981	2.3×1.4－0.31	木	仅余底端一小段，其中上部皆残缺	单行，较清楚	
1982	6.1×1.5－0.03	木	长条形薄片，左下残损	削衣，较清楚	
1982-1	2.4×1.5－0.03	木	不规则长方形薄片	削衣，较清楚	
1983	13.4×0.9－0.13	竹	简体开裂扭曲，仅余其中部一段，上下皆残缺	一面，模糊	
1984	3.5×1.1－0.04	竹	简体残断，为不规则长方形	一面，较清楚	
1985	2.7×1.6－0.04	木	残片，不规则几何形薄片，余字数行	削衣，较清楚	
1986	3.8×1.2－0.04	木	残片，长条形薄片，余字一行	削衣，较清楚	
1987	3.2×1.4－0.09	木	残片，长方形薄片，余字一行	削衣，较清楚	
1988	6.4×1.7－0.11	木	残片，三角形薄片	削衣，较清楚	
1989	3.5×1.4－0.03	木	残片，不规则长方形薄片，余字一行	削衣，模糊	
1990	4.2×2.1－0.26	木	简体仅余其中一小节，上下皆残缺	两行，模糊	
1991	6.3×2.8－0.17	木	牍体开裂，仅余其中一段，上下皆残缺	三行，较清楚	
1992	6.4×2.1－0.21	木	仅余其中一段，上下皆残缺	单行，不清	
1993	7.7×1－0.07	木	残片，不规则长条形薄片	单行，较清楚	
1994	6.7×0.7－0.24	木	仅余其中一段，其右边沿多缺损，上下皆残缺	单行，模糊	正背有字
1995	5.4×1.2－0.14	木	简体为不规则长方形，余皆残缺	形制不明，模糊	
1996	4.5×0.5－0.14	竹	简体开裂，仅余其中一小段，左半与右半边沿多缺损，上下皆残缺	两面，模糊	
1997	3.6×0.7－0.13	木	仅余其中一小段，不规则长条形，余皆残缺	单行，较清楚	正背有字
1998	2×1.3－0.17	木	仅余底部一小段，其上皆残缺	单行，较清楚	
1999	2.5×1.2－0.08	木	残片，仅余其中一小段，不规则长方形	削衣，较清楚	
2000	4.4×1.3－0.14	木	残片，近似三角形，刀削痕明显，余其中一段	削衣，较清楚	
2001	3×1.2－0.16	木	残片，仅余其中一小段，余皆残缺	单行，不清	

续表

编号	尺寸 cm（长 × 宽－厚）	材质	完残状况	形制、字迹	备注
2002	3.9 × 0.7－0.23	木	残片，仅余其中一小段，其左半缺损，余皆残缺	单行，较清楚	
2003	2.7 × 2.8－0.37	木	疑似木牍，仅余其中一小段，不规则方形，余皆残缺	单行，较清楚	
2004	9 × 2.8－0.4	木	残片，仅余其中一段，长条形，余皆残缺	习字，模糊	背面有墨迹
2005	1.5 × 4.9－0.3	木	残片，仅余其中横向一段，余皆残缺，余字三行	三行，较清楚	正背有字
2006	4.6 × 1.1－0.17	木	仅余其中一小段，长条形，余皆残缺	习字，不清	背面有墨迹
2007	4.9 × 2.6－0.13	木	残片，仅余其中一小段，不规则长条状，余皆残缺	习字，模糊	
2008	5.6 × 1.5－0.25	木	残片，仅余下部一小段，其中上部皆残缺	单行，较清楚	正背有字
2009	3.2 × 2.3－0.33	木	残片，仅余其中一段，略近方形，余皆残缺	习字，较清楚	正背有字
2010	2.7 × 3.3－0.18	木	残片，仅余上端一小段，略近方形，余皆残缺	两行，较清楚	正背有字
2011	6.2 × 1.4－0.19	木	残片，仅余底端中一段，右边沿缺损，其中上部残缺	单行，不清	正背有字
2012	1.4 × 2.4－0.12	木	残片，仅余其中一小段，近似长方形，余皆残缺	两行，较清楚	2012+2013 正背有字
2013	1.5 × 2.4－0.12	木	残片，仅余其中一小横段，近似长方形，余皆残缺	两行，较清楚	2012+2013 正背有字
2014	3.3 × 2.6－0.21	木	残片，仅余其中一段，左边缺损，近似方形，余皆残缺	三行，较清楚	正背有字
2015	3.7 × 2.2－0.36	木	残片，仅余上端一段，近似方形，余皆残缺	习字，较清楚	正背有字
2016	19.6 × 2.5－0.25	木	简体开裂，仅余中下部，上部残缺	两行，模糊	正背有字
2017	22.9 × 2－0.12	木	完整	两行，较清楚	采集，背面有墨迹
2018	22 × 2.4－0.39	木	较完整，顶端残缺	习字，部分清楚	采集，正背有字
2019	23.2 × 2.7－0.29	木	完整	两行，较清楚	正背有字
2020	11 × 1.9－0.17	木	残片，不规则长三角形，有削刀痕	削衣，不清	
2021	8.6 × 1.2－0.23	木	残片，仅余其中一小段，长条状，余皆残缺	习字，较清楚	背面有墨迹
2022	8.5 × 1.9－0.25	木	残片，不规则多边形，有斜切刀痕	削衣，较清楚	正背有字
2023	8.3 × 2.6－0.25	木	残片，仅余其中一段，上下皆残缺	三行，较清楚	正背有字
2024	7.3 × 1.5－0.31	木	仅余其中一段，中部有断裂，上下皆残缺	单行，较清楚	2024+2026 正背有字
2025	10.9 × 0.8－0.14	木	长条状，上端稍厚，下端薄如纸片，余下半部	习字，模糊	
2026	8 × 1.5－0.34	木	仅余其中一段，中间有断裂	单行，模糊	2024+2026 正背有字
2027	6.7 × 4.2－0.47	木	残片，仅余右半一段，其左半及上下皆残缺	两行，不清	
2028	4.0 × 2－0.14	木	残片，仅余其中一小段，右半及上下皆残缺	两行，模糊	正背有字
2029	2.9 × 1－0.23	木	残片，仅余其中一小段，余皆残缺	单行，模糊	双面有墨迹，背面有朱笔痕
2030	5.3 × 2.8－0.22	木	形似长方形，上窄下宽，宽部留有刀削痕	单行，较清楚	正背有字
2031	5.5 × 1.6－0.22	木	仅余其中一段，形似三角形，余皆残缺	单行，模糊	正背有字
2032	15.9 × 6－0.42	木	较为完整，中间有开裂，首弧底方	木楬，模糊	正背有字
2033	7.3 × 3.2－0.65	木	残片，仅余其中一段，左半及上下皆残缺，余字三行	习字，模糊	
2034	21.7 × 4.5－0.35	木	残片，长条形，左边沿多处残缺	习字，不清	背面有墨迹
2035	22 × 3.5－0.2	木	残片，长条形，左右边沿有缺损，有刀削痕迹	习字，较清楚	正背有字
2036	12 × 2.7－0.15	木	仅余上半部，左边沿有缺损，下半部残缺	正面六行 背面五行，较清楚	采集，正背有字

续表

编号	尺寸 cm（长 × 宽 - 厚）	材质	完残状况	形制、字迹	备注
2037	11.9 × 3.6 - 0.24	木	残片，仅余上半部，有火灼痕，下半部残缺	习字，不清楚	正背有字
2038	7.1 × 2.6 - 0.33	木	残片，仅余其中一段，上下皆残缺	习字，模糊	正背有字
2039	11 × 5.1 - 0.36	木	残片，仅余上半部，下端呈三角形，有刀削痕迹	习字，较清楚	正背有字
2040	9.5 × 2.8 - 0.16	木	残片，仅余下半部，左边沿有缺损，上半部残缺	两行，不清	正背有字
2041	5.5 × 2 - 0.25	木	残片，长方形，仅余其中一小段，余皆残缺	四行，较清楚	2044+2041 正背有字
2042	9.7 × 3.1 - 0.51	木	较完整，左右边沿上下皆有三角楔口，底端有刹角	签牌，较清楚	有楔口
2043	11.7 × 3.8 - 0.35	木	残片，仅余其中一段，其右下缺损，上下皆残缺	木楬，较清楚	
2044	14.4 × 4.6 - 0.26	木	仅余中上部，左边沿有缺，下部皆残缺	四行，较清楚	2044+2041 正背有字
2045	13.2 × 4.5 - 0.15	木	残片，余其中一段，木牍为不规则长方形；多处断裂，残损	习字，较清楚	背面字迹模糊
2046	5.1 × 2.8 - 0.2	木	残片，仅余其中一小段，上下皆残缺	习字，较清楚	正背有字
2047	4.7 × 1.6 - 0.23	木	制作成匕首状，首、身残缺，格部两面绘有卷云纹图案	异形，无字	
2048	5.2 × 1.8 - 0.16	木	似三角形，切口处刀削痕迹清晰	削衣，不清	正背有字
2049	14.7 × 1.7 - 0.34	木	残片，长条状，右半及上下皆残缺	习字，模糊	正背有字
2050	3.6 × 2.6 - 0.32	木	残片，仅余其中一小段，上下皆残缺	习字，模糊	正背有字
2051	3.7 × 3.1 - 0.39	木	残片，仅余其中一小节，似三角形，余皆残缺	两行，模糊	正背有字
2052	2.7 × 1.2 - 0.13	木	残片，仅余其中一段，余皆残缺	两行，较清楚	
2053	1.5 × 1.9 - 0.19	木	残片，仅余其中一小段，其右边沿缺损，余皆残缺	两行，较清楚	
2054	4.7 × 0.8 - 0.19	木	残片，仅余其中一段，其边沿多缺损，上下皆残缺	单行，较清楚	正背有字
2055	25.9 × 0.35 - 0.27	木	上下两端及边沿皆残缺	习字，较清楚	正背有字
2056	6.3 × 1.2 - 0.12	竹	筒体开裂弯曲，仅余其中一段，其中间多处缺损，上下皆残缺	两面，模糊	
2057	4.7 × 1.4 - 0.22	竹	筒体开裂，仅余上部一小段，中下部皆残缺	两面，不清	
2058	6.4 × 1.5 - 0.21	竹	筒体开裂，仅余其中一小段，其左半缺损，上下皆残缺	三面，不清	
2059	5.4 × 1.4 - 0.27	竹	筒体开裂弯曲严重，仅余其中一小段，上下皆残缺	两面，模糊	
2060	14.6 × 1.6 - 0.14	竹	筒体开裂弯曲严重，仅余下半部，其左面缺损严重，上半部残缺	三面，不清	
2061	9.8 × 1.3 - 0.13	竹	筒体开裂，仅余上半部，边沿多处缺损，下半部残缺	两面，不清	
2062	7.4 × 1.9 - 0.35	竹	筒体开裂，仅余其中一段，左边沿缺损，上下皆残缺	两面，模糊	有火灼痕迹
2063	3.8 × 1.5 - 0.17	竹	筒体开裂，仅余其中一小段，上下皆残缺	两面，较清楚	
2064	4 × 1.5 - 0.16	竹	筒体开裂弯曲，仅余底端一小段，右边沿缺损，中上部皆残缺	两面，模糊	
2065	8 × 0.6 - 0.09	竹	筒体开裂，仅余其中一段，上下皆残缺	一面，不清	
2066	9.4 × 0.6 - 0.12	竹	筒体开裂弯曲，仅余其中一段，上下皆残缺	一面，不清	
2067	13.2 × 0.9 - 0.09	竹	筒体开裂弯曲，仅余下半部，其边沿多处缺损，上半部残缺	一面，不清	
2068	13.3 × 0.7 - 0.13	竹	筒体开裂弯曲，仅余下半部，上半部残缺	一面，不清	
2069	16.5 × 0.6 - 0.09	竹	筒体开裂弯曲，仅余上中部，其边沿缺损，下部残缺	一面，不清	
2070	19.9 × 0.6 - 0.07	竹	筒体弯曲，开裂严重，上下两端及边沿多处缺损	一面，不清	
2071	19.9 × 0.6 - 0.07	竹	筒体开裂弯曲，基本完整，底端稍有残缺	一面，部分清楚	

续表

编号	尺寸 cm （长 × 宽－厚）	材质	完残状况	形制、字迹	备注
2072	6.6×0.7–0.09	竹	简体开裂，仅余下半部一小段，中上部皆残缺	一面，不清	
2073	4.6×1.1–0.11	竹	简体开裂，仅余其中一小段，上下皆残缺	两面，不清	
2074	6.3×1–0.21	竹	简体弯曲，仅余其中一小段，上下皆残缺	两面，不清	
2075	5.3×1.3–0.11	竹	简体开裂严重，仅余上部一小段，左右边沿多处缺损，中下部皆残缺	两面，不清	
2076	1.7×1.4–0.11	竹	简体开裂，仅余底端一小段，余皆残缺	两面，不清	
2077	8.2×1.4–0.13	竹	简体开裂弯曲，仅余其中一段，上下皆残缺	两面，部分清楚	
2078	11.5×1.5–0.13	竹	简体开裂，仅余其中一段，上下皆残缺	两面，不清	
2079	11.3×1.4–0.12	竹	简体开裂弯曲，仅余上半部，其左半缺损，下半部残缺	两面，较清楚	
2080	12.2×1.5–0.21	竹	简体开裂，仅余下半部，其右半边沿多处缺损，上半部残缺	两面，较清楚	
2081	15×1.4–0.19	竹	简体有断裂，仅余上中部，下半部残缺	两面，不清	
2082	3.9×1.4–0.18	竹	简体弯曲，仅余其中一小段，上下皆残缺	两面，不清	
2083	4.7×1.1–0.07	竹	简体开裂，仅余其中一小段，上下皆残缺	两面，不清	
2084	4.9×1.3–0.15	竹	简体开裂，仅余其中一小段，右上半边缺损，上下皆残缺	两面，不清	
2085	7.1×0.9–0.18	竹	简体开裂，仅余底部一小段，其左半边沿缺损	两面，不清	有火灼痕迹
2086	2.9×0.9–0.15	竹	简体开裂，仅余其中一小段，右边沿缺损，上下皆残缺	两面，不清	
2087	9.8×0.5–0.08	竹	简体开裂弯曲，仅余其中一段，上下皆残缺	一面，不清	
2088	11.2×0.9–0.16	竹	简体开裂，仅余其中一段，上下皆残缺	一面，模糊	
2089	11.7×0.8–0.09	竹	简体开裂，仅余上半部，左边沿缺损，下半部残缺	一面，不清	
2090	12.1×0.8–0.11	竹	简体开裂弯曲，仅余其中一段，上下皆残缺	一面，不清	
2091	12.9×0.8–0.09	竹	简体开裂弯曲，仅余其中一段，左右边沿缺损，上下皆残缺	两面，不清	
2092	12.9×0.7–0.08	竹	简体开裂弯曲，仅余下半部，上半部残缺	一面，模糊	
2093	16×0.7–0.07	竹	简体开裂，仅余上中部，其边沿多处缺损，下部残缺	一面，模糊	
2094	7.5×0.8–0.17	竹	简体开裂，仅余其中一小段，上下皆残缺	一面，不清	
2095	8.1×0.9–0.19	竹	简体开裂，仅余上部一段，中下部皆残缺	一面，不清	
2096	5.5×1.3–0.13	竹	简体开裂，仅余其中一小段，其右半边多缺损，上下皆残缺	两面，模糊	
2097	4.3×0.8–0.14	竹	简体开裂，仅余其中一小段，其左半及上下皆残缺	两面，较清楚	
2098	4.1×0.6–0.12	竹	简体弯曲，仅余其中一小段，上下皆残缺	一面，较清楚	
2099	5×0.7–0.07	竹	简体开裂弯曲，仅余其中一小段，上下皆残缺	一面，模糊	
2100	4.8×0.6–0.07	竹	简体开裂，仅余其中一小段，上下皆残缺	一面，模糊	
2101	8.2×0.8–0.13	竹	简体开裂，仅余上半部，中下部皆残缺	一面，不清	
2102	7.8×0.9–0.09	竹	简体弯曲，仅余其中一段上下皆残缺	两面，不清	
2103	7.2×0.9–0.19	竹	简体开裂弯曲，仅余其中一小段，其右半多缺损，上下皆残缺	两面，较清楚	
2104	5.8×0.8–0.19	竹	简体弯曲，仅余上部一小段，右下边沿缺损，中下部皆残缺	一面，不清	
2105	6.5×0.6–0.11	竹	简体弯曲，仅余上部一小段，中下部皆残缺	一面，不清	
2106	11.9×0.8–0.14	竹	简体开裂，仅余其中一段，上下皆残缺	一面，不清	

续表

编号	尺寸 cm （长 × 宽 − 厚）	材质	完残状况	形制、字迹	备注
2107	9.3 × 0.4 − 0.15	竹	简体弯曲，仅余下部一段，其右边沿缺损，中上部皆残缺	一面，较清楚	
2108	8 × 0.7 − 0.11	竹	简体开裂弯曲，仅余其中一段，上下皆残缺	一面，不清	
2109	7.4 × 0.9 − 0.11	竹	简体开裂弯曲，仅余其中一段，其左半及上下皆残缺	两面，不清	
2110	6.6 × 0.6 − 0.11	竹	简体开裂弯曲，仅余其中一小段，左右边沿多缺损，上下皆残缺	一面，不清	
2111	5.6 × 1.1 − 0.13	竹	简体开裂，仅余顶部一小段，其左半缺损；中下部皆残缺	两面，模糊	
2112	3 × 0.7 − 0.09	竹	简体开裂，仅余其中一小段，上下皆残缺	一面，不清	
2113	5.8 ×（4.2 − 0.9） −（1.6 边，2.5 中）	木	平面长方形，正面有一人物图像，背面中部凸起，为一抓柄	图像，清楚	采集
2114	31.5 × 2.3 − 0.33	竹	简体开裂严重，仅余中下部，左右边沿多处缺损，上部残缺	三面，较清楚	
2115	34.3 × 1.5 − 0.15	竹	简体开裂弯曲严重，仅余中下部，其中部左右边沿多处缺损，上部残缺	两面，较清楚	
2116	34.3 × 1.7 − 0.33	竹	简体开裂弯曲严重，有三处弯曲断裂，两边沿多处缺损，底端残缺	两面，较清楚	
2117	39.1 × 1.6 − 0.19	竹	简体开裂扭曲严重，上部右半边沿折扭变形	两面，部分清楚	
2118	29.7 × 0.8 − 0.14	竹	简体开裂严重，形制基本完整，多处断裂	一面，部分清楚	
2119	32.5 × 1.5 − 0.25	竹	简体开裂严重，左下半边有断裂，底部残缺	两面，部分清楚	
2120	29.2 × 0.9 − 0.15	竹	简体开裂严重，上半部有三处断裂，底部残缺	一面，模糊	
2121	25.8 × 1.1 − 0.24	竹	简体开裂弯曲，仅余其中一段，右侧边沿缺损；上下皆残缺	两面，较清楚	
2122	30.5 × 1.6 − 0.25	竹	简体弯曲开裂，中上部右边沿缺损	两面，较清楚	有火灼痕迹
2123	26.8 × 1.4 − 0.21	竹	简体开裂，上端有缺损，底部残缺	两面，较清楚	
2124	26.8 × 1.5 − 0.1	竹	简体开裂弯曲严重，仅余中下部，边沿缺损，上部残缺	两面，较清楚	
2125	25.1 × 1.4 − 0.28	竹	简体开裂弯曲，仅余中下部，边沿稍有缺损，上部残缺	两面，较清楚	
2126	28.2 × 2.2 − 0.27	竹	简体开裂弯曲严重，仅余中部一段，其左半三四面多有缺损，上下两端皆残缺	四面，较清楚	
2127	35.6 × 1.4 − 0.29	竹	简体断裂弯曲严重，仅存上中部，其下开裂缺损，底部残缺	两面，较清楚	
2128	36.2 × 0.9 − 0.11	竹	简体开裂，稍有弯曲，上下两端残缺	一面，较清楚	
2129	17.3 × 0.9 − 0.17	竹	简体弯曲开裂，左边沿及上下端皆缺损	四面，部分清楚	2129+2130
2130	24.4 × 1.8 − 0.34	竹	简体弯曲开裂，右边沿及上下端皆残缺	四面，部分清楚	2129+2130
2130−1	13 × 1.4 − 0.3	竹	简体开裂弯曲严重，仅余其中一段，其右半缺损，上下皆残缺	两面，较清楚	
2131	26.9 × 1.3 − 0.2	竹	简体开裂，仅余上半部，顶端呈弧形，有一孔，中下部残缺	一面，较清楚	
2132	31.8 × 1.5 − 0.22	竹	简体开裂弯曲严重，仅余中下部，其边沿多缺损，上端残缺	两面，较清楚	
2133	30.3 × 0.5 − 0.13	竹	简体开裂弯曲，仅余上中部，下部残缺	一面，较清楚	
2134	28.4 × 1.4 − 0.12	竹	简体开裂弯曲严重，仅余中部，其左半边沿多缺损，上下两端残缺	两面，较清楚	
2135	27.5 × 1.0 − 0.15	竹	简体弯曲开裂严重，仅余中部，其左半缺损，上下两端皆残缺；左下角缺，尾部多处开裂	两面，较清楚	
2136	27.6 × 0.7 − 0.1	竹	简体弯曲，多处断裂，仅余中下部，其中部简体有缺损，上部残缺	一面，部分清楚	
2137	29.4 × 0.7 − 0.11	竹	简体开裂弯曲，基本完整，边沿有缺损；中下部开裂。	一面，模糊	
2138	26.7 × 1.5 − 0.12	竹	简体弯曲，多处开裂，仅余中下部，左右边沿多有缺损，右上角缺	三面，模糊	
2139	55.7 ×（1.5 − 3.4） −（1.2 − 2）	木	觚体多断裂，形制正面呈覆斗状，背面呈不平整两面坡状	觚，模糊	
2140	56.8 ×（3.7 − 3.9） −（1.2 − 2.3）	木	觚体呈多棱形长柱状，多处断裂缺损，正面呈帷幄状，背面呈两面坡状，整体上中部多棱，下端扁平	觚，模糊	

续表

编号	尺寸 cm（长 × 宽 − 厚）	材质	完残状况	形制、字迹	备注
2141	5.2 × 1.2−0.21	竹	简体开裂弯曲，仅余其中一小段，右边沿缺损，上下皆残缺	两面，部分清楚	
2141−1	3.3 × 1−0.21	竹	简体弯曲，仅余其中一小段，右半缺损，上下皆残缺	两面，较清楚	
2142	23.4 × 1.9−0.27	木	简体稍完整，下部右边沿开裂处有缺失	单行，较清楚	
2143	21.7 × 1.3−0.22	竹	简体开裂弯曲，仅余中下部，其边沿缺损，上部残缺	两面，不清	
2144	14 × 1.2−0.19	竹	简体开裂，仅余其中一段，上下皆残缺	两面，不清	
2145	10.3 × 1.4−0.19	竹	简体开裂弯曲，仅余其中一段，上下皆残缺	两面，不清	
2146	6.2 × 0.7−0.14	竹	简体开裂，仅余其中一段，其右下边沿缺损，上下皆残缺	一面，不清	
2147	4.2 × 1.4−0.29	竹	简体开裂弯曲，仅余其中一小段，上下皆残缺	两面，模糊	
2148	3.1 × 0.8−0.19	竹	简体开裂，仅余其中一小段，左半缺损，上下皆残缺	两面，不清	
2149	2.4 × 1.1−0.25	木	简体残缺严重，仅余其中一片，余皆缺失	形制不明，较清楚	
2150	3.8 × 0.9−0.09	竹	简体开裂，仅余其中一小段，其右半边缺损，上下皆残缺	两面，不清	
2151	5.3 × 1.2−0.44	竹	简体开裂，仅余其中一小段，右半缺损，上下皆残缺	两面，不清	
2152	5.8 × 1.9−0.25	木	简体断裂，仅余其中一小段，上下皆残缺	形制不明，不清	
2153	2.3 × 1.1−0.15	竹	简体开裂，仅余其中一小段，其左半边沿缺损，上下皆残缺	两面，较清楚	
2154	0.9 × 1.4−0.23	木	简体残碎，仅余其中一小片，余皆残缺	形制不明，模糊	
2155	3.3 × 1.3−0.17	木	简体残碎，仅余其中一小片，余皆残缺	形制不明，模糊	
2156	2.3 × 1.2−0.05	木	仅余其中一小片，余皆残缺	削衣，较清楚	
2157	5.3 × 1.1−0.26	木	简体残碎，仅余其中一小段，余皆残缺	形制不明，不清	
2158	4.4 × 0.9−0.09	竹	简体开裂，仅余其中一小段，其左半多有缺损，上下皆残缺	两面，不清	
2159	4.1 × 1.1−0.05	木	残片，仅余其中一小段	削衣，不清	
2160	3.6 × 0.8−0.05	木	残片，仅余其中一小段	削衣，较清楚	
2161	4.6 × 0.6−0.22	木	残碎严重，仅余其中一小段，余皆残缺	形制不明，不清	
2162	3.6 × 0.6−0.16	竹	简体开裂，仅余其中一段，右半边沿缺损，左半缺失，上下皆残缺	两面，模糊	
2162−1	2.3 × 0.4−0.14	竹	简体弯曲，仅余其中一小段，左右两半皆缺损；上下皆残缺	两面，模糊	
2163	6.6 × 1.3−0.06	木	残片，仅余其中一小段	削衣，部分清楚	
2164	5.0 × 1.3−0.05	木	残片，仅余其中一小段	削衣，较清楚	
2165	5.9 × 1.5−0.48	竹	简体有裂，仅余其中一小段，上下皆残缺	一面，不清	
2166	7 × 2.6−0.17	木	残损严重，仅余其中一残片，余皆残缺	形制不明，不清	
2167	3.7 × 0.8−0.07	竹	简体开裂弯曲，仅余其中一小段，右边沿缺损，上下皆残缺	一面，模糊	有火灼痕迹
2168	3.5 × 0.5−0.1	竹	简体开裂，仅余其中一小段，上下皆残缺	一面，模糊	
2169	3.5 × 1−0.04	木	残片，仅余其中一小段	削衣，模糊	
2170	2.8 × 0.3−0.15	竹	简体开裂，仅余其中一小段，右边沿缺损，上下皆残缺	一面，较清楚	
2170−1	0.9 × 0.4−0.15	竹	简体残片，上半左右皆残缺	两面，较清楚	
2171	2.2 × 0.5−0.12	竹	简体断裂，仅余其中一小段，右半边沿缺损，上下皆残缺	两面，较清楚	
2172	5.3 × 0.7−0.07	竹	简体开裂，仅余其中一小段，左半边缺损，上下皆残缺	两面，模糊	

续表

编号	尺寸 cm（长 × 宽 – 厚）	材质	完残状况	形制、字迹	备注
2173	2.3 × 0.35 – 0.06	竹	简体仅余其中一小段，上下皆残缺	一面，模糊	
2174	1.5 × 1.1 – 0.05	木	残片，仅余其中一小段	削衣，较清楚	正背有图像
2175	1.4 × 1.1 – 0.05	木	残片，仅余其中一小段	削衣，较清楚	
2176	6.3 × 0.2 – 0.08	竹	简体开裂弯曲，仅余其中一小段，左右边沿皆缺损，上下皆残缺	一面，不清	
2176–1	2 × 0.4 – 0.08	竹	简体开裂，仅余顶部一小块，其左边沿缺损，中下部皆残缺	一面，不清	
2177	5.3 × 0.3 – 0.07	竹	简体开裂弯曲，仅余其中一小段，左右边沿及上下皆残缺	一面，不清	
2178	3.9 × 0.4 – 0.13	竹	简体开裂弯曲，仅余其中一小段，左右边沿及上下皆残缺	一面，不清	
2179	3.2 × 0.4 – 0.13	竹	简体开裂弯曲，仅余其中一小段，右边沿缺损，上下皆残缺	一面，较清楚	
2180	1.6 × 0.4 – 0.09	竹	残碎小片	形制不明，较清楚	
2181	2.5 × 0.3 – 0.06	竹	残碎，仅余一小片	形制不明，模糊	
2182	3 × 0.4 – 0.13	竹	简体弯曲开裂，仅余其中一段，其右边缺损，上下皆残缺	一面，较清楚	
2183	1.5 × 1.6 – 0.29	竹	简体开裂，仅余其中一小段，上下皆残缺	一面，不清	正背有字
2184	2.1 × 0.6 – 0.11	竹	简体开裂，仅余其中一小段，其左半缺损，上下皆残缺	两面，较清楚	
2185	1.1 × 0.5 – 0.1	竹	残断碎片	形制不明，模糊	
2186	1.3 × 0.5 – 0.07	竹	残断碎片	形制不明，模糊	
2187	2 × 0.5 – 0.16	竹	残断碎片	形制不明，较清楚	
2188	2.8 × 0.3 – 0.06	木	残片，仅余其中一小段	削衣，模糊	
2189	6.7 × 0.8 – 0.07	竹	简体开裂，仅余其中一小段，上下皆残缺	一面，不清	
2190	3.2 × 0.8 – 0.07	竹	简体开裂，仅余其中一段，左边沿缺损，上下皆残缺	一面，模糊	
2191	3.8 × 0.5 – 0.13	竹	简体弯曲，仅余其中一段，左边沿缺损，右半及上下皆残缺	两面，模糊	
2192	1.7 × 1.4 – 0.19	竹	简体开裂，仅余其中一小段，上下皆残缺	两面，不清	
2193	1.4 × 1.1 – 0.18	竹	简体开裂，仅余其中一小段，上下皆残缺	两面，不清	
2194	1.1 × 0.4 – 0.2	竹	残碎片	形制不明，不清	
2194–1	0.9 × 0.8 – 0.2	竹	残片	形制不明，无字	
2195	1.2 × 0.6 – 0.2	竹	残碎片	形制不明，不清	
2196	9 × 0.6 – 0.3	竹	仅余下端一段，余皆残缺	一面，模糊	
2197	4.6 × 1 – 0.1	竹	仅余其中一小段，右半缺失，余皆残缺	两面，不清楚	
2198	4.3 × 1.6 – 0.2	竹	仅余中部一小段，上部与下部皆残缺	两面，模糊	
2199	6.7 × 1 – 0.1	竹	上部三分之二残缺，仅余下端	一面，模糊	
2200	3.9 × 0.7 – 0.2	竹	残余中部一小段，右半残缺，上下两端皆残缺	两面，模糊	
2201	6.1 × 0.9 – 0.2	竹	残余中部一段，右半残缺，上下两端皆残缺	两面，模糊	
2202	3.8 × 0.9 – 0.1	竹	残余中间一小段，上下两端皆残缺	一面，模糊	
2203	6.5 × 0.8 – 0.2	竹	残余上端，顶端有缺损，下部残缺	一面，模糊	
2204	4.4 × 0.8 – 0.1	竹	仅余中部一段，上下两端皆残缺	一面，较清楚	
2205	3.4 × 1 – 0.1	竹	仅余中部一小段，上下两端皆残缺	一面，模糊	

续表

编号	尺寸 cm（长 × 宽 – 厚）	材质	完残状况	形制、字迹	备注
2206	3.9 × 1 – 0.1	竹	仅余中部一段，上下两端皆残缺	一面，较清楚	
2207	3.2 × 0.6 – 0.1	竹	弯曲，仅余中部一段，左半缺失，上下部皆残缺	一面，不清楚	
2208	2.2 × 0.7 – 0.1	竹	弯曲，仅余中部一小段，上下部皆残缺	两面，部分清楚	
2209	2.4 × 0.7 – 0.1	竹	仅余中部一小段，上下部皆残缺	一面，模糊	
2210	1.7 × 0.7 – 0.3	竹	仅余中部一小段，左边缘缺失，上下部皆残缺	一面，不清楚	
2211	1.5 × 0.9 – 0.2	竹	仅余上端一小段，余皆残缺	一面，较清楚	
2212	3.1 × 0.6 – 0.1	竹	仅余中部左半，右半缺失，上下部皆残缺	两面，部分清楚	
2213	1.9 × 0.4 – 0.1	竹	开裂，仅余中部一小段，上下部皆残缺	一面，不清楚	
2214	3.3 × 1.1 – 0.2	竹	仅余上端一小段，余皆残损	一面，模糊	
2215	6.4 × 0.7 – 0.1	竹	残余中部一小段，上下部皆残缺	一面，模糊	
2216	5.7 × 1.3 – 0.1	竹	残余中部一段，右边缺失，上下部皆残缺	两面，模糊	
2217	2.1 × 0.9 – 0.2	竹	残余中部一小段，左半缺失，上下部皆残损	两面，较清楚	
2218	2.2 × 1.2 – 0.2	竹	残余中部一小段，右边缘残缺，上下部皆残缺	一面，部分清楚	
2219	3.2 × 0.8 – 0.1	竹	残余中部一小段，上下部皆残缺	一面，模糊	
2220	3.1 × 1 – 0.2	竹	残余中部一小段，左半残缺，上下部皆残缺	两面，模糊	
2221	3.3 × 0.9 – 0.1	竹	残余上部一小段，右边缘有缺失，下部皆残缺	一面，部分清楚	
2222	3.7 × 1.2 – 0.2	竹	残余中部一小段，左半缺失，上下部皆残缺	两面，模糊	
2223	5.4 × 1 – 0.1	竹	残余中部一小段，上下部皆残缺	一面，模糊	
2224	3.8 × 0.7 – 0.1	竹	残余中部一段，开裂，上下部皆残缺	一面，模糊	
2225	2.7 × 0.4 – 0.1	竹	残余中部一小段，左边缺失，上下部皆残缺	一面，部分清楚	
2226	2.9 × 1 – 0.2	竹	残余中部一小段，上下部皆残缺	一面，较清楚	
2227	4.2 × 1 – 0.1	竹	残余中部一小段，上下部皆残缺	一面，模糊	
2228	2.8 × 0.6 – 0.1	竹	残余上端一小段，余皆残缺	一面，模糊	
2229	1.9 × 0.9 – 0.1	竹	残余中部一小段，上下部皆残缺	一面，模糊	
2230	3 × 0.6 – 0.2	竹	残余下端一小段，余皆残缺	一面，较清楚	
2231	2.6 × 0.6 – 0.1	竹	残余中部一小段，上下部皆残缺	一面，较清楚	
2232	3.3 × 1 – 0.1	竹	残余上端，左半缺失，余皆残缺	两面，较清楚	
2233	2 × 0.8 – 0.1	竹	残余中部一小段，上下部皆残缺	一面，不清楚	
2234	3.3 × 0.7 – 0.2	竹	残余中部一小段，上下部皆残缺	一面，不清楚	
2235	3 × 1.1 – 0.2	竹	残余中部一小段，左半缺失，上下部皆残缺	两面，部分清楚	
2236	4.1 × 0.9 – 0.1	竹	残余下端，余皆残缺	一面，模糊	
2237	4.6 × 1.1 – 0.2	竹	残余中部一段，左右边缘缺失，上下部皆残缺	两面，不清楚	
2238	4.2 × 0.7 – 0.1	竹	残余中部一小段，上下部皆残缺	一面，部分清楚	
2239	6.5 × 0.9 – 0.2	竹	残余中部一小段，左半缺失，上下部皆残缺	两面，模糊	
2240	2.5 × 1.6 – 0.3	竹	残余中部一小段，上下部皆残缺	两面，部分清楚	

续表

编号	尺寸cm（长×宽－厚）	材质	完残状况	形制、字迹	备注
2241	8.4×1－0.1	竹	残余中部一段，下端开裂，上下部皆残缺	一面，部分清楚	
2242	3.4×1.3－0.3	竹	残余中部一段，左右边缘皆有缺失，上下部皆残缺	两面，部分清楚	
2243	2.8×0.8－0.1	竹	残余中部一段，上下部皆残损	一面，较清楚	
2244	4.5×0.6－0.1	竹	残余中部一段，上下部皆残损	一面，较清楚	
2245	2.6×0.5－0.3	竹	简体扭曲，残余中部一小段，右边缘缺失，上下部皆残损	一面，较清楚	
2246	3×1－0.3	竹	残余中部一小段，右半缺失，上下部皆残损	两面，较清楚	
2247	2.6×0.8－0.1	竹	残余中部一小段，上下部皆残损	一面，模糊	
2248	1.9×0.7－0.2	竹	残余中部一小段，上下部皆残损	一面，模糊	
2249	2.9×1.1－0.1	竹	残余中部一小段，两侧有缺失，上下部皆残损	两面，模糊	
2250	3.7×0.7－0.1	竹	简体开裂，残余中部一小段，上下部皆残损	一面，部分清楚	
2251	5.1×0.9－0.1	竹	简体开裂，残余中部一小段，上下部皆残损	一面，部分清楚	
2252	2.1×0.6－0.1	竹	残余中部一段，上下部皆残损	一面，清楚	
2253	12.1×1.4－0.5	竹	简体弯曲开裂，残余下半段	两面，不清楚	
2254	0.6×1.2－0.03	木	残碎，简体薄如纸片	削衣，模糊	
2255	8.1×1.8－0.32	竹	简体开裂弯曲，残余下端	一面，模糊	
2256	8.5×1.5－0.12	竹	简体弯曲，残余中部一段，右半缺失，上下端皆残损	两面，模糊	
2257	6.1×0.6－0.09	竹	简体开裂，残余下部，上部残损	一面，较清楚	
2258	3.6×0.7－0.05	竹	开裂，残余上部，余皆残损	一面，模糊	
2259	5.5×0.9－0.16	竹	残余下部一段，上部残损	一面，模糊	
2260	3.5×0.9－0.11	竹	残余上部一段，上部残损	一面，较清楚	
2261	6.3×0.8－0.12	竹	残余中部一段，上下部皆残损	一面，较清楚	
2262	3.5×1.7－0.32	竹	简体开裂，残余下部一小段，余皆残损	两面，模糊	
2263	4.9×0.5－0.11	竹	残余中部一段，上下部皆残损	一面，模糊	
2264	2.7×1－0.14	竹	残余中部一小段，上下部皆残损	两面，模糊	
2265	2.4×1－0.15	竹	残余中部一段，右半缺失，上下部皆残损	两面，模糊	
2266	3.8×2－0.2	木	残片，仅余右下角，余皆缺失，余字一行	形制不明，清楚	
2267	4.6×1.4－0.15	竹	残余中部一小段，上下部皆残损	两面，模糊	
2268	5.7×1.7－0.15	竹	残余上端一段，左边缘缺损，中下部皆残缺	两面，模糊	
2269	14.4×1.7－0.27	竹	右侧缺损，下端弯曲残缺	两面，较清楚	
2270	5.9×0.7－0.14	竹	残余下端一段，余皆残缺	一面，较清楚	
2271	7.2×0.8－0.1	竹	仅余其中一段，上端弯曲开裂，余皆残缺	一面，模糊	
2272	4.2×0.9－0.15	竹	仅余其中一段，上下皆残缺	一面，模糊	
2273	5.6×1－0.14	竹	仅余其中一段，上下皆残缺，边缘缺损	两面，模糊	
2274	7.6×1.4－0.27	竹	仅余其中一段，左边缘缺损，上下皆残缺	一面，较清楚	
2275	3×1.4－0.16	竹	仅余其中一段，左半缺损	两面，模糊	

续表

编号	尺寸 cm（长 × 宽 − 厚）	材质	完残状况	形制、字迹	备注
2276	4.1 × 1−0.15	竹	仅余其中一段，上下皆残损	一面，模糊	
2277	3 × 1.1−0.16	竹	仅余其中一段，上下皆残损	一面，较清楚	
2278	5 × 1.6−0.16	竹	仅余其中一段，上下皆残缺，右半缺损	两面，较清楚	
2279	4.6 × 2−0.3	竹	仅余下端一段，左半缺损，余皆残缺	两面，模糊	
2280	3.1 × 1.4−0.14	竹	仅余上端一段，余皆残缺	两面，模糊	
2281	2.9 × 0.8−0.11	竹	筒体开裂，仅余其中一段，余皆残缺	一面，模糊	
2282	6.6 × 1.2−0.16	竹	仅余上端一段，两侧缺损，余皆残缺	两面，模糊	
2283	11 × 1.6−0.4	竹	仅余其中一段，左边缘缺损，余皆残缺	两面，模糊	
2284	7.3 × 1.6−0.2	竹	筒体开裂，仅余上端一段，余皆残缺	三面，模糊	
2285	6.3 × 0.9−0.1	竹	仅余其中一段，余皆残缺	一面，模糊	
2286	2.7 × 1.6−0.4	竹	仅余其中一段，余皆残缺	两面，模糊	
2287	14.3 × 1.9−0.4	竹	筒体开裂，仅余下部一段，左侧缺损，余皆残缺	两面，模糊	
2288	4.9 × 1.5−0.3	竹	筒体开裂，仅余其中一段，余皆残缺	两面，较清楚	
2289	5.6 × 1.4−0.2	竹	仅余其中一段，右半缺损，余皆残缺	两面，较清楚	
2290	3.8 × 1.4−0.1	竹	仅余其中一段，左侧缺损，余皆残缺	两面，模糊	
2291	8.6 × 1−0.1	竹	筒体断裂，仅余下部一段，上部残缺	一面，模糊	
2292	8.4 × 1.7−0.2	竹	筒体开裂，仅余其中一段，余皆残缺	一面，模糊	
2293	6.4 × 1.2−0.2	木	残存其中一段，右上缺失，余皆残缺	单行，较清楚	正背有字
2294	3 × 1.1−0.1	竹	仅余上端一段，余皆残缺	一面，较清楚	
2295	4.3 × 0.8−0.1	竹	仅余下端一段，右边缘缺失，余皆残缺	两面，模糊	
2296	2.1 × 1−0.1	木	仅余其中一段，右边缘缺损，余皆残缺	单行，较清楚	
2297	3.7 × 0.8−0.1	竹	仅余上端一段，右下边缘缺失，余皆残缺	一面，较清楚	
2298	3 × 0.8−0.1	竹	仅余其中一段，左上边缘缺失，余皆残缺	一面，较清楚	
2299	4.3 × 1.6−0.1	竹	仅余其中一段，余皆残缺	两面，模糊	
2300	3.1 × 0.9−0.2	竹	仅余其中一段，余皆残缺	一面，模糊	
2301	3.6 × 1−0.2	竹	仅余其中一段，余皆残缺	一面，不太清楚	
2302	1 × 0.9−0.1	竹	仅余其中一段，余皆残缺	两面，较清楚	
2303	1.4 × 0.7−0.1	竹	仅余下端一段，右边缘缺失，余皆残缺	一面，不清楚	
2304	6.9 × 1.1−0.1	竹	仅余其中一段，余皆残缺	一面，模糊	
2305	3 × 0.9−0.2	竹	仅余其中一段，余皆残缺	一面，不太清楚	
2306	3.1 × 0.8−0.1	竹	仅余下端一段，余皆残缺	一面，模糊	
2307	2.4 × 1−0.1	竹	仅余其中一段，余皆残缺	一面，模糊	
2308	3.9 × 1.1−0.1	竹	仅余其中一段，左右边缘缺失，余皆残缺	两面，模糊	
2309	4.2 × 1.2−0.2	竹	仅余其中一段，右半缺失，余皆残缺	两面，模糊	
2310	4.8 × 1.3−0.1	竹	仅余其中一段，左半缺失，余皆残缺	两面，模糊	

续表

编号	尺寸 cm （长 × 宽－厚）	材质	完残状况	形制、字迹	备注
2311	8 × 1.3－0.3	木	仅余左边一段，下端有削痕，右半皆残缺	削衣，模糊	
2312	7 × 1.9－0.3	竹	仅余下端一段，余皆残缺	一面，较清楚	
2313	3.6 × 1.8－0.1	木	简体开裂，仅余其中一段，余皆残缺	两行，不清楚	
2314	12.7 × 1.7－0.1	竹	仅余下端一段，余皆残缺	一面，模糊	
2315	15.8 × 1.4－0.2	竹	残余三分之二，上端残缺	一面，模糊	
2316	5.1 × 0.9－0.1	竹	残余其中一段，余皆残缺	一面，模糊	
2317	4.6 × 1.2－0.1	木	仅余残片，有削痕	削衣，较清楚	
2318	6 × 1.5－0.25	竹	仅余上端一段，右下边缘缺失，余皆残缺	两面，模糊	
2319	7.3 × 1.6－0.22	竹	仅余其中一段，余皆残缺	两面，模糊	
2320	4.8 × 1.6－0.15	竹	仅余其中一段，余皆残缺	两面，模糊	
2321	5.1 × 1－0.12	竹	仅余其中一段，左边缘缺失，余皆残缺	两面，模糊	
2322	4.9 × 1.4－0.21	竹	仅余其中一段，左边缘缺失，余皆残缺	两面，模糊	
2323	5.6 × 1.4－0.2	竹	简体开裂，仅余下端一段，右上角与左半缘缺失，余皆残缺	两面，模糊	
2324	4.2 × 1.7－0.32	竹	仅余其中一段，右边缘缺失，余皆残缺	三面，较清楚	
2325	3.2 × 1.3－0.12	竹	仅余下端一段，左半边缘缺失，余皆残缺	两面，模糊	
2326	4.5 × 1.5－0.18	竹	仅余其中一段，左半边缘缺失，余皆残缺	两面，不太清楚	
2327	5.3 × 1.5－0.2	竹	仅余下端一段，余皆残缺	两面，不太清楚	
2328	3.2 × 1.4－0.32	竹	仅余其中一段，左半缺失，余皆残缺	两面，较清楚	
2329	5.5 × 1.9－0.4	竹	简体开裂，仅余下端一段，右半边缘缺失，余皆残缺	两面，模糊	
2330	4.6 × 1.1－0.25	竹	简体开裂，仅余其中一段	两面，模糊	
2331	5.9 × 1.7－0.22	竹	仅余下端一段，余皆残缺	两面，模糊	
2332	3.6 × 1.6－0.26	竹	简体开裂，仅余其中一段，左半边缘缺失，余皆残缺	两面，较清楚	
2333	6.5 × 1.8－0.2	竹	仅余其中一段，左半边缘缺失，余皆残缺	两面，模糊	
2334	6.9 × 1.8－0.22	竹	仅余其中一段，右半上部缺失，余皆残缺	两面，模糊	
2335	10.6 × 1.1－0.18	竹	仅余其中一段，余皆残缺	一面，较清楚	
2336	7.9 × 0.9－0.1	竹	简体开裂，仅余下端一段，余皆残缺	一面，模糊	
2337	4.8 × 1.2－0.22	竹	仅余其中一段，余皆残缺	两面，模糊	
2338	6.5 × 0.9－0.1	竹	仅余其中一段，余皆残缺	一面，模糊	
2339	4.7 × 0.8－0.1	竹	仅余其中一段，左边缘缺失，余皆残缺	一面，较清楚	
2340	5 × 0.8－0.11	竹	仅余其中一段，余皆残缺	一面，不太清楚	
2341	3 × 1.7－0.2	竹	仅余其中一段，余皆残缺	两面，不太清楚	
2342	3.4 × 1.5－0.28	竹	仅余其中一段，余皆残缺	两面，不太清楚	
2343	2.6 × 1.7－0.21	竹	仅余其中一段，余皆残缺	两面，模糊	
2344	2.2 × 1.1－0.2	竹	仅余其中一段，余皆残缺	一面，模糊	
2345	3.9 × 1.1－0.26	竹	仅余下端一段，左半缺失，余皆残缺	两面，清楚	

续表

编号	尺寸 cm（长 × 宽−厚）	材质	完残状况	形制、字迹	备注
2346	3.6×1−0.25	竹	仅余上端一段，余皆残缺	一面，模糊	
2347	5.2×0.7−0.1	竹	简体稍弯曲，仅余其中一段，余皆残缺	一面，模糊	
2348	4×1.1−0.15	竹	仅余其中一段，右半缺失，余皆残缺	两面，清楚	
2349	3.1×1−0.12	竹	仅余上端一段，余皆残缺	一面，清楚	
2350	7.8×0.7−0.1	竹	仅余其中一段，余皆残缺	一面，较清楚	
2351	4.3×1−0.11	竹	简体开裂，仅余其中一段，余皆残缺	一面，模糊	
2352	3.6×0.7−0.1	竹	仅余其中一段，右半缺失，余皆残缺	一面，清楚	
2353	3.8×0.8−0.1	竹	简体开裂，仅余其中一段	两行，模糊	习字简
2354	2.3×0.5−0.09	竹	仅余其中一小段，余皆残缺	一面，较清楚	
2355	3.7×0.7−0.09	竹	简体开裂，仅余其中一段，右边缘缺失，余皆残缺	一面，较清楚	
2356	3.5×0.6−0.1	竹	仅余其中一段，余皆残缺	一面，较清楚	
2357	3.7×0.6−0.16	竹	简体弯曲，仅余下端一段，余皆残缺	一面，较清楚	
2358	1.7×0.6−0.2	竹	仅余其中一段，余皆残缺	一面，模糊	
2359	3.4×0.3−0.1	竹	仅余其中一段，左右两侧缺失，余皆残缺	一面，模糊	
2360	4×1.1−0.1	竹	仅余其中一段，简体裂碎，余皆残缺	一面，模糊	
2361	3.9×0.6−0.09	竹	仅余其中一段，右侧缺失，余皆残缺	一面，模糊	
2362	2.9×1.1−0.08	竹	仅余其中一段，右边缘上角缺失，余皆残缺	一面，模糊	
2363	4.6×1.5−0.32	竹	仅余其中一段，余皆残缺	两面，模糊	
2364	1.6×0.7−0.09	竹	仅余其中一段，左右边缘缺失，余皆残缺	两面，清楚	
2365	0.8×0.5−0.1	竹	仅余其中一段，余皆残缺	一面，清楚	
2366	1.5×0.4−0.1	竹	仅余其中一段，余皆残缺	一面，较清楚	
2367	11.5×1.2−0.1	竹	简体开裂扭曲，仅余上部一段，余皆残缺	一面，较清楚	
2368	5.5×1−0.1	竹	简体弯曲，仅余上端一段，左半缺失，余皆残缺	两面，不大清楚	
2369	3.4×0.8−0.1	木	仅余残片，断口有削痕	削衣，清楚	
2370	3×1.3−0.1	竹	仅余其中一段，右半缺失，余皆残缺	两面，较清楚	
2371	11.9×1.5−0.3	竹	简体开裂扭曲，仅余上部一段，左半缺失，余皆残缺	两面，不太清楚	
2372	2.1×1.3−0.2	木	仅余左边下残片，有削痕	木楬，清楚	
2373	5.4×1.5−0.3	竹	仅余其中一段，左半缺失，余皆残缺	两面，不清楚	
2374	2×0.6−0.1	竹	仅余其中一段，余皆残缺	一面，不太清楚	
2375	4.8×0.7−0.1	竹	仅余其中一段，余皆残缺	一面，不太清楚	
2376	3.2×1.2−0.1	竹	仅余下端一段，余皆残缺	一面，不太清楚	
2377	5.6×1.7−0.3	竹	仅余其中一段，左右边缘缺失，余皆残缺	两面，模糊	
2378	3.7×1.2−0.2	竹	仅余其中一段，右半缺失，余皆残缺	两面，不清楚	
2379	3.5×0.8−0.2	竹	仅余其中一段，余皆残缺	一面，较清楚	
2380	7.6×0.8−0.1	竹	简体开裂，仅余下端一段，余皆残缺	一面，不太清楚	

续表

编号	尺寸cm（长×宽-厚）	材质	完残状况	形制、字迹	备注
2381	1.9×0.6-0.2	竹	仅余其中一段，余皆残缺	一面，较清楚	
2382	5.3×1.5-0.3	竹	仅余其中一段，右半下端缺失，余皆残缺	两面，模糊	
2383	6.2×0.9-0.1	竹	简体弯曲，仅余上部一段，余皆残缺	一面，模糊	
2384	3.8×0.4-0.08	竹	简体弯曲开裂，仅余其中一段，余皆残缺	一面，模糊	
2385	2.6×1.2-0.2	竹	简体开裂，仅余上端一段，余皆残缺	一面，模糊	
2386	12.8×0.9-0.13	竹	简体开裂弯曲，仅余上中部，余皆残缺	一面，模糊	
2387	6.2×1-0.14	竹	仅余上端一段，余皆残缺	一面，模糊	
2388	6.9×1.7-0.09	木	仅余左边残片，余皆残缺，余字一行	习字，模糊	
2389	2×0.9-0.07	木	仅余右边残片，余皆残缺	削衣，清楚	
2390	2.2×1.2-0.08	木	仅余右上角残片，余皆残缺	削衣，不太清楚	
2391	3×1.2-0.18	竹	仅余其中一段，右半缺失，余皆残缺	两面，不太清楚	
2392	2.6×0.9-0.08	木	仅余其中一段，余皆残缺	削衣，较清楚	
2393	2.7×0.5-0.08	竹	仅余其中一段，左边缘缺失，余皆残缺	一面，不太清楚	
2394	5.7×1.2-0.13	竹	简体开裂，仅余上端一段，余皆残缺	一面，较清楚	
2395	4×1.5-0.13	竹	仅余上端一段，余皆残缺	两面，较清楚	
2396	2.5×0.7-0.12	竹	仅余上端一段，余皆残缺	一面，模糊	
2397	4.4×1.5-0.23	竹	仅余其中一段，余皆残缺	两面，模糊	
2398	8.6×1.3-0.15	竹	简体开裂，仅余其中一段，左右边缘缺失，余皆残缺	两面，不太清楚	
2399	3.3×1.2-0.25	竹	仅余其中一段，左右边缘缺失，余皆残缺	两面，较清楚	
2400	3×1.1-0.25	竹	仅余下端一小段，余皆残缺	两面，模糊	
2401	5×1.1-0.2	竹	仅余上端一小段，余皆残缺	一面，模糊	
2402	2.7×0.9-0.1	竹	仅余其中一段，余皆残缺	一面，模糊	
2403	7.1×1.7-0.23	竹	仅余其中一段，左右边缘缺失，余皆残缺	两面，模糊	
2404	1.9×0.5-0.08	竹	仅余其中一段，右边缘缺失，余皆残缺	一面，较清楚	
2405	2.4×1.5-0.06	木	仅余左半残片，余皆残缺	削衣，较清楚	
2406	3.5×1.2-0.25	竹	仅余其中一段，右半缺失，余皆残缺	两面，模糊	
2407	7.4×0.7-0.1	竹	简体开裂弯曲，仅余中部一段，余皆残缺	一面，模糊	
2408	3.8×0.9-0.2	竹	仅余其中一段，余皆残缺	一面，模糊	
2409	6.1×0.8-0.1	竹	仅余其中一段，余皆残缺	一面，模糊	
2410	3.5×0.7-0.1	竹	仅余其中一段，余皆残缺	一面，模糊	
2411	4.2×0.6-0.2	竹	仅余上端一段，余皆残缺	一面，模糊	
2412	2.7×0.9-0.2	竹	仅余其中一段，余皆残缺	一面，模糊	
2413	3×0.8-0.1	竹	仅余其中一段，余皆残缺	一面，模糊	
2414	4×0.7-0.2	竹	仅余其中一段，左半缺失，余皆残缺	一面，模糊	
2415	3.3×0.8-0.1	竹	仅余其中一段，余皆残缺	一面，模糊	

续表

编号	尺寸 cm（长 × 宽－厚）	材质	完残状况	形制、字迹	备注
2416	2.2 × 0.9－0.1	竹	仅余其中一段，余皆残缺	一面，模糊	
2417	3.2 × 0.5－0.1	竹	仅余其中一段，余皆残缺	一面，模糊	
2418	4.5 × 0.7－0.1	竹	简体开裂弯曲，仅余其中一段，余皆残缺	一面，模糊	
2419	3.1 × 0.4－0.1	竹	简体开裂弯曲，仅余其中一段，余皆残缺	一面，模糊	
2420	4.9 × 0.4－0.1	竹	简体开裂弯曲，仅余其中一段，余皆残缺	一面，模糊	
2421	4.6 × 1.1－0.2	竹	仅余其中一段，余皆残缺	一面，模糊	
2422	5.6 × 1.2－0.2	竹	仅余其中一段，余皆残缺	一面，模糊	
2423	5.2 × 0.8－0.2	竹	仅余其中一段，余皆残缺	一面，模糊	
2424	2.8 × 1.4－0.1	竹	仅余其中一段，余皆残缺	两面，模糊	
2425	6.6 × 0.7－0.2	竹	简体弯曲，仅余其中一段，余皆残缺	一面，模糊	
2426	2.5 × 0.7－0.1	竹	仅余右半残片，余皆残缺	一面，模糊	
2427	7.8 × 0.8－0.2	竹	仅余中部一段余皆残缺	一面，模糊	
2428	3.4 × 0.9－0.1	竹	仅余上端一段，余皆残缺	一面，模糊	
2429	2.7 × 0.7－0.1	竹	仅余其中一段，余皆残缺	一面，模糊	
2430	2.8 × 0.5－0.2	竹	仅余其中一段，边缘缺失，余皆残缺	一面，模糊	
2431	5.1 × 0.9－0.1	竹	仅余上端一段，余皆残缺	一面，模糊	
2432	4.3 × 1－0.1	竹	仅余其中一段，余皆残缺	一面，模糊	
2433	2.7 × 0.9－0.1	竹	仅余其中一段，余皆残缺	一面，模糊	
2434	2.7 × 0.5－0.1	竹	仅余其中一段，余皆残缺	一面，模糊	
2435	3.5 × 0.4－0.1	竹	仅余上端一段，右边缘缺失，余皆残缺	一面，模糊	
2436	2.8 × 0.7－0.1	竹	简体开裂，仅余其中一段，余皆残缺	一面，模糊	
2437	2.5 × 0.4－0.1	竹	仅余其中一段，右边缘缺失，余皆残缺	一面，模糊	
2438	4.3 × 0.7－0.2	竹	简体开裂，仅余其中一段，余皆残缺	一面，模糊	
2439	4.3 × 0.5－0.1	竹	仅存其中一段，右边缘缺失，余皆残缺	一面，模糊	
2440	3.7 × 0.7－0.1	竹	仅余其中一段，余皆残缺	一面，模糊	
2441	1.6 × 0.7－0.1	竹	仅余下端一小段，余皆残缺	一面，模糊	
2442	4 × 0.5－0.1	竹	仅余其中一段，边缘缺失，余皆残缺	一面，模糊	
2443	3.9 × 0.4－0.1	竹	仅余其中一段，余皆残缺	一面，模糊	
2444	3.7 × 0.7－0.1	竹	仅余其中一段，余皆残缺	一面，模糊	
2445	3.2 × 1－0.3	竹	仅余其中一小段，余皆残缺	一面，模糊	
2446	2.5 × 0.7－0.1	竹	简体开裂，仅余上端一小段，余皆残缺	一面，模糊	
2447	1.5 × 0.6－0.2	竹	仅余其中一小段，余皆残缺	一面，模糊	
2448	2.8 × 0.5－0.1	竹	仅余其中一小段，余皆残缺	一面，模糊	
2449	4.7 × 0.6－0.1	竹	仅余其中一段，余皆残缺	一面，模糊	
2450	3.2 × 0.7－0.1	竹	仅余其中一段，左边缘缺失，余皆残缺	一面，模糊	

续表

编号	尺寸cm（长×宽－厚）	材质	完残状况	形制、字迹	备注
2451	4.4×0.9－0.1	竹	仅余其中一段，余皆残缺	一面，模糊	
2452	1.7×0.7－0.1	竹	仅余其中一小段，左边缘缺失，余皆残缺	一面，模糊	
2453	3.7×0.7－0.1	竹	仅余其中一段，余皆残缺	一面，模糊	
2454	2.6×0.6－0.2	竹	仅余下端一段，余皆残缺	一面，模糊	
2455	2.9×0.7－0.1	竹	仅余其中一段，余皆残缺	一面，模糊	
2456	3.5×0.6－0.1	竹	仅余其中一段，余皆残缺	一面，模糊	
2457	3.2×0.6－0.1	竹	仅余其中一段，余皆残缺	一面，模糊	
2458	3.5×0.9－0.2	竹	仅余其中一段，左下边缘缺失，余皆残缺	一面，模糊	
2459	2.1×1－0.1	竹	仅余其中一段，左右边缘缺失	两面，模糊	
2460	3.8×1－0.2	竹	仅余其中一段，余皆残缺	一面，模糊	
2461	4.1×1.1－0.1	竹	仅余其中一段，右边缘缺失，余皆残缺	一面，模糊	
2462	2.1×0.8－0.1	竹	仅余其中一段，余皆残缺	一面，模糊	
2463	2.7×0.5－0.1	竹	仅余其中一段，右边缘缺失，余皆残缺	一面，模糊	
2464	3.8×0.6－0.2	竹	仅余其中一段，右边缘缺失，余皆残缺	一面，模糊	
2465	3×0.09－0.1	竹	仅余其中一段，左右边缘缺失，余皆残缺	两面，模糊	
2466	4×0.6－0.1	竹	仅余其中一段，左边缘缺失，余皆残缺	一面，模糊	
2467	3.3×0.9－0.1	竹	仅余其中一小段，余皆残缺	一面，模糊	
2468	3.7×0.8－0.1	竹	仅余其中一小段，余皆残缺	一面，模糊	
2469	7.6×0.8－0.2	竹	仅余其中一段，余皆残缺	一面，模糊	
2470	3.8×0.7－0.1	竹	仅余其中一段，余皆残缺	一面，模糊	
2471	5.6×0.9－0.1	竹	仅余其中一段，左边缘缺失，余皆残缺	一面，模糊	
2472	4.7×0.7－0.1	竹	仅余其中一段，左边缘缺失，余皆残缺	一面，模糊	
2473	6.7×0.8－0.1	竹	简体开裂，仅余其中一段，余皆残缺	一面，模糊	
2474	6.4×0.8－0.1	竹	仅余其中一段，余皆残缺	一面，模糊	
2475	5.6×0.78－0.1	竹	简体开裂，仅余其中一段，余皆残缺	一面，模糊	
2476	4.6×0.7－0.1	竹	简体开裂扭曲，仅余其中一段，余皆残缺	一面，模糊	
2477	6.8×0.4－0.1	竹	仅余其中一段，余皆残缺	一面，模糊	
2478	2.8×1.3－0.2	竹	仅余其中一小段，右边缘缺失，余皆残缺	两面，模糊	
2479	3.7×0.6－0.1	竹	仅余其中一段，余皆残缺	一面，模糊	
2480	2.2×0.7－0.1	竹	仅余其中一小段，余皆残缺	一面，模糊	
2481	4.2×1.2－0.2	竹	仅余其中一小段，余皆残缺	一面，模糊	
2482	3.2×0.9－0.1	竹	仅余其中一小段，余皆残缺	一面，模糊	
2483	4.7×1.2－0.2	竹	仅余其中一小段，左半缺失，余皆残缺	两面，模糊	
2484	2.5×0.8－0.1	竹	仅余其中一小段，余皆残缺	一面，模糊	
2485	3.1×0.6－0.1	竹	仅余其中一小段，余皆残缺	一面，模糊	

续表

编号	尺寸 cm（长 × 宽－厚）	材质	完残状况	形制、字迹	备注
2486	3.5×0.8−0.1	竹	仅余上端一小段，余皆残缺	一面，模糊	
2487	3.8×1.2−0.2	竹	仅余其中一段，余皆残缺	一面，模糊	
2488	4.7×0.7−0.1	竹	仅余其中一段，余皆残缺	一面，模糊	
2489	3.1×0.6−0.1	竹	仅余其中一小段，余皆残缺	一面，模糊	
2490	3.9×0.5−0.1	竹	仅余其中一小段，余皆残缺	一面，模糊	
2491	4.3×0.8−0.1	竹	仅余其中一小段，余皆残缺	一面，模糊	
2492	3.9×0.6−0.1	竹	简体开裂，仅余其中一小段，左边缘缺失，余皆残缺	一面，模糊	
2493	3.5×0.8−0.1	竹	简体开裂，仅余其中一小段，余皆残缺	一面，模糊	
2494	3.3×0.6−0.1	竹	简体开裂，仅余其中一小段，余皆残缺	一面，模糊	
2495	1.6×1.4−0.2	竹	仅余其中一小段，余皆残缺	一面，模糊	
2496	2.5×0.4−0.1	竹	仅余其中一段，右边缘缺失，余皆残缺	一面，模糊	
2497	2.3×1−0.1	竹	简体扭曲，仅余其中一小段，余皆残缺	两面，模糊	
2498	3.2×0.4−0.1	竹	仅余其中一小段，左边缘缺失，余皆残缺	一面，模糊	
2499	1.4×0.6−0.1	竹	仅余其中一小段，余皆残缺	一面，模糊	
2500	1.4×0.4−0.1	竹	仅余其中一小段，余皆残缺	一面，模糊	
2501	1.3×0.5−0.1	竹	仅余其中一小段，余皆残缺	一面，模糊	
2502	1.3×0.7−0.1	竹	仅余其中一小段，余皆残缺	一面，模糊	
2503	1.1×0.3−0.1	竹	仅余其中一小段，余皆残缺	一面，模糊	
2504	8.4×0.5−0.2	竹	简体开裂，仅余其中一段，右边缘缺失，余皆残缺	一面，模糊	
2505	6.7×0.8−0.1	竹	简体弯曲，仅余其中一段，余皆残缺	一面，模糊	
2506	7.5×1.4−0.2	竹	仅余下端一段，左右边缘缺失，余皆残缺	两面，模糊	
2507	5.4×1.9−0.16	竹	简体开裂弯曲，仅余其中一段，余皆残缺	两面，模糊	
2508	3.3×1−0.09	竹	简体开裂，仅余其中一小段，余皆残缺	一面，模糊	
2509	4.2×0.6−0.08	竹	仅余上端一段，右边缘缺失，余皆残缺	一面，模糊	
2510	1.6×0.5−0.13	竹	仅余其中一小段，左边缘缺失，余皆残缺	一面，模糊	
2511	3.4×1.1−0.2	竹	仅余其中一段，余皆残缺	一面，模糊	
2512	5.2×0.6−0.11	竹	仅余其中一段，右边缘缺失，余皆残缺	一面，模糊	
2513	2.7×0.3−0.15	竹	仅余其中一小段，右边缘缺失，余皆残缺	一面，模糊	
2514	7.1×0.9−0.13	竹	仅余其中一段，余皆残缺	一面，模糊	
2515	2.8×1.3−0.16	竹	仅余其中一小段，余皆残缺	一面，模糊	
2516	2.9×1−0.12	竹	仅余其中一小段，余皆残缺	一面，模糊	
2517	1.8×1.6−0.22	木	仅余其中一小段，余皆残缺	削衣，模糊	
2518	7.1×2.4−0.22	木	仅余上部一段，右上角缺失，余皆残缺	两行，模糊	
2519	3.5×1.5−0.2	竹	仅余上端一小段，左上角缺失，余皆残缺	两面，模糊	
2520	2.2×1.7−0.05	竹	仅余其中一小段，余皆残缺	一面，模糊	

续表

编号	尺寸 cm（长 × 宽 – 厚）	材质	完残状况	形制、字迹	备注
2521	3.5 × 3–0.08	木	仅余其中一段，余皆残缺	削衣，模糊	
2522	5.6 × 2.2–0.2	木	仅余其中一段，余皆残缺	削衣，模糊	正背有字痕
2523	12.2 × 0.9–0.16	竹	简体开裂，仅余上部一段，余皆残缺	一面，模糊	
2524	9.2 × 2.3–0.3	木	仅余其中一段，余皆残缺	削衣，模糊	
2525	13.1 × 1.4–0.11	竹	简体开裂弯曲，仅余下部，上部残缺	一面，模糊	
2526	5.4 × 0.8–0.1	竹	仅余下端一段，余皆残缺	一面，模糊	
2527	5.9 × 1–0.1	竹	简体开裂，仅余其中一段，余皆残缺	一面，模糊	
2528	4.1 × 1–0.17	竹	简体开裂，仅余其中一段，余皆残缺	一面，模糊	
2529	19.2 × 1.2–0.11	竹	简体断裂，仅余上中部，下部缺失	一面，模糊	
2530	5.3 × 1.1–0.08	竹	仅余下端一段，右边缘缺失，余皆残缺	一面，模糊	
2531	4.9 × 1–0.1	竹	仅余其中一段，左半缺失，余皆残缺	两面，模糊	
2532	3.5 × 1–0.19	竹	仅余下端一小段，余皆残缺	一面，模糊	
2533	2.4 × 0.6–0.06	竹	仅余其中一小段，余皆残缺	一面，模糊	
2534	18.1 × 0.9–0.15	竹	简体断裂，上下端缺失	一面，模糊	
2535	3.6 × 1.4–0.5	竹	仅余其中一小段，余皆残缺	一面，模糊	
2536	6.2 × 0.7–0.11	竹	仅余上端一段，余皆残缺	一面，模糊	
2537	9 × 0.7–0.1	竹	仅余下端一段，余皆残缺	一面，模糊	
2538	3.1 × 0.8–0.16	竹	仅余下端一小段，余皆残缺	一面，模糊	
2539	2.9 × 1.6–0.2	竹	仅余其中一小段，余皆残缺	两面，模糊	
2540	3.8 × 1–0.1	竹	仅余其中一小段，右半缺失，余皆残缺	两面，模糊	
2541	4.1 × 1.8–0.2	竹	仅余其中一小段，余皆残缺	两面，模糊	
2542	2.7 × 1–0.1	竹	仅余上端一小段，左半缺失，余皆残缺	两面，模糊	
2543	6.3 × 1.2–0.2	竹	仅余其中一小段，余皆残缺	一面，模糊	
2544	21.8 × 1–0.2	竹	基本完整，简体开裂	一面，模糊	
2545	6.3 × 1–0.2	竹	仅余其中一小段，余皆残缺	一面，模糊	
2546	4.4 × 1.5–0.2	竹	仅余其中一小段，余皆残缺	两面，模糊	
2547	7.6 × 0.8–0.1	竹	仅余其中一段，余皆残缺	一面，模糊	
2548	3.5 × 1.5–0.2	竹	仅余其中一小段，余皆残缺	两面，模糊	
2549	13.7 × 1.1–0.3	竹	仅余下半部，余皆残缺	一面，模糊	
2550	2.8 × 1.9–0.2	竹	仅余其中一小段，余皆残缺	两面，模糊	
2551	7.4 × 1–0.1	竹	仅余其中一段，余皆残缺	一面，模糊	
2552	4 × 0.8–0.1	竹	仅余其中一段，余皆残缺	一面，模糊	
2553	3.2 × 1.4–0.2	竹	仅余其中一小段，余皆残缺	两面，模糊	
2554	6.2 × 1–0.1	竹	仅余下端一段，余皆残缺	一面，模糊	
2555	6 × 1.5–0.1	竹	仅余其中一小段，左右边缘缺失，余皆残缺	两面，模糊	

续表

编号	尺寸 cm （长 × 宽－厚）	材质	完残状况	形制、字迹	备注
2556	4.3×0.6−0.1	竹	仅余其中一小段，左右边缘缺失，余皆残缺	一面，模糊	
2557	3.2×1.4−0.2	竹	仅余其中一小段，左右边缘缺失，余皆残缺	两面，模糊	
2558	4×0.5−0.1	竹	仅余其中一段，余皆残缺	一面，模糊	
2559	16×0.9−0.1	竹	仅余上中部，余皆残缺	一面，模糊	
2560	3.4×1.1−0.1	竹	仅余其中一小段，右边缘缺失，余皆残缺	一面，模糊	
2561	3.2×0.8−0.1	竹	仅余其中一小段，右边缘缺失，余皆残缺	一面，模糊	
2562	4.8×0.9−0.1	竹	仅余下端一段，余皆残缺	一面，模糊	
2563	3.9×0.8−0.2	竹	仅余其中一小段，余皆残缺	一面，模糊	
2564	3.4×0.7−0.1	竹	仅余其中一小段，左右边缘缺失，余皆残缺	两面，模糊	
2565	2.6×1.2−0.1	竹	仅余其中一小段，左半边缘缺失，余皆残缺	两面，模糊	
2566	3.4×1.4−0.1	竹	仅余上端一小段，左半边缘缺失，余皆残缺	两面，模糊	
2567	3.8×1−0.1	竹	仅余其中一小段，左半边缘缺失，余皆残缺	两面，模糊	
2568	2.6×1−0.1	竹	仅余其中一小段，余皆残缺	一面，模糊	
2569	2.6×1.5−0.1	竹	仅余下端一小段，右半缺失，余皆残缺	两面，模糊	
2570	2.2×1−0.1	竹	筒体开裂，仅余其中一段，右半缺失，余皆残缺	两面，模糊	
2571	1.2×0.8−0.1	竹	仅余其中一小段，左边缘缺失，余皆残缺	一面，较清楚	
2572	5.9×1.5−0.2	竹	仅余其中一段，余皆残缺	两面，模糊	
2573	6.3×0.6−0.1	竹	仅余下半部，余皆残缺	一面，模糊	
2574	1.9×0.5−0.1	竹	仅余其中一小段，左边缘缺失，余皆残缺	一面，模糊	
2575	3.3×1.2−0.2	竹	仅余其中一小段，余皆残缺	一面，模糊	
2576	1.9×0.8−0.1	竹	仅余其中一小段，余皆残缺	一面，模糊	
2577	2.5×1.7−0.2	竹	仅余其中一小段，左半边缘缺失，余皆残缺	两面，模糊	
2578	3.5×0.8−0.1	竹	仅余其中一小段，余皆残缺	一面，模糊	
2579	10.7×1.2−0.2	竹	仅余下半部，上半部残缺	一面，模糊	背面似有字
2580	5.3×1.1−0.2	竹	仅余其中一段，余皆残缺	一面，模糊	
2581	7×0.8−0.1	竹	仅余上半部，中下部皆残缺	一面，模糊	
2582	3.8×0.8−0.1	竹	仅余其中一小段，余皆残缺	一面，模糊	
2583	4×1.5−0.2	竹	仅余上端一小段，余皆残缺	两面，模糊	
2584	6.6×1.8−0.2	竹	仅余其中一段，余皆残缺	两面，模糊	
2585	3.2×1.4−0.29	竹	仅余其中一段，余皆残缺	两面，模糊	
2586	3.1×1.3−0.21	竹	仅余其中一小段，右半边缘缺失，余皆残缺	两面，模糊	
2587	7.4×1−0.12	竹	仅余其中一段，边缘缺失，余皆残缺	一面，模糊	
2588	6.9×1.1−0.3	竹	仅余下端一段，左半缺失，余皆残缺	两面，模糊	
2589	4.5×1.2−0.2	竹	仅余下端一段，左半缺失，余皆残缺	两面，模糊	
2590	5.3×1.6−0.2	竹	仅余其中一小段，余皆残缺	两面，模糊	

续表

编号	尺寸cm（长×宽-厚）	材质	完残状况	形制、字迹	备注
2591	3.6×1-0.4	竹	仅余其中一小段，余皆残缺	一面，模糊	
2592	3.4×0.9-0.1	竹	仅余其中一小段，余皆残缺	一面，模糊	
2593	3.5×1.2-0.14	竹	简体开裂，仅余其中一小段，余皆残缺	一面，模糊	
2594	4.8×0.5-0.15	竹	仅余下端一小段，左边缘缺失，余皆残缺	一面，较清楚	
2595	4.6×0.4-0.13	竹	仅余其中一小段，右边缘缺失，余皆残缺	一面，模糊	
2596	6.1×0.6-0.08	竹	仅余其中一段，边缘缺失，余皆残缺	一面，模糊	
2597	4.5×0.7-0.2	竹	仅余其中一段，左边缘缺失，余皆残缺	一面，模糊	
2598	2.9×0.6-0.15	竹	仅余其中一段，右边缘缺失，余皆残缺	一面，模糊	
2599	5×0.7-0.1	竹	简体开裂弯曲，仅余上端一段，左边缘缺失，余皆残缺	一面，模糊	
2600	7×1.5-0.3	竹	仅余其中一段，左半缺失，余皆残缺	两面，模糊	
2601	1.3×1.2-0.1	竹	仅余其中一小段，余皆残缺	一面，清楚	
2602	2.2×0.8-0.15	竹	仅余其中一小段，余皆残缺	一面，模糊	
2603	5×1.4-0.1	竹	仅余上端一小段，余皆残缺	一面，模糊	
2604	10.5×1.2-0.1	竹	仅余上半部，上端右角缺失，下半部残缺	一面，模糊	
2605	1.5×0.5-0.1	竹	仅余其中一小段，右边缘缺失，余皆残缺	一面，较清楚	
2606	13.5×1-0.1	竹	简体断裂，仅余上中部，下部残缺	一面，模糊	
2607	0.9×0.4-0.1	木	仅余其中一小段，余皆残缺	削衣，清楚	
2608	1.7×0.6-0.1	竹	仅余其中一小段，余皆残缺	一面，模糊	
2609	2.5×0.5-0.1	竹	仅余其中一小段，右边缺失，余皆残缺	一面，清楚	
2610	10.6×1.9-0.2	竹	仅余上半部，右半缺失，余皆残缺	两面，模糊	有火灼痕迹
2611	3.4×1-0.1	竹	仅余其中一小段，左右边缘缺失，余皆残缺	两面，模糊	
2612	1.5×0.6-0.1	竹	仅余其中一小段，左右边缘缺失，余皆残缺	两面，模糊	
2613	8.4×0.9-0.2	竹	仅余下半部，余皆残缺	一面，模糊	
2614	2.8×0.6-0.1	竹	仅余其中一小段，余皆残缺	一面，模糊	
2615	2.8×0.8-0.2	竹	仅余其中一小段，左右边缘缺失，余皆残缺	一面，模糊	
2616	7×1.9-0.1	竹	简体弯曲，仅余下半部，余皆残缺	一面，模糊	
2617	3.9×1.4-0.2	竹	简体开裂，仅余下端一小段，余皆残缺	两面，模糊	
2618	5.5×1.2-0.12	竹	仅余其中一小段，余皆残缺	一面，模糊	
2619	3.9×0.8-0.12	竹	仅余其中一小段，余皆残缺	一面，模糊	
2620	6.6×0.8-0.1	竹	仅余其中一段，余皆残缺	一面，模糊	
2621	3×1-0.23	竹	仅余其中一小段，余皆残缺	一面，模糊	
2622	9.3×1.1-0.12	竹	简体断裂弯曲，仅余其中一段，余皆残缺	一面，模糊	
2623	2×0.5-0.08	竹	仅余其中一段，左边缘缺失，余皆残缺	一面，模糊	
2624	1.3×1.2-0.05	木	仅余其中一段	削衣，较清楚	
2625	4.2×1.2-0.17	竹	仅余其中一小段，左右边缘缺失，余皆残缺	两面，模糊	

续表

编号	尺寸 cm（长×宽－厚）	材质	完残状况	形制、字迹	备注
2626	3.6×0.8－0.15	竹	仅余其中一小段，左右边缘缺失，余皆残缺	两面，模糊	
2627	8.4×0.7－0.17	竹	简体断裂，仅余其中一段，余皆残缺	一面，模糊	
2628	6.2×1.7－0.2	竹	仅余下端一下段，余皆残缺	两面，模糊	
2629	7.1×1.7－0.16	竹	仅余其中一小段，余皆残缺	两面，模糊	
2630	4.4×1.3－0.1	竹	仅余其中一小段，左右边缘缺失，余皆残缺	两面，模糊	
2631	3.3×0.9－0.12	竹	简体扭曲，仅余其中一小段，余皆残缺	一面，模糊	
2632	3.1×0.7－0.07	竹	仅余其中一小段，余皆残缺	一面，模糊	
2633	5.2×0.9－0.2	竹	仅余其中一小段，余皆残缺	一面，模糊	
2634	2.9×0.4－0.1	竹	仅余其中一小段，余皆残缺	一面，模糊	
2635	2.9×0.4－0.07	竹	仅余其中一小段，左右边缘缺失，余皆残缺	一面，模糊	
2636	2.6×0.5－0.09	竹	仅余上端一小段，右边缘缺失，余皆残缺	一面，模糊	
2637	2.5×0.4－0.1	竹	仅余其中一小段，左边缘缺失，余皆残缺	一面，模糊	
2638	5.6×0.2－0.1	竹	简体开裂，仅余其中一段，右边缘缺失，余皆残缺	一面，模糊	
2639	1.9×0.5－0.2	竹	仅余其中一小段，右边缘缺失，余皆残缺	一面，模糊	

说明：

1. 本登记表出土简牍流水编号为1—2639号。其中编号2017、2018、2036、2113为采集简，不属于J8中出土，J8出土简牍流水编号为2635个。
2. 在J8出土简牍整理释读的过程中，整理组另又甄别出32枚残简，遂采用在其原编号后缀加分号的方式以作区别，如0004-1、2194-1即是。故J8出土简牍数量总计为2667枚。
3. 简牍尺寸测量数据，1—2195为脱水后的数据，2196—2639为脱水前的数据。

图版

1. 发掘工地施工场景（西→东）

2. 发掘工地全景俯视（西→东）

3. 发掘工地局部俯视（西→东）

走马楼西汉简牍发掘工地

1. 全站仪测量

2. 国家文物局专家组成员北京大学教授严文明先生视察发掘工地

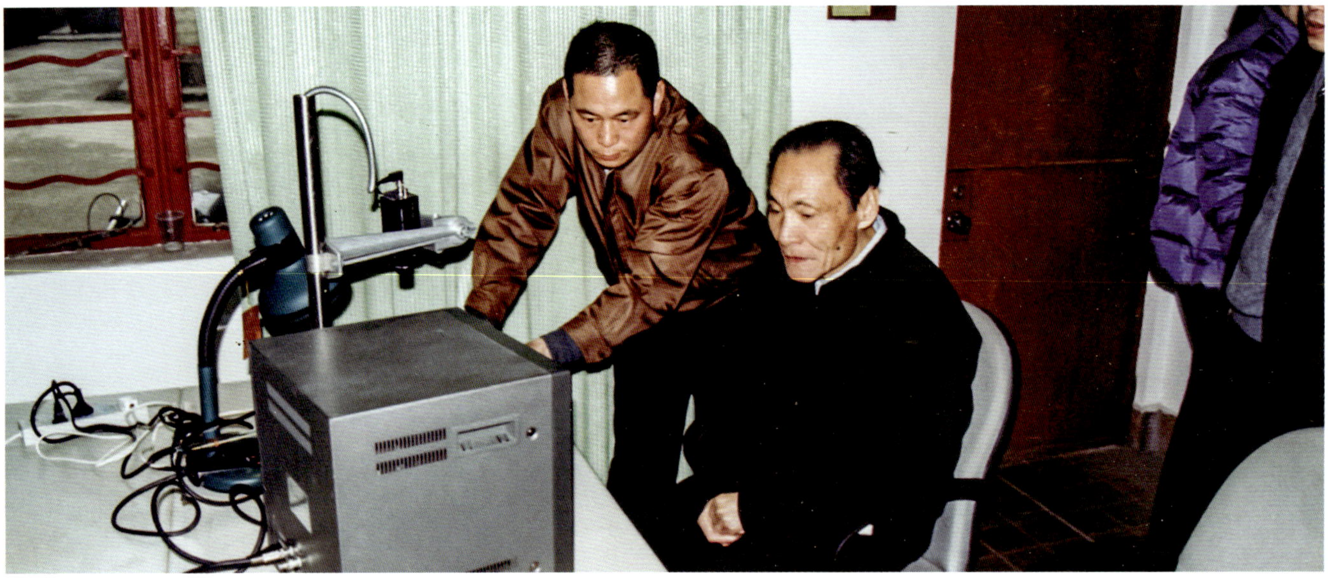

3. 国家文物局专家组成员北京大学教授严文明先生观看出土简牍

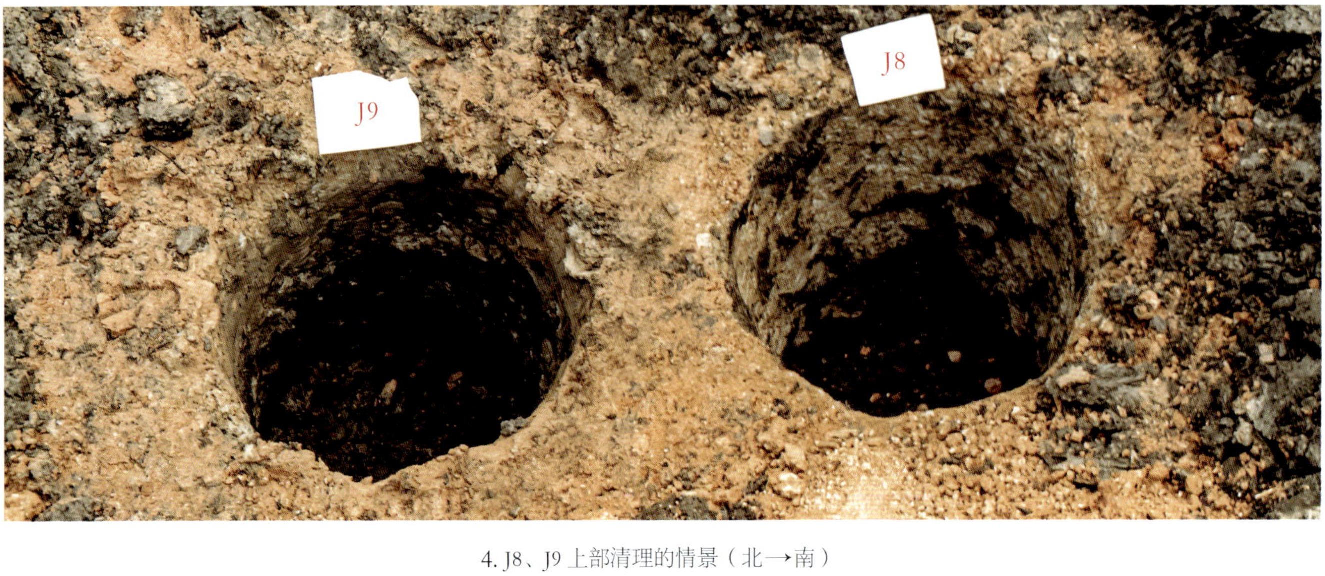

4. J8、J9上部清理的情景（北→南）

工地测量、清理与专家视察

1. J8 上部清理后照（北→南）

2. J8 井壁开口六分之一照（南→北）

3. J9 井壁开口六分之一照（南→北）

4. J8、J9 破壁一半堆积显露照（北→南）

5. J8、J9 井内清理结束照（北→南）

6. 清理 J8、J9 上层植物灰烬（西北→东南）

J8、J9 清理

1. 分装井内清理遗物（北→南）

2. J8 井壁开口六分之一清理情景（南→北）

3. J9 井内堆积清理情景（北→南）

4. J9 井内堆积清理情景（北→南）

5. 建筑基地南壁地层堆积剖面（北→南）

井内堆积、遗物清理，建筑基地南壁地层

1. J8∶G15　汲水罐Ⅰ式

2. J8∶G15　（局部）

3. J8∶G2　汲水罐Ⅰ式

4. J8∶G2　（局部）

5. J8∶G11　汲水罐Ⅰ式

6. J8∶G3　汲水罐Ⅱ式

J8 出土汲水陶罐

1. J8∶G9 汲水罐Ⅱ式

2. J8∶G1 汲水罐Ⅱ式

3. J8∶G1 （局部）

4. J8∶G16 汲水罐Ⅱ式

5. J8∶G12 汲水罐Ⅲ式

J8出土汲水陶罐

1. J8：G5 汲水罐Ⅲ式

2. J8：G8 汲水罐Ⅲ式

3. J8：G13 汲水罐Ⅲ式

4. J8：G4 汲水罐Ⅳ式

5. J8：G6 汲水罐Ⅳ式

6. J8：G10 汲水罐Ⅳ式

J8出土汲水陶罐

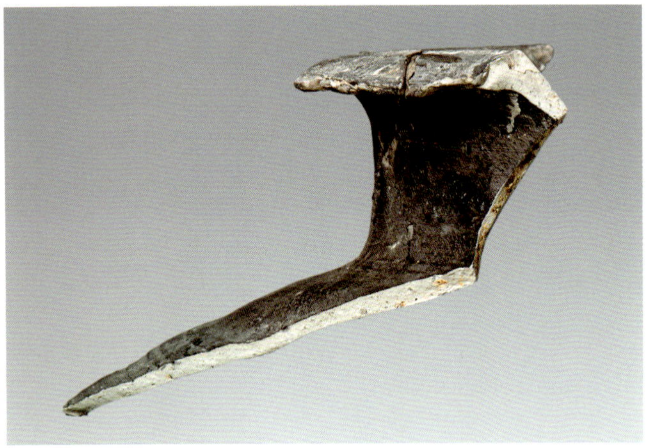

1. J8∶G21　汲水罐Ⅴ式

2. J8∶G25　汲水罐口沿Ⅰ式

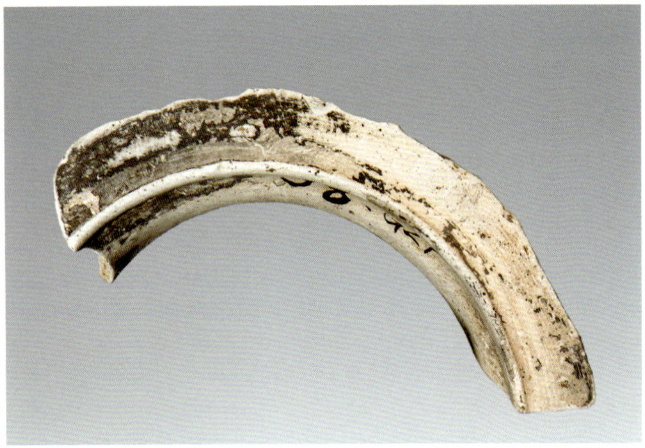

3. J8∶G27　汲水罐口沿Ⅰ式

4. J8∶G23　汲水罐口沿Ⅰ式

5. J8∶G22　汲水罐口沿Ⅱ式

6. J8∶G20　汲水罐口沿Ⅲ式

J8出土汲水陶罐、陶罐口沿

1. J8：P1　平底盆Ⅰ式

2. J8：P6　平底盆Ⅰ式

3. J8：P13　平底盆Ⅰ式

4. J8：P10　平底盆Ⅰ式

5. J8：P27　平底盆Ⅰ式

6. J8：P2　平底盆Ⅱ式

J8出土平底陶盆残片

1. J8：P9　平底盆Ⅱ式

2. J8：P4　平底盆Ⅲ式

3. J8：P28　圜底盆

4. J8：P34、P40　圜底盆

5. J8：P33、P39　圜底盆

6. J8：W1　瓮

J8出土平底、圜底陶盆，瓮残片

1. J8 : W8　瓮

2. J8 : G191　小口罐

3. J8 : G193　小口罐

4. J8 : G192　平沿小罐

5. J8 : F1　釜

6. J8 : QG1　器盖

J8 出土陶瓮、罐、釜、器盖残片

1. J8：QG3 器盖

2. J8：G14 印纹硬陶罐

3. J8：B1 板瓦Ⅰ式

4. J8：B6 板瓦Ⅰ式

5. J8：B8 板瓦Ⅰ式

J8出土器盖、印纹硬陶罐及板瓦残片

1. J8：B27 板瓦Ⅰ式

2. J8：B2 板瓦Ⅱ式

3. J8：B10 板瓦Ⅱ式

4. J8：B92 板瓦Ⅱ式

5. J8：B4 板瓦Ⅱ式

6. J8：B96 板瓦Ⅲ式

J8 出土板瓦残片

1. J8 : B28　板瓦Ⅲ式

2. J8 : T13　筒瓦

3. J8 : T5　筒瓦

4. J8 : T8　筒瓦

5. J8 : T2　筒瓦

6. J8 : T20　筒瓦

J8 出土板瓦、筒瓦残片

1. J8∶T18　瓦舌

2. J8∶T12　瓦舌

3. J8∶D2　瓦当

4. J8∶D1　瓦当

5. J9∶G13、16、17　汲水罐

6. J9∶P9～14　平底盆Ⅰ式

J8出土筒瓦、瓦当残片，J9出土陶罐、盆残片

1. J9：P15　平底盆Ⅰ式

2. J9：P5、P7　平底盆Ⅱ式

3. J9：P16　平底盆Ⅲ式

4. J9：P17　平底盆Ⅲ式

5. J9：P1　圜底盆Ⅰ式

6. J9：P4　圜底盆Ⅰ式

J9出土陶盆残片

1. J9：P2、P3　圜底盆Ⅱ式、Ⅲ式

2. J9：HG1、HG2　圜底罐

3. J9：D1　豆盘Ⅰ式

4. J9：D2　豆盘Ⅱ式

5. J9：D8　豆盘Ⅱ式

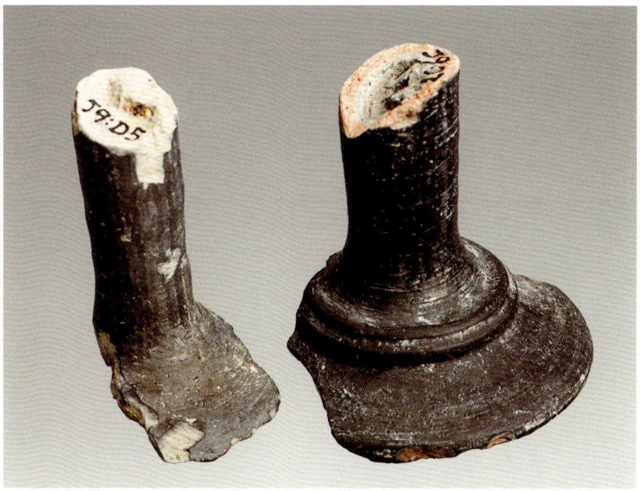

6. J9：D5、D7　豆柄Ⅰ式

J9出土陶盆、罐、豆残片

1. J9∶D6、D4 豆柄Ⅱ式

2. J9∶W1 瓮口沿

3. J9∶W2 瓮肩腹

4. J9∶QG3 器盖

5. J9∶G6、G7 硬陶罐

6. J9∶G1~5 印纹硬陶罐Ⅰ式

J9出土陶豆、瓮、器盖、硬陶罐、印纹硬陶罐残片

1. J9∶G11　印纹硬陶罐Ⅱ式

2. J9∶G9　印纹硬陶罐Ⅱ式

3. J9∶B40　板瓦Ⅰ式

4. J9∶B42、41、37　板瓦Ⅰ式

5. J9∶B38　板瓦Ⅱ式

6. J9∶B48　板瓦Ⅱ式

J9出土印纹硬陶罐、板瓦残片

1. J9：B49　板瓦Ⅱ式

2. J9：B47　板瓦Ⅱ式

3. J9：B52　板瓦Ⅱ式

4. J9：B46　板瓦Ⅲ式

5. J9：B54　板瓦Ⅲ式

6. J9：B53　板瓦Ⅲ式

J9出土板瓦残片

1. J9：T7~10、T6 筒瓦Ⅰ式

2. J9：T11 筒瓦Ⅱ式

3. J9：T12 筒瓦Ⅱ式

4. J9：T4、T2 筒瓦Ⅱ式

J9 出土筒瓦残片

1. 简牍清理之前拍照、录像

2. 简牍开包后的情景（北→南）

3. 简牍开包后底部散落的状态

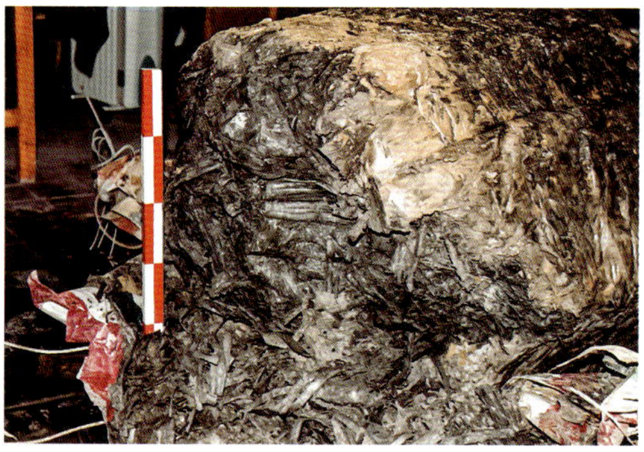

4. 简牍开包后上部散落的状态

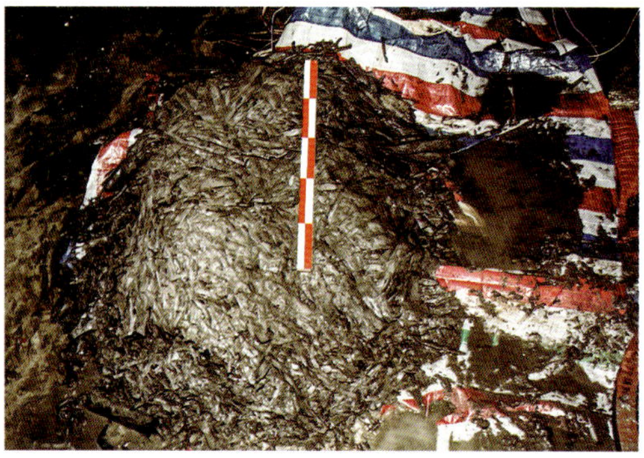

5. 简牍揭取前的状况（西→东）

6. 简牍揭取前的状况（东→西）

7. 简牍揭取中的状况（北→南）

8. 简牍揭取至底部的状况（西→东）

J8出土简牍室内清理揭取前后的状况

1. 简牍碎片筛洗、检选工作

2. 简牍碎片筛洗、检选工作

3. J8 第三层清理提取的简牍

J8 出土简牍筛洗、检选

筒0064 筒0060 筒0065 筒0061 筒0063 筒0058 筒0071 筒0068

竹简A型Ⅰ式

简0019 简0036 简0021 简0026 简0045 简0020 简0023 简0027

竹简A型Ⅱ式

1. 竹简 A 型Ⅲ式

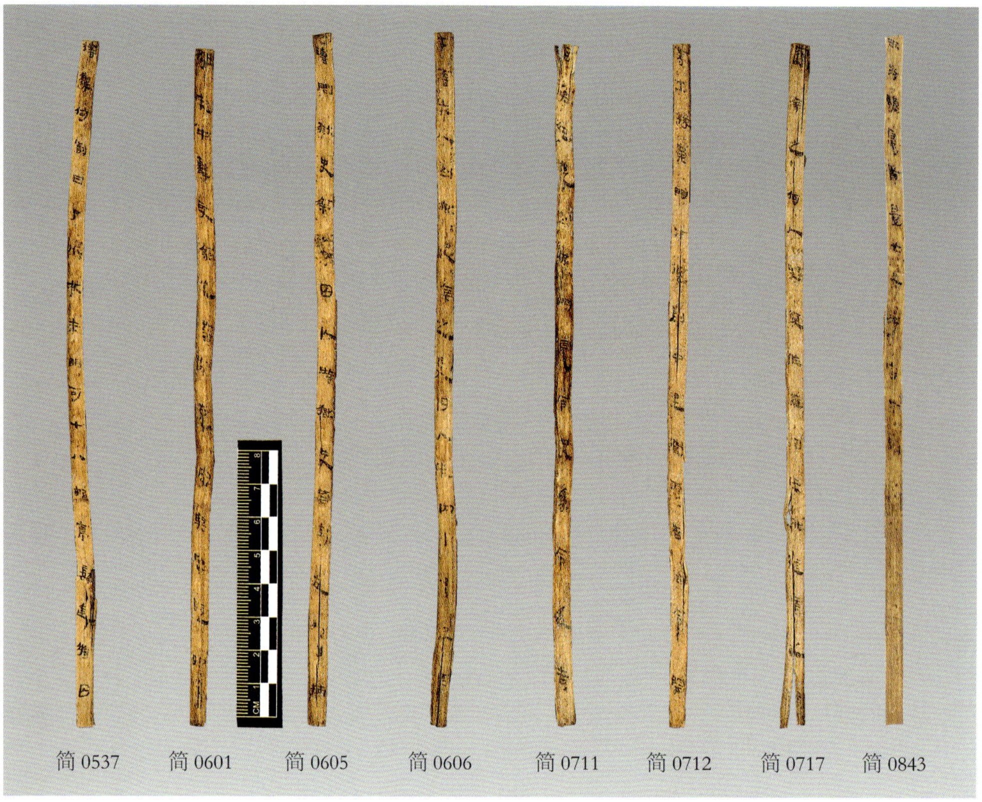

2. 竹简 A 型Ⅳ a 式

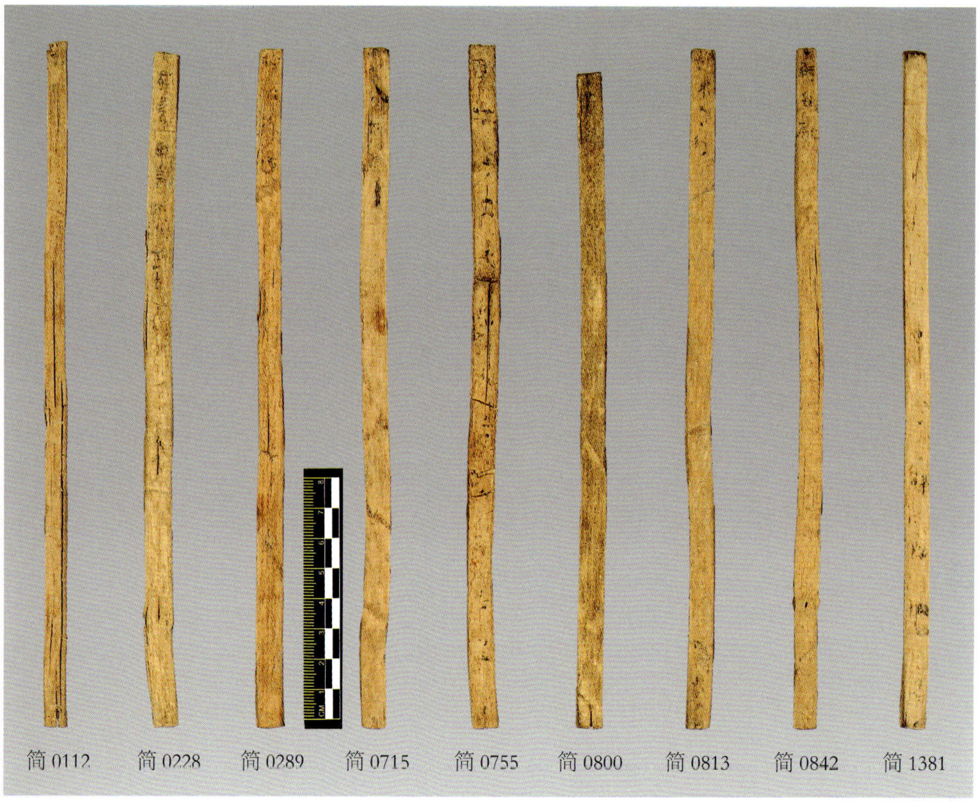

3. 竹简 A 型Ⅳ b 式

竹简 A 型Ⅲ式、Ⅳ a、Ⅳ b 式

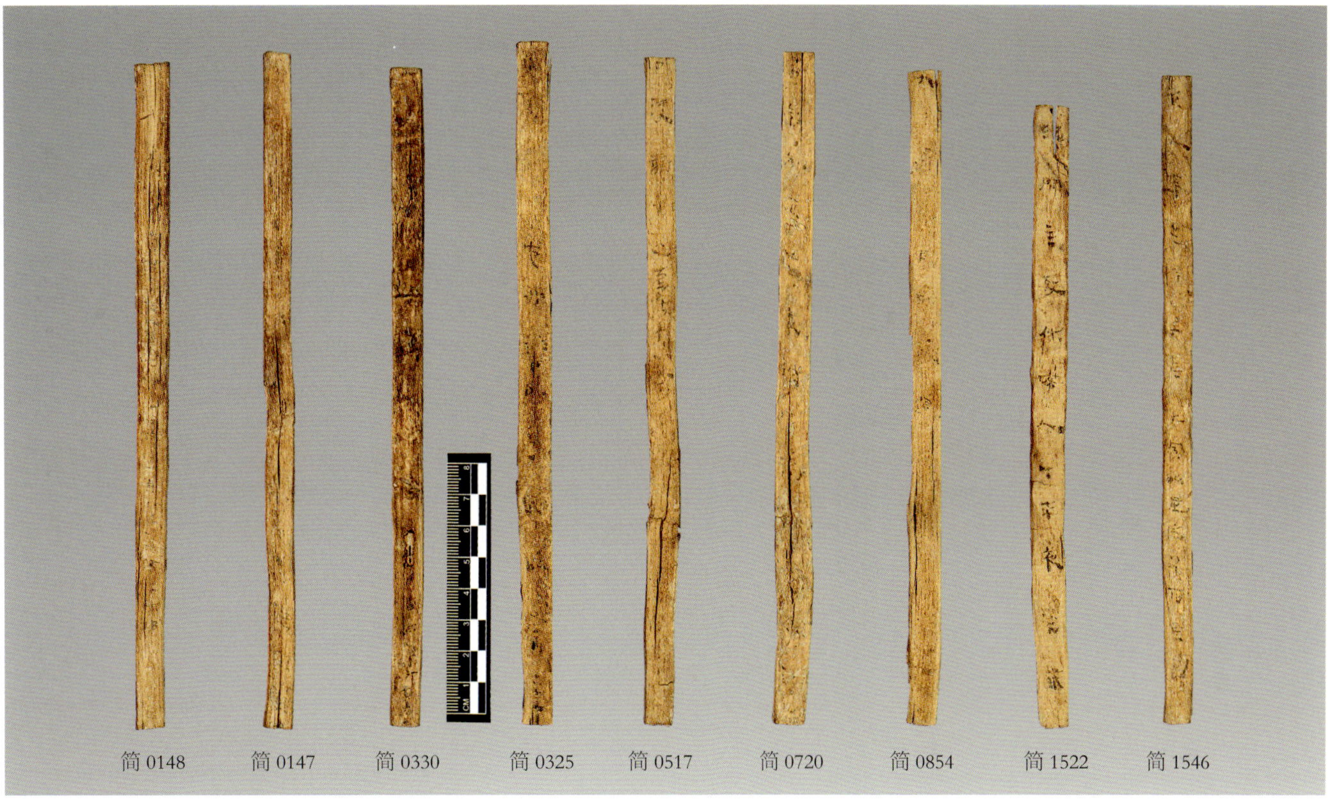

1. 竹简 A 型Ⅳ c 式

2. 竹简 A 型Ⅳ d 式

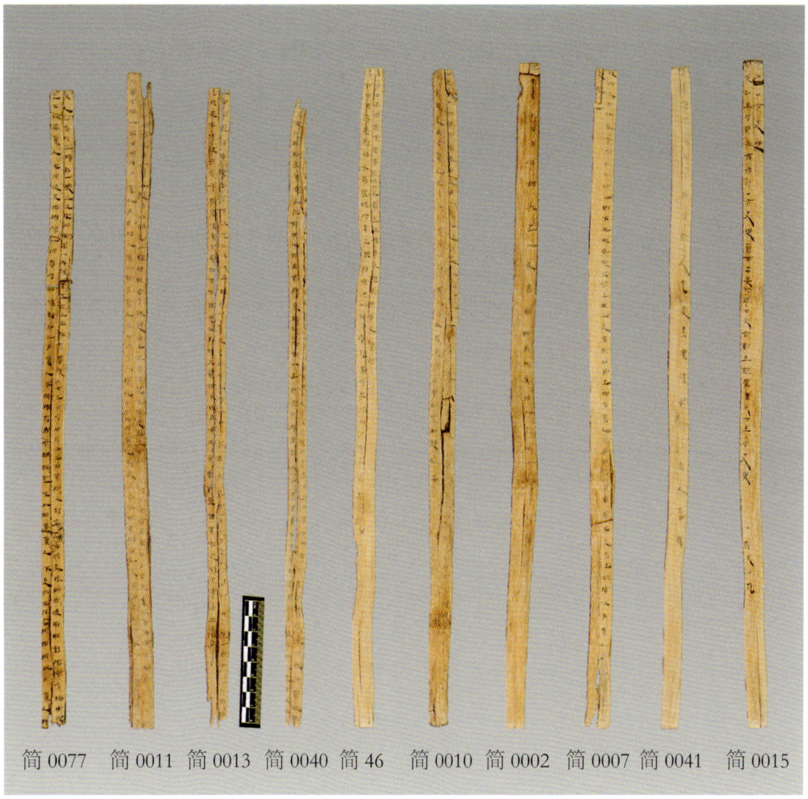

3. 竹简 B 型Ⅰ式

竹简 A 型Ⅳ c、Ⅳ d 式，B 型Ⅰ式

简 1126 简 1561 简 0848 简 0083 简 0082 简 0136 简 0187 简 0769 简 0803 简 0571

1. 竹简 B 型Ⅱ式

简 0587 简 0588 简 0501 简 0502 简 0503 简 0505 简 0506 简 0811 简 0507

2. 竹简 B 型Ⅱ式

1. 编绳绑痕

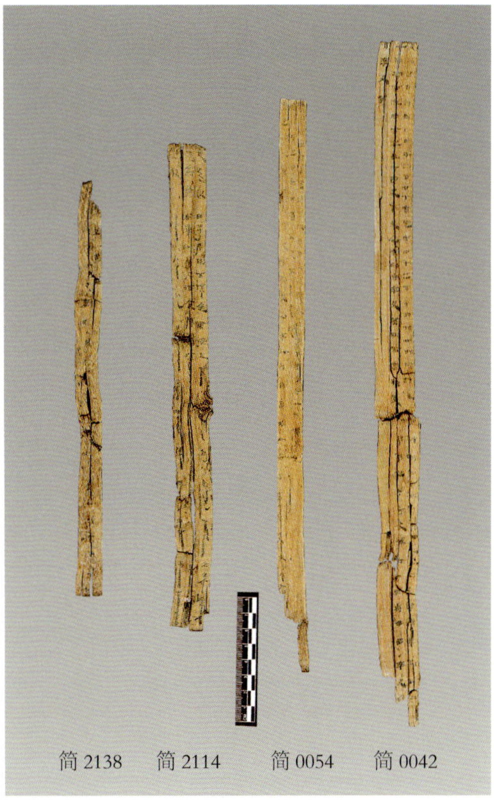

2. 竹简 C 型Ⅰ式

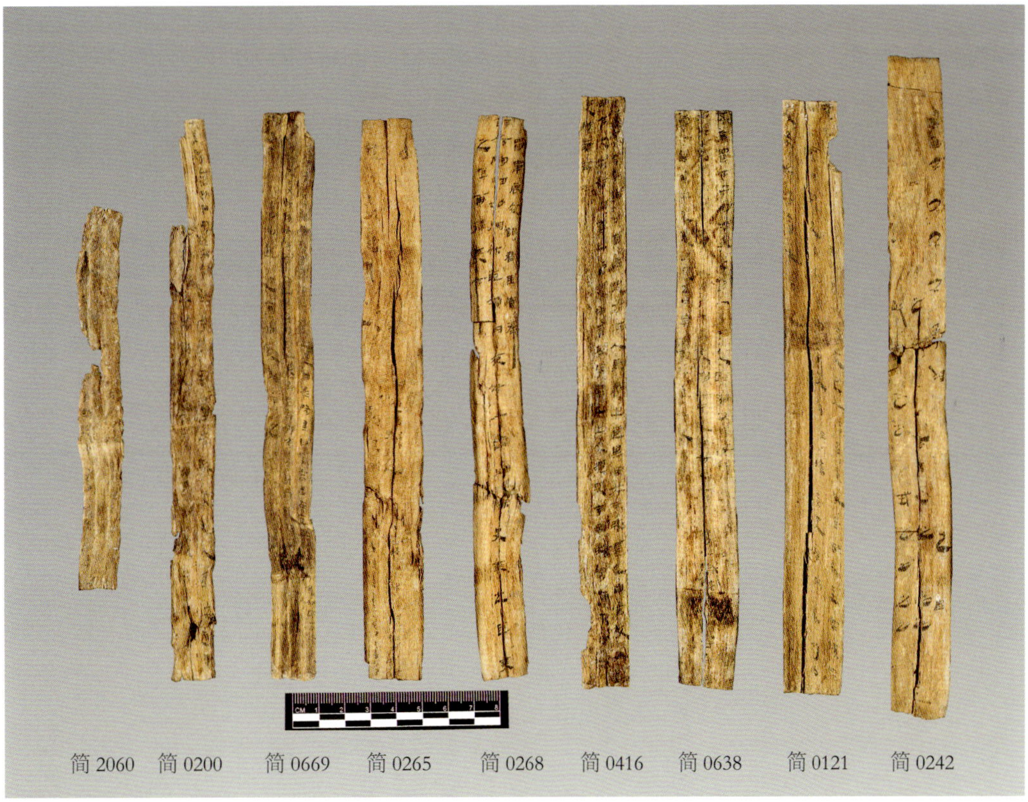

3. 竹简 C 型Ⅱ式

竹简编绳痕迹，竹简 C 型Ⅰ式、C 型Ⅱ式

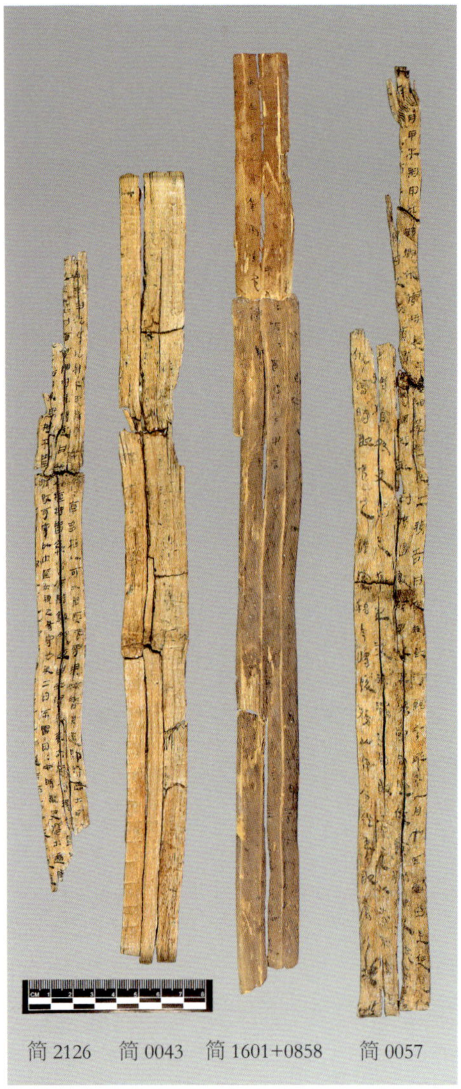

简 2126 简 0043 简 1601+0858 简 0057

1. 竹简 D 型 Ⅰ 式

简 1875 简 0278 简 0321 简 0417

2. 竹简 D 型 Ⅱ 式

简 0056

3. 竹简 E 型

竹简 D 型 Ⅰ 式、D 型 Ⅱ 式、E 型

1. 木简Ⅰ式单行

2. 木简Ⅱ式两行

3. 木简Ⅲ式三行

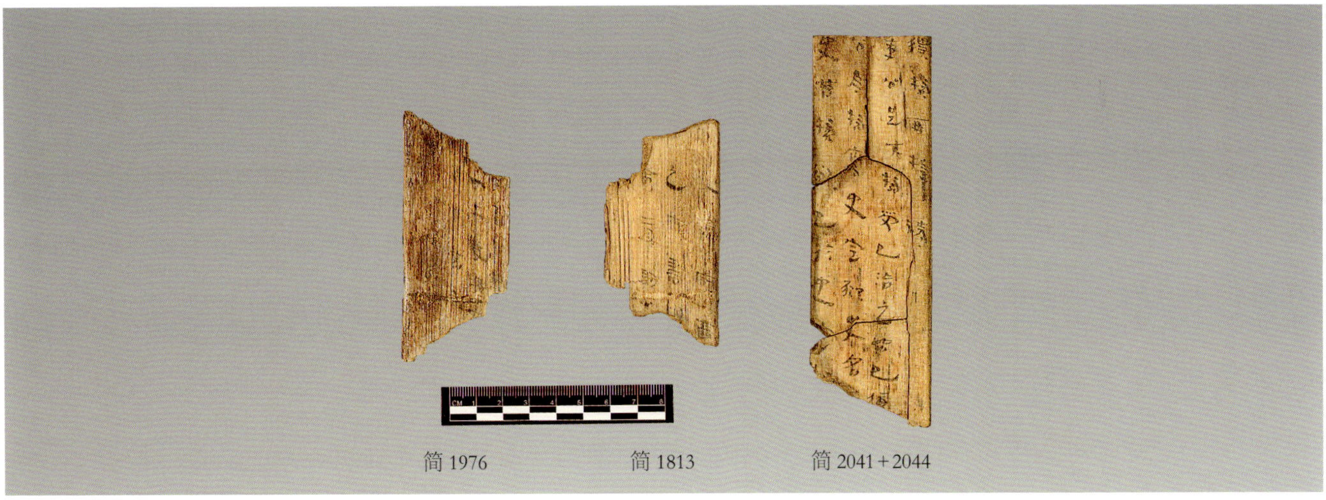

4. 木简Ⅳ式四行

木简Ⅰ式单行、Ⅱ式两行、Ⅲ式三行、Ⅳ式四行

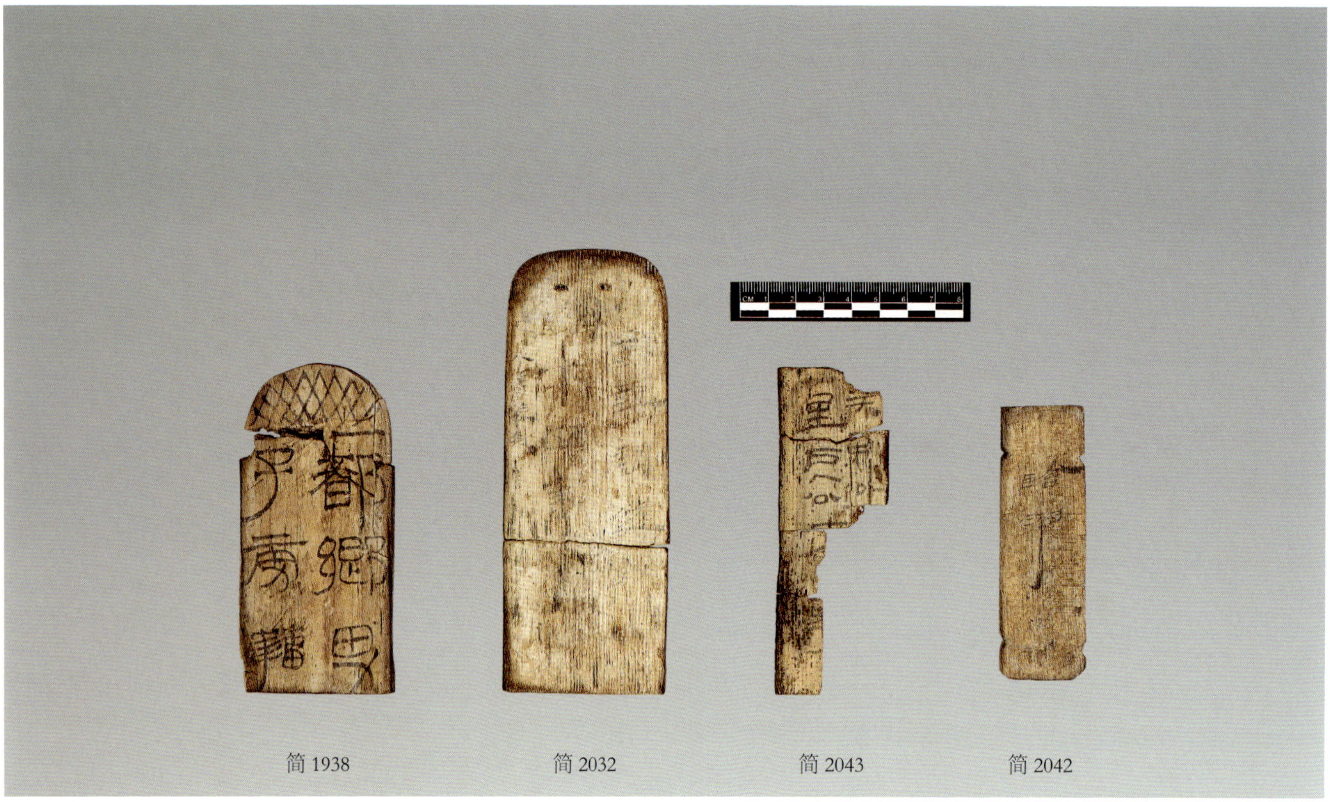

1. 木楬、签牌

2. 木觚

木楬，签牌，木觚

简 1810 简 2047

1. 异形木简

简 0695 简 1939 简 1942 简 1953 简 1964 简 1965 简 1967

2. 削衣

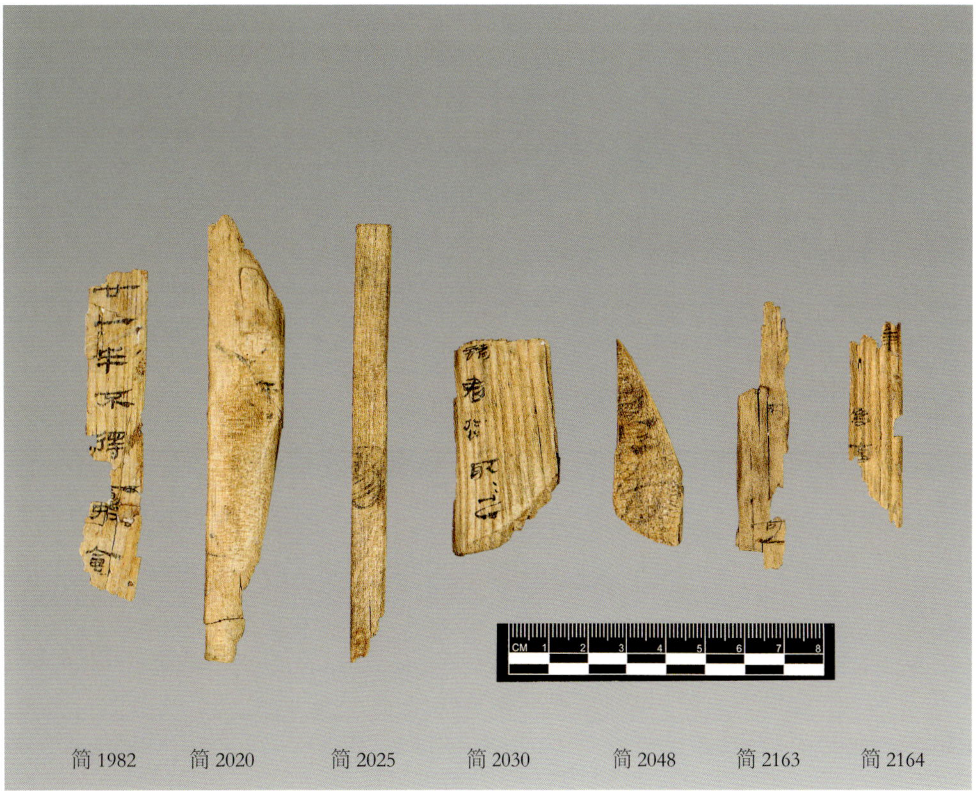

简 1982 简 2020 简 2025 简 2030 简 2048 简 2163 简 2164

3. 削衣

异形木简，削衣

简牍选录

凡　例

1. 简牍选录：所选简牍除 4 枚从施工现场采集外，均从 J8 考古发掘出土。
2. 简文残泐无法辨认的字，释文用“□”表示，一字一“□”；简文漫漶但能确定字数的用多个“□”表示，不能确定字数的用“……”表示；存疑的字外加“□”；简文残断处，释文用“☒”表示。
3. 释文使用繁体，一般按照原文字形释写，重文、合文保留原貌。异体字，为排印方便，释文用通行字写出。
4. 简文所用符号，释文尽量保留，符号只占一个汉字的字空。
5. 部分尺寸较长的简在整简右侧附有截断放大图版。

長沙邸傳舍壞敗不見舉劾案（❶～❿）

❶

桉傳舍二千石東舍門屋牝廿一枚後廁屋牡牝瓦各七枚其東内户扇廣四尺四寸袤七尺皆不見 0036

❷

桉傳舍二千石舍西南鄉馬廡屋敗二所并袤丈五尺廣八尺牡牝瓦各十九枚竹馬仰四井鹿車一具不見馬磨壞敗 0021

❸

桉傳舍五王第一至第四舍皆壞敗牡牝瓦各七十枚井壞敗鹿車一具馬犯十一枚袤丈四尺皆不見馬磨壞敗 0026

❹

案邸傳舍西第一舍橆垣敗二所其一所袤丈六尺ㄴ一袤三丈五尺五寸牡瓦卅三枚牝瓦廿一枚竹皆不見 0030

❺

案邸傳舍西第二舍大屋牡瓦十枚牝瓦三橆垣一敗一所袤四丈四尺牡瓦十五枚牝瓦十枚竹臥内户扇一井鹿車一具皆不見 0027

❻

案邸傳舍西第三舍大屋牡瓦六枚牝瓦五枚橆垣敗一所袤三丈五尺牡瓦廿五枚牝瓦四枚竹臥内柎上冠皆不見 0029

❼

案邸傳舍西第四舍橆垣敗一所袤四丈七尺牡瓦卌四枚牝瓦十四枚門ㄴ夬臥内户扇柎冠各一竹皆不見 0023

❽

案傳舍西鄉中橆垣門敗袤十一丈牡牝各二百七十二枚皆毀敗竹不見 0028

❾

牒書傳舍屋橆垣壞敗門内户扇瓦竹不見者十三牒吏主者不智數遁行稍繕治使壞敗物不見毋辯護不勝任

五年七月癸卯朔癸巳令史援劾敢言之謹案佐它主它鄙佐前以詔遣故長沙軍司馬貫死烝陽敬寫移謁移鄙以律令從事敢 0079

❿

言之／ 令史援

十月癸巳長沙邸長蒿移鄙／令史援／二月丙午長沙邸蒿敢告鄙主謹寫重敢告主／令史援・鄙第廿九 0015

不智何人盜當時等衣物案（⓫～⓰）

⓫

四年七月癸亥朔辛卯都鄉嗇夫拾敢言之獄書曰六月癸丑

夜不智何人盜外宛士五當時越葸單衣宛男子不淮

0439+0137+0145

⓬

銅鈁關仲孺絣禪衣各一亡書到求捕亡滿卅日不得報今謹

求捕不智何人亡滿卅日不得敢言之 0217

⑬

四年八月壬辰朔乙未內官長收守臨湘丞敢言之劾曰不
智何人盜外宛士五當時越葸褌衣宛男子不淮銅鈁關仲 0256

⑭

孺絣繟衣各一辟問不智何人亡滿卅日不得臧平賈并直錢
三千六百卅佐誤直它若劾駕論命不智何人髡鉗笞□□▨
0657+1555

⑮

止爲城旦籍髡笞得有後請當□▨
宅奴婢財物及令同居會計□▨ 0365

⑯

當吏論臧見畀當時等靡賣田宅奴婢財物及令同居會計備償
書到皆令備盜賊吏徒來捕以得爲故得以律令從事弗得 0532

定邑令史辛等監臨主守盜縣官錢案（⑰～⑲）

⑰

關長若丞前辛齒亡臨潙界中已遣佐徒求捕未得將
移辰陽令官輿雜捕齒致若書敢言之 0556

⑱

九年正月丙申朔辛酉鐵官長齊守臨湘令丞忠敢告定邑主定邑令史
辛與行事長南山長行佐齒皆坐劾監臨主守縣官錢盜之 0557

⑲

齒詐爲出券以辟盜使佐充徒二人捕取辛齒書到令史可
聽書與從事雜捕得遣信吏徙徒佐將致臨湘獄定縣名爵 0545

非縱火時擅縱火案（⑳～㉓）

⑳

七年三月丁丑朔癸未尉史充國敢言之獄書曰不智何人非從火時擅
從火烶燔梅林茭草書到益關吏徒求捕亡滿卅日不得報令 0194

㉑

謹求捕不智何人非從火時擅從火者亡滿卅日不
得謁報敢言之 0192

㉒

七年三月丁丑朔癸未臨湘令寅謂南鄉告尉
別治長賴醴陵敢告壽陵西山主不智何人非縱 0176

㉓

火時擅縱火烶燔梅林茭草不智何人亡滿卅日不得
出駕論命不智何人耐爲隸臣得出有後情□□ 0181

男子嬴等木毆高成里烶年獄案（㉔～㉕）

㉔

▨曰大夫臨湘高成里爲定廟覺子八月丁未奉祠▨

☑等廿人沽酒飲可有頃皆醉娗年與嬴弟臨湘☑ 0158

㉕

☑傳基＝朢＝兄嬴次基朢以木杖道旁盍歐娗＝年＝解去走

☑嬴基朢弗得即之相府門下亭長安所告 0195

都鄉七年墾田租簿案（㉖～㉗）

㉖

八年五月辛未朔壬申南山令史悳敢告臨湘令史男子成自詣辤故不更別治長賴褛

里爲都鄉嗇夫主治七年豤田租簿不故不以實不亡臨湘以亡駕論命成完爲 0795

㉗

・都鄉七年豤田租簿

豤田六十頃二畝租七百九十六石五斗七升半率畝斗三升奇十六石三斗一升半

・凡豤田六十頃二畝租七百九十六石五斗七升半

出田十三頃卌五畝半租百八十四石七斗臨湘蠻夷歸義民田不出租

出田二頃六十一畝半租卅三石八斗六升樂人嬰給事柱下以命令田不出租

・凡出田十六頃七畝租二百一十八石五斗六升

定入田卌三頃九十五畝租五百七十八石一升半

提封四萬一千九百七十六頃一十畝百七十二步

其八百一十三頃卅九畝二百二步可豤不豤

四萬一千一百二頃六十八畝二百一十步群不可豤 0056

鐵官守長辰乞鞫案（㉘～㉚）

㉘

四年八月壬辰朔戊午内官長收守臨湘丞敢言之府移劾

曰八月乙卯命令鐵官以租錢就牛車爲宮人載稟 0324

㉙

租錢就牛車三乘爲宮人載稟時守長辰在不

以其名爲書蜀下西市不解得論免仼罰金☐ 0332

㉚

以名爲書可問驗育言若仼證它若劾論免仼

罰金一斤毋得宦爲吏并上第錄敢言之・令越病 0245

便移五年計書誤案（㉛～㉞）

㉛

五年九月丙辰朔壬申都鄉勝敢言之獄移劾曰便移五年計

餘口四千二百廿七案閲實四千二百七十四其卌九口計後 0085

㉜

受多其實二人長以下爲書誤事不可行定主者名爵里

它坐遣謹案長路人丞非子令史訢嗇夫勝佐快主路人 0090

㉝

擇餘口皆公乘路人臨湘樂成里非子郴畸里訢快官大夫勝

不更訢勝便都里快昌里路人前徵快上五年户計左内 0346

㉞

五年九月丙辰朔甲戌便丞非子敢告臨湘丞主案贖罪以

下寫劾辟報爰書移書到令史可論路人快言 0347

無陽雎夷鄉嗇夫襄人收賨案（㉟～㊷）

㉟

襄人自責得五棒船一㮝士五定所當米八斗腸七十五斤

士五強秦磨僕各廿五斤令安居士五周乘船＝未到襄人

不得受定船去＝後周船到搞有令臨中臾⧄

是下船屬襄＝人＝在所後長始問搞＝以所責得船腸

對曰已予襄＝人＝不予搞券書今問強＝是＝不以船屬

襄＝人＝不受船＝在強是所搞所以予襄人腸⧄ 0077

㊱

五年七月丁卯具獄亭長庚爰書以襄人辤召共皮先以

證律辨告乃訊辤曰士五無陽共里與同產小男共來同

居迺二月中不識日嗇夫襄人□□共來

四年賨共皮爲予襄人腸十五斤當米石五斗襄人與分

券＝受腸當米如它如辤證之 0010

㊲

⧄卯具獄亭長庚以襄人辤召於鐵先以證律辨告乃訊

辤曰士五無陽皇里與共里大女妹子方風小女容異籍

同居嗇夫襄人責於鐵方風容往四年所

出賨方風以米石四斗予襄人爲母妹入賨於鐵予襄人

米石爲容入賨凡二石四斗襄人未受券書不智方風容

已受券智方風容不告於鐵後相史 0011

㊳

無陽長問於鐵於鐵與方風別居不得見問方風以爲毋

券對曰襄人斂於鐵家賨弗券書方風可問驗它如辤證

之 0171+0012

㊴

五年七月辛巳守獄史胡人爰書以劾襄人辤先以證律

辨告工期乃訊辤曰士無陽皇里迺往不識月日嗇夫襄

人来責工期□□□□所餘賨毋米共里周奢負工期錢

三百工

期告襄人爲責取錢奢所以當予餘賨襄人錢後襄人責

奢得錢二百廿五襄人即與工期爲予餘當米石五斗襄

人即與工期分券歸不告母地已受券 0008

㊵

後相史無陽長來問母地時工期不在家母地不智工期

已受券對曰子工期令襄人責奢錢三百當賨未受券工

期實不予襄人錢三百它如

辤證之 0007

㊶

⧄獄史胡人爰書以襄人搞辤證律告磨強秦僕磨強秦

僕皆不能楚言即以襄人搞辤證不言請擇訊人出入罪

人律出擇共里不更當令訊磨僕強秦當曰強秦磨僕

辤曰皆士五，居溠溪□□輕半士五共搞來言曰爲雎夷

主襄人收賨磨僕強秦予搞腸各廿五斤不智當米數搞去

後不識日強秦磨僕之田到棲溪涌見一吏⧄ 0161+0003

㊷

五年九月丙辰朔辛酉無陽長始令史巴人行丞事敢告

臨湘主案贖罪

以下寫劾辟爰書移書到令史可論倚言夬屬所長沙内

史府如律令敢言之 0121

臨湘令史張乘之追劾人者回避逗留案（㊸～59）

㊸

使之方來須臾女子來超曰此女子是亡者乘之即問女子曰亡者非已告
未女子對曰亡者未告乘之即將到臨湘廷屬南鄉嗇夫壬備盜賊令史多 0414

㊹

乘之有非主備盜賊吏以令壽言召理人致廷屬備盜令史多南鄉嗇夫壬乘
之不敢回辟逗留卒史則劾乘之移宮司空獄史則治乘之具以請實置辤不 0401

㊺

回辟逗留則多窶詣笞乘之度弗能勝自誣順劾服論則與長窶丞祒鞫其獄論耐乘
之爲司寇自以罪不當乞鞫所二千石復治覆獄宮司空獄史醜人治乘之辤不 0186

㊻

逗留醜人弗聽晝夜訊治乘之其恐服論乘之自誣應前獻辤气鞫不審醜人與
長祒丞俠鞫其獄駕論耐乘之爲隸臣欲復气鞫弗聽即去亡欲之漢縣治後請 0405

㊼

鞫其獄駕論命乘之髡鉗爲城旦乘之實不回辟逗留毋司寇隸臣鬼新命髡
鉗城旦會赦以令作二歲罪令壽令史多嗇夫壬皆可問以驗乘之言卒史則☒ 0409

㊽

守長窶丞俠祒獄史獻則尊監𨁂捲醜人鞫其獄其獄皆不審・壽曰故爲臨湘令迺
元年六月辛丑夜南山長始使人告壽曰前未伏一日橘州中有亡者今人在宮司 0395

㊾

空壽即令亭長朝召令史乘之令往問已告未＝將人來疾環乘之須臾環對所召亡者
臨湘邸里大女理人在廷未告已以屬備盜賊令史多南鄉嗇夫壬時理人未告壽遣乘 0185

㊿

之追若乘之言證之壬曰故爲南鄉嗇夫迺元年六月辛丑夜令壽召壬告曰
橘州中有亡者人在宮司空新使令史乘之往召之亡者來薄問受告壬曰諾 0408

51

須臾乘之來以所召亡者臨湘邸里大女理人屬壬與備盜賊令史多乘之即對
令壽壬與多受告若乘之言・多曰故監葆嗇夫守令史備盜賊迺元年 0190

52

六月辛丑夜令壽召多告曰橘州中有亡者人在
宮司空新使令 0352

53

獻鞫論耐乘之爲司寇・今乘之辤後司寇有它解證案不當論窶與
丞俠獄史則獻鞫其獄誠不審失司寇罪毋它＝若乘之證之 0661

❺❹

人來言曰迺前未伏一日橘州中有亡者其人在宮司空不識其何界壽
即令亭長朝召令史乘之令往問在臨湘界南山界其人已告未＝告將其 0536

❺❺

治街亭六月辛丑夜人定有頃臨湘令壽使亭長朝召多令多侍令史乘之廷
中乘之將亡者來女子名理人屬多臨湘廷門外曰趣受亡者女子告方言君 0222

❺❻

三年七月乙丑具獄史釘爰書召信訊先以證律辯告信乃以劾乘之辤訊
辤曰大夫臨湘令壽門下亭長迺元年六月辛丑夜人定有頃臨湘令壽召信 0399

❺❼

三年七月丁卯具獄史釘爰書訊則以劾乘之辤辯告乃訊辤曰臨沅莊里爲中
尉卒史案督盜賊迺元年六月辛丑夜昏有頃時不智何人四男子劫臨湘邸里 0406

❺❽

大女理人取錢衣橘州中園舍去亡理人在宮司空告臨湘令史乘之以臨湘壽教召理
人將理人之臨湘廷報令壽受告乃開吏徒追捕則劾乘之以回辟逗 0397

❺❾

八年四月辛丑朔丁酉尉史方河人爰書牛造里官大夫張乘之自言故爲臨
湘令史前有論事已當復用若故官案已上及須決今毋決謁補下官缺
吏除若律令 0416

臨湘吏言案行廷獄與治囚等事書案

（❻⓪〜❻❹）

❻⓪

七年五月丙子朔癸巳守獄門臨湘安陽嗇夫辟閭敢言之壬辰盡其夜常宿食牢獄門諸主守囚吏卒不出（正） 2019
嗇夫辟閭（背） 2019b

❻❶

七年五月丙子朔甲午擴門佐到敢言之癸巳旦夕受囚陽餽陽
舍人營所即索餘食中毋毒藥兵刃書已索即以屬守獄門 0513

❻❷

吳旦河人夕受囚餽獄門嗇夫辟閭所餽盛以具攘到獄索餘食中毋毒藥兵刃及
竄書已乃予囚食囚復膹與俱囚轂及所當得癰法不願遂亡自殺傷證不與囚相見毋 0772

❻❸

旦夕受囚餽廣門佐到所盛以具檢到廷中索餘食中毋毒藥兵
刃竄書／以餽旦屬獄史吳夕屬河人辟不入獄非臨湘史毋入 0617

❻❹

七年五月丙子朔丙申司空嗇夫禎敢言之乙未盡夜司空吏卒
官屬及它吏卒毋入司空從擅來見獄中人爲囚通言

語　0509

駕、縱、野劾不審案（65～71）

65

案將田義陵佐僮移連蘅上粟作篹券曰錢五千七百八十一絣繒四匹一丈九尺二寸直錢千九百七十一春草二匹一丈五尺七寸直錢千一百卌九緹繒三丈五尺直錢四百五十五素繒五尺五寸直錢卌九
0037

66

案將大農田官移賃庸出券＝三其一錢四千七百廿一素繒五尺五寸直錢卌九∟錢六百五十六∟一錢五千一百廿五絣繒四匹⧄
直錢千九百七十一春草繒二匹二寸直千一百卌九緹繒三丈五尺直錢四百五十五・三年三月乙丑四月丙申丙午將田義陵佐僮沅陽佐⧄　0081

67

陽安成里公乘伉充南陽公乘午所具庸擊禾爲米四百七十二石作盛粟篹三百六枚連粟爲米五百廿二石六斗積徒四百七十一人＝日卅錢伉
庸長三月乙丑受錢萬五百一問庸人公乘野貍豹等皆未得錢伉受野等賃錢不予野等與令史葵守令史相嘗正午共盜伉等實不受繒僮　0078

68

四年五月甲子朔庚寅案事長沙相史駕武陵守卒史縱辰陽令史野劾
六月丙申案事長沙相史駕武陵守卒史縱移辰陽以律令從事言夬相府／相史駕卒史縱　0046

69

五年二月己丑朔丁酉服捕命未得者尉史驕爰書命男子卯自詣辤曰故公大夫沅陽昌里爲沅陽倉佐均鐔成庫佐鐔成遣卯趣作倉役無
陽義陵沅陽相史駕卒史縱劾卯以詐爲書辟負辟償臧六百以上移辰＝陽＝辟歸鐔＝成＝以＝吏亡鞫論免卯削爵爲士五辰陽獄史光甲與丞郎　0040

70

以劾鞫駕論命髡鉗笞百鈦左止爲城旦監田守虜□丞周令史劉劾卯三事其一事盜錢八千七百六十六∟一事粟廿二石∟一米四斗八升移無＝陽＝□
充與長始庫後行丞事鞫駕論命卯髡鉗笞百鈦左止爲城旦實不敢詐爲書辟負償不盜錢粟有後請令來自出治後請　0013

71

二月丁酉服捕命未得者尉史驕敢言之謹移令求盜卯將致謁以律令從事敢言之／尉史驕　0038

長沙臨湘少内禁錢計付誤脱案（72～80）

72

元年五月丙子朔己丑右倉昌敢言之廷下長沙内史臨湘書曰遣令史農夫是丞相六年計楝終
長一牒六年長沙臨湘少内禁錢計付大倉右倉禾稼計茹卵一石受二石合青笥二合韋橐　0503

73

七年七月乙亥朔庚寅少内佐堅敢言之廷移丞相計校繆短二牒其一曰六年長沙臨湘少内禁錢計　0334

74

湘少内禁錢計付大醫左府乘與藥計茹卵十三
斤受廿三斤象骨一斤受二斤縑纖一袤二丈二 0130

75

五年四月戊子朔戊子少内佐誤敢言之謹使倚輸五年調
茹一石及所以盛飭物并爲校券一謁大
倉令官定以物如校受長沙臨湘少内禁錢計＝六年問計
官名所上校二千石官爲報＝臨湘 0504

76

上校長沙内史府敢言之・四月辛卯臨湘令城都水丞廣
行丞事移大倉／令史賀
七月壬辰大倉章告右下真券受爲報如律令／令史
中・第・□□前 0501

77

五年六月丁亥朔壬辰右倉佐樂歳敢言之廷下長沙臨
湘少内謹使佐倚相奉輸六年調茹卵
一石及所以盛飭物并爲校券一受爲報令受其茹卵一
石韋橐二枚聶廣各尺五寸袤四尺五寸 0506

78

府大醫令官定以物如校受長沙臨湘少内禁錢計六年
問官名所上校
二千石官名爲報臨湘上校長沙内史府敢言之 0667

79

六年四月壬子朔乙卯少内佐監敢言之謹使令史農夫
奉輸六年調茹卵一石大倉所以盛飭并爲校券
一謁關内史府移大倉令官定以物如校受長沙臨湘少
内禁錢計六年問計官名所上校二 0187

80

六年六月癸亥朔乙亥右倉佐□敢言之廷下臨湘書使
令史農夫輸六年茹卵一石及所盛飭物受
爲報今已受謁移臨湘定以如校付大倉右倉禾稼計＝六
年大倉上校大農府它如書令農夫校敢言之 0508

大女南坐負罰金案（81～83）

81

五年九月丙辰朔丁卯都鄉佐鼻敢言之廷移臨湘書曰
北平大女南坐
負罰金臨湘庫弗能入居迺四年六月中去亡捕得南辤
五年五月中自出 0102

82

☑蔡土所書到定名史里它坐有罪耐以上當請者非
☑自出真爰書・謹案南名史里定毋它坐有罪耐以上
不 0101

83

☑問蔡＝土＝曰五月中主治計下視官事不受南自出案
南
☑書敬寫年籍□牒謁移臨湘以從事敢言之 0103

固等劫奪葉侯使者錢衣器案（84～86）

84

之佐固衣器今捕得定邑娗年里士五□午曰迺十二月
中與定邑男子唐固與劫奪葉侯使者今固有它 0522

85

劾得及固＝母皆縠臨湘令使獄史俊具獄臨湘書到主可

令毋害獄史聽與俊襍以午辤訊固＝母聽展其辤　0516

86

劫奪桊侯使者錢衣器固得及固母皆毄臨湘令使獄史後具
獄襍與訊以畀後今已訊以畀後固母毄定邑已襍定邑以　0279

可思首匿案（87～93）

87

鄉即亡相往邸之代人嬰吳人寸等皆曰諾其八月生一日夜可半時代人伯子嬰吳人寸等即俱去亡其八月生四日可晏食時
嬰吳人寸亡盧旁竹中伯子即之鄧車盧可須臾環邸代人嬰吳人寸等曰伯新往視田獨婢☐☐已告婢弗入代人嬰吳　2116

88

⧄☐可思方與樂聚鄉尉卿令史童等捕可思子樂之亭時嬰代人等方縛在亭上尉卿
⧄言可思誠首匿定邑命髡鉗笞百二百二百鈦左右止城旦吳人髡鉗笞百二百鈦左右止城　2125

89

⧄大夫臨湘上里爲孝文廟亭長☐⧄
⧄里大女可＝思＝子小男樂田☐⧄　0370

90

⧄☐婢☐貌嫭☐☐與同事者五人俱來邸婢＝⧄
⧄夫去不蜀止可思心憐伯子不忍去癃諸伯子即☐
⧄　0484

91

方位廷下代人嬰吳人寸等即拜與可思言曰有死罪生平未嘗得謁母今有⧄
☐責鄧車來代人伯子嬰吳人寸等即起拜與鄧車言鄧車謂伯子曰我前⧄　0581

92

⧄急來煩累邸女可思曰諾何傷即唬代人嬰吳人寸等入坐内中
⧄闻女有事言女得來伯子曰賴伯得屬見人來今故來邸伯鄧　0651

93

炅代人吳人寸等即環復之可思盼⧄
寸吳人嬰伯子等人坐食已即臥留可⧄　0475

令史兒等爲武擅解脫易桎案（94～106）

94

九年五月乙未朔丁未臨湘令堅長賴丞尊守丞告尉謂倉都
鄉敢告宮司空攸南陽將作定＝王＝后＝營徒髡鉗城旦故大夫臨　0591

95

令人將致其聽書倉受入髡傅衣所當依服移校九年
癰獄計它以從事敢告主　0598

96

九年五月乙未朔丁未臨湘令堅長賴丞尊守丞告尉謂倉都鄉敢告宮
司空攸南陽將作定王＝后＝營徒髡鉗城旦故大夫臨湘

泉陽里武完爲 0232

97

九年五月乙未朔丁未臨湘令堅長賴丞尊守丞告尉謂倉中鄉敢

告宮司空攸南陽將作定＝王后＝營徒髡鉗城旦故大夫臨湘泉陽 0525

98

里武完城旦徒故官大夫攸大里兒宮司空令史公乘攸臧郢

里外佐公乘南陽平陽里不識皆坐武故爲臨武丞盜所主守 0125

99

臧六百公士以上盗武𣪠宮司空獄請主𣪠令史兒＝爲武擅解脱

易桎獄史外不識知武請兒聽武請爲武擅解脱易桎論完 0529

100

兒爲城旦不劾論武監臨見知縱故弗舉劾外不識公士以上得

𣪠牢武兒外不識皆有它重罪坐復治駕論武笞百釱左髡鉗兒 0299

101

外不識皆爲城旦籍髡笞得論行武兒外不識重罪如律令

敢告主 0263

102

解脱易桎論完爲城旦不劾論武監臨見知縱故弗舉劾外不

識公士以上得𣪠牢駕論武笞百釱止髡鉗兒外不識皆爲城旦籍髡 0519

103

陽里武完城旦徒故官大夫攸大里兒宮司空令史公乘南陽平里不識皆坐武故爲臨武丞監所主守臧六百 0798

104

公士以上盗武𣪠宮司空獄請主𣪠令史兒爲武擅

解脱易桎外不識知武請兒聽武請爲武擅解脱易 0803

105

城旦籍髡笞令人將致其聽書倉受入髡傳衣所當依服移

校九年應獄計它以從事敢告主 0811

106

里武完城旦徒故官大夫攸大里兒宮司空令史公乘攸臧郢里

外佐公乘南陽平陽里不識皆武故爲臨武丞盜所主守臧六百公 0208

血婁、齊盜臧案（107～117）

107

一麻布六尺二寸苃婁一兩臧（贓）并直錢千三百廿八臧皆千錢以上得

𣪠牢駕論髡鉗血婁齊∟血婁笞一百二百釱左右止齊笞百 0119

108

衣一銅釪一不知何人米二石棋船一椄臧并直錢萬三千八百九十血婁有

盗長賴令史吳銅釪一士五號廬麻單衣三米四斗錢百八十四 0339

(109)
節一雙嬰一兩臨湘大女合皂卑卑一麻布六尺二寸芰
婁一兩
臧并直錢千三百廿八臧皆千錢以上得散牢駕論髡
鉗 0402

(110)
九年二月丙寅朔甲申臨湘丞忠謂司空敢告宮司空南
山
烝陽丞主宮司空髡鉗城旦徒血婁完城旦徒
齊＝ 0547

(111)
故公乘烝陽羅里血婁士五南山成里皆坐盜鐵消
各一亡未命共盜靖園高成里大夫昌錢二千麻布
一 0595

(112)
匹緒複衣一□羅複被一青羅複函領一緒∟麻單衣各
二麻皂複衣二小車檢一合絲皂複袴一兩黃里瘳 0587

(113)
慶棋船一樓壽陵西都士五朝練絲複衣一銅釪一不
知何人米二石棋船一樓臧并直錢萬三千八百九十血婁
有盜長賴令 0197

(114)
史吳銅釪一士五號盧麻單衣三米四斗錢百八十四節一
雙嬰一兩臨湘大女合皂卑一麻布六尺二寸芰婁一
兩 0535

(115)
臧并直錢千三百廿八臧皆千錢以上得散牢駕論髡鉗
血婁齊＝血婁笞一百二百釱左右止齊笞百釱左止
皆 0549

(116)
爲城旦籍髡笞其聽書司空受入髡傳依所當衣
服移校九年應獄計除錄血婁齊所共盜昌錢八百 0596

(117)
卌一緒 / 麻單衣各一麻皂複衣二小車檢一合慶棋船
一
樓不知何人米二石棋船一樓靡它皆見已以畀昌
等 0588

散簡（(118)～(126)）

(118)
九年十一月丁酉朔□□鐵官長齊守臨湘令丞忠敢言
之
斗食嗇夫令史功舉者十六牒別言夬其一曰臨湘
斗 1805

(119)
八年後九月戊戌朔丙辰鐵官長齊守臨湘令丞忠敢言
之府
移劾曰牒書七年斗食嗇夫令史功舉臨湘十六牒以律
令從 1807

(120)
五年六月乙亥朔癸巳東鄉嗇夫嬰敢言之廷移臨湘書
曰都里士五閭坐
去家過三百里不取傳定名里年姓它坐追識者報謹問
士五姓陽氏名里定
未亡時毋它坐有罪不當請年廿三遣父大夫視識謁報
臨湘敢之 1808

(121)
九年五月乙未朔辛酉，別治長賴都鄉嗇夫行丞事，敢
告臨湘丞主，劾

曰：男子志自詣爲竹亭長，署城東門亭，病滿三月當免尉史方劾　0132

122
五年九月丙辰朔丁丑，倉嗇夫虹行都鄉事，敢言之：廷移邑陵書曰亭長柯服求命
者郡諸侯今有劾謁移長沙內史下屬縣即在界中勿與從事遣詣　0084

123
邑陵各案界中不在便報臨湘·今謹案柯不在長賴界中，謁報臨湘，
以從事，敢言之。　0340

124
九月丁卯，倉嗇夫午行鄙丞事，敢告臨湘丞主：案贖罪以
下寫劾辟報爰書移書到令史可問它言夬（決）　0086

125
八年十二月癸卯朔庚戌，臨湘令寅敢告西山主，主書曰臨湘復作
□迺八月丙辰亡九月庚辰自出書到可罰悲刑名它　0134

126
三月甲申，長沙內史齊客、邸長始守丞謂臨湘、宮司空、食官、壽陵采銅、烝陽、
南陽、連道邑、别治醴陵移牒臨湘長一短二，采銅、宮司空、食官、烝陽各一，醴陵　0175

采集简（127～130）

127
二人秩各三百石爲刻章曰沃野令印沃丞印沃左尉
沃野右尉三封令印三封丞印三封左尉三封右尉　2017

128
☐……傷辟□□□
☐內朔攸敢言之之
……　（正面）
☐然□似拜事建　（背面）　2018

129

甲寅		乙丑—	乙亥
乙卯—		丙寅—	丙子—
丙辰	謁廷受卒	丁卯—	子丑—
丁巳	治船夕宿未有傳	戊辰—	戊寅—
戊午	行宿柷（？）	己巳—	己卯—
己未	宿落中田舍	庚午—	庚辰—

（正面）

·五月小	庚寅	己亥
壬午	辛卯	庚子
癸未	壬辰	辛丑
甲申	癸巳	壬寅
乙酉	甲午	癸卯　（背面）　2036

130
圖形　2113

長沙邸傳舍壞敗不見舉劾案（1～10）

1

2

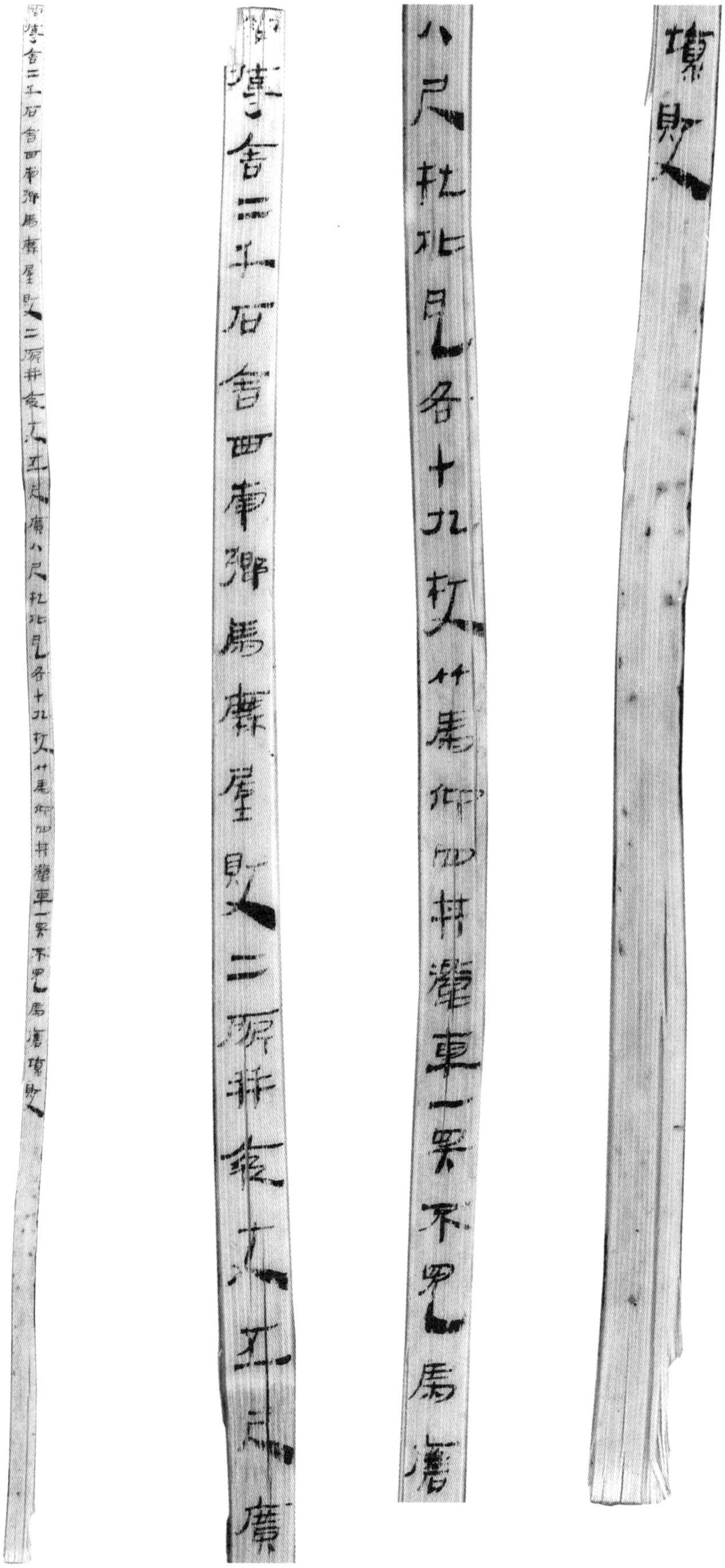

3

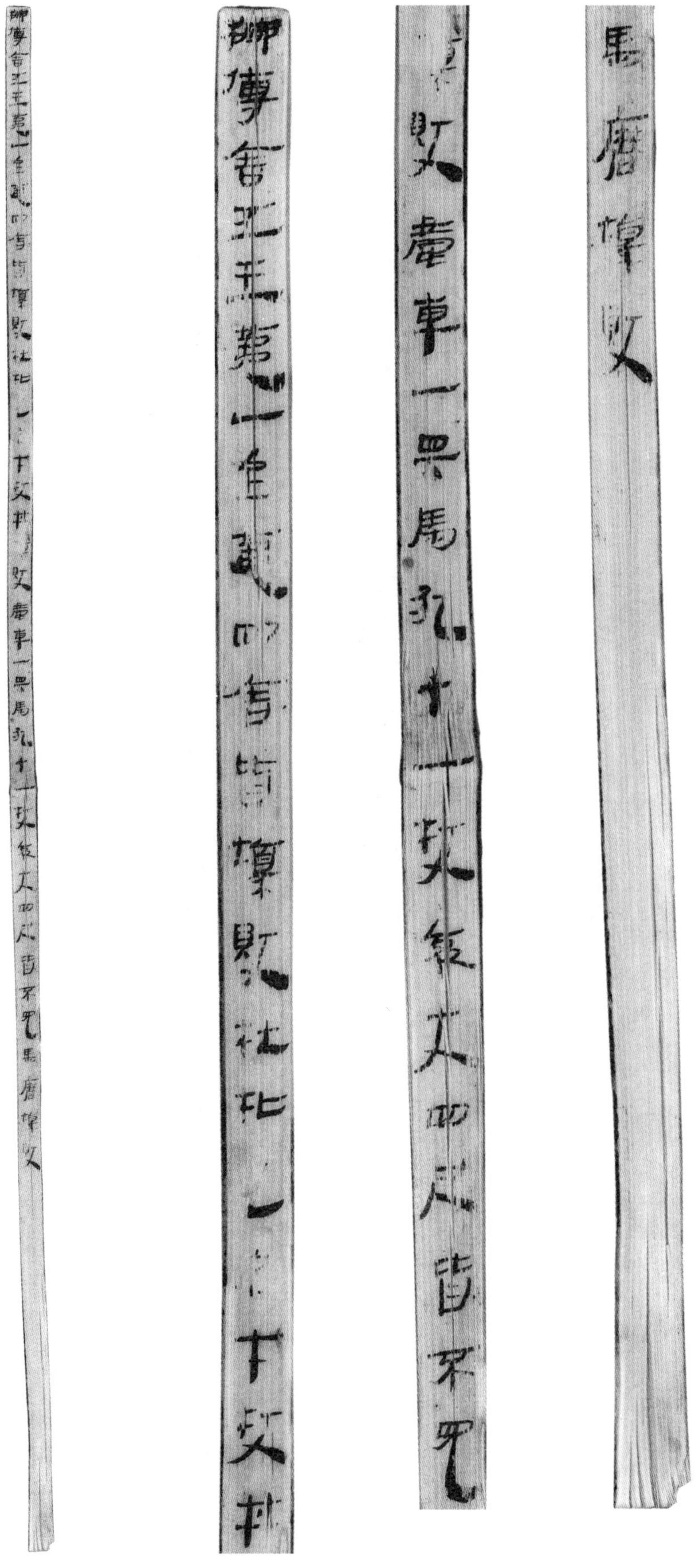

4

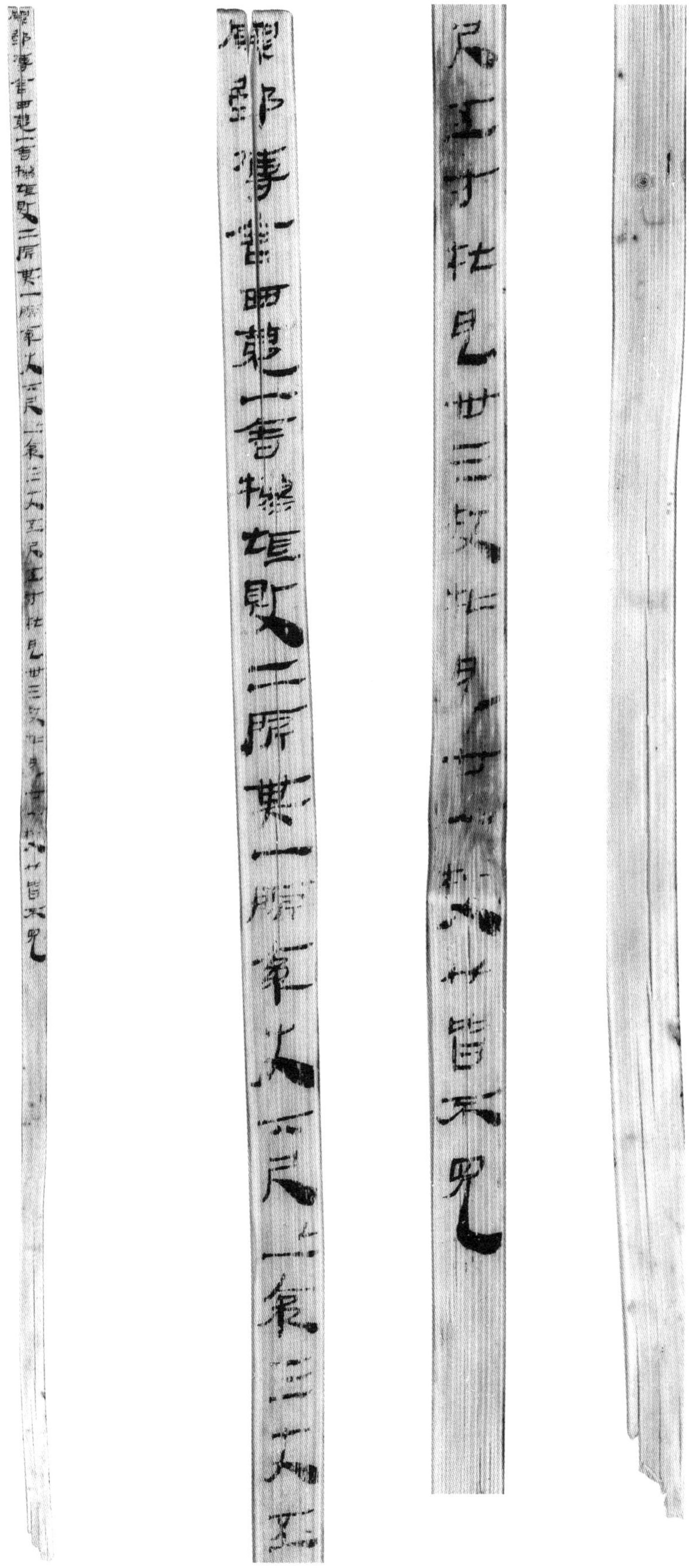

5

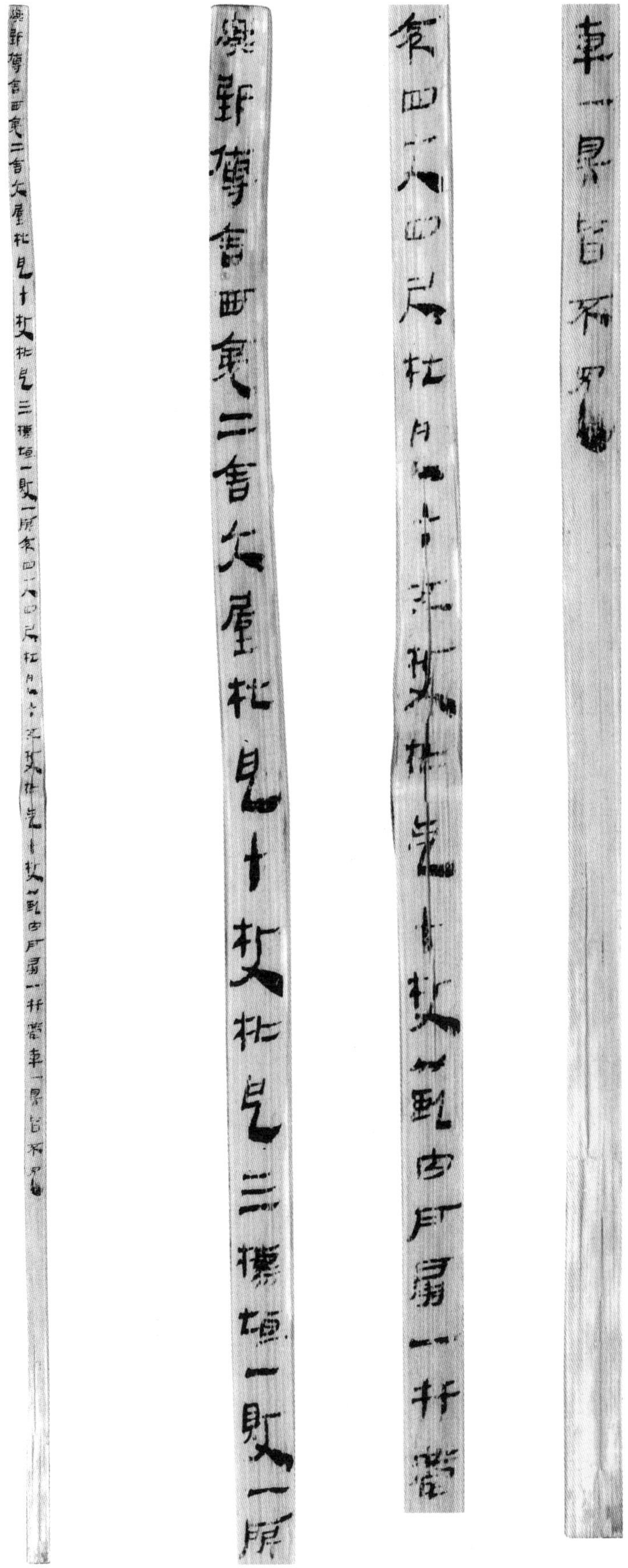

6

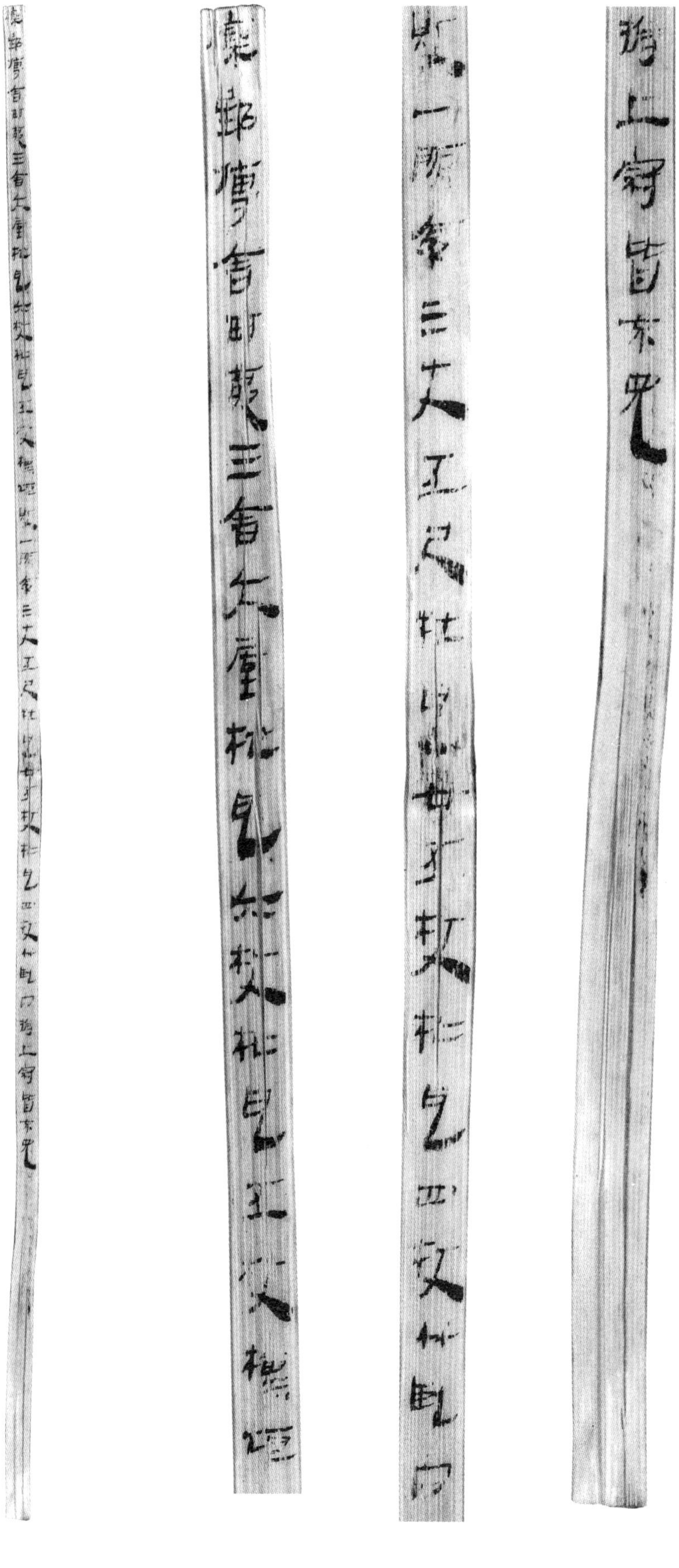

7

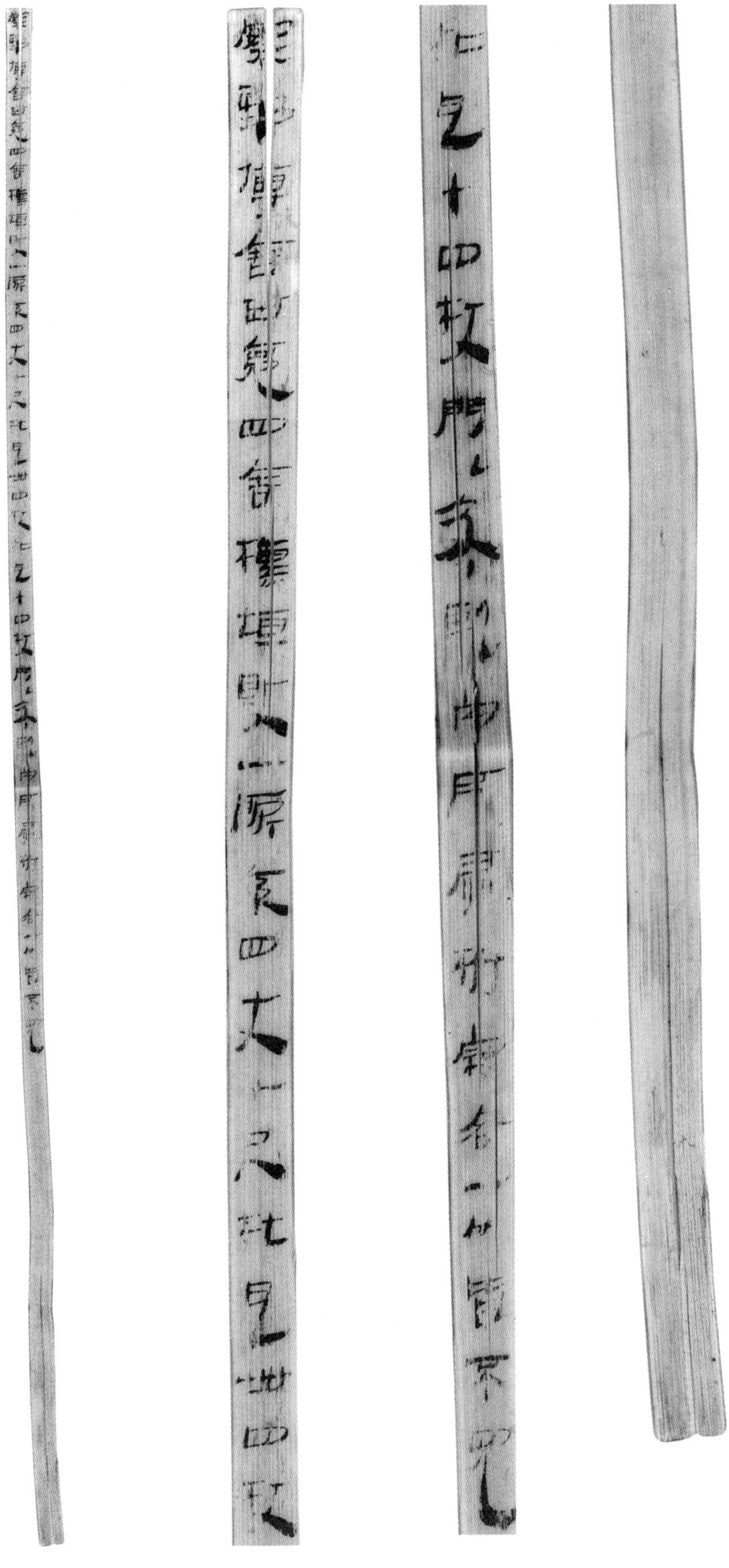

8

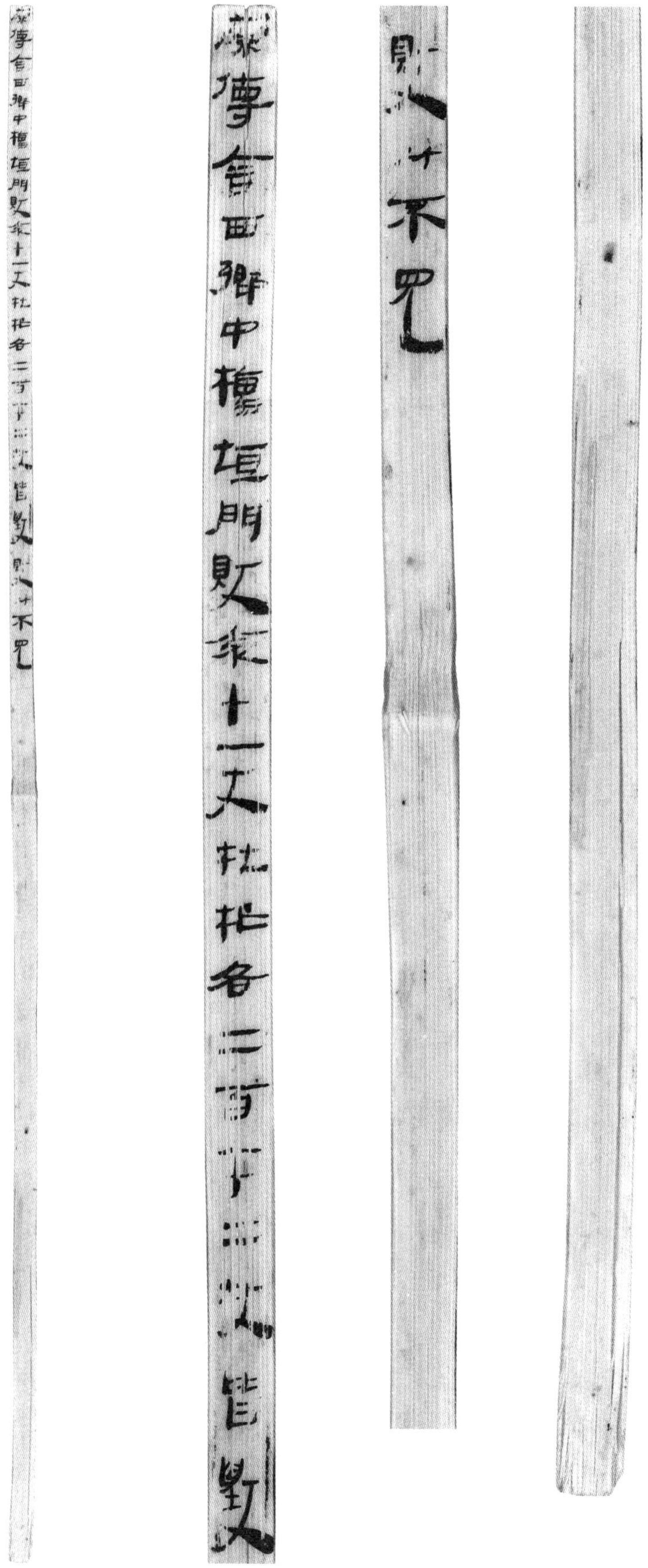

9

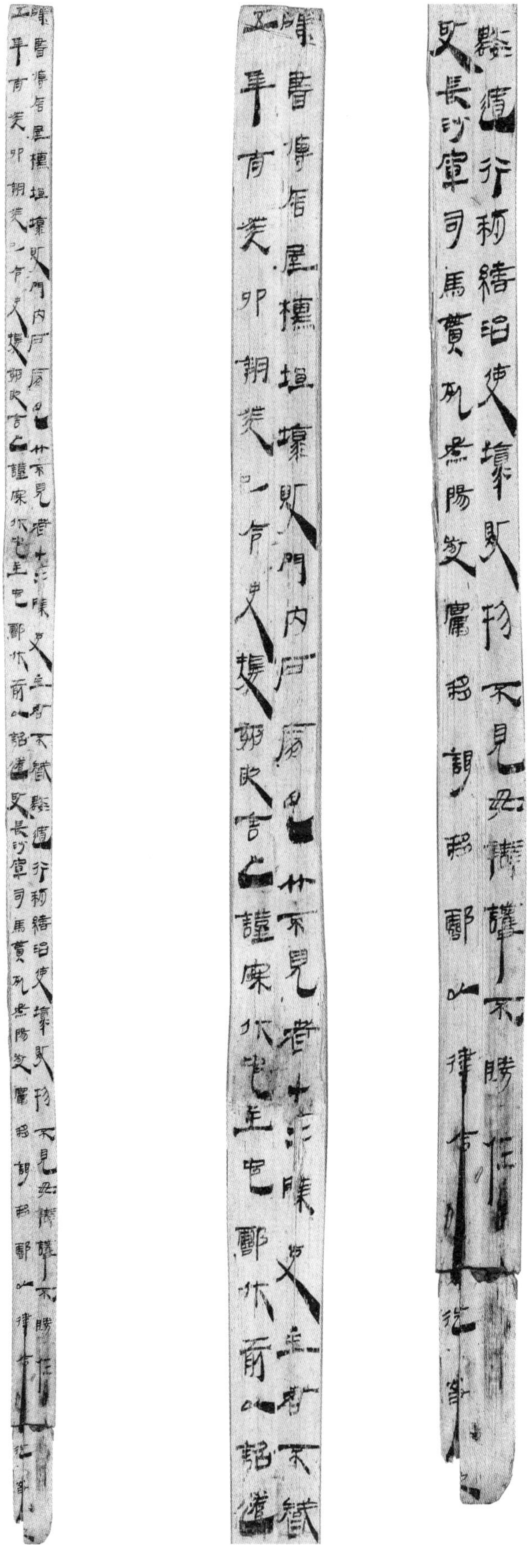

10

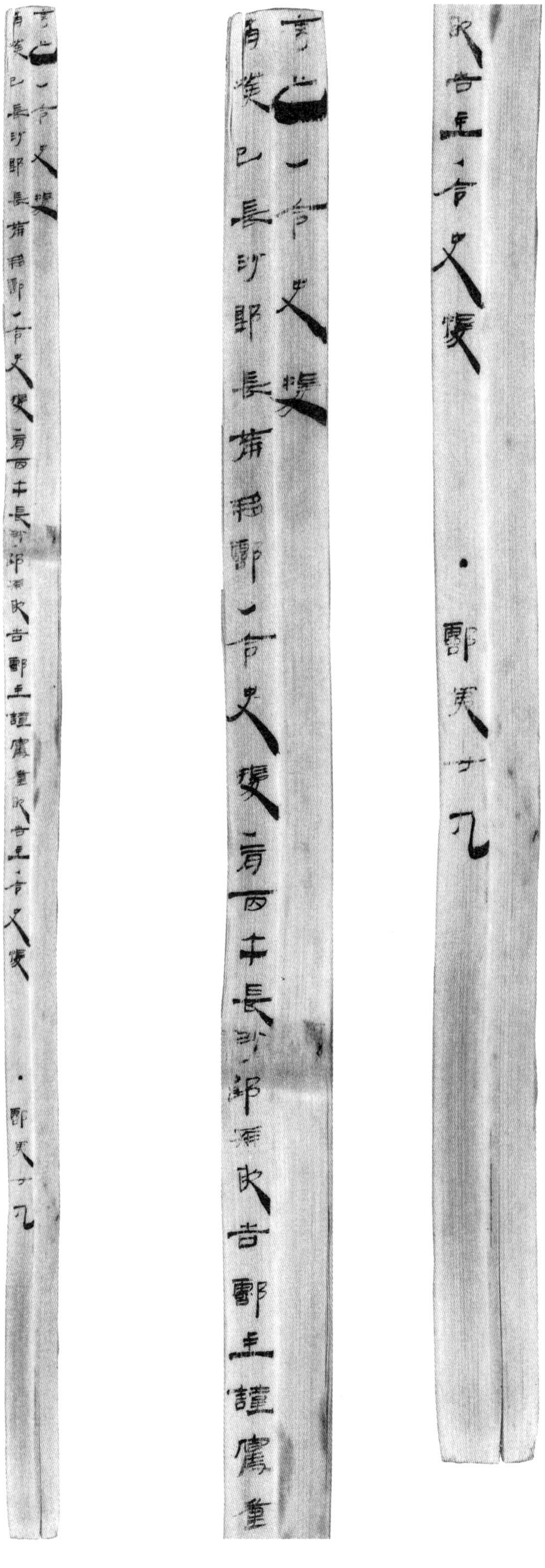

不智何人盗當時等衣物案（⑪～⑯）

⑪

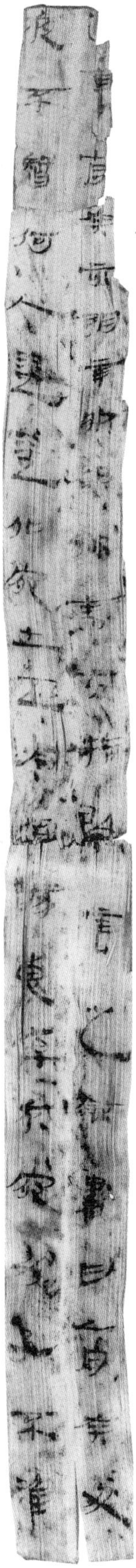

⑫

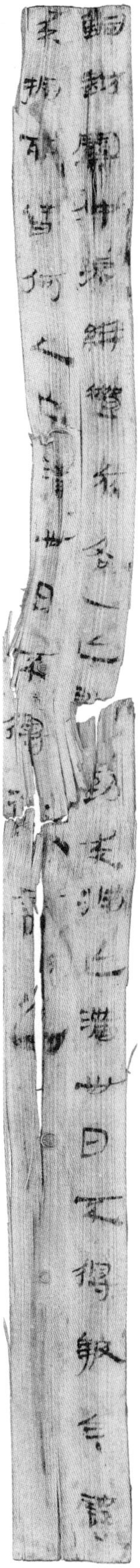

⑬

14

15

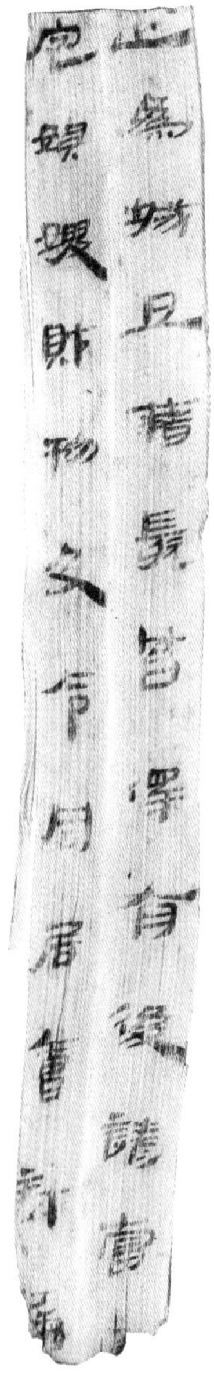

16

定邑令史辛等監臨主守盜縣官錢案（⑰～⑲）

⑰

⑱

⑲

非縱火時擅縱火案（20～23）

20

21

22

23

男子嬴等木毆高成里烶年獄案（24～25）

24

25

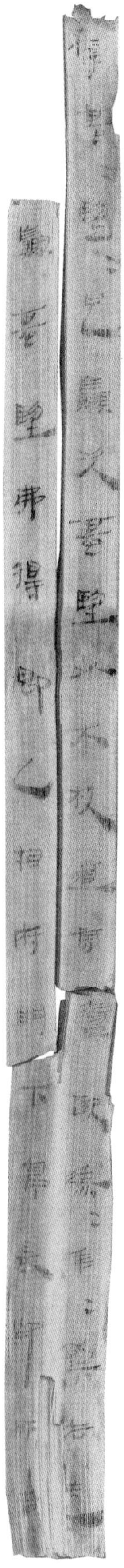

都鄉七年墾田租簿案（26～27）

26

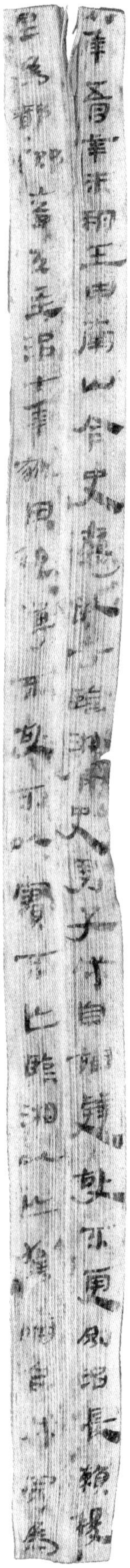

27

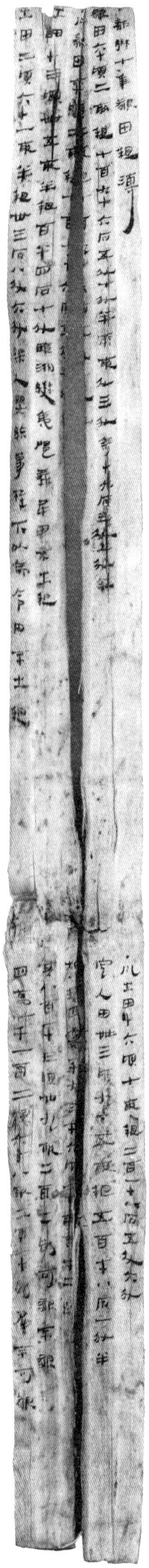

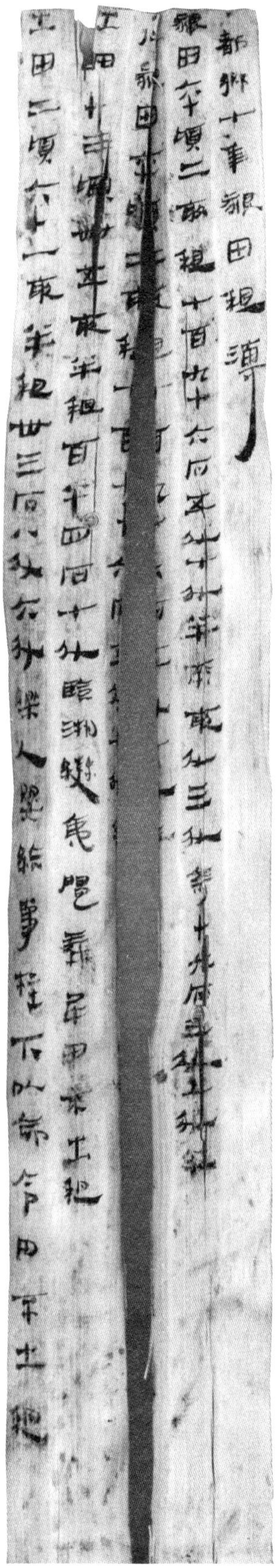

鐵官守長辰乞鞫案（28～30）

28

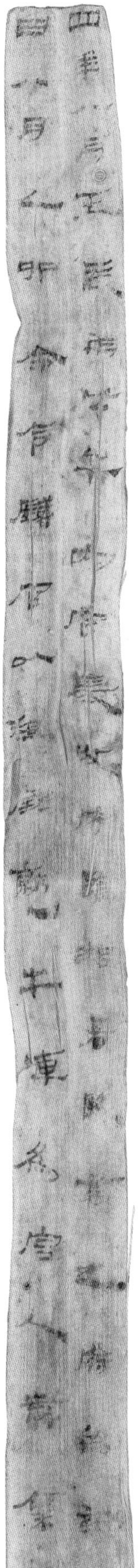

29

30

便移五年計書誤案（31~34）

31

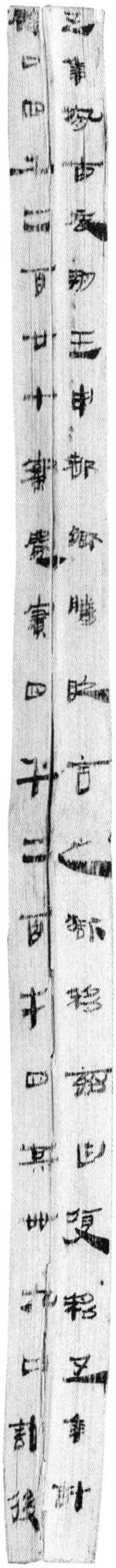

32

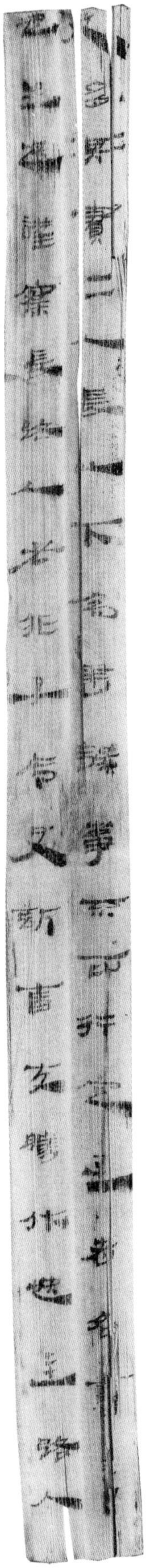

33

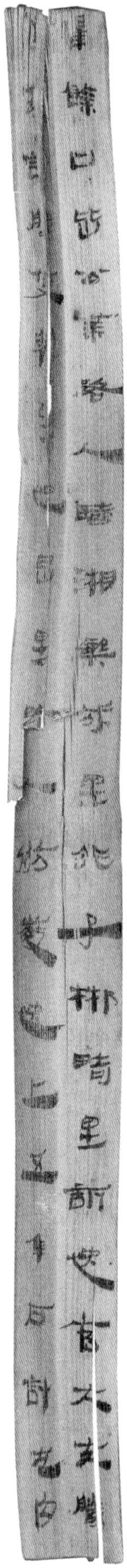

34

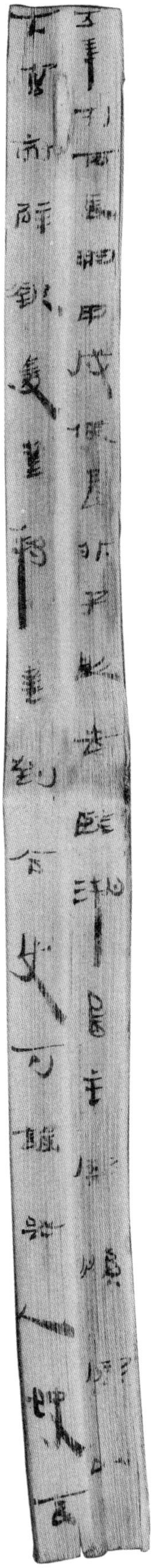

無陽脽夷鄉嗇夫襄人收賨案（35～42）

35

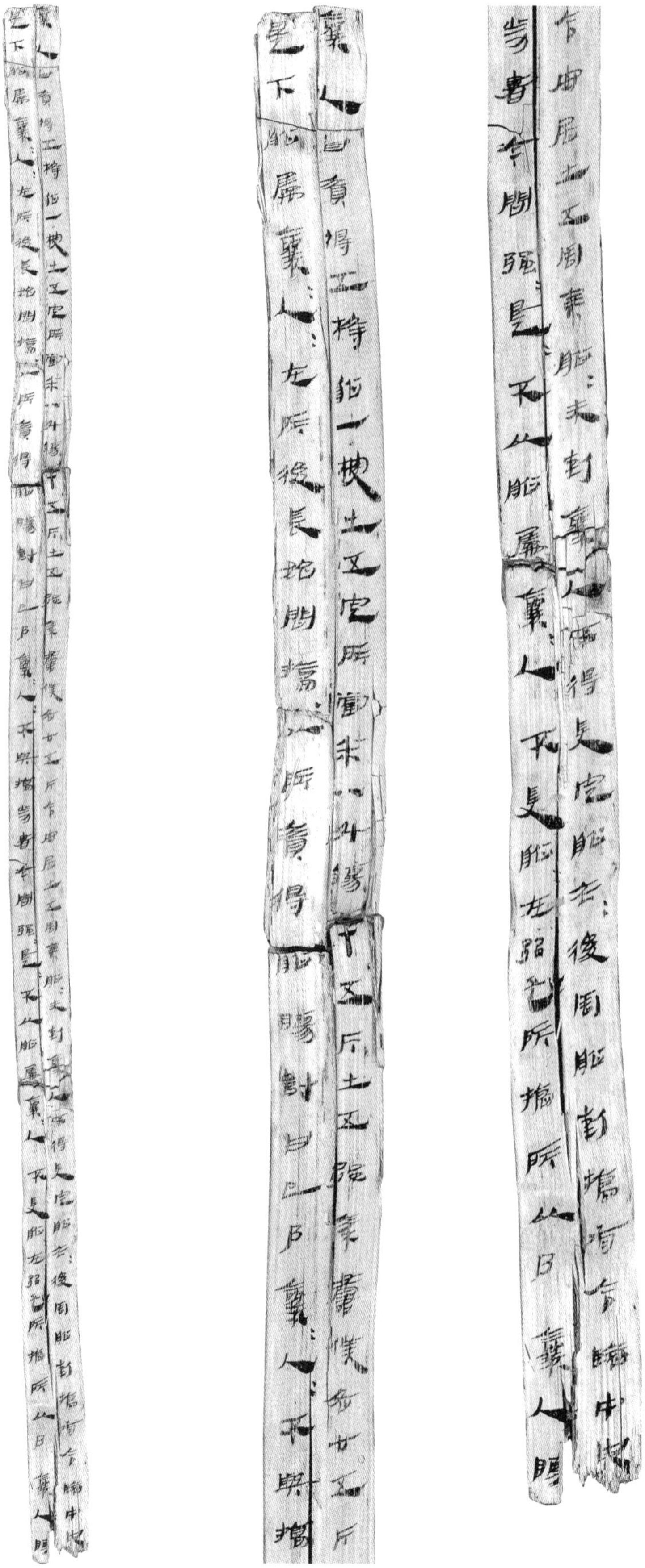

36

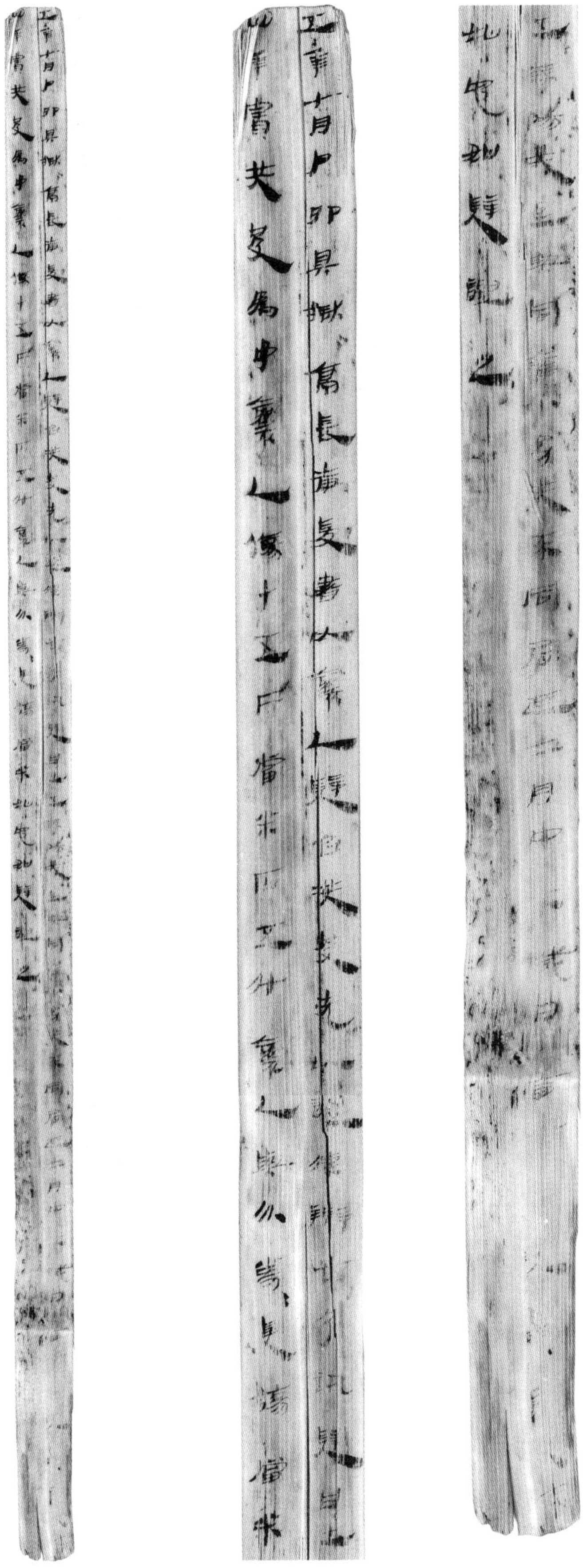

37

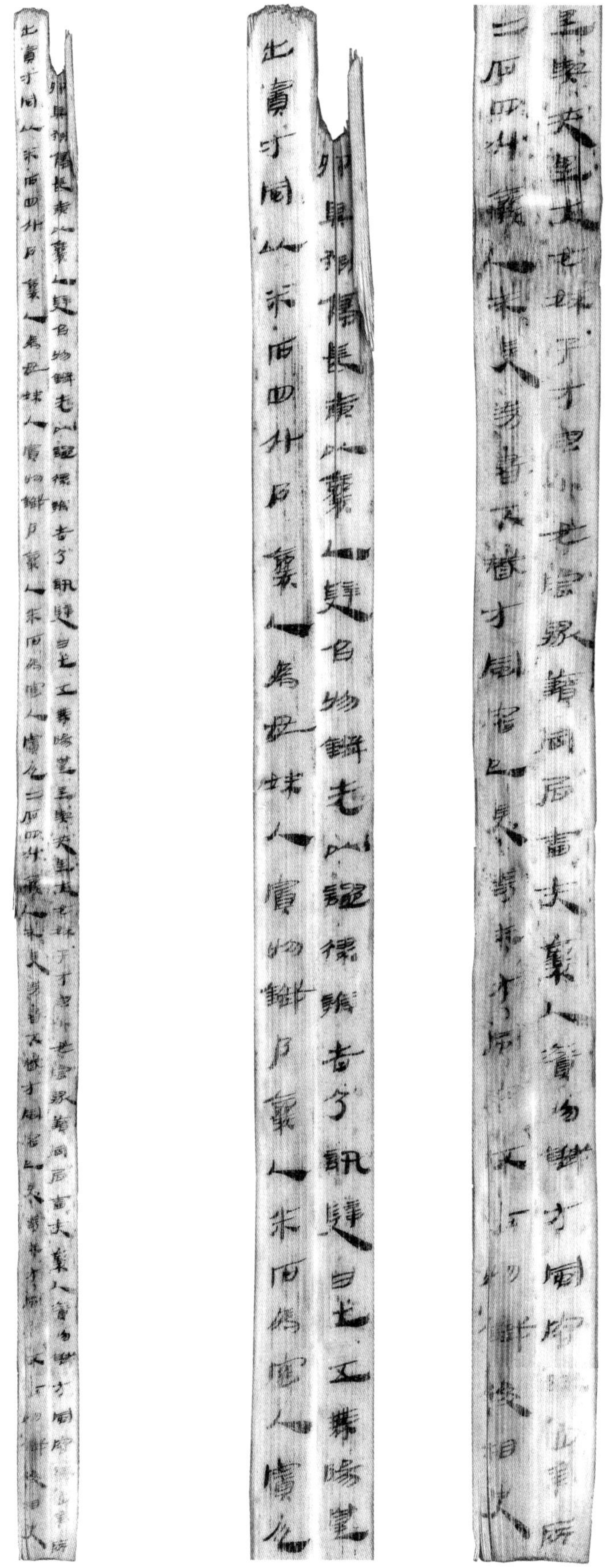

38

39

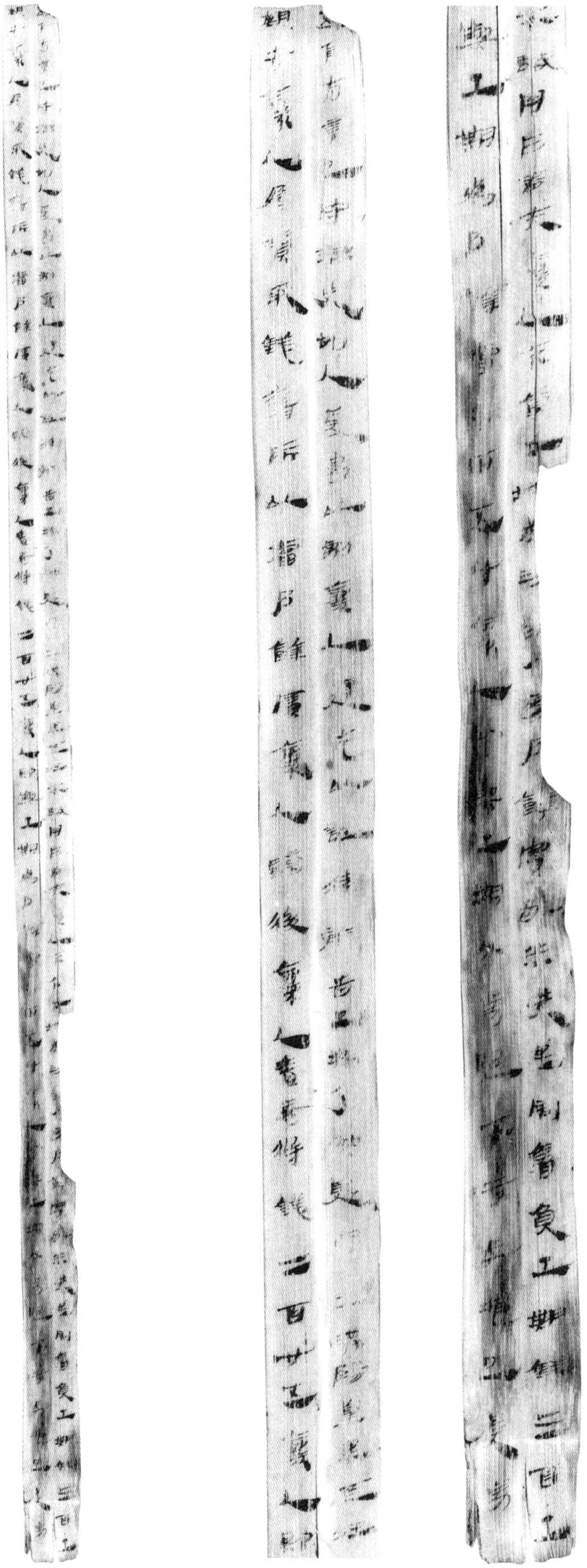

40

41

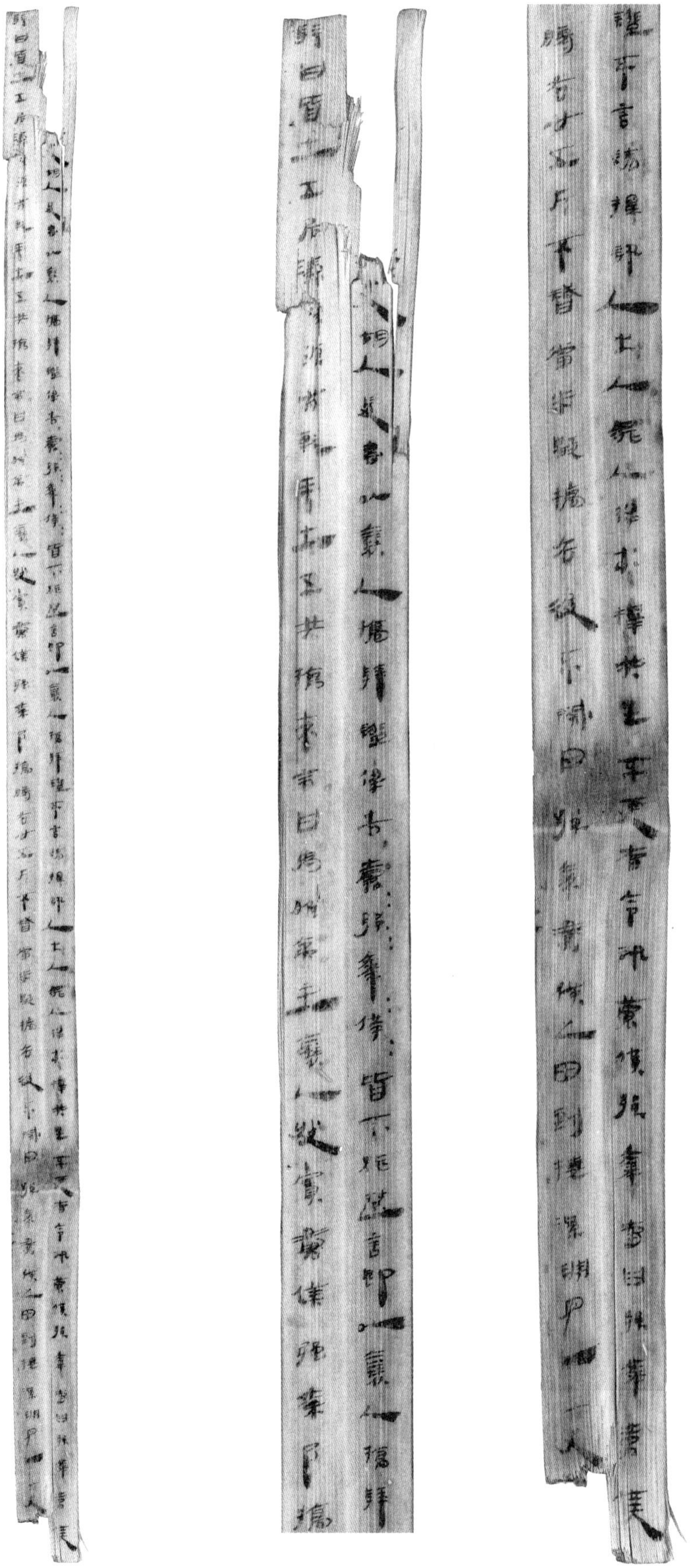

42

臨湘令史張乘之追劫人者回避逗留案（43～59）

43

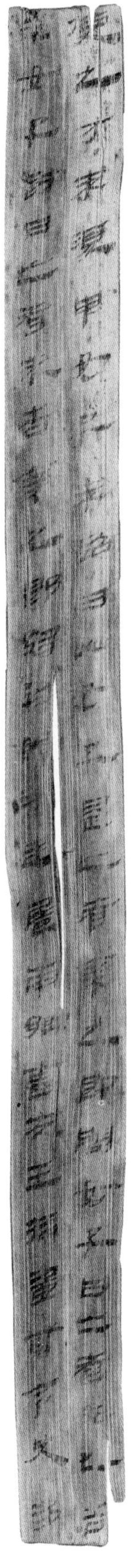

44

45

46

47

48

49

50

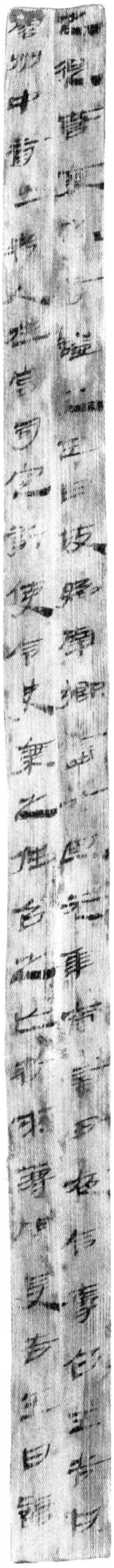

51

52

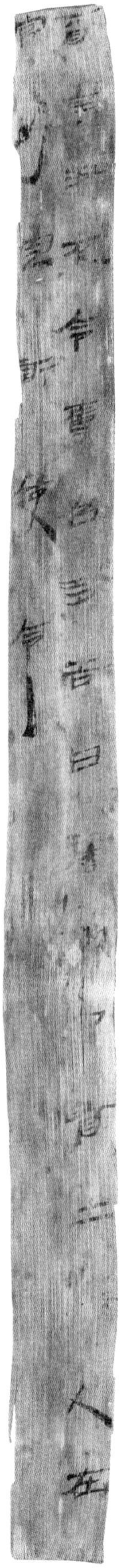

53

54

55

56

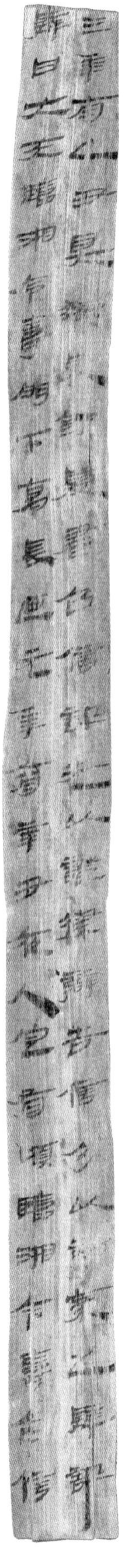

57

58

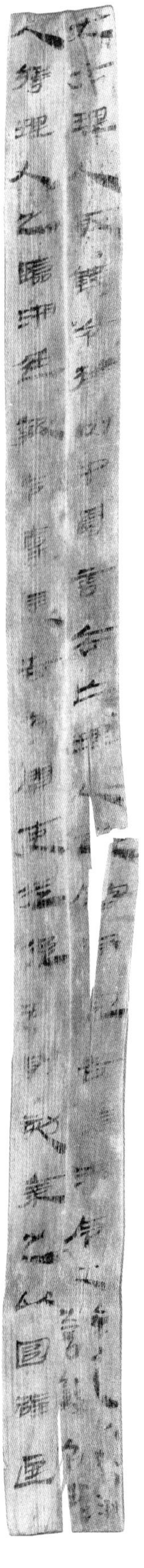

59

臨湘吏言案行廷獄與治囚等事書案（60～64）

60

61

62

63

64

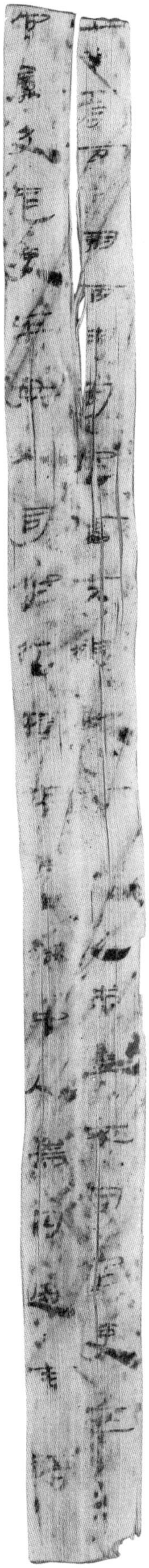

駕、縱、野芻不審案（65～71）

65

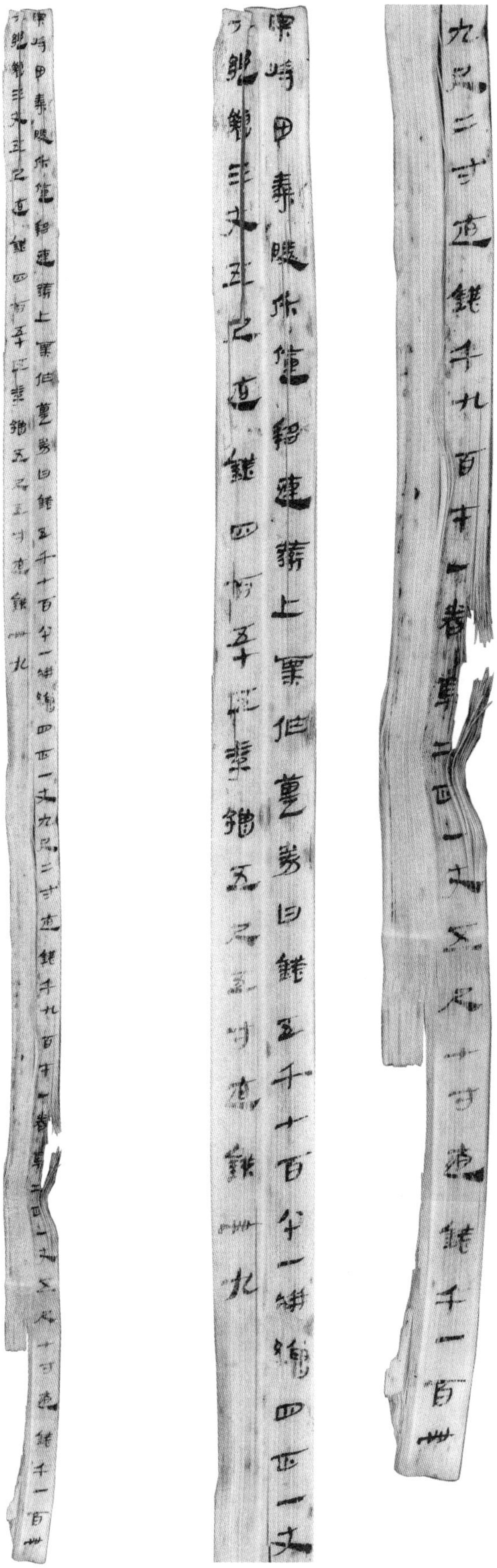

66

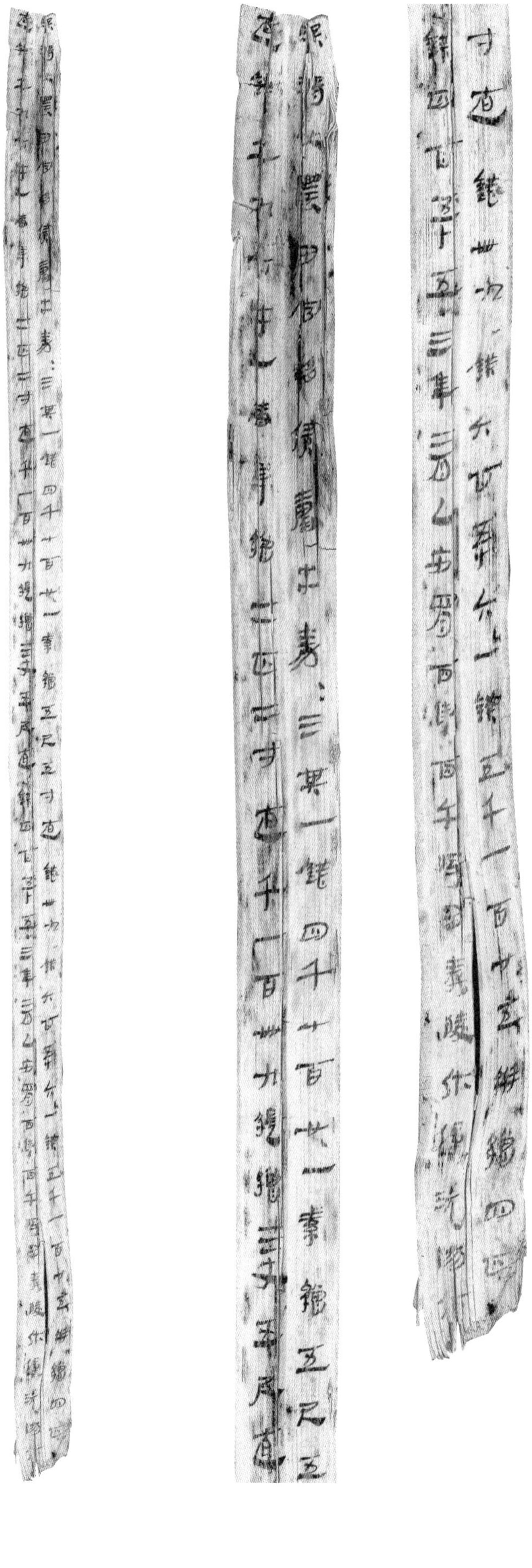

67

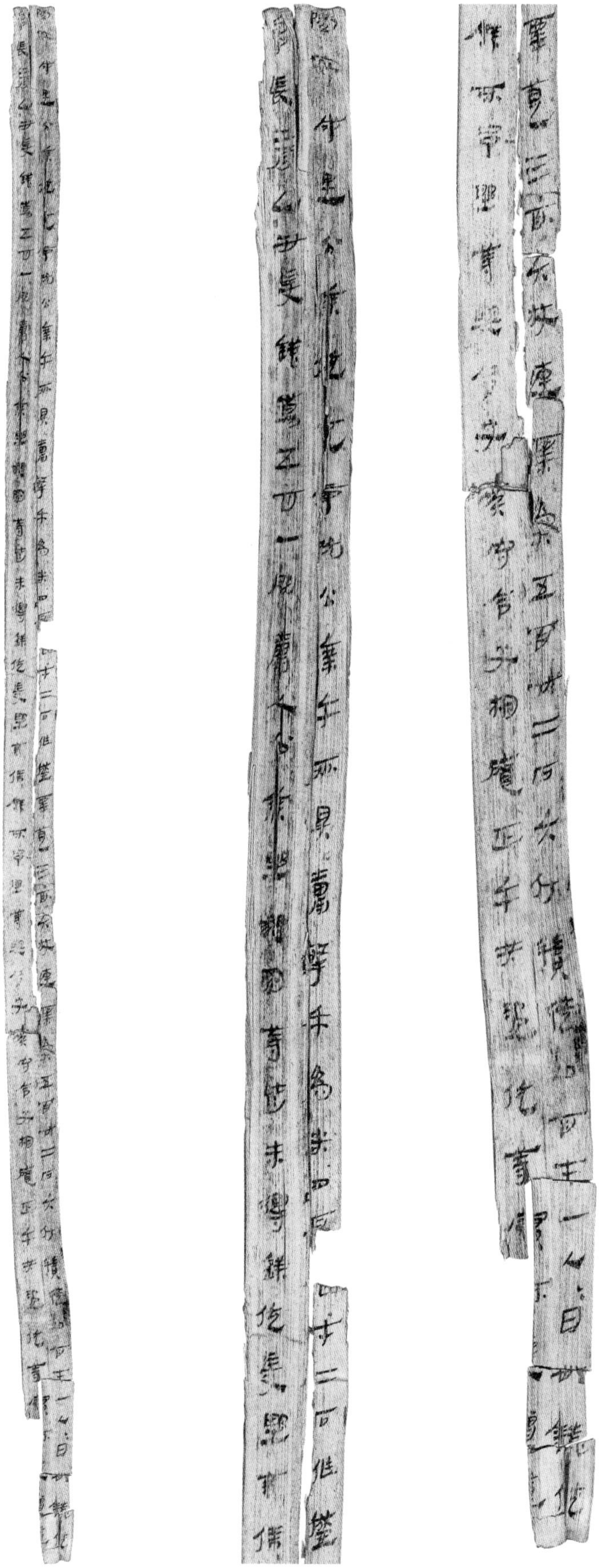

68

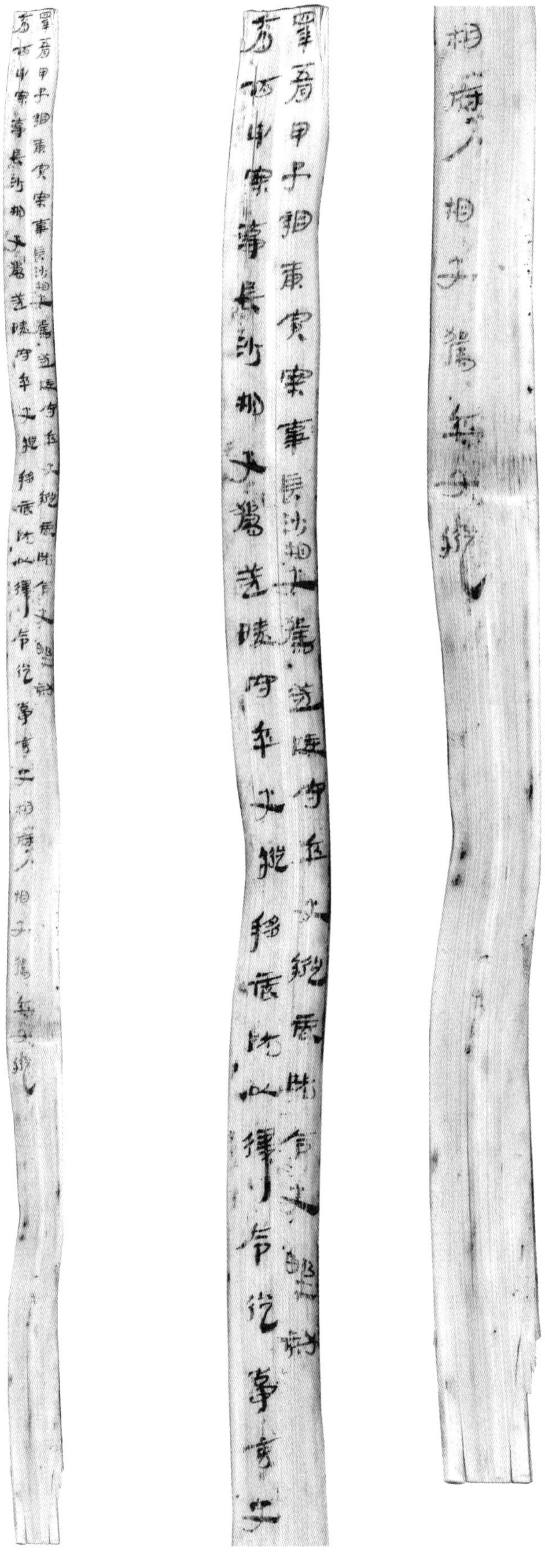

69

70

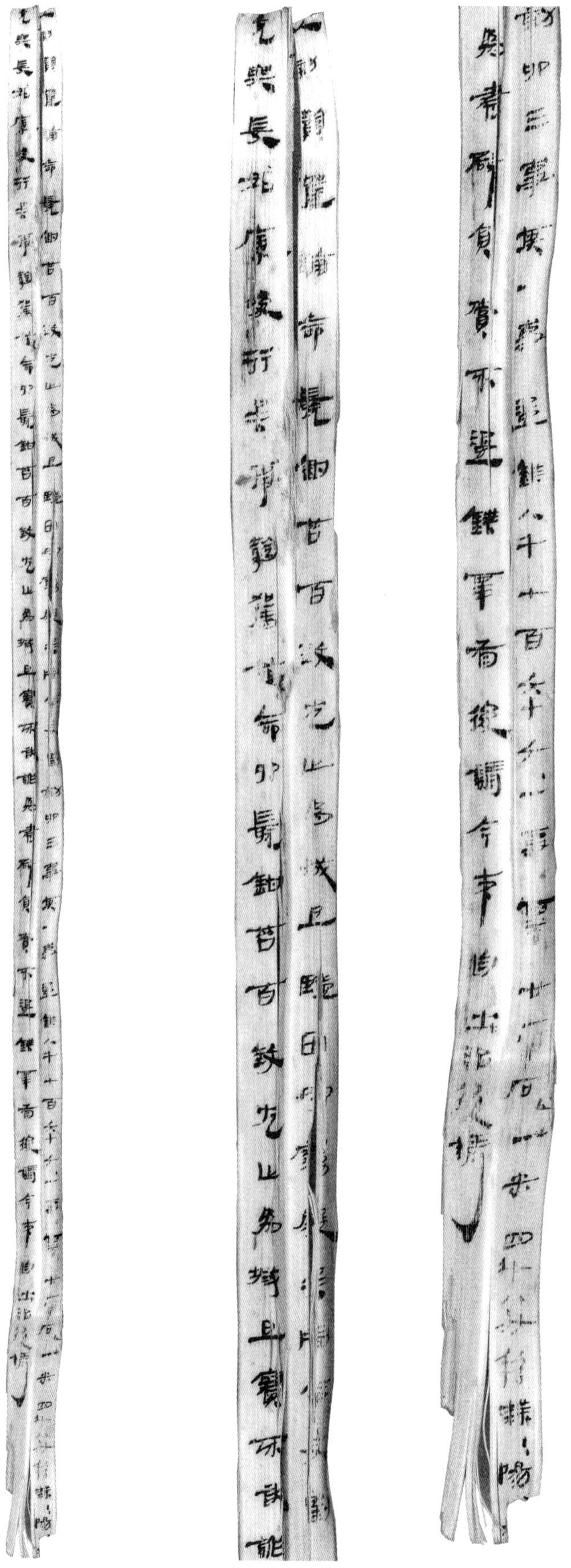

71

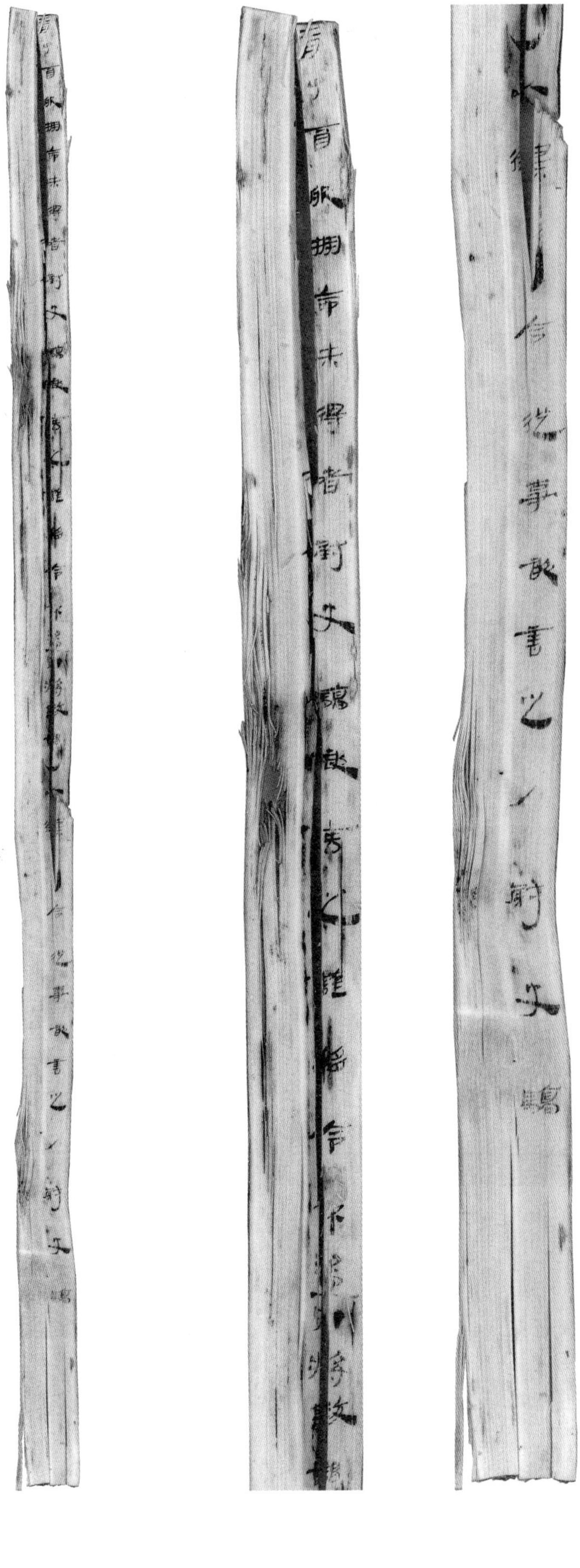

長沙臨湘少内禁錢計付誤脱案（72～80）

72

73

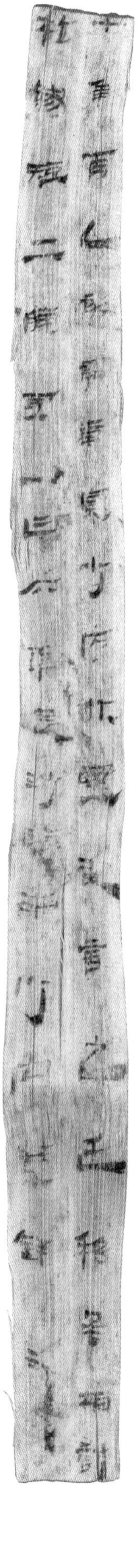

74

75

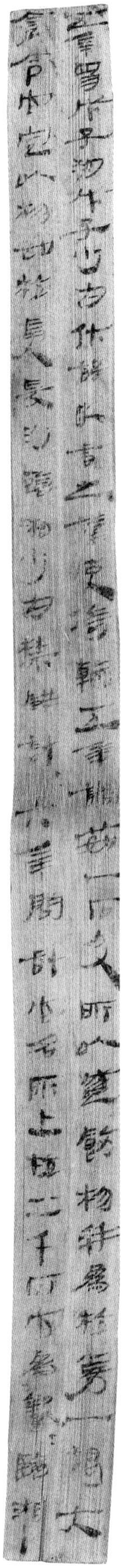

76

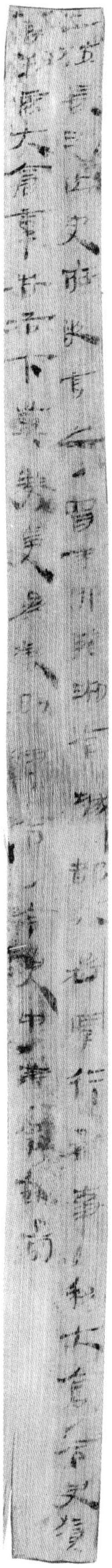

77

78

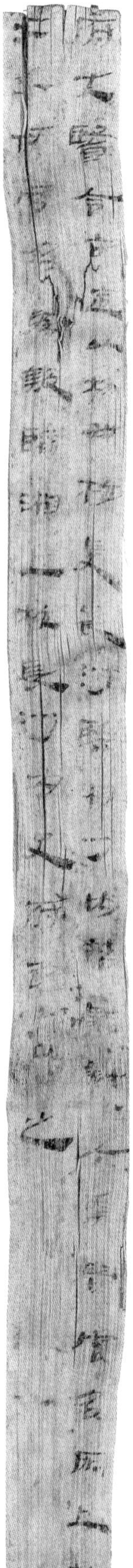

79

80

大女南坐負罰金案（81～83）

81

82

83

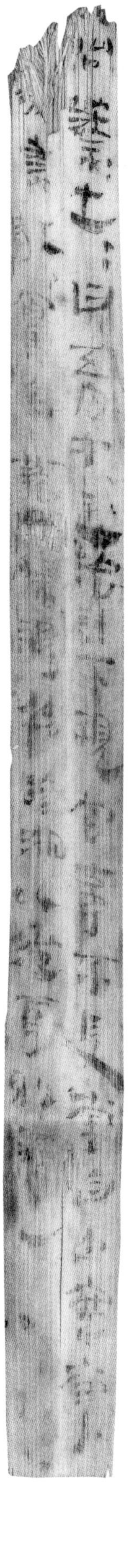

固等劫奪葉侯使者錢衣器案（84～86）

84

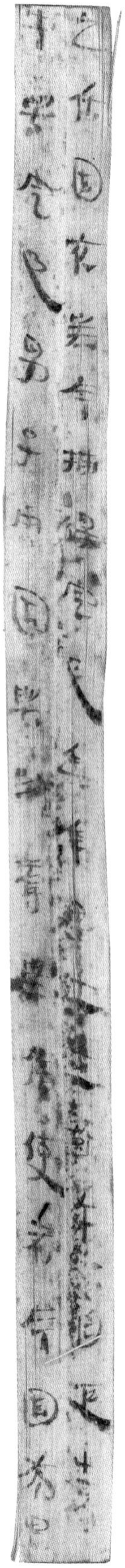

85

86

可思首匿案（87～93）

87

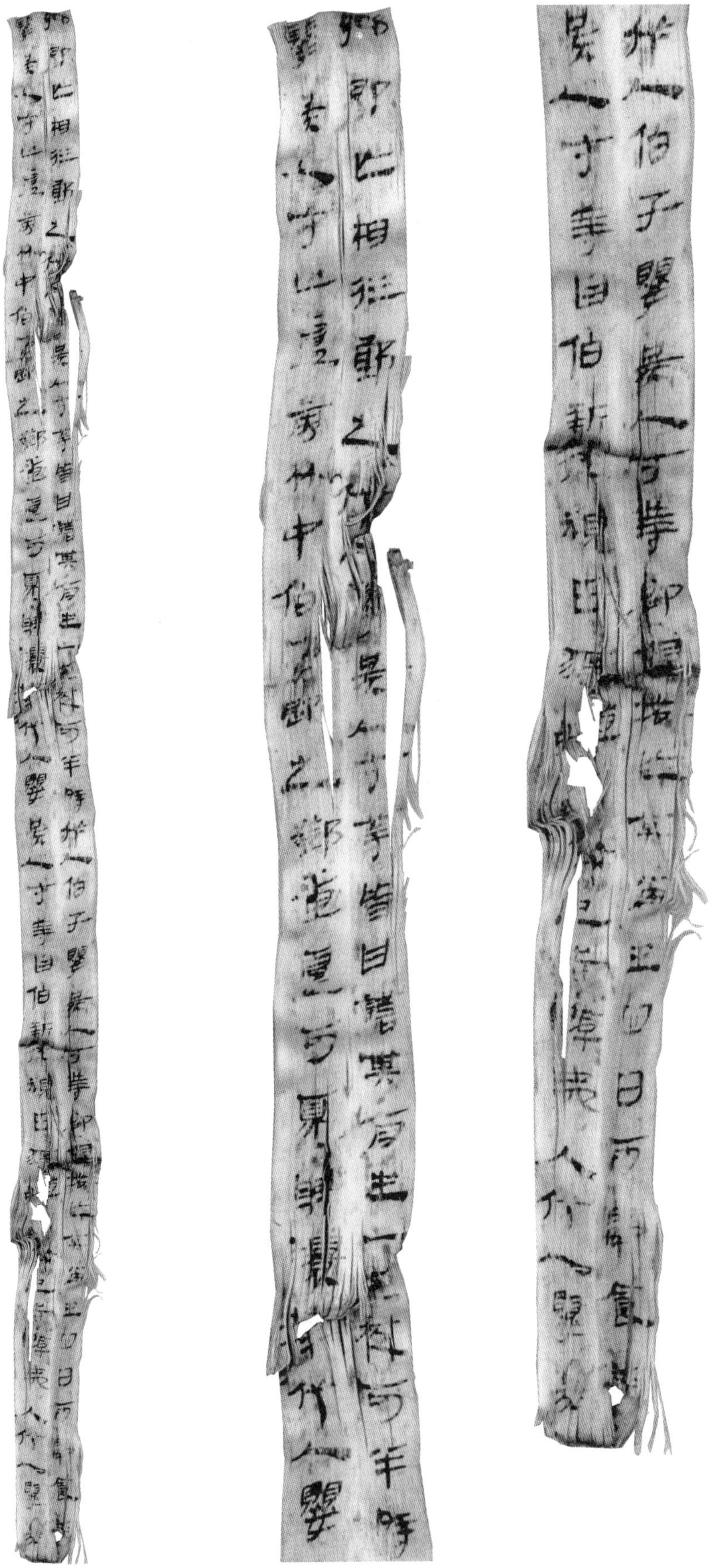

88

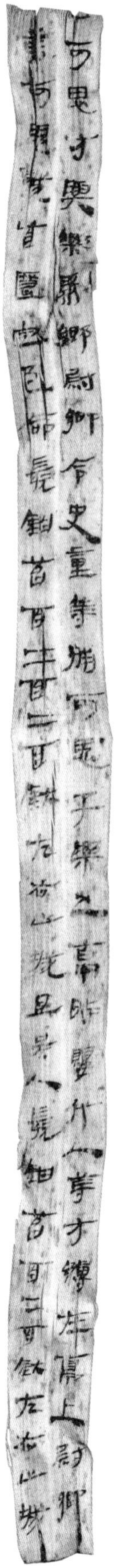

89

90

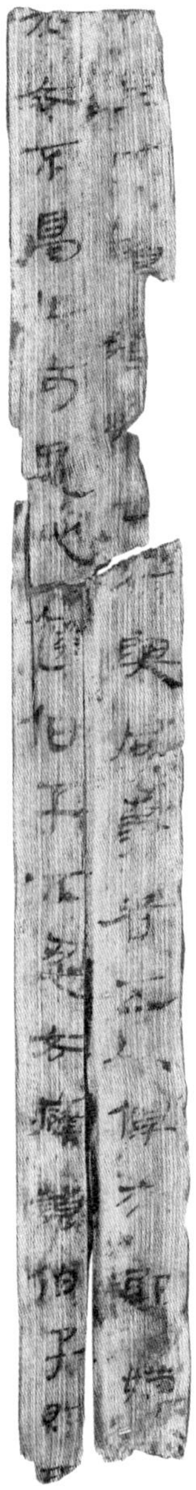

91

92

93

令史兒等爲武擅解脱易桎案（94～106）

94

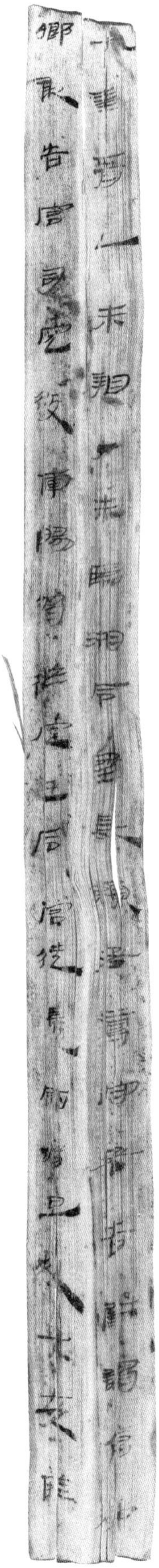

95

96

97

98

99

100

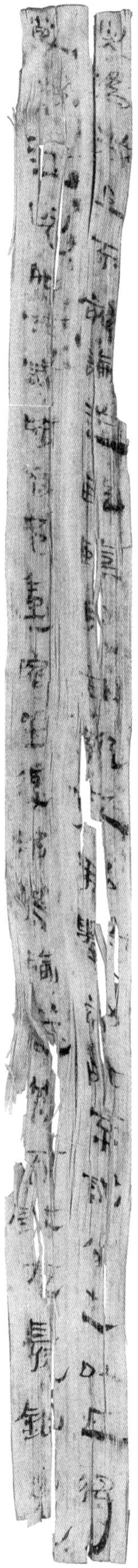

101

102

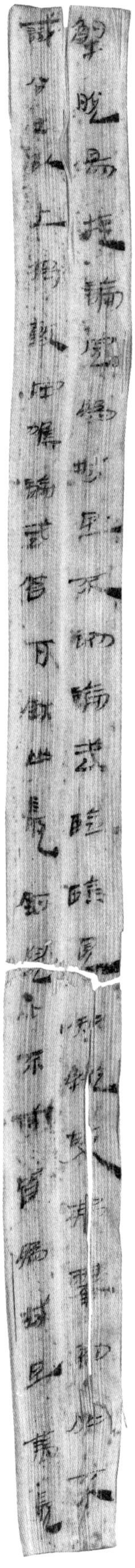

103

104

105

106

血婁、齊盜贓案（107～117）

107

108

109

110

111

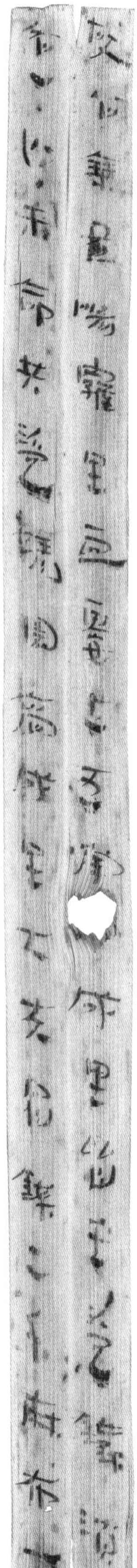

112

113

114

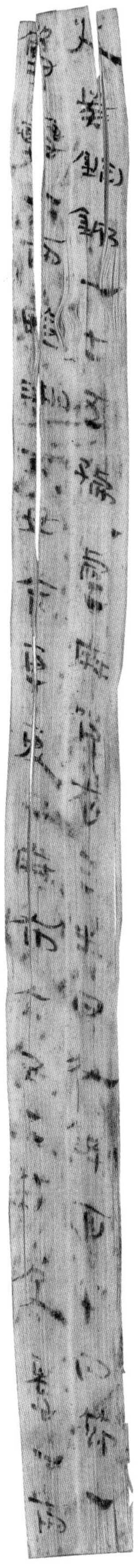

115

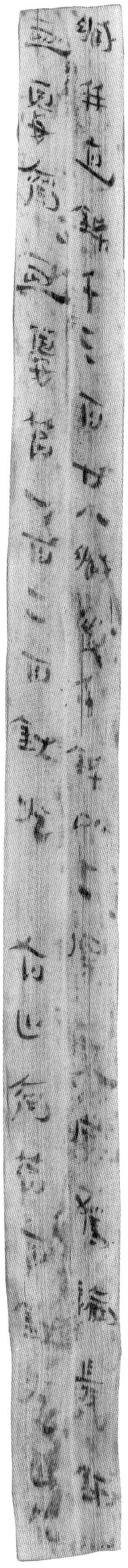

116

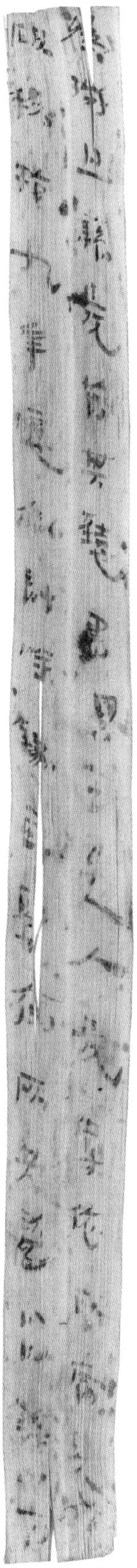

117

散簡（118～126）

118

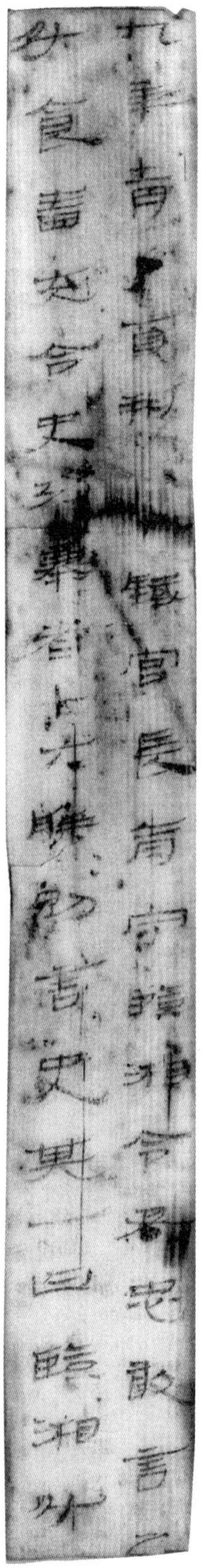

119

120

121

122

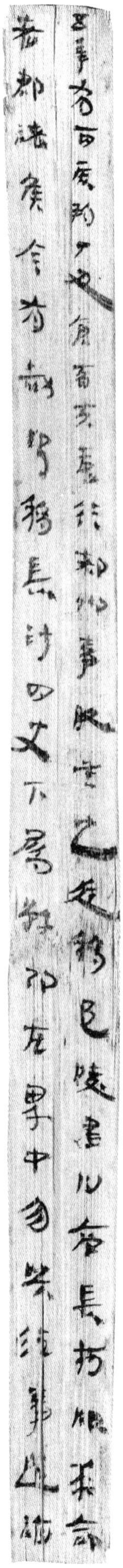

123

124

125

126

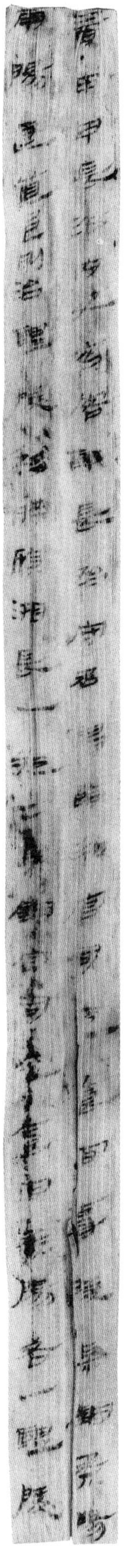

采集简（127～130）

127

（正）

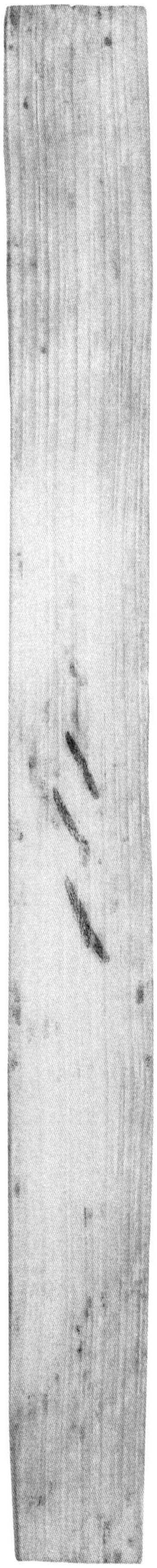

（背）

128

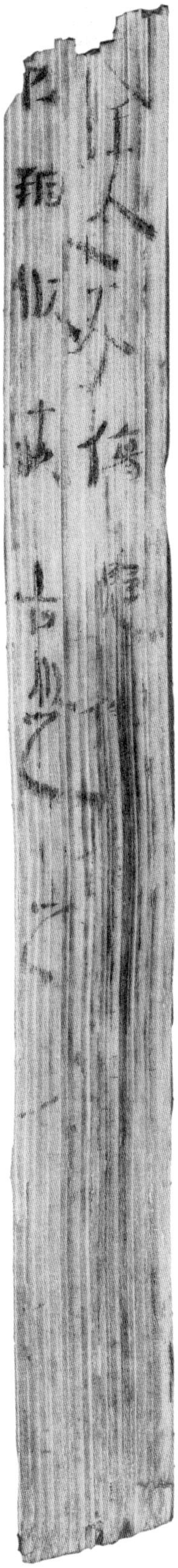

（正）

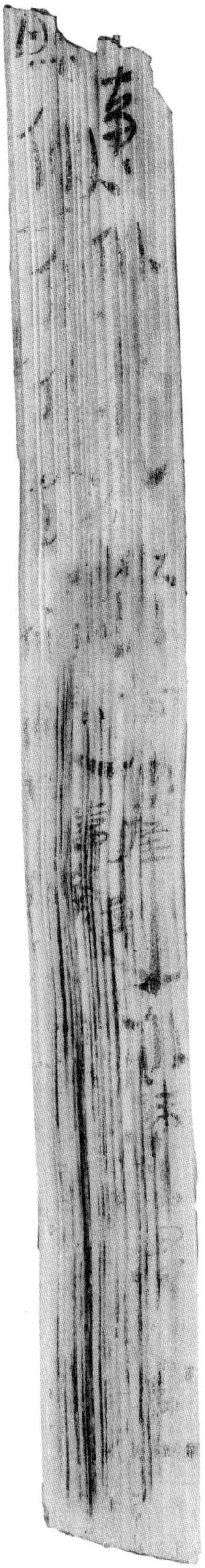

（背）

129

（正）

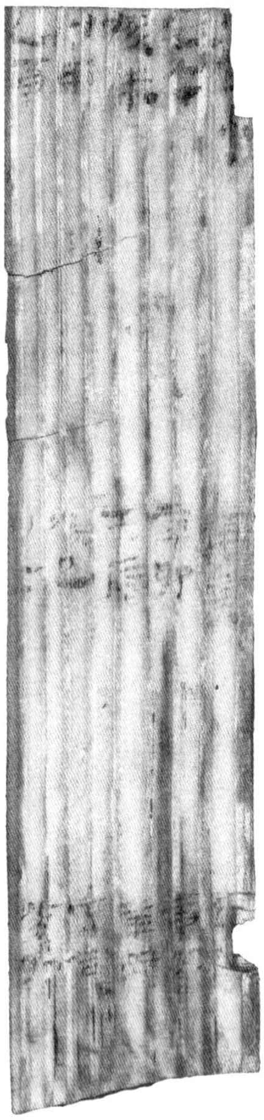

（背）

130

（正）

（背）

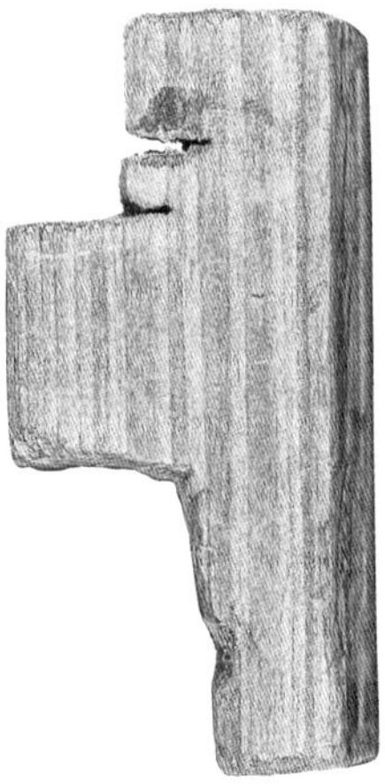

（侧面）

后　记

癸卯二月，今至春分。倚坐在城北寓所的窗前，写完本报告补充稿上的最后几行字，望着桌面上铺排堆砌的近千页手稿（因手拙，至今不习用电脑打字），终于长舒了一口气。移目窗外，又是一番花信，只见小区绿地中盛开着樱花，和煦的阳光下，缤纷的落樱飘飘洒洒铺缀一地，令人赏心悦目。年年岁岁花相似，然而，三年前相似的情景却令人至今铭刻在心难以忘怀。突发的疫情扰乱了人们正常的生活工作秩序，严格的封控也为编写工作带来了诸多不便。彼时自宅家中已近二月，正为这部报告的编写夜以继日地苦熬，在焦灼、苦闷、期盼交织的情绪中看到窗外相似的景色，却无丝毫的惬意。在其后三年之中，编写的节奏随着疫情的变化时紧时松，时快时慢，更由于自身体内（胃肠）出现病患，数次入院手术治疗，严重影响到写作的进度，也推迟了按期交稿的时间。同事、好友雷长巍、金平、汪力工、杨芬等多次来院探望，本馆领导多次表达关慰之情。每念及此，常令我心生感激。但因对自身病况缺乏了解与信心，曾有一段时间，自己都在怀疑是否还有能力继续胜任，是否应该激流勇退交与他人。本项课题的首席专家与出版社领导对此表现出极大的宽容与耐心，承担着可能被责处的风险，不断给予积极的鼓励与支持。作为子课题的承担者，因自身的原因而迁延项目的完成，常为此深感歉意。好在终得上苍的垂顾，在这春暖花开的时节，交出了这样一份虽不甚满意，却是竭力尽心完成的作业，愧歉之处终是稍感些许欣慰。

在这里，我要特别感谢长沙市第一医院消化科主任王伟宁主任医师及他所领导的医护团队，在我数次住院期间所给予的精心治疗与关照。伟宁先生用晓畅易懂的言语对病理及愈后防治所作的负责任与科学的阐释，逐渐消除了我内心积郁的疑虑与重负，从而能坦然面对自身体内出现的状况，摆脱曾一度低落的情绪，振作前行，最终得以完成编写项目。

长沙走马楼西汉简牍自 2003 年 11 月发掘至今已 20 年。简牍的清理保护工作自 2003 年 12 月开始，2005 年初步完成揭剥清洗工作。2010 年后我馆委托湖北荆州文物保护中心，根据相关要求编制《长沙走马楼西汉饱水简牍保护修复方案》，上报国家文物局并获批准。2017 年进入简牍脱水修复保护的实施阶段，由我馆与荆州文物保护中心共同组织完成，并于 2017 年 12 月通过上级部门验收。简牍释文的整理工作自 2006 年开始，2008 年、2013 年我馆分别采用胶片拍摄与初次尝试使用红外扫描技术完成简牍影像信息采集工作。2012 至 2014 年，我馆领导组织本馆专业人员开展对部分释文的研读工作，每周至少都会安排两个半日，众人兴趣盎然，乐此不疲，相互切磋的愉悦，至今萦怀。2017 年我馆与湖南大学简帛文献研究中心达成合作协议，由湖南大学牵头申报获批“长沙走马楼西汉简的整理与研究”国家社科基金重大项目

（17ZDA181），邀聘国内多家科研院校专家学者参加，开展对西汉简牍的全面整理与研究，加快与提升西汉简整理的进度与质量。2018 年我馆采用数码照相、红外扫描双重方法再度完成西汉简信息采集分编工作，为释文整理出版做好了较充分的准备。2018 年年初，岳麓书社申报国家出版基金项目获批。2023 年 11 月“长沙走马楼西汉简的整理与研究”国家社科基金重大项目，通过专家评审，顺利结项。该重大项目设计的总体框架分成五个子课题，《长沙走马楼西汉简牍考古发掘报告》便是其中之一。

本报告由宋少华拟定提纲后分工编写，是集体合作的劳动成果。在报告编写的过程中，首席专家陈松长先生和长沙简牍博物馆李鄂权、毛志平、杨亚峰诸位领导在人力、物力、经费、资料等诸多方面给予了大力支持。

本子课题负责人：宋少华，主要成员：毛志平、金平、蒋维。

该报告的第一章、第二章、第三章、第四章、第五章、第六章一至四节和六节、第八章由宋少华执笔；第六章五节由蒋维执笔；第七章由金平执笔。简牍登记表由宋少华、蒋维、刘庆完成，未脱水简牍登记表由宋少华、吴美娇、王颖完成。出土陶器统计表由蒋维、宋少华完成。绘图工作：田野考古底图由马代忠完成，古井、器物图由宋少华、刘佩洁、谭远辉完成。器物拓片由谭远辉、金平完成。照相工作：田野考古现场由宋少华、马代忠、邱东联完成，其他部分由易家敏、朱宇、金平、宋少华完成。陶器、果核、简牍材质等检测，发掘地点孢粉、水稻硅质体检测由湖南省文物考古研究院顾海滨、李梅英、张晓英完成。

报告英文提要的中文稿由宋少华撰写，熊林春翻译。报告最后由宋少华统稿，金平、杨芬倾力协助，多有贡献。

长沙走马楼西汉简牍发掘之后曾发表考古发掘简讯与发掘简报①，简讯与简报内容凡与本报告不符者，一律以本报告为准。

走马楼西汉简牍的发掘、保护、整理得到了国家文物局、湖南省文物局、长沙市文化旅游局、长沙市文物局的大力支持。报告编写过程中，研究保管部雷长巍、熊曲、刘庆、毕灿、吴美娇、王颖、胡冬成等诸位同事在影像扫描、残简遴选、图表制作、文稿打印、简文校对等诸多方面给予了积极的帮助。湖南大学岳麓书院陈湘圆博士在简牍图版的缀合、修图方面给予了热情帮助。长沙市文物考古研究所领导黄朴华、何旭红和工作人员罗小华、李强在古城址、古墓葬发掘资料的查阅、复检、使用方面，给予了慷慨的支持。

本课题首席专家陈松长，清华大学李均明，故宫博物院王素，中国社会科学院历史研究所邬文玲，湖南师范大学邹水杰，湖南大学于振波、王勇、欧扬、李洪财等诸位先生对本报告或不同章节提出了许多宝贵的修改意见。

岳麓书社副社长王文西及文博考古编辑部邱建明、鲁云云、包文放为报告的编辑出版付出了辛勤的劳动，尤其是邱建明先生孜孜不倦，查疏补遗，多次往返于编者单位听取意见，为考古报告资料的完整性，做了大量细致的补充完善工作。

在此谨一并致以诚挚地谢意！编者水平有限，错误之处，敬祈读者批评指正。

编　者

癸卯年二月三十日春分

公元 2023 年 3 月 21 日

公元 2024 年 2 月 28 日定稿

① 长沙简牍博物馆、长沙市文物考古研究所联合发掘组：《2003 年长沙走马楼西汉简牍重大考古发现》（宋少华、金平执笔），《出土文献研究》第 7 辑，上海古籍出版社，2005 年。长沙简牍博物馆、长沙市文物考古研究所：《长沙市走马楼西汉古井及简牍发掘简报》，《考古》2021 年第 3 期，第 35~62 页。

图书在版编目（CIP）数据

长沙走马楼西汉简牍考古发掘报告 / 长沙简牍博物馆，长沙市文物考古研究所，湖南大学简帛文献研究中心编著；宋少华主编 . -- 长沙 : 岳麓书社，2024.3

ISBN 978-7-5538-2049-1

Ⅰ . ①长… Ⅱ . ①长… ②长… ③湖… ④宋… Ⅲ . ①简（考古）—发掘报告—长沙—西汉时代 Ⅳ . ①K877.54

中国版本图书馆 CIP 数据核字（2024）第 058060 号

书　名	长沙走马楼西汉简牍考古发掘报告 CHANGSHA ZOUMALOU XIHAN JIANDU KAOGU FAJUE BAOGAO
编　著	长沙简牍博物馆　长沙市文物考古研究所 湖南大学简帛文献研究中心
主　编	宋少华
出版人	崔　灿
责任编辑	王文西　邱建明　鲁云云　包文放
责任校对	廖　丁
书籍设计	绿光视觉艺术工作室
出版发行	岳麓书社 湖南省长沙市爱民路 47 号　410006
承　印	雅昌文化（集团）有限公司
版　次	2024 年 3 月第 1 版 2024 年 3 月第 1 次印刷
开　本	635 毫米 × 965 毫米　1/8
印　张	52
字　数	785 千字
书　号	ISBN 978-7-5538-2049-1
定　价	480.00 元

如有印装质量问题，请与本社印务部联系　电话 : 0731-88884129